GW01458685

Die Vögel Europas

14. Auflage

Die Vögel Europas

Ein Taschenbuch für Ornithologen und
Naturfreunde über alle in Europa lebenden Vögel

Von Roger Peterson, Guy Mountfort
und P. A. D. Hollom

Mit einer Einführung von Julian Huxley

Übersetzt und bearbeitet von
Prof. Dr. Günther Niethammer

14., verbesserte Auflage
237.–246. Tausend
bearbeitet von
Dr. Hans Edmund Wolters
Zoologisches Forschungsinstitut und Museum Alexander Koenig, Bonn

Mit 1500 Abbildungen, davon 1295 farbig auf 77 Vogel- und
8 Eiertafeln, 362 zweifarbigen Verbreitungskarten
und Vogelstimmen-Bestimmungsschlüssel

Verlag Paul Parey · Hamburg und Berlin

Die Originalausgabe erschien erstmalig 1954 unter dem Titel
„A Field Guide to the Birds of Britain and Europe"
im Verlag Collins Publishers, London.

Dieser 14. Auflage der deutschen Ausgabe liegt die 1983 erschienene 4. revidierte und
erweiterte Auflage der Originalausgabe zugrunde.

© 1983 Roger Peterson, Guy Mountfort, P. A. D. Hollom, and Wm. Collins Sons & Co. Ltd.

Erste Auflage: März 1954	Achte Auflage: Oktober 1968
Zweite Auflage: November 1956	Neunte Auflage: Juli 1970
Dritte Auflage: Januar 1959	Zehnte Auflage: April 1973
Vierte Auflage: Dezember 1961	Elfte Auflage: Februar 1976
Fünfte Auflage: Oktober 1963	Zwölfte Auflage: Mai 1979
Sechste Auflage: März 1965	Dreizehnte Auflage: August 1984
Siebente Auflage: Dezember 1965	Vierzehnte Auflage: Mai 1985

237.–246. Tausend

CIP-Kurztitelaufnahme der Deutschen Bibliothek

Peterson, Roger:

Die Vögel Europas : e. Taschenbuch für Ornithologen
u. Naturfreunde über alle in Europa lebenden Vögel /
von Roger Peterson, Guy Mountfort u. P. A. D. Hollom.
Mit e. Einf. von Julian Huxley. Übers. u. bearb. von
Günther Niethammer. – 14., verb. Aufl., 237.–
246. Tsd. / bearb. von Hans Edmund Wolters. –
Hamburg ; Berlin : Parey, 1985.
Einheitssacht.: A field guide to the birds of
Britain and Europe <dt.>
ISBN 3-490-22318-7

NE: Mountfort, Guy: ; Hollom, Philip A. D.:; Wolters,
Hans Edmund [Bearb.]

ISBN 3-490-22318-7

Zur Einführung in die erste Auflage der englischen Originalausgabe

Von Julian Huxley

Wie jeder Ornithologe und Vogelfreund hatte auch ich oft den Wunsch nach einem guten, handlichen Buch über die Vögel Europas. Wie sollte ich in meiner Heimat oder in den einzelnen Ländern Europas sonst mit Sicherheit die Vögel ansprechen und mich über ihre Lebensweise, ihr Vorkommen usw. orientieren, ihre Arten unterscheiden oder feststellen, was für Vögel ich hier oder dort zu erwarten hatte. Die einzigen handlichen Bücher über dieses Thema sind ein halbes Jahrhundert alt und zudem unbebildert. Systematische Sammelwerke aber kann man unmöglich mit sich schleppen, und selbst sie würden dem Feldornithologen wenig nützen.

Was kennzeichnet ein gutes Buch über europäische Vögel, das den Anforderungen des Feldbiologen entspricht? In erster Linie muß es in *einem* Bande gebunden und nicht zu umfangreich oder unhandlich sein, um es bei sich führen und tatsächlich für Freilandbeobachtungen benutzen zu können. Zweitens muß es völlig ausreichend illustriert sein und vor allem darauf zielen, dem Reisenden bei der Bestimmung der neuen Arten zu helfen, die ihm unterwegs begegnen. Drittens sollte es dem Biologen die Verbreitung der beobachteten Vögel überschauen und verstehen helfen. Schließlich sollte es wissenschaftlich einwandfrei sein und sich auf die neuesten Tatsachen und die besten theoretischen Deutungen gründen.

Das neue Taschenbuch der Vögel Europas scheint mir diesen Anforderungen in bewundernswerter Weise gerecht zu werden. Alle drei Verfasser bringen eine besondere Befähigung für ihre Aufgabe mit. Guy Mountfort hat schon lange die Herausgabe eines Handbuches über die Vögel des europäischen Kontinentes geplant. Er ist als Ornithologe in mehr als 100 verschiedenen Ländern gereist. Zehn Jahre lang lebte er auf dem Kontinent, wo er sich eingehenden Studien an westeuropäischen Vögeln widmete.

Roger Peterson ist begeisterter Vogelfreund und -kenner. Er kann sich rühmen, ein Vogelbuch geschaffen zu haben, dessen Auflage und Absatz alle anderen übertrifft. Sein Erfolg wurzelt in der Verbindung einer starken künstlerischen Begabung mit eigenen feldornithologischen Kenntnissen. Dies befähigte ihn, eine besondere, zum Bestimmen des Vogels geeignete Methode bildlicher Darstellung zu schaffen: Auf den Bildern sind Striche angebracht, die den Blick des Beschauers sofort auf die charakteristischen Färbungs- und Zeichnungsmerkmale des Vogels lenken. Der systematische Ausbau dieser Methode, zunächst für Vögel, dann für Säugetiere und schließlich für andere Tiere, hat in Amerika eine überwältigende Zustimmung von seiten der Liebhaber und Tierfreunde ausgelöst. Obwohl Amerikaner, kennt Peterson Europa gut und hat einen Großteil der letzten drei Jahre auf Reisen zugebracht, um europäische Vögel gründlich kennenzulernen.

P. A. D. Hollom schließlich, weit gereist und den britischen Ornithologen als Herausgeber des „Popular Handbooks of British Birds" und Mitherausgeber der Zeitschrift „British Birds" bekannt, hat sich durch seine eingehenden Studien zur geographischen Verbreitung der Vögel der Alten Welt empfohlen.

GUY MOUNTFORT traf ROGER PETERSON 1949 auf dem „Hawk Mountain" in Pennsylvanien, wo sich alljährlich die Ornithologen versammeln, um den großartigen Zug der Raubvögel – Adler, Bussarde, Falken – zu beobachten, die dort in thermischen Aufwinden über die Kette des Kittatinny-Gebirges segeln. Schon nach wenigen Minuten ihres Beisammenseins faßten sie begeistert den Entschluß, gemeinsam einen „Field Guide to the Birds of Europe" herauszugeben, und zwar auf derselben allgemeinen Grundlage wie PETERSONS „Field Guides" für amerikanische Vögel, die in der Neuen Welt solchen Erfolg gehabt hatten und ihren Einfluß bereits auf das europäische ornithologische Schrifttum geltend machten. Und als sich später herausstellte, daß auch HOLLOM ein Buch über europäische Vögel geplant hatte, beschlossen sie, zusammenzuarbeiten.

Während der nächsten drei Jahre bereisten die Autoren ganz Europa vom arktischen Lappland bis zum südlichen Spanien, von Großbritannien bis zur Türkei, um die letzte Hand an ihre Feldbeobachtungen und Verbindungen mit auswärtigen Ornithologen zu legen und die umfassende einschlägige Literatur durchzumustern. Gemeinschaftlich haben sie alle in diesem Buche abgehandelten Arten mit Ausnahme eines unbedeutenden Bruchteils in natürlicher Umwelt beobachtet. PETERSON ist in erster Linie für die Abbildungen und die zugehörigen Bildtexte verantwortlich, MOUNTFORT für die Textbeschreibungen und HOLLOM für die Verbreitungskarten und Bemerkungen zur Verbreitung; dennoch ist das Buch nicht nur die Summe dreier gesonderter Beiträge, sondern in jeder Hinsicht das Ergebnis enger und kritischer Zusammenarbeit.

Das Resultat scheint mir äußerst befriedigend. Obgleich mehr als 600 verschiedene Arten behandelt werden, ist das Buch von handlichem Format und gibt an Ort und Stelle Auskunft. PETERSONS System erleichtert die schnelle und genaue Bestimmung der Vögel jeglichen Geschlechts und Alters. HOLLOM hat Karten der Brut- und Winterverbreitung aller europäischen Arten entworfen. Es ist erstaunlich, daß wir so lange auf dieses visuelle Hilfsmittel ornithologischer Forschung warten mußten, und ganz gewiß wird gerade diese Besonderheit des Buches von größtem Wert für alle ernsthaften Forscher sein. MOUNT-FORTS Text schließlich umfaßt ein Höchstmaß notwendigen Tatsachenmaterials auf geringstmöglichem Raum. Die Trivialnamen der Vögel werden in den ornithologisch wichtigsten europäischen Sprachen angeführt, und hieran schließen sich Angaben über Stimme, Gewohnheiten, Aufenthalt und Nistplatz, die bei der Bestimmung helfen und den Weg zu weiterer Forschung bahnen können, obwohl natürlich von einem Taschenbuch nicht erwartet werden darf, daß es allen ornithologischen Ansprüchen gerecht wird.

Die Vögel sind nach der neuesten wissenschaftlichen Klassifikation angeordnet; auf diese Weise wird auf ihre wahre Verwandtschaft hingewiesen. Und obwohl den Tatsachen subspezifischer Differenzierung die gebotene Anerkennung zuteil wird, ist aller Nachdruck durchaus auf die Spezies als primäre Einheit der Forschung gelegt; Subspezies, die im Freien zu erkennen sind, werden kurz aufgeführt und am Schluß des Textes über die jeweilige Art beschrieben.

Das Erscheinen des „Field Guide" scheint mir ein Ereignis von beträchtlicher Bedeutung für Wissenschaft wie auch für Naturgeschichte zu sein. Es wird sicherlich den Einfluß des Ornithologen in *jedem* Land erweitern; es wird das internationale Einvernehmen unter den Naturwissenschaftlern Westeuropas fördern; es wird helfen, sie zu überzeugen, daß Naturforschung einzelner Länder für sich nicht genügt und daß europäische Ornithologie in ihrer Gesamtheit betrieben zu werden verdient. Es wird hoffentlich den Weg für ein umfassendes Handbuch der Vögel Europas bahnen, das der europäischen Vogelkunde den gleichen Dienst erweisen wird, wie es das „Handbook of British Birds" der Vogelkunde auf den Britischen Inseln getan hat. Ich beglückwünsche Autoren und Verleger in gleicher Weise zu ihrem Unternehmen.

Vorwort der Verfasser zur ersten Auflage der englischen Originalausgabe

> *„Obwohl nicht gesagt ist, daß jede Vogelart eine ihr eigene Gewohnheit besitzt, so gibt es bei den meisten doch mindestens etwas, was sie auf den ersten Blick unterscheidet und einen einsichtsvollen Beobachter befähigt, sie mit einer gewissen Sicherheit anzusprechen."*   Gilbert White, 1778

Kein Zweig der Naturgeschichte ist mit einem reicheren Schrifttum versehen als die Ornithologie. Neue Vogelbücher, gute, schlechte und mittelmäßige, ergießen sich auf ein anscheinend unersättliches Publikum, in Großbritannien allein im Durchschnitt aller 14 Tage eines. Dennoch ein weiteres herauszugeben, bedarf eines Wortes der Erklärung.

Leute, deren Beruf es ist, Bücher zu verkaufen, versichern, daß ein Großteil der heutigen Nachfrage nach Vogelbüchern zweierlei Bedürfnissen entspringt. Kenntnisreiche Ornithologen, die bereits eines oder mehrere der großen Sammelwerke besitzen, wie WITHERBYS fünfbändiges „Handbook of British Birds", verlangen ein ähnlich maßgebliches und umfassendes Nachschlagebuch, „klein genug, um es in die Tasche zu stecken". Eine weit ungestümere Nachfrage zielt auf ein „wirklich einfaches" Buch, das die große Masse instand setzt, Vögel „mit einem Blick" und ohne Fachwissen zu bestimmen. Beide, ganz verschieden begründete Anforderungen sind „cris du coeur". Der erfahrene Ornithologe nimmt verständlicherweise ungern schwere und kostbare Bände mit auf Reisen, und die vorhandenen einbändigen Bücher lassen gerade die Seltenheiten, die er sucht, aus Raumersparnis weg. Anfänger und die große Menge aller derer, deren Interesse oft mehr sentimental als wissenschaftlich ist, verlangen nach einem Buch, mit dem sie Vögel rund um ihren Garten bestimmen können, ohne daß sie den Knäuel von Einzelheiten und technischem Beiwerk entwirren müssen, der sie meist im vorhandenen Schrifttum verwirrt.

Drittens besteht nun, wie uns berichtet wird, auch eine Nachfrage bei der ständig wachsenden Zahl jener Vogelbeobachter, die jedes Jahr in ornithologisch für sie neue Gebiete reisen, wo unbekannte Vögel auftreten. Sprachliche Schwierigkeiten versperrten ihnen häufig den Zugang zu den in einigen Ländern verfügbaren Handbüchern. Daher ihr Ruf nach einem Buch mit Abbildungen *aller* Vogelarten Europas. In dieser Art ist seit DRESSERS neunbändigem monumentalen Meisterwerk aus den Jahren 1871–80, das heute ein Vermögen kostet, nichts mehr erschienen.

Der „Field Guide to the Birds of Britain and Europe" versucht allen dreien dieser anscheinend widerstreitenden Anforderungen gerecht zu werden. Unbedingte Schlichtheit ist sein Grundton. Er ist nichtfachlich. Er umfaßt alle Vögel Europas einschließlich der Seltlinge von der Tundra Nordfinnlands bis zu den Mittelmeerinseln, westwärts bis Island und ostwärts bis zum Schwarzen Meer.

Die Vögel sind nach der Klassifikation von WETMORE, die jetzt international akzeptiert wird, angeordnet. Die in der neuesten britischen Vogelliste benutzten wissenschaftlichen Namen sind berücksichtigt worden. Trivialnamen werden englisch, holländisch, französisch, deutsch und schwedisch gebracht, und da viele europäische Arten im den Vereinigten Staaten und in Kanada vorkommen, werden auch die nordamerikanischen Namen angegeben, soweit sie sich von den in England gebräuchlichen unterscheiden. Als landessprachliche Namen wurden die im allgemeinen Gebrauch befindlichen gewählt, was nach der Ansicht von DAVID LACK immer der entscheidende Prüfstein für ihre Anwendung sein muß.

Bei den Abbildungen ist der Wert in erster Linie auf getreue Wiedergabe von Färbung und Zeichnungsmuster gelegt, weniger darauf, „Gemälde" zu schaffen. Alle sind maßstabgerecht gemalt. Ähnliche Arten werden beieinander und in der gleichen Stellung gezeigt, gelegentlich ohne Rücksicht auf ihre Verwandtschaft, wenn dies dem Vergleich dienlich ist. Striche weisen deutlich auf die bezeichnenden feldornithologischen Kennzeichen hin, die den verwandten Arten fehlen. Weitere Vergleiche werden im Text mitgeteilt. Einzelheiten von nur allgemeinem (d. h. für die Art belanglosem) Interesse sind aus der Beschreibung erbarmungslos ausgetilgt worden; Angaben über Verhalten sind nur dann gemacht, wenn sie zur Bestimmung nützlich sind. Die Karten zeigen die Brut- und Winterverbreitung der Arten mit Ausnahme der nur gelegentlich erscheinenden oder derer, bei denen der Text eine klare Auskunft erteilen kann. Schließlich erfüllt die Größe des „Field Guide" die Forderung, daß er sich buchstäblich „in die Tasche stecken läßt". Wer mehr erzählende oder gar vermenschlichende Vogelbücher vorzieht, wird in jeder Buchhandlung eine große Auswahl finden: In dieser Hinsicht ist der „Field Guide" nicht konkurrenzfähig und keine Ergänzung des schon vorhandenen Schrifttums.

Die Angaben, auf denen sich dies Buch aufbaut, sind aus verschiedenen Quellen zusammengestellt worden. Erstens aus den eigenen Freilandaufzeichnungen der Autoren, die in vielen Reise- und Studienjahren gemacht wurden. Zweitens aus inniger Zusammenarbeit mit führenden Ornithologen ganz Europas, die großzügig ihre eigenen Aufzeichnungen, wie etwa über lokale Verbreitung der Arten, zur Verfügung stellten. Drittens aus ständigem Studium aller verfügbaren ornithologischen Literatur und Zeitschriften – auch der russischen.

Viertens aus der kritischen Prüfung von Bälgen und lebenden Vögeln in verschiedenen Museen und Sammlungen, besonders denen des British Museum of Natural History, der Zoological Society of London, des Severn Wildfowl Trust, der Smithsonian Institution in Washington, D. C., und des American Museum, New York. Dem unverdrossenen Stab dieser Institute gebührt der wärmste Dank der Autoren. Vor allem müssen der unschätzbare Rat von Sir PETER SCOTT erwähnt werden und die von ihm gebotenen günstigen Gelegenheiten bei der entscheidenden Vorbereitung des Textes und der Abbildungen für die Enten, Gänse und Schwäne; für alle diese Arten wurde uns eine sachkundige Unterstützung zuteil.

Sir LANDSBOROUGH THOMSON und Dr. DAVID LACK schulden wir Dank für ihre Führung auf dem verwickelten Gebiet der einheimischen Namenkunde und Dr. FRANÇOIS BOURLIÈRE für seine Hilfe bei der Abfassung der kritischen, im Anhang aufgeführten Liste über die Literatur.

Der Raum erlaubt es den Verfassern leider nicht, hier die so freimütig geleistete Hilfe der Ornithologen vieler Länder im einzelnen anzuführen. Wenn der „Field Guide" von Wert ist, dann ist es darauf zurückzuführen, daß er die Zusammenarbeit eines so umfassenden, so vorzüglichen und so internationalen Gremiums von Ratgebern widerspiegelt. Der Dank der Verfasser muß jedoch zum Ausdruck kommen für besondere Unterstützung, die sie von den folgenden Fachkollegen erfahren haben:

Belgien:	C. DUPONT, J. SPAEPEN.
Bulgarien:	Dr. J. M. HARRISON.
Dänemark:	Frl. H. I. JÖRGENSEN, Dr. P. JESPERSEN, Dr. FINN SALOMONSEN.
Deutschland:	Prof. G. NIETHAMMER, Prof. E. STRESEMANN.
Estland:	J. LEPIKSAAR.
Finnland:	Dr. O. KALELA.
Frankreich:	P. BARRUEL, G. BERTHET, R. D. ETCHÉCOPAR, Dr. C. FERRY, F. HÜE, H. LOMONT, N. MAYAUD, G. OLIVIER, A. RIVOIRE, G. TALLON.
Griechenland:	Dr. W. MAKATSCH, P. ZERVAS, M. J. TEKKE.
Großbritannien:	W. B. ALEXANDER, Frau MARY BANNERMAN, Frl. P. BARCLAY-SMITH, C. J. BLACKBURNE, H. H. DAVIS, A. E. DOERR, JAMES FISHER, D. GOODWIN, Dr. J. M. HARRISON, Capt. COLLINGWOOD INGRAM, J. D. MACDONALD, Col. R. MEINERTZHAGEN, E. M. NICHOLSON, G. POLLARD, A. C. TOWNSEND, W. R. TREVELYAN, N. J. P. WADLEY, K. WILLIAMSON.
Holland:	Dr. G. C. A. JUNGE, J. KIST, J. E. SLUITERS.
Irland:	G. R. HUMPHREYS.
Island:	Dr. FINNUR GUDMUNDSSON.
Italien:	Prof. F. CATERINI, Prof. A. GHIGI, Prof. E. MOLTONI.

Jugoslawien:	R. Csornai, Prof. R. Kroneisl.
Lettland und Litauen:	B. Berzins.
Norwegen:	Dr. H. M. S. Blair, Dr. Y. Hagen,
	Prof. H. L. Lövenskiold.
Österreich:	Dr. G. Rokitansky.
Polen:	Z. Godyn.
Portugal:	H. W. Coverley.
Rumänien:	Prof. D. Lintia.
Schweden:	C. F. Lundevall, Dr. G. Svärdson.
Schweiz:	P. Geroudet.
Spanien:	D. Mauricio Gonzáles Diez, Capt. P. W. Munn.
Tschechoslowakei:	Dr. W. Cerny, F. J. Turcek.
Türkei:	Dr. S. Ergene.
Ungarn:	Dr. A. Keve.
USA:	H. Deignan, L. S. Pearl, R. H. Pough.

Hinweise des Bearbeiters zur 13. und 14. Auflage der deutschen Ausgabe

Kaum ein deutschsprachiges Bestimmungsbuch der Vögel Europas hat bei Feld-ornithologen und Naturfreunden so großen Anklang und mit mehr als 235 000 Exemplaren eine so weite Verbreitung gefunden wie der „Peterson", der unter diesem Namen allgemein bekannte Naturführer von R. Peterson, G. Mount-fort und P. A. D. Hollom. Als 1954 die erste Auflage der von Prof. Dr. G. Niethammer übersetzten und bearbeiteten deutschsprachigen Ausgabe er-schien, konnte allerdings niemand ahnen, daß dreißig Jahre später bereits eine 13./14. Auflage den Naturfreunden im deutschen Sprachraum als Hilfe beim Bestimmen der europäischen Vögel zur Verfügung stehen würde.

Nach dem Tode Prof. Niethammers am 14. Januar 1974 habe ich auf Wunsch des Verlages die Verantwortung für die weiteren Auflagen übernom-men. Die 1976/79 erschienene 11./12. Auflage, für deren Bearbeitung u. a. die Herren Dr. H. Löhrl und H. Ringleben wichtige Hinweise beisteuerten, konnte durch die Aufnahme einiger inzwischen neu für Europa nachgewiesener Vogelarten sowie durch zwei neue Farbtafeln mit Abbildungen seltener Vögel ergänzt werden.

Mit der vorliegenden 13./14. Auflage wird nun der wiederholt ausgespro-chene Wunsch erfüllt, die wenigen bisher noch schwarzweiß gedruckten Tafeln durch farbige zu ersetzen. Darüber hinaus gibt es eine Reihe weiterer Neuerun-gen. So sind die aus der 1983 erschienenen vierten englischen Auflage übernom-menen, nach neuen Erkenntnissen überarbeiteten Verbreitungskarten jetzt zweifarbig. Etliche inzwischen häufiger in Europa vorkommende Vogelarten, die bisher nur kurz im Abschnitt Irrgäste besprochen wurden, sind nun, ausführlicher behandelt, im Hauptteil zu finden, während sich die Zahl der seltenen Irrgäste um weitere Arten vermehrt hat.

Die Reihenfolge der Familien und Arten und damit auch von Tafeln und Verbreitungskarten wurde in der vierten englischen Auflage geändert und hält sich jetzt an die 1973 und 1977 im „Ibis" veröffentlichte Liste holarktischer Vögel von Prof. Dr. K. H. Voous. Der für die deutsche Ausgabe verantwortliche Bearbeiter ist dieser Gliederung, auch wenn sie nicht in allem seinen Vorstellungen entspricht, in der Mehrzahl der Fälle gefolgt. Im übrigen machen Hinweise im Text und die Einfügung von Synonymen bei den wissenschaftlichen Vogelnamen den Benutzer des Buches darauf aufmerksam, daß Fortschritte der Wissenschaft auch in Zukunft noch für viele Korrekturen an der Zuordnung und Gruppierung der Vogelarten sorgen werden.

Wie in früheren Auflagen wird auch in der 13./14. Auflage auf die in der Bundesrepublik Deutschland in ihrem Bestand gefährdeten Vogelarten durch Signaturen hingewiesen. Die Angaben über den Grad der Bedrohung stützen sich auf die „Rote Liste der in der Bundesrepublik Deutschland und in Berlin (West) gefährdeten Vogelarten" in der 5. Fassung von 1982.

In den Text wurden zahlreiche Ergänzungen aufgenommen, vor allem Hinweise auf feldornithologische Kennzeichen der Arten, zu deren Kenntnis besonders britische Beobachter beigetragen haben. Für solche Fingerzeige dankt der Bearbeiter u. a. aber auch Dr. R. Ertel, wie er Dr. E. Nowak für Hilfe bei der Überprüfung der Verbreitungskarten für das östliche Europa zu Dank verbunden ist.

Der bereits einem Teil der 12. Auflage beigeheftete Vogelstimmen-Bestimmungsschlüssel von R. Lille, G. Rehfeldt und G. Rüppell ist, unter weiterer Berücksichtigung praktischer Erfahrungen, zu einem festen Bestandteil des Buches geworden. Bei der 14. Auflage wurde die Farbqualität einiger Farbtafeln noch stärker der feldornithologischen Praxis angepaßt.

Bei allen Neuerungen und Verbesserungen, die der „Peterson" wieder erfahren hat, trägt er auch weiterhin den Stempel Günther Niethammers, des Übersetzers und Bearbeiters der ersten deutschen Ausgabe; ihm und dem Verlag Paul Parey verdankt eine ganze Generation deutschsprachiger Feldornithologen den ersten richtungsweisenden Führer durch die gesamte europäische Vogelwelt.

Bonn, im Frühjahr 1985   Hans Edmund Wolters

Zur 10. Auflage der deutschen Ausgabe

Die vorliegende zehnte Auflage des „Peterson" ist mit großer Sorgfalt ergänzt, erweitert und gründlich überarbeitet worden. Damit befindet sich dieser bewährte Feldführer, der in neun Auflagen über 150 000 Exemplare erreichte, wiederum auf dem neuesten Stand unserer Kenntnisse der Vogelkunde. Naturfreunde und Ornithologen werden auch in Zukunft im „Peterson" die Hilfe finden, die er ihnen nun schon seit vielen Jahren bietet.

Seit dem Erscheinen der ersten Auflage im Jahre 1954 unterstützt mich Herr Dr. H. E. WOLTERS bei der Bearbeitung dieses Buches. Für diese unschätzbare Mitarbeit danke ich ihm sehr herzlich.

Im einzelnen seien folgende Ergänzungen hervorgehoben.

In den Hauptteil wurden neben einer *neuen* Brutvogelart (Kaffernsegler) nun auch die aus anderen Ländern in Europa eingebürgerten Vogelarten aufgenommen. Abbildungen dieser Arten zeichneten freundlicherweise die Herren HERMANN HEINZEL und WOLFGANG HARTWIG. Diese Zeichnungen wurden unmittelbar den Beschreibungen der betreffenden Arten hinzugefügt. Dreizehn Vogelarten, die inzwischen zum ersten Male in Europa nachgewiesen worden sind, wurden in das Kapitel „Irrgäste" aufgenommen. Die Kennzeichen der Arten wurden überarbeitet und kurze Steckbriefe auch für jene Vogelfamilien gegeben, bei denen sie bisher im Text fehlten. Schließlich wurden bei mehr als sechzig Verbreitungskarten die neuesten Erkenntnisse avifaunistischer Forschung berücksichtigt.

Ich danke allen Vogelforschern und Naturfreunden, die in den letzten zwei Jahrzehnten die Arbeit an diesem Buch gefördert haben. Ihre Anregungen spiegeln sich in dieser Neubearbeitung des „Peterson" wider. Das läßt mich hoffen, daß auch die zehnte Auflage des beliebten Taschenbuches das große Vertrauen rechtfertigen wird, das ihm bisher aus allen natur- und vogelkundlich interessierten Kreisen entgegengebracht wurde.

Bonn, im Januar 1973   G. NIETHAMMER

Vorwort des Übersetzers zur 1. Auflage der deutschen Ausgabe

Ein Buch, das *jeden* Vogel Europas in treffenden Bildern (wenn nötig, in verschiedenen Kleidern) zeigt, die wichtigsten Merkmale der Färbung und Lebensweise klar hervorhebt und Brut- und Wintergebiete auf zuverlässigen Verbreitungskarten vorführt, kurz, ein modernes Taschenbuch über die Vögel Europas wurde von allen Vogelkennern und Vogelfreunden unseres Erdteils seit langem ersehnt. Auch für uns gilt Satz für Satz, was Dr. JULIAN HUXLEY und was die Verfasser vom Verlangen nach einem solchen Taschenbuch geschrieben haben – ja für uns gilt es ganz besonders, denn wir haben kein neueres Bestimmungsbuch von handlichem Format in deutscher Sprache, in dem alle unsere Vögel in ihren verschiedenen Kleidern abgebildet sind, so wie es die Engländer im „Handbook of British Birds" besitzen. Das „Handbuch der deutschen Vogelkunde" krankt nämlich am Mangel farbiger Abbildungen, die, ganz besonders dem Anfänger, die Kenntnis der Vogelkleider weit besser vermitteln als langatmige Beschreibungen. Vor allem wird dieses Taschenbuch demjenigen nützlich werden, den als Freund der Vogelwelt eine Reise weit über die Grenzen unserer Heimat bis ans Mittelmeer oder bis über den Polarkreis führt, wo er sich zunächst von lauter Rätseln umgeben sieht. Ein Blick in unser

„pan-europäisches" Büchlein, das von Engländern geschrieben, von einem Amerikaner bebildert, von einem Deutschen übersetzt wurde, wird sie lösen helfen.

Die Übersetzung hält sich sinngetreu an das englische Vorbild, nur wurde gegebenenfalls der Schwerpunkt von den britischen auf die deutschen Verhältnisse verlagert, so z. B. im Abschnitt „Für den Leser", bei der Kennzeichnung von Lebensstätten, im Kapitel „Stimme", bei Anführen der Verbreitung seltener Vogelarten sowie bei den Symbolen auf den Tafelerklärungen.

Als deutsche Vogelnamen wurden im allgemeinen diejenigen benutzt, die (aus einer oft beträchtlichen Zahl) 1936 von OSKAR HEINROTH und dem Übersetzer mit Zustimmung und im Auftrag der Deutschen Ornithologischen Gesellschaft festgelegt und im „Handbuch der deutschen Vogelkunde" verwendet wurden. Dadurch wird angestrebt, die Verständigung unter allen Vogelfreunden in jedem Einzelfalle, auch bei Fortlassung des wissenschaftlichen Namens, zu sichern. Zur Bezeichnung derjenigen Arten, die in Deutschland noch niemals vorgekommen sind, standen deutsche Namen nicht immer zur Verfügung. Daher habe ich manche Benennung erst ersinnen müssen.

In der Wahl der wissenschaftlichen Namen habe ich als Übersetzer nicht in allen Fällen den Bearbeitern der englischen Ausgabe folgen können, vor allem dort nicht, wo diese die nomenklatorischen Verbesserungen unberücksichtigt ließen, welche HARTERT-STEINBACHER im Ergänzungsband des Werkes „Die Vögel der palaearktischen Fauna" (1932–1938) vorgenommen hatten. Ferner ist der Folgerichtigkeit und Deutlichkeit halber der Artbegriff in einigen Fällen anders als im englischen „Field Guide" gefaßt worden, so beim Korsenkleiber.

Den Verfassern und dem englischen Verlag COLLINS danke ich für die Genehmigung zur Übertragung ins Deutsche, ebenso dem Verlag PAUL PAREY, weil er keine Mühe scheute, das „Taschenbuch" in guter Ausstattung herauszubringen. Mein besonderer Dank gilt Herrn Prof. Dr. E. STRESEMANN, der mir wie früher so auch diesmal wieder mit Rat und Tat zur Seite stand, sowie den Herren Dr. W. PRZYGODDA und H. E. WOLTERS, die mir bei der kritischen Durchsicht des Manuskriptes halfen. Herrn WOLTERS bin ich ferner dafür dankbar, daß er während meiner Abwesenheit die Korrekturarbeiten überwacht hat.

G. NIETHAMMER

Inhalt

Verzeichnis der Tafeln

Vögel

Eier

Übersichtskarte

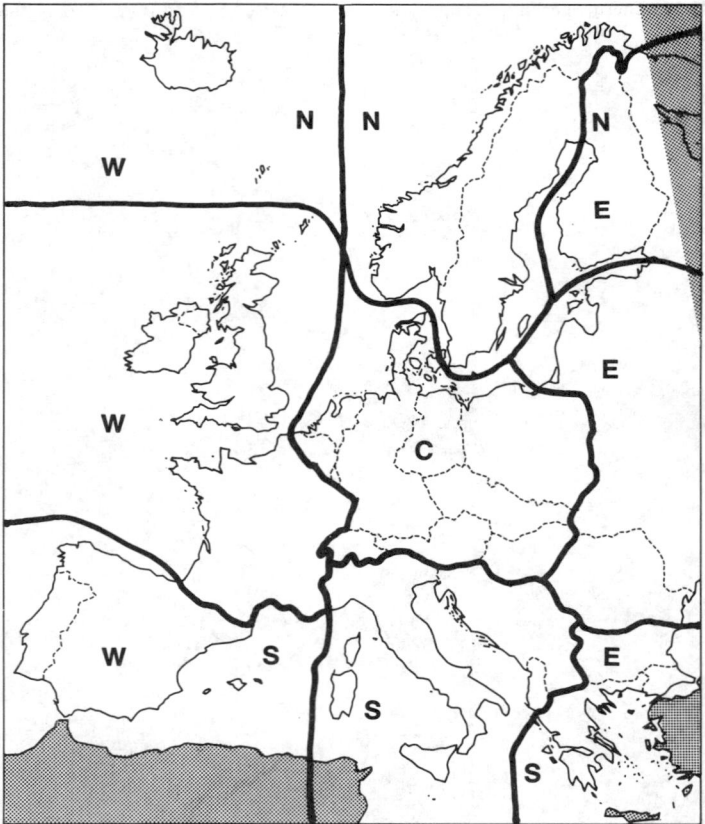

Das vorliegende Buch bespricht alle im weiß gelassenen Teil der Karte vorkommenden Vogelarten, d. h. die Vögel Europas ostwärts bis zum 30° östl. Länge und einschl. der Inseln des Mittelmeeres, jedoch ohne Nordafrika und Kleinasien. Wo im Text die Verbreitung einer Vogelart mit Nord-, Süd-, West-, Mittel- oder Osteuropa angegeben wird, entsprechen diese Bezeichnungen in etwa den mit N (Nord), S (Süd), W (West), C (Mittel) und E (Ost) bezeichneten Sektoren der Karte.

Zur Benutzung des Buches

1. Zeichen und Abkürzungen

Dieses Taschenbuch behandelt alle deutschen und mit Ausnahme der russischen auch alle übrigen europäischen Vögel. Um es dem Leser, der zuerst die Farbtafeln zu Rate zieht, wenn er einen neuen Vogel sieht, so bequem wie möglich zu machen, finden folgende Symbole vor den Vogelnamen (gegenüber den Tafeln) Verwendung:

Ohne Symbol bedeutet, daß der Vogel noch nicht in Deutschland (BR-Deutschland und DDR) nachgewiesen wurde.

● Brutvogel in Deutschland

○ Regelmäßig auf dem Zuge oder als Wintergast in Deutschland.

△ Nur selten oder ausnahmsweise (Irrgast) in Deutschland erscheinend.

◍ Unregelmäßiger oder ehemaliger deutscher Brutvogel, aber regelmäßig auf dem Zuge oder als Gast.

◬ Unregelmäßiger oder ehemaliger deutscher Brutvogel, nur selten oder überhaupt nicht mehr erscheinend.

B Nur in der Bundesrepublik Deutschland

C Nur in der Deutschen Demokratischen Republik

Im Text und gegenüber den Tafeln hinter den wissenschaftlichen Namen:

R = Eingestuft als gefährdete Vogelart nach der 5. Fassung der „Roten Liste der in der Bundesrepublik Deutschland und in Berlin (West) gefährdeten Vogelarten" (Stand am 1. 1. 1982), und zwar

R1 = ausgestorbene Art,

R2 = vom Aussterben bedrohte Art,

R3 = stark bedrohte Art,

R4 = bedrohte Art,

R5 = potentiell bedrohte Art (Art mit nur kleiner Population in der Bundesrepublik oder vorher stärker bedrohte Art, die wieder zugenommen hat),

R6 = Art, die nur sporadisch oder gelegentlich in der Bundesrepublik brütet.

Auf den Tafeln und im Text werden verwandt:

♂ = Männchen

♀ = Weibchen

Juv. = juvenilis = jugendlich, *Jugendkleid*

Immat. = immaturus = unreif, *unausgefärbt*

Ad. = adultus = erwachsen, geschlechtsreif, *Alterskleid*

Im Text unter den wissenschaftlichen Namen:

Syn. = Synonym oder Synonyme des wissenschaftlichen Artnamens, und
      zwar

      a = vom Bearbeiter der deutschen Ausgabe vorgezogene, von ihm in
          „Die Vogelarten der Erde" (Hamburg und Berlin 1975–1982)
          und/oder „Die Vögel Europas im System der Vögel" (Baden-
          Baden 1983) verwendete Namen, meist aufgrund enger gefaßter
          Gattungen,
      b = sonstige in neuerer Zeit häufiger verwendete Artnamen.

Die Abkürzungen vor den Trivialnamen bedeuten
    (E) Englisch; (F) Französisch; (H) Holländisch; (I) Italienisch; (N.A.)
    Nordamerikanisch; (S) Schwedisch; (Sp) Spanisch.

Hinweise auf Text und Tafeln (auch im Kartenanhang und Index):
    Zahlen im Normaldruck bedeuten Seiten des Textes, im Fettdruck Num-
    mern der Tafeln, mit angehängtem E Nummern der Eiertafeln.

2. Wie bestimmt man einen Vogel?

Viele, die sich schon ein wenig für Vögel interessieren, schrecken davor zurück,
sich näher mit ihnen zu befassen, weil sie, wie sie manchmal sagen, „ein
Rotkehlchen nicht von einem Sperling unterscheiden können". Andere sind
vielleicht auf einen äußerst fachlichen Aufsatz gestoßen, den einer der oft sehr
spezialisierten wissenschaftlichen Ornithologen geschrieben hat, und scheuen
die ihnen unvertraute Ausdrucksweise. Solche Menschen verschließen sich
ohne Grund einer Quelle reinen Genusses. Die Freude an den Vögeln, welche
der Mensch in Jahrhunderten gefühlsbestimmten Interesses entwickelt hat, ob
sie nun flüchtige oder ständig empfundene ist, ist weder von eingehendem
Studium noch von akademischen Befähigungen abhängig. Wer behauptet, ein
Rotkehlchen nicht von einem Sperling unterscheiden zu können, wird sicherlich einen Adler, eine Möwe, eine Ente, eine Eule und viele andere Vertreter der
verschiedenen Familien erkennen. Er ist tatsächlich schon ein Stück auf dem
Wege des „Vogelkennens" fortgeschritten.

    Aber die Ausdrücke „Adler", „Möwe" oder „Ente" sind sehr weit gefaßt. Es
gibt etwa 50 verschiedene Adlerarten in den verschiedenen Teilen der Erde und
noch mehr Möwen- und Entenarten. Der Zweck dieses Buches ist, ohne
erschwerende Symbole zu zeigen, wie man auf vernünftige Entfernung alle
Großbritannien und das europäische Festland bewohnenden oder besuchenden
Vogelarten unterscheiden kann, auch wenn man noch keine Fachkenntnisse
besitzt.

    Es gibt ungefähr 9100 Vogelarten auf der Erde. Wir haben es in Europa mit
505 mehr oder weniger regelmäßig vorkommenden Arten zu tun, wobei die
etwa 14 eingebürgerten eingeschlossen sind. Sie alle werden vollzählig in diesem
Buch behandelt. Zusätzlich sind gegen 140 Arten in Europa weniger als 20mal
nachgewiesen; diese werden kurz in dem Anhang „Irrgäste" beschrieben

(S. 263). Das verwickelte Thema der Rassen (Unterarten, Subspezies) wird auf S. 31 erörtert. Die wenigen im Freien kenntlichen Rassen werden ebenfalls kurz beschrieben.

Was muß man beachten?

Um einen Vogel bestimmen zu können, muß man vor allem wissen, worauf zu achten ist – die „feldornithologischen Kennzeichen". Die genaue Diagnose stützt sich dann auf ein Verfahren der Aussonderung, indem man den fraglichen Vogel mit anderen ihm ähnlichen vergleicht. Die Hinweisstriche auf den Abbildungen erleichtern das. Aber das Aussehen allein liefert keineswegs die einzigen Anhaltspunkte. Lockrufe, Gesang, Körperhaltung, Verhalten, Lebensstätte, Vorkommen sind gleich wichtig.

Welche Größe hat der Vogel?

Zuerst gewöhne man sich an, seltene Vögel mit wirklich gemeinen und bekannten zu vergleichen – mit einem Haussperling, einer Amsel, einer Taube usw., so daß man sich sagen kann „kleiner als eine Amsel, etwas größer als ein Sperling" usw. Die Maße zu Beginn des Abschnittes „Kennzeichen" bedeuten *Durchschnitts*-Längenmaße des Vogels (von der Schnabelspitze bis zur Schwanzspitze).

Welche Gestalt hat er?

Ist er rundlich wie ein Rotkehlchen (links) oder schlank wie eine Bachstelze (rechts)?

Welche Gestalt haben seine Schwingen im Fluge? Sind sie stark zugespitzt wie die einer Schwalbe (links) oder kurz und gerundet wie bei einer Grasmücke (rechts)?

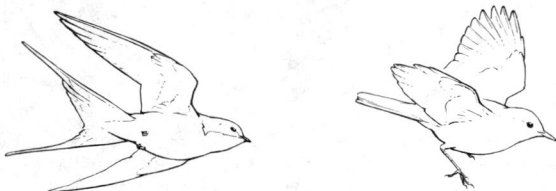

Welche Form hat sein Schnabel? Ist er zierlich wie bei einer Grasmücke (1), dick und kurz wie bei einem Finken oder einem Sperling (2), dolchförmig wie bei einer Seeschwalbe (3) oder gekrümmt wie bei einem Turmfalken (4)?

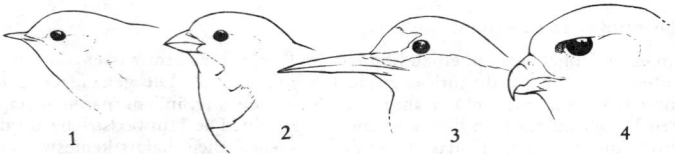

Ist sein Schwanz tief gegabelt wie bei einer Schwalbe (a), kurz und abgestutzt wie bei einem Star (b), tief eingekerbt wie bei einem Hänfling (c), breit und gerundet wie bei einem Kuckuck (d) oder keilförmig wie bei einem Kolkraben (e)?

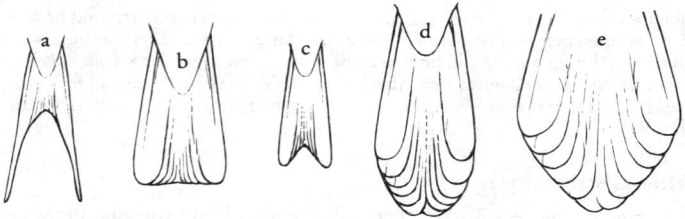

Wie verhält er sich?

Einige Vögel haben sehr kennzeichnende Gewohnheiten. Wippt er beständig mit dem Schwanz wie eine Bachstelze, zittert er mit dem Schwanz wie ein Rotschwanz, stellt er den Schwanz senkrecht wie ein Zaunkönig, oder sitzt er kerzengerade mit abwärts gerichtetem Schwanz wie ein Grauschnäpper?

Klettert er an Bäumen? Wenn ja, klettert er in Spiralen aufwärts wie ein Baumläufer (1), klettert er ruckweise, gestützt auf den steifen Schwanz, wie ein Specht (2), oder klettert er, ohne seinen Schwanz als Stütze zu benutzen, ebenso geschwind abwärts wie aufwärts wie ein Kleiber (3)?

Wenn er zur Nahrungssuche auf den Boden kommt, läuft er dann wie eine Lerche, hüpft er wie ein Sperling, rennt er stoßweise wie eine Bachstelze, oder drückt er sich dicht am Boden dahin wie eine Heckenbraunelle?

Liegt er beim Schwimmen hoch im Wasser wie ein Teichhuhn (a) oder tief mit fast überflutetem Rücken wie ein Seetaucher (b)? Taucht er wie ein Bläßhuhn (c) oder gründelt er nur wie eine Stockente (d)?

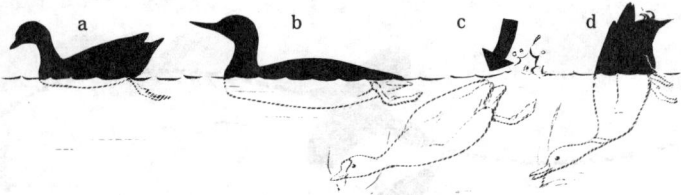

Muß er beim Auffliegen vom Wasser Anlauf nehmen und dabei auf der Oberfläche entlangspritzen wie ein Teichhuhn (links), oder löst er sich mit einem einzigen Flügelschlag von der Oberfläche wie eine Krickente (rechts)?

Fliegt er über das Wasser und taucht kopfüber wie eine Seeschwalbe oder ein Eisvogel, oder stürzt er sich nach Fischen mit den Füßen voran ins Wasser wie ein Fischadler, oder läuft er unter Wasser wie eine Wasseramsel?

Watet er? Wenn ja, steht er lange regungslos im seichten Wasser wie ein Reiher, oder rennt er hurtig am Ufer entlang wie ein Wasserläufer, oder folgt er den zurückweichenden Wellen wie ein Sanderling?

Welche Eigenarten hat der Flug?

Ist die Flugbahn ausgeprägt wellenförmig wie bei einem Specht (1), oder ist der Flug gerade und schnell wie bei einem Star (2)?

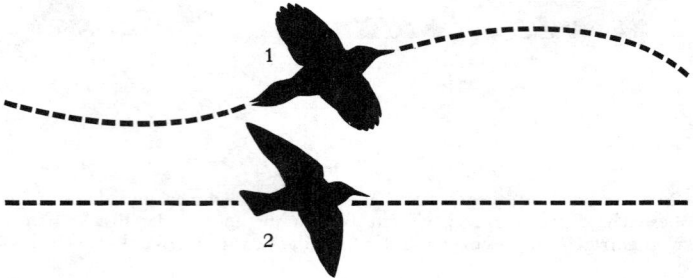

Schlägt er langsam mit den Flügeln wie ein Reiher oder schnell wie eine Stockente, oder wechseln Flügelschlag und Gleitfliegen ab wie bei einer Wacholderdrossel, oder segelt er ohne Flügelschlag wie ein Bussard?

Welche feldornithologischen Kennzeichen besitzt er?

Ein paar Vögel können sofort an der Färbung allein erkannt werden. Ein Irrtum ist z. B. beim männlichen Pirol mit seinem satten Gelb und Schwarz ausgeschlossen.

Dennoch brauchen wir zur Unterscheidung der Vögel oft weniger ins Auge springende feldornithologische Kennzeichen verschiedener Art. Sie werden durch Hinweisstriche auf den Abbildungen des Taschenbuches hervorgehoben und entsprechen den kursiv gedruckten Stellen des Begleittextes unter „Kennzeichen". Nicht eindeutige feldornithologische Kennzeichen werden nur dort erwähnt, wo die Bestimmung schwierig ist und Vollständigkeit der angeführten Merkmale verlangt.

Viele Vögel sind unten mehr oder weniger gefleckt oder gestreift. Erstreckt sich diese Zeichnung fast über die ganze Unterseite wie bei der Singdrossel (a), nur auf die Vorderbrust wie bei der Feldlerche (b) oder nur auf die Flanken wie beim Birkenzeisig (c)?

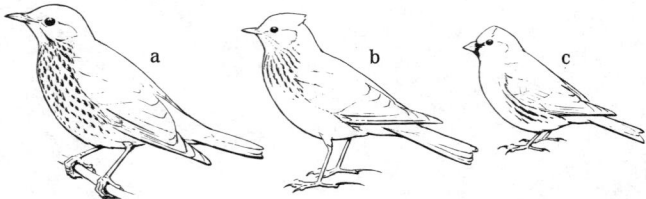

Hat der Schwanz ein auffallendes Muster? Hat er eine weiße Spitze wie beim Kernbeißer (1), weiße Außenkanten wie beim Buchfinken (2) oder weiße Seitenflecken wie beim Braunkehlchen (3)?

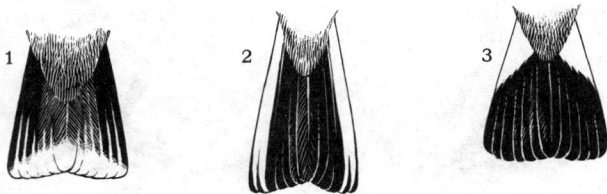

Eine Anzahl von Vögeln zeigt im Fluge einen auffallenden weißen Bürzel – der Eichelhäher, die Mehlschwalbe, der Gimpel, die Steinschmätzer, viele Wasserläufer und die Kornweihe, um nur eine Auswahl zu nennen. Wenn so vielen Arten ein solch hervorstechendes Merkmal gemeinsam ist, muß man nach zusätzlichen feldornithologischen Kennzeichen Ausschau halten.

Steinschmätzer   Mehlschwalbe

Flügelbinden oder ihr Fehlen sind sehr wichtig bei solchen Vögeln wie den Laubsängern; manche sind auffallend, manche undeutlich, manche einzeln, manche doppelt.

Augenstreifen sind gleichfalls wichtig bei manchen kleinen Singvögeln. Hat der Vogel einen Streif über oder unter dem Auge oder durch das Auge – oder eine Kombination von zwei oder drei solchen Streifen? Manche Grasmücken haben kennzeichnend gefärbte Augen, Augenränder oder „Bart"streifen. Solche Einzelheiten sind natürlich nur dann nützlich, wenn der Vogel sich aus der Nähe betrachten läßt.

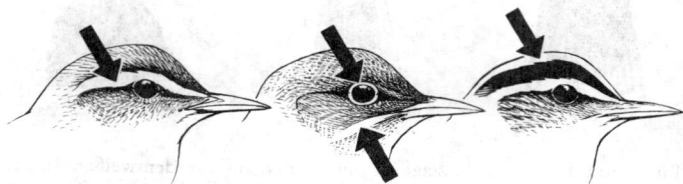

Auf Flügelabzeichen sollte immer geachtet werden, besonders bei Enten und Watvögeln. Die Flügel können ganz dunkel oder ganz hell oder teils dunkel, teils hell sein oder auffallende weiße oder andersfarbige Flecken aufweisen. Die genaue Lage solcher Abzeichen auf den Flügeln, von oben oder von unten gesehen, ist wichtig.

| Ungezeichneter Flügel | Flügelstreif | Flügelfeld oder Flügelfleck |

Rufe und Gesang

Erfahrene Ornithologen verlassen sich oft beim Ansprechen der Vögel genauso auf ihr Gehör wie auf ihr Auge. Es ist schwierig, Vogelstimmen zu Papier zu bringen, weil die Vögel selten „menschliche" Laute von sich geben und unsere Auslegung dieser Laute verschieden ist: der eine hört einen Lockruf wie „tiu", der andere wie „dju" oder „sjuh". Es muß auch daran erinnert werden, daß Vögel oft wie Menschen Dialekte ihrer „Sprache" entwickeln. Der beste Weg, die Stimmen kennenzulernen, ist, mit einem Vogelkenner hinauszugehen und sich von ihm aus erster Hand unterweisen zu lassen. Schallplatten der Vogelgesänge sind ebenfalls eine unschätzbare Hilfe, sogar für den Experten. (U. a. Schallplatten des Kosmos und die 15 Platten bzw. 16 Kassetten mit den Stimmen von fast 600 Vogelarten, die der Schwedische Rundfunk herausgegeben hat; Sonderprospekte durch den Verlag Paul Parey, Hamburg 1).

Wo findet man den Vogel?

Vögel, welche der Anfänger nur schwer nach ihrem Aussehen allein zu bestimmen vermag, können oft richtig angesprochen werden, wenn man ihre typische Lebensstätte kennt. Die Eisente trifft man mit Wahrscheinlichkeit nur auf Salzwasser an, die Spießente dagegen, die ebenfalls einen langen spitzen Schwanz hat, bewohnt Süßwasser. Waldlaubsänger sind Vögel der geschlossenen Buchen- und Eichenwälder und erscheinen nicht außerhalb derselben im niedrigen Gestrüpp, wo man den Feldschwirl suchen würde. Vögel halten ganz feste Grenzen in bezug auf ihre geographische Verbreitung, auf Lebensstätte und Vegetation ein. Außerhalb dieser Grenzen findet man sie selten, ausgenommen auf dem Zuge. Die Verbreitungskarten des Taschenbuches und seine Angaben über Aufenthalt und Verbreitung sollten stets berücksichtigt werden, wenn die Bestimmung zweifelhaft ist.

Wann findet man ihn?

Es ist nützlich und immer interessant zu ermitteln, in welchen Jahreszeiten verschiedene Zugvogelarten in einem bestimmten Bezirk erscheinen können. Die meisten guten Feldornithologen führen sorgfältig Tagebuch über Ankunfts- und Abzugszeiten. In ein paar Jahren wird es dann möglich, vorauszusagen, wann der erste Zilpzalp, der Mauersegler oder die Rotdrossel erscheinen sollten. Diese Daten kann man mit Bleistift auf den Seitenrändern dieses Taschenbuches vermerken – denn es ist ja nicht als Schmuckstück des Bücherschrankes, sondern in erster Linie als Begleiter bei der Arbeit gedacht.

Vorsicht!

Wo es sich um Seltenheiten handelt, sollte man stets mit größter Vorsicht verfahren. Seltene Wanderer können fast überall auftreten, besonders an Küsten und auf abgelegenen Inseln. Detaillierte Angaben und Skizzen sollte man bei jeder vermuteten Seltenheit *an Ort und Stelle* niederschreiben. Wenn möglich, sollte man ein erfahrenes Mitglied der örtlichen Ornithologen-Vereinigung telephonisch einladen, die Entdeckung zu bestätigen. Ehe ungewöhnliche Beobachtungsangaben als richtig anerkannt werden können, sind für gewöhnlich mindestens zwei voneinander unabhängige Aussagen über die feldornithologischen Kennzeichen zur kritischen Prüfung durch ornithologische Sachkenner erforderlich.

Topographie des Vogels

(Mit Angabe der im Taschenbuch verwandten Fachausdrücke)

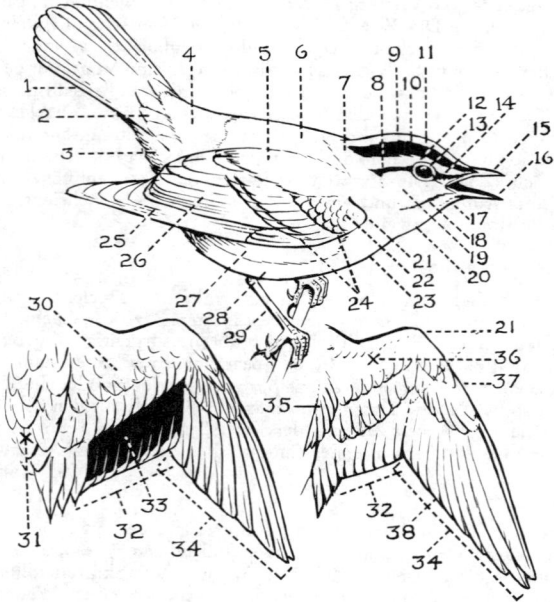

Oberflügel (Ente)   Unterflügel

1	Äußere Steuer- federn (äußere Schwanzfedern, Schwanzkante)	12	Überaugenstreif (Augenbraue)	27	Flanken (Körperseiten)

1 Äußere Steuer-
   federn (äußere
   Schwanzfedern,
   Schwanzkante)
2 Oberschwanz-
   decken
3 Unterschwanz-
   decken
4 Bürzel
5 Schulterfedern
   (Schultern)
6 Rücken
7 Nacken
8 Augenstreif
9 Scheitel
10 Kopfstreif
11 Scheitelstreif

12 Überaugenstreif
   (Augenbraue)
13 Augenring
14 Zügel
15 Oberschnabel
16 Unterschnabel
17 Kinn
18 Bartstreif
19 Ohrdecken
   (Wangen)
20 Kehle
21 Flügelbug
22 Oberflügeldecken
23 Brust
24 Flügelbinden
25 Handschwingen
26 Armschwingen

27 Flanken (Körperseiten)
28 Bauch
29 Lauf (Bein)
30 Oberflügeldecken
31 Schulterfedern
   (Schultern)
32 Armschwingen
33 Flügelspiegel
   (Spiegel bei Enten)
34 Handschwingen
35 Achselfedern
   (Achseln)
36 Flughaut (Flügel-
   spannhaut) und
   Unterflügeldecken
37 Flügelvorderrand
38 Flügelhinterrand

Zur Systematik

In einem die Vögel eines halben Kontinents umfassenden Buch ist die Behandlung der geographischen Rassen (= Subspezies = Unterarten) ein verwickeltes Problem. Sachkenner, die darüber befragt wurden, empfahlen den Verfassern einmütig, streng an ihrer ursprünglichen Aufgabe, der Bestimmung des freilebenden Vogels, festzuhalten und ausführliche taxonomische Darstellungen zu vermeiden.

Dies war offensichtlich ein guter Ratschlag. Auch heute noch werden gelegentlich fragliche, erst zu rechtfertigende Rassen europäischer Vögel neu beschrieben, und die Auseinandersetzung zwischen den sogenannten „Splitterern" und „Raffern" wird zweifellos noch viele Jahre dauern. Die Verfasser wollen es nicht wagen, über die Unterscheidbarkeit von Rassen zu urteilen, die von manchen Sachkennern anerkannt und von anderen verworfen werden.

Trotzdem kann die Frage der Rassen oder Subspezies, soweit sie dieses Buch betrifft, nicht völlig übergangen werden.

Rassen sind nicht immer scharf umrissen, sondern stellen nur Unterteilungen innerhalb des Verbreitungsgebietes einer Art dar. Solche Rassen sind gewöhnlich durch morphologische Merkmale wie geringe Größenunterschiede, Farbtönungen usw. gekennzeichnet. Diesen im allgemeinen nur durch sorgfältigen Vergleich von Museumsserien zu unterscheidenden Unterabteilungen hat man für systematische Zwecke dreifache (ternäre) Namen gegeben, um damit neben der Gattung und Art auch die Rasse bezeichnen zu können. So trägt die britische Tannenmeise, die ein wenig mehr olivfarben ist als die mitteleuropäische Rasse, den wissenschaftlichen Namen *Parus ater britannicus,* um sie von dieser und den anderen Rassen des Festlandes zu unterscheiden. Die Gesamtart aber wird nur mit dem zweifachen (binären) Namen *Parus ater* benannt, wie sie ursprünglich Linnaeus 1758 getauft hat. Nicht alle Arten gliedern sich jedoch in Rassen.

Arten sind fortpflanzungsmäßig voneinander isoliert, d. h. sie vermischen sich unter normalen Umständen nicht miteinander. Eine Tannenmeise paart sich nicht mit einer Blaumeise, aber alle 23 Rassen der Tannenmeise sind untereinander dazu bereit. Die Rassen gehen oft so allmählich ineinander über, daß man an keiner bestimmten Stelle ohne Willkür erklären kann, hier ende z. B. die ost- und zentralspanische Rasse der Tannenmeise, *P. a. cabrerae,* und mache der nordwestspanischen und portugiesischen Rasse *P. a. vieirae* Platz. Wissenschaftler ziehen notwendigerweise willkürlich angenommene Grenzlinien zwischen ihnen. Wenn man die im ganzen Verbreitungsgebiet am weitesten voneinander entfernten Rassen miteinander vergleicht, werden gewöhnlich ganz deutliche Unterschiede sichtbar. Der Übergang von einem Extrem zum anderen vollzieht sich jedoch in vielen Fällen gleitend und ganz allmählich, entsprechend der allmählichen Änderung der Umwelt und des Klimas von einem Gebiet zum andern. Ein allmähliches Merkmalsgefälle, wie man es bei der Tannenmeise und vielen anderen Arten beobachten kann, wird von den Taxonomen als „cline" (zu deutsch: Klin) bezeichnet. Für den Feldornithologen sind alle Rassen von *Parus ater* jederzeit klar als „Tannenmeisen" erkennbar. Für praktische Zwecke ist daher der Gebrauch von Rassennamen bei der *Freiland*bestimmung überflüssig, ja unerwünscht, da eine sichere Bestimmung der Rasse im Freiland nur selten möglich ist. In den verhältnismäßig wenigen Fällen, in denen wie etwa bei der Aaskrähe die Verbreitungsgebiete deutlich

verschiedener Rassen aneinander stoßen, zeigt das Vorhandensein einer schmä-
leren oder breiteren Bastardierungszone, daß es sich hier trotz augenfälliger
Unterschiede um das Zusammentreffen von Vögeln der gleichen Art handelt.
Für so deutlich verschiedene Rassen, die in der Entwicklung zu selbständigen
Arten schon weit fortgeschritten sind, werden aus Rücksicht auf den alteinge-
bürgerten Brauch manchmal auch deutsche Namen verwendet (z. B. Rabenkrähe und Nebelkrähe für zwei Rassen der Aaskrähe, Rotkehldrossel und
Schwarzkehldrossel für zwei Rassen der Bechsteindrossel usw.); sonst aber
werden Rassen niemals mit Trivialnamen belegt, sondern nur mit ihrer wissenschaftlichen Bezeichnung aufgeführt.

Jeder ernsthafte Ornithologe sollte die ausgezeichnete Erörterung dieses
Themas von B. W. Tucker („Subspecies and Field Ornithology", Brit. Birds
42, S. 200) lesen, worin er feststellte:

„Rassen sind meist viel weniger objektiv und klar umgrenzt in ihren Kennzeichen als Arten . . . Diese Tatsache wurde für die Mehrzahl der Liebhaberor-
nithologen dadurch verdunkelt, daß man den Rassen englische Namen gab, wie
Britische Blaumeise, Festlandblaumeise usw. Diese Handhabung war gerecht-
fertigt zu einer Zeit, als die ternäre Nomenklatur noch nicht allgemeine
Anerkennung gefunden hatte . . ., aber letzten Endes sind die Folgen doch
bedauerlich gewesen, und der Verfasser zweifelt nicht daran, daß man nun
damit aufhören sollte." Obwohl von einem britischen Ornithologen in bezug
auf Großbritannien geschrieben, könnte die gleiche Kritik auf alle europäischen
Länder angewandt werden.

Nicht selten stoßen die Verbreitungsgebiete ähnlicher und offenbar sehr nahe
verwandter Vögel nicht aneinander, so daß sich keine die artliche Zusammenge-
hörigkeit beweisende Bastardierungszone bilden kann; hier muß die Frage
offen bleiben, ob wir es mit Rassen der gleichen Art oder selbständigen Arten
zu tun haben, und die Taxonomen werden sich dann oft verschieden entschei-
den, wie z. B. bei Saatgans und Kurzschnabelgans.

Mehr noch als bei der Bewertung geographisch isolierter Formen als Rassen
oder Arten gehen die Ansichten der Ornithologen hinsichtlich der Zusammenfassung der Arten zu Gattungen und der Gattungen zu Familien auseinander.
Eine Gattung ist eine durch den Gemeinbesitz möglichst vieler abgeleiteter
Merkmale gekennzeichnete Gruppe von Arten, die alle direkt oder indirekt von
einer und derselben Stammart sich herleiten und daher mit keiner Art außerhalb
der Gruppe stammesgeschichtlich näher verwandt sind als mit den Arten ihrer
Gruppe. Entsprechendes gilt für die Zusammenfassung von Gattungen zu
Familien (und darüber hinaus für die in diesem Buch nicht weiter berücksich-
tigten Zusammenfassungen von Familien zu Ordnungen usw.). Eine solche
Bündelung der Arten zu Gruppen und dieser zu umfassenderen Gruppen
aufgrund ihrer stammesgeschichtlichen Verwandtschaft setzt eine genaue
Kenntnis vom Verlauf der Stammesgeschichte voraus, doch gerade auf diesem
Gebiet weist unser gegenwärtiges Wissen noch erhebliche Lücken auf. Daher
gebieten Vorsicht und wissenschaftliche Redlichkeit, die Gruppen eng zu
fassen, d. h. nur in sehr vielen Merkmalen übereinstimmende Arten in die
gleiche Gattung zu stellen, da nur so eine hohe Wahrscheinlichkeit gewähr-
leistet ist, daß sie alle auf die gleiche Stammart zurückgeführt werden können.
Durch ein solches Verfahren werden nicht nur unsichere Zusammenfassungen
vermieden, sondern es brauchen dann auch nicht allzu oft in Anpassung an
fortschreitende Kenntnisse über den Verlauf der Stammesgeschichte Umgrup-

pierungen der Arten und damit Änderungen der wissenschaftlichen (lateinischen) Namen der Arten vorgenommen zu werden, da diese ja mit ihrem ersten Wort die Zugehörigkeit der betr. Art zu einer bestimmten Gattung bezeichnen. Aus Gründen der Kontinuität halten nun zwar auch heute noch viele Autoren an manchen unsicheren, in einigen Fällen sogar offensichtlich unrichtigen Zusammenfassungen fest, doch hat der Bearbeiter der deutschen Ausgabe dieses Buches versucht, durch die Einfügung von Synonymen auf andere Fassungen der Gattungen hinzuweisen. Nur in wenigen gravierenden Fällen hat er den Namen der enger oder anders gefaßten Gattung als solchen verwendet.

Ornithologische Gesellschaften in Europa

Belgien
Aves, Société d'Études Ornithologiques; rue de la Cambre 16, boite 2; B 1200 Bruxelles/Brussel.
Koninklijke Verenigung voor Vogel- en Natuurstudie De Wielewaal; De Wilgen 41, B 2060 Merksem

Dänemark
Dansk Ornithologisk Förening; Vesterbrogade 140, DK 1620 København V.

Deutschland
Deutsche Ornithologen-Gesellschaft; D 7761 Möggingen bei Radolfzell (Bodensee)

Finnland
Ornitologiska Föreningen i Finland, Suomen Lintutieteellinen Yhdistys; P. Rautatiekatu 13, SF 00100 Helsinki 10

Frankreich
Société Ornithologique de France; 55, rue de Buffon, F 75005 Paris (Vᵉ)
Société d'Études Ornithologiques, 46, rue d'Ulm, F 75230 Paris

Großbritannien
British Ornithologists' Union; c/o The Zoological Society of London, Regent's Park, London NW 1 4 RY

Italien
Società Ornitologica Italiana, Loggetta Lombardesca, Via di Roma 13, I 48100 Ravenna

Luxemburg
Luxemburger Landesverband für Vogelkunde und Vogelschutz; 32, rue de la Forêt, Luxembourg-Cessange.

Niederlande
Nederlandse Ornithologische Unie; p/a Rijksinstituut voor Natuurbeheer, Kemperbergerweg 67, NL 6816 RM Arnhem.

Norwegen
Norsk Ornitologisk Forening; Stavanger Museum, N 4000 Stavanger

Österreich
Österreichische Gesellschaft für Vogelkunde; c/o Naturhistorisches Museum, A-1014 Wien, Burgring 7

Portugal
Sociedale Portuguesa de Ornitologia; Faculdade de Ciências do Porto, P 4000 Porto

Schweden
Sveriges Ornitologiska Förening; Runebergsgatan 8, S 11429 Stockholm Ö.

Schweiz
ALA, Schweizerische Gesellschaft für Vogelkunde und Vogelschutz; Winzrüti 43, CH 6311 Allenwinden
Société Romande pour l'Étude et la Protection des Oiseaux; Av. de Champel 37, CH 1206 Genève

Spanien
Sociedad Espanõla de Ornitología; Museo Nacional de Ciencias Naturales, Castellana, 80, Madrid 6

Seetaucher: Gaviidae

Große Schwimmvögel offener Gewässer, mit scharf zugespitzten Schnäbeln. Körper länger und Hals dicker als bei den nicht verwandten Lappentauchern. Sie tauchen und schwimmen ausgezeichnet unter Wasser. Bei Gefahr tauchen sie rasch oder liegen so tief im Wasser, daß nur der Kopf zu sehen ist. Umriß im Fluge bucklig, mit leicht abwärts gekehrtem bis gestrecktem Hals. Flügel ziemlich schmal und zugespitzt. Im Fluge ragen die Füße über den kurzen Schwanz. Stimme klagend. ♂ und ♀ gleich gefärbt. Nester auf festem Boden.

Sterntaucher   *Gavia stellata*   1
Syn. b. *Colymbus stellatus*
(E) Red-throated Diver; (F) Plongeon catmarin; (I) Strolaga minore; (H) Roodkeelduiker; (S) Smålom; (Sp) Colimbo chico; (N.A.) Red-throated Loon

KENNZEICHEN: 53–61 cm. Kleiner als Eistaucher; fast so groß wie Prachttaucher, aber mit kleinerem Kopf. Der schlanke, *aufgeworfene* Schnabel ermöglicht schnelle Bestimmung selbst aus der Entfernung. Im Brutkleid mit grauem Kopf, *rotem Kehlfleck* (der von weitem schwarz wirkt) und graubrauner, *ungemusterter* Oberseite. Im Winter heller als Prachttaucher, mit weißen Punktflecken besät; Unterseite weiß. Von Kopfseiten bis Stirn ausgedehnt weiß und dadurch weißgesichtig wirkend. Stirn flacher als beim Prachttaucher. Schnabel bei Pracht- und Eistaucher *gerade,* nicht aufgeworfen; bei letzterem auch viel stärker. (Aber siehe auch den seltenen Gelbschnabel-Eistaucher.) Im Winter gelegentlich in Trupps auf den Küstengewässern.

STIMME: Wiederholtes guttural quäkendes „kwak", nicht so tief wie der ähnliche Ruf des Prachttauchers; auch ein dünnes, hohes Klagen und gänseartige Rufe.

VORKOMMEN: Im Winter hauptsächlich Küstengewässer. Nistet am Rande ganz kleiner, aber tiefer Teiche und nordischer Küstenlagunen. Verbreitungskarte 1.

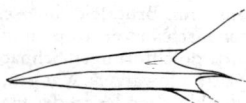
Prachttaucher

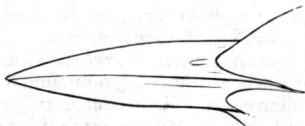
Eistaucher

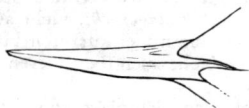
Sterntaucher

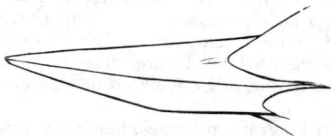
Gelbschnabel-Eistaucher

Schnäbel der Seetaucher

Prachttaucher   *Gavia arctica*   1
Syn. b. *Colymbus arcticus*
(E) Black-throated Diver; (F) Plongeon arctique; (I) Strolaga mezzana; (H) Parelduiker; (S) Storlom; (Sp) Colimbo ártico; (N.A.) Pacific Loon

KENNZEICHEN: 58–69 cm. Kleiner als Eistaucher, fast dieselbe Größe wie Sterntaucher. Im Brutkleid kenntlich am grauen Kopf und Oberhals und am *geraden*, schlanken, schwarzen Schnabel; Kehle *schwarz*, schmale weiße Streifen an Hals- und Brustseiten, weiße Fensterung der Oberseite in *zwei getrennten Feldern auf jeder Seite* angeordnet. Im Winter ähnlich Eistaucher, aber Stirn schwärzer als Scheitel und Hinterhals, die ihrerseits oft fahler als der schwärzliche Rücken; Eistaucher wirkt oben undeutlich gebändert, Prachttaucher dagegen einfarbig schwärzlich und immat. „schuppig"; geringere Größe, *schwächerer Schnabel* und weniger eckige Kopfkonturen unterscheiden ihn am besten vom Eistaucher; junge sind sonst von jungen Eistauchern nicht zu unterscheiden. Gegenüber Sterntaucher im Winter dunkler und mit schwarzer Stirn statt weißem Gesicht. Schnabel oft genauso schlank, aber *gerade*, nicht aufgebogen, und bläulich mit weißer Spitze.
STIMME: Ein tiefes, bellendes „wa^{ua}", tiefer als ähnlicher Ruf des Sterntauchers; ein schrilles, ansteigendes Heulen und Laute ähnlich Kinderweinen; im Flug gänseartige Rufe.
VORKOMMEN: Im Winter hauptsächlich an Meeresküsten. Zur Brutzeit auf Seen mit unbewaldeten oder bewaldeten Ufern, zwischen Hügeln im Binnenland oder im Küstentiefland. Nest auf Inselchen oder im Uferstreifen tieferer und gewöhnlich größerer Seen als sie der Sterntaucher bewohnt. Verbreitungskarte 2.

Eistaucher   *Gavia immer*   1
Syn. b. *Colymbus immer*
(E) Great Northern Diver; (F) Plongeon imbrin; (I) Strolaga maggiore; (H) IJsduiker; (S) Islom; (Sp) Colimbo grande; (N.A.) Common Loon

KENNZEICHEN: 69–81 cm. Größe einer Gans. Im Brutkleid *oberseits mit schwarz-weißem Schachbrettmuster;* glänzend schwarzer Kopf und Hals; *schwarz-weiß gestreiftes Halsband* und stark dolchförmiger Schnabel. Im Winter oberseits dunkel graubraun; Kopfplatte schwärzer; Wangen, Kehle und Unterseite weiß mit Andeutung eines dunklen Bandes an der Halswurzel; das Brutkleid-Muster wird oft bis in die ersten Wintermonate beibehalten. Kennzeichnend die eckige Kopfform. Flug mit leicht gesenktem Hals, Füße das Körperende überragend. Durchpflügt im Anlauf zum Abflug die Wasserfläche; wassert hoch aufspritzend mit der Brust voran. Selten an Land. Vom Kormoran im Schwimmen durch *waagerecht,* nicht aufwärts gehaltenen Schnabel unterschieden, im Flug durch viel kürzeren Hals und Schwanz und mehr Weiß an der Unterseite. Siehe auch die anderen Seetaucher.
STIMME: Flugruf ein kurzes, bellendes „kwök"; am Brutplatz ein langgezogenes klagendes Geschrei und unheimlich trillerndes „Gelächter".
VORKOMMEN: Die Seen des Nordens; nistet auf Inselchen und grasigen Landrücken. Im Winter auf Küstengewässern, gelegentlich im Binnenland. Verbreitungskarte 3.

Gelbschnabel-Eistaucher (Tundrataucher) *Gavia adamsii* 1

Syn. b. *Colymbus adamsii*

(E) White-billed Diver; (F) Plongeon à bec blanc; (I) Strolaga beccogiallo; (H) Geelsnavelduiker; (S) Vitnäbbad islom; (Sp) Colimbo de Adams; (N.A.) Yellow-billed Loon

KENNZEICHEN: In Größe und Aussehen ähnlich Eistaucher, aber Schnabel *gelblich oder elfenbeinfarben*, nicht schwarz, jedoch ist der Schnabel vieler Eistaucher im Winter bläulich-weiß, hat aber stets dunkle Firste und erscheint ganz gerade, wogegen er beim seltenen Gelbschnabel-Eistaucher oben gerade und unten gewinkelt ist, was einen kennzeichnenden „aufgeworfenen" Eindruck vermittelt (s. Diagramm). Verhalten, Stimme, Vorkommen und Nistplatz wie beim Eistaucher. Brutvogel am Nordrand von Asien und im nordwestlichen Nordamerika. Erscheint im Winter an den Küsten Finnlands und Skandinaviens; gelegentlich in W-, Mittel- und S-Europa bis Frankreich und Italien.

Lappentaucher: Podicipedidae

Die Lappentaucher leben ausschließlich auf dem Wasser; sie fliegen selten, sind aber gute Taucher. Von Enten durch zugespitzten Schnabel und „schwanzloses" Aussehen unterschieden. Die Füße sind im Gegensatz zu den nicht näher verwandten Seetauchern nicht mit Schwimmhäuten, sondern mit Schwimmlappen (längs der Zehen) versehen. Die größeren Arten halten den dünnen Hals oft ganz senkrecht; Seetaucher und Enten tun dies gewöhnlich nur, wenn sie mißtrauisch sind. Schwimmnester. ♂ und ♀ gleich gefärbt.

Zwergtaucher *Tachybaptus ruficollis* 1

Syn. b. *Podiceps ruficollis*

(E) Little Grebe; (F) Grèbe castagneux; (I) Tuffetto; (H) Dodaars; (S) Smådopping; (Sp) Zampullin chico común

KENNZEICHEN: 27 cm. Kleinster Lappentaucher. Rundlich und kurzhalsig, mit kurzem, verhältnismäßig dickerem Schnabel als bei anderen Lappentauchern. Im Brutkleid oben dunkelbraun, unten heller, mit *kastanienbraunen Wangen und Kehle*. Der gelblichgrüne Schnabelwinkel erzeugt einen *bezeichnenden hellen Fleck* am dunklen Kopf. Im Winter viel heller, mit weißer Kehle, weißlichen Unterschwanzdecken und braungelblichem Hals. Juv. mit auffallenden weißen Streifen an den Kopfseiten. Flug niedrig und rasch; sehr wenig Weiß an den Armschwingen. Verhält sich heimlicher als andere Lappentaucher, ist aber eher zum Fliegen geneigt.

STIMME: Balzruf ein lautes, helles Trillern, oft lang hingezogen, manchmal steigend und fallend (oft Duettgesang); auch ein kurzes „bi, bi".

VORKOMMEN: Zur Brutzeit häufig auf Teichen, Seen, Staubecken usw. Im Winter auf Flüssen und in Flußmündungen. Verbreitungskarte 4.

Haubentaucher *Podiceps cristatus* 1

(E) Great Crested Grebe; (F) Grèbe huppé; (I) Svasso maggiore; (H) Fuut; (S) Skäggdopping; (Sp) Somormujo lavanco

KENNZEICHEN: 48 cm. Größter Lappentaucher. Leicht kenntlich an den *schwärzlichen Ohrbüscheln* und zur Brutzeit an der *auffallenden rostbraunschwarzen Krause* an den Kopfseiten. Erscheint „schwanzlos" mit schlankem Hals, graubrauner Oberseite und leuchtend atlasweißer Unterseite. Im Winter fehlt die Krause, und der Vogel wirkt weißköpfig mit dunklem Scheitel und weißem Überaugenstreif; vom Rothalstaucher durch bedeutendere Größe, dünneren Hals, weißen Überaugenstreif und rosa (nicht gelb-und-schwarzen) Schnabel unterschieden. Juv. mit schwarzweiß gestreiftem Kopf und Hals, ohne Büschel und Krause. Flug niedrig, dabei auffallendes Weiß auf den Flügeln sichtbar, Kopf und Hals nach unten durchhängend. Zeigt sehr ausgeprägte Schaubalz.

STIMME: Ein bellendes „kärr-arr", ein schrilles „ör-huick" und verschiedenartige trompetende, stöhnende und gäckernde Laute.

VORKOMMEN: Seen, überflutete Kiesgruben, Staubecken; im Winter an Meeresküsten. Nistet im Randgebiet der Gewässer, wo das Schwimmnest an Wasserpflanzen Halt findet. Verbreitungskarte 5.

Rothalstaucher   *Podiceps grisegena*   R4   1

(E) Red-necked Grebe; (F) Grèbe à joues grises; (I) Svasso dal collo rosso; (H) Roodhalsfuut; (S) Gråhakedopping; (Sp) Somormujo cuellirrojo; (N.A.) Holboell's Grebe

KENNZEICHEN: 43 cm. Etwas kleiner als Haubentaucher, Schnabel und Kopf gedrungener, Hals dicker. Im Sommer heben sich die *hellgrauen Wangen* gut von dem schwarzen Scheitel (mit kleinen schwarzen Federhörnchen), dem lebhaft *rostroten Hals* und leuchtend *gelben* Schnabelgrund ab. Oben graubraun, unten seidenweiß. Im Winter grau und weiß, etwas an das Winterkleid des Haubentauchers erinnernd, aber von diesem unterschieden durch geringere Größe, dickeren und graueren Hals, durch das *Fehlen eines weißen Überaugenstreifens*, durch *Gelb* (nicht Rosa) am dunkelspitzigen Schnabel und dadurch, daß sich das Schwarz am Scheitel *bis auf Augenhöhe ausdehnt*. Siehe auch Sterntaucher im Winter.

STIMME: Ein hohes „keck"; verschiedene quakende, quietschende und wiehernde Laute.

VORKOMMEN: Im Winter hauptsächlich an den Küsten; nistet im Röhricht und Pflanzendickicht stiller Gewässer. Verbreitungskarte 6.

Ohrentaucher   *Podiceps auritus*   1

Syn. a. *Dytes auritus*

(E) Slavonian Grebe; (F) Grèbe esclavon; (I) Svasso cornuto; (H) Kuifduiker; (S) Svarthakedopping; (Sp) Zampullin cuellirrojo; (N.A.) Horned Grebe

KENNZEICHEN: 33 cm. Größer als Zwergtaucher; kleiner als Haubentaucher. Im Brutkleid mit buschigem, glänzend schwarzem Kopf, mit einem *breiten goldgelben Streifen durchs Auge*, der kurze „Hörner" bildet, dunkel rostrotem Hals und ebensolchen Flanken. Oben dunkel, unten glänzend weiß. Im Fluge fällt der breite weiße Flügelspiegel auf. Im Winter oben dunkel, unten weiß wie Schwarzhalstaucher, aber das Schwarz des Scheitels ist auf Augenhöhe scharf vom Weiß der Kopfseiten abgegrenzt, das Weiß an Kopf und Hals ist ausgedehnter und der Schnabel *gerade*, nicht aufgeworfen. Kennzeichnend heller Fleck zwischen Schnabel und Auge. Kopf und Hals schlangenartig.

STIMME: Zur Brutzeit sehr wechselreich; Hauptruf ein langer, am Ende in der Tonhöhe absinkender Triller.

VORKOMMEN: Teiche, Seen, Flüsse, Staubecken. Nistet auf seichten Binnengewässern. Im Winter hauptsächlich in geschützten Meeresbuchten und -armen, aber auch auf Süßwasser. Verbreitungskarte 7.

Schwarzhalstaucher *Podiceps nigricollis* R3   1

Syn. a. *Dytes nigricollis, Proctopus nigricollis*

(E) Black-necked Grebe; (F) Grèbe à cou noir; (I) Svasso piccolo; (H) Geoorde Fuut; (S) Svarthalsad dopping; (Sp) Zampullin cuellinegro; (N.A.) Eared Grebe

KENNZEICHEN: 30 cm. Vom Ohrentaucher zur Brutzeit durch *schwarzen Hals* unterschieden. Mit fächerförmigem, *goldgelbem* Federbüschel an jeder Kopfseite. Ohrentaucher flachstirnig, Schwarzhalstaucher *hochstirnig*. Im Winter wie der Ohrentaucher oben dunkel, unten weiß, aber von diesem unterschieden durch weniger scharf begrenzten Scheitel, dessen Schwarz sich *bis unter die Augen und zu den Ohrdecken* erstreckt; auch ist der Schnabel schlanker und sanft aufgeworfen; an Halsseiten weniger Weiß. Juv. hat oft weniger aufgeworfenen Schnabel und ist kaum vom jungen Ohrentaucher zu unterscheiden.

STIMME: Balzruf ein weiches „huit", manchmal gereiht, auch ein lautes, schnelles Bibbern und rauhere Rufe.

VORKOMMEN: Wie Ohrentaucher. Brütet in kleinen zerstreuten Kolonien auf vegetationsreichen, flachen Teichen, Seen und Lagunen. Im Winter an offenen Seen und an der Küste. Verbreitungskarte 8.

Albatrosse: Diomedeidae

Albatrosse sind große, den Sturmvögeln ähnliche Hochseebewohner hauptsächlich der südlichen Hemisphäre.

Mollymauk *Diomedea melanophris*   4

(E) Black-browed Albatross; (F) Albatros à sourcils noirs; (I) Albatros dalle ciglia nere; (H) Wenkbrauwalbatros; (S) Svartbrynad Albatros; (Sp) Albatros ojeroso

KENNZEICHEN: Spannweite der Flügel ca. 220 cm. Albatrosse sind leicht zu erkennen durch die große Spannweite ihrer Flügel und den Segelflug dicht über den Meereswellen. Der Mollymauk oder Schwarzbrauenalbatros kann mit zwei anderen Arten, dem Gelbnasenalbatros, *Diomedea chlororhynchos*, und dem Graukopfalbatros, *Diomedea chrysostoma*, die beide noch nicht sicher für unser Gebiet nachgewiesen wurden, verwechselt werden. Alle drei haben hellen, weißen oder hellgrauen Kopf und Hals, weißen Bürzel und weiße Unterseite, wovon Rücken, Schwanz und Flügeloberseite durch ihre dunkelgraue oder schwärzliche Färbung abstechen. Alle haben auch einen dunklen Fleck in der Augengegend, der sich aber beim Mollymauk *als schmaler Streifen bis hinter das Auge* fortsetzt. Ad. mit *gelbem, an der Spitze rosenrötlichem Schnabel*; weiße Unterseite der Flügel *vorn breit, hinten schmal schwarz* gesäumt. Immat. durch grauen Kopf und Hals manchen ad. Gelbnasenalbatrossen und den meisten Graukopfalbatrossen ähnlich und mit dunklem oder hornfarbenem Schnabel; Unterseite der Flügel mit nur *wenig*

Weiß und breiten dunklen Rändern. Seltener Irrgast aus südlichen Ozeanen nordwärts bis Island, zu den Britischen Inseln, den Färöer und bis Norwegen; hat in Schottland einzeln in Baßtölpelkolonien übersommert.

Sturmvögel: Procellariidae

Sturmtaucher haben schlanke Schnäbel mir röhrenförmigen äußeren Nasenlöchern; sie sind größer als die kleinen Sturmschwalben; sie kurven und segeln auf langen und schmalen Schwingen. Eissturmvögel sind noch größer und ähneln mehr den Möwen, fliegen aber auch mit steifen Schwingen. Geschlechter gleich. Höhlen- und Felsenbrüter.

Eissturmvogel *Fulmarus glacialis* R5   2

(E) Fulmar; (F) Pétrel glacial; (I) Procellaria cenerina; (H) Noordse Stormvogel; (S) Stormfågel; (Sp) Fulmar

KENNZEICHEN: 47 cm. Möwenartiges Aussehen, aber dicker, mit typischem Sturmtaucherflug, der segelnd und kurvend ohne Flügelschlag dicht über den Wellen dahinführt. Von den Möwen durch *dicken Stiernacken* und das *Fehlen der schwarzen Spitzen an den schmalen Schwingen* unterschieden. Schnabel gelb, dick und kurz, mit röhrenförmigen Nasenlöchern. Beine bläulich. Bei der hellen Phase sind Kopf und Unterseite weiß, Rücken, Flügel *und Schwanz* grau, die Flügel mit hellem Fleck am Grunde der Handschwingen. Bei der dunklen nördlichen Phase (sogenannte „blaue Eissturmvögel") ist das Gefieder rauchgrau mit dunkleren Flügelspitzen; doch sind diese Vögel viel zu hell und zu dickschnäblig, um als dünnschnäblige Dunkelsturmtaucher angesprochen zu werden. Folgt Schiffen. Schwimmt leicht, erhebt sich aber schwerfällig vom Wasser. Bewegt sich auf dem Lande unbeholfen auf den Fersen, manchmal mit Unterstützung der Flügel; kann sich aber auch auf die Füße aufrichten. Gemein an allen nördlichen Gewässern, oft in riesiger Zahl. Besucht das Land nur zur Brutzeit.
STIMME: Gewöhnlich ein heiseres Gackern oder Grunzen „äg-äg-äg-orr".
VORKOMMEN: Streng pelagisch. Brütet kolonieweise auf ozeanischen Klippen und Inseln; lokal auch auf Binnenland-Klippen und grasigen Abhängen. Verbreitungskarte 9.

Gelbschnabel-Sturmtaucher *Calonectris diomedea*   2

Syn. b. *Puffinus diomedea, Puffinus kuhlii*

(E) Cory's Shearwater; (F) Puffin cendré; (I) Berta maggiore; (H) Kuhls Pijlstormvogel; (S) Gulnäbbad lira; (Sp) Pardela cenicienta

KENNZEICHEN: 46 cm. Ein großer graubrauner Sturmtaucher, kräftiger und breitflügeliger wirkend als *P. gravis,* von diesem ferner durch *graubraune* (nicht schwarze) *Kopfkappe* unterschieden, deren Farbton *allmählich* in das Weiß der Kehle übergeht. Dicker Schnabel *gelb.* Manchmal wie *P. gravis* mit *schmalem weißen „V" an der Schwanzwurzel, aber öfter ist die Zeichnung undeutlich oder fehlt ganz. Niemals mit weißem Halsband.* Unten rein weiß, nicht wie bei *P. gravis* mit dunklen, schmutzig erscheinenden Flecken an

Flanken und Bauch, aber mit grauem Anflug an den Brustseiten. Flug ähnelt mehr dem des Eissturmvogels als dem des Großen Sturmtauchers, typisch nach 5–8 Schlägen ein langes Gleiten mit leicht gesenkten Flügeln. Am Brutplatz nachts tätig. Siehe auch Schwarzschnabel-Sturmtaucher.

STIMME: Am Brutplatz ein langgezogener Ruf und ein möwenartiges „ia-gaua-gou".

VORKOMMEN: Die Hochsee, gelegentlich mehr in Landnähe. Brütet gesellig in Felsspalten auf Inseln. Erscheint im Herbst vor der südostenglischen und irischen Küste. Umherstreifende in der Nordsee und bis zu den Färöern, ausnahmsweise im Binnenland Mitteleuropas. Verbreitungskarte 10.

Kappensturmtaucher (Großer Sturmtaucher)   *Puffinus gravis*   2

Syn. a. *Ardenna gravis*

(E) Great Shearwater; (F) Puffin majeur; (I) Berta dell' Atlantico; (H) Grote Pijlstormvogel; (S) Större lira; (Sp) Pardela capirotada

KENNZEICHEN: 46 cm. *Dunkle Kopfplatte,* scharf von der weißen Kehle abgesetzt, fast vollständiges *weißes Halsband und dunkler, schlanker Schnabel.* Kopf wirkt schmal. *Schmaler weißer Fleck an der Schwanzwurzel.* Oben dunkelbraun, unten weiß, mit undeutlich gefleckten Flanken und dunklem Fleck am Bauch. Weißliche Unterflügel mit dunkleren Rändern als beim Gelbschnabel-Sturmtaucher. In der Mauser mit unregelmäßiger weißer Linie längs der Mitte der Flügeloberseite. Verhalten und Flug wie bei *P. puffinus,* der viel kleiner und oben schwärzer ist und dem der weiße Fleck fehlt. Siehe auch *Calonectris diomedea.*

STIMME: Bei der Nahrungssuche rauh und möwenartig.

VORKOMMEN und VERBREITUNG: Die Hochsee, gelegentlich näher am Lande. Brütet in Höhlen auf Tristan da Cunha im Südatlantik und besucht den östlichen Nordatlantik (Island bis Portugal) im Sommer und Herbst. Umherstreifende auch auf der Nordsee und im Mittelmeer ostwärts bis Sardinien, einmal Schweden.

Dunkelsturmtaucher   *Puffinus griseus*   2

Syn. a. *Neonectris grisea*

(E) Sooty Shearwater; (F) Puffin fuligineux; (I) Berta grigia; (H) Grauwe Pijlstormvogel; (S) Grå lira; (Sp) Pardela sombría

KENNZEICHEN: 40,6 cm. Gedrungen und schmalflügelig. Wirkt von weitem ganz schwarz, gleitet in der den Sturmtauchern eigenen Weise über die Wellen. Oft mit Großem Sturmtaucher vergesellschaftet, dem er sich ähnlich verhält. Von allen anderen Sturmtauchern (ausgenommen dunkle Stücke des westmediterranen *P. puffinus mauretanicus*) durch *einfarbig rußschwarzes Gefieder* unterschieden. Auf der Flügel-Unterseite helle Felder, gewöhnlich in Form von undeutlichen weißen Streifen längs der Flügelmitte. Siehe auch die dunkle Phase des Eissturmvogels und des westmediterranen *P. puffinus mauretanicus,* auch immat. Baßtölpel und dunkle Skua. Auf See schweigsam.

VORKOMMEN und VERBREITUNG: Im Sommer die Hochsee und landnahe Meere. Brütet in Höhlen auf Inseln der Südhemisphäre. Besucht im Herbst den östlichen N-Atlantik bis Island und Norwegen, ausnahmsweise die südliche Nordsee und den Kanal, selten das Mittelmeer ostwärts bis Malta.

42   *Sturmschwalben: Hydrobatidae*

Schwarzschnabel-Sturmtaucher   *Puffinus puffinus*   **2**

(E) Manx Shearwater; (F) Puffin des Anglais; (I) Berta minore; (H) Noordse Pijlstormvogel; (S) Mindere lira; (Sp) Pardela pichoneta

KENNZEICHEN: 35,5 cm. Von anderen Sturmtauchern durch scharf *voneinander abstechende schwarze Ober- und reinweiße Unterseite* unterschieden. Schnabel schlank. Gewöhnlich in zerstreuten Gruppen segelnd, nur gelegentlich flügelschlagend zu beobachten. Dreht sich von einer Seite auf die andere, um den Wellenkonturen zu folgen, und zeigt dabei abwechselnd das Schwarz und Weiß von Ober- und Unterseite. Folgt Schiffen nicht. Schwimmt häufig, wobei sich die Schwärme am Abend in der Nähe der Brutplätze versammeln. Die obige Beschreibung bezieht sich auf den westlichen Schwarzschnabel-Sturmtaucher, *P. p. puffinus* (Atlantik); der ostmediterrane *P. p. yelkouan* hat ein weniger kontrastreiches Kleid; die auf den Balearen brütende Rasse *P. p. mauretanicus* ist brauner und noch weniger kontrastreich; Stücke mit dunkler Unterseite können mit Dunkelsturmtauchern *(P. griseus)*, hellere Stücke mit Gelbschnabel-Sturmtauchern *(C. diomedea)* verwechselt werden, aber *P. puffinus* ist viel kleiner und schlanker als diese beiden.

STIMME: Verschiedene wild krähende und wimmernde Laute am Brutplatz.

VORKOMMEN und VERBREITUNG: Mehr in Landnähe als auf hoher See. Brütet lokal in starken Kolonien in Erdhöhlen auf Inseln und Klippen: Island, Färöer, Shetland-, Orkney-Inseln, Westküste Großbritanniens und Irlands sowie Bretagne; auch Mittelmeer-Inseln von den Balearen bis zum Ägäischen Meer. Teilzieher. Ausnahmsweise oder auf dem Zuge Nordseeküsten und Portugal. Auch nach Bulgarien und der Schweiz verflogen. Verbreitungskarte 11.

Kleiner Sturmtaucher   *Puffinus assimilis*   **2**

(E) Little Shearwater; (F) Petit Puffin; (I) Berta minore; (H) Kleine pijlstormvogel; (S) Dvärglira; (Sp) Pardela chica

Ähnlich einem kleinen Schwarzschnabelsturmtaucher, aber Füße sehr *dunkel* (nicht rötlich). 2 Rassen erscheinen als Irrgäste in Europa – die Madeira-Rasse *P. a. baroli* als die häufigste und die Kap-Verden-Rasse *P. a. boydi*; die letztere hat *schwarze* Unterschwanzdecken, wird von manchen Autoren als Rasse des Audubon-Sturmtauchers angesehen und ist wahrscheinlich im Felde nicht von diesem zu unterscheiden. (Atlantische Inseln.) Als Irrgast an den Küsten der Britischen Inseln, auch anderswo in W-Europa, in Mittel- u. S-Europa (einmal Deutschland, Rasse *P. a. baroli*).

Sturmschwalben: Hydrobatidae

Hochseevögel, die das Land nur zur Brutzeit aufsuchen; gekennzeichnet durch röhrenförmige äußere Nasenlöcher. Sturmschwalben sind kleine, schwärzliche Vögel mit weißem Bürzel, die unstet über den Wellen flattern. ♂ und ♀ gleich gefärbt. Höhlenbrüter.

Buntfuß-Sturmschwalbe   *Oceanites oceanicus*   **2**

(E) Wilson's Petrel; (F) Pétrel océanite; (I) Uccello delle tempeste di Wilson; (H) Wilsons Stormvogeltje; (S) Havslöpare; (Sp) Paíño de Wilson

Kennzeichen: 18 cm. Sehr ähnlich der Sturmschwalbe, aber die Füße haben *gelbliche Schwimmhäute* und überragen im Flug meist den kurzen, rechteckigen Schwanz. Mit weniger Grau auf den Flügeldecken als Wellenläufer, aber mit mehr als Sturmschwalbe. Folgt Schiffen. Flug auffallend, wechselt zwischen Gleiten und fledermausartigem Flattern. Wandert von den antarktischen und sub-antarktischen Brutplätzen im Sommer bis in die Meere südwestlich Irlands und bis zur Biskaya. Weiterstreifende erreichen die Britischen Inseln und Deutschland. Ausnahmsweise im Mittelmeer.

Sturmschwalbe *Hydrobates pelagicus* 2

(E) Storm Petrel; (F) Pétrel tempête; (I) Uccello delle tempeste; (H) Stormvogeltje; (S) Stormsvala; (Sp) Paíño común

Kennzeichen: 15 cm. Kleinster europäischer Seevogel. Langflügelig, schwärzlich, mit bezeichnendem *weißen Feld auf den Unterflügeldecken, weißem Bürzel* und *gerade abgeschnittenem Schwanzende*. Mit kurzer, nur angedeuteter Flügelbinde. Gewöhnlich zu beobachten, wenn sie Schiffen ein gutes Stück vom Lande entfernt *folgt*, in kraftlos erscheinendem Flatterflug dicht über den Wellen, manchmal auch kurze Strecken mit herabhängenden schwarzen Füßen auf die Oberfläche platschend. Am Brutplatz nachts tätig. Vom Wellenläufer durch schwärzere, einfarbige Oberseite, weißen Fleck auf der Flügelunterseite, gelbliche Schwimmhäute, geringere Größe und gerade abgeschnittenen Schwanz unterschieden. Die seltene Buntfuß-Sturmschwalbe (die auch Schiffe zu begleiten pflegt) hat längere Beine, die über das Schwanzende hinausragen.

Stimme: Am Nistplatz ein ansteigendes und abfallendes Schnurren, das mit einem charakteristischen „hikav" abschließt; hat auch einige knarrende und summende Rufe.

Vorkommen: Rein pelagisch, ausgenommen zur Brutzeit. Nistet kolonieweise unter Felsen, Gemäuer, in Erdhöhlen usw. auf Meeresinseln. Verbreitungskarte 12.

Wellenläufer *Oceanodroma leucorhoa* 2

(E) Leach's Petrel; (F) Pétrel cul-blanc; (I) Procellaria a coda forcuta; (H) Vaal Stormvogeltje; (S) Klykstjärtad stormsvala; (Sp) Paíño de Leach

Kennzeichen: 20 cm. Von der Sturmschwalbe durch längere, spitzere Flügel und durch auffallend *hüpfenden Flug*, der ständig Geschwindigkeit und Richtung wechselt, unterschieden. Im Gegensatz zur Sturmschwalbe *folgt* der Wellenläufer den Schiffen *nicht*. Auf kurze Entfernung am brauneren Gefieder, an der grauen Mitte des weißen Bürzels, am fahlen Band längs der Oberflügeldecken und, wenn auch schwer zu sehen , am *gegabelten Schwanz* zu erkennen; *kein weißer Fleck auf den Unterflügeldecken*. Am Brutplatz nachts tätig. Siehe auch Buntfuß-Sturmschwalbe.

Stimme: In der Regel schweigsam, aber bei Nacht am Brutplatz eine rhythmische Folge von schnurrenden „wirre-wirre"-Lauten, unterbrochen durch betonte „wicke-wicke", was auch im Flug zu hören ist. Anhaltende wimmernde Laute wurden aus Nisthöhlen gehört.

Vorkommen: Wie Sturmschwalbe, gräbt aber in der Regel Nisthöhlen in torfigen Boden. Verbreitungskarte 13.

Tölpel: Sulidae

Seevögel mit starkem geraden und spitzen Schnabel und keilförmigem Schwanz; wie bei den anderen Ruderfüßern (Pelikane, Kormorane und Schlangenhalsvögel, Fregattvögel, Tropikvögel) sind alle Zehen der kurzen Füße durch Schwimmhäute verbunden. Nisten auf dem Boden, auf Felsen oder auch auf Bäumen. Stoßtaucher.

Baßtölpel   *Sula bassana*   4

Syn. a. *Morus bassanus*

(E) Gannet; (F) Fou de Bassan; (I) Sula; (H) Jan van Gent; (S) Havssula; (Sp) Alcatraz (común)

KENNZEICHEN: 91,4 cm. Gänsegroßer, weißer Seevogel, kenntlich an den *ausgedehnt schwarzen Spitzen der langen, schmalen Flügel.* Doppelt so groß wie Silbermöwe, mit *viel längerem Hals* und *größerem, spitzem Schnabel,* der oft abwärts weist, und mit *spitzem* (nicht fächerförmigem) *Schwanz.* Unausgefärbte sind dunkel und mit weißen Tropfenflecken übersät oder stark scheckig schwarzbraun und weiß, je nach dem Alter, aber leicht am bezeichnenden Verhalten und am „zigarrenförmigen" Körper kenntlich. Fliegt gewöhnlich tief und schaltet kurze Gleitstrecken ein, aber bei der Nahrungssuche vollführt er majestätische Flugmanöver. Stürzt sich nach Fischen kopfüber ins Wasser, manchmal aus 30 m Höhe und mehr. (Möwen lassen sich mitunter nach Nahrung ins Wasser fallen, aber das Stoßtauchen der Tölpel fällt sofort auf.)

STIMME: Gewöhnlich ein kläffendes „ärrah".

VORKOMMEN: Streng ans Meer gebunden, oft weit draußen auf See; ausnahmsweise verirrte Exemplare im Binnenland. Brütet in starken Kolonien auf Felseninseln in Nischen und auf Simsen der Steilwände. Verbreitungskarte 14.

Kormorane: Phalacrocoracidae

Große, langschnäbelige, dunkle Wasservögel, größer (mit Ausnahme der Zwergscharbe) als jede Ente. Manchmal mit Seetauchern zu verwechseln, aber Schwanz länger und Schnabel mit hakig nach unten gebogener Spitze. Im Flug wird der Hals ausgestreckt und etwas über die Waagerechte gehalten (die Seetaucher richten den Hals etwas abwärts). Schwärme fliegen gewöhnlich in Linie oder „V"-Formation wie Gänse. Oft sitzen sie auf einzelnen Felsen mit halb ausgebreiteten Schwingen. Beim Schwimmen erinnern sie an Seetaucher, aber der Hals ist mehr aufgerichtet; Schnabel schwach *aufwärts* gerichtet. Fels- oder Baumbrüter.

Kormoran   *Phalacrocorax carbo*   R2   3

(E) Cormorant; (F) Grand cormoran; (I) Marangone; (H) Aalscholver; (S) Storskarv; (Sp) Cormorán grande

KENNZEICHEN: 91,4 cm. Großer schwärzlicher Wasservogel, leicht mit der Krähenscharbe zu verwechseln, aber größer als diese, *mit weißem Kinn und weißen Wangen* und im Brutkleid mit *weißem Fleck an den Schenkeln,* ohne

Haube. Juv. oben bräunlich, unten weißlich, von jungen Krähenscharben durch *weißliche Unterseite* und stärkeren Schnabel unterschieden. Sitzt aufgerichtet auf Felsen, oft mit halbausgespannten Flügeln. Schwimmt mit tief im Wasser liegendem Körper wie Seetaucher, aber mit steiler aufgerichtetem Hals; Schnabel wird dabei etwas angehoben. Der Flug führt sehr schnell geradeaus, der Hals wird ausgestreckt und etwas über die Waagerechte gehoben; Trupps fliegen gewöhnlich in Linie oder „V"-Formation. Gesellig. Im Frühjahr haben die meisten Kormorane des europäischen Festlands außer Norwegen und Nord-Finnland fast völlig weißen Kopf und Hals: Rasse *Ph. carbo sinensis;* Kormorane der Britischen Inseln und Norwegens mit nur wenig Weiß: Rasse *Ph. carbo carbo.*

STIMME: Meist ein tiefes, rauhes „krah".

VORKOMMEN: Küsten, Flußmündungen, Küstenseen, gelegentlich Binnengewässer. Brütet kolonieweise, manchmal neben Tölpeln auf Felsvorsprüngen, im Binnenland auf Bäumen vor allem der Inseln von Seen. Verbreitungskarte 15.

Krähenscharbe   *Phalacrocorax aristotelis*   3

Syn. a. *Gulosus aristotelis;* b. *Leucocarbo aristotelis, Stictocarbo aristotelis*

(E) Shag; (F) Cormoran huppé; (I) Marangone col ciuffo; (H) Kuifaalscholver; (S) Toppskarv; (Sp) Cormorán moñudo

KENNZEICHEN: 76 cm. Kleiner als Kormoran, mit etwas dünnerem, kürzerem Hals, kleinerem Kopf und Schnabel. Gekennzeichnet durch das *Fehlen von Weiß am Gesicht;* auch fehlt der weiße Schenkelfleck, den der Kormoran im Brutkleid hat; auf kurze Entfernung ist das *grünschwarze* Gefieder vom bronzeschwarzen des Kormorans zu unterscheiden; im Brutkleid mit kurzer, *aufrichtbarer Kopfhaube.* Augen hell blaugrün. Unausgefärbte von jungen Kormoranen durch dunklere Unterseite unterschieden, sie haben *nur wenig Weiß an der Brust;* die Mittelmeer-Rasse *(Ph. g. desmarestii)* hat unausgefärbt mehr Weiß, wie junge Kormorane; von diesen durch schwächeren Schnabel unterschieden.

STIMME: Meist ein lautes, schnarrendes Krächzen.

VORKOMMEN: Ans Meer gebunden, häufig Felsküsten und Inseln mit Steilabfällen und von der See ausgewaschenen Höhlen. Brütet kolonieweise (manchmal einzeln) auf Felsabsätzen und zwischen Felsblöcken. Verbreitungskarte 16.

Zwergscharbe   *Phalacrocorax pygmeus*   3

Syn. a. *Microcarbo pygmeus;* b. *Halietor pygmaeus*

(E) Pygmy Cormorant; (F) Cormoran pygmée; (I) Marangone nano; (H) Dwergaalscholver; (S) Dvärgskarv; (Sp) Cormorán pigmeo

KENNZEICHEN: 48 cm. Sehr viel kleiner und behender als der Kormoran, erinnert im Flug an Bläßhuhn, aber mit langem Schwanz und ziemlich kleinem runden Kopf. Im Sommer haben beide Geschlechter *dunkel rotbraunen Kopf,* glänzend grünlichschwarzes Gefieder, das *weiß gefleckt* ist mit Ausnahme eines dunkelgrauen „Sattels" über die Mitte von Rücken und Flügeldecken. Außerhalb der Brutzeit ohne weiße Flecken, mit weißer Kehle und rotbrauner Brust. Juv. mit weißem Kinn, brauner Kehle und Brust, bräunlichweißer Unterseite und gelblichem Schnabel. Siehe auch Krähen-scharbe.

VORKOMMEN: Zieht Binnengewässer vor; Flüsse und Sumpflandschaften bis zur Meeresküste. Brütet kolonieweise, baut unordentliche Nester auf Büschen im Sumpfgebiet. Verbreitungskarte 17.

Pelikane: Pelecanidae

Große, infolge ˙hohen Luftgehaltes ihrer Knochen verhältnismäßig leichte Wasservögel, die auf langen und breiten Flügeln ausgezeichnet segeln, aber nicht tauchen können. Sie schwimmen beim Fischfang in Reihen gegen das Ufer, um die dorthin gescheuchten Fische mit dem großen Schnabel, zwischen dessen Unterkieferästen ein dehnbarer Hautsack hängt, aus dem seichten Wasser schöpfen zu können.

Rosapelikan   *Pelecanus onocrotalus*   **4**

(E) White Pelican; (F) Pélican blanc; (I) Pellicano; (H) Rose Pelikaan; (S) Pelikan; (Sp) Pelícano vulgar

KENNZEICHEN: 140–178 cm. Gewaltige Flügelspanne. *Weiß, mit schwärzlichen Handschwingen,* langem, gelblichem Schnabel und Kehlsack sowie fleisch-farbigen Füßen. Im Brutkleid beide Geschlechter mit kurzem, struppigem Schopf am Hinterkopf und lachsfarbenem Anflug im Gefieder. Von nahem sind der gelbliche Fleck am Grunde des Halses und das rote Auge zu erkennen. Juv. braun, später schmutzig-weiß mit unregelmäßiger brauner Fleckung. Fliegt gemächlich, mit kurzen Segelstrecken, und hält den Kopf auf die Schulter zurückgelegt. Trupps fliegen in regelmäßigen Linien, oft in großer Höhe. Flügel, von oben gesehen, weiß mit schwarzer Spitze; von unten gesehen, ganzer Hinterrand des Flügels schwarz. Weißstörche und Baßtölpel sind im Fluge auch weiß mit schwarzen Schwingenspitzen, aber beide fliegen mit ausgestrecktem Hals und haben anders gestalteten Schnabel. Baßtölpel hat schmalere, gewinkelte, spitze Flügel und längeren, spitzen Schwanz. Krauskopfpelikane, von unten gesehen, ohne Schwarz am Flügel.
STIMME: Tiefe grunzende und knurrende Laute.
VORKOMMEN UND VERBREITUNG: Große Binnengewässer, ausgedehnte Sümpfe und seichte Lagunen an der Küste. Nester kolonieweise im Röhricht. Brütet in Rumänien u. NW-Griechenland. Ausnahmsweise in den meisten europäischen Ländern bis Schweden, Deutschland, Großbritannien und Spanien.

Krauskopfpelikan   *Pelecanus crispus*   **4**

(E) Dalmatian Pelican; (F) Pélican frisé; (I) Pellicano riccio; (H) Kroeskoppelikaan; (S) Krushuvad pelikan; (Sp) Pelícano ceñudo

KENNZEICHEN: Schwer vom Rosapelikan zu unterscheiden, ausgenommen im Fluge; die Verbreitungsgebiete überschneiden sich. Im Flug von oben Arm-schwingen dunkel und Flügelspitze schwarz, *von unten alle Schwingen schmutzig weiß.* Gewöhnlich ein wenig größer. Auf kurze Entfernung erscheint er oben *silbrigweiß* (anstatt lachsfarben); unten *trüb graulichweiß* mit großem gelblichen Fleck an der hinteren Kehle; Kehlsack mehr orangefarben; Handschwingen dunkelbraun; Beine *bleigrau* (nicht fleischfarben); Federn am Hinterkopf nur schwach verlängert, aber gekräuselt (nicht einen struppigen Schopf bildend); Auge hell gelblich (nicht rot). Kennzeichnende heiser bellende Warnrufe. Juv. ähnelt jungem Rosapelikan, von diesem nur von nahem an den Stirnfedern zu unterscheiden, die fast in einer geraden Linie anstatt in einer Spitze auf dem Oberschnabel enden (bei ad. sind die Unterschiede ähnlich). Verhalten, Flug und Vorkommen: s. Rosapelikan. Verbreitungskarte 18.

Reiher: Ardeidae

Vögel mit langem Hals, mit langen Beinen und mittellangem, spitzem Schnabel. Bei längerem Flug wird der Kopf anders als bei den nur sehr entfernt verwandten Störchen auf die Schultern zurückgenommen, die Beine werden nach hinten gestreckt. Schmuckfedern auf Kopf, Schultern und am Hals. Unbefiederte Körperteile ändern zur Brutzeit die Farbe. Geschlechter außer bei der Zwergdommel gleich. Baum- oder Schilfbrüter.

Rohrdommel *Botaurus stellaris* R2 5

(E) Bittern; (F) Butor étoilé; (I) Tarabuso; (H) Roerdomp; (S) Rördrom; (Sp) Avetoro común

KENNZEICHEN: 76 cm. Ein großer brauner, reiherähnlicher Schilfvogel mit *reich marmoriertem und gebändertem Gefieder,* langen grünen Beinen und Füßen und *auffallender Stimme.* Bei Gefahr wird der Schnabel senkrecht hochgerichtet zur charakteristischen „Pfahlstellung"; läuft geduckt, mit eingezogenem Kopf. Fliegt widerwillig und langsam, zieht, wenn einmal unterwegs, den Hals ein; die breiten runden Flügel *auffallend schwarz und braun gebändert.* Versteckt und einzeln lebend, in der Regel Dämmerungsvogel, der sich bei Tage im Röhricht verborgen hält. Kann mit unausgefärbten Nachtreihern verwechselt werden, die aber viel kleiner und gefleckt sind. Siehe auch Amerikanische Rohrdommel.

STIMME: Ein rauhes „aark". Gesang: 2–3 leise Grunzlaute, ein hörbares Einatmen, dem ein tiefes, dumpfes „prump" folgt, das über einen Kilometer weit zu hören ist und wie ein fernes Nebelhorn klingt.

VORKOMMEN: Dichtes Röhricht im Moor, in Sümpfen und an Seeufern. Nistet im Röhricht. Verbreitungskarte 19.

Nordamerikanische Rohrdommel *Botaurus lentiginosus* 5

(E) American Bittern; (F) Butor d'Amérique; (I) Tarabuso americano; (H) Amerikaanse Roerdomp; (S) Amerikansk rördrom; (Sp) Avetoro lentiginoso

KENNZEICHEN: 66 cm. Von der europäischen Rohrdommel durch *geringere Größe,* fein gesprenkelte (nicht auffällig marmorierte und gestreifte) Oberseite, *schwarze Flügelspitzen* (Flügel nicht schwarz und braun gebändert), durch *kastanienbraunen* (nicht schwarzen) Scheitel und durch einen *langen schwarzen Streifen an jeder Halsseite* unterschieden. Verhalten und Flug wie bei der europäischen Rohrdommel. Junge Nachtreiher haben etwa die gleiche Größe, sind aber grauer, und ihre Flügel haben keine schwarzen Spitzen.

STIMME: Aufgeschreckt ein rasches heiseres „kok-kok-kok". Gesang: Reihe tiefer „ka-onk"-Rufe.

VORKOMMEN UND VERBREITUNG: Häufiger auf offenen Wiesen als europäische Art. Brutvogel Nordamerikas (Kanada, Vereinigte Staaten). Ausnahmsweise auf Kanalinseln, in Großbritannien, Dänemark, Norwegen, auf den Färöer und Island sowie in Spanien.

Zwergdommel   *Ixobrychus minutus*   R2   **5**

(E) Little Bittern; (F) Butor blongios; (I) Tarabusino; (H) Woudaapje; (S) Dvärgrördrom; (Sp) Avetorillo común

KENNZEICHEN: 36 cm. Von anderen Reihern durch ganz geringe Größe, dunklen Scheitel und dunkle Oberseite, sehr auffallende gelblichweiße Flügeldecken und Unterseite unterschieden. Beim ♂ Scheitel und Rücken grünlichschwarz. ♀ oben streifig dunkelbraun, unten braungelb gestreift, mit weniger auffallenden braungelblichen Flügeldecken. Schnabel gelblich (zur Brutzeit an der Wurzel rot). Beine grün. Juv. oben und unten stark streifig. Fliegt gewöhnlich sehr niedrig mit schnellen Flügelschlägen und längeren Gleitstrecken. Im Flug heben sich die *hellen Deckfedern auffallend von dunklen Schwingen und Rücken ab.* Versteckt lebend und hauptsächlich Dämmerungsvogel, ausgenommen in der Brutzeit. Bei Gefahr Pfahlstellung.

STIMME: Eine Anzahl kurzer quakender Rufe. Gesang (bei Tage oder Nacht) ein tiefes Quaken, im Abstand von etwa 2 Sekunden, manchmal stundenlang.

VORKOMMEN: Überwucherte Flußufer, Stauwässer, Teiche, Seen, Brüche, Röhricht. Nistet nahe am Wasser, gelegentlich in kleinen lockeren Gruppen. Verbreitungskarte 20.

Nachtreiher   *Nycticorax nycticorax*   R5   **5**

(E) Night Heron; (F) Héron bihoreau; (I) Nitticora; (H) Kwak; (S) Natthäger; (Sp) Martinete

KENNZEICHEN: 61 cm. Untersetzt und ziemlich kurzbeinig. Ad. mit *schwarzem Rücken* und unten hell, mit *schwarzer Kopfkappe,* lang herabhängenden weißen Genickfedern, roten Augen und starkem Schnabel. Beine gelblich (zur Brutzeit trübrot). Unausgefärbte oben dunkelbraun, grob bräunlichgelb gefleckt, ohne Haube; bei schlechtem Licht mit der viel größeren Rohrdommel zu verwechseln, doch hat diese goldbraun marmoriertes Gefieder. Flugbild wirkt untersetzt. Dämmerungsvogel, ausgenommen zur Brutzeit. Bei Tage gewöhnlich versteckt und untätig; oft auf Bäumen, fliegt in der Dämmerung zur Nahrungssuche.

STIMME: Heiser „quak" oder „quok", meist in der Dämmerung zu hören.

VORKOMMEN: Dichte morastige Wildnis, verwachsene Flußufer, Sümpfe mit Bäumen; zur Nahrungssuche in der Dämmerung an Entwässerungsgräben, Teichrändern oder im offenen Sumpfgelände. Nistet kolonieweise, oft gemeinschaftlich mit verwandten Arten, im Dickicht, auf Bäumen, lokal auch im Röhricht. Verbreitungskarte 21.

Rallenreiher   *Ardeola ralloides*   **6**

(E) Squacco Heron; (F) Héron crabier; (I) Sgarza ciuffetto; (H) Ralreiger; (S) Rallhäger; (Sp) Garcilla cangrejera

KENNZEICHEN: 46 cm. Untersetzt und dickhalsig, mit *fahl semmelbraunem Gefieder, weißen Flügeln* und sehr lang herabhängender Haube. Schnabel zur Brutzeit schwarz und blau, im Winter grünlich mit dunkler Spitze; Beine hell grünlich (rötlich zur Brutzeit). Wirkt auf dem Boden untersetzt, dickhalsig und schmutzig gelblichbraun; im Flug entfaltet er plötzlich auffallend weiße Flügel und zeigt weißen Bürzel und Schwanz; kann dann mit Seidenund Kuhreiher verwechselt werden, aber dunklerer Rücken und Kopf kennzeichnen ihn. Immat. mehr graubraun, an der Brust gestreift.

STIMME: Zur Brutzeit ein heiseres, krähenähnliches „karr", meist bei Einbruch der Dämmerung.

VORKOMMEN: Wie Seidenreiher, doch versteckter lebend. Nistet einzeln oder in zerstreuten Gruppen zwischen verwandten Arten im Röhricht, auf Büschen und Bäumen. Verbreitungskarte 22.

Kuhreiher   *Bubulcus ibis*   6
Syn. b. *Ardeola ibis*

(E) Cattle Egret oder Buff-backed Heron; (F) Héron garde-bœufs; (I) Airone guarda-buoi; (H) Koereiger; (S) Kohäger; (Sp) Garcilla bueyera

KENNZEICHEN: 51 cm. Erscheint von weitem weiß. Ein wenig kleiner, viel *untersetzter und dickhalsiger* als Seidenreiher, mit dem er oft gemeinschaftlich nistet. Kräftige Kehlwamme sehr bezeichnend. Aus der Nähe an langen rostbräunlichen Federbüscheln auf dem Kopf, Rücken und in der Kropfgegend kenntlich; im Winter ist das Rostbräunliche sehr fahl. Zur Brutzeit Schnabel gelb mit roter Wurzel, Beine rötlich, im Winter Schnabel gelblich, Beine gelblich oder dunkel (Seidenreiher hat auffallend schwarze Beine und gelbe Füße). Auge rötlich. Den Jungen fehlen die rostbräunlichen Federbüschel, sie haben gelben Schnabel und grünlichbraune Beine. Flug und Verhalten wie Seidenreiher. Im Gegensatz zum Seidenreiher bei der *Nahrungssuche gewöhnlich zwischen grasendem Vieh.* Im Fluge leicht mit Rallenreiher zu verwechseln, der aber längeren, an der Spitze dunklen Schnabel und dunklere Oberseite hat. Siehe auch Silberreiher.

STIMME: Verschiedene krächzende Rufe zur Brutzeit.

VORKOMMEN UND VERBREITUNG: Weniger ans Wasser gebunden als die meisten Reiher. Gewöhnlich zwischen weidendem Vieh auf Wiesen, in Sumpfgebieten oder im trockenen offenen Gelände. Nistet kolonieweise, oft gemeinsam mit verwandten Arten, im Röhricht, auf Büschen oder Bäumen über Wasser oder auf dem trockenen Land. Jahresvogel in Südspanien, Südportugal u. der Camargue. Umherstreifende im übrigen Mittelmeergebiet und in Nord-, West-, Mittel- u. Ost-Europa, mehrfach in Deutschland.

Seidenreiher   *Egretta garzetta*   6
(E) Little Egret; (F) Aigrette garzette; (I) Garzetta; (H) Kleine Zilverreiger; (S) Silkeshäger; (Sp) Garceta común

KENNZEICHEN: 56 cm. Ein kleiner schneeweißer Reiher mit langem, schlankem, schwarzem Schnabel, schwarzen Beinen und *gelben Füßen,* letztere im Fluge auffallend. Füße werden im Frühling rötlich. (Der Silberreiher ist viel größer, im Winter mit gelbem Schnabel und schwarzen Füßen. Kuh- und Rallenreiher wirken im Flug beide aus der Entfernung weiß, sie sind aber viel massigere, dickhalsigere Vögel.) Im Sommer ad. mit sehr *lang herabhängender* Haube und stark verlängerten Schulterfedern („Reiherfedern"), die einen duftig niederhängenden „Mantel" bilden. Im Flug ähnlich Silberreiher, aber die Flügel wirken kürzer und mehr gerundet. Auf der Nahrungssuche im seichten Wasser, *nicht zwischen grasendem Vieh* wie der Kuhreiher. Ausnahmsweise eine schieferschwarze Mutante.

STIMME: Zur Brutzeit ein krächzendes „kårk" und ein sprudelndes „ualla-ualla-ualla".

VORKOMMEN: Sümpfe, Lagunen, Moräste. Nistet kolonieweise, oft mit anderen Reihern, auf Büschen oder Bäumen in morastigem und versumpftem oder auch offenem, trockenem Gelände und in Wäldern. Verbreitungskarte 23.

Silberreiher   *Casmerodius albus*   6
Syn. b. *Ardea alba, Egretta alba*

(E) Great White Egret; (F) Grande aigrette; (I) Airone bianco maggiore; (H) Grote Zilverreiger; (S) Ägretthäger; (Sp) Garceta grande

KENNZEICHEN: 89 cm. Viel größer als Seidenreiher, der ebenso blendend weißes Gefieder hat, aber von diesem unterschieden durch schlankere Gestalt und das *Fehlen einer richtigen Haube.* Hals sehr lang, dünn und eckig. Schnabel kann ganz gelb oder an der Spitze teilweise schwarz sein. Beine und Füße grünlichschwarz (letztere beim Seidenreiher gelb); zur Brutzeit sind die Beine im oberen Bereich rötlich-orange. Rallen- und Kuhreiher, die von weitem im Flug weiß erscheinen, sind viel kleiner und *untersetzter.*

STIMME: Gelegentlich ein krächzender Ruf.

VORKOMMEN: See- und Flußufer, offene Sümpfe, Lagunen. Nistet im dichten Röhricht, gewöhnlich kolonieweise, selten auf Büschen oder Bäumen. Verbreitungskarte 24.

Graureiher (Fischreiher)   *Ardea cinerea*   R5   5

(E) Heron; (F) Héron cendré; (I) Airone cenerino; (H) Blauwe Reiger; (S) Grå häger; (Sp) Garza real

KENNZEICHEN: 91 cm. Von anderen Reihern durch *bedeutendere Größe, graue Oberseite, weißen Kopf und Hals mit breitem schwarzen Streif vom Auge bis zur Spitze einer langen, anmutigen Haube* unterschieden. Langer, dolchförmiger Schnabel gelblich, Beine bräunlich, beide im zeitigen Frühjahr rötlich werdend. Steht lange Zeit bewegungslos im oder am Wasser, mit lang aufgerichtetem Hals oder zwischen die Schultern eingezogenem Kopf; setzt sich auch auf Bäume. Kräftiger Flug mit langsamen, weit ausholenden Flügelschlägen; Flugbild kenntlich an dem auf *Schultern ruhenden Kopf,* den nach unten gebogenen Schwingen und den ausgestreckten Beinen.

STIMME: Ein tiefes rauhes „kräiik". Zur Brutzeit zahlreiche krächzende und würgende Rufe in Verbindung mit Schnappbewegungen.

VORKOMMEN: Feuchte Wiesen, Flüsse, Seen, Meeresufer. Nistet kolonieweise, in der Regel auf hohen Bäumen. Verbreitungskarte 25.

Purpurreiher   *Ardea purpurea*   R5   5
Syn. b. *Pyrrherodia purpurea*

(E) Purple Heron; (F) Héron pourpré; (I) Airone rosso; (H) Purperreiger; (S) Purpurhäger; (Sp) Garza imperial

KENNZEICHEN: 79 cm. Vom Graureiher durch geringere Größe, viel dunklere Färbung und im Sitzen durch viel schlangenartigere Halshaltung unterschieden. Oberseite und Flügel dunkelgrau, mit verlängerten, kastanienbraunen, vom Mantel herabhängenden Federn; Scheitel und Haube schwarz; der *sehr lange, dünne, kastanienbraune Hals kräftig schwarz gestreift;* Brustmitte kastanienbraun, die übrige Unterseite schwarz. Juv. heller, mit kastanienbraunem Scheitel, ohne Schwarz an Kopf und Hals und mit gelbbrauner Unterseite. Im Fluge *hängt die Halsschlinge tiefer herab und ist mehr gewinkelt,* und die Füße erscheinen größer als beim Graureiher; dieser hat eine kontrastreichere helle Flügelzeichnung (s. Flugbild Tafel 5). Selten auf Bäumen.

VORKOMMEN: Sümpfe, überwachsene Gräben, dichtes Röhricht usw. Brütet kolonieweise, manchmal mit anderen Arten zusammen, im Röhricht, gelegentlich auf Büschen. Verbreitungskarte 26.

Störche: Ciconiidae

Große, langbeinige und langhalsige Vögel mit langem, geradem Schnabel. Flug langsam und bedächtig, mit *ausgestrecktem,* aber leicht abwärts geneigtem Hals. Gemessener Gang. Geschlechter gleich. Baum- oder Dachbrüter.

Schwarzstorch   *Ciconia nigra*   R2   6

Syn. a. *Melanopelargus niger*

(E) Black Stork; (F) Cigogne noire; (I) Cicogna nera; (H) Zwarte Ooievaar; (S) Svart stork; (Sp) Cigüeña negra

KENNZEICHEN: 97 cm. Vom Weißstorch durch *glänzend schwarzes Gefieder* unterschieden; *weißer Unterkörper.* Immat. brauner, mit dunklem Schnabel. Bei uns scheu und vereinzelt. Siehe auch Braunersichler.

STIMME: Ein ansehnliches Repertoire vom heiseren Keuchen bis zu einem Geräusch, das wie das Wetzen einer Säge klingt, und einzelne ganz wohlklingende Laute. Klappert weniger häufig als der Weißstorch.

VORKOMMEN: Urwüchsige sumpfige, von Nadel- oder Mischwäldern eingeschlossene Auen. Nistet auf Waldbäumen in beträchtlicher Höhe, in Südeuropa (Spanien) auch an Felswänden. Verbreitungskarte 27.

Weißstorch   *Ciconia ciconia*   R2   6

(E) White Stork; (F) Cigogne blanche; (I) Cicogna bianca; (H) Ooievaar; (S) Vit stork; (Sp) Cigüeña común

KENNZEICHEN: 102 cm. Leicht kenntlich an der *Größe,* am weißen Gefieder mit pechschwarzen Schwingen und an dem langen, glänzend *roten Schnabel und den roten Füßen.* Schnabel bei juv. schwärzlich, allmählich über Bräunlich in Blaßrot übergehend. Sitzt gern auf Bäumen und Häusern, oft auf einem Bein. Schreitet gemessen. Segelt oder fliegt oft in großer Höhe. Langsame Flügelschläge. Flugbild von dem der Reiher, Pelikane und Schmutzgeier durch *langen, gestreckten Hals* unterschieden. Auf dem Zuge ohne bestimmte Flugordnung. Siehe auch junge Löffler.

STIMME: Zur Brutzeit gelegentlich zischend; lautes rhythmisches Schnabelklappern vor allem bei der Balz.

VORKOMMEN: Sümpfe, feuchte Wiesen und Auen; zur Brutzeit meist bei Gebäuden. Nistet auf Wohnhäusern und Scheunen (Wagenrad als Nestunterlage), auch auf Bäumen. Verbreitungskarte 28.

Ibisse: Threskiornithidae

Ähnlich kleinen Störchen oder Reihern in der Gestalt, aber mit langem, gebogenem oder abgeplattetem und löffelförmigem Schnabel. Flug mit *ausgestrecktem* Halse. Geschlechter gleich. Schilf-, Busch- oder Baumbrüter.

Braunsichler   *Plegadis falcinellus*   6
    (E) Glossy Ibis; (F) Ibis falcinelle; (I) Mignattaio; (H) Zwarte Ibis; (S) Svart ibis; (Sp) Morito

KENNZEICHEN: 56 cm. Bogenschnabel; mit *einfarbigem, fast schwarzem Gefieder*. In der Nähe läßt das Gefieder einen purpurnen, bronzefarbenen und grünen Glanz erkennen. Juv. *matt* dunkelbraun. Im Flug sind der schmale Körper, die *runden Flügel*, der *ausgestreckte* Hals und die ausgestreckten Beine charakteristisch. Flache, schnelle Flügelschläge mit gelegentlichem Gleiten können zu Verwechslung mit Zwergscharbe führen. Setzt sich gern auf Bäume.

STIMME: Ein selten zu hörendes anhaltendes Krächzen.

VORKOMMEN: Sümpfe, Schlammflächen. Nistet kolonieweise, häufig in Gemeinschaft mit Reihern, in ausgedehntem Röhricht über Flachwasser, gelegentlich auf Büschen oder Bäumen. Verbreitungskarte 29.

Löffler   *Platalea leucorodia*   R5   6
    (E) Spoonbill; (F) Spatule blanche; (I) Spatola; (H) Lepelaar; (S) Skedstork; (Sp) Espátula

KENNZEICHEN: 86 cm. Leicht an dem *schneeweißen Gefieder* und am *langen, spatelförmigen Schnabel* kenntlich. Ad. mit ockergelber Tönung an der Halswurzel und im Sommer mit „Pferdeschwanz"-*Haube*. Beine und Schnabel schwarz, letzterer mit gelber Spitze. Juv. mit schwarzen Schwingenspitzen, ohne Ockergelb am Hals, mit graurötlichem Schnabel und gelblichen bis gräulichen Beinen. Verhalten reiherartig. Flug regelmäßig und langsam, gleitet und segelt auf weitgebreiteten Schwingen; Trupps gewöhnlich zu Reihen geordnet. Im Flug von allen weißen Reihern durch *ausgestreckten*, leicht geneigten Hals und Löffelschnabel unterschieden.

STIMME: Am Brutplatz gelegentlich grunzend. Bei Erregung schnabelklappernd.

VORKOMMEN: Seichte offene Gewässer, verschilfte Sümpfe, Flußmündungen. Nistet kolonieweise in ausgedehntem Röhricht, auf kleinen nackten Inseln, lokal auf Bäumen oder Büschen. Verbreitungskarte 30.

Flamingos: Phoenicopteridae

Flamingos sind auffallend langbeinige Vögel mit langem Hals und merkwürdig abgeknicktem Schnabel, wahrscheinlich den Störchen, nach der Meinung anderer den Entenvögeln oder den Stelzenläufern am nächsten verwandt. Vorderzehen durch Schwimmhäute verbunden.

Flamingo   *Phoenicopterus ruber*   6
    (E) Flamingo; (F) Flamant rose; (I) Fenicottero; (H) Flamingo; (S) Flamingo; (Sp) Flamenco

KENNZEICHEN: 127 cm. Unverkennbar. Ein ungemein schlanker, weißlich rosafarbener Stelzvogel mit *abnorm langen rosafarbenen Beinen, langem Hals und mit grotesk abwärts geknicktem Schnabel, der blaßrosa, im Spitzendrittel schwarz ist.* Im Flug sind *Hals und Beine ausgestreckt* und leicht geneigt, die Flügel offenbaren eine herrliche Kombination von *Scharlachrot und Schwarz.* Juv. schmutzig graubraun; Beine bleigrau. Watet gemessenen Schrittes und steckt Kopf oder Schnabel zur Futtersuche ins seichte Wasser. Sehr gesellig.

STIMME: Ein gänseartiges Schnarren und viele trompetende Rufe, „århonk" usw., besonders im Fluge.

VORKOMMEN UND VERBREITUNG: Seichte Küstenlagunen, Überschwemmungsgebiete, Seen, Schlammsümpfe usw. Nistet kolonieweise auf Schlammbänken oder im Flachwasser, wo er das Wasser wenig überragende Schlammnester anhäuft. Brütet, allerdings nicht alljährlich, in Südfrankreich (Camargue); das ganze Jahr in Südspanien anzutreffen, aber dort selten brütend. Ausnahmsweise in den meisten europäischen Ländern nordwärts bis Großbritannien, Norwegen und Finnland erscheinend, aber hauptsächlich im Mittelmeergebiet. Zooflüchtlinge gehören oft der südamerikanischen Art *Ph. chilensis* (Chileflamingo; Beine grau, nur Gelenke rot) an.

Entenvögel
(Schwäne, Gänse, Enten, Säger): Anatidae

Schwäne sind gewaltige Schwimmvögel, größer und mit viel längerem und schlankerem Hals als Gänse, die europäischen Arten völlig weiß; sie wandern wie manche Gänse in Linien oder V-Formation; Geschlechter gleichgefärbt; Bodenbrüter.

Gänse sind große, lärmende Wasservögel, mit dickerem und längerem Hals als Enten; im Gegensatz zu diesen sind die Geschlechter gleichgefärbt; zur Nahrungssuche hauptsächlich an Land; Boden- und Felsbrüter.

Halbgänse (Nilgans, Rostgans, Brandgans) vermitteln zwischen Gänsen und Enten.

Schwimmenten „gründeln" bei der Nahrungssuche, tauchen in der Regel nicht; beim Auffliegen lösen sie sich ohne Anlauf sofort vom Wasser; meist haben sie einen prächtig gefärbten Spiegel (rechteckiges Feld) am Hinterrand des geöffneten Flügels; Geschlechter verschieden; Jugendkleid und Sommerkleid (Ruhekleid, im späten Sommer getragen) der ♂ ähnlich dem Gefieder der ♀. Boden- und Höhlenbrüter.

Tauchenten (die Gattungen *Netta* bis *Glaucionetta*) tauchen nach Nahrung und rennen beim Abflug über die Wasserfläche. Höhlen- und Bodenbrüter.

Säger haben einen schlanken, an den Rändern mit Hornzähnen besetzten Schnabel, der sich zum Fischfang eignet; die meisten Arten tragen Hauben und haben schlanke Körper, so daß sie mehr den Seetauchern als den Enten ähneln; im Flug wirken sie langgezogen: Schnabel, Kopf, Hals und Körper bilden eine Waagerechte. Boden- und Höhlenbrüter.

Höckerschwan *Cygnus olor*   **7, 8**

(E) Mute Swan; (F) Cygne tuberculé; (I) Cigno reale; (H) Knobbelzwaan; (S) Knölsvan; (Sp) Cisne vulgar

KENNZEICHEN: 152 cm. So groß wie Singschwan, größer als Zwergschwan. Von beiden durch *orangefarbenen Schnabel mit schwarzem Schnabelgrund und Schnabelhöcker* (bei ♂ ad. im Frühjahr am größten) unterschieden, ferner beim Schwimmen durch *anmutig gebogenen Hals mit abwärts weisendem Schnabel.* Gewöhnlich schweigsam. Juv. graubraun (halbzahme zuweilen weiß), ohne den Schnabelhöcker, mit graurötlichem Schnabel und grauen Beinen. *Nimmt sofort Drohstellung ein,* mit gebogenem Hals und segelartig über dem Rücken aufgestellten Flügeln. Oft halbdomestiziert; verbreiteter Parkvogel und auf vielen Seen angesiedelt. Flug kraftvoll und wenig wendig, mit ausgestrecktem Hals. *Flügelschläge verursachen ein lautes singendes Fluggeräusch.* Gesellig (manchmal in sehr großen Versammlungen), ausgenommen zur Brutzeit.

VORKOMMEN: In wirklich wildem Zustand auf entlegenen Seen, z. B. Ostpreußens; sonst als verwilderter Parkvogel; im Winter an geschützten Meeresküsten, aber viele erscheinen auch anderswo. Verbreitungskarte 31.

Singschwan *Cygnus cygnus*   **7, 8**

Syn. a. *Olor cygnus*

(E) Whooper Swan; (F) Cygne sauvage; (I) Cigno selvatico; (H) Wilde Zwaan; (S) Sångsvan; (Sp) Cisne cantor

KENNZEICHEN: 152 cm. Die *zitronengelbe Wurzel* des schwarzen Schnabels unterscheidet den Sing- vom Höckerschwan, der orangeroten Schnabel mit schwarzem Höcker am Grunde hat. Weiter durch den *steil aufgerichteten Hals* und häufige *Trompetenrufe* unterschieden. Gegenüber Zwergschwan größer, Kopf erscheint im Profil länger und flacher, das Gelb am Schnabel *läuft nach vorn spitz zu,* Stimme andersartig. Immat. mit Aschbraun gezeichnet, grauer als junge Höckerschwäne; Schnabel hell fleischfarben mit dunkler Spitze. Verhalten und Flug wie Höckerschwan, läuft aber besser, nimmt mit den Flügeln keine Drohstellung ein und hat kein so kennzeichnendes singendes Fluggeräusch. Gewöhnlich in lärmenden Trupps, ausgenommen zur Brutzeit, dann einzeln. Fliegt in veränderlicher schräger Reihe oder im Winkel.

STIMME: Der Singschwan ist der ruflustigste von allen Schwänen. Flugruf ein lautes trompetendes „anghö".

VORKOMMEN: Von der Flut beeinflußte Küstengewässer, Seen, große Flüsse. Nistet auf Inselchen von Sümpfen oder Seen, im Moor und auf der arktischen Tundra. Verbreitungskarte 33.

Zwergschwan *Cygnus bewickii*   **7**

Syn. a. *Olor bewickii; b. Cygnus columbianus bewickii*

(E) Bewick's Swan; (F) Cygne de Bewick; (I) Cigno minore; (H) Kleine Zwaan; (S) Mindre sångsvan; (Sp) Cisne chico oder Cisne de Bewick

KENNZEICHEN: 122 cm. *Kleiner* und mit kürzerem Hals als Höcker- und Singschwan; ähnelt vor allem dem Singschwan, aber der *gelbe Bezirk am Schnabel ist weniger ausgedehnt und mehr abgerundet;* nicht so ruflustig. Immat. ähnlich jungen Singschwänen, ausgenommen in der Größe. Verhalten, Flug und Vorkommen wie Singschwan, aber selten in einer regelmäßigen Formation fliegend. Oft in großen Versammlungen. Nimmt keine Flügel-Drohstellung ein; im Fliegen ohne das für den Höckerschwan bezeichnende Fluggeräusch. Stimme tiefer als die des Singschwans; von Nahrung suchenden Gesellschaften hört man ein halblautes, musikalisches Getön. Verbreitungskarte 32.

Saatgans *Anser fabalis* 9, 10

(E) Bean Goose; (F) Oie des moissons; (I) Oca granaiola; (H) Rietgans; (S) Sädgås; (Sp) Ánsar campestre

KENNZEICHEN: 71–89 cm. Brauner und *allgemein dunkler* als andere „graue Gänse", die weißlichen Federränder erscheinen heller. Von weitem wirken der *Kopf und der ziemlich lange Hals schwarz*. Unterseits kleine Flecken. *Schnabel lang und schwarz mit orangegelber Binde*, gelegentlich mit etwas Weiß am Grunde. Beine bei ad. *orangegelb*, bei juv. hell gelblich. Verhalten und Flug wie bei der Graugans, Vorderflügel aber dunkel. Die Graugans ist etwas größer und heller, besonders an Kopf und Hals, hat hellgraue Vorderflügel, weißspitzigen, orangefarbenen Schnabel und *rötliche Beine*. Die alte Kurzschnabelgans ist etwas kleiner und hat einen kleineren, *rötlich und schwarz* gefärbten Schnabel, *rötliche Füße*, und die blaugraue Oberseite hebt sich mehr vom dunklen Kopf und Hals ab. (Die Kurzschnabelgans wird häufig als Rasse der Saatgans betrachtet.) Alte Bläß- und Zwerggänse sind kleiner, am Schnabelgrunde hervorstechend weiß und auf dem Bauch breit dunkel gezeichnet.

STIMME: Die Saatgans ist weniger ruflustig als andere „graue Gänse". Ein tönendes „ang-ank", tiefer und rauher als bei der ähnlich rufenden Kurzschnabelgans. Häufig „kajak" und „kaiaiak".

VORKOMMEN: Überwintert im Binnenland auf Wiesenflächen in der Nähe von Süßwasser, selten auf bebauten Feldern. Nistet in der Arktis unter Bäumen an Flüssen und Seen. Verbreitungskarte 34.

Kurzschnabelgans *Anser brachyrhynchus* 9, 10

(E) Pink-footed Goose; (F) Oie à bec court; (I) Oca delle zampe rosse; (H) Kleine Rietgans; (S) Spetsbergsgås; (Sp) Ánsar piquicorto

KENNZEICHEN: 61–76 cm. Ähnlich wie eine kleine Saatgans, aber von dieser und anderen „grauen Gänsen" durch *hell blaugraue Oberseite* unterschieden, die sich scharf von dem *sehr dunklen Kopf und Hals* abhebt, ferner durch *kleinen, rötlich und schwarz gefärbten Schnabel und durch rötliche Beine*. Beim Gefiederwechsel im Sommer schwankt die Färbung stark zwischen Blaugrau und Braungrau. Im Fluge fällt der blaugraue Vorderflügel auf, obwohl nicht so sehr wie bei der größeren, helleren Graugans, der aber die blaue Tönung fehlt. Juv. hat manchmal hellere Beine, wirkt im Winter brauner und am Hals oft heller als ad. Verhalten und Flug wie bei der Bläßgans. Von der alten Bläß- und Zwerggans durch das Fehlen von Weiß am Schnabelgrunde (obwohl gelegentlich etwas Weiß erscheint) und von Schwarz am Bauch unterschieden; juv. äußerst schwierig von jungen Bläßgänsen zu unterscheiden, höchstens an der Beinfarbe und dem rundlicheren Kopf, da Schnabel sehr ähnlich. Die Kurzschnabelgans wird häufig als Rasse der Saatgans betrachtet.

STIMME: Zwei- und dreisilbige Trompetenrufe ähnlich Saatgans, aber in höherer Tonlage. Ein tönendes „ang-ank", sehr kennzeichnend „uink-uink-uink" oder „king-uink".

VORKOMMEN: Wie Graugans, aber häufiger auf bebauten Feldern. Nistet kolonieweise an felsigen Abhängen und Schluchten der Flüsse, auch in der offenen Tundra. Verbreitungskarte 35.

Bläßgans *Anser albifrons* 9, 10

(E) White-fronted Goose; (F) Oie rieuse; (I) Oca lombardella; (H) Kolgans; (S) Bläsgås; (Sp) Ánsar careto grande

KENNZEICHEN: 66–76 cm. Ad. von Grau-, Saat- und Kurzschnabelgans durch *auffallenden weißen Fleck am Grunde des rötlichen Schnabels, orangefarbene Beine und breite, unregelmäßige schwarze Querflecken am Bauch* unterschieden. Juv. ohne dunkle Bauchflecken und weiße Stirn, aber die orangefarbenen Beine und das Fehlen von Schwarz am Schnabel sind dennoch kennzeichnend. Verhalten und Flug wie Graugans, jedoch Flügelschlag schneller; auch durch bräunlichen Vorderflügel unterschieden. Die grönländische Rasse, *A. a. flavirostris*, die hauptsächlich in Irland und Schottland überwintert, ist im Felde von der Nominatform, *A. a. albifrons*, durch dunklere Färbung, besonders an Kopf und Hals, und *gelben* Schnabel zu unterscheiden. Siehe auch Zwergbläßgans.

STIMME: Das Schnattern ähnlich dem anderer grauer Gänse, aber in höherer Tonlage und rascher. Gewöhnlich „kou-ljau" oder „ljo-ljok", zwei- und dreisilbig.

VORKOMMEN: Wie Graugans, aber selten auf Stoppel- oder Kartoffelfeldern. Nistet gewöhnlich in der baumlosen Tundra, in offenem Sumpfgelände, auf Flußinselchen usw. Verbreitungskarte 36.

Zwergbläßgans *Anser erythropus* 9

(E) Lesser White-fronted Goose; (F) Oie naine; (I) Oca lombardella minore; (H) Dwerggans; (S) Fjällgås; (Sp) Ánsar careto chico

KENNZEICHEN: 53–56 cm. Ähnelt im allgemeinen einer kleinen Bläßgans, ist aber von ihr unterschieden durch *viel kleineren, rötlicheren Schnabel; die weiße Stirnblässe reicht meist höher auf den Scheitel hinauf,* und die Spitzen des zusammengefalteten Flügels ragen gewöhnlich über das Schwanzende. Wirkt in der Regel dunkler als die Nominatrasse der Bläßgans. Von nahem ist der geschwollene, leuchtend *gelbe Augenring* das beste Kennzeichen. Juv. ohne weiß am Schnabelgrunde und ohne dunkle Bauchfleckung, aber mit gelbem Augenring. Verhalten und Flug wie Bläßgans, der Flügelschlag schneller.

STIMME: Viel höher als Bläßgans. Am häufigsten „kju-ju" oder „kju-ju-ju" (♂); „kou-jou" (♀).

VORKOMMEN: Sehr ähnlich Bläßgans, nistet in den arktischen Tiefländern; in größerer Höhe nur dort, wo das Verbreitungsgebiet sich südwärts erstreckt, dann in der Zwergbirken- oder Zwergweidenzone der Umgebung von Bergseen. Verbreitungskarte 37.

Graugans *Anser anser* 9, 10

(E) Grey-lag Goose; (F) Oie cendrée; (I) Oca selvatica; (H) Grauwe Gans; (S) Grågås; (Sp) Ánsar común

KENNZEICHEN: 76–89 cm. Zwei europäische Rassen können im Felde unterschieden werden: Der westeuropäische *A. a. anser* hat dicken *orangefarbenen Schnabel;* der osteuropäische *A. a. rubirostris* hat einen dicken *fleischfarbenen* Schnabel und wirkt *heller* infolge seiner lichten Federenden. Beide sind ferner unterschieden von anderen „grauen Gänsen" durch den *Mangel von schwarzen Abzeichen am Schnabel,* durch fleischfarbene Beine und Füße, *sehr hellen Vorderflügel,* ungebänderte Unterseite (doch ad. oft mit einigen schwarzen Flecken an der Brust) und dadurch, daß Kopf und Hals nicht dunkler sind als der Körper. Juv. mit gräulich fleischfarbenen Beinen. Von weitem sehen alle „grauen Gänse" im Fluge ganz ähnlich aus, sie fliegen gewöhnlich im Winkel oder in Linie; alle sind außerhalb der Brutzeit gesellig und in der Regel bei Tage aktiv: in der Morgendämmerung fliegen sie zu ihren Nahrungsgründen. Graugänse sind im Fluge am besten an der Stimme zu erkennen. Die Graugans unterscheidet sich von den alten Bläß- und Zwerggans durch bedeutendere Größe, helleren Kopf und Hals, durch das Fehlen eines weißen Fleckes am Schnabelgrunde und dunklere Flecken auf der Unterseite und, in jedem Alter, durch fleisch- (nicht orange-)farbene Beine; gegenüber Saat- und Kurzschnabelgans sind Kopf und Hals nicht dunkler als Körper, der große orangefarbene Schnabel hat keine schwarzen Abzeichen, und insgesamt wirkt die Graugans heller.

STIMME: Das gleiche nasale Schnattern wie Hausgans (die von der Graugans abstammt) „gágagag" usw. Von weitem hören sich Gänsetrupps wie blökende Schafe an.

VORKOMMEN: Im Winter Wiesen, bebaute Felder an der Küste, Sumpfniederungen, Flußmündungen. Nistet gesellig in Mooren, Sümpfen, an Seen im versumpften Dickicht, auf Inselchen. Verbreitungskarte 38.

Schneegans   *Anser caerulescens*   7, 8

Syn. a. *Chen caerulescens*

(E) Snow Goose; (F) Oie des neiges; (I) Oca iperborea; (H) Sneeuwgans; (S) Snögås; (Sp) Ánsar nival

KENNZEICHEN: 64–76 cm. Ad. leicht an dem *reinweißen* Gefieder und den *schwarzen Flügelspitzen* zu erkennen. Starker Schnabel und Füße dunkel rötlich. Kopf oft orangefarben verschmutzt. Juv. oben bräunlich-grau, unterseits gräulich-weiß, Schnabel und Füße dunkelgrau. Verhalten und Flug wie bei den „grauen Gänsen". Auf Nahrungssuche gern mit anderen Arten. Der kleinere *A. c. caerulescens* ist im Felde nicht sicher von dem größeren *A. c. atlanticus* zu unterscheiden, der gewöhnlich noch kurzbeiniger ist. Die nordamerikanische „Blue Goose", die schon auf den Britischen Inseln vorgekommen ist, wird als Farbmutante von *A. c. caerulescens* betrachtet; sie ist düster blaugrau mit weißem Kopf und Hals (manchmal auch Brust und Bauch weiß); juv. ganz schwärzlich mit weißem Kinnfleck. Die Schneegans ist leicht von allen Schwänen am *kürzeren Hals und an den schwarzen Handschwingen* zu unterscheiden, vom Baßtölpel im Flug durch viel kleineren Kopf und Schnabel bei längerem Hals, kurzen runden Schwanz und breite Flügel.

STIMME: Im Flug hoch „kau" und „wonk"; sonst ein kurz abgebrochenes rauhes „kank"; auch ein tiefes schwatzendes Schnattern „sang-ang-ang".

VORKOMMEN UND VERBREITUNG: Wie bei den „grauen Gänsen". Nistet kolonieweise in der offenen Tundra und auf Seeinseln. Brutvogel im nördlichsten Nordamerika und Nordostsibirien *(caerulescens)* sowie in Nordgrönland *(atlanticus)*. Umherstreifende bis Island, zu den Britischen Inseln (fast alljährlich) und in vielen europäischen Ländern von Norwegen und Finnland bis Frankreich, Polen und Tschechoslowakei. Wie bei den in Deutschland gelegentlich beobachteten Stücken handelt es sich dabei vielleicht zum Teil um entflohene oder von ziehenden Saatgänsen mitgerissene halbwilde Parkvögel.

Kanadagans *Branta canadensis* **7, 8**

(E) Canada Goose; (F) Bernache du Canada; (I) Oca del Canada; (H) Canadese Gans; (S) Kanadagås; (Sp) Barnacla canadiense

KENNZEICHEN: 91–102 cm. Größte in Europa erscheinende Gans. Graubraun, mit schwarzem Kopf und *langem, schwarzem Hals, der sich scharf von der weißlichen Brust abhebt*. Von anderen „schwarzen Gänsen" durch bedeutendere Größe und *breiten weißen Fleck von der Kehle bis zu den Wangen* unterschieden. Schnabel und Füße schwarz. Gegenüber Weißwangengans: viel größer, *Körper braun* (nicht grau), weißer Wangenfleck (Stirn nicht einbezogen), das Schwarz erstreckt sich nur vom Kopf bis zum Halsansatz (nicht bis zur Brust). Die Ringelgans ist noch kleiner und ohne Weiß am Kopf. Außerhalb der Brutzeit gesellig. Meist bei Tage aktiv, auf den Feldern wie „graue Gänse" grasend, aber manchmal auch im Wasser gründelnd. Hauptsächlich am Süßwasser. Fliegt im regelmäßigen Winkel oder in Linie.
STIMME: Flugruf ein hallendes „â-honk", die zweite Silbe ansteigend.
VORKOMMEN UND VERBREITUNG: Felder und offenes Sumpfgebiet am Süßwasser; auch unter Bäumen und an Seeufern. Brutvogel in Nordamerika, in Europa eingeführt und häufig als Parkvogel. Nistet einzeln oder in kleinen Gruppen auf buschbestandenen Seeinseln. In England und Skandinavien verwildert und auf dem Zuge und im Winter an den Küsten von Nord- und Ostsee, seltener im mitteleuropäischen Binnenland erscheinend, gelegentlich auch andernorts in Europa, ausnahmsweise bis Spanien.

Nonnengans (Weißwangengans) *Branta leucopsis* **7, 8**

(E) Barnacle Goose; (F) Bernache nonnette; (I) Oca a faccia bianca; (H) Brandgans; (S) Vitkindad gås; (Sp) Barnacla cariblanca

KENNZEICHEN: 58–69 cm. Sofort kenntlich an dem *schwarz-weißen Gefieder, auffallend weißen Gesicht samt Stirn;* das Schwarz des Kopfes erstreckt sich bis zur Brust hinab; lavendelgraue Oberseite mit breit weiß gesäumten schwarzen Bändern, gräuliche Unterseite, weißer Bürzel und schwarzer Schwanz. Füße und der kleine Schnabel schwarz. Gewöhnlich nicht in geordneter Formation fliegend. Von vorwiegend nächtlicher Lebensweise. Sehr gesellig. Gegenüber Ringelgans: größer, weißes Gesicht, weniger ans Wasser gebunden; gegenüber Kanadagans: kleiner, weiße Stirn, schwarze Brust und graue (nicht braune) Oberseite.
STIMME: Klingt von weitem wie von einer Rotte kläffender Schoßhunde. Gewöhnlich ein schnell wiederholtes bellendes „gnak".
VORKOMMEN: Selten weit im Binnenland, zieht Salzsümpfe, Wiesen an Flußmündungen, das Watt und kleine grasbewachsene Inseln vor. Nistet kolonieweise, gewöhnlich auf den Simsen steiler Felsriffe der Arktis, an felsigen Flußschluchten und Abhängen, manchmal in der offenen Tundra. Verbreitungskarte 39.

Ringelgans *Branta bernicla* **7, 8**

(E) Brent Goose; (F) Bernache cravant; (I) Oca colombaccio; (H) Rotgans; (S) Prutgås; (Sp) Barnacla carinegra

KENNZEICHEN: 56–61 cm. Die *kleinste und dunkelste* der „schwarzen Gänse" (etwa von der Größe der Stockente), mit *rußschwarzem Kopf, Hals und Kropf,* leuchtend weißem „Heck" und *kleinem, weißem Fleck an den Halsseiten* (wirkt manchmal fast wie ein schmales Halsband, fehlt aber den juv.). Die dunkelbäuchige Rasse *B. b. bernicla* hat dunkelgraubraunen Bauch; die hellbäuchige *B. b. hrota* mit viel hellerer Unterseite, die scharf von der Oberseite absticht (Vertreter beider Rassen können im gleichen Trupp beieinander sein). Mehr ans Meer gebunden als andere Gänse. Sehr gesellig, zur Nahrungssuche am Strand der Küste bei Tag und Nacht; ruht während der Flut auf dem Wasser; oft auch schwimmentenartig gründelnd. Flug sehr rasch, selten in Formation, gewöhnlich in unregelmäßig wechselnden Schwärmen. Von der Nonnen- und viel größeren Kanadagans durch *ganz schwarzen Kopf* unterschieden.

STIMME: Ein kehliges „rronk" oder „rott" („Rottgans"), auch verschiedene weniger laute Stimmfühlungsrufe.

VORKOMMEN: Außerhalb der Brutzeit am Meer, oft an Küsten und Flußmündungen mit Seegraswiesen *(Zostera).* Nistet gesellig in der hohen felsigen Tundra und auf Inselchen vor den arktischen Küsten. Verbreitungskarte 40.

Rothalsgans *Branta ruficollis* **7, 10**

Syn. a. *Rufibrenta ruficollis*

(E) Red-breasted Goose; (F) Bernache à cou roux; (I) Oca collo rosso; (H) Roodhalsgans; (S) Rödhalsad gås; (Sp) Barnacla cuellirroja

KENNZEICHEN: 53–56 cm. Leicht kenntlich am kontrastreich *schwarz-weiß-kastanienbraunen Gefieder.* Von weitem ist der *weiße Flankenstreifen* am auffallendsten. Füße und sehr kleiner Schnabel schwärzlich. Immat. heller, matter und brauner, mit undeutlich weißem Fleck zwischen Schnabel und Auge. Verhalten und Flug ähnlich den „grauen Gänsen", aber die Rothalsgans ist äußerst flink und behende bei der Nahrungssuche und fliegt selten im regelmäßigen Winkel oder in Linie. Oft mit Bläß- oder Zwerggans vergesellschaftet.

STIMME: Ein schrilles (staccato) „kik-uik" oder „kih-kua" und verschiedene ziemlich knarrende Unterhaltungsrufe.

VORKOMMEN UND VERBREITUNG: Im Winter in der Regel auf Grassteppen, an der Meeresküste rastend. Nistet gesellig in der küstennahen Tundra auf der Halbinsel Yalmal und in Westsibirien. Einige überwintern in Ungarn, Rumänien, Bulgarien und Griechenland. Ausnahmsweise bis Großbritannien, Spanien, Frankreich, Belgien, Holland, Dänemark, Schweden, Norwegen, Finnland, Polen, Österreich, Italien und Island. Mehr als dreißigmal in Deutschland, z. T. wohl entflogene Zoo- oder Parkvögel.

Nilgans *Alopochen aegyptiacus* **77**

(E) Egyptian Goose; (F) Oie d'Égypte; (I) Oca egiziana; (H) Nijlgans; (Sp) Oca egipcia

KENNZEICHEN: 70 cm. Eine große Ente von gänseähnlicher Gestalt, etwas langbeiniger als die ähnliche Rostgans. Grundfarbe des Gefieders dunkler oder heller bräunlichgelb, fein dunkel gewellt und *mit großem dunkelbrau-*

nem Fleck rings um das Auge und dunkelbraunem Fleck auf der hinteren Brustmitte; Oberflügeldecken weiß. Schnabel rosenrötlich mit dunklem Rand; Füße rötlich. Im Flug weiße Flügeldecken, schwarze Handschwingen und grüne Armschwingen auffallend; Unterseite weißlich (nicht rostrot wie bei der etwas ähnlichen Rostgans). Geschlechter gleich gefärbt. Juv. ohne dunklen Brustfleck.

STIMME: Ruf heiser „kek kek" und trompetend „teng, teng", letzterer Ruf bei Erregung gereiht.

VORKOMMEN: In England (East Anglia) eingebürgert; sonst von Syrien durch das Niltal und Afrika südlich der Sahara bis zur Kapprovinz Südafrikas verbreitet; früher auch an der unteren Donau und im westlichen Nordafrika (wo jetzt gelegentlicher Gast). Bei in vielen Teilen Europas (in Deutschland mehr als ein dutzendmal) beobachteten Nilgänsen handelt es sich wohl stets um entkommene Parkvögel. Verwilderte haben in Holland gebrütet.

Rostgans *Tadorna ferruginea*   14, 16, 18

Syn. a. *Casarca ferruginea*

(E) Ruddy Shelduck; (F) Tadorne casarca; (I) Casarca; (H) Casarca; (S) Rostand; (Sp) Tarro canelo

KENNZEICHEN: 64 cm. Gekennzeichnet durch gänseähnliche Gestalt, *einfarbig rostrotes Gefieder mit hellem Kopf,* schwarzen Schnabel und Schwanz, schwarze Füße und Schwingen mit grünem Spiegel. Im Fluge *sehr auffallend weiße Flügeldecken.* ♂ mit schmalem schwarzen Halsband. ♀ mit fast weißem Kopf. Im Flug der Brandgans ähnlich. Gewöhnlich paarweise. Die Nilgans hat ebenfalls auffallende weiße Flügeldecken, ist aber grauer, mit rotbrauner Augengegend.

STIMME: Ein weittragendes nasales „ah-ong" und einige gänseartige Rufe.

VORKOMMEN: Viel mehr ans Land gebunden als die Brandgans. Im Winter häufig auf sandigen See- und Flußufern, auf Feldern und sogar trockenen Steppen. Nistet in Höhlen von Dünen, Felsen, alten Bäumen und Gemäuer. Verbreitungskarte 41.

Brandgans (Brandente) *Tadorna tadorna*   14, 16, 18

(E) Shelduck; (F) Tadorne de Belon; (I) Volpoca; (H) Bergeend; (S) Gravand; (Sp) Tarro blanco

KENNZEICHEN: 61 cm. Eine große, eher *gänseartige,* von weitem weiß und schwarz wirkende Ente. Gekennzeichnet durch kontrastreiches Gefieder: Kopf und Hals grünlichschwarz, Körper *weiß mit breiter fuchsroter Binde um den Vorderkörper* und dunklem Mittelstreif der Unterseite. Schultern und Handschwingen schwarz, grüner Flügelspiegel. Füße fleischfarben; *Schnabel rot,* beim ♂ mit Höcker. Juv. oben aschbraun, ohne rostrote Brustbinde, Gesicht und Kehle weißlich, Schnabel fleischfarben, Füße grau. Flug gänseartig mit langsameren Flügelschlägen als bei den meisten Enten. Schwimmende können mit männlichen Löffelenten verwechselt werden, die auch weiße Vorderbrust und dunklen Kopf haben, aber die Löffelente ist kleiner, liegt tief im Wasser und hat dunklen, löffelartigen Schnabel.

STIMME: Ein schnelles nasales „ak-ak-ak" und ein tieferes, lauteres „åk, åak". Auch „rárré". ♀ mit juv. näselt sanft.

VORKOMMEN: Sand- und Schlammküsten, bei uns nur hier und da (z. B. am Niederrhein) im Binnenland. Nistet in Kaninchenhöhlen usw. Verbreitungskarte 42.

Mandarinente *Aix galericulata* **11**

Syn. a. *Dendronessa galericulata*

(E) Mandarin; (F) Canard mandarin; (I) Anitra mandarina; (H) Mandarijneend; (S) Mandarinand; (Sp) Pato mandarín

KENNZEICHEN: 43 cm. Das bunte ♂ leicht an den *aufgestellten orangefarbenen* „*Segeln*" auf den Flügeln, an den kastanienbraunen „Koteletten" und der bunten Kopfhaube zu erkennen. ♀ graubraun mit langen weißlichen Flecken an der Brust und hervortretenden *weißen Abzeichen* am Auge und Schnabel. ♂ im Schlichtkleid und ♂ juv. ähnlich ♀, aber mit dunkelrotem statt schwärzlichem Schnabel.

STIMME: Ein ziemlich lautes, hohes „tweck", nicht unähnlich dem Ruf des Bläßhuhns; Angstruf „wick".

VORKOMMEN: Gewöhnlich an waldgesäumten Binnengewässern und Zierteichen. Als Wildvogel in Ostasien brütend. In Europa eingeführt und jetzt in halbwildem Zustand in einigen Gegenden, vor allem in Südost-England und Schottland, in Bäumen brütend; anderswo als Park- oder Zooflüchtling vorkommend.

Pfeifente *Anas penelope* R6 **11, 16, 18**

Syn. a. *Mareca penelope*

(E) Wigeon; (F) Canard siffleur; (I) Fischione; (H) Smient; (S) Bläsand; (Sp) Ánade silbón

KENNZEICHEN: 46 cm. ♂ durch *rotbraunen Kopf mit hellgelblichem Scheitel,* grauen Körper und rosenholzfarbene Brust gekennzeichnet. Im Flug großer weißer Flügelfleck in Körpernähe, weißer Bauch, schwarzes Körperende; im Schlichtkleid dunklem ♀ ähnlich, aber an den weißen Schultern von diesem zu unterscheiden. ♀ von der Stockente durch geringere Größe, viel kleineren Schnabel, runderen Kopf, spitzen Schwanz und rostbrauneres Gefieder unterschieden, ferner durch grünschwarzen Spiegel und kürzeren Hals. Zur Nahrungssuche im Flachwasser, in Schlammniederungen und an Teichen, bei Tage oft auf dem Meere in dichteren Scharen rastend. Junge ♂ von jungen Schnatterenten durch kleineren Schnabel, dunkleren Kopf und schwärzlichen Spiegel unterschieden.

STIMME: ♂ ein hohes pfeifendes „huihu". ♀ ein tiefer, schnurrender Ruf.

VORKOMMEN: Im Winter zahlreich auf dem Meere, viele auch an Binnengewässern. Nistet im Moor, auf Seeinseln, in Sümpfen. Verbreitungskarte 43.

Nordamerikanische Pfeifente *Anas americana* **15**

Syn. a. *Mareca americana*

(E) American Wigeon (Baldpate); (F) Canard siffleur d'Amérique; (H) Amerikaanse Smient; (S) Amerikansk Bläsand

KENNZEICHEN: Etwa 50 cm. ♂ im Gegensatz zur hauptsächlich grauen Pfeifente vorwiegend *rötlichbraun mit breiterem cremeweißen Scheitel,* einem breiten glänzend grünen Band vom Auge zum Nacken, grauen Wangen und grauem Vorderhals. ♀ sehr ähnlich Pfeifenten-♀, aber Kopf und Hals *grauer,* von der rötlich-braunen Brust abstechend; im geschlossenen Flügel stechen die weißen Säume der Schulterfedern kontrastreich von der schwarzen Federmitte ab (beim Pfeifenten-♀ sind diese Federn braun mit fahlweißen Säumen). ♂ im Flug mit ebenso großen weißen Flügelflecken wie

Pfeifente, aber Achseln in beiden Geschlechtern *weiß,* bei der Pfeifente dagegen dunkel.

STIMME: ♂ ein pfeifendes „wi, wii-uh".

VORKOMMEN UND VERBREITUNG: Biotop wie Pfeifente. Brutvogel Nordamerikas, umherstreifend bis Irland, Großbritannien, Norwegen, Schweden, Finnland, Island, Deutschland, Holland, Frankreich, Spanien.

Schnatterente   *Anas strepera*   R5   **11, 16, 18**

Syn. a. *Chaulelasmus streperus*

(E) Gadwall; (F) Canard chipeau; (I) Canapiglia; (H) Krakeend; (S) Snatterand; (Sp) Ánade friso

KENNZEICHEN: 51 cm. Kleiner und schlanker und mit steilerer Stirn als Stockente, zu der sie sich oft gesellt. Beide Geschlechter mit *weißem Spiegel* (hauptsächlich im Fluge auffallend). ♂ gräulich mit kastanienbraunen Flügeldecken, die vor allem im Fluge sichtbar sind wie der *weiße Bauch, der von den schwarzen Schwanzdecken absticht;* das beste Kennzeichen auf dem Wasser ist von weitem das *schwarze „Heck",* das sich gegen das graue Gefieder abhebt; grauer Schnabel, orangegelbe Füße; im Schlichtkleid ähnlich ♀, aber beachte die kastanienbraunen Flügeldecken! ♀ ähnelt weiblichen Stock- und Spießenten, von letzteren durch kürzeren Schwanz und gelblichen Schnabel, von beiden durch orangegelbes Feld an den Schnabelseiten und *weißen Spiegel* unterschieden. Flug wie Stockente, aber Flügel sind spitzer.

STIMME: ♀ quakt laut ein abfallendes und an Tonstärke abnehmendes „rääck-rääck-räck-räck-räck". ♂ ein tiefer einzelner Ruf.

VORKOMMEN: Wie Stockente, aber weniger allgemein verbreitet und selten an den Meeresküsten erscheinend. Verbreitungskarte 44.

Gluckente   *Anas formosa*   **15**

Syn. a. *Nettion formosum; b. Sibirionetta formosa*

(E) Baikal Teal; (F) Sarcelle élégante; (I) Alzavola asiatica; (H) Siberische Taling; (S) Gulkindad kricka; (Sp) Cerceta del Baikal

KENNZEICHEN: Reichlich 40 cm. Größer als Krickente. ♂ unverwechselbar mit *cremeweißen Kopfseiten und senkrechtem Streif vom Auge zum Kinn;* Scheitel, Oberhals und Kinn schwarz; ein auffälliger grüner, weiß eingefaßter Halbmond erstreckt sich vom Auge zum Nacken und zu den Halsseiten; verlängerte, herabhängende Schulterfedern rotbraun, cremefarben und schwarz gezeichnet; Brust rötlich, Flanke grau, Unterschwanz schwarz, diese drei Farbbezirke durch zwei *senkrechte weiße Streifen* getrennt. ♀ ähnlich Krickenten-♀, aber durch *auffallenden weißen Fleck an der Schnabelwurzel* und unterbrochenen Überaugenstreif und dunklen Augenstreif unterschieden. Schnabel und ziemlich lange Beine grau. Verhalten ähnlich Krickente, aber Flug weniger reißend und regellos.

STIMME: Ruffreudiger als Krickente. ♂ läßt seltsames tiefes Glucken „wot-wot" oder „prup" hören, ♀ quakt wie Krickente.

VORKOMMEN UND VERBREITUNG: Vorwiegend am Süßwasser, obwohl gelegentlich auch an der See beobachtet. Brutvogel in Ostsibirien, umherstreifend westwärts bis Finnland, Schweden, Großbritannien, Holland, Belgien, Frankreich, Schweiz und Italien.

Krickente *Anas crecca* R4 **11, 16, 18**

Syn. a. *Nettion crecca*

(E) Teal; (F) Sarcelle d'hiver; (I) Alzavola; (H) Wintertaling; (S) Kricka; (Sp) Cerceta común

KENNZEICHEN: 36 cm. Kleinste europäische Ente. Beide Geschlechter haben *glänzend grünen Flügelspiegel.* ♂ mit *waagerechtem weißen Streif* auf den Schultern, tief *kastanienbraunem Kopf mit bogenförmigem grünen Kopfseitenfleck* und mit gelblichen Flecken an jeder Seite des schwarzen „Heckes". Von weitem wirkt das ♂ wie eine kleine graue Ente mit *dunklem* Kopf. Beide Geschlechter haben glänzend grünen (nach außen schwarzen) Flügelspiegel. ♀ braun und gelblich gefleckt mit hellen Wangen und heller Unterseite; von der der ähnlichen weiblichen Knäkente durch das Fehlen einer deutlichen Kopfzeichnung und *ausgedehnteren, leuchtenderen grünen Spiegel* unterschieden. Flug reißend, in sehr dichten Trupps, meist niedrig, oft regellos. Das ♂ der manchmal in Europa erscheinenden nordamerikanischen Krickente, *A. crecca carolinensis,* hat einen senkrechten weißen Streif vor dem Flügelbug anstatt eines waagerechten über dem Flügel wie bei unserer Krickente.

STIMME: Sehr stimmbegabt. ♂: ein kurzes, lautes, wohltönendes „krrit"; ♀: ein hohes, rauhes Quaken; nahrungsuchende Trupps: ein schwätzendes Gakkern.

VORKOMMEN: Verschilfte Teiche. Im Winter häufig in Sümpfen, gelegentlich an Flußmündungen und Meeresküsten. Nistet in Mooren, Sümpfen, zwischen Farnkraut in Wäldern, oft weit vom offenen Wasser entfernt. Verbreitungskarte 45.

Stockente *Anas platyrhynchos* **11, 16, 18**

(E) Mallard; (F) Canard col-vert; (I) Germano reale; (H) Wilde Eend; (S) Gräsand; (Sp) Ánade real

KENNZEICHEN: 58 cm. ♂ mit *glänzend grünem Kopf, schmalem weißen Halsband, tiefbrauner Brust,* hellgrauem Unterkörper, weißem Schwanz mit 4 zurückgekrümmten, schwarzen mittleren Schwanzfedern und gelblichem Schnabel. ♀ braun gefleckt mit grünlichem Schnabel. ♂ und ♀ mit blauem, beiderseits weiß gesäumtem Spiegel und orangeroten Füßen. ♂ im Schlichtkleid wie dunkles ♀. Flug sehr rasch. ♀ von der Schnatterente durch bedeutendere Größe, braunere Färbung, purpurblauen (nicht weißen) Spiegel und nicht so spitze Flügel unterschieden, liegt überdies tiefer im Wasser; von der weiblichen Spießente durch kräftigeren Schnabel und Kopf, dickeren Hals, *Weiß an beiden Seiten* des Spiegels und kürzeren, weißlichen Schwanz unterschieden, von der weiblichen Löffelente durch bedeutendere Größe, viel kleineren Schnabel und längeren Hals. Siehe auch Mittelsäger.

STIMME: ♂ gedämpftes „räb" und „fihb"; ♀ quakt schallend.

VORKOMMEN: Fast jedes Gewässer; im Winter auch an Meeresküsten. Nistet im Unterwuchs am Wasser, gelegentlich in Höhlungen. Verbreitungskarte 46.

Spießente *Anas acuta* R5 **11, 16, 18**

Syn. a. *Dafila acuta*

(E) Pintail; (F) Canard pilet; (I) Codone; (H) Pijlstaart; (S) Stjärtand; (Sp) Ánade rabudo

KENNZEICHEN: 56 cm. Eine schlanke, langhalsige Schwimmente mit spitzem Schwanz. ♂ mit schokoladenbraunem Kopf und Hals, *auffallendem weißen*

Streif von der weißen Brust jederseits längs des Halses und mit *langem, nadelscharf zugespitztem Schwanz.* Oberseite und Flanken grau. ♂ im Schlichtkleid und ♂ juv. ähnlich ♀, aber oben dunkler. ♀ schwer von sehr ähnlichen Stockenten-, Schnatterenten- und Pfeifenten- ♀ zu unterscheiden, und zwar durch schlanke Gestalt, dünnen Hals, spitzeren Schwanz, dunklen Spiegel und grauen Schnabel; im Flug ist die helle hintere Begrenzung am Flügel ein nützliches Kennzeichen. Die einzige andere Ente mit so langem Schwanz ist die Eisente, die viel kleiner ist, überwiegend weißen Kopf hat und eine Meerestauchente ist.

STIMME: Selten zu hören. ♂: ein tiefes Pfeifen. ♀: ein Knurren und ein tiefes Quaken.

VORKOMMEN: Im Winter hauptsächlich an den Küsten. Zur Brutzeit wie Pfeifente, nistet aber auch an Sanddünen. Verbreitungskarte 47.

Knäkente   *Anas querquedula*   R4   **11, 16, 18**
Syn. a. *Querquedula querquedula*

(E) Garganey; (F) Sarcelle d'été; (I) Marzaiola; (H) Zomertaling; (S) Ärta; (Sp) Cerceta carretona

KENNZEICHEN: 38 cm. Kaum größer als Krickente, aber mit dünnerem Hals, flacherem Scheitel und geraderem Schnabel. ♂ im Flug durch *hell blaugrauen Vorderflügel* und scharf gegen den weißen Bauch abstechende braune Brust unterschieden; im Sitzen leicht kenntlich an dem *auffallenden weißen, vom Auge zum Nacken führenden Bogenstreif,* auch an den lang herabhängenden schwarzweißen Schulterfedern; im Schlichtkleid ähnelt es dem ♀ (und der Krickente), ist aber immer an den blaugrauen Schultern zu unterscheiden. ♀ sehr ähnlich hellen Krickenten- ♀, aber kenntlich an der deutlicher streifigen Zeichnung des Kopfes (insbesondere weißlicher Augenbrauenstreif und helle Wangen), einem helleren Fleck an der Schnabelbasis, helleren Schultern und an dem sehr undeutlichen Flügelspiegel *ohne Schwarz.* Verhalten und Ernährung eher der Löffel- als Krickente ähnelnd. Flug sehr schnell und wendig.

STIMME: ♂ erzeugt ein eigentümlich mißtönendes Knarren oder Schnarren. Das Quaken des ♀ ähnelt dem der weiblichen Krickente, ist aber kürzer.

VORKOMMEN: Ganz wie Krickente, aber selten auf Salzwasser. Nistet im hohen Gras- und Rankengewirr am Wasser. Verbreitungskarte 48.

Blauflügelente   *Anas discors*   **15**
Syn. a. *Spatula discors;* b. *Querquedula discors*

(E) Blue-winged Teal; (F) Sarcelle soucrourou; (I) Marzaiola americana; (H) Blauwvleugeltaling; (S) Amerikansk ärta; (Sp) Cerceta aliazul

KENNZEICHEN: 38 cm. So groß wie Knäkente. Kopf beim ♂ dunkel graubraun *mit breitem, halbmondförmigem weißen Fleck vorm Auge;* Unterschwanzdecken schwarz, nach vorn durch *auffallenden weißen Fleck* begrenzt; der *hellblaue Vorderflügel* leuchtender, weniger grau als bei der Knäkente, ähnlich der Löffelente, die aber leicht am Schnabel zu unterscheiden ist. ♀ ähnlich Knäkenten- ♀, aber dunkler mit leuchtend blauem Vorderflügel und längerem, ziemlich geradem Schnabel (von aus Menschenobhut entwichenen amerikanischen Zimtenten, *A. (S.) cyanoptera,* höchstens durch deutlicheren weißlichen Fleck an der Wurzel des Oberschnabels zu unterscheiden). Flügelspiegel des ♂ grün, vorn mit Weiß; der des ♀ matter. Schnabel beim ♂ schwarz, beim ♀ dunkel mit hellerer Wurzel und helleren Rändern.

STIMME: ♂ ein hohes Knarren, ♀ quakt leise.

VORKOMMEN UND VERBREITUNG: Im Winter an großen Sümpfen, Reisfeldern, kleinen Teichen. Brütet an Süßwasser-Teichen in Nordamerika. Umherstreifende bis Irland, Großbritannien, Schweden, Dänemark, Holland, Belgien, Deutschland, Schweiz, Frankreich, Italien, Spanien.

Löffelente *Anas clypeata* R5   11, 16, 18

Syn. a. *Spatula clypeata*

(E) Shoveler; (F) Canard souchet; (I) Mestolone; (H) Slobeend; (S) Skedand; (Sp) Pato cudiara

KENNZEICHEN: 51 cm. Von allen anderen Enten durch den *breiten Löffelschnabel* unterschieden. ♂ oben schwarz und weiß, mit glänzend grünem Kopf, *rostfarbenem Bauch und rostbraunen Flanken,* weißer Brust und hellblauem Fleck am Vorderflügel. Ruhende oder überhinfliegende ♂ haben das einzigartige Muster dunkel-weiß-dunkel-weiß-dunkel. ♀ braun gefleckt wie Stockente, aber mit *blaugrauen Schultern* (wie Knäkente). Sinkt im Wasser vorn tief ein und hält den Schnabel abwärts. Flug ziemlich schwerfällig; *Flügel erscheinen weit zurückgesetzt.*

STIMME: Flugruf ein „tak-tak". Beim ♂ tiefes, doppelt gebrachtes Quaken; ♀ quakt ähnlich Stockenten-♀, doch nicht so laut.

VORKOMMEN: Weniger das Meer besuchend als andere Schwimmenten. Gewöhnlich in Sümpfen und auf verwachsenen Teichen. Nistet in nassen Wiesen, Sümpfen usw. Verbreitungskarte 49.

Marmelente *Marmaronetta angustirostris*   11

Syn. b. *Anas angustirostris*

(E) Marbled Duck; (F) Sarcelle marbrée; (I) Carganella marmorizzata; (H) Marmereend; (S) Marmorand; (Sp) Cerceta pardilla

KENNZEICHEN: 38 cm. Etwas größer als Krickente mit längerem Hals und dickerem Kopf. Von dieser durch hell und dunkel marmoriertes oder getüpfeltes Gefieder mit *dunklem* oder schmutzig wirkendem *Fleck* durchs Auge unterschieden. Von weitem einfarbig hell graubraun mit dunklem Augenfleck. Im Flug ohne Muster, ausgenommen die hellen Armschwingen und der weißspitzige Schwanz. ♂ mit kleinem Schopf im Nacken. Juv. unten gelblicher, mit dunklem Streif durchs Auge und zwei weißlichen Flecken auf den Flügeln. Träge und scheu. Flug wie Knäkente, aber weniger kräftig.

STIMME: ♂ ein tiefes, keuchendes Quaken; ♀ quakt leise.

VORKOMMEN UND VERBREITUNG: Ans Süßwasser gebunden, zieht reich bewachsene offene Gewässern vor. Nistet am Wasser, an Flußufern usw. Sommervogel in Südspanien; hat ausnahmsweise auch anderswo in Südeuropa gebrütet. Als Irrgast nordwärts bis Deutschland, ČSSR, Ungarn und Rumänien.

Kolbenente *Netta rufina* R5   12, 17, 19

(E) Red-crested Pochard; (F) Nette rousse; (I) Fitione turco; (H) Krooneend; (S) Rödhuvad dykand; (Sp) Pato colorado

KENNZEICHEN: 56 cm. Eine plumpe, dickköpfige Tauchente, die hoch im Wasser liegt. ♂ mit *rotem Schnabel, tief kastanienbraunem Kopf* mit hellem, aufrichtbarem Scheitelgefieder, dunkelbrauner Oberseite, schwarzem Hals, schwarzer Brust und schwarzem Bauchstreifen sowie leuchtend weißen

Flanken. Im Flug ein breites weißes Band *fast über die ganzen Flügel*. Im Schlichtkleid ähnlich ♀ mit Ausnahme von Schopf und rotem Schnabel, die es auch von der kleineren Tafelente unterscheiden. ♀ graubraun mit *hellgrauen Wangen*, die sich *lebhaft von der dunklen Kopfplatte abheben;* Flügelband schmutzig weiß. Das Trauerenten-♀ ist die einzige andere braune Ente mit hellen Wangen, sie hat aber einen kräftigeren Schnabel, ist viel dunkler und hat kein Weiß am Flügel.

STIMME: ♂ ruft „bät", ♀ „wu-wu-wu" (im Fluge) und „körr".

VORKOMMEN: Große schilfreiche Binnenseen oder Brackwasser-Lagunen, selbst im Winter selten auf dem Meere. Nistet im Pflanzenbewuchs von Inseln. Verbreitungskarte 50.

Tafelente *Aythya ferina*   **12, 17, 19**
(E) Pochard; (F) Fuligule milouin; (I) Moriglione; (H) Tafeleend; (S) Brunand; (Sp) Porrón común

KENNZEICHEN: 46 cm. Langer Kopf mit flacher Stirn und hohem Scheitel. ♂ leicht kenntlich am *einfarbig dunkel kastanienbraunen Kopf und Hals,* der sich auffällig von der schwarzen Brust und dem hellgrauen Körper abhebt. Der schwarze Schnabel mit hellblauem Band, das graue Flügelband und das Fehlen von Weiß am Flügel unterscheiden das ♂ von der Kolbenente (diese mit rotem Schnabel und Weiß im Flügel). Im Schlichtkleid ähnlich ♀, aber oberseits grauer. ♀ mit braunem Kopf und Vorderkörper; von der weiblichen Berg- und Reiherente durch undeutlichen hellen Fleck am Schnabelgrund und am Kinn, bläulichen Schnabelring und graues (nicht weißes) Flügelband unterschieden. Selten an Land, ruht bei Tage auf dem Wasser und frißt in der Morgen- und Abenddämmerung. Taucht gern. Siehe auch Pfeifente.

STIMME: Selten zu hören. ♂: heisere Pfeiflaute. ♀: rauh schnarrend. Aus Flügeln sind oft schwache Pfeiflaute zu vernehmen.

VORKOMMEN: Selten auf dem Meere. Häufig große und kleine Seen, Staubecken usw. Nistet in dichtem Röhricht. Verbreitungskarte 51.

Ringschnabelente (Halsringente)   *Aythya collaris*   **15**
(E) Ring-necked Duck; (F) Fuligule à bec cerclé; (H) Ringsnaveleend; (S) Ringand

KENNZEICHEN: 43 cm. Oberflächlich einer Reiherente oder einer *schwarzrückigen* Bergente ähnlich, aber beim sitzenden Vogel vor dem Flügel und den grauen Körperseiten ein *senkrechtes, schmales weißes Feld.* Undeutliche Kopfhaube. Dunkel kastanienbrauner Halsring nur aus großer Nähe sichtbar. *Weiße Schnabelbinde.* ♀ erinnert an Tafelenten-♀, aber mit Weiß ums Auge und bei der Schnabelwurzel. Im Fluge breiter grauer Hinterrand der Flügel auffallend.

STIMME: ♂ hat heiseren Pfiff, ♀ rauhes Schnarren.

VORKOMMEN UND VERBREITUNG: Irrgast aus Nordamerika auf Island, in Norwegen, Dänemark, Großbritannien, Irland, Holland, Belgien, der Schweiz, Frankreich und Spanien.

Moorente *Aythya nyroca* R1   **12, 17, 19**
(E) Ferruginous Duck (White-eyed Pochard); (F) Fuligule nyroca; (I) Moretta tabaccata; (H) Witoogeend; (S) Vitögd dykand; (Sp) Porrón pardo

KENNZEICHEN: 41 cm. Kleiner und zierlicher als Reiherente. In beiden

Geschlechtern *Kopf, Hals und Brust tief dunkel kastanienbraun.* Die leuchtend weiße Unterseite und der weiße Flügelfleck sind oft bei der sitzenden Moorente nicht zu sehen. Von weitem kann sie (besonders das ♀) mit Reiherenten-♀ verwechselt werden, aber gewöhnlich ist sie durch die *weißen Unterschwanzdecken* und im Flug durch das *große, gebogene weiße* Flügelfeld zu unterscheiden; niemals am Schnabelgrund weiß, kein angedeuteter Federschopf am Hinterkopf. (Gelegentlich zeigt auch die Reiherente Weiß unterm Schwanz, aber wenn man beide Arten beieinander sieht, kann man erkennen, daß die Moorente oft höher im Wasser liegt.) ♂ mit *weißen Augen;* ♀ matter, mit braunen Augen. Juv. wie ♀, aber unten gefleckt; vom etwas ähnlichen Tafelenten-♀ durch dunkleres, viel rötlicheres Aussehen, braune Flecken und weißes Flügelband unterschieden. Lebhafter als Tafelente.

STIMME: Leises „wück-wück" und schnarrende Laute.

VORKOMMEN: Ähnlich Tafelente. Verbreitungskarte 52.

Reiherente *Aythya fuligula* 12, 17, 19

(E) Tufted Duck; (F) Fuligule morillon; (I) Moretta; (H) Kuifeend; (S) Vigg; (Sp) Porrón moñudo

KENNZEICHEN: 43 cm. Das schwarz-weiße ♂ kann mit der etwas größeren Bergente verwechselt werden, aber es ist von dieser durch *einfarbig schwarze Oberseite und herabhängenden Federbusch am Hinterkopf* unterschieden. Im Schlichtkleid ähnlich dem dunklen ♀. ♀ ist brauner mit rückgebildetem Federbusch am Hinterkopf und manchmal mit einem hellen Fleck am Schnabelgrunde (sehr selten großer weißer Fleck wie bei der Bergente; Bergente sieht ähnlich aus, hat aber im Gesicht mehr Weiß als die Reiherente, ist oben heller und hat größeren Schnabel). Im Flug zeigen sowohl die alte Reiher- wie auch die alte Bergente ein fast die ganze Länge des Flügels einnehmendes weißes Band. S. a. Moorente.

STIMME: ♂ pfeift bei der Balz sehr zart. ♀ knarrt wie weibliche Tafelente.

VORKOMMEN: Selten auf dem Meer. Häufig auf großen und kleinen Seen, gesellt sich oft zu zahmen Parkenten. Nistet, oft gesellig, an Seen und Teichen. Verbreitungskarte 53.

Bergente *Aythya marila* 12, 17, 19

(E) Scaup; (F) Fuligule milouinan; (I) Moretta grigia; (H) Toppereend; (S) Bergand; (Sp) Porrón bastardo

KENNZEICHEN: 48 cm. Von weitem wirkt das ♂ an *beiden Enden schwarz und in der Mitte weiß.* Kopf, Vorderteil des Vogels und das „Heck" schwarz, Rücken *hellgrau,* Flanken und Unterseite weiß. Schnabel blaugrau. Von der etwas kleineren Reiherente durch Fehlen des Schopfes und *grauen* Rücken unterschieden. Im Schlichtkleid ähnlich ♀, aber mit graulichem Rücken und wenig oder ohne Weiß im Gesicht, das ♀ von der weiblichen Reiherente durch einen *auffallenden weißen Ring um den Schnabelgrund* unterschieden (Reiherenten-♀ und juv. haben oft einen hellen Fleck, der aber meist kleiner ist). Junge ♀ beider Arten sind sehr schwer auseinanderzuhalten, am ehesten durch den längeren Schnabel und die flachere Stirn der Bergente. ♂ juv. der Bergente ist durch graulichen Rücken gekennzeichnet. Im Flug zeigen beide Geschlechter wie auch die Reiherente ein deutliches weißes Flügelband. Fliegt in dichten, unregelmäßigen Schwärmen oder Linien. Taucht ausgezeichnet, oft bei rauher See.

STIMME: Selten zu hören. ♂: sanft schwätzende und gurrende Balzrufe. ♀: tiefes, rauhes „karr-karr".

VORKOMMEN: Außerhalb der Brutzeit ans Meer gebunden, meist in Meeresbuchten und Flußmündungen. Nistet gesellig auf Inseln von Binnenseen. Verbreitunskarte 54.

Eiderente *Somateria mollissima* 13, 17, 19

(E) Eider; (F) Eider à duvet; (I) Edredone; (H) Eider; (S) Ejder; (Sp) Eider

KENNZEICHEN: 58 cm. Von allen anderen Enten durch ihre Größe, den langen schweren Körper und langen Kopf und durch auffallenden Flug unterschieden. Das ♂ ist die einzige Ente mit *schwarzem Bauch und weißem Rücken;* Brust rahmfarben, ganzer Vorderflügel weiß, Kopf weiß mit schwarzem Scheitel und hell moosgrünem Nacken; vom Prachteiderenten-♂ leicht am weißen Rücken und langen Kopfprofil zu unterscheiden. Im Schlichtkleid ♂ sehr variabel, stellenweise schwärzlich, mit hellerer Brust und weißen Vorderflügeln. ♀ braun, *dicht schwarz gebändert* (für Eiderente bezeichnend); von weiblichen Trauerenten, mit denen sie oft vergesellschaftet ist, durch wärmer braunes und *gebändertes* Gefieder unterschieden; vom Prachteiderenten-♀ durch flacheres Kopfprofil (s. Diagramm Taf. 13). ♂ juv. ähnelt zunächst ♀, später entwickeln sich schokoladenbraune Kopffärbung und unregelmäßige weiße Abzeichen. Keine andere Ente fliegt ähnlich wie die Eiderente *abwechselnd flügelschlagend und gleitend,* wobei der Kopf ziemlich tief gehalten wird. Fliegt gewöhnlich niedrig, in einzelnen Reihen.

STIMME: ♂: weit schallend „kuh-ruh-å" (die zweite Silbe ansteigend und betont). ♀: knarrendes „korr-r".

VORKOMMEN: Als Brutvogel streng ans Meer gebunden, auch an Felsküsten. Nistet an der Küste; lokal im Binnenland an Seen oder auf Flußinseln. Verbreitungskarte 55.

Prachteiderente *Somateria spectabilis* 13, 17, 19

(E) King Eider; (F) Eider à tête grise; (I) Re degli Edredoni; (H) Koningseider; (S) Praktejder; (Sp) Eider real

KENNZEICHEN: 56 cm. Von weitem wirkt das ♂ *vorn weiß, hinten schwarz* (wie keine andere Ente). Von der Eiderente durch *schwarzen Rücken* und ganz andere Kopfform und -farbe unterschieden. Scheitel und Nacken perlgrau, Gesicht grün getönt; *kurzer Schnabel mit großem orangefarbenen Schild;* auf dem Flügel ein weißes Feld. ♀ von der Eiderente durch *rundlicheres Kopfprofil* (leicht aufgetriebener Schnabel! S. Diagramm Taf. 13) und erheblich rotbrauneres Gefieder unterschieden; ♀ im Brutkleid mit gräulichem Kopf und Hinterhals, wodurch die Kehle dunkel erscheint; Schulterfedern rostbraun mit dunkler Mitte, kontrastreicher gezeichnet als Eiderenten-♀. ♂ juv. mit heller Brust und dunkelbraunem Kopf, im Verlauf der Umfärbung ins Alterskleid mit schwankender Ausdehnung und Musterung der weißen Gefiederteile. (Das Schellenten-♀ mit gleichfalls dunkelbraunem Kopf ist grauer und hat rechteckige weiße Flügelfelder.)

STIMME: ♂ ähnlich Eiderente, weicher kollernd; ♀ „krrok-krrok" und heiseres Quaken.

VORKOMMEN UND VERBREITUNG: Wie Eiderente, aber gewöhnlich ziemlich gesellig an Süßwassertümpeln in der Tundra brütend. Brutvogel der arktischen Küsten und Inseln Eurasiens und Nordamerikas. Im Sommer als

Nichtbrüter in Nordnorwegen und auf Island. Im Winter an der norwegischen Küste südwärts bis zum Polarkreis; Färöer, Island. Ausnahmsweise bis W-, Mittel- u. S-Europa (mehr als ein Dutzendmal in Deutschland).

Scheckente *Polysticta stelleri* 13
Syn. b. *Somateria stelleri*
(E) Steller's Eider; (F) Eider de Steller; (I) Edredone di Steller; (H) Stellers Eider; (S) Alförrädare; (Sp) Eider de Steller

KENNZEICHEN: 46 cm. ♂ nicht zu verwechseln: ein schwarz-weißer Vogel mit *rostgelber Unterseite*, weißem Kopf, schwarzem Augenfleck, schwarzer Kehle und smaragdgrünem Nackenfleck. *Runder schwarzer Fleck* an den rostbraunen Brustseiten! *Im Flug weißer Vorderflügel auffällig.* Im Schlichtkleid bis auf die Flügel wie ♀. ♀ entenähnlicher, düster braungelblich, braun gefleckt; Kopfseiten rostbräunlich; von nahem weißes Flügelfeld und purpurblauer Spiegel sichtbar. Juv. und ♀ leicht von anderen Eiderenten durch geringere Größe und ganz verschiedene Form des kleinen Kopfes und Schnabels zu unterscheiden (s. Diagramm Taf. 13).

STIMME: Klagende Rufe des ♂ ähnlich wie bei der Eiderente, aber auch nasale, möwenartige Laute. ♀ knarrt wie Pfeifente.

VORKOMMEN UND VERBREITUNG: Im Winter an den felsigen Küsten des Nordens. Nistet in der Tundra Ostsibiriens und an den Küsten Alaskas. Regelmäßig in Nordnorwegen überwinternd und übersommernd. Auf dem Zuge Südfinnland. Ausnahmsweise Westeuropa, südwärts bis England, Frankreich und Deutschland.

Kragenente *Histrionicus histrionicus* 13, 17, 19
(E) Harlequin; (F) Garrot arlequin; (I) Moretta arlecchino; (H) Harlekijneend; (S) Strömand; (Sp) Pato arlequín

KENNZEICHEN: 43 cm. Klein, sehr dunkel und kurzschnäbelig. ♂: Dunkel blaugraues Gefieder (wirkt von weitem schwarz) mit *kastanienbraunen Flanken und bizarrem Muster von weißen Flecken und Streifen an* Kopf, Hals und Brust. Flugbild wie Schellente, aber *unten einfarbig* dunkel. Im Schlichtkleid ♂ vom ♀ durch dunkel schiefergraue Oberseite und Fehlen von Weiß an der Brust unterschieden. ♀ einfarbig dunkelbraun mit trüb weißlicher Brust, *zwei undeutlichen weißen Flecken vorm Auge und einem leuchtend weißen Fleck hinter dem Auge;* von der weiblichen Samt- und Brillenente durch geringe Größe und kleinen Schnabel unterschieden; leicht zu verwechseln mit jungen Eisenten, die aber am Bauch viel weißer sind. Bezeichnendes Verhalten: Fressende Kragenenten *scharen sich sehr dicht zusammen und bewegen sich ganz einheitlich.* Schwimmt gut, nickt beständig mit dem Kopf und richtet oft den Schwanz auf. Taucht gern in der rauhen Brandung.

STIMME: Die Kragenente ist gewöhnlich schweigsam, aber ♂ pfeift sanft, ♀ quakt rauh.

VORKOMMEN UND VERBREITUNG: Im Winter an Steilküsten mit vielen überfluteten Felsen. Nistet gesellig auf Inseln in reißenden Flüssen, in der Regel am wild bewegten Wasser oder an Wasserfällen. Jahresvogel auf Island. Ausnahmsweise Großbritannien, Färöer, Skandinavien, Deutschland, Österreich, Schweiz, Holland, Ungarn, Tschechoslowakei, Polen und Italien.

Eisente   *Clangula hyemalis*   **13, 17, 19**

(E) Long-tailed Duck; (F) Harelde de Miquelon; (I) Moretta codona; (H) IJseend; (S) Alfågel; (Sp) Havelda; (N.A.) Old Squaw

Kennzeichen: ♂ 53 cm einschließlich der *langen, spitzen Schwanzfedern;* ♀ 41 cm. Die einzige Meerente, die *Weiß am Körper mit einfarbig dunklen Flügeln verbindet;* auch am kleinen, runden Kopf und kurzen Schnabel zu erkennen. ♂ im Winter kräftig dunkelbraun und weiß gemustert: Kopf, Hals, Bauch und Schultern weiß; Brust, Rücken und Flügel schwärzlichbraun; großer dunkler Fleck auf Halsseite; Schnabel rötlich und schwarz gebändert. ♂ im Sommer meist dunkelbraun, mit weißem Bauch und weißem Fleck ums Auge. ♀ im Winter oben dunkel, unten weiß mit braunem Brustband; Kopf weiß mit dunklem Scheitel, *Wangenfleck* und Schnabel; Schwanz von normaler Länge; im Sommer dunkler, mit ♂-ähnlicher Kopfzeichnung. Juv. ähnlich ♀, aber grauer, mit bräunlicher Kehle. Schwimmt leicht, taucht behende auf rauher See. Die einzige andere langschwänzige Ente ist die größere, *dunkelköpfige* Spießente, die aber eine an der Küste und im Binnenlande vorkommende *Schwimmente* ist.

Stimme: Oft zu hören. ♂: ein lebhafter Ruf von etwa 4 lauten, „jodelnden" Tönen (etwa „au . . ."), die sich bei einem Schoof aus der Ferne klangvoll gänseartig anhören. ♀: tief kläffend.

Vorkommen: Ans Meer gebunden, ausgenommen zur Brutzeit. Nistet auf Seeinseln in der Tundra. Auf dem Zuge nur gelegentlich im Binnenlande. Verbreitungskarte 56.

Trauerente   *Melanitta nigra*   **13, 17, 19**

Syn. b. *Oidemia nigra*

(E) Common Scoter; (F) Macreuse noire; (I) Orchetto marino; (H) Zwarte Zeeëend; (S) Sjöorre; (Sp) Negrón común

Kennzeichen: 48 cm. ♂ die *einzige ganz schwarze Ente;* schwarzer Schnabel mit leuchtend orangefarbenem Firstfleck und großem Höcker am Grunde. ♀ und juv. dunkelbraun, *weißliche Wange und Kehle, deutlich abgesetzt vom dunklen Scheitel,* und bräunlichweiß gesprenkelte Unterseite; vom Kolbenenten-♀ (das auch helle Wangen hat, aber keine Meerente ist) durch dunkleres Aussehen, gedrungenere Gestalt und *Fehlen eines Flügelfeldes* unterschieden, vom ♀ der Brillen- und Samtente durch verschiedenes Gesichtsmuster und durch schwärzliche (nicht rötliche) Füße (Samtenten-♀ überdies im Flug mit weißem Flügelspiegel). Schwimmt gut, fliegt gewöhnlich in schwankenden Linien oder unregelmäßigen Gruppen.

Stimme: ♂: viele klangvolle, gurrende Rufe und ein lebhaftes Kichern. ♀ knarrt rauh.

Vorkommen: Außerhalb der Brutzeit auf dem Meere, aber in stillerem Wasser als die Samtente. Nistet an Seen, auf Hochmooren oder in der Tundra. Verbreitungskarte 57.

Samtente   *Melanitta fusca*   **13, 17, 19**

(E) Velvet Scoter; (F) Macreuse brune; (I) Orco marino; (H) Grote Zeeëend; (S) Svärta; (Sp) Negrón especulado; (N.A.) White-winged Scoter

Kennzeichen: 56 cm. Von stämmiger Gestalt, mit geschwollen erscheinendem Schnabel. Beide Geschlechter unterscheiden sich von den kleineren Brillen- und Trauerenten durch *weißen Flügelspiegel,* der in Ruhestellung oft verbor-

gen, aber deutlich zu sehen ist, wenn die Flügel entfaltet werden. Beim Tauchen sind die rötlichen Füße bemerkenswert (Brillenente hat auch rote, Trauerente schwarze). ♂ mit *kleinem weißem Fleck unter dem Auge* und gelben Seiten des schwarzen Schnabels. ♀ von der Trauerente gewöhnlich an 2 weißlichen Flecken am Kopf unterschieden (die bei juv. noch ausgeprägter sind); wenn diese fehlen, ermöglicht das Weiß am Flügel die Bestimmung. In der Regel in kleinen Gesellschaften oder einzeln, oft mit Eiderenten am Ufer. STIMME: Viel seltener zu hören als Trauerente. ♂: ein gepfiffenes „huör-ör". ♀ knurrt rauh.
VORKOMMEN: Wie Trauerente, aber oft auf rauherer See. Brutplätze von der offenen Tundra bis in die unterwuchsreichen nördlichen Wälder. Verbreitungskarte 58.

Brillenente   *Melanitta perspicillata*   13, 17, 19

(E) Surf Scoter; (F) Macreuse à lunettes; (I) Anitra dal becco largo; (H) Brilzeeëend; (S) Vitnackad svärta; (Sp) Negrón careto

KENNZEICHEN: 53 cm. ♂ von den anderen *Melanitta*-Arten durch massigeren, rot-weiß-gelben Schnabel und *weißen Stirn- und Nackenfleck unterschieden.* Beide Geschlechter haben wie die Samtente rötliche Beine. ♀ und juv. gewöhnlich mit zwei weißlichen Flecken an den Kopfseiten (wie ♀ und juv. der Samtente), aber sowohl ad. wie juv. von der Samtente durch *Fehlen von Weiß am Flügel* unterschieden; ♀ kann weißlichen Nackenfleck haben (♀ und juv. der Trauerente mit kontrastreich hellen Wangen und dunklem Scheitel). Selten zu hören.
STIMME: Schweigsam; gelegentlich ein gurgelnder Ruf (♂); ♀ krächzt.
VORKOMMEN UND VERBREITUNG: Außerhalb der Brutzeit auf dem Meer. Brutvogel in Nordamerika. Umherstreifende bis Färöer, Großbritannien und Irland, ausnahmsweise auf dem Festland von N- und W-Europa; einmal Helgoland.

Spatelente   *Bucephala islandica*   12
Syn. a. *Glaucionetta islandica*

(E) Barrow's Goldeneye; (F) Garrot islandais; (I) Quattrocchi islandico; (H) IJslandse Brilduiker; (S) Islandsknipa; (Sp) Porrón islándico

KENNZEICHEN: 53 cm. Ein Vogel Islands. Leicht mit der Schellente zu verwechseln, doch etwas größer und stämmiger. Beachte den *halbmondförmigen* weißen *Fleck* vor dem gelben Auge (Schellente mit *rundem* Fleck). ♂ mit mehr Schwarz an den Körperseiten, aber Schellente kann im Schlichtkleid ähnlich aussehen, obwohl niemals so pechschwarz an Kopf und Schwingen. Der Kopf der Spatelente ist *glänzend purpurn* anstatt grün und hat eine ganz andere Form, mit steilerer Stirn, niedrigerem, runderem Scheitel und mit verlängerten Hinterkopffedern, die eine Haube bilden, die einer aufrecht stehenden Mähne ähnlich ist. Schultern kräftig schwarz und weiß gebändert. ♀ sehr ähnlich Schellenten-♀, aber größer, Schnabel kürzer und höher, Stirn steiler, Hinterkopfbefiederung etwas zottig erscheinend. ♀ sind am besten an den sie begleitenden ♂ zu erkennen. Verhalten, Stimme und Vorkommen wie bei der Schellente. Jahresvogel in Island. Ausnahmsweise anderswo in N-, Mittel- und W-Europa (einschl. Deutschland).

Schellente *Bucephala clangula* R5   **12, 17, 19**
Syn. a. *Glaucionetta clangula*
(E) Goldeneye; (F) Garrot à œil d'or; (I) Quattrocchi; (H) Brilduiker; (S) Knipa; (Sp) Porrón osculado

KENNZEICHEN: 46 cm. ♂ auffällig schwarz-weiß: Hals und Unterseite weiß, Rücken und Schwanz schwarz, breite weiße Schulterstreifen; schwarzer „dreieckiger" Kopf mit kurzem, schwarzem Schnabel. Ausgezeichnet durch *großen, runden, weißen Fleck vor dem gelb gefärbten Auge.* Beine orangefarben. Wirkt im Flug dickköpfig und kurzhalsig, mit deutlichem, *viereckigem* weißen Flügelfeld, das sich fast bis zum Vorderrand des Flügels erstreckt. Im Schlichtkleid ähnlich ♀, behält aber einige schwarze Abzeichen am Kopf. ♀ mit grau marmorierter Oberseite, *schokoladebraunem Kopf, meist mit einem weißen Halsband und großem, viereckigem weißen Flügelfeld* (das im Gegensatz zu Reiher- und Bergente auch am geschlossenen Flügel zu sehen ist). Juv. brauner, ohne Halsband. Fliegt rascher auf als andere Tauchenten. Die Flügel erzeugen im Fluge ein charakteristisches Pfeifen. Siehe auch Berg- und Spatelente.
STIMME: Für gewöhnlich ist die Schellente schweigsam. ♂: ein rauher, nasaler Doppelruf. ♀: heisere Rufe ähnlich Bergenten-♀.
VORKOMMEN: Küstengewässer, oft auch Binnenseen. Nistet in Baumhöhlen, Kaninchenbauen usw., an Flußufern und waldumsäumten Seen. Verbreitungskarte 59.

Zwergsäger *Mergellus albellus*   **14, 16, 18**
Syn. b. *Mergus albellus*
(E) Smew; (F) Harle piette; (I) Pesciaiola; (H) Nonnetje; (S) Salskrake; (Sp) Serreta chica

KENNZEICHEN: 41 cm. Viel kleiner, entenartiger und kurzschnäbeliger als die anderen Säger. ♂ wirkt *einheitlich weiß mit auffallendem schwarzen* Augenfleck; von nahem ist die kleine herabhängende schwarz-weiße Haube sichtbar, ebenso wie die schmalen schwarzen Linien vorn und auf den Schultern; Flanken hellgrau, Rücken schwarz; wirkt im Flug dunkler mit auffallenden schwarz-weißen Flügeln; im Schlichtkleid sind die weißen Flügelflecke größer als beim ♀. ♀ kleiner und grauer, mit *rotbrauner Kappe, weißen Wangen und weißer Kehle.* Juv. mit bräunlichweißem Flügelfleck. Siehe auch Mittelsäger und Trauerente, die ebenfalls braunweißen Kopf haben, ferner Ohren- und Schwarzhalstaucher. Erhebt sich leicht vom Wasser; fliegt in Linie oder „V"-Formation.
STIMME: Selten zu hören. ♂: ein leises Pfeifen. ♀: wie Gänsesäger-♀.
VORKOMMEN: Seen, Staubecken und Flüsse, gelegentlich in Flußmündungen und an der Küste. Nistet in Baumhöhlen am Wasser. Verbreitungskarte 60.

Mittelsäger *Mergus serrator* R5   **14, 16, 18**
(E) Red-breasted Merganser; (F) Harle huppé; (I) Smergo minore; (H) Middelste Zaagbek; (S) Småskrake; (Sp) Serreta mediana

KENNZEICHEN: 58 cm. Kleiner als Stockente, schnittige Form, sehr schmaler, roter Schnabel und rote Füße wie beim größeren Gänsesäger. Von diesem durch auffallendere schmalfedrige *Doppelhaube* unterschieden. Der grünlichschwarze Kopf des ♂ ist vom dunkel *rostbraunen Brustband durch ein breites weißes Halsband getrennt;* Flanken grau; Flügelmuster ähnlich Gänsesäger, aber mit zwei schwarzen Strichen über das weiße Flügelfeld. ♀ vom

sehr ähnlichen Gänsesäger-♀ unterschieden durch *bräunlichere* Oberseite, diffusen weißen Kinnfleck, deutlichere Haube, matteren Kopf, dessen Tönung *allmählich* in das Weißlich des Halses übergeht. Mehr an den Küsten als Gänsesäger; beide können am gleichen See oder Fluß erscheinen.
STIMME: Gewöhnlich schweigsam; ♂: ein kratzender zweisilbiger Balzruf. ♀: wie Gänsesäger-♀.
VORKOMMEN: Außerhalb der Brutzeit hauptsächlich auf dem Meere. Nistet im Heidekraut und sonstiger Vegetation, zwischen Felsen usw. bei waldumsäumten Seen oder Flüssen, auf Inseln, in Meeresbuchten und in der Tundra. Verbreitungskarte 61.

Gänsesäger *Mergus merganser* R3 14, 16, 18
(E) Goosander; (F) Harle bièvre; (I) Smergo maggiore; (H) Grote Zaagbek; (S) Storskrake; (Sp) Serreta grande

KENNZEICHEN: 66 cm. Langer Körper, schnittige Gestalt. Größer und schlanker als Stockente, mit sehr schmalem, rotem Schnabel und roten Füßen. ♂: Unterseite und Brust weiß, prachtvoll lachsrot überhaucht, Rücken schwarz, Kopf glänzend grünschwarz; im Fluge leicht kenntlich an *weißem Körper und weißen Flügeln mit schwarzen Handschwingen und Kopf;* vom kleineren und dunkleren Mittelsäger durch Fehlen der zerschlissenen Haube und durch einfarbig weißliche Brust, Flanken und Unterseite unterschieden. ♀ mit *tiefbraunem Kopf und gleichfarbiger* Haube, blaugrauer Oberseite, grauen Flanken, weißer Unterseite und mit einem im Fluge auffallenden rechteckigen weißen Flügelfeld; vom sehr ähnlichen Mittelsäger-♀ durch *scharfe Begrenzung* zwischen weißer Kehle, braunem Halsband und weißem Hals sowie durch blaugraue Oberseite unterschieden. Flugbild auffallend „langgezogen".
STIMME: Selten zu hören. ♂: ein tiefes zweisilbiges Krächzen, ♀: ein gutturales „karr".
VORKOMMEN: Im Winter auf großen Flüssen, Seen und Staubecken. Nistet in Baumhöhlen, Erdwänden usw., gewöhnlich unter Bäumen am Wasser, auch jenseits der nördlichen Baumgrenze. Verbreitungskarte 62.

Weißkopf-Ruderente *Oxyura leucocephala* 14
(E) White-headed Duck; (F) Érismature à tête blanche; (I) Gobbo rugginoso; (H) Witkoopeend; (S) Kopparand; (Sp) Malvasia

KENNZEICHEN: 46 cm. Außer der in England eingebürgerten Schwarzkopf-Ruderente einzige „Steifschwanzente" Europas. Gekennzeichnet durch großen Kopf, plumpen Körper und langen, steifen, spitzen Schwanz, der oft *senkrecht* aufgestellt wird, um die weißen Unterschwanzdecken zu zeigen. Der am Grunde aufgetriebene Schnabel des ♂ zur Balzzeit *leuchtend hellblau.* ♂ mit auffallend *weißem Kopf* („Weißkopfente") und schmalem, schwarzem Scheitel, mit schwarzem Hals und bräunlichem Körper. ♀ dunkler, mit dunkler Kopfkappe und hellen *von einer dunklen Linie gekreuzten Wangen.* Lebt versteckt und taucherartig. Fliegt schwirrend, meist niedrig über dem Wasser; im Fluge bezeichnend der dicke Kopf, der untersetzte Rumpf, die kleinen, einfarbig dunklen Flügel und der lange, spitze Schwanz. Spieß- und Eisente haben langen, aber biegsamen Schwanz, kleineren Kopf und dünneren Hals.

STIMME: Schweigsam; gelegentlich eine schnelle Folge quakender oder knarren-
der Laute.
VORKOMMEN: Verschilfte Binnenlandgewässer und brackige Lagunen. Nistet in
Schilf und sonstiger Wasservegetation. Verbreitungskarte 63.

Schwarzkopf-Ruderente   *Oxyura jamaicensis*   15
(E) Ruddy Duck; (F) Erismature à tête noire; (H) Rosse Stekelstaart; (S) Amerikansk Kopparand

KENNZEICHEN: 41 cm. Der Weißkopf-Ruderente sehr ähnlich, etwas kleiner,
ohne die aufgetriebene Schnabelbasis und ♂ *mit bis zum Genick schwarzem
Oberkopf.* ♀ nur durch geringere Größe, undeutlicheren Wangenstreif,
deutlicher gebänderten Unterkörper und schlankeren Schnabel vom ♀ der
Weißkopf-Ruderente zu unterscheiden. Beide Geschlechter im Winter
grauer.
STIMME: ♂ ruft bei der Balz „tschack-tschack-tschrrr".
VORKOMMEN: An Gewässern, deren Ufer dicht mit Schilf, Binsen und derglei-
chen bestanden sind. In England, vor allem im Südwesten, eingebürgert;
erscheint fast regelmäßig in Frankreich, ausnahmsweise anderswo in Europa
(auch Deutschland); hat in Irland gebrütet. Eine ursprünglich amerikanische
Art, die vom westlichen Kanada bis Guatemala, auf den Antillen und in
stärker abweichenden Rassen im Andengebiet bis Feuerland verbreitet ist.

Greife: Accipitridae

Die Schlangenadler, Altweltgeier (die heute auf Nord- und Südamerika
beschränkten Neuweltgeier sind mit den Geiern der Alten Welt nicht näher
verwandt, sondern bilden eine eigene Familie und Ordnung), Schmutzgeier,
Bartgeier, Milane, Seeadler, Eigentlichen Adler, Bussarde, Habichte, Weihen,
Gleitaare, Wespenbussarde und der wohl mit Recht in einer eigenen Familie
gesonderte Fischadler.
Milane haben lange gewinkelte Flügel und weihenartige Gestalt, aber besseren
Segelflug. Schwanz gegabelt. Geschlechter gleich. Baumbrüter.
Geier sind riesige adlerartige Vögel, aber mit sehr viel längeren Flügeln,
kürzerem Schwanz und kleinem, oft nacktem Kopf; sie segeln stundenlang
meist in großen Höhen ohne Flügelschlag; Geschlechter gleich. Aasfresser.
Felsen- oder Baumbrüter.
Weihen sind schlank mit langen, schwach gewinkelten Flügeln und langem
Schwanz; Flug gewöhnlich niedrig und gaukelnd, wobei die Flügel in flachem
„V" gehalten werden. Boden- und Schilfbrüter.
Habicht und *Sperber* mit kurzen, runden Schwingen und langem Schwanz; sie
fliegen in geringer Höhe gewandt zwischen Bäumen und verfolgen oder stürzen
sich auf ihre Beute. ♀ viel größer als ♂. Baumbrüter.
Bussarde haben breite Flügel, breiten runden Schwanz und verhältnismäßig
kleineren Kopf und Schnabel als Adler; man sieht sie gewöhnlich segelnd und
kreisend; Baum- und Felsbrüter.
Adler sind große Greifvögel, die in der Größe den Geiern am nächsten
kommen; mit mächtigem Hakenschnabel; Flug kraftvoll und majestätisch, oft

segelnd; je nach Alter recht schwankende Gefiederfärbung gibt zu Verwechslungen Anlaß, besonders bei immat.; Geschlechter gleich. Die meisten Adler jagen ihre Beute, indem sie fliegend über sie herfallen, andere sind Aasfresser. Baum- oder Felsbrüter.

Wespenbussard   *Pernis apivorus*   R4   23, 24

(E) Honey Buzzard; (F) Bondrée apivore; (I) Falco pecchiaiolo; (H) Wespendief; (S) Bivråk; (Sp) Halcón abejero

KENNZEICHEN: 51–58 cm. Im Fluge vom Mäuse- und Rauhfußbussard durch *schmalere* Flügel, *längeren* Schwanz und *kleineren Kopf* am *längeren Hals* unterschieden; Schwanz mit *dunkler Endbinde und zwei schmaleren Binden näher an der Wurzel;* Zeichnung auf Unterseite und dunkel umrandetem Unterflügel deutlicher. (Rauhfußbussard hat weißen Schwanz mit einer *einzelnen* breiten Endbinde.) Gefieder sehr variabel. Oberseite dunkelbraun, oft leicht weiß gefleckt, Kopf gräulich; Unterseite kräftig dunkelbraun gefleckt, manchmal völlig braun. Immat. oft mit rahmfarbener Zeichnung am Kopf; Unterseite gestreift. Flug wie Mäusebussard, segelt und rüttelt aber weniger; hält Schwingen schwach nach unten gebogen; schmetterlingsähnlicher Balzflug. Frißt die Larven von Wespen und Bienen, gelegentlich Mäuse, kleine Vögel und Eier.
STIMME: Ein helles, quiekendes „ki-ä", ganz unähnlich dem Miauen des Mäusebussards; auch „kikiki" in schneller Folge.
VORKOMMEN: Lichtungen oder der Saum von Wäldern. Baut gewöhnlich auf alten Krähennestern. Verbreitungskarte 64.

Gleitaar   *Elanus caeruleus*   21

(E) Black-winged Kite; (F) Élanion blanc; (I) Nibbio bianco; (H) Grijze Wouw; (S) Svartvingad glada; (Sp) Elanio azul

KENNZEICHEN: 33 cm. Ein kleiner, untersetzter Greif mit langen Flügeln und ziemlich kurzem, leicht gegabeltem Schwanz. Kopf weißlich, Oberseite hell graublau mit *weißlichem Schwanz und schwarzen „Schultern".* Handschwingen oben grau, aber unten dunkel in scharfem Kontrast zur rein weißen Unterseite. Augen dunkelrot. Immat. oben graubraun, unten weiß mit rostfarbener Tönung und schwacher brauner Streifung. Verhalten nicht im mindesten milanartig; rüttelt gemächlich auf langen, spitzen Flügeln wie Turmfalke, fliegt langsam schwimmend wie eine kleine Weihe oder auch schneller mit scharf gewinkelten Flügeln. Frißt Mäuse, große Insekten usw. Oft in der Dämmerung.
STIMME: Ein sanftes pfeifendes „kri-äh".
VORKOMMEN UND VERBREITUNG: Kulturland mit einzelnen Bäumen oder Waldlichtungen, Waldränder usw. Nistet ziemlich niedrig auf Bäumen. Lokal Jahresvogel in S-Portugal und Inner-Spanien. Umherstreifende in Europa nordwärts bis Frankreich, Belgien, Holland, Deutschland (zwei- oder dreimal) und Tschechoslowakei und in den Mittelmeerländern.

Schwarzmilan   *Milvus migrans*   R4   21, 22

(E) Black Kite; (F) Milan noir; (I) Nibbio bruno; (H) Zwarte Wouw; (S) Brun glada; (Sp) Milano negro

KENNZEICHEN: 56 cm. Ähnlich Rotmilan, aber von diesem meist zu unterscheiden durch den *viel weniger tief gegabelten Schwanz,* etwas geringere Größe und *viel dunkleres Gefieder* mit helleren Oberflügeldecken; geselliger; häufig über Binnengewässern. Schwach weißliche Flecken an Flügelunterseite der immat. ähneln Rotmilan, fehlen aber den alten Schwarzmilanen. Flug und Nahrung wie Rotmilan, frißt aber auch tote Fische. Wo Schwarzmilane zahlreich sind, sammeln sich die Trupps schnell am Aas. Im Gleitflug werden die Flügel nicht wie bei der Rohrweihe in flachem „V" angehoben.

STIMME: Zur Brutzeit sehr lärmend. Ein dünnes, wieherndes Trillern, in tieferer Tonlage als beim Rotmilan.

VORKOMMEN: Im Westen des Verbreitungsgebietes gewöhnlich in Nachbarschaft von Seen oder Flüssen, in bewaldetem oder mit einzelnen Bäumen bestandenem Gelände. Im Süden und Osten des Verbreitungsgebietes häufiger an trockenen Stellen und in Ortschaften. Nistet oft gesellig auf Bäumen, gelegentlich in alten Krähennestern. Verbreitungskarte 65.

Rotmilan *Milvus milvus* R3   21, 22

(E) Kite; (F) Milan royal; (I) Nibbio reale; (H) Rode Wouw; (S) Glada; (Sp) Milano real

KENNZEICHEN: 61 cm. Leicht kenntlich an dem langen, *tief gegabelten, rotbraunen Schwanz* (bei stark gespreiztem Schwanz erscheint die Gabelung schwächer), an den schmalen, stark gewinkelten Flügeln mit *großen weißlichen Flecken* auf der Unterseite der schwarzen Handschwingen, an der rotbraunen Oberseite mit hellen Federsäumen, an der dunkel gestreiften Unterseite und dem *gestreiften weißlichen Kopf.* Immat. heller, mit bräunlichem Kopf. Müheloser Segelflug wie beim Mäusebussard, aber Flugbild unverkennbar; normaler Flug viel kräftiger. Teilweise Aasfresser, erbeutet aber auch Säugetiere bis zur Größe eines Kaninchens und kleine Vögel. Vom Schwarzmilan durch tiefer gegabelten Schwanz, rostfarbenes Gefieder und schlankere Gestalt unterschieden.

STIMME: Bussardähnlich „*hiä*" und ein klägliches Trillern.

VORKOMMEN: Gewöhnlich bewaldete Hügel, lokal auch im Tiefland und offenen Gelände mit vereinzelten Bäumen. Nistet auf Bäumen, gelegentlich in alten Krähennestern. Verbreitungskarte 66.

Seeadler *Haliaeetus albicilla* R2   25, 26

(E) White-tailed Eagle; (F) Pygargue à queue blanche; (I) Aquila di mare; (H) Zeearend; (S) Havsörn; (Sp) Pigargo; (N.A.) Gray Sea Eagle

KENNZEICHEN: 69–91 cm. Ein sehr großer Adler mit gewaltigen breiten und breit endenden Flügeln sowie massigem, vorragendem Kopf. Ad. durch den *kurzen, keilförmigen, weißen Schwanz,* hell bräunlichen Kopf und mächtigen gelben Schnabel gekennzeichnet. Immat. mit schwarzbraunem Kopf, Schwanz und Schnabel, aber sofort vom Steinadler am viel kürzeren und keilförmigen Schwanz zu unterscheiden. Lauf unbefiedert. Segelt mit geraden, nicht gewinkelten Flügeln; Flugbild geierartig. Fängt Fische an der Oberfläche, aus niedrig kreuzendem Flug, und taucht gelegentlich nach ihnen; greift Säugetiere bis zur Größe von schwachen Rehen und Vögel bis Entengröße; frißt auch Aas.

STIMME: Ein knarrendes „kji, kji, kli" und ein tieferes, bellendes „kra".

VORKOMMEN: Felsküsten oder entlegene Binnengewässer. Nistet auf Felsklippen, großen Bäumen (Deutschland), gelegentlich auf dem Boden. Verbreitungskarte 67.

Bartgeier   *Gypaetus barbatus*   20

(E) Bearded Vulture oder Lammergeier; (F) Gyptaète barbu; (I) Avvoltoio barbato; (H) Lammergier; (S) Lammgam; (Sp) Quebrantahuesos

KENNZEICHEN: 102–114 cm. Von den anderen Geiern durch sein auffallendes Flugbild unterschieden, das mehr einem großen Falken als einem Geier ähnelt, mit langen, ziemlich schmalen, gewinkelten Flügeln und *langem, keilförmigem, dunklem Schwanz.* Ad.: Gräulichschwarze Flügel, Rücken und Schwanz, vorwiegend *rost- bis rahmfarbener* Kopf mit *langem, schwarzem Bocksbart.* Unterseite hell rostgelblich, an der Brust rostfarben, gegen die dunklen Flügel abstechend. Immat. mit dunklem Kopf und Hals. Nicht so schwerfällig wie die anderen Geier. In der Regel Einzelgänger.
STIMME: Ein krächzendes Pfeifen nur zur Brutzeit.
VORKOMMEN: Entlegene Bergketten. Nistet in Höhlen an Abgründen. Verbreitungskarte 68.

Schmutzgeier   *Neophron percnopterus*   20

(E) Egyptian Vulture; (F) Percnoptère d'Égypte; (I) Capovaccaio; (H) Aasgier; (S) Smutsgam; (Sp) Alimoche (común)

KENNZEICHEN: 58–66 cm. Viel kleiner als andere Geier. Auffallendes Flugbild: *lange, geradrandige, aber zugespitzte schwarzweiße Flügel und keilförmiger weißer Schwanz.* Bei ad. Kopf- und Kehlhaut *nackt und gelb* über einer struppigen, weißlichen Halskrause. Gefieder schmutzig weiß mit scharf abstechenden schwarzen Handschwingen. Schnabel dünner als bei anderen Geiern. Unausgefärbte variieren entsprechend dem Alter von dunkelbraun bis schmutzig weiß; Kopf und Halskrause bräunlich. Schließen sich gelegentlich am Aas Gänsegeiern an, um das zu fressen, was die viel größeren Vögel übriglassen. Setzt sich gern auf Gebäude und Bäume. Gewöhnlich schweigend. Im Flug ähnlich Weißstorch, dieser aber mit langem Hals.
VORKOMMEN: Wie Gänsegeier, aber auch in Städten, nistet auf Felsen und Bäumen. Verbreitungskarte 69.

Gänsegeier   *Gyps fulvus*   R1   20

(E) Griffon Vulture; (F) Vautour fauve; (I) Grifone; (H) Vale Gier; (S) Gåsgam; (Sp) Buitre (común)

KENNZEICHEN: 97–104 cm. Von anderen Geiern am Flugbild zu unterscheiden: sehr lange, breite Flügel mit weit gespreizten Handschwingen, die den Flügel am Ende *abrunden, und sehr kurzer, dunkler, rechteckig abgeschnittener Schwanz;* Unterflügel mit hellen, von den Achseln zum Handgelenk verlaufenden Binden; der kleine Kopf wird in die Halskrause zurückgezogen. Das sandfarbene Gefieder sticht von den dunklen Flügeln und Schwanzfedern ab. Kopf und Hals mit weißen Daunen bedeckt. Halskrause bei ad. weißlich, bei juv. braun. Gesellig bei der Rast und am Aas.
STIMME: Krächzende und pfeifende Rufe nur zur Brutzeit.
VORKOMMEN: Überall möglich, aber ursprünglich Gebirgsvogel. Nistet gesellig in Höhlen oder Felsnischen. Verbreitungskarte 70.

Mönchsgeier   *Aegypius monachus*   20

(E) Black Vulture; (F) Vautour moine; (I) Avvoltoio nero; (H) Monniksgier; (S) Grågam; (Sp) Buitre negro

KENNZEICHEN: 99–107 cm. Größe und Flugbild sehr ähnlich wie Gänsegeier, aber von diesem unterschieden durch größeren Kopf, kräftigeren Schnabel

und *längeren, schwach keilförmigen Schwanz* (der jedoch oft verschlissen ist
und dann dem Schwanz des Gänsegeiers ähnelt); ferner durch *einfarbig*
rußbraunes Gefieder (wirkt von weitem schwarz). Von oben wirken die
Flügeldecken dunkler als die Schwingen; von unten ohne die für den Gänsegeier typischen Binden. Über der *braunen* Halskrause der nackte, bläulich
fleischfarbene Hals. Weniger gesellig als Gänsegeier, gewöhnlich einzeln.
Meist stumm. Siehe auch Bartgeier.
VORKOMMEN: Entlegene Berge und Ebenen. Nistet auf Bäumen, gelegentlich in
Felsnischen. Verbreitungskarte 71.

Schlangenadler   *Circaetus gallicus* R1   24

(E) Short-toed Eagle; (F) Circaète Jean-le-Blanc; (I) Biancone; (H) Slangenarend; (S) Ormörn; (Sp)
Águila culebrera

KENNZEICHEN: 63–69 cm. Größer als Fischadler. Unterseite und Unterflügel
bis auf die dunkle Vorderbrust und Kehle fast einfarbig weiß. Aus der Nähe
erkennt man auf den Unterflügeln Linien kleiner dunkler Fleckchen. Mit
rundem, eulenartigem Kopf, kleinem Schnabel und *großen gelben Augen.*
Oben graubraun mit schwärzlichen Handschwingen. Ziemlich langer
Schwanz mit 3–4 undeutlichen dunklen Binden. Juv. unten brauner mit
dunklen Flecken. Flug eulenartig weich; segelt mit waagerechten Flügeln
(nicht in „V"-Haltung wie beim Mäusebussard); *rüttelt häufig,* mit hängenden blaugrauen Beinen. Frißt Schlangen, Eidechsen, Frösche usw. Siehe auch
Wespenbussard.
STIMME: Ziemlich ruflustig. Ein rauhes, klagendes „dji", ein ziemlich kraftloses
„ok, ok, ok" oder „mju-ok".
VORKOMMEN: Gebirgshänge und Schluchten; einsame Wälder, sumpfige Ebenen, Dünen der Küste. Nistet auf Bäumen. Verbreitungskarte 72.

Rohrweihe   *Circus aeruginosus* R5   21, 22

(E) Marsh Harrier; (F) Busard des roseaux; (I) Falco di palude; (H) Bruine Kiekendief; (S) Brun
kärrhök; (Sp) Aguilucho lagunero

KENNZEICHEN: 48–56 cm. Gegenüber anderen Weihen größer, kräftiger, mit
breiteren Schwingen und meist ohne Weiß am Bürzel. Gaukelnder Flug mit
gelegentlich eingeschalteten Flügelschlägen und langem schwankenden Gleiten. Gefieder variabel. ♂ ad. von anderen Weihen durch *dunklen Mantel und
dunkle Flügeldecken,* die sich gut gegen das Grau von Schwanz und Armschwingen abheben, unterschieden; ferner mit streifig gelblichem Kopf,
Nacken und ebensolcher Brust und mit warm brauner Unterseite. ♀ und ♂
immat. gewöhnlich ohne Grau und ziemlich einfarbig dunkelbraun mit
rahmfarbenem Kopf und rahmfarbenen Schultern (manche ♀ sind ganz
dunkel und ähneln dem Schwarzmilan). Junge im 1. Winter dunkel schokoladenbraun, Scheitel und Kehle leuchtend dottergelb. Stürzt sich auf der Jagd
aus niedrigem Fluge ins Röhricht.
STIMME: Ein hohes, kiebitzartiges „qui-ä" bei der Balz und ein keckernder
Warnruf.
VORKOMMEN: Hauptsächlich Moore, Sümpfe und Brüche mit großen Flächen
dichten Röhrichts. Baut große vom Wasser umgebene Nester im Röhricht.
Verbreitungskarte 73.

Kornweihe *Circus cyaneus* R2 **21, 22**

(E) Hen Harrier; (F) Busard Saint-Martin; (I) Albanella reale; (H) Blauwe Kiekendief; (S) Blå kärrhök; (Sp) Aguilucho pálido; (N.A.) Marsh Hawk

KENNZEICHEN: 43–51 cm. Schlank, mit langen, schwach gewinkelten Flügeln und langem Schwanz. Beide Geschlechter sehr ähnlich Wiesenweihe, aber durch *auffallenderes Weiß am Bürzel* unterschieden, ferner, wenn man beide Arten beisammen sieht, durch etwas kräftigeren Bau und ein wenig kürzeren Flügel und Schwanz. Das aschgraue ♂ ist durch das Fehlen der schwarzen Flügelbinde, durch einen dunklen Saum am Hinterrand der Flügel und durch ungestreiften Bauch und Schenkel gekennzeichnet. ♀ und immat. oben dunkelbraun und unten breit gelblich gestreift, im Feld kaum unterscheidbar von der weiblichen Wiesenweihe, obwohl der weiße Bürzelfleck bei der Kornweihe gewöhnlich auffallender ist. Juv. von jungen Wiesenweihen durch *gestreifte Unterseite* unterschieden. Flug bezeichnend, gewöhnlich sehr niedrig gleitend und schwimmend mit flach „V"-förmig über die Waagerechte gehaltenen Schwingen. Siehe auch Steppenweihe.
STIMME: Ein hohes, gäckerndes „gägägä"; auch ein langgezogenes, klagendes „pi-ä".
VORKOMMEN: Wie Wiesenweihe, aber häufiger im offenen Gelände, in Mooren und an Sandküsten als in Sümpfen. Nistet auf dem Boden in Mooren, Sümpfen, Pflanzendickichten oder in Feldern. Verbreitungskarte 74.

Steppenweihe *Circus macrourus* R6 **21**

(E) Pallid Harrier; (F) Busard pâle; (I) Albanella pallida; (H) Steppekiekendief; (S) Stäpphök; (Sp) Aguilucho papialbo

KENNZEICHEN: 43–48 cm. ♂ mit auffallend weißem Kopf und weißer Unterseite; Schwanz und Flügel blaugrau mit scharf abstechenden schwarzen Handschwingen, die einen kleinen *schwarzen Keilfleck an der Flügelspitze bilden.* Vom hellen Kornweihen-♂ durch *grauen* statt reinweißen Bürzel, *weiße* statt graue Brust und Kopfseiten und durch *weniger Schwarz an den Flügelspitzen unterschieden;* vom hellen Wiesenweihen-♂ durch heller graue Oberseite, durch das Fehlen *einer schwarzen Flügelbinde* sowie durch *ungestreifte weiße Unterseite und Schenkel* unterschieden. ♀ und immat. im Felde kaum von denen der Wiesenweihe, aber juv. von Kornweihen-juv. durch *ungestreifte rostfarbene Unterseite* zu unterscheiden. Verhalten und Stimme wie Wiesenweihe. Für das ♀ ist ein „prih-pri-pri-pri" kennzeichnend.
VORKOMMEN: Wie Kornweihe, aber auch in trockenen Steppen, offenen Ebenen und Hügelland mit spärlichem Baumwuchs. Verbreitungskarte 75.

Wiesenweihe *Circus pygargus* R2 **21, 22**

(E) Montagu's Harrier; (F) Busard cendré; (I) Albanella minore; (H) Grauwe Kiekendief; (S) Ängshök; (Sp) Aguilucho cenizo

KENNZEICHEN: 41–46 cm. Etwas kleiner und schlanker als Kornweihe, *mit schmaleren, spitzeren Flügeln und gewandterem Flug.* ♀ ähnlich Kornweihe, obwohl gewöhnlich mit weniger Weiß am Bürzel. ♂ von der Kornweihe durch *gräulichen* statt reinweißen Bürzel, *schmale, schwarze Binde im Zentrum des Flügels und braune Streifung* an Bauch und Schenkeln unterschieden. Immat. wie ♀, aber mit ungestreifter, warm rostfarbener Unterseite. Verhalten wie Rohrweihe. Siehe auch Steppenweihe.
STIMME: Klägliches „kek-kek-kek", schriller als das Gäckern der Kornweihe.

VORKOMMEN: Sümpfe, Moor oder Heide mit Baumgruppen oder Ackerland. Wo sie häufig ist, nistet sie gesellig in der feuchten Vegetation oder in der trockenen Heide, gelegentlich in Kornfeldern. Verbreitungskarte 76.

Habicht *Accipiter gentilis* R5   **23, 28**

Syn. b. *Astur gentilis*

(E) Goshawk; (F) Autour des palombes; (I) Astore; (H) Havik; (S) Duvhök; (Sp) Azor

KENNZEICHEN: 47–61 cm. ♀ viel größer als ♂. *Sehr großen Sperber-*♀ ähnlich (kurze, runde Flügel, langer, gebänderter Schwanz), mit kräftigeren Läufen und oft etwas spitzer wirkenden Flügeln. Oben dunkel mit *weißlichem* Streif über und hinter dem Auge; unten weißlich, eng dunkel quergebändert und mit *auffallenden weißen Unterschwanzdecken*. Juv. oben heller, Unterseite gelblich mit kräftigen dunkelbraunen Streifen (nicht gebändert). Schlägt Vögel, indem er urplötzlich aus dem Hinterhalt und unter Bäumen hervorstößt. Jagdflug zwischen Bäumen schnell und niedrig, ein paar schnelle Flügelschläge wechseln mit Gleiten.

STIMME: Ein kurzer, mäusebussardähnlicher Schrei und ein schnatterndes „gig-gig-gig".

VORKOMMEN: Wälder (besonders Nadelforsten), oft in der Nähe von offenem Gelände. Baut selbst ein großes Nest oder nimmt ein altes Nest anderer Vögel einsamer Wälder in Beschlag. Verbreitungskarte 77.

Falken
Spitze Flügel,
schmaler Schwanz

Weihen
Lange Flügel,
langer Schwanz

Sperber
und Habichte
Kurze runde Flügel, langer Schwanz

Bussarde
Breite Flügel,
breiter, runder Schwanz

Flugbilder

Sperber *Accipiter nisus* R5 **23, 28**

(E) Sparrowhawk; (F) Épervier d'Europe; (I) Sparviere; (H) Sperwer; (S) Sparvhök; (Sp) Gavilán

Kennzeichen: 28–38 cm. ♀ viel größer als ♂. Von anderen kleinen Greifvögeln durch *kurze, runde Flügel und langen Schwanz* unterschieden. Ad. mit eng gebänderter („gesperberter") Unterseite und langen gelben Beinen. ♂ oben dunkel schiefergrau mit rostfarbenen Wangen und weißlichem Fleck im Nacken, unten eng mit Rostbraun quergebändert, Schwanz kräftig grau und dunkel gebändert. ♀ oben schwärzlichbraun, mit weißem Streif über und hinter dem Auge, und unten eng mit Dunkelbraun quergebändert. ♀ ähnelt einem Habicht, aber dieser ist viel größer, verhältnismäßig kurzschwänziger und hat weiße Unterschwanzdecken. Immat. wie braunes ♀, aber unten kräftiger und unregelmäßiger gebändert. Jagt in gewandtem, dicht über Hecken oder durch den Wald führendem Flug und stürzt sich auf kleine Vögel und Säugetiere. Der normale Flug wechselt zwischen wenigen, schnellen Flügelschlägen und längeren Gleitstrecken. Siehe auch Kurzfangsperber.

Stimme: Zur Brutzeit reichhaltig: ein lautes, rasch aufeinander folgendes „kik-kik-kik", „ki-ou", „kiu" usw.

Vorkommen: Hauptsächlich Wälder und baumbestandenes Kulturland mit Gebüsch, Schonungen usw. Nistet auf Fichten oder anderen Nadelbäumen in Mischwäldern, gelegentlich in hohen Büschen, Dickichten usw. Verbreitungskarte 78.

Kurzfangsperber *Accipiter brevipes* **75**

(E) Levant Sparrowhawk; (F) Épervier à pieds courts; (I) Sparviere levantino; (H) Balkansperwer; (S) Balkanhök; (Sp) Gavilán griego

Kennzeichen: 33–38 cm. ♀ oft schwer von Sperber-♀ zu unterscheiden, aber ♂ gut kenntlich. Beide Geschlechter mit *weißen Unterflügeln, schwarzen Flügelspitzen und rotbraunen (nicht gelben) Augen;* Flügel spitzer als beim Sperber. ♂ größer als Sperber-♂ (Geschlechtsunterschied bei *brevipes* geringer!), *rein blaugrau auf Nacken, Mantel und Oberflügeln;* Unterseite kann fast ganz weiß sein, ist aber gewöhnlich rahmfarben am Flügelgrunde und hebt sich dann gegen die weißen Unterflügel gut ab; Wangen grau (nicht rostfarben), mit Braungelb an den Halsseiten. ♀ oben grauer als Sperber-♀, mit *braunen Kehlflecken und schwärzlicher Flügelspitze.* Immat. mit *großen* tropfenförmigen Flecken auf sehr weißer Unterseite; Kehle weiß mit dunklem Längsstreif in der Mitte.

Stimme: Ein schrilles „ki-wek-wek" oder „gi-gik" (ganz anders als Sperber), auch gereiht „kiwik-kiwik-kiwik . . .".

Vorkommen und Verbreitung: Ähnlich Sperber, aber öfters im offenen Gelände und in Laubwaldungen; siehe Verbreitungskarte 79.

Mäusebussard *Buteo buteo* **23, 24**

(E) Buzzard; (F) Buse variable; (I) Poiana; (H) Buizerd; (S) Ormvråk; (Sp) Ratonero común

Kennzeichen: 51–56 cm. Am Flugbild zu erkennen *(breite Flügel, breiter, gerundeter Schwanz und sehr kurzer Hals).* Ad. sehr variabel, im allgemeinen dunkelbraun, unten weiß gefleckt. Die Ausdehnung des Weiß von Unterseite und Unterflügel schwankt sehr, dennoch ist das Weiß selten so vorherrschend wie beim Rauhfußbussard. Von diesem unterschieden durch *eng* braun und grau *gebänderten* Schwanz mit breiter dunkler Endbinde und

durch unbefiederten gelben Lauf. Kreist im Segelflug stundenlang mit aufgebogenen Schwingenspitzen und weit gespreiztem Schwanz; der kurze Hals
verleiht dem Bussard ein *plumpes* Aussehen im Gegensatz zu den Adlern,
deren Kopf weiter vorragt. Flug ziemlich schwerfällig. Rüttelt gelegentlich.
Macht Beute, indem er sich aus geringer Höhe auf kleine Säugetiere, Käfer
usw., selten auf kleine Vögel stürzt; auch am Aas. Oft in kleinen Gesellschaften. Siehe auch Wespenbussard. (Die osteuropäische Rasse des Mäusebussards, der Falkenbussard, *Buteo buteo vulpinus,* ist gelegentlich in Deutschland und anderen europäischen Ländern auf dem Zuge festgestellt worden.
Er ist durch die spitzeren Flügel und die dadurch etwas falkenähnlich
wirkende, schlankere Gestalt von unserem Mäusebussard unterschieden;
mehr rostrot und kleiner als die meisten westlichen Mäusebussarde.)
Stimme: Ein hohes, klagend miauendes „wjieä", oft langgezogen; auch ein
kurzer krächzender Ruf.
Vorkommen: Einsame Felsküsten, Moore, Ebenen, Gebirgshänge, Kultur-
und Waldland. Nistet auf Felsvorsprüngen (England), Bäumen (Deutschland) und gelegentlich auf dem Boden. Verbreitungskarte 80.

Rauhfußbussard   *Buteo lagopus*   23, 24

(E) Rough-legged Buzzard; (F) Buse pattue; (I) Poiana calzata; (H) Ruigpootbuizerd; (S) Fjällvråk;
(Sp) Ratonero calzado; (N.A.) Rough-legged Hawk

Kennzeichen: 51–61 cm. In der Regel vom Mäusebussard durch *längere,
schmalere Flügel und weißen Schwanz mit breiter dunkler Endbinde* unterschieden; gewöhnlich viel weißer an Unterflügeln und Unterseite, mit dunklem Bauch; Kopf wirkt hell. Am hellen Unterflügel fallen der schwarze Fleck
in der Nähe des Buges und die dunklen Spitzen der Handschwingen oft mehr
auf als beim Mäusebussard. Beine bis zum Grunde der Zehen weißlich
befiedert (Mäusebussard mit unbefiederten, gelben Beinen). Immat. ähnlich
jungen Mäusebussarden; etwas Weiß im Schwanz. Verhalten, Stimme und
Flug ähnlich Mäusebussard, *rüttelt jedoch häufig,* mit langsamen Flügelschlägen. Siehe auch Wespenbussard und Zwergadler.
Vorkommen: Offenes Ödland, Felder, Berghänge, Sümpfe, Dünen. Nistet
hauptsächlich auf Felsklippen oder auf dem Boden der Tundra. Verbreitungskarte 81.

Adlerbussard   *Buteo rufinus*   23, 24

(E) Long-legged Buzzard; (F) Buse féroce; (I) Poiana codabianca; (H) Arendbuizerd; (S) Örnvråk;
(Sp) Ratonero moro

Kennzeichen: 61–66 cm. Etwas größer als Mäusebussard. Sehr schwer von
manchmal ganz ähnlichen Mäusebussarden zu unterscheiden. Gefieder ähnlich variabel; von Rostbraun (mit breit rahmfarben gestreifter Unterseite) bis
zur seltenen melanistischen Mutante (mit sehr dunkelbrauner Unterseite).
Beim ad. ist der Kopf gewöhnlich *hell* und der Schwanz *ungebändert, oft
zimtfarben,* wogegen der Schwanz beim Mäusebussard fast stets gebändert
ist (alle Kleider); allerdings haben Falkenbussarde (*B. b. vulpinus*) oft ganz
ähnlichen, kaum gebänderten Schwanz. Im Fluge wirkt er bis auf die dunklen
Flügelspitzen, Flügelbugflecken und Schenkel *unten auffallend weißlich.*
Immat. im Felde nicht von jungen Mäusebussarden zu unterscheiden.
Stimme: Ähnlich Mäusebussard, lauter.
Vorkommen und Verbreitung: Trockene offene Ebenen und Steppen; lokal

im Gebirge. Nistet am Boden, gelegentlich auf einzeln stehenden Bäumen. Brutvogel in Griechenland, lokal auch in Bulgarien. Ausnahmsweise in Westeuropa nordwärts bis Holland, Dänemark, Schweden, regelmäßig in Südosteuropa. Mehr als ein dutzendmal in Deutschland nachgewiesen, mindestens 16mal in Österreich, sechsmal in der Schweiz.

Schreiadler *Aquila pomarina* R1   25

(E) Lesser Spotted Eagle; (F) Aigle pomarin; (I) Aquila anatraia minore; (H) Schreeuwarend; (S) Mindre skrikörn; (Sp) Águila pomerana

KENNZEICHEN: 61–66 cm. Sehr ähnlich dem Schelladler, obwohl etwas zierlicher; oft auf Scheitel und Flügeldecken etwas heller. Oberschwanzdecken niemals reinweiß; sie können aber weiß gefleckt sein. Immat. mit viel weniger und kleineren Flecken und Streifen als junge Schelladler und ferner von nahem unterschieden durch einen *rostfarbenen oder gelblichen Nackenfleck.* Kann im Flug durch schmalere Schwanzwurzel, schmalere Flügel, die *ein wenig nach vorn* gehalten werden, durch kennzeichnendes Abklappen der Handschwingen und *sechs* gerade noch sichtbare gespreizte Handschwingen vom Schelladler unterschieden werden.
STIMME: Nicht so vibrierend wie beim Schelladler.
VORKOMMEN: Oft, doch nicht so regelmäßig wie Schelladler, am Wasser. Häufig einsames Waldland mit offenen, zum Jagen geeigneten Stellen. Nistet auf Bäumen. Verbreitungskarte 82.

Schelladler *Aquila clanga*   25, 26

(E) Spotted Eagle; (F) Aigle criard; (I) Aquila anatraia maggiore; (H) Bastaardarend; (S) Storre skrikörn; (Sp) Águila moteada

KENNZEICHEN: 66–74 cm. Ad. sehr dunkel purpurbraun, unten etwas heller. Auf den Oberschwanzdecken eine *wenig* Weiß, das oft sichtbar ist. Im Flug mit *geraden,* nicht nach vorn gehaltenen *Flügeln, die beim Gleiten im Handgelenk ein wenig gesenkt werden;* sieben gespreizte Handschwingen sind gerade erkennbar. Ziemlich kurzer, schwach gerundeter Schwanz, kleiner Kopf und Schnabel *ragen auffallend über den schlanken Hals.* Flügel relativ breiter als beim Steinadler. Siehe auch Schreiadler. Immat. mit *reichlichen großen weißlichen Flecken* auf der Oberseite und merklich weiß, oft in „V"-Form, an der Schwanzwurzel; im Fluge zwei helle Flügelbinden. Im Fliegen und Sitzen wie Steinadler, aber träge.
STIMME: Wie das schrille Kläffen eines Hundes: „Kjäk, kjäk, kjäk".
VORKOMMEN: Liebt Bäume; gewöhnlich in der Nähe von Binnenseen, Flüssen und Sümpfen. Nistet in Wäldern auf Bäumen, in Steppen auf Büschen. Verbreitungskarte 83.

Steppenadler *Aquila nipalensis*   25

(E) Steppe Eagle; (F) Aigle des steppes; (I) Aquila orientale; (H) Steppearend; (S) Stäppörn; (Sp) Águila nipalense

KENNZEICHEN: 66–79 cm. Ad. fast einfarbig dunkelbraun mit undeutlich grauen Bändern am kurzen runden Schwanz. Sehr leicht mit alten Schelladlern zu verwechseln, aber der Steppenadler hat oft einen rostgelben Fleck im Nacken und *niemals* Weiß auf den Oberschwanzdecken wie manche (nicht alle) Schelladler. Juv. wie Milchkaffee gefärbt mit schwärzlichen Handschwingen und im Fluge mit zwei hellen Flügelbinden. Verhalten sehr träge, sitzt oft lange auf dem Boden; segelt selten und fliegt gewöhnlich dicht über dem Grund. Frißt Aas, Frösche usw. Ad. vom Steinadler durch geringere Größe, kleineren Kopf und Schnabel und weniger breiten, nur schwach gebänderten Schwanz ohne breite dunkle Endbinde unterschieden, vom Kaiseradler durch *dunklen Scheitel.*

STIMME: Gewöhnlich ein hohes „kau-kau-kau".

VORKOMMEN UND VERBREITUNG: Ganz offene buschige Ebenen oder baumlose Steppen. Baut sehr große Nester auf dem Boden, meist auf kleinen Erdhügeln. Brutvogel von der Ukraine bis zur Mandschurei; ehemals Brutvogel in Rumänien (Dobrudscha) (Rasse *Aquila nipalensis orientalis*). Seltener Durchzügler in Rumänien; ausnahmsweise in N-, W- u. S-Europa; in Deutschland zweimal nachgewiesen. Der Steppenadler wird von manchen Autoren als Rassengruppe der afrikanisch-indischen Art *Aquila rapax* (**Raubadler;** engl. Tawny Eagle, franz. Aigle ravisseur) angesehen, deren nordafrikanische Rasse *Aquila rapax belisarius* ausnahmsweise bis S-Europa umherstreift. Der Raubadler ist etwas kleiner als der Steppenadler und im allgemeinen heller braun gefärbt, jedoch sehr variabel; juv. hell, mit weniger auffälligen hellen Flügelbinden als Steppenadler.

Kaiseradler   *Aquila heliaca*   25

(E) Imperial Eagle; (F) Aigle impérial; (I) Aquila imperiale; (H) Keizerarend; (S) Kejsarörn; (Sp) Águila imperial

KENNZEICHEN: 79–84 cm. Groß, ziemlich plump wirkend mit schwärzlichbraunem Gefieder und hell gelblichem Scheitel und Nacken (bei alten Vögeln fast weiß). Meist ein *paar weiße Federn auf den Schultern.* Schwanz ziemlich abgestutzt mit 5–7 grauen Binden. Hält beim Segeln die Flügel gerade, nicht nach vorn oder in flachem „V" (anders als alter Steinadler). Immat. ohne Weiß und je nach Alter semmelgelb bis fleckig schwarzbraun; in der Regel mit dunklen Streifen und ockerfarbigem oder hell rostfarbigem Scheitel. Ad. der spanischen Rasse *A. h. adalberti* mit auffallend *rein weißen „Schultern",* die im Flug als kurzes weißes Band am Flügelbug wirken; immat. hell rötlichbraun mit dunklerem Schwanz und Flügel; ziemlich deutlicher heller Fleck auf Flügelmitte und Hinterrücken; vom ähnlichen Steppenadler jedoch durch grobe Streifung der Unterseite zu unterscheiden. Verhalten schwerfällig, mehr einem Bussard als einem Adler ähnlich. Siehe auch Steppen- und Steinadler.

STIMME: Ein schnelles bellendes „krock-krock-krock".

VORKOMMEN: Ebenen, Steppen und Sumpfgebiete. Baut umfangreiche, auffallende Nester, meist auf hohen Bäumen. Verbreitungskarte 84.

Steinadler   *Aquila chrysaetos*   R2   25, 26

(E) Golden Eagle; (F) Aigle royal; (I) Aquila reale; (H) Steenarend; (S) Kungsörn; (Sp) Águila real

KENNZEICHEN: 76–89 cm. Sehr groß, majestätisch gleitender und segelnder Flug mit gelegentlichen Flügelschlägen, breit aufgebogenen Handschwingen und großem, kaum abgerundetem Schwanz. Ad. einfarbig dunkel mit *goldgelber Tönung* an Kopf und Nacken. Immat.: An der Wurzel der Handschwingen *auffallend weiß, Schwanz weiß mit breiter dunkler Endbinde,* das Weiß mit zunehmendem Alter abnehmend. Jagt an zerklüfteten Gebirgshängen und stürzt sich aus geringer Höhe auf Schneehühner, Hasen usw. Hält beim Segeln die Flügel nach vorn und in einem flachen „V". Im Flug vom jungen Seeadler durch größeren, abgestutzten Schwanz und das Fehlen von Weißlich an den Unterflügeldecken unterschieden; wirkt im Sitzen weniger dick; von nahem sind der gegenüber Seeadler kleinere Schnabel und die befiederten Läufe zu sehen. Die verschiedenen Kleider Unausgefärbter können Anlaß zu Verwechslungen mit Kaiser-, Schell-, Schrei- und Steppenadler geben. Abgesehen von der Größe sind der längere Hals und der breitere Schwanz Merkmale, die vor Verwechslungen mit segelnden Bussarden schützen können.

STIMME: Selten zu hörende kläffende „kjä" und ein paar pfeifende Rufe.

VORKOMMEN: Einsame felsige Gebirgswände, lokal auch Gebirgswälder, Meeresklippen und Ebenen. Baut große Nester auf Felsvorsprüngen, gelegentlich auf Bäumen. Verbreitungskarte 85.

Zwergadler *Hieraaetus pennatus* 24

(E) Booted Eagle; (F) Aigle botté; (I) Aquila minore; (H) Dwergarend; (S) Dvärgörn; (Sp) Águila calzada

KENNZEICHEN: 46–53 cm. Ein bussardgroßer, langschwänziger Adler. Zwei Farbmutanten, die helle Phase viel häufiger: Unten weiß, mit dunklen Flügeln und einfarbig hell zimtrötlichem Schwanz, der länglich und rechteckig abgeschnitten ist. Von oben Körper und Flügeldecken rahmgelblich, Flügel dunkler. *Weiße Schulterflecken sehr auffällig,* besonders von oben und vorn. Die dunkle Phase ist schwerer zu erkennen, sie ist bis auf *den hellen Schwanz* einfarbig dunkelbraun. Segelt mit ein wenig nach vorn gehaltenen Flügeln; Flügelschläge rascher als beim Bussard. Fliegt viel schneller und anmutiger als dieser, oft gewandt zwischen Bäumen. Frißt kleine Vögel und andere Wirbeltiere.

STIMME: Gewöhnlich ein dünnes hohes abfallendes „kiih" und verschiedene schnatternde Rufe.

VORKOMMEN: Laub- u. Nadelwälder mit Blößen zum Jagen. Selten weit von Bäumen entfernt. Nistet auf Bäumen. Verbreitungskarte 86.

Habichtsadler *Hieraaetus fasciatus* 24

Syn. a. *Eutolmaetus fasciatus*

(E) Bonelli's Eagle; (F) Aigle de Bonelli; (I) Aquila del Bonelli; (H) Havikarend; (S) Hökörn; (Sp) Águila perdicera

KENNZEICHEN: 66–74 cm. Oben dunkelbraun, fast schwarze Flügelspitzen, heller am Nacken, gewöhnlich mit weißlichem Rückenfleck. Länglicher Schwanz mit einem halben Dutzend matter Binden und einer breiten dunklen Endbinde. Von unten gesehen hebt sich die schmal gestreifte, *seidenweiße oder rahmfarbene Unterseite* von den *langen, schmalen, dunklen Flügeln* gut ab, was die Alten von allen anderen Adlern unterscheidet. Juv. mit rostfarbenem Kopf, dicht röstlichbraun gestreifter Unterseite und eng gebändertem Schwanz. Im zweiten Jahre sind die fast einfarbig braunen Vögel leicht zu verwechseln; unten verlieren sie den rostfarbenen Ton, sind aber noch nicht weiß. Sehr angriffslustig. Jagt Kaninchen, Vögel, Eidechsen usw. Flug schnell, an Habicht erinnernd; stößt auf Beute wie ein Falke. Rüttelt.

STIMME: Erinnert an Habicht: ein schnatterndes „kai, kai, kikiki".

VORKOMMEN: Felsige Gebirge, aber selten in großen Höhen; geht im Winter in die Ebenen und Wüsten hinab. Nistet an jähen Felswänden, gelegentlich auf Bäumen. Verbreitungskarte 87.

Fischadler: Pandionidae

Fischadler   *Pandion haliaetus* R1   **26**

(E) Osprey; (F) Balbuzard fluviatile; (I) Falco pescatore; (H) Visarend; (S) Fiskgjuse; (Sp) Águila pescadora

KENNZEICHEN: 51–58 cm. Von allen anderen adlerartigen Greifvögeln durch den Kontrast der *schwärzlichen Oberseite mit der schneeweißen Unterseite* (diese mit dunklem Brustband) unterschieden. Der mit einer schwachen Haube ausgestattete *weiße Kopf mit breitem schwarzem Fleck durchs Auge.* Flügel lang, schmal und *deutlich gewinkelt,* auf der weißen Flügelunterseite mit *schwarzer Fleckung am Bug* und Reihen kleiner dunkler Fleckchen. Schwanz gebändert. Immat. mit hellen Federsäumen auf der Oberseite. Rüttelt gern über dem Wasser und *taucht nach Fischen mit den Füßen voran.* Sitzt gewöhnlich auf dürren Bäumen oder Felsen in Wassernähe.

STIMME: Ein kurzes Pfeifen wie „piu-piu", manchmal schwach absteigend.

VORKOMMEN: Beständig in Wassernähe: an Seen, großen Flüssen oder Meeresküsten. Nistet auf kleinen entlegenen Inseln, Felsklippen, Bäumen, Ruinen, gelegentlich auf dem sandigen oder felsigen Boden. Brütet an manchen Orten in lockeren Gruppen. Verbreitungskarte 88.

Falken: Falconidae

Falken haben lange spitze Flügel; schnelle Flügelschläge; Flug oft äußerst rasch. Die großen Falken überwältigen ihre Beute, indem sie mit rasender Geschwindigkeit auf sie stoßen. Geschlechter gleich. Baum-, Fels- und Bodenbrüter; bauen wie die Eulen, mit denen sie eine Reihe weiterer Verhaltenseigentümlichkeiten teilen, selbst kein Nest, sondern benutzen verlassene Horste anderer Vögel oder legen die Eier auf den Boden oder auf Felsen.

Rötelfalke   *Falco naumanni*   **27, 28**

Syn. a. *Tinnunculus naumanni;* b. *Cerchneis naumanni*

(E) Lesser Kestrel; (F) Faucon crécerellette; (I) Falco grillaio; (H) Kleine Torenvalk; (S) Rödfalk; (Sp) Cernícalo primilla

KENNZEICHEN: 30 cm. Wirkt wie ein kleiner, leuchtend gefärbter Turmfalke; von diesem durch *vertrauteres, lauteres und geselligeres Verhalten* unterschieden. Fliegt geschmeidiger als Turmfalke, Schwanz besonders an der Wurzel schmaler. ♂ mit *ungefleckter,* leuchtend rotbrauner Oberseite und blauerem Kopf und Schwanz als Turmfalke; ♀ und juv. dem Turmfalken ähnlicher. Im Fluge von unten gesehen wirken Flügel und Schwanz sehr hell mit schwarzen Säumen; von oben gesehen zeigen die Armschwingen einen großen schieferblauen Fleck; mittlere Schwanzfedern meist etwas verlängert; aus großer Nähe sind die weißen Krallen ein sehr bezeichnendes Merkmal (Turmfalke hat schwarze). Fängt hauptsächlich fliegende Insekten.

STIMME: Viel öfter zu hören und vielgestaltiger als beim Turmfalken. Gewöhnlich ein schnatterndes „tchet, tchi-tchi" und ein klagendes ansteigendes „huii".

VORKOMMEN: Häufig an alten Gebäuden, Felsschluchten, Klippen usw., jagt aber gewöhnlich über offenem Gelände. Nistet kolonieweise in Höhlen in hohen Mauern, unter Dächern, auf Felsnischen, oft zwischen Tauben, Sperlingen usw. Verbreitungskarte 89.

Turmfalke   *Falco tinnunculus*   27, 28

Syn. a. *Tinnunculus tinnunculus;* b. *Cerchneis tinnunculus*

(E) Kestrel; (F) Faucon crécerelle; (I) Gheppio; (H) Torenvalk; (S) Tornfalk; (Sp) Cernícalo vulgar

KENNZEICHEN: 34 cm. Spitze Flügel und schlanker Schwanz kennzeichnen ihn als Falken, geringe Größe und häufiger *Rüttelflug* als Turmfalken. ♂: gefleckte *rotbraune* Oberseite, Unterseite rahmfarben mit verstreuten schwarzen Flecken. Kopf, Bürzel und Schwanz grau, der letztere mit breiter schwarzer Binde vor der weißen Spitze. ♀: oben rostbraun und gebändert statt gefleckt, Schwanz rostfarben, gebändert. Sitzt auf Bäumen, Telephonmasten, Felsen usw. Fliegt mit schnellen Flügelschlägen, gelegentlichem kurzen Gleiten und häufigem Rütteln, wobei er sich gegen den Wind stellt; stößt in steilem Winkel auf Mäuse, Käfer usw. Siehe Merlin, Rötelfalke und Sperber.

STIMME: Ein schrilles, wiederholtes „kli, kli, kli" und ein wohltönender Doppelruf „kili". Am Brutplatz vibrierend „wrrii . . . wrirr". Außerhalb der Brutzeit gewöhnlich schweigsam.

VORKOMMEN: Moore, Küsten, Felder, lichte Wälder, lokal Städte. Nistet in alten Krähen- und Elsternnestern usw. und auf Felsen, Gebäuden, gelegentlich in gespaltenen Bäumen. Verbreitungskarte 90.

Rotfußfalke   *Falco vespertinus*   R6   27, 28

Syn. a. *Erythropus vespertinus;* b. *Cerchneis vespertina*

(E) Red-footed Falcon; (F) Faucon kobez; (I) Falco cuculo; (H) Roodpootvalk; (S) Aftonfalk; (Sp) Cernícalo patirrojo

KENNZEICHEN: 30 cm. Ein kleiner, geselliger Falke, dessen Flügel fast bis zur Spitze des kurzen Schwanzes reichen; *Schnabelwachshaut, Augenrand und Beine leuchtend rötlich orangefarben*. ♂ (an Zahl die ♀ gewöhnlich übertreffend) einfarbig schwärzlich grau mit kastanienbraunen Unterschwanzdecken und Hosen. ♀ mit zimtbraunem Scheitel, sandfarbener Unterseite, kurzem dunklen Bartstreif; Rücken und Schwanz hellgrau, schwarzbraun gebändert. Juv. ähnelt dem bräunlichen jungen Baumfalken, hat aber Oberseite und den längeren Schwanz enger gebändert, die *Stirn heller* und die Unterseite weniger kräftig gestreift. Rüttelt wie Turmfalke, aber mit steilerer Körperachse. Jagt fliegende Insekten bis in die späte Dämmerung; nimmt Heuschrecken, kleine Nagetiere usw. vom Boden auf. Siehe auch Baum-, Turm- und Rötelfalke.

STIMME: Ein schrilles „kikikiki", höher als der Ruf des Turmfalken.

VORKOMMEN: Offene, mit Gebüsch und Dickichten ausgestattete Ebenen, an Waldrändern und bei Gehöften. Nistet kolonieweise, in alten Saatkrähen- und Elsternnestern usw. Verbreitungskarte 91.

Merlin *Falco columbarius* 27, 28

Syn. a. *Aesalon columbarius*; b. *Tinnunculus columbarius*

(E) Merlin; (F) Faucon émerillon; (I) Smeriglio; (H) Smelleken; (S) Stenfalk; (Sp) Esmerejón; (N.A.) Pigeon Hawk

KENNZEICHEN: 27–33 cm. Ein sehr kleiner Falke, der aus geringer Höhe im offenen Gelände auf Beute stößt. Flug leicht und unregelmäßig mit schnellen, harten Flügelschlägen und gelegentlichen kurzen Gleitstrecken. ♂ oben schieferblau, mit *stark gestreifter Unterseite und Schwanz mit breiter schwarzer Endbinde*. ♀ größer, mit dunkelbrauner Oberseite und braun und rahmfarben gebändertem Schwanz. Kein Bartstreif. Der Sperber hat kurze, runde (nicht spitze) Flügel, der Turmfalke rostrote Oberseite und schlankeren Schwanz.

STIMME: ♂: ein schnelles, hohes Gickern „kikikiki". ♀: ein tieferes Gickern und langsames, klagendes „ip-ip".

VORKOMMEN: Offene, hügelige und sumpfige Moorlandschaften, Meeresklippen und Sanddünen, im Winter auch im Kulturland. Nistet auf dem Boden zwischen Heide, Gras oder auf dem Sand oder auf Bäumen in alten Krähennestern. Verbreitungskarte 92.

Baumfalke *Falco subbuteo* R4 27, 28

(E) Hobby; (F) Faucon hobereau; (I) Lodolaio; (H) Boomvalk; (S) Lärkfalk; (Sp) Alcotán

KENNZEICHEN: 30–36 cm. Am meisten unter allen Falken auf das Leben in der Luft eingestellt, schlägt fliegende Beute wie Wanderfalke, aber Flügel wirken länger und Schwanz kürzer als bei diesem (einem großen Mauersegler ähnlich). Jagt Schwalben, Lerchen usw. und, besonders in der Dämmerung, fliegende Insekten. Aufgeblockt wirkt er schlank und gedrungen, mit *rostbraunen „Hosen" und Unterschwanzdecken;* spitze Bartstreifen schmaler als beim Wanderfalken und *Unterseite kräftiger gestreift (nicht gebändert)*. Juv. oben schwärzlichbraun, unten kräftig gestreift und ohne Rostrot an „Hosen" und Unterschwanz. Vom Turmfalken durch längere, schmalere und mehr zurückgewinkelte Schwingen, durch Backenstreif und Rostrot an Schenkeln und Unterschwanzdecken unterschieden. Siehe auch Rotfußfalke.

STIMME: Ein reines, wiederholtes „kju" oder „ket" und ein „kikiki" in rascher Folge, oft in wechselnder Tonhöhe.

VORKOMMEN: Lichte Wälder, kahles Ödland und Kulturland mit zerstreutem Baumwuchs. Nistet auf Bäumen in alten Nestern, besonders von Krähenvögeln. Verbreitungskarte 93.

Eleonorenfalke *Falco eleonorae* 27, 28

(E) Eleonora's Falcon; (F) Faucon d'Élénore; (I) Falco della regina; (H) Eleonoras Valk; (S) Eleonorafalk; (Sp) Halcón de Eleonor

KENNZEICHEN: 38 cm. In der Silhouette ähnlich Baumfalke, doch etwas größer, Flügel und Schwanz länger. Tritt in einer hellen und einer dunklen Phase auf. Die dunkle ist *einfarbig braunschwarz;* die helle hat eine braune Oberseite, die Unterseite ist baumfalkenartig gefärbt. Beim ♂ Wachshaut und Augenring *gelb, Füße goldgelb,* beim ♀ Wachshaut und Augenring *hellblau,* Füße *grüngelb.* Immat. ähneln der hellen Phase, aber Unterflügel „*gesperbert"* und Schwanz rostbraun gebändert. Flug ähnlich Baumfalke, rüttelt auch wie Turmfalke. Beim Beuteflug kennzeichnend langsamer Flügelschlag. Jagt von

Mai bis Juli Insekten, von August an kleine Zugvögel bis zur Taubengröße. Siehe auch Rotfußfalke.

STIMME: Am Brutfelsen sehr wechselreiche Rufe, im Fluge oft ein helles „hejkjerk-kjirk".

VORKOMMEN UND VERBREITUNG: Lebt in Kolonien an felsigen Mittelmeerinseln und Klippen. Sommervogel vor allem auf den griechischen Inseln, an der dalmatinischen Küste, auf den Tremiti- und Liparischen Inseln, Sardinien, kleinen Inseln bei Sizilien und auf den Balearen. Umherstreifend bis Großbritannien, Südfrankreich, Italien, Ungarn und Polen.

Lanner (Feldeggsfalke) *Falco biarmicus* 27

Syn. a. *Hierofalco biarmicus*

(E) Lanner Falcon; (F) Faucon lanier; (I) Falcone lanario; (H) Lannervalk; (S) Slagfalk; (Sp) Halcón borní

KENNZEICHEN: 43 cm. Ähnlich einem hellen Wanderfalken; von nahem durch *gelblichen oder sandfarbenen Scheitel,* schmalen schwarzen Backenstreifen (nicht breiten schwarzen wie beim Wanderfalken), weißliche Ohrdecken und *sehr helle, gefleckte* (nicht gebänderte) weißliche Unterseite unterschieden. Immat. oben dunkler als ad. und unten viel kräftiger gezeichnet. Weniger kühn als Wanderfalke, jagt meist kleinere Vögel. Wirkt im weniger reißenden Flug schlanker; Flügel und Schwanz etwas länger. Siehe auch Würgfalke.

STIMME: Ein schrilles „kri, kri, kri" zur Brutzeit.

VORKOMMEN: Klippen, Ruinen, felsige Gebirgshänge bis zu steinigen Ebenen und bis zur Halbwüste. Nistet an Felsen, gelegentlich auf Bäumen. Verbreitungskarte 94.

Würgfalke (Saker) *Falco cherrug* 27

Syn. a. *Hierofalco cherrug*

(E) Saker Falcon; (F) Faucon sacre; (I) Falcone sacro; (H) Sakervalk; (S) Tartarfalk; (Sp) Halcón sacre

KENNZEICHEN: 46 cm. Vom Wanderfalken durch *dunkel rötlichbraune* (nicht schiefergraue) Oberseite und Flügel mit gelblichen Federrändern, durch *weißlichen, dunkelbraun gestreiften Scheitel und Nacken,* undeutlichen, schmalen Bartstreifen und durch weiße, braun gefleckte oder gestreifte (nicht gebänderte) Unterseite unterschieden. Flügel etwas länger und breiter als beim Wanderfalken. Schwanz etwas länger, dunkelbraun mit weißlicher Bänderung. Immat. gegenüber ad. mit engeren Streifen an Scheitel und Unterseite, besonders an den Flanken. Sehr kräftig und wild, greift Tiere an, die weit größer sind als er selbst ist. In Osteuropa häufig zur Beizjagd abgerichtet. Siehe auch Lanner.

STIMME: Ein lautes, hohes „i-jäck" u. a.

VORKOMMEN: Offene Ebenen, Halbwüsten und Wüsten. Nistet gewöhnlich auf großen Bäumen, gelegentlich an Felsen. Verbreitungskarte 95.

Gerfalke (Jagdfalke) *Falco rusticolus* 28

Syn. a. *Hierofalco rusticolus*

(E) Gyrfalcon; (F) Faucon gerfaut; (I) Girfalco; (H) Giervalk; (S) Jaktfalk; (Sp) Halcón gerifalte

KENNZEICHEN: 51–56 cm. Im Fluge vom Wanderfalken durch bedeutendere Größe, etwas längeren Schwanz, die *breitere Flügelwurzel,* die etwas stumpferen Flügelspitzen und langsameren Flügelschläge unterschieden, im Sitzen

durch bedeutend helleres, *einfarbigeres Gefieder und Fehlen des Bartstreifens*. Manche Stücke sehen bis auf die dunklen Handschwingen fast ganz weiß aus. (Die Schnee-Eule hat einen dickeren Kopf und runde Schwingen).
STIMME: Selten zu hören. Gelegentlich jauchzendes „ahiü" und ein hohes, kläffendes Geschnatter in etwas tieferer Tonlage als die ähnlichen Rufe des Wanderfalken.
VORKOMMEN: Wilde, offene Felsgebiete, Meeresküsten und Inseln. Lokal auch an den Rändern von Nadelwaldungen. Nistet auf Felsklippen. Verbreitungskarte 96.

Wanderfalke   *Falco peregrinus* R2   27, 28
Syn. a. *Hierofalco peregrinus;* b. *Rhynchodon peregrinus*
(E) Peregrine Falcon; (F) Faucon pèlerin; (I) Falcone pellegrino; (H) Slechtvalk; (S) Pilgrimsfalk; (Sp) Halcón común; (N.A.) Duck Hawk
KENNZEICHEN: 38–48 cm. Als Falke durch seine *langen, spitzen Flügel, den langen, sich am Ende schwach verjüngenden Schwanz* und den schnellen taubenartigen Flug (aber mit flacheren Flügelschlägen), der gelegentlich durch längeres Gleiten unterbrochen ist, gekennzeichnet; als Wanderfalke an der *Größe (wie eine Krähe)* und im Sitzen an dem *kräftigen schwarzen, lappenförmigen Bartstreif* zu bestimmen. ♂: Scheitel schwärzlich, Oberseite schiefergrau, Unterseite röstlich weiß, eng schwarz gebändert. ♀ beträchtlich größer und oft dunkler. Juv. oben dunkelbraun, mit gestreifter (nicht gebänderter) heller Unterseite. Jagt, indem er sich rasend schnell, mit ziemlich geschlossenen Flügeln, fast senkrecht auf seine Beute stürzt. Frißt hauptsächlich Vögel bis zur Größe von Tauben, Rebhühnern usw. Siehe auch Lanner, Ger-, Würg- und Baumfalke.
STIMME: Zur Brutzeit recht verschiedenartig: ein wiederholtes „wi-dju", ein lautes, gäckerndes „kek-kek-kek", ein kurzes „kiak", ein dünnes Fiepen, ein rauhes „grä-grä-grä" usw.
VORKOMMEN: Offenes Gelände der Ebene und Gebirge (gern an Felsen), Wälder (sofern sie nicht geschlossen sind, sondern größere Lichtungen haben); im Winter auch Sümpfe, Turmspitzen von Kirchen u. a. in Städten. Nistet an Steilfelsen, auf Felsspitzen, Bäumen (N- und NO-Deutschland usw.), manchmal an Gebäuden. In West- und Mitteleuropa als Brutvogel selten geworden. Verbreitungskarte 97.

Hühnervögel (Rauhfußhühner, Feldhühner, Fasanen): Phasianidae

Die *Rauhfußhühner* (Schnee-, Birk-, Auer-, Haselhuhn) haben den Lauf und oft auch die Zehen befiedert. Sie sind hauptsächlich Bodenvögel, ohne den für die Fasanen bezeichnenden langen Schwanz. Geschlechter im allgemeinen verschieden. Bodenbrüter.
Die *Zahnwachteln* sind eine amerikanische Gruppe, in Europa nur durch die eingebürgerte Baumwachtel vertreten.
Die *Feldhühner* (Steinhühner, Rebhühner und Wachteln) sind Bodenvögel,

relativ klein, kurzschwänzig und von runder Gestalt. Lauf unbefiedert. Geschlechter ähnlich. Bodenbrüter.

Die *Fasanen* sind durch langen Schwanz (besonders beim ♂) gekennzeichnet. Lauf unbefiedert, ♂ mit Sporen. Geschlechter verschieden gefärbt. Bodenbrüter.

Perlhühner (afrikanisch) und *Truthühner* (amerikanisch) liefern für die Vogelwelt Europas je eine eingebürgerte Art.

Haselhuhn   *Tetrastes bonasia*   R3   29

Syn. b. *Bonasa bonasia*

(E) Hazel Hen; (F) Gélinotte des bois; (I) Francolino di monte; (H) Hazelhoen; (S) Järpe; (Sp) Grévol

KENNZEICHEN: 36 cm. Waldbewohner. Typische Rauhfußhuhn-Gestalt, aber mit *länglichem Schwanz und kleiner Kopfhaube*. Im Flug zeigen beide Geschlechter eine *auffallend schwarze Binde im grauen Schwanz*. Oben gräulich bis rostbraun (am grauesten im Norden des Verbreitungsgebietes, im Süden rostfarbener), reich schwarz und braun gefleckt und gebändert. Breite weiße Binden jederseits der Kehle und über die Schultern. Unten weißlich mit enger brauner Zeichnung, kräftiger an den Flanken. ♂ mit *auffallender schwarzer Kehle, die breit weiß begrenzt* ist. ♀ mit weißlicher Kehle. Sitzt gern auf Bäumen und geht der Nahrungssuche an sonnigen, grasigen Wegen nach.

STIMME: Ein hohes, meisenartig pfeifendes „tsissi-tseri-tsi, tsi, tsui".

VORKOMMEN: Misch- und Niederwälder des Hügellandes, besonders in Espen- und Birkenbeständen. Auch im Mittel- und Hochgebirge und lokal in Wäldern der Ebene. Nistet in Mulden, gut versteckt unter dichter Vegetation. Verbreitungskarte 98.

Moorschneehuhn   *Lagopus lagopus*   30

(E) Willow Grouse; (F) Lagopède des saules; (I) Pernice bianca nordica; (H) Moerassneeuwhoen; (S) Dalripa; (Sp) Lagópodo escandinavo; (N.A.) Willow Ptarmigan

KENNZEICHEN: 40 cm. Ein gedrungener, kurzflügeliger und schwarzschwänziger Vogel mit rotbraunem Gefieder. Wie alle Hühner fliegt es schnell und wechselt dabei zwischen purrendem Flügelschlag und Gleitflug mit abwärts gebogenen Flügelspitzen; aufgescheucht hebt es im Flug den Kopf und schaut zurück. Das skandinavische Moorschneehuhn (*L. l. lagopus*) und das Schottische M. (= Grouse, *L. l. scoticus*) werden heute als konspezifisch betrachtet. Moor- und Alpenschneehuhn haben beide weiße Flügel und sind oft nur an der Stimme und am Vorkommen zu unterscheiden. Beide sind äußerst variabel, aber das Moorschneehuhn ist im Brutkleid gewöhnlich dunkler rotbraun. Von nahem ist der *kräftige Schnabel* bezeichnend. Im Herbst wird das Moorschneehuhn fleckig dunkelbraun und weiß; das Alpenschneehuhn wird oberseits grau. Im Winter ist dort, wo beide Arten gemeinsam vorkommen, ein rein weißes Schneehuhn mit schwarzem Schwanz und einfarbig weißem Kopf entweder ein ♂ oder ♀ des Moorschneehuhnes oder ein ♀ des Alpenschneehuhnes; hat es aber einen *schwarzen* Zügel- und Augenstrich, so ist es ein Alpenschneehuhn-♂. S. Taf. 30.

Das *Schottische* Moorschneehuhn ist dunkel rotbraun mit *dunklen, braunen Schwingen*. Im Sommer heller als im Winter, ♀ heller und kleiner als ♂. Die jetzt durch die Einfuhr britischer Vögel sehr uneinheitlich gewordene irische

Rasse *(L. l. hibernicus)* war ursprünglich gelblicher als die britische. Von Birkhenne durch geringere Größe, rostbraunere Färbung und ungegabelten Schwanz unterschieden, vom Alpenschneehuhn im Sommerkleid durch dunklere Flügel und dunkleren Bauch.

STIMME: Laut und schnell krächzend „kouk, ok-ok-ok", dem oft ein leiseres „ou . . . ou" vorausgeht. Das Schottische M. (♂) bringt während der Balz ein gutturales „go-bäck, bäk-bäk-bäk".

VORKOMMEN: Das nordische Moorschneehuhn bewohnt Moore und Heidegebiete mit Weiden, Birken und Wacholdergestrüpp, in tieferen Lagen als das Alpenschneehuhn und in höheren als das Haselhuhn. Nistet im Gestrüpp. Das Schottische M. bevorzugt Moore und Torfmoore mit Rausch- und Moosbeere; es sucht im Herbst niedere Lagen und Stoppelfelder auf. Nistet vorzugsweise in Heide. Auf dem Hohen Venn seit 1866 wiederholt eingeführt, dort zeitweilig häufig, jetzt ganz oder fast ganz verschwunden. Verbreitungskarte 99.

Alpenschneehuhn   *Lagopus mutus* R5   30

(E) Ptarmigan; (F) Lagopède des Alpes; (I) Pernice bianca; (H) Sneeuwhoen; (S) Fjällripa; (Sp) Perdiz nival; (N.A.) Rock Ptarmigan

KENNZEICHEN: 36 cm. Ein Bewohner der hohen Gebirge; in allen Jahreszeiten durch *weiße Flügel* und weißen Bauch gekennzeichnet, Füße weiß befiedert; kleine rote Lappen (Rosen) über den Augen. Im Brutkleid hat das ♂ stark gefleckte und marmorierte schwarzbraune Oberseite, Brust und Flanken; das ♀ ist gelbbrauner. Im Herbst ♂ oben grau mit schwarzer und weißer Marmorierung, Bauch hauptsächlich weiß; ♀ gelblichgrau und etwas dunkler als ♂ wirkend. Im Winter sind beide Geschlechter *rein weiß mit Ausnahme des schwarzen Schwanzes* (der beim ruhenden Vogel großenteils unter den weißen Schwanzdecken verborgen ist), aber ♂ hat *schwarzen Streif vom Schnabel durchs Auge* – ein sicheres Kennzeichen gegenüber Moorschneehuhn. Von nahem auch Schnabelunterschied (Schnabel beim Alpenschneehuhn schlanker als beim Moorschneehuhn) gut zu sehen; beide Arten sind sehr variabel, mit dreimaligem, deutlichem Gefiederwechsel.

STIMME: Im Flug ein tiefes, rauhes „aar-aar-ka-ka-ka"; bei Alarm ein knarrendes „kar-r-rk".

VORKOMMEN: Hochgelegene, wilde, steinige Berghänge (höher als Moorschneehuhn), in den Alpen über der Baumgrenze; schlechtes Wetter treibt sie talwärts. Brütet im hohen Norden in tieferen Lagen. Nistet im Schutz von Felsen oder Pflanzengewirr. Verbreitungskarte 100.

Birkhuhn   *Lyrurus tetrix* R2   29

Syn. b. *Tetrao tetrix*

(E) Black Grouse; (F) Tétras lyre; (I) Fagiano di monte; (H) Korhoen; (S) Orre; (Sp) Gallo lira

KENNZEICHEN: ♂ 53, ♀ 41 cm. Der Birkhahn ist leicht am glänzend *blauschwarzen* Gefieder mit *leierförmigem Schwanz,* an den auffallenden *weißen Unterschwanzdecken* und der weißen Flügelbinde zu erkennen. Die Henne ist vom Schottischen Moorschneehuhn durch bedeutendere Größe und *weniger rotbraunes Gefieder* unterschieden, von der Auerhenne durch geringere Größe und *weniger kräftig gebändertes* Gefieder, von beiden durch weiße Flügelbinde und Gabelschwanz (doch ist keines der beiden

Kennzeichen leicht zu sehen). Beide Geschlechter haben scharlachrote „Rosen" über dem Auge. ♂ wirkt im Herbst schmutzig bräunlich, oben fleckig und mit weißlicher Kehle; dem Schwanz fehlt die auffallende Gestalt, bis er voll herangewachsen ist. Fliegt gewöhnlich höher als das Schottische Moorschneehuhn und gleitet länger; der längere Hals und Schwanz geben eine bezeichnende Silhouette. Sitzt gern auf Bäumen. Die Bestimmung erschweren gelegentlich vorkommende Bastarde mit Auerhuhn („Rackelwild"), mit Schottischem Moorschneehuhn und Fasan.

STIMME: ♂: ein zischendes, niesendes „tschu-schwi". Der Gesang am Balzplatz ist ein weithin hörbares schnelles, hohltönendes Kollern, das von bestimmten Balzstellungen begleitet ist.

VORKOMMEN: Heide, auch Moorränder und Gelände mit Binsen und einzelnen Bäumen, Torfmoore, felsige, heidebewachsene Hügel usw. Im Gebirge an und über der oberen Waldgrenze. Verbreitungskarte 101.

Auerhuhn   *Tetrao urogallus* R2   29

(E) Capercaillie; (F) Grand tétras; (I) Gallo cedrone; (H) Auerhoen; (S) Tjäder; (Sp) Urogallo

KENNZEICHEN: ♂ 86, ♀ 61 cm. Ein riesiger birkhuhnähnlicher Vogel. ♂ von allen anderen Hühnervögeln durch seine *Größe, dunkle Färbung und durch den runden Schwanz* unterschieden. Von nahem Brust glänzend blaugrün; Kopf mit scharlachroter Haut über dem Auge und grünlichschwarzem Bocksbart; Unterseite und Schwanz mit kräftiger weißer Zeichnung. Während der Balz ist ein weißer Fleck am Bug des Armflügels sehr auffallend. ♀ kann mit Birkhenne verwechselt werden, ist aber größer und hat *gerundeten* Schwanz und rostfarbenen Fleck an der Brust, der von der helleren Unterseite absticht. Im Sommer gewöhnlich am Boden von Nadelwäldern zu beobachten, im Winter dagegen auf Bäumen. Flug in der Regel kurz, abwechselnd zwischen schnellen Flügelschlagen und längerem Gleiten; poltert geräuschvoll aus der Deckung. Bastarde zwischen Auerhennen und Birkhahn („Rackelwild") nicht allzu selten.

STIMME: ♂: am Balzplatz ein gutturales, würgendes Rufen; ♀: ein fasanähnliches „kok-kok". Der Gesang des ♂ beginnt mit einem rhythmischen hölzernen Knappen „telac-telac", das immer rascher gereiht wird und plötzlich mit dem „Hauptschlag" „titock" endet (klingt wie das Herausziehen eines Korkens), dem unmittelbar die kurze eigentliche Strophe, ein nicht weit hörbares kratzendes Schleifen folgt (klingt ähnlich wie das Wetzen einer Sense). Der Gesang wird von Balzstellungen (hoch gereckter Kopf usw.) begleitet. Balzt auf Bäumen und auf dem Boden.

VORKOMMEN: Nadelwälder des Hügellandes und der Gebirge; im Winter mehr auf Bäumen als im Sommer. Nistet am Boden zwischen Unterwuchs am Fuße eines Nadelbaumes, auch ziemlich offen zwischen Heidekraut und Wacholder. Verbreitungskarte 102.

Baumwachtel   *Colinus virginianus*

(E) Bobwhite; (F) Colin de Virginie; (I) Quaglia di Virginia; (H) Boomkwartel

KENNZEICHEN: 25 cm. Ein kleiner brauner, schwarz gefleckter Hühnervogel von wachtelartiger Gestalt, ♂ kenntlich an auffallendem weißen Überaugenstreif und weißer, schwarz eingefaßter Kehle; beim ♀ sind Überaugenstreif und Kehle bräunlichweiß. Gewöhnlich am Erdboden, setzt sich aber auch auf Pfähle, niedrige Äste usw.

STIMME: Kennzeichnender Ruf lautes „bob-weit".
VORKOMMEN: Bewohnt busch- und baumreiches Acker- und Wiesenland. Eingebürgert auf Sizilien und in Teilen SW- und Mittel-Frankreichs. Ursprüngliches Verbreitungsgebiet vom östlichen Nordamerika bis Guatemala, auf Kuba und den Bahamas; jetzt u. a. im westlichen Nordamerika und in Neuseeland eingebürgert.

Chukarsteinhuhn *Alectoris chukar*

(E) Chukar; (F) Perdrix choukar; (I) Coturnice orientale; (H) Aziatische steenpatrijs; (S) Berghöna

KENNZEICHEN: Sehr ähnlich dem Steinhuhn, aber schwarzer Augenstreif *schmaler,* besonders an der Schnabelwurzel, und über dem Auge unterbrochen; Kehle mehr rahmfarben; *Zügel weiß* (beim Steinhuhn schwarz); schwarzes Kropfband in der Mitte unscharf begrenzt, fleckig, Körperseiten mit weniger, aber kräftigeren Streifen. Oberseite brauner.
STIMME: Ruft „tschuk-tschuk-tschukor-tschukor".
VORKOMMEN: Thrazien, Ost-Bulgarien, Ägäische Inseln.

Steinhuhn   Chukarsteinhuhn

Steinhuhn *Alectoris graeca* R5   30

(E) Rock Partridge; (F) Perdrix bartavelle; (I) Coturnice; (H) Steenhoen; (S) Stenhöna; (Sp) Perdiz griega

KENNZEICHEN: 33 cm. Von weitem ununterscheidbar vom Rothuhn. Am besten durch die *bezeichnende Stimme* charakterisiert. Weißer Kehlfleck ein wenig größer, die schwarze hintere Begrenzung *scharf abgeschnitten* anstatt allmählich auf der Vorderbrust auslaufend; Stirn aschgrau; Oberseite *graubraun* statt olivbraun.
STIMME: Kleiberähnlich „witt-witt-witt"; bei Alarm pfeifend, platzend „pitschi-i"; Gesang (Frühling und Herbst) im Staccato „tschertsiritttschi" mit vielen Varianten.
VORKOMMEN: Felsige Halden, zuweilen licht bewaldete Berghänge zwischen Baum- und Schneegrenze, im Winter oft in tiefere Lagen herabsteigend. Nistet am Boden zwischen Felsen. Verbreitungskarte 103.

Rothuhn *Alectoris rufa* R1   30

(E) Red-legged Partridge; (F) Perdrix rouge; (I) Pernice rossa; (H) Rode partrijs; (S) Rödhöna; (Sp) Perdiz común

KENNZEICHEN: 34 cm. Von weitem leicht mit dem Rebhuhn zu verwechseln, aber von nahem ad. deutlich unterschieden durch *roten Schnabel und rote Füße,* schwarz begrenzte weiße Kehle, grauen Scheitel mit *langem weißen*

Streifen über dem Auge, lavendelgraue, kräftig rostbraun-schwarz-weiß gebänderte Flanken. Stimme sehr verschieden. Juv. ganz ähnlich jungen Rebhühnern. Läuft schneller als Rebhuhn; fliegt in weniger dichten Ketten. Siehe auch Stein- und Felsenhuhn.

STIMME: Gewöhnlicher Ruf des ♂ „tschuk tschuk-ör" oder ein langsames rauhes „schäk. . .schäk . . ."; aufgejagte rufen „kak-kak".

VORKOMMEN: Ganz ähnlich wie Rebhuhn. Obwohl oft auf sumpfigem Boden, zieht das Rothuhn in der Regel trockene Plätze, Sandboden, Karst, Steinwüsten usw. vor. Verbreitungskarte 104.

Felsenhuhn *Alectoris barbara* 30

(E) Barbary Partridge; (F) Perdrix gambra; (I) Pernice sarda; (H) Barbarijse patrijs; (S) Klipphöna; (Sp) Perdiz moruna

KENNZEICHEN: 33 cm. Von weitem schwer vom Rothuhn zu unterscheiden (es wirkt etwas heller und rötlicher als dieses), aber von nahem gut durch ein breites, *kastanienbraunes* Halsband (weißlich gesprenkelt) und durch *blaugraue* Wangen, Augenstreifen, Kehle und Vorderbrust gekennzeichnet. Scheitel und breiter Augenstrich rötlich kastanienbraun; Oberseite rostbraun mit schieferblauen Schultern, die breite, rostrote Säume haben. Unterseite ähnlich Rothuhn, Flanken kräftig schwarzweiß gebändert. Beine rötlich.

STIMME: Viel in der Morgen- und Abenddämmerung zu hören. Ein schnelles „käkelik" und ein langsameres „tschuk, tschuk, tschuk tschukor".

VORKOMMEN UND VERBREITUNG: Gestrüppbewachsene, hügelige Hänge, Wadis, Halbwüsten, soweit etwas Wasser und Deckung vorhanden. Jahresvogel auf Sardinien und in Gibraltar, sonst in Nordafrika und auf den Kanaren.

Halsbandfrankolin *Francolinus francolinus*

(E) Black Francolin; (F) Francolin noir; (I) Francolino; (H) Frankolijn; (S) Halsbandsfrankolin; (Sp) Francolín de collar

KENNZEICHEN: 34 cm. Von der Gestalt eines großen Rebhuhns, Haltung jedoch aufrechter. ♂ mit keinem anderen Hühnervogel zu verwechseln: *Kopf und Kehle bis auf* einen auffallenden großen *weißen Ohrfleck* und den hell gestreiften Scheitel *schwarz*; ein *rotbraunes Halsband;* Rücken und Oberflügeldecken schwärzlich mit breiten gelbbraunen Federsäumen, daher gestreift erscheinend; Bürzel und Oberschwanzdecken schwarzbraun und gelblichbraun quergebändert; *Brust schwarz,* Bauch rotbraun, Brust- und Körperseiten weiß gefleckt. Füße orange, mit stumpfem Sporn. ♀ braun, gelblich gestreift und gebändert, mit gelblichweißer Kehle und *rotbraunem Fleck am Hinterhals;* ohne Sporn, nur mit stumpfem Höcker am Lauf.

STIMME: Laut „tschick-tschirrih" oder ähnlich.

VORKOMMEN: Bewohnt gebüschreiches, offenes Gelände, Waldränder usw. Von Kleinasien bis Indien verbreitet, ehemals auch in Ostspanien (bis ins dritte Jahrzehnt des 19. Jahrhunderts), auf Sizilien (bis 1869) und in Calabrien (bis 1857) vorkommend und dort überall wohl vom Menschen eingebürgert; jetzt erneut als Jagdvogel in Italien (vor allem in der Toscana) eingeführt.

Erckelfrankolin   *Francolinus erckelii*

Syn. a. *Pternistis erckelii*

(E) Erckel's Francolin; (F) Francolin d'Erckel; (I) Francolino di Erckel; (H) Erckels Frankolijn

KENNZEICHEN: 40 cm. Größer als Rebhuhn, dem in der Gestalt ähnlich. *Stirn und Überaugenstreif schwarz, Scheitel rotbraun,* Kehle weiß, Hinterhals und Halsseiten rotbraun mit weißen Federsäumen; Vorderrücken grau mit rotbraunen Federsäumen, Bürzel braun; Unterseite grau, braun längsgestreift, am Bauch weißlich. Schnabel schwarz; Füße gelblichgrau, beim ♂ doppelt gespornt, beim ♀ ohne Sporn.

STIMME: Ruf des ♂ laut „kre-kre-kre-uah-uah-uah".

VORKOMMEN: Im Ostsudan und in Nord- und Ostäthiopien beheimatet; in der Macchia Italiens als Jagdvogel eingeführt.

Rebhuhn   *Perdix perdix*   R3   30

(E) Partridge; (F) Perdrix grise; (I) Starna; (H) Patrijs; (S) Rapphöna; (Sp) Perdiz pardilla; (N.A.) Hungarian Partridge

KENNZEICHEN: 30 cm. Ein rundlicher Hühnervogel mit kurzen, gerundeten Flügeln und kurzem, rotbraunem Schwanz; fliegt niedrig und schnell, zwischen schwirrenden Flügelschlägen und Gleiten auf tief gebogenen Schwingen abwechselnd. Leicht mit dem Rothuhn zu verwechseln, aber von diesem durch hell *rostfarbenes Gesicht,* grauen Hals und graue Unterseite unterschieden. ♂ mit *auffallendem, dunkel kastanienbraunem, hufeisenförmigem Schild auf der Hinterbrust* (♀ mit, juv. ohne Spuren eines solchen Schildes); Oberseite gelblich gestreift, Flanken rotbraun gebändert. Läuft geduckt, drückt sich bei Gefahr und rennt schnell mit hoch aufgerichtetem Kopf, ehe es auffliegt. Viel kurzschwänziger als junge Fasanen. Viel größer und weniger sandfarben als Wachtel. Siehe auch Rothuhn.

STIMME: Ein durchdringendes, schnärrendes „kirreck" und ein schnelles „keck-eck-eck".

VORKOMMEN: Felder, Weiden, Ödland, Moore, Sanddünen usw. Nistet wohlverborgen unter Hecken, im wachsenden Getreide, Klee usw. Verbreitungskarte 105.

Wachtel   *Coturnix coturnix*   R3   30

(E) Quail; (F) Caille des blés; (I) Quaglia; (H) Kwartel; (S) Vaktel; (Sp) Coderniz

KENNZEICHEN: 17,8 cm. Ähnlich einem kleinen Rebhuhn. Gewöhnlich erst am *bezeichnenden Ruf des ♂* kenntlich. Allgemeinfärbung sandbräunlich, oben *stark weißlichgelblich und schwarz gestreift,* unten heller, mit lichten und dunklen Flankenstreifen (nicht Bändern). Scheitel dunkelbraun mit rahmgelbem Mittelstreif und einem langen, rahmgelben Überaugenstreif. ♂ mit schwärzlicher Zeichnung an der Kehle. ♀ mit ungezeichneter, gelblicher Kehle und eng gefleckter Brust. Flug langsamer und gewöhnlich kürzer als beim Rebhuhn. Sehr schwer aufzujagen. Lebt einzeln, ausgenommen auf dem Zuge.

STIMME: Der charakteristische dreisilbige Ruf des ♂ hat die Betonung auf der ersten Silbe: ein wiederholtes „quik, quik-ik". ♀: ein keuchender Doppelruf „quip . . . quip". Bei Tag und Nacht zu hören.

VORKOMMEN: Selten zu sehen. Häufig auf ungepflegten Weiden, Feldern, Wiesen, auf Brachgelände und offenem, mit Grasbüscheln bewachsenem Boden. Verbreitungskarte 106.

Königsfasan *Syrmaticus reevesii*
(E) Reeves's Pheasant; (F) Faisan vénéré; (H) Koningsfazant

KENNZEICHEN: ♂ etwa 210 cm (davon 100–160 cm auf den Schwanz entfallend), ♀ 75 cm. Langschwänziger als der gewöhnliche Fasan. ♂ an *Kopf und Vorderhals mit viel Weiß;* breiter *schwarzer Augenstreif* bis zum Hinterkopf; Rücken und Brust gelbbraun mit schwarzen Federsäumen, Mitte der Brust schwarz, Bauchseiten weiß mit kastanienbraunen Federsäumen; Flügeldekken weiß, schwarz gesäumt. ♀ einfacher gemustert als ♂, rötlich gelbbraun mit hellem Überaugenstreif, Körperfedern mit schwarzen Endflecken, die besonders auf dem Rücken deutlich sind, Unterkörper mit weißen Flecken. Aufgescheucht steil aufsteigend und schnell weit abstreichend.
STIMME: Ein lauter Angstruf und ein leises, singvogelartiges Zwitschern.
VORKOMMEN: Waldbewohner. Eingebürgert in SW-Deutschland (oberrheinische Tiefebene bei Lahr) und lokal in Frankreich; Einbürgerungsversuche in Schottland, Österreich und anderswo schlugen fehl. Heimat: Gebirgswaldungen Nord- und Mittel-Chinas.

Fasan (Jagdfasan) *Phasianus colchicus* 29
(E) Pheasant; (F) Faisan de chasse; (I) Fagiano; (H) Fazant; (S) Fasan; (Sp) Faisán vulgar

KENNZEICHEN: ♂ 76–89 cm, ♀ 53–64 cm. Ein allgemein bekannter jagdbarer Vogel mit *langem, spitzem Schwanz.* ♂ sehr bunt mit glänzend dunkelgrünem Kopf, scharlachroten Hautlappen („Rosen") über dem Auge und kurzen „Federohren". Gefieder infolge künstlicher Einkreuzung verschiedener Rassen sehr variabel, aber in der Regel ist ein *weißer Halsring* vorhanden. Vielerorts kommt auch eine von weitem fast schwarz erscheinende melanistische Mutante, der sog. Tenebrosus-Fasan, vor, die der auch in unseren Fasanenbestand eingekreuzten japanischen Rasse *Phasianus colchicus versicolor* ähnlich, aber im Gegensatz zu dieser auch am Bürzel dunkel gefärbt ist. ♀ schlicht gelblichbraun und schwärzlich gefleckt, mit kürzerem Schwanz. Läuft lieber schnell in Deckung, als daß er auffliegt. Flug kräftig (geräuschvolles Auffliegen), aber selten weit führend oder hoch.
STIMME: Der krähende Hahn hat grellen Doppelruf „körrk-kok", dem gewöhnlich ein schwirrender Flügelschlag folgt. ♂: beim Auffliegen „gock gock . . .", ♀: ein dünnes Pfeifen.
VORKOMMEN: Waldränder, Parklandschaft, Felder, Gebüsche, Weidicht. Nistet am Boden unter niedriger Vegetation, Farnkraut usw. Verbreitungskarte 107.

Goldfasan *Chrysolophus pictus* 77
(E) Golden Pheasant; (F) Faisan doré; (H) Goudfazant; (S) Guldfasan

KENNZEICHEN: ♂ 100–110 cm, ♀ 65 cm. ♂ unverkennbar durch *goldgelbe Kopfhaube,* bräunlichgelben, blauschwarz gebänderten Halskragen, dunkelgrünen Vorderrücken, gelben Bürzel und *scharlachrote Unterseite;* Schwanz braun, dunkel marmoriert. ♀ oberseits braun, schwärzlich gefleckt, Ohrgegend grau, schwarz gestreift; unterseits gelblichbraun, Seiten dunkel gebändert; vom ähnlichen ♀ des Diamantfasans durch *gelbe Beine* und nicht so rotbräunliche Vorderbrust unterschieden, vom ♀ des Fasans durch längeren, kräftiger gebänderten Schwanz. Schnarrender Ruf wie der des Diamantfasans, aber höher. Fliegt erschreckt nicht auf, sondern drückt sich im Buschwerk davon.

STIMME: Ein lautes, weithin hörbares „tschatschack".

VORKOMMEN: Gebüschbewohner. In einigen Teilen Großbritanniens eingebürgert; hier und auf dem europäischen Festland auch oft frei in Parkanlagen gehalten. Oft *Mischlinge mit dem Diamantfasan*. Heimat: Mittel-China.

Diamantfasan   *Chrysolophus amherstiae*   77

(E) Lady Amherst's Pheasant; (F) Faisan de Lady Amherst; (H) Lady Amherst-fazant; (S) Diamantfasan

KENNZEICHEN: ♂ 130–170 cm (davon 80–115 cm auf den Schwanz entfallend), ♀ 67 cm. In der Gestalt dem nahe verwandten Goldfasan ähnlich, aber ganz anders gefärbt: *Kopfhaube rot,* Halskragen und Schwanz weißlich mit schwarzen Federsäumen bzw. Querstreifen, Vorderrücken dunkelgrün, Bürzel gelb, *Unterseite weiß*. ♀ von dem des Goldfasans durch kontrastreichere Zeichnung, rotbräunliche Vorderbrust und *graublaue Beine* unterschieden.

VORKOMMEN: Gebüschbewohner wie der Goldfasan, in seiner ursprünglichen Heimat aber in größeren Höhen der Gebirge. In einigen Teilen Großbritanniens eingebürgert. Heimat: Südwest-China und Südost-Tibet.

Helmperlhuhn   *Numida meleagris*

(E) Helmeted Guineafowl; (F) Pintade ordinaire; (I) Faraona; (H) Parelhoen; (Sp) Pintada común

KENNZEICHEN: 53 cm. Gefieder *grau, mit zahllosen weißen Perlflecken* übersät, am Unterhals ein breites lilagraues Halsband, das einigen Rassen fehlt; der nackte, rot und blau gefärbte Kopf mit je einem kurzen, roten oder blauen Hautlappen jederseits der Kehle und einem knöchernen, von bräunlicher (bei einigen Rassen gelber) Haut umgebenen *Helm auf dem Scheitel.* Die in Europa vorkommenden Helmperlhühner sind verwilderte Hausperlhühner, die ihrerseits in erster Linie von der westafrikanischen Rasse *Numida meleagris galeata* abstammen.

STIMME: Ruft „tschick" und „tschirr" und laut und weithin hörbar „tschické-tschické-tschické . . .".

VORKOMMEN: In Süd-Frankreich leben mancherorts verwilderte Hausperlhühner; andere in Europa vorgenommene Einbürgerungsversuche schlugen fehl. Ursprüngliche Verbreitung: West-Marokko und alle offenen Gebiete Afrikas südlich der Sahara mit Ausnahme der südwestlichen Kapprovinz, wo aber ebenso wie auf den Antillen, den Maskarenen und anderen warmen Inseln eingebürgert; auch auf Madagaskar.

Truthuhn   *Meleagris gallopavo*

(E) Turkey; (F) Dindon sauvage; (I) Tacchino selvatico; (H) Kalkoen; (Sp) Pavo

KENNZEICHEN: ♂ etwa 122, ♀ 92 cm. Dem allbekannten Haustruthuhn ähnlich, kleiner und schlanker, Endbinde des Schwanzes bei den in Europa eingebürgerten Vögeln, die von nördlichen Rassen der Art abstammen, rotbraun, nicht weiß wie bei den Haustruthühnern, die von südlichen Rassen abstammen. Ein großer, stämmiger, kupferglänzender Hühnervogel mit *unbefiedertem, rot und blau gefärbtem Kopf,* aufrichtbarem Stirnzapfen und *haarartigem Federbüschel an der Brust*.

STIMME: ♂ kollert wie Haustruthahn; auch Ruf des ♀ wie der des Haustruthuhns.

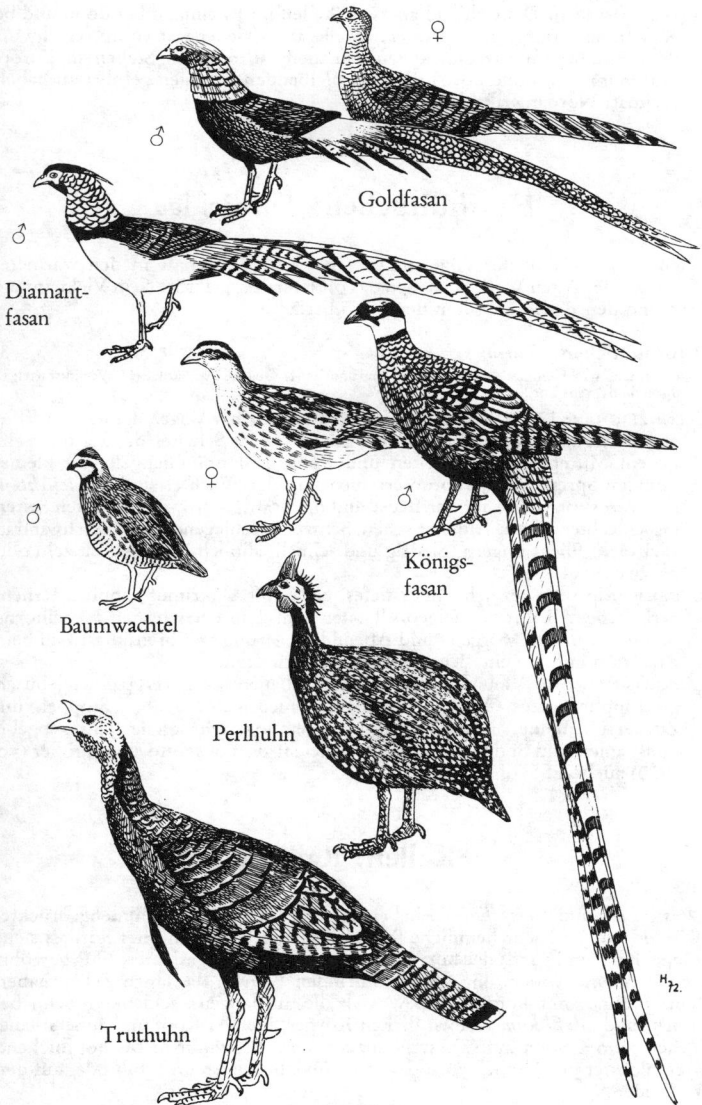

Goldfasan

Diamant-
fasan

Baumwachtel

Königs-
fasan

Perlhuhn

Truthuhn

Eingebürgerte Hühnervögel

VORKOMMEN: In Deutschland an zwei Stellen im Rheinland bei Bonn und bei Xanten eingebürgert; an letzterer Stelle aber wieder fast völlig verschwunden. Einbürgerungsversuche wurden auch an anderen Stellen in Europa unternommen, ohne dort bisher zu bleibenden Erfolgen geführt zu haben. Heimat: Nordamerika und Mexiko.

Laufhühnchen: Turnicidae

Kleine wachtelähnliche Vögel ungewisser Verwandtschaft in den wärmeren Gebieten der Alten Welt, bei denen das oft lebhafter gefärbte ♀ in Vielmännerei lebt und den ♂ das Erbrüten der Eier überläßt.

Laufhühnchen   *Turnix sylvatica*   **30**
    (E) Andalusian Hemipode; (F) Turnix d'Andalousie; (I) Quagglia tridattila; (H) Vechtkwartel; (S) Springhöna; (Sp) Torillo

KENNZEICHEN: 17,8 cm. Ein kleiner, wachtelähnlicher Vogel, der beim Auffliegen leicht mit einer Wachtel verwechselt wird. Scheitel dunkel mit gelblichem Mittelstreif; Kopfseiten und Kehle hell bräunlichgelb mit kleinen dunklen Sprenkeln. Hauptunterschied von der Wachtel sind der *leuchtend orangerostrote Fleck* auf der Brust und die kräftig schwarz gefleckten Seiten. Geschlechter gleich. Äußerst scheu. Schwer aufzujagen. Rennt geschwind im Zickzack. Fliegt ungern, niedrig und schnell, ähnlich Wachtel. Einzeln oder paarweise.

STIMME: Ein sehr bezeichnendes tiefes, gedämpftes „kruuu", ähnlich fernem, verhaltenem Rohrdommelgebrüll oder dem Ton eines fernen Nebelhorns; besonders in der Morgen- und Abenddämmerung zu hören; bläst sich beim Rufen oft auf wie eine Kugel. Auch leise Pfeiftöne.

VORKOMMEN UND VERBREITUNG: Sandige Ebenen mit Zwergpalmengebüsch, gestrüppbedecktes Ödland, ausgedehnte niedrige Dickichte, Stoppel- und Zuckerrübenfelder. Nistet in dichter Vegetation. Sehr lokaler Jahresvogel in Südspanien und Südportugal, jetzt vielleicht dort ausgestorben. Früher (vor 1920) auch auf Sizilien.

Rallen: Rallidae

Wasserralle und *Sumpfhühner* haben einen seitlich stark zusammengedrückten Körper und sind sehr heimliche Sumpfbewohner, die man öfter hört als sieht; Flügel kurz und rund; der kurze Schwanz wird oft aufgerichtet; Flug gewöhnlich kurz und widerwillig, mit baumelnden Beinen, die lange Zehen haben; Sumpfhühner mit kurzem, die Wasserralle mit langem, schlankem Schnabel. *Teich-* und *Bläßhühner* haben dicken Körper, kleinen Kopf und äußerst lange Zehen zum Laufen auf Wasserpflanzen; beim Schwimmen oft kopfnickend. Geschlechter gewöhnlich einander sehr ähnlich. Nisten im Schilf oder auf dem Erdboden.

Wasserralle   *Rallus aquaticus*   R4   31

(E) Water Rail; (F) Râle d'eau; (I) Porciglione; (H) Waterral; (S) Vattenrall; (Sp) Rascón

KENNZEICHEN: 28 cm. Schwer zu beobachten; gewöhnlich an der *bezeichnenden Stimme* zu erkennen. Von allen Sumpfhühnern am *langen, roten Schnabel* zu unterscheiden. Oben olivbraun mit schwärzlicher Mitte der Federn; Gesicht, Kehle und Brust schiefergrau; *Flanken auffallend schwarz und weiß gebändert;* Unterschwanzdecken weißlich; Beine rötlichbraun. Juv. unten graubräunlich mit viel weniger deutlicher Flankenbänderung. Empfindlich und heimlich wie Wachtelkönig, aber gelegentlich auf Büschen im Freien sitzend.

STIMME: Ein quiekendes „krruíh", eine abnehmende Folge „kruih, kruih, kruih" und eine Vielfalt von stöhnenden, grunzenden, quiekenden und brummenden Lauten, ein oft durch „tjick-tjick-tjick" eingeleiteter Triller „tjüirrr" und ein scharfes „zik, zik, zik", das mit Rufen anderer Rallen verwechselt werden kann. Oft nachts zu hören.

VORKOMMEN: Dichte Wasservegetation, Schilf und Weidicht, überwucherte Teiche, Gräben, Flußufer und Seen. Nistet im Schilf oder Rohr über flachem Wasser. Verbreitungskarte 108.

Tüpfelsumpfhuhn   *Porzana porzana*   R3   31

(E) Spotted Crake; (F) Marouette ponctuée; (I) Voltolino; (H) Porceleinhoen; (S) Småfläckig sumphöna; (Sp) Polluela pintojo

KENNZEICHEN: 23 cm. Gestalt ähnlich Wasserralle, aber Schnabel viel kürzer. Sehr schwer zu beobachten, aber Stimme bezeichnend. Ähnlich kleinem Wachtelkönig, mit *dunkel* olivbrauner, *weiß gestreifter und gefleckter* Oberseite und kurzen, *dunkelbraunen* (nicht rostbraunen) Flügeln. Beine grünlich. Schnabel gelblich, Oberschnabel am Grunde orangerot. Brust grau mit weißen Tüpfeln. Zuckt, wenn es argwöhnisch ist, mit dem Schwanz und entfaltet dabei *auffallende gelbbräunliche Unterschwanzdecken.* Einzelgänger und ausgesprochen dämmerungsliebend. Zwergsumpfhuhn und Kleinsumpfhuhn sind viel kleiner und haben gebänderte Unterschwanzdecken. Die viel größere Wasserralle hat langen, roten Schnabel.

STIMME: Ein hohes scharfes „quitt . . . quitt . . . quitt". Warnruf ein scharfes „tscheck".

VORKOMMEN: Etwas weniger ans Wasser gebunden als Kleines Sumpfhuhn. Sümpfe und Moore, überwachsene Gräben, Teichränder, Flußufer usw. Nistet an sumpfigen Stellen. Verbreitungskarte 109.

Kleinsumpfhuhn   *Porzana parva*   R5   31

(E) Little Crake; (F) Marouette poussin; (I) Schiribilla; (H) Klein Waterhoen; (S) Liten sumphöna; (Sp) Polluela bastarda

KENNZEICHEN: 19 cm. Klein- und Zwergsumpfhuhn sind einander sehr ähnlich in Aussehen, Stimme und Aufenthalt und können selten von nahem beobachtet werden. Beide sind *viel kleiner* als Tüpfelsumpfhuhn. *P.-parva-♂* hat gegenüber *pusilla-♂* blaß olivbraune Oberseite, keine weißen Streifen auf den Flügeldecken *(nur undeutliche helle Flecken auf dem Vorderrücken) und auf der einfarbig schiefergrauen Unterseite* keine schwarzen Bänder an den Flanken, *obwohl die Unterschwanzdecken wie bei pusilla gebändert sind.* ♀ leicht erkennbar: *parva* hat rahmfarbene *(nicht graue) Unterseite und eine* weiße Kehle. *Beide Geschlechter besitzen grünen Schnabel* mit wenig Rot an der Wurzel. *Füße grünlich (bei pusilla matt fleischfarben). Juv. beider Arten ähnlich* parva- ♀, *aber pusilla-juv. unterseits kräftiger gebändert. Verhalten und Flug wie Tüpfelsumpfhuhn. Siehe Zwergsumpfhuhn.*

STIMME: Eine Reihe scharfer „quek, quek, quek", oft allmählich *tropfend und gegen Ende der Reihe in beschleunigter Folge; unverpaartes* ♀ ruft „töck-töck-törr". Warnruf ähnlich Zwergsumpfhuhn.

VORKOMMEN: Wie Tüpfelsumpfhuhn, aber mit besonderer Vorliebe in hohen Schilfbeständen und auf Teichen mit schwimmender Vegetation. Verbreitungskarte 110.

Zwergsumpfhuhn *Porzana pusilla* R6   31

(E) Baillon's Crake; (F) Marouette de Baillon; (I) Schiribilla grigiata; (H) Kleinst Waterhoen; (S) Dvärgsumphöna; (Sp) Polluela chica

KENNZEICHEN: 17,8 cm. Kleiner als Star. Beide Geschlechter ähnlich dem Kleinsumpfhuhn, aber wenn man es gut sieht (was selten vorkommt), kann man das Zwergsumpfhuhn erkennen an der *geringeren Größe* (kleinstes europäisches Sumpfhuhn), an der *rotbrauneren Oberseite, die kräftig und eng weiß gestreift ist, an den stark schwarz-weiß gebänderten Flanken, den blaß olivfarbenen Beinen* und am grünen Schnabel *ohne* rote Wurzel. (Kleinsumpfhuhn oberseits blaß olivbraun.) Im Fluge ist der schmale weiße Flügelvorderrand ein weiteres Unterscheidungsmerkmal. Die ♂ beider Arten haben Gesicht, Kehle und Unterseite schieferblaugrau sowie schwarzweiß gebänderte Unterschwanzdecken. Juv. sehr ähnlich (an ♀ des Kleinsumpfhuhns erinnernd), doch Unterseite beim Zwergsumpfhuhn stärker gebändert. Verhalten wie Kleinsumpfhuhn. Siehe auch Tüpfelsumpfhuhn.

STIMME: Ein schneller, hölzern knurrender, froschartiger Triller, der auch auf und ab gehen kann, zuweilen mit 2 bis 4 langsameren einleitenden Noten; Warnruf scharfes, hohes „tjek".

VORKOMMEN: Bevorzugt meist niedrigere, dichtere Vegetation und kleinere Gewässer als das Kleinsumpfhuhn; in Sümpfen, Mooren und auf überwachsenen Teichen. Verbreitungskarte 111.

Wachtelkönig (Wiesenralle) *Crex crex* R3   31

(E) Corncrake; (F) Râle de genêts; (I) Re di quaglie; (H) Kwartelkoning; (S) Kornknarr; (Sp) Guíon de codornices

KENNZEICHEN: Knapp 27 cm. Schwer zu beobachten. Die Anwesenheit wird gewöhnlich durch die *auffallende, schnarrende Stimme* des ♂ bekundet. Wirkt *kurzhalsig*. Gefieder gelblich *rahmfarben*, oben mit schwärzlichen Abzeichen; gräulich an Kopf und Brust; Flanken und Unterschwanzdecken rotbraun gebändert. *Im Fluge rotbraune Flügel auffallend*. Einzelgänger, dämmerungsliebend und sehr versteckt im hohen Grase lebend. Von den Sumpfhühnern durch größere Gestalt und gelbbraunere Färbung unterschieden.

STIMME: Zur Brutzeit ruft das ♂ durchdringend und anhaltend ein knarrendes, zweisilbiges, weit hörbares „rerrp-rerrp" (oft „crex-crex" geschrieben), gewöhnlich bei Nacht, aber oft auch bei Tage; auch knurrende Laute und ein hohes Piepen.

VORKOMMEN: Nistet in Wiesen, in üppiger Vegetation, Feldern. Verbreitungskarte 112.

Purpurhuhn   *Porphyrio porphyrio*   **31**

(E) Purple Gallinule; (F) Poule sultane; (I) Pollo soltano; (H) Purperkoet; (S) Purpurhöna; (Sp) Calamón común

KENNZEICHEN: 48 cm. Viel größer als Bläß- und Teichhuhn, mit *längeren Beinen.* Oberseite reich dunkel *purpurblau* mit Türkisglanz an Kehle und Brust; Unterschwanzdecken *rein weiß.* Sehr hoher Schnabel, Stirnschild, Beine und Augen *leuchtend rot.* Juv. düster bläulich schieferfarben mit grauer Kehle und grauen Kopfseiten. Klettert im Schilf; selten im offenen Gelände; schwimmt nur gelegentlich. Im Fluge leicht an den langen, baumelnden, *roten Beinen* zu erkennen. Bläßhuhn ist einfarbig schwarz mit weißem Stirnschild und Beine nicht rot. Teichhuhn viel kleiner mit rotem Stirnschild, grünen Beinen und weißen Streifen an den Seiten. Die Rasse *P. p. aegyptiacus* (Ägypten) ist als Irrgast in Italien, auf Sizilien und Sardinien vorgekommen; sie hat blaugrüne Oberseite.

STIMME: Eine rasche Folge von „krrurr“-Lauten; weitere teils schrille, teils nasale Rufe, manche an Säuglingsschreien erinnernd.

VORKOMMEN UND VERBREITUNG: Sümpfe mit ausgedehntem Röhricht, Seeufer mit dichter Vegetation. Nistet im Schilf, Röhricht usw. Brutvogel in S-Portugal, S-Spanien, Sardinien; früher Sizilien. Als Irrgast bis Frankreich, Belgien, Holland, Deutschland, Österreich, Tschechoslowakei und Ungarn; daneben viele Nachweise außereuropäischer Rassen, die, abgesehen vielleicht von den Vorkommen der grünrückigen Rasse *P. p. aegyptiacus* aus dem Nildelta usw. in Südeuropa, wohl oft Zoo- oder Volierenflüchtlinge betreffen.

Teichhuhn   *Gallinula chloropus*   **31**

(E) Moorhen; (F) Poule d'eau; (I) Gallinella d'acqua; (H) Waterhoen; (S) Rörhöna; (Sp) Polla de agua; (N.A.) Florida gallinule

KENNZEICHEN: 33 cm. Ein kräftiger, schwärzlicher Vogel an Teichrändern. Vom Bläßhuhn unterschieden durch geringere Größe, *rotes Stirnschild und roten Schnabel* mit gelber Spitze, *kräftige, unregelmäßige weiße Streifen längs der Flanken und auffallende weiße Unterschwanzdecken* mit schwarzem Mittelstreif. Beine grün mit rotem „Strumpfband“ über dem Gelenk. Juv. dunkel graubraun mit weißlicher Unterseite, mit grünlichbraunem Schnabel und Stirnschild. Zuckt in Aufregung mit dem Schwanz. Schwimmt gern unter Kopfnicken. Taucht gelegentlich. Erhebt sich nur schwer vom Wasser in die Luft, indem es flügelschlagend einen Anlauf auf der·Wasseroberfläche nimmt. Flug gewöhnlich niedrig mit baumelnden Beinen. Zur Nahrungssuche im Winter oft in großen Trupps.

STIMME: Ein rauhes durchdringendes „kürrk“ oder „kittick“ und ähnliche Rufe; ferner leise „duck duck“.

VORKOMMEN: Teiche, Tümpel, Altwässer, Sümpfe und angrenzende Wiesen, findet sich selbst auf Höfen in feuchtem Gelände ein. Nistet im Röhricht und Gebüsch am Wasser, gelegentlich auf Bäumen in alten Nestern anderer Arten. Verbreitungskarte 113.

Bläßhuhn   *Fulica atra*   **31**

(E) Coot; (F) Foulque macroule; (I) Folaga; (H) Meerkoet; (S) Sothöna; (Sp) Focha común

KENNZEICHEN: 38 cm. Ein kräftiger, schieferschwarzer Wasservogel mit glänzend pechschwarzem Kopf. Gegenüber Teichhuhn: größer, stämmiger, *mit auffallendem weißen Stirnschild (Blässe) und Schnabel;* ferner fehlt das Weiß an Flanken und Unterschwanzdecken. Im Flug schmale weiße Kante der Armschwingen zu sehen. Beine grün bis gelb, mit Schwimmlappen an den Zehen, die im Fluge weit über den Schwanz ragen. Juv. dunkelgrau mit weißer Kehle und Vorderbrust, manchmal mit jungen Haubentauchern zu verwechseln. Mehr ans Wasser gebunden als Teichhuhn, taucht häufig nach Nahrung. Im Winter gesellig. Schwimmen Bläßhühner mit Enten zusammen auf dem Wasser, so kann man sie schon von weitem an den ruckartigen Bewegungen des kleinen Kopfes erkennen.

STIMME: Ein lautes, kurzes „köw"; auch verschiedene zweisilbige Rufe und ein hartes, platzendes „pix".

VORKOMMEN: Wie Teichhuhn, zieht aber gewöhnlich größere, offene Wasserflächen vor. Im Winter erscheinen große Scharen auf Staubecken und auch auf Salzwasser. Nistet im Schilf und in anderer Wasservegetation. Verbreitungskarte 114.

Kammbläßhuhn *Fulica cristata* 31

(E) Crested Coot; (F) Foulque à crête; (I) Folaga cornuta; (H) Knobbelmeerkoet; (S) Kamsothöna; (Sp) Focha cornuda

KENNZEICHEN: 40,5 cm. Sehr ähnlich Bläßhuhn, aber unterschieden durch Fehlen von Weiß an den Armschwingen, durch den Kontrast zwischen weißem Stirnschild und *blaugrauem* Schnabel (beim Bläßhuhn sind Stirnschild *und* Schnabel weiß), zur Brutzeit durch (im Winter reduzierte) *hervortretende rote Höcker* über jeder Seite des weißen Stirnschildes und durch *andersartige Stimme.* Beine bläulichgrau. Von weitem auch daran zu erkennen, daß die schwarze Befiederung zwischen Stirnblesse und Schnabel einen stumpfen und nicht wie beim Bläßhuhn einen spitzen Winkel bildet. Verhalten, Flug und Aufenthalt wie beim Bläßhuhn, aber scheuer und heimlicher.

STIMME: Gewöhnlicher Ruf ein vernehmliches, fast menschliches „hu, hu".

VERBREITUNG: Vielleicht noch Jahresvogel in S-Spanien. Ausnahmsweise Portugal, Frankreich, Italien einschl. Sardinien u. Sizilien, Malta.

Kraniche: Gruidae

Große, stattliche Bodenvögel, oberflächlich Reihern und Störchen ähnlich. Die inneren, stark verlängerten Armschwingen hängen über den Schwanz herab. Der lange Hals und die langen Beine werden im Fluge ausgestreckt. In der Regel in V- oder Linienformation wandernd. Stimme trompetend. Geschlechter gleich. Bodenbrüter.

Kranich *Grus grus* R2 5

(E) Crane; (F) Grue cendrée; (I) Gru; (H) Kraanvogel; (S) Trana; (Sp) Grulla común

KENNZEICHEN: 115 cm. Von Störchen und Reihern durch stark verlängerte, einen *herabhängenden schwärzlichen „Schwanz"* bildende innere Armschwingen unterschieden. Allgemeinfärbung schiefergrau, mit *bogenförmigen,* von dem schwarzen Gesicht und der schwarzen Kehle abstechenden *weißen Streifen* an Kopfseiten und Hals. Aus der Nähe ist der *rote Scheitel* zu sehen. Schnabel kürzer als bei Störchen und Reihern. Immat.: Kopf und Oberseite braun, ohne weiße Kopfzeichnung von ad. und mit viel weniger buschigem „Schwanz". Verhält sich äußerst scheu. Schreitet langsam und anmutig. Argwöhnisch reckt er sich hochauf mit langem, ausgestrecktem Hals. Setzt sich sehr selten auf Bäume. Flug langsam, aber kräftig, Hals und Füße ausgestreckt. Wandernde Scharen nehmen „V"- oder Linienformation an. (Störche fliegen gewöhnlich in ungeordneten Trupps).

STIMME: Ein grelles, trompetendes „kruh" und ein weniger lautes gutturales „kror-r-r", verschiedene kreischende und zischende Rufe.

VORKOMMEN: Meidet im Winter bewaldetes Land, erscheint dann an Fluß- ufern, Lagunen, auf Feldern und Steppen. Nistet am Boden in feuchtem Gelände, in lichten Sumpfwaldungen, im Röhricht usw. Verbreitungs- karte 115.

Jungfernkranich *Anthropoides virgo*   **5**

(E) Demoiselle Crane; (F) Demoiselle de Numidie; (I) Damigella di Numidia; (H) Jufferkraan; (S) Jungfrutrana; (Sp) Grulla damisela

KENNZEICHEN: 97 cm. Vom Kranich leicht an der geringeren Größe (aufgerich- tet 30 cm kleiner) und an dem *großen, haubenartigen Büschel weißer Federn hinter jedem Auge* zu unterscheiden. Gefieder überwiegend aschblaugrau, mit Schwarz an den Zügeln und besonders am Hals, mit schwarzen, verlän- gerten Brustfedern und grauschwarzen Handschwingen. Die schwarzspitzi- gen, stark verlängerten inneren Armschwingen hängen über den Schwanz herab, *ohne daß sie so buschig wirken wie beim Kranich.* Flug wie beim Kranich mit ausgestrecktem Hals; in großer Höhe sind die beiden Arten nur zu unterscheiden, wenn sie nebeneinander fliegen: der Jungfernkranich ist kleiner und hat eine schrillere Stimme.

STIMME: Ein rauhes „kar-r-r" und ein lautes schmetterndes Trompeten in merklich höherer Tonlage als beim Kranich.

VORKOMMEN UND VERBREITUNG: Offene Ebenen und Hochplateaus, bei hei- ßem Wetter regelmäßig Süßwasser aufsuchend. Nistet auf trockenem Boden. Brütete früher in Rumänien, jetzt nur lokal von der Ukraine bis zur Mandschurei. Umherstreifende bis Südeuropa, nordwärts bis Deutschland (wohl alle oder die meisten Zooflüchtlinge) und Skandinavien.

Trappen: Otididae

Bodenvögel, die in Grassteppen und großen Feldern leben. Gang gemessen und würdevoll. Sehr scheu, laufen beim ersten Anzeichen von Gefahr schnell davon. Kräftige Flieger, denen die breiten Flügel und der mächtige Körper ein bezeich- nendes Flugbild geben.

Großtrappe   *Otis tarda*   R1   **32**

(E) Great Bustard; (F) Outarde barbue; (I) Otarda; (H) Grote Trap; (S) Stortrapp; (Sp) Avutarda

KENNZEICHEN: 102 cm; ♀ viel kleiner. Leicht an der *gewaltigen Größe, am dicken Körper und Hals und an den dicken Beinen* zu erkennen. Kopf und

Hals *hellgrau* (♂ mit langem „Bart" borstenartiger weißlicher Federn),
Oberseite rotbräunlich mit schwarzer Bänderung, Unterseite weiß mit kastanienbrauner Brust; ♀ weniger kräftig, ohne Brustband. Wirkt im Flug
hauptsächlich weiß (mit schwarzen Flügelspitzen); Hals und Beine ausgestreckt; Flügelschläge regelmäßig, langsam, aber kraftvoll. Läuft gemessen
mit erhobenem Kopf. Außergewöhnlich scheu. Polygam. Gewöhnlich in
kleinen Trupps, in denen die ♀ überwiegen; zur Brutzeit nur junge ♂
truppweise beisammen. Von anderen Trappen durch viel größere Gestalt und
das Fehlen von Schwarz am Halse unterschieden.

STIMME: Zur Brutzeit gelegentlich ein schnarchendes Bellen; auch leises „dijü".

VORKOMMEN: Nistet auf offenen, baumlosen Ebenen, Grassteppen, ausgedehnten Raps-, Korn- und Maisfeldern usw. Verbreitungskarte 117.

Zwergtrappe   *Tetrax tetrax*   32
Syn. b. *Otis tetrax*

(E) Little Bustard; (F) Outarde canepetière; (I) Gallina prataiola; (H) Kleine Trap; (S) Småtrapp; (Sp)
Sisón

KENNZEICHEN: 43 cm. Knapp halb so groß wie Großtrappe. Außergewöhnliche
Scheu erschwert die Beobachtung. ♂ im Brutkleid durch auffälliges *schwarz-
weißes Halsband* gekennzeichnet; Oberseite und Scheitel fein sandfarben,
schwarzbraun gewellt, Gesicht blaugrau; Unterseite weiß. ♀ oben heller,
schwarz gestreift und gebändert, unten weißlich rahmfarben, Brust und
Flanken gebändert, ohne auffällige Abzeichen am Hals oder Gesicht. Verhalten wie Großtrappe, läuft aber gewandt und drückt sich bei Gefahr flach auf
den Boden (nach Rebhuhnart). Fliegt rasch und *gewandt* mit schnellen,
pfeifenden Flügelschlägen ähnlich Moorschneehuhn. *Wirkt im Fluge hauptsächlich weiß*, mit auffallenden schwarzen Flügelspitzen; fliegt viel höher als
Großtrappe. Gewöhnlich in kleinen Trupps, aber im Herbst in Scharen.
Siehe auch Kragentrappe.

STIMME: Kurz „dag" und bei der Balz schnaubend „ptrrr" oder „prret".

VORKOMMEN: Grasige Ebenen, ausgedehnte Korn- und Kleefelder u. a. Verbreitungskarte 116.

Kragentrappe   *Chlamydotis undulata*   32

(E) Houbara Bustard; (F) Outarde houbara; (I) Ubara; (H) Kraagtrap; (S) Kragtrapp; (Sp) Hubara

KENNZEICHEN: 63,5 cm. Größe zwischen Groß- und Zwergtrappe, Gestalt
einem (weiblichen) Truthahn ähnlich. Hals und rostbräunlicher Schwanz
verhältnismäßig lang. Beide Geschlechter sind in allen Jahreszeiten gekennzeichnet durch die *kurze, schwarz-weiße Haube und Büschel langer schwarzer und weißer Federn, die jederseits am Halse herabhängen*, bald in auffallender Weise zur Schau gestellt werden, bald unauffälliger und teilweise
verborgen sind. Augen groß. Oberseite sandgelblich marmoriert mit spärli-
chen schwarzen Flecken, Kehle gräulich und Flanken gebändert. Im Fluge
einfarbig sandbraune Färbung von Vorderrücken und Flügeldecken sowie
schwarze Schwingen mit weißem Fleck in der Nähe der Basis der Handschwingen kennzeichnend, jedoch weniger Weiß im Flügel zu erkennen als
bei Groß- und Zwergtrappe. Flügelschlag langsam; Flügel lang und verhältnismäßig schmal.

VORKOMMEN: Öde Stein- und Sandsteppen oder Halbwüsten. Erscheint auch
in Korn- oder anderen Feldern.

VERBREITUNG: Von den östlichen Kanarischen Inseln durch die Sahara und Wüstengebiete Asiens ostwärts bis zum Saissan-nor. Als Irrgast in den meisten europäischen Ländern. In Deutschland mehrfach, in der Schweiz einmal erbeutet.

Austernfischer: Haematopodidae

Schwarzweiße oder schwarze, mancherorts auch an Binnengewässern vorkommende Strandvögel mit langem roten Schnabel. Die Familie ist weltweit verbreitet.

Austernfischer *Haematopus ostralegus*   **36, 37**

(E) Oystercatcher; (F) Huîtrier-pie; (I) Beccaccia di mare; (H) Scholekster; (S) Strandskata; (Sp) Ostero

KENNZEICHEN: 43 cm. Ein großer, schwarzweißer Strandvogel mit *langem, rotem Schnabel*. Kopf, Brust und Oberseite schwarz, davon abgesetzt der rein weiße Unterkörper und starke, rote Beine. Schnabel seitlich zusammengedrückt, oft schwach aufgeworfen. Breite, weiße Flügelbinde, weißer Bürzel und schwarz-weißer Schwanz im Fluge auffallend. Im Winter über die Kehle ein weißes Band. Lärmt sehr. Rastet bei Ebbe in Scharen auf Inselchen und Sandbänken; auf Nahrungssuche zwischen Felsen und auf Schlammflächen (im Watt). Kräftiger Flug mit flachen Flügelschlägen.

STIMME: Ein lautes *„pik, pik, pik"*. Warnruf ein schrilles *„kliep, kliep"*. Gesang ein langer, pfeifender Roller, der langsam beginnt und nach Umfang und Tempo schwankt.

VORKOMMEN: Hauptsächlich Meeresufer, Inseln, Flußmündungen. Lokal im Binnenland. Nistet gewöhnlich an der Küste, stellenweise im Binnenland an Seen und Strömen, gelegentlich weitab vom Wasser. Verbreitungskarte 118.

Stelzenläufer: Recurvirostridae

Verhältnismäßig große, langbeinige und langhalsige, meist schwarzweiß gefärbte Watvögel. Schlanker und langbeiniger als Austernfischer (s. oben), die durch schwarzweißes Gefieder ähnlich sind.

Stelzenläufer *Himantopus himantopus* R6   **36, 37**

(E) Black-winged Stilt; (F) Échasse blanche; (I) Cavaliere d'Italia; (H) Steltkluut; (S) Styltlöpare; (Sp) Cigüeñuela

KENNZEICHEN: 38 cm. Unverkennbar. Im Fluge ragen die grotesk *langen roten Beine* nahezu 18 cm über den Schwanz. Schwarze Oberseite von der leuchtend weißen Unterseite abstechend. ♂ im Brutkleid: Rücken und gewöhnlich, aber nicht immer, Hinterkopf und Nacken schwarz. ♀ hat gewöhnlich weißen Kopf und Hals, ohne die schwarze Zeichnung des ♂, aber zuweilen mit schwärzlicher Fleckung; Rücken dunkelbraun. Ruhekleid meist mit grauem Kopf und Hals. Juv. an Ober- und Hinterkopf und am Hinterhals dunkelbraun und mit dunkelbraunem Rücken. Im Flug fällt die schwarze Unterseite des schmalen, scharf zugespitzten Flügels auf. Gang ein bedächtig ausschreitendes Laufen. Oft im Tiefen watend. Verhalten ängstlich und sehr laut.

STIMME: Sehr schrill, kläffend „kyip, kyip, kyip".

VORKOMMEN: Feuchte Sümpfe, Lagunen, Überschwemmungsflächen. Brütet kolonieweise, baut das Nest im flachen Wasser oder auf Grasbüscheln oder Schlamm. Verbreitungskarte 119.

Säbelschnäbler   *Recurvirostra avosetta*   **36, 37**

   (E) Avocet; (F) Avocette; (I) Avosetta; (H) Kluut; (S) Skärflacka; (Sp) Avoceta

KENNZEICHEN: 43 cm. Unverkennbar: Langer, schlanker, *aufwärts gekrümmter* Schnabel, kontrastreiches *schwarz-weißes* Gefieder und lange *blaugraue* Beine. Im Flug ragen die Füße weit über den Schwanz. Gang ein anmutiges, ziemlich schnelles Schreiten; bei der Nahrungssuche im Flachwasser ist das Seitwärts-„Säbeln" mit dem Schnabel bezeichnend; watet aber auch im Tiefen; schwimmt gern.

STIMME: Hoch und flötend „kliep" oder „klu-it".

VORKOMMEN: Freie Schlammflächen, Flußmündungen und Sandbänke. Nistet kolonieweise zwischen Gestrüpp und Grasbüscheln in der Nähe von Flachwasser, auf Sandbänken, flachen Inseln in Fluß-Deltas und in Brackwasser-Lagunen. Verbreitungskarte 120.

Triele: Burhinidae

Etwas an kleine Trappen (s. S. 105) erinnernde bodenfarbige Watvögel mit großem Kopf, großen Augen, ziemlich langen, kräftigen Beinen und mit kräftigem Schnabel. Von teilweise nächtlicher Lebensweise. Die beiden Eier werden in eine Bodenvertiefung gelegt; ein eigentliches Nest wird nicht gebaut.

Triel   *Burhinus oedicnemus* R1   **32, 41**

  Syn. b. *Oedicnemus oedicnemus*

   (E) Stone Curlew; (F) Œdicnème criard; (I) Occhione; (H) Griel; (S) Tjockfot; (Sp) Alcaraván

KENNZEICHEN: Reichlich 40 cm. Ein großer, ziemlich plumper Vogel, der von allen anderen Watvögeln durch den runden Kopf und die *großen, gelben Augen* unterschieden ist. Kurzer, kräftiger, gelb und schwarz gefärbter Schnabel, lange, gelbliche Beine und hellbraun und weiß gestreiftes Gefieder. Im Fluge auffallendes Flügelmuster: zwei *kräftige weißliche Binden* (eine ziemlich auffallend am geschlossenen Flügel). Rennt verstohlen mit tiefgehaltenem Kopf und geducktem Körper. Ruht auf waagerechten Läufen, macht sich ganz flach und hält den Kopf auf den Boden, um sich zu drücken.

STIMME: Ein klagendes, dem Ruf des Großen Brachvogels ähnliches „ku-ri" oder ein hohes, schrilles „ki-rr-iih" (die mittlere Silbe tiefer). Meist in der Abenddämmerung zu hören.

VORKOMMEN: Nistet auf steinigem, sandigem oder kreidigem kahlen Grund, öden Dünen, Heideflächen mit spärlicher Vegetation, gelegentlich in lichten Kiefernbeständen, Sümpfen usw., in zunehmendem Maße auch im Kulturland. Verbreitungskarte 121.

Rennvögel und Brachschwalben: Glareolidae

Ziemlich kleine, regenpfeiferähnliche, vielleicht aber auch den Flughühnern (S. 153) verwandte Watvögel mit kürzeren (Brachschwalben) oder längeren (Rennvögel) Beinen. Vielfach in trockenem Gelände; manche auch nachts aktiv. Die Eier werden ohne Nest auf den Boden gelegt.

Rennvogel *Cursorius cursor* 33, 39
　　Syn. b. *Cursorius gallicus*
　　　(E) Cream-coloured Courser; (F) Courvite gaulois; (I) Corrione biondo; (H) Rennvogel; (S) Ökenlöpare; (Sp) Corredor

KENNZEICHEN: 23 cm; im Fluge größer erscheinend. Ein schlanker, *sehr hell sandfarbiger* Vogel mit langen, *hell rahmweißen Beinen*, scharf zugespitztem, abwärts gebogenem Schnabel, mit *sehr auffallenden schwarzen Handschwingen und schwarzen Unterflügeln*. Ein breiter *schwarz-weißer Augenstreif* führt in einem Bogen vom Auge zum Nacken. Verhalten regenpfeiferartig, rennt flink, aber ruckweise, und drückt sich, um nicht entdeckt zu werden. Flug schnell mit regelmäßigen Schlägen der auffallend *schwarzen*, sehr spitzen Flügel. Von den Brachschwalben leicht an der viel helleren Färbung, an den längeren, weißlichen Beinen, am ausgeprägten Augenstreif und kurzen, runden Schwanz zu unterscheiden.
STIMME: Selten zu hören. Rauh und bellend „häk".
VORKOMMEN UND VERBREITUNG: Brutvogel der Wüsten von Nordafrika und Vorderasien. Umherstreifende auf Sandstrand, Dünen usw. in den meisten europäischen Ländern, nordwärts bis Großbritannien, Skandinavien und Finnland. Öfter als zwei dutzendmal in Deutschland nachgewiesen, mehrfach in der Schweiz, einmal in Österreich.

Rostflügel-Brachschwalbe (Brachschwalbe) *Glareola pratincola* R6 36, 39
　　(E) Collared Pratincole; (F) Glaréole à collier; (I) Pernice di mare; (H) Vorkstaartplevier; (S) Vadaresvala; (Sp) Canastera

KENNZEICHEN: 25 cm. Im Sitzen und Fliegen eine ungewöhnliche Erscheinung. Lange, spitze, dunkle Flügel und *tief gegabelter, schwarzer Schwanz mit weißer Wurzel*, schwarze Beine und kurzer, schwach gebogener Schnabel. Oberseite olivbraun. Unterseite gelblich-braun mit weißem Bauch und *schwarz begrenztem, rahmgelbem Kehlfleck*. Im Ruhekleid hat der Kehlfleck undeutliche Abgrenzung. Juv. mit breitem Brustband von dunkelbraunen Streifen. Hat raschen, seeschwalbenartigen Flug. Beim Abfliegen oder Landen sind zuweilen die rostroten Achselfedern und kleineren Unterflügeldecken zu sehen, die im Fluge sonst gewöhnlich schwarz erscheinen. Äußere Hälfte der Flügeloberseite dunkler als innere. Siehe auch Schwarzflügel-Brachschwalbe und Rennvogel. Große, lärmende Trupps stoßen auf fliegende Insekten. Gesellig; oft in der Dämmerung zu sehen.

STIMME: Im Flug lärmend. Balzruf ein hartes, ziemlich seeschwalbenartiges „kyik" oder ein schnatterndes „kitti-kirrrik-kitik-tik".

VORKOMMEN: Ausgedörrte Schlammflächen mit niedrigem Pflanzenwuchs, Sümpfe, Steppenflächen, Brachfelder, oft nahe am Wasser. Nistet kolonieweise. Verbreitungskarte 122.

Schwarzflügel-Brachschwalbe   *Glareola nordmanni*   36

(E) Black-winged Pratincole; (F) Glaréole à ailes noires; (I) Pernice di mare orientale; (H) Steppevorkstaartplevier; (S) Svartvingad vadaresvala; (Sp) Canastera alinegra

KENNZEICHEN: 25,5 cm. Von der Brachschwalbe sehr schwer zu unterscheiden, da die schwarzen Achselfedern und Unterflügeldecken selten zu erkennen sind, meist nur beim Abfliegen oder Landen des Vogels; im Flug erscheinen sie bei beiden Arten schwarz. Schwanz etwas weniger tief gegabelt. Das Gefieder wirkt im allgemeinen etwas dunkler (weniger oliv-)braun. Verhalten, Flug, Stimme und Aufenthalt sehr ähnlich wie bei der Brachschwalbe. Siehe auch Rennvogel. Auf dem Zuge Südosteuropa. Umherstreifende bis Großbritannien, Irland, Norwegen, Schweden, Finnland, Dänemark, Holland, Frankreich, Spanien, Italien einschl. Sizilien, Deutschland, Schweiz, Österreich, Tschechoslowakei. Brutversuch in Deutschland (Niedersachsen).

Regenpfeifer: Charadriidae

Watvögel[1], die kräftiger gebaut, dickhalsiger und kontrastreicher gezeichnet sind als Wasser- und Strandläufer; Schnabel kürzer und dicker, Augen größer als bei diesen. Zum Bestimmen sind vor allem die Abzeichen des fliegenden Vogels und seine Rufe wichtig. Viele Arten übersommern an südlich ihres Brutgebietes gelegenen Küsten. Geschlechter gewöhnlich wenig verschieden. Nisten am Erdboden. Die Kiebitze werden von einigen Autoren als besondere Familie (Vanellidae) getrennt.

Flußregenpfeifer   *Charadrius dubius*   33, 34

(E) Little Ringed Plover; (F) Petit gravelot; (I) Corriere piccolo; (H) Kleine Plevier; (S) Mindre strandpipare; (Sp) Chorlitejo chico

KENNZEICHEN: 15 cm. Ähnlich kleinem Sandregenpfeifer, aber von diesem unterschieden durch das *Fehlen* einer weißen Flügelbinde, durch *blaßgelbliche Beine* (nicht orangegelbe, aber dieses Kennzeichen bei schlammbeschmutzten Beinen nicht zuverlässig), andersartige Stimme und gewöhnlich durch verschiedenen Aufenthalt; ferner durch eine weiße Linie *hinter* dem schwarzen Stirnband. Von nahem kann man den *gelben Augenring* sehen. Juv. oft mit unvollständigem braunen Kropfband und dadurch dem Seeregenpfeifer ähnlich, aber von diesem durch *hell fleischfarbene* Beine und fehlende Flügelbinde unterschieden.

STIMME: Ein hohes pfeifendes „tiü". Trillernder Gesang ziemlich ähnlich wie

---

[1] Watvögel oder Limicolen ist eine Sammelbezeichnung für Schnepfenvögel, Wassertreter, Triele, Austernfischer, Stelzenläufer, Regenpfeifer, Rennvögel, Rauchschwalben und einige außereuropäische Gruppen.

beim Sandregenpfeifer, aber nicht so abwechslungsreich, sondern hauptsächlich eine Wiederholung von „tri-ä, tri-ä, tri-ä".

VORKOMMEN: An Süßwasser gebunden; besonders in überfluteten Kiesgruben und auf Schotterinseln der Flüsse; im Winter an der Küste. Nistet auf Kies- oder Sandufern der Binnengewässer, lokal an der Küste. Verbreitungskarte 123.

Sandregenpfeifer *Charadrius hiaticula* 33, 34

(E) Ringed Plover; (F) Grand gravelot; (I) Corriere grosso; (H) Bontbekplevier; (S) Större strandpipare; (Sp) Chorlitejo grande

KENNZEICHEN: 19 cm. Ein rundlicher, lebhafter kleiner Küstenvogel mit *breitem schwarzen Band* über die weiße Brust. Oberseite sandbraun mit *weißem Halsband* und schwarzem Fleck durchs Auge, über dem die weiße Stirn sehr deutlich ist. Schnabel orangegelb mit schwarzer Spitze; *Beine orangegelb* (sie können auch schwarz aussehen, wenn sie schlammbeschmutzt sind). Weiße Flügelbinde im Fluge auffallend. Diese, die Beinfarbe und Stimme sind die besten Kennzeichen gegenüber Flußregenpfeifer. Juv. oberseits braun, geschuppt erscheinend, ohne Schwarz am Kopf, mit bräunlichem, vorn oft unvollständigem Brustband, an Seeregenpfeifer erinnernd, aber von diesem durch *gelbliche (nicht* schwarze) Beine und weiße Schwanzspitzen (nicht nur weiße Seiten) unterschieden. Lebhaft, rollender Gang, von kurzen Pausen zum Aufpicken von Futter unterbrochen. Schneller Flug mit regelmäßigen Flügelschlägen; Trupps vollführen Massenschwenkungen in geringer Höhe.

STIMME: Melodisch „tüi" oder „küip". Gesang langsam beginnend bis zu einer trillernden Wiederholung des Motivs „quitu-wiu".

VORKOMMEN: Sandige und schlammige Meeresufer, auf dem Zuge auch an Binnengewässern. Nistet am Strand, zwischen Dünen, in Salzsümpfen, lokal im Binnenland, in der Tundra, auch auf sandigem Boden und in trockenen Flußbetten. Verbreitungskarte S. 124. Die nordamerikanische Rasse *Ch. hiaticula semipalmatus,* die vielfach als besondere Art angesehen wird, ist als Irrgast in Großbritannien vorgekommen. Sie ist etwas kleiner, rundköpfiger, kurzschnäbliger, und sie hat eine kurze Bindehaut zwischen allen drei Vorderzehen.

Keilschwanzregenpfeifer *Charadrius vociferus* 35

Syn. b. *Oxyechus vociferus*

(E) Killdeer; (F) Gravelot à double collier; (I) Corriere americano; (H) Killdeerplevier; (S) Skrikstrandpipare; (Sp) Chorlitejo culirrojo

KENNZEICHEN: 25 cm. Oberflächlich ähnlich Sandregenpfeifer, aber erheblich größer und mit *zwei* schwarzen Bändern über die Brust. Der lange roströtliche Schwanz hat schwarze Binde vor der weißen Spitze. Im Fluge auffällig *goldig rostfarbener Bürzel, langer, keilförmiger Schwanz* und deutlich weiße Flügelbinden. Schnabel schlank, schwarz; Beine blaß fleischfarben.

STIMME: Gewöhnlich ruffreudig; lautes, anhaltendes „kill-dih" oder „kill-dië"; auch ein melancholisches, ansteigendes „dih-ih".

VORKOMMEN UND VERBREITUNG: Gewöhnlich auf Äckern und Weideland, wo er (als amerikanisches Gegenstück zu unserem Kiebitz) auch brütet; besucht im Winter auch die Küste. Irrgast aus Nordamerika in Großbritannien, Irland, Frankreich, der Schweiz, in Schweden, Norwegen, auf den Färöern und Island.

Seeregenpfeifer   *Charadrius alexandrinus*   R5   **33, 34**

Syn. b. *Leucopolius alexandrinus*

(E) Kentish Plover; (F) Gravelot à collier interrompu; (I) Fratino; (H) Strandplevier; (S) Svartbent strandpipare; (Sp) Chorlitejo patinegro; (N.A.) Snowy Plover

KENNZEICHEN: 16 cm. Von Sand- und Flußregenpfeifer wie folgt unterschieden: Schlanker, Oberseite fahler. Schnabel und Beine *schwärzlich* (letztere ausnahmsweise gelb), dunkler Augenfleck *schmaler* und ein *kleiner dunkler Fleck* an jeder Seite der Vorderbrust an Stelle eines vollständigen schwarzen Bandes. Die schmale weiße Flügelbinde erinnert an Halsbandregenpfeifer, aber der Seeregenpfeifer ist oben heller und der dunkle Schwanz auffälliger weiß an den Seiten. ♂ mit schmalem weißen Streifen über dem Auge und schwärzlichem Fleck am Vorderrand des *rostroten* Scheitels. ♀ heller mit bräunlichen statt schwarzen Flecken an den Brustseiten und ohne Schwarz am Scheitel. Juv. mit jungen Sand- und Flußregenpfeifern zu verwechseln, die ja ein unvollständiges Brustband haben, deren Beine aber gelblich oder fleischfarben und nicht schwarz sind. Läuft mit schnellerer Bewegung der Beine als Sandregenpfeifer.

STIMME: Sanft „tjip-tjip-tjip", flötend „püit" oder „poit". Bei Alarm „kitap". Gesang ein langes, langsam beginnendes, schneller werdendes Trillern.

VORKOMMEN: Hauptsächlich an der Meeresküste; im Binnenlande an salzigen Gewässern (Neusiedler-See-Lacken). Nistet auf Sandstrand, grobem Kiesstrand (Südengland), trockenen Schlammflächen usw. Verbreitungskarte 125.

Wüstenregenpfeifer   *Charadrius leschenaultii*   **35**

Syn. a. *Cirrepidesmus leschenaultii*

(E) Greater Sand Plover; (F) Gravelot de Leschenault; (I) Piviere de Leschenault; (H) Woestijnplevier; (S) Ökenpipare; (Sp) Chorlitejo mongol

KENNZEICHEN: 22 cm. Oberseits graubraun, unterseits weiß, *mit kräftigem, seeschwalbenartigem, schwarzem Schnabel* und dunkel olivfarbenen Beinen. ♂ im Brutkleid *mit breitem rostroten Brustband, schwarzer Ohrgegend und weißer, durch ein schmales schwarzes Band geteilter Stirn,* hinter der ein schmales schwarzes Band quer über den Vorderscheitel verläuft, so daß die schwarze Stirnzeichnung als ein T oder Y erscheint; Vorderscheitel und Nacken blaß zimtfarben; kein weißer Halsring. ♀ mit blasserem, weniger scharf begrenztem, an den Seiten graugeflecktem Brustband und mehr graubrauner statt schwarzer Zeichnung an Ohrgegend und Stirn. Im Winter Geschlechter einander ähnlich, jedoch ♂ mit geringen Spuren der schwarzen Zeichnungen am Kopf und mit breitem weißen Überaugenstreif. Vom Mongolenregenpfeifer (s. S. 269) im Winterkleid durch bedeutendere Größe, kräftigeren und längeren Schnabel und längere Läufe unterschieden. Juv. mit blasseren Federsäumen an der Oberseite, rostfarbenen an der Brust.

STIMME: Ein wohlklingendes, flötendes „pihf". Weniger stimmfreudig als die meisten anderen Regenpfeifer.

VORKOMMEN UND VERBREITUNG: Besucht sandige Küsten und Schlammflächen am Strande. Irrgast aus West- und Mittelasien in Finnland, Polen, Schweden, Österreich, Deutschland (einmal), Großbritannien, Belgien, Frankreich, Malta und Griechenland.

Mornellregenpfeifer *Charadrius morinellus* R1 **33, 34**
Syn. a. *Eudromias morinellus*

(E) Dotterel; (F) Pluvier guignard; (I) Piviere tortolino; (H) Morinelplevier; (S) Fjällpipare; (Sp) Chorlito carambolo

KENNZEICHEN: 22 cm. ♂ kleiner. Sehr zutraulich. Gekennzeichnet durch ein *weißes Band* zwischen brauner Brust und rostroter Unterseite und durch schwärzlichen Scheitel und breite weiße Augenstreifen, die sich im Nacken zu einem deutlichen „V" vereinigen. Bauch schwarz. Im Winter sind ad. und juv. heller mit undeutlicher Zeichnung und aschbrauner Brust. Das Weiß von Kehle, Brustband und Unterschwanzdecken hebt sich scharf von der dunklen Brust und dem schwarzen Bauch ab und ist beim fliegenden Vogel von unten deutlich zu sehen; im Winter ist diese Musterung viel weniger ausgeprägt, aber weiße Augenstreifen und das Brustband sind immer kennzeichnend, obwohl manchmal schwierig zu sehen. Erscheint im Fluge gedrungen und kurzschwänzig. Beine gelblich.
STIMME: Hauptsächlich wiederholte pfeifende „titi-ri-titi-ri", die in Erregung zu einem schnellen Triller werden.
VORKOMMEN: Öde steinige Bergrücken und die Tundra, auf dem Zuge auch im Tiefland in Heide, Sümpfen und an der Küste. Nistet auf nacktem erhöhten Boden, in den Alpen auf trockenen Bergmatten. Verbreitungskarte 126.

Wanderregenpfeifer *Pluvialis dominica* **35**
(Sibirischer und Amerikanischer Goldregenpfeifer)

(E) Lesser Golden Plover; (F) Pluvier doré asiatique; (H) Aziatische Goudplevier; (S) Arktisk ljungpipare

KENNZEICHEN: 25,5 cm. Kleiner und zierlicher als Goldregenpfeifer, mit *längeren Beinen,* relativ großem Kopf, oft mit deutlicherem hellen Überaugenstreif und schmalen Flügeln, die angelegt die Schwanzspitze gut überragen. In allen Kleidern durch *gelbbräunliche Unterflügel und graue Achseln* unterschieden (Goldregenpfeifer hat weiße Unterflügel). Ad. im Sommer mit mehr Schwarz auf Ober- und Unterseite, an den Flanken fehlen gewöhnlich die weißen Ränder. Immat. ähnelt gleichaltem Mornell; mit hellerem Gesicht und Überaugenstreif und gelbbräunlicher Unterseite als Goldregenpfeifer.
STIMME: Wohlklingende ein-, zwei- oder dreisilbige Rufe, am stärksten von den Rufen des Goldregenpfeifers abweichend ein kiebitzartiges „pi-wit" und ein „kli-e-iht".
VORKOMMEN UND VERBREITUNG: Auf dem Zuge wie Goldregenpfeifer. Brütet in der arktischen Tundra Sibiriens und Nordamerikas. Von einigen Autoren werden die sibirische und die nordamerikanische Rasse des Wanderregenpfeifers als besondere Arten, *Pluvialis fulva* (Sibirien) und *Pluvialis dominica* (Nordamerika), angesehen; beide kommen als Irrgäste in Europa vor und wurden als solche auch dreimal bzw. einmal auf Helgoland gefunden, erstere auch in vielen anderen Ländern Europas (Großbritannien, Spanien, Italien, Malta, Deutschland, Holland, Skandinavien, Finnland, Polen), letztere in Irland, Großbritannien und Frankreich.

Goldregenpfeifer *Pluvialis apricaria* R2 **33, 34**
(E) Golden Plover; (F) Pluvier doré; (I) Piviere dorato; (H) Goudplevier; (S) Ljungpipare; (Sp) Chorlito dorado común

KENNZEICHEN: 28 cm. In allen Kleidern durch dunkle, *reich goldgelb gefleckte*

Oberseite gekennzeichnet. Die nördliche Rasse, *P. a. altifrons*, hat im Sommer *pechschwarzes Gesicht und Unterseite*, sauber begrenzt durch einen breiten weißen Streifen von der Stirn am Hals entlang (an den Brustseiten sehr ausgedehnt) und an den Körperseiten abwärts bis zu den Flanken. Die südliche Rasse, *P. a. apricaria*, hat nicht diese scharf abgegrenzte Schwarz-Weiß-Zeichnung, sondern ein teilweise verdunkeltes Gesicht, dunkle Unterseite und das Weiß *verschwommen und gelblich*. Im Winter sind die Rassen ununterscheidbar: Gesicht und Unterseite weißlich, an der Brust gelblichbraun gefleckt. Keine weiße Handschwingenbinde, nur heller Saum der Armdeckenspitzen als schmale Flügelbinde zu sehen, Schwanz und Bürzel *dunkel* und *mit der Färbung der übrigen Oberseite übereinstimmend*, Unterflügel in der Mitte und an der Wurzel weiß. Kann in allen Kleidern (besonders im Jugendkleid) mit dem Kiebitzregenpfeifer verwechselt werden, aber dieser hat auffallende schwarze Achselflecke, weißliche Flügelbinde, weißlichen Bürzel und Schwanz und grauere Oberschwanzdecken.

STIMME: Lockruf (gewöhnlich im Fluge) ein angenehm flötendes „tlüh"; bei Alarm schwermütig „tlü-i". Gesang im Balzflug ein mannigfaltig abgewandelter perlender Triller, in dem wiederholt die Motive „turi", „tirr-piu" usw. gebracht werden.

VORKOMMEN: Hochmoore, im Winter auch Felder, Küsten und Flußmündungen; nistet im Heidekraut u. dgl. Verbreitungskarte 127.

Kiebitzregenpfeifer   *Pluvialis squatarola*   **33, 34**

(E) Grey Plover; (F) Pluvier argenté; (I) Pivieressa; (H) Zilverplevier; (S) Kustpipare; (Sp) Chorlito gris; (N.A.) Black-bellied Plover

KENNZEICHEN: 28 cm. Im Brutkleid *unten schwarz und oben weißlich*. Ähnelt keinem anderen Watvogel, ausgenommen den Goldregenpfeifer, aber von diesem in jedem Gefieder unterschieden durch *auffallende, schwarze Achseln* (nur im Fluge zu sehen), die von der weißlichen Unterseite der Flügel abstechen, und durch *weißliche Flügelbinde, weißlichen Bürzel und Schwanz*. Der Goldregenpfeifer hat *weiße* Achseln, kein deutliches Flügelband und ganz dunklen Schwanz. Ad. im Sommer mit *weißlich* und nicht goldgelb gezeichneter Oberseite; im Winter Oberseite einförmiger bräunlichgrau, Unterseite heller als beim Goldregenpfeifer; immat. gelblich, kann mit Goldregenpfeifer verwechselt werden. Gebeugte, krumme Haltung erinnert an Triel.

STIMME: Ein klagendes, verwischtes *dreisilbiges* „tlïeih" (zweite Silbe tiefer). Öfter zu hören als Goldregenpfeifer.

VORKOMMEN: Hauptsächlich Schlamm- und Sandbänke. Nistet in der arktischen Tundra. Verbreitungskarte 128.

Steppenkiebitz   *Chettusia gregaria*   **35**

Syn. b. *Vanellus gregarius*

(E) Sociable Plover; (F) Pluvier sociable; (I) Pavoncella gregaria; (H) Steppenkievit; (S) Stäppvipa; (Sp) Chorlito social

KENNZEICHEN: 29 cm. Ziemlich groß und hochbeinig. Von fern rötlichgrau erscheinend, aus der Nähe jedoch auffällig der *schwarze Scheitel, der sich von breiten, weißen Augenbrauenstreifen abhebt, die sich am Hinterkopf V-förmig vereinigen*. Im Fluge sind kennzeichnend *weiße Armschwingen, schwarze Handschwingen und weißer Schwanz mit breiter schwarzer Binde vor dem Ende.* Im Sommer Wangen und hintere Kehle warm gelblichbraun, Brust und Rücken rötlichgrau. *Bauch schwarz und dunkel rostbraun, im Fluge mit den weißen Unterschwanzdecken kontrastierend.* Im Winter sind die Zeichnungen an Kopf und Unterkörper weniger deutlich, die Brust ist dann etwas dunkel gestreift. Juv. ähnlich Altvögeln im Winter, aber bräunlicher, Unterseite gelbbräunlich und kräftiger gestreift. Flug erinnert an Kiebitz, aber Flügel schmäler, weniger gerundet.

STIMME: Im Winter ein kurzer, durchdringender Pfiff und ein rauhes kratzendes „etch-etch-etch", das zuweilen zu einem anhaltenden Schelten verlängert wird.

VORKOMMEN UND VERBREITUNG: Offene Sand- oder Grasflächen, Ödländereien in der Nähe von hochgelegenem Kulturland; auch in der Nähe der Meeresküste. Brütet in der Steppe. Irrgast aus Asien, der in Mittel- und Südeuropa bis Spanien, Großbritannien, Irland, Frankreich, Belgien, Holland, Österreich, Dänemark, Polen und Finnland erscheint; etwa ein halbes dutzendmal in Deutschland und einmal in der Schweiz festgestellt.

Weißschwanzkiebitz *Chettusia leucura*   35

Syn. b. *Vanellochettusia leucura, Vanellus leucurus*

(E) White-tailed Plover; (F) Vanneau à queue blanche; (I) Pavoncella codabianca; (H) Witstaartkievit; (S) Sumpvibe; (Sp) Chorlito colíblanco

KENNZEICHEN: 28 cm. In der Größe wie ein kleiner Kiebitz, aber mit längerem Schnabel und viel längeren, *auffällig gelben Beinen,* die im Fluge deutlich über das Schwanzende hinausragen. Der *weißlichgraue Kopf und der rein weiße Schwanz* sind die besten Feldkennzeichen. Oberseite bronzebraun, Unterseite hell mit weißer Kehle, grauer Brust und bräunlichweißem Bauch. Der fliegende Vogel ist zu erkennen an der schwarzweißen Flügelzeichnung, die der des Spornkiebitzes ähnlich ist, am auffällig weißen Schwanz und an den langen Beinen.

STIMME: Gewöhnlicher Ruf ein schrilles „kit-kit".

VORKOMMEN UND VERBREITUNG: Bewohnt Süßwassersümpfe und Lagunen. Irrgast aus Asien in Finnland, Schweden, Großbritannien, Holland, Frankreich, Österreich, Ungarn, Polen, Rumänien und auf Sizilien und Malta.

Spornkiebitz *Hoplopterus spinosus*   35

Syn. b. *Vanellus spinosus*

(E) Spur-winged Plover; (F) Vanneau éperonné; (I) Pavoncella armata; (H) Sporenkievit; (S) Sporrvipa; (Sp) Avefría espolada

KENNZEICHEN: 27 cm. Das schwarz-weiße Gefieder ist sehr bezeichnend: Scheitel und schwach verlängerte Schopffedern pechschwarz, Mitte von Kehle, Brust und Unterseite schwarz, Gesicht, Hals und Unterschwanzdecken weiß. Oberseite sandbraun mit bis auf die Flügel herabhängenden Schulterfedern. Flügel und Schwanz kräftig schwarz und weiß gemustert, am Flügelbug ein kleiner Sporn. Verhalten ähnlich wie Kiebitz.

STIMME: Gewöhnlich ein lärmendes „siksak, siksäh".

VORKOMMEN UND VERBREITUNG: Offenes Gelände und Sümpfe, oft Salzsümpfe. Brutvogel in Afrika (am Nil nordwärts bis zum Mittelmeer), Vorderasien und Nordost-Griechenland; umherstreifend bis Rumänien. Irrgast auf Malta, in Deutschland (Bundesrepublik) und Spanien.

Kiebitz　*Vanellus vanellus*　　　　　　　　　　　　　　　　　**33, 34**
(E) Lapwing; (F) Vanneau huppé; (I) Pavoncella; (H) Kievit; (S) Tofsvipa; (Sp) Avefría

KENNZEICHEN: 30,5 cm. Typisch für Wiesen und Felder des Tieflandes. Ein großer schillernder, *grünlich-schwarz-weißer* Regenpfeifer, der durch einen *langen, strähnigen Kopfstutz* und ein breites, von der rein weißen Unterseite abstechendes *schwarzes Brustband* ausgezeichnet ist; ferner sehr kenntliche Stimme; im Fluge auffallend die *breiten und sehr runden Flügel*. Schwanz weiß mit breiter schwarzer Endbinde und kastanienbraunen Unterschwanzdecken. Wuchtelnder Flug, oft tolle Kapriolen. Gesellig, im Winter meist in großen Scharen.

STIMME: Laut und nasal „kie-wit" oder länger „ki-er-wie", beim akrobatischen Balzflug verschieden abgewandelt.

VORKOMMEN: Sumpfwiesen, Weiden, Felder, Sümpfe, Moore, Schlammflächen. Nistet im Kulturland (Wiesen), in Sümpfen usw. Verbreitungskarte 129.

Schnepfenvögel (Strandläufer, Schnepfen, Uferschnepfen, Brachvögel, Wasserläufer, Steinwälzer, Wassertreter): Scolopacidae

Eine artenreiche und vielgestaltige Familie von Watvögeln, die in mehrere Unterfamilien zerfällt: Eigentliche Schnepfen und Bekassinen, Steinwälzer, Strandläufer (einschl. Sumpfläufer, Grasläufer und Kampfläufer), Schlammläufer, Uferschnepfen, Brachvögel und Prärieläufer, Wasserläufer (einschl. Uferläufer), Wassertreter (Odins-, Thors- und Wilsonhühnchen; vielleicht eine eigene Familie). Aufenthalt gewöhnlich die Küste und Sümpfe, obwohl einige Arten auch trockenes offenes Gelände oder Wälder bewohnen. Beine ziemlich bis sehr lang. Flügel gewöhnlich spitz und gewinkelt. Schnabel schlank, kurz oder lang, gerade oder gebogen. Brut-, Ruhe- und Jugendkleid meist verschieden, so daß Übergangskleider zu Verwechslungen Anlaß geben; besonders die kleinen Strandläufer sind oft sehr schwer zu bestimmen. Zur Bestimmung sind Flügelbinden, Bürzel- und Schwanzzeichnung wichtig. Stimme sehr mannigfaltig und oft wohltönend. Außerhalb der Brutzeit hauptsächlich gesellig, manche Arten erscheinen dann in riesigen Scharen an den Küsten. Viele Arten übersommern auch südlich des Brutgebietes. Geschlechter ähnlich. Gewöhnlich Bodenbrüter.

Knutt　*Calidris canutus*　　　　　　　　　　　　　　　　　**40, 41**
(E) Knot; (F) Bécasseau maubèche; (I) Piovanello maggiore; (H) Kanoetstrandloper; (S) Kustsnäppa (Sp) Correlimos gordo

KENNZEICHEN: 25,5 cm. *Auffallend plump, Hals, Schnabel und Füße kurz*. Im Sommer oben kräftig rostbraun und schwarz gefleckt; Kopf und Unterseite *rostrot* (Sichelstrandläufer ähnlich gefärbt, aber viel kleiner, Beine länger und Schnabel länger und gebogen). Im Winter oben eigentümlich „schuppig" aschgrau, unten weiß. Im Flug durch beträchtliche Größe, *hellen Bürzel und Schwanz* und helle Flügelbinde gekennzeichnet. (Bei Alpenstrandläufer und Sanderling ist die Bürzelmitte schwärzlich, und die Flügelbinde hebt sich schärfer ab; außerdem sind sie viel kleiner.) *Oft in dichten Schwärmen* und Massenschwenkungen ausführend.

STIMME: Tief „nut"; Flugruf pfeifend „twit-wit".

VORKOMMEN: Sandige und schlammige Meeresufer, gelegentlich an Binnengewässern. Nistet in der arktischen Tundra. Verbreitungskarte 130.

Sanderling *Calidris alba* 40, 41

Syn. a. *Crocethia alba*

(E) Sanderling; (F) Bécasseau sanderling; (I) Calidra; (H) Drieteenstrandloper; (S) Sandlöpare; (Sp) Correlimos tridáctilo

KENNZEICHEN: Reichlich 20 cm. Ein kleiner, gedrungener, äußerst lebhafter, hell gefärbter Vogel, der hinter den zurückweichenden Wellen wie ein aufgezogenes Spielzeug herrennt. Im Fluge hebt sich das *lange weiße Band von den dunklen Flügeln* mehr ab als bei den anderen kleinen Strandläufern. Dunkler Schwanz mit weißen Seiten. Im Brutkleid Oberseite, Kopf und Brust hell rostbraun, schwärzlich gesprenkelt und sich scharf vom weißen Bauch abhebend (siehe auch Zwergstrandläufer und Bairdstrandläufer). Im Schlichtkleid der *hellste aller Strandläufer*, Oberseite hellgrau mit dunklem „Schulterfleck"; Kopf und Unterseite weiß; von den viel schlankeren Wassertretern im Schlichtkleid durch Fehlen eines dunklen Augenfleckes und abweichendes Verhalten unterschieden. Schnabel und Beine schwarz. Im Schlichtkleid vom dunkleren Alpenstrandläufer durch etwas geringere Größe, *viel deutlichere Flügelbinde und kürzeren, geraden Schnabel* unterschieden, im Brutkleid ferner durch *hellere Oberseite und Fehlen eines schwarzen Bauchschildes.* Juv. oberseits schwarz und weiß gefleckt, Kopf und Brust rostgelblich.

STIMME: Kurz „twick" oder „quit".

VORKOMMEN: Im Winter auf flachem Sandstrand; wenige erscheinen auf dem Zuge im Binnenland. Nistet in der steinigen arktischen Tundra und auf Spitzbergen. Verbreitungskarte 131.

Sandstrandläufer *Calidris pusilla* 42

Syn. *Ereunetes pusillus*

(E) Semipalmated Sandpiper; (F) Bécasseau semipalmé; (I) Gambecchio semipalmato; (H) Kleine Grijze Strandloper; (S) Dvärgsnäppa; (Sp) Correlimos semipalmeado

KENNZEICHEN: 14–17 cm. Kann mit Berg- und Wiesenstrandläufer verwechselt werden, im Winter auch mit dem Zwergstrandläufer. Im Brutkleid viel *weniger rötlich* als die erstgenannten Arten. Schnabel kürzer und gerader, an der Spitze dicker als beim Bergstrandläufer, kräftiger und etwas länger als Schnabel des Wiesenstrandläufers, Schultern blasser als beim Bergstrandläufer, bei dem sie oft rostfarben sind. Der Wiesenstrandläufer ist kleiner, brauner, mit dünnerem Schnabel und gelblichen Beinen; die Beine von Berg- und Sandstrandläufer sind schwarz. Sandstrandläufer, besonders juv., sind im Herbst sehr schwer von Zwergstrandläufern im Winterkleid zu unterscheiden. Juv. der letzteren Art können durch ihre auffällige weiße V-Zeichnung auf dem Rücken unterschieden werden. Hauptkennzeichen des

118 *Schnepfenvögel: Scolopacidae*

Sandstrandläufers sind aber die gedrungenere Gestalt, der etwas kürzere und an der Spitze dickere Schnabel, die Stimme und die mehr regenpfeiferartigen Bewegungen bei der Nahrungssuche (Laufen und Verharren). Aus großer Nähe sind die wie beim Bergstrandläufer gut entwickelten Spannhäute zwischen den Vorderzehen sichtbar.

STIMME: Ruft „tscherk" und „terip", ohne die langgezogenen „ii"-Laute von Berg- und Wiesenstrandläufer.

VORKOMMEN UND VERBREITUNG: Küsten und Schlammflächen. Irrgast aus Nordamerika auf den Britischen Inseln, in Frankreich und Deutschland.

Zwergstrandläufer *Calidris minuta* 40, 41

Syn. a. *Ereunetes minutus;* b. *Pisobia minuta*

(E) Little Stint; (F) Bécasseau minute; (I) Gambecchio; (H) Kleine Strandloper; (S) Småsnäppa; (Sp) Correlimos menudo

KENNZEICHEN: 13,5 cm. Kleinster unter den häufigeren Strandläufern. Wirkt wie kleiner, zierlicher Alpenstrandläufer, aber von diesem, abgesehen von der Größe, durch verhältnismäßig kurzen, geraden Schnabel unterschieden; Altvögel im Sommer mit rostfarbener Oberseite, weißem Bauch; im Winter graue Oberseite, Hals und Brust heller, weißlich. Juv. ähneln Altvögeln im Sommer, sind aber blasser, mit hellerer Brust und zwei kennzeichnenden blassen „V"-Zeichnungen auf dem Rücken. Im Fluge schmale, undeutliche weiße Flügelbinde und weiße Bürzel- und hellgraue Schwanz*seiten* ähnlich wie beim Alpenstrandläufer. Siehe auch Temminckstrandläufer, Sanderling und Sandstrandläufer.

STIMME: Klirrend „tit" oder „tirri-tit-tit". Balzstrophe ein langer auf- und absteigender Triller.

VORKOMMEN: Auf dem Zuge ähnlich Alpenstrandläufer. Nistet in Sümpfen an der Küste und in der Tundra zwischen Weidengestrüpp usw. Verbreitungskarte 132.

Temminckstrandläufer *Calidris temminckii* 40, 41

Syn. a. *Ereunetes temminckii;* b. *Leimonites temminckii*

(E) Temminck's Stint; (F) Bécasseau de Temminck; (I) Gambecchio nano; (H) Temmincks Strandloper; (S) Mosnäppa; (Sp) Correlimos de Temminck

KENNZEICHEN: 14 cm. Unterscheidet sich vom sehr ähnlichen Zwergstrandläufer durch ober- und unterseits *grauere Tönung*, andersartige Stimme und anderes Verhalten. Im Flug eine undeutliche weiße Flügelbinde und etwas Weiß an Schwanzaußenfedern (beim Zwergstrandläufer grau). Im Gegensatz zum Zwergstrandläufer mit deutlich abgesetzter, grauer Kropftönung. Von nahem kann die Beinfarbe (*grünlich oder olivbräunlich*, beim Zwergstrandläufer schwarz) die Bestimmung ermöglichen. „Himmelt", wenn aufgejagt, wie eine Bekassine. Siehe auch andere Strandläufer und Flußuferläufer.

STIMME: Kurz schwirrend „tirr" und ein anhaltendes, auf- und absteigendes, feldschwirlartiges Schwirren oder Trillern im Balzflug und vom Boden aus.

VORKOMMEN: Selten an der Meeresküste. Auf dem Zuge nasse Sumpfgebiete, Seen mit bewachsenen Ufern, gelegentlich Flußmündungen. Nistet zwischen niedriger Vegetation in der Tundra, an See- und Flußufern und auf kleinen Inseln. Verbreitungskarte 133.

Wiesenstrandläufer *Calidris minutilla* 42

Syn. a. *Ereunetes minutillus*

(E) Least Sandpiper; (F) Bécasseau minuscule; (I) Gambecchio minore; (H) Amerikaanse Kleinste Strandloper; (S) Amerikansk småsnäppa; (Sp) Correlimos menudillo

KENNZEICHEN: 13–16 cm. Vom recht ähnlichen, aber etwas größeren Berg-strandläufer (s. Irrgäste) unterschieden durch *gelbliche* (nicht schwärzliche) *Beine*, braunere Gefiederfärbung, kürzeren, an der Spitze weniger abwärts gebogenen Schnabel und stärker gestreifte Brust. Etwas kleiner und dunkler braun als ad. Zwergstrandläufer und solche im ersten Lebenswinter, die aber alle auch dunkle Beine haben. *Schnabel* äußerst *dünn*, an der Spitze zuweilen leicht abwärts gebogen (s. oben). Kann auch mit Sandstrandläufer und anderen kleinen Strandläufern verwechselt werden (s. diese Arten).

STIMME: Ein dünnes „krri-it", länger ausgezogen als ein ähnlicher Ruf des Bergstrandläufers.

VORKOMMEN UND VERBREITUNG: Watten, Küsten, Sümpfe. Irrgast aus Nord-amerika in Island, auf den Britischen Inseln, in Frankreich, Deutschland und Finnland.

Bairdstrandläufer *Calidris bairdii* 40

Syn. a. *Heteropygia bairdii*

(E) Baird's Sandpiper; (F) Bécasseau de Baird; (I) Gambecchio de Baird; (H) Bairds Strandloper; (S) Gulbröstad snäppa; (Sp) Correlimos de Baird

KENNZEICHEN: 18 cm. Kleiner als Graubrust-Strandläufer, größer als Zwerg-strandläufer, mit *langen Flügeln, die im Sitzen den Schwanz überragen.* Bürzel und mittlere Schwanzfedern *schwarz.* Ad. im Brutkleid erinnern an Sanderling, haben aber weniger deutlichen Flügelstreif. Vögel im ersten Winterkleid haben dunklen, „schuppigen" Rücken und weiße Unterseite mit gelblichbraunen Brustflecken. Schnabel leicht abwärts gebogen. Beine schwärzlich. Rufe „tscherrit" und „kriip" erinnern an Sichelstrandläufer. Etwas ähnlich Sand-, Wiesen- und Bergstrandläufer. Graubrust- und Weiß-bürzel-Strandläufer sind oberseits mehr oder weniger gestreift; der Baird-strandläufer wirkt mehr „schuppig" und gelblichbraun; der Grasläufer ist an der ganzen Unterseite (nicht nur an der Brust) gelbbraun und hat gelbe (nicht schwärzliche) Beine.

VORKOMMEN UND VERBREITUNG: Irrgast aus Nordamerika auf den Britischen Inseln, in Frankreich, Holland, Deutschland, Norwegen, Schweden und Finnland.

Weißbürzel-Strandläufer *Calidris fuscicollis* 40

Syn. a. *Heteropygia fuscicollis*

(E) White-rumped Sandpiper; (F) Bécasseau de Bonaparte; (I) Gambecchio americano; (H) Bonapartes Strandloper; (S) Piplärksnäppa; (Sp) Correlimos de Bonaparte

KENNZEICHEN: Knapp 18 cm. Etwas kleiner als Alpenstrandläufer, gestreift, mit einem halbmondförmigen weißen Fleck auf den Oberschwanzdecken, der sich deutlich vom dunklen Schwanz abhebt. Rücken im Frühling röstlich braun mit dunklen Federmitten; im Herbst grauer. Juv. ähnlich ad. im Herbst, aber mit rostfarbenen und weißlichen Federrändern. Im Fluge schmale, undeutliche weiße Flügelbinde zu sehen. Vom Sichelstrandläufer durch geringere Größe, kürzeren, *geraden* Schnabel und weniger ausgedehnte weiße Bürzelzeichnung unterschieden.

STIMME: Dünn und mäuseartig „djiet".

VORKOMMEN UND VERBREITUNG: Flacher Strand, Schlammflächen. Brutvogel des nördlichen Nordamerika, als Irrgast auf Island, in Norwegen, Schweden und Finnland und bis zu den Britischen Inseln, Frankreich, Dänemark, Holland, Deutschland (Bundesrep.), Österreich, Schweiz und Spanien.

Graubrust-Strandläufer   *Calidris melanotos*   40, 41

Syn. a. *Heteropygia melanota*

(E) Pectoral Sandpiper; (F) Bécasseau tacheté; (I) Piovanello violetto; (H) Amerikaanse Gestreepte Strandloper; (S) Tuvsnäppa; (Sp) Correlimos oscuro

KENNZEICHEN: 19 cm. Etwas größer als Alpenstrandläufer, kleiner als Knutt. Scheitel, Hals und Oberseite schwarz und rostbraun gestreift, mit rahmfarbener, bekassinenartiger *Rückenstreifung*. Kräftig braune Kopfplatte vom langen, hellen Überaugenstreifen und hellen Kinn abstechend. Die enge Hals- und Bruststreifung *grenzt scharf abgesetzt gegen rein weiße Hinterbrust*. In Alarmbereitschaft des Vogels wirkt sein Hals länger als bei den meisten ähnlichen Strandläufern (nämlich mehr wie bei einem kleinen Kampfläufer-♀). *Beine ockergelb*. Flug, wenn aufgejagt, wankend, dann kaum eine Flügelbinde, aber sehr dunkle Schwanzmitte zu erkennen. Siehe auch *Calidris acuminata* und *bairdii*.

STIMME: Schnarrend „krrk, krrk" beim Auffliegen.

VORKOMMEN UND VERBREITUNG: Auf dem Zuge auf grasigen Schlammflächen und in Sümpfen, gelegentlich an Meeresküsten. Brutvogel in Nordamerika und Nordostsibirien, im Herbst alljährlich bis zu den Britischen Inseln einschl. Irland wandernd, gelegentlich auch bis Island, Norwegen, Schweden, Finnland, Polen, Dänemark, Holland, Belgien, Frankreich, Deutschland (viele Nachweise), Österreich, Schweiz, Sizilien, Spanien.

Spitzschwanz-Strandläufer   *Calidris acuminata*   42

Syn. a. *Heteropygia acuminata*

(E) Sharp-tailed Sandpiper; (F) Bécasseau à queue pointue; (I) Gambecchio pettofasciato siberiano; (H) Siberische Gestreepte Strandloper; (S) Spetsstjärtad snäppa; (Sp) Correlimos acuminado

KENNZEICHEN: 21 cm. Sehr ähnlich dem Graubrust-Strandläufer, aber in allen Kleidern unterschieden durch *weniger deutlichen Kontrast zwischen dunkler Brust und weißem Bauch* und durch deutlicher weißen und auffälligeren Augenring. Beine grünlichgrau oder schwärzlich. Ad. im Brutkleid haben gleichmäßige dunkelbraune Wölkung (keine Streifung) auf der gelblichbraunen Brust, *deren Färbung allmählich in das Weiß von Bauch und Körperseiten übergeht* (beim Graubrust-Strandläufer ist die Brustfärbung scharf vom weißen Bauch abgesetzt und reicht nicht bis zu den Körperseiten). Im Herbst ist die Brust gelbbraun, mit einigen Streifen an den Seiten, die zu einem Halsband über die untere Kehle zusammenfließen können. Immat. im Winter mit tief gelbbrauner Brust. In keinem Gefieder scharfer Kontrast zwischen Brust- und Bauchfärbung.

STIMME: Ein etwas schnarrendes „trrit-trit" und (im Fluge) ein schwalbenartiges „witt-witt".

VORKOMMEN UND VERBREITUNG: Irrgast aus Sibirien auf den Britischen Inseln, in Schweden, Frankreich und Holland; an der Meeresküste, an Lagunen und im Grasland an Seeufern.

Sichelstrandläufer *Calidris ferruginea* 33, 40, 41

Syn. a. *Erolia ferruginea;* b. *Erolia testacea, Calidris testacea*

(E) Curlew Sandpiper; (F) Bécasseau cocorli; (I) Piovanello; (H) Krombekstrandloper; (S) Spovsnäppa; (Sp) Correlimos zarapitín

KENNZEICHEN: 19 cm. Im Brutkleid hauptsächlich rostbraun, ähnlich dem viel größeren Knutt; Scheitel und Oberseite reich schwarz und rostbraun gezeichnet; Kopfseiten, Hals und Unterseite *leuchtend rostrot* mit geringer Fleckung; Bürzel weiß mit schwärzlichen Binden. Im Schlichtkleid sehr ähnlich Alpenstrandläufer, mit dem er sich vergesellschaftet; am besten gekennzeichnet durch den *weißen Bürzel,* der im Fluge sehr auffällig ist (beim Alpenstrandläufer mit dunkler Mitte); ferner durch die längeren Beine, die anmutigere, aufrechtere Haltung, hellere, weniger gefleckte (bei juv. rosabräunlich verwaschene) Brust, durch auffälligeren Überaugenstreif, andere Stimme und *schlankeren, längeren, gleichmäßig abwärts gebogenen Schnabel.* Gestalt des Schnabels nicht immer bezeichnend, da beim Alpenstrandläufer manchmal ähnlich.

STIMME: Ein sehr bezeichnendes helles „djirrip".

VORKOMMEN UND VERBREITUNG: Auf dem Zuge wie Alpenstrandläufer. Brutvogel im arktischen Ostasien. Auf dem Zuge durch ganz Europa; gelegentlich nordwärts bis zu den Britischen Inseln überwinternd. An den Küsten von Ost- und Nordsee im Herbst (häufig) und Frühling (selten).

Meerstrandläufer *Calidris maritima* 40, 41

Syn. a. *Arquatella maritima*

(E) Purple Sandpiper; (F) Bécasseau violet; (I) Piovanello violetto; (H) Paarse Strandloper; (S) Skärsnäppa; (Sp) Correlimos oscuro

KENNZEICHEN: 21 cm. Größe zwischen Alpenstrandläufer und Knutt. An felsigen Meeresküsten lebend, von gedrungenem Bau; im Winter *Kopf, Brust und Oberseite sehr dunkel graubraun* im Gegensatz zum weißen Bauch und zu den gefleckten Flanken; im Sommer oben heller und durch rostfarbige Federränder gemustert. Seine geringe Scheu erlaubt gewöhnlich, ihm so nahe zu kommen, daß man die *kurzen gelben Beine und die gelbe Schnabelwurzel* erkennen kann. Deutliche weiße Flügelbinde und weiße Unterflügel. Nahrungssuche zwischen Felsen, oft gemeinsam mit Steinwälzern und Alpenstrandläufern.

STIMME: Im Auffliegen zart pfeifend „wiet-wit" oder kurz „tritt, tritt".

VORKOMMEN: Im Winter an felsigen oder steinigen Teilen der Meeresküsten und auf kleinen Inselchen vor der Küste. Nistet an Berghängen in der Tundra. Verbreitungskarte 134.

Alpenstrandläufer *Calidris alpina* R2 33, 40, 41

Syn. a. *Pelidna alpina*

(E) Dunlin; (F) Bécasseau variable; (I) Piovanello pancianera; (H) Bonte Strandloper; (S) Kärrsnäppa; (Sp) Correlimos común; (N.A.) Red-backed Sandpiper

KENNZEICHEN: Knapp 18 cm. Der häufigste europäische Strandläufer. Im Sommer durch *großen schwarzen Bauchschild* gekennzeichnet; Vorderbrust weiß, fein gestreift. Schnabel ziemlich lang, an der Spitze schwach abwärts gebogen. Im Winter oben streifig braungrau, unten weiß mit fein gestreifter, gräulicher Brust und ebensolchen Körperseiten. Weiße Flügelbinde und weiße Bürzel- und Schwanz*seiten* im Fluge ziemlich auffallend. Sanderling ist größer, im Winter heller und hat eine leuchtendere Flügelbinde; Sichelstrandläufer im Winterkleid ist, obwohl graziöser und mit längeren Beinen und hellerer Unterseite, am besten durch den *auffallenden weißen Bürzel unterschieden*. Haltung im Stehen etwas bucklig.

STIMME: Kurz, hoch und nasal „trir". Balzstrophe ein schwirrender Triller.

VORKOMMEN: Meeresküsten, Flußmündungen, auch an Binnengewässern. Nistet in der Nähe des Wassers in Mooren, Sümpfen und Marschen. Verbreitungskarte 135.

Sumpfläufer   *Limicola falcinellus*   40

(E) Broad-billed Sandpiper; (F) Bécasseau falcinelle; (I) Gambecchio frullino; (H) Breedbekstrandloper; (S) Myrsnäppa; (Sp) Correlimos falcinelo

KENNZEICHEN: 16,5 cm. Kleiner als Alpenstrandläufer mit unverhältnismäßig kurzen Beinen und langem, am Grunde wulstigem Schnabel, der gerade bis leicht aufwärts geschwungen, an der Spitze aber etwas winkelig nach unten gekrümmt ist. Im Brutkleid *sehr dunkle Oberseite* mit kräftigen, bekassinenartigen *rahmweißen Rückenstreifen;* schmaler dunkler, weiß eingefaßter Scheitel vom weißlichen Überaugenstreif (außer vor dem Auge) durch eine dunkle Linie getrennt, was dem Kopf ein bezeichnendes, *streifiges Aussehen* (doppelter Überaugenstreif) gibt; im Sitzen können die *kupferfarbenen Säume* der Armschwingen kennzeichnend sein; die streifige Brust hebt sich gut von dem weißen Unterkörper ab. Wirkt im Flug sehr dunkel, mit angedeuteter heller Flügelbinde. Im Schlichtkleid oben gräulich, Brust gestreift, sehr ähnlich Alpenstrandläufer, aber weißliche Überaugenzeichnung zuweilen undeutlich und mit auffallendem *schwärzlichen Fleck* am Flügelbug, fast wie beim Sanderling. Weniger lebhaft als die meisten kleinen Watvögel.

STIMME: Ein tiefes, klirrendes „tschrr-tik" und ähnliche Laute, an Alpenstrandläufer erinnernd.

VORKOMMEN: Auf dem Zuge gewöhnlich in Sümpfen, auf Schlammflächen und Rieselfeldern, seltener am Meeresufer. Nistet in Grasbüscheln in Sümpfen und Mooren. Verbreitungskarte 136.

Grasläufer   *Tryngites subruficollis*   40

(E) Buff-breasted Sandpiper; (F) Bécasseau rousset; (I) Piro-piro fulvo; (H) Blonde Ruiter; (S) Prärielöpare; (Sp) Correlimos canelo

KENNZEICHEN: Reichlich 20 cm. Ähnlich Kampfläufer im Jugendkleid, aber kleiner. Kennzeichnend der *kleine, rundliche Kopf auf langem Halse, heller Augenring,* verhältnismäßig *kurzer Schnabel* und *chromgelbe Beine.* Oberseite wie Kampfläufer, aber ohne weiße Zeichnung an den Oberschwanzdekken; keine helle Flügelbinde. Gesicht und Unterseite lebhaft hell rötlich lehmfarben, am Bauch oft in Weiß übergehend. Unterseite der Flügel weiß, schwärzlich marmoriert. Sehr zutraulich.

STIMME: Leise und rollend „pr-r-r-riht", ferner ein schmatzendes „tik".

VORKOMMEN UND VERBREITUNG: Zieht trockene, sehr kurzrasige Felder den Meeresküsten vor. Brutvogel des nordwestlichen Nordamerikas und vielleicht Ostsibiriens. Nachweise Verflogener hauptsächlich von den Britischen Inseln, wo gegenwärtig alljährlich erscheinend, auch von Finnland, Schweden, Norwegen, Dänemark, Holland, Frankreich, Spanien, Italien, Malta, Deutschland, der Schweiz, Österreich, Polen und Bulgarien.

Kampfläufer *Philomachus pugnax* R2 38, 41

(E) Ruff (♂), Reeve (♀); (F) Chevalier combattant; (I) Combattente; (H) Kemphaan; (S) Brushane; (Sp) Combatiente

KENNZEICHEN: ♂ reichlich 29 cm, ♀ 23 cm. ♂ im Brutkleid nicht zu verwechseln: die *riesige, aufrichtbare Krause* und die *Ohrbüschel* in den verschiedensten Farbzusammenstellungen von Schwarz, Weiß, Braun, Rostbraun verleihen dem Vogel im Fluge ein dickhalsiges Aussehen. ♀ im Brutkleid oben kräftig dunkel und sandfarben geschuppt, Brust gelblichbraun, dunkel quergewellt, keine Krause oder Ohrbüschel. Ad. im Ruhekleid oben graubraun mit reichlicher dunkler Fleckung, scharf gegen das helle Kinn abgesetzt; Vorderbrust hell braungrau, Bauch weiß. Im Ruhekleid ähnlich Rotschenkel, aber von diesem unterschieden durch kürzeren Schnabel, *dunklen Schwanz mit auffallendem, ovalem weißen Fleck an der Seite*, durch das Fehlen von Weiß an den Armschwingen und aufrechtere Haltung. Färbung von Schnabel und Beinen sehr variabel. Juv. ähnlich ♀ im Brutkleid, aber mit kontrastreicher gezeichneter Oberseite, weißer Vorderkehle und rostgelblicher Brust.
STIMME: Gelegentlich ein tiefes, gutturales Kollern an den Balzplätzen.
VORKOMMEN: Im Winter und auf dem Zuge Sümpfe, Seeufer, gelegentlich Flußmündungen. Nistet in der nördlichen Tundra, im südlichen Verbreitungsgebiet in feuchten Niederungswiesen und Sümpfen. Beziehungen der Geschlechter anders als bei Verwandten, ♂ polygyn, ♀ polyandrisch sich verhaltend. Verbreitungskarte 137.

Zwergschnepfe *Lymnocryptes minimus* R6 38, 39

(E) Jack Snipe; (F) Bécassine sourde; (I) Frullino; (H) Bokje; (S) Halvenkel beckasin; (Sp) Agachadiza chica

KENNZEICHEN: 19 cm. Kleinste Bekassine. Am Boden schwer zu sehen, aber sofort von der Bekassine durch *geringere Größe, relativ viel kürzeren Schnabel und langsameren, mehr geradeaus führenden* (obwohl gelegentlich etwas schwankenden) *Flug* unterschieden. Verläßt erst im letzten Augenblick die Deckung und sucht sie schnell wieder auf, anstatt wie die Bekassine nach wildem Zickzackflug zu „himmeln". *Beim Auffliegen in der Regel stumm.* Von nahem sind weitere Unterschiede gegenüber der Bekassine: Kein gelblicher Mittelstreif auf dem Scheitel, leuchtende, sich vom Purpurschiller des Rückens abhebende Rückenstreifen, *kein Weiß am Schwanz* und keine Flankenbänderung. Fast immer einzeln.
STIMME: Selten zu hören, aber im Balzflug und am Boden ein seltsames gedämpftes, an ein galoppierendes Pferd erinnerndes Trommeln.
VORKOMMEN: Wie Bekassine. Nistet in feuchten Sümpfen und Mooren. Verbreitungskarte 138.

Bekassine *Gallinago gallinago* R3 38, 39
Syn. b. *Capella gallinago*

(E) Snipe; (F) Bécassine des marais; (I) Beccaccino; (H) Watersnip; (S) Enkelbeckasin; (Sp) Agachadiza común; (N.A.) Wilson's Snipe

KENNZEICHEN: Knapp 27 cm. Ein heimlicher, sich drückender, brauner Sumpf-
vogel mit langem, geradem Schnabel. Schwer aus der Nähe zu beobachten,
aber sofort zu erkennen an dem *charakteristischen Zickzackflug und heise-
rem, rätschendem Ruf beim Auffliegen*. Viel größer als die kurzschnäbeligere
Zwergschnepfe, fast von der Größe der Doppelschnepfe; kleiner als Waldschnepfe. Der schwarz und rotbraun gezeichnete Rücken mit *kräftigen
gelblichen Streifen*. Außenkanten des Schwanzes nur *ganz wenig weiß*
(Schwanzkanten bei der Doppelschnepfe *auffallend* weiß, bei der Zwergschnepfe ohne jedes Weiß; die junge Doppelschnepfe hat ebenfalls keine
weißen Schwanzkanten und ist daher im Felde schwer von der Bekassine zu
unterscheiden, es sei denn am Verhalten). Die hellen Kopfstreifen *längsge-
richtet* (bei der Waldschnepfe *quer*). Der sehr lange, schlanke Schnabel ist im
Fluge abwärts gerichtet. Nahrungssuche manchmal am Tage und dann auf
Zäunen oder gar Bäumen sitzend. Fliegt in der Abenddämmerung in kleinen
Gesellschaften zu den Nahrungsgründen.
STIMME: Beim Aufgehen ein trockenes, kratzendes „Rätschen". Gesang uhr-
werkartig und monoton „tüke, tüke, tüke . . .". Während des Balzfluges
(beim schrägen Absturz) ertönt durch Vibration der weit gespreizten äußeren Schwanzfedern ein dumpf brummendes Geräusch, etwa wie „wuwuwu-
wuwu" (ganz schnell gesprochen), das „Meckern".
VORKOMMEN: Sümpfe, feuchte Wiesen, Rieselfelder, nasse Moore usw. Nistet
in Seggen oder Binsen, gelegentlich im Heidekraut. Verbreitungskarte 139.

Doppelschnepfe　*Gallinago media*　R1　　　　　　　　**38, 39**
Syn. b. *Capella media*

(E) Great Snipe; (F) Bécassine double; (I) Croccolone; (H) Poelsnip; (S) Dubbelbeckasin; (Sp)
Agachadiza real

KENNZEICHEN: 28 cm. Auf dem Boden nur schwer von der Bekassine zu
unterscheiden, allerdings wirkt sie gegenüber dieser etwas vollbrüstiger,
dunkler, mehr gebändert, auch am Unterkörper, und kurzschnäbeliger. Im
Fluge leichter zu erkennen, da bei ad. *viel mehr Weiß an den Schwanzkanten*, ferner auffällige weiße Säume der Handdecken, die im Handteil des
Flügels eine kurze weiße Binde erkennen lassen, und eine beiderseits weißlich gesäumte dunkle Zeichnung auf den Armschwingen, die bei der Bekassine einfarbig dunkel sind. Juv. nicht zu unterscheiden. Flug langsamer,
schwerfälliger und gewöhnlich geradeausführend und nicht im Zickzack;
fliegt meist stumm auf und hält den Schnabel waagerechter.
STIMME: Sehr selten ein kurzes und gedämpftes „Rätschen". Am Balzplatz
veranstalten die ♂ im Frühling einen auffallenden Singchor – ein leises
„Schnabelknebbern", Klopfen und Gurren.
VORKOMMEN: Außerhalb der Brutzeit oft an trockeneren Plätzen als die
Bekassine – auf Stoppelfeldern, Farnkrautflächen, Heiden usw. Zur Brutzeit
gewöhnlich im Sumpfland, an Flußufern usw. Verbreitungskarte 140.

Langschnabel-Schlammläufer　*Limnodromus scolopaceus*　　　**38, 39**

(E) Long-billed Dowitcher; (F) Limnodrome à long-bec; (H) Grote Grijze Snip; (S) Större beckasin-
snäppa

KENNZEICHEN: 29 cm. Ein kräftiger, kurzschwänziger Vogel von bekassinenartiger Gestalt. In jedem Gefieder zu erkennen am langen, *bekassinenähnlichen
Schnabel* in Verbindung mit weißer Färbung von Hinterrücken, Bürzel und

Schwanz; das *Weiß läuft zum Rücken hin in langer Spitze aus.* Könnte mit Grünschenkel verwechselt werden, aber Beine viel kürzer und Flügel mit weißem Hinterrand. Im Sommerkleid Brust zimtrötlich verwaschen. Stochert bei der Futtersuche mit dem langen Schnabel mit schnellen, „nähmaschinenartigen" Bewegungen im Schlamm. Schwierig zu unterscheiden vom Kurzschnabel-Schlammläufer, *L. griseus* (Irrgäste, S. 270), ist aber größer als dieser, der Schnabel ist länger, die angelegten Flügel erreichen nicht die Schwanzspitze, und die Unterschwanzdecken sind gebändert, nicht gefleckt.

STIMME: *L. scolopaceus:* Ein langgezogenes, durchdringendes „kiehk", das vom aufgescheuchten Vogel zu einem langen, perlenden Triller gereiht wird. *L. griseus* (s. S. 270): Eine schnell vorgetragene Reihe von drei Tönen, „kut-kut-kut", an Gelbschenkel erinnernd.

VORKOMMEN: *L. scolopaceus* auf dem Zuge gewöhnlich an schlammigen Süßwasserteichen mit Ufervegetation. *L. griseus* auf freien Schlammflächen an der Küste. – Brutgebiet *(L. scolopaceus):* Nordostsibirien, Alaska, NW-Kanada. Fast alljährlich einzelne auf dem Herbstzug auf den Britischen Inseln, sonst als Irrgast in Norwegen, Schweden, Dänemark, Holland, Deutschland (DDR; diese Art?) und Griechenland; s. auch S. 270.

Waldschnepfe *Scolopax rusticola* R4   38, 39

(E) Woodcock; (F) Bécasse des bois; (I) Beccaccia; (H) Houtsnip; (S) Morkulla; (Sp) Chocha perdiz

KENNZEICHEN: Reichlich 34 cm. Ein ziemlich einsamer Waldvogel. Vollendete Anpassung des Gefieders an die Fallaubfärbung und die heimliche Lebensweise erschweren die Beobachtung. Von der Bekassine durch größere, untersetztere Gestalt, dickeren Schnabel, rundere Flügel, *fein gebänderte* gelbliche Unterseite und *querverlaufende schwarze Bänder* auf Scheitel und Nacken zu unterscheiden. Weit zurückgestellte, große Augen am runden Kopf. Flügel gerundet (bei der Bekassine zugespitzt). Tagsüber in dichter Deckung, fliegt mit eigentümlich klatschendem Geräusch auf (aber ohne zu rufen) und läßt sich schnell wieder in Deckung fallen. Flug gewöhnlich rasch und wankend. Wirkt im Fluge dick, kurzschwänzig und „halslos", mit abwärts gewinkeltem Schnabel. Dämmerungsvogel.

STIMME: Selten zu hören, ausgenommen beim langsamen Balzflug über Bäumen (gewöhnlich in der Morgen- und Abenddämmerung), wenn das ♂ ein weiches, tiefes, quarrendes „orrrt-orrrt" (das „Murksen"), dem ein hohes, scharfes „quitz" (das „Puitzen") folgt, vernehmen läßt.

VORKOMMEN: Wälder, besonders solche mit feuchten, verwachsenen Schneisen und überwuchertem Boden. Nistet gewöhnlich am Fuße von Bäumen. Verbreitungskarte 141.

Uferschnepfe *Limosa limosa* R4   36, 37

(E) Black-tailed Godwit; (F) Barge à queue noire; (I) Pittima reale; (H) Grutto; (S) Rödspov; (Sp) Aguja colinegra

KENNZEICHEN: Knapp 41 cm. Von der Pfuhlschnepfe durch längeren, fast *geraden* Schnabel, *viel längere* und den Schwanz im Fluge weit überragende Beine, *schwarzen,* an Wurzel und Seiten weißen Schwanz und *breite weiße Flügelbinde* unterschieden. Im Sommer Kopf und Brust rostbraun, Flanken und Bauch weiß mit schwärzlichen Querflecken. Im Winter mehr wie dunkle Pfuhlschnepfe, doch bleiben Flügel- und Schwanzzeichnung unverändert. Bei juv. Brust und Hals lichter und hell rostfarbig.

STIMME: Flugruf rein und wiederholt „degrütto"; häufigste Rufe am Brutplatz
u. a. ein rasches, kicherndes „kititit" und ein nasales „quih-it", das an
Kiebitz erinnert.

VORKOMMEN: Im Winter Schlammbänke, Flußmündungen, Sümpfe; auf dem
Zuge Binnenlandseen, nasse Wiesen. Nistet in feuchten Wiesen und Sümpfen, gelegentlich auf Heiden und Dünen. Verbreitungskarte 142.

Pfuhlschnepfe   *Limosa lapponica*   36, 37

(E) Bar-tailed-Godwit; (F) Barge rousse; (I) Pittima minore; (H) Rosse Grutto; (S) Myrspov; (Sp)
Aguja colipinta

KENNZEICHEN: 38 cm. Etwas kleiner als die Uferschnepfe und von ihr ferner
unterschieden durch *schwach aufwärts gebogenen Schnabel,* das Fehlen einer
weißen Flügelbinde, *eng gebänderten Schwanz,* matt weißlichen Bürzel und
beträchtlich kürzere Beine, die den Schwanz im Fluge kaum überragen. Im
Sommer sieht das ♂ ganz rostrot aus, besonders an Kopf, Hals und Brust; ♀
viel matter. Im Winter beide Geschlechter auffallend hell, mit grau gefleckter
Ober- und weißlicher Unterseite; erinnert von weitem in der Färbung an
Großen Brachvogel. Juv. mit stärker gestreifter rostgelblicher Brust.

STIMME: Außerhalb der Brutzeit gewöhnlich stumm. Flugruf ein rauhes „gäg,
ägägäg"; Alarmruf schrill „krick". Balzflugruf „dwio dwio", höher und in
schnellerer Folge als bei der Uferschnepfe.

VORKOMMEN: In der Regel Meeresküsten. Im Winter oft in dichten Trupps am
Wasserrand. Nistet auf morastigen Torfmooren, in Sümpfen nahe der Baumgrenze. Verbreitungskarte 143.

Regenbrachvogel   *Numenius phaeopus*   36, 37

(E) Whimbrel; (F) Courlis corlieu; (I) Chiurletto; (H) Regenwulp; (S) Småspov; (Sp) Zarapito trinador

KENNZEICHEN: Knapp 41 cm. Vom Großen Brachvogel durch geringere Größe,
„sauberes" Aussehen, dunklere und kontrastreichere Oberseite, relativ kürzeren, etwas weniger gebogenen Schnabel und *kräftig gestreiften Scheitel*
unterschieden. Ruft ganz anders. Flügelschläge schneller. Siehe auch Dünnschnabel-Brachvogel. Der nordamerikanischen Rasse *N. ph. hudsonicus* (ausnahmsweise Island, Schottland, Irland, Spanien) fehlt der weiße Bürzel; sie
ist auch dunkler.

STIMME: Ein gleichmäßiges Kichern von etwa 7 Pfeiflauten. Die Balzstrophe
ähnelt dem flötenden, weichen Roller des Großen Brachvogels.

VORKOMMEN: Wie Großer Brachvogel. Zur Brutzeit auf feuchten Mooren;
nistet zwischen Heide und Grasbüscheln auf Mooren und Inseln. Verbreitungskarte 144.

Dünnschnabel-Brachvogel   *Numenius tenuirostris*   36

(E) Slender-billed Curlew; (F) Courlis à bec grêle; (I) Chiurlottello; (H) Dunbekwulp; (S) Smalnäbbad
spov; (Sp) Zarapito fino

KENNZEICHEN: Knapp 41 cm. Kleiner und schlanker als Großer Brachvogel,
etwas langschnäbeliger als Regenbrachvogel, so groß wie dieser, aber heller,
oben einförmig gewürfelt, ohne Streifen, aber mit *deutlichen Flecken an
Brust und Flanken* (Flecke herzförmig, wirken aber von weitem rund).
Scheitel *fein* gestreift, wirkt wie eine Mütze über weißem Superziliarstreif. Im
Flug durch eine Kombination der Merkmale: *Unterseite und Bürzel schneeweiß,* heller Schwanz und Kontrast zwischen dunklen Handschwingen und

hellen, gebänderten Armschwingen gekennzeichnet. Flug ähnlich Großem Brachvogel, kann aber sehr schnell sein.

STIMME: Ähnlich dem „tläüh" des Großen Brachvogels, aber kürzer und nicht so tief; Alarmruf ein scharfes „kjuh-ih".

VORKOMMEN UND VERBREITUNG: Im Winter wie Großer Brachvogel. Nistet in sumpfigen Steppen Westsibiriens und der Wolga-uralischen Steppenregion. Auf dem Zuge in Ungarn, den Balkanländern und Italien. Als Irrgast von Spanien (wo früher auch Wintergast) und Frankreich nordwärts bis Großbritannien, Holland und Deutschland (etwa ein halbes dutzendmal), auch in der Schweiz und (häufiger) in Österreich.

Großer Brachvogel *Numenius arquata* R3   **36, 37**

(E) Curlew; (F) Courlis cendré; (I) Chiurlo maggiore; (H) Wulp; (S) Storspov; (Sp) Zarapito real

KENNZEICHEN: 53–58 cm. Größter europäischer Watvogel. Leicht zu erkennen an dem *sehr langen, abwärts gebogenen Schnabel* und der eigentümlichen Stimme. Gefieder gräulich- oder gelblichbraun, dicht gestreift; das Weißlich des Bürzels erstreckt sich bis auf den Hinterrücken. Flug kräftig und ziemlich möwenartig mit gemessenem Flügelschlag; Trupps fliegen gewöhnlich hoch in Linie oder im Winkel. Der Regenbrachvogel ist kleiner, hat etwas kürzeren Schnabel und kräftig gestreiften Scheitel. Siehe auch Dünnschnabel-Brachvogel.

STIMME: Klangschöne, voll flötende „talüh" oder „traüih". Balzstrophe laut, langsam vorgetragen und sehr angenehm, mit einem langen Balzroller. Singt fast das ganze Jahr.

VORKOMMEN: Auf dem Zuge im Binnenland und an der Küste, so vor allem im Winter auf Schlammflächen und an Flußmündungen. Nistet in Mooren, Sümpfen, Wiesen, Sanddünen. Verbreitungskarte 145.

Prärieläufer *Bartramia longicauda*   **42**

(E) Upland Sandpiper; (F) Bartramie des champs; (I) Piro-piro codalunga; (H) Bartrams Ruiter; (S) Höglandssnäppa; (Sp) Correlimos de Bartram; (N.A.) Upland Plover

KENNZEICHEN: 28 cm. Ein an den Seiten gebänderter Watvogel von nahezu Kampfläufergröße und zierlicher Gestalt. Hilfen bei der Bestimmung sind braune Allgemeinfärbung, ziemlich kurzer Schnabel (kürzer als Kopf), verhältnismäßig kleinköpfiges, dünnhalsiges Aussehen, lange Flügel, *ziemlich langer, gelbbrauner Schwanz* und die Gewohnheit, beim Landen die Flügel aufgerichtet zu halten (Unterseite der Flügel kräftig gebändert). Siehe auch Graubrust-Strandläufer.

STIMME: Im Fluge ein angenehmes Pfeifen „kip-ip-ip-ip".

VORKOMMEN UND VERBREITUNG: Ausgedehnte Felder, Prärien usw. (nicht Küsten). Irrgast aus Nordamerika. Hauptsächlich auf den Britischen Inseln nachgewiesen; auch Island, Schweden, Dänemark, Deutschland (einmal), Holland, Frankreich, Schweden, Italien, Malta, Jugoslawien.

Dunkelwasserläufer *Tringa erythropus*   **38, 39**

Syn. a. *Totanus erythropus*

(E) Spotted Redshank; (F) Chevalier arlequin; (I) Totano moro; (H) Zwarte Ruiter; (S) Svartsnäppa; (Sp) Archebebe oscuro

KENNZEICHEN: 30,5 cm. Im Sommer von allen anderen Wasserläufern unterschieden durch *rußschwarzes Gefieder,* das oben weiß gefleckt ist und von weitem unten dunkler als oben wirkt. Bürzel bis hinauf zum Hinterrücken weiß, Schwanz gebändert. Im Winter dem Rotschenkel ähnlicher, aber von diesem unterschieden durch *Fehlen einer Flügelbinde,* längeren und dünneren Schnabel, längere, den Schwanz im Fluge weit überragende Beine und durch eine aschgraue, kräftig weiß gefleckte Oberseite. Beine im Sommer dunkelrot, im Winter orangerot. Braunes Jugendkleid. Stimme ein gutes Kennzeichen. Wenn man beide Arten beieinander sieht, wirkt der Dunkle Wasserläufer langhalsiger, hat mehr aufgerichtete Haltung und ist bei der Nahrungssuche lebhafter als der Rotschenkel. Siehe auch Grünschenkel.

STIMME: Laut und geschwungen „tjuit" oder „tuiuit" und scheltend „tjick-tjick-tjick". Stimmfühlungslaute leise „gek, gek"; Balzgesang trällernd.

VORKOMMEN: Wie Rotschenkel. Nistet an offenen Stellen in Wäldern des Nordens. Verbreitungskarte 146.

Rotschenkel   *Tringa totanus*   R3   38, 39

Syn. a. *Totanus totanus*

(E) Redshank; (F) Chevalier gambette; (I) Pettegola; (H) Tureluur; (S) Rödbena; (Sp) Archebebe común

KENNZEICHEN: 28 cm. Im Fluge durch *weißen Rücken und Bürzel* und durch auffallenden *weißen Hinterrand der dunklen Flügel* gekennzeichnet, im Sitzen durch die langen, *roten Beine.* Langer Schnabel rötlich mit schwarzer Spitze. Oberseite kräftig schwarz und grau gezeichnet. Schwanz schwarz-weiß gebändert. Unterseite dicht gestreift und gefleckt. Juv. oben mehr rostfarben, mit *gelben* Beinen; kann mit der amerikanischen *Tringa flavipes* verwechselt werden, aber durch Weiß am Flügel unterschieden, das der letzteren fehlt. Mißtrauisch und lärmend; beunruhigt ruckt er mit dem Kopf. Siehe auch Dunkler Wasserläufer.

STIMME: Im Auffliegen eine Reihe heller, hoher Laute. Gewöhnlich ein wohltönendes, absteigendes und verklingendes „djü-dü-dü". Bei Alarm unablässig kläffend „tjik". Die Balzstrophe weist verschiedene wohlklingende Motive auf, unter denen besonders „didlia" oft wiederholt wird.

VORKOMMEN: Sümpfe, Moore, Salzlachen, feuchte Wiesen, Rieselfelder. Im Winter an Flußmündungen und auf Schlammflächen. Nistet in Grasbüscheln. Verbreitungskarte 147.

Teichwasserläufer   *Tringa stagnatilis*   38

Syn. a. *Totanus stagnatilis*

(E) Marsh Sandpiper; (F) Chevalier stagnatile; (I) Albastrello; (H) Poelruiter; (S) Dammsnäppa; (Sp) Archebebe fino

KENNZEICHEN: Knapp 23 cm. Schlank und langbeinig, ähnelt im Winterkleid Grünschenkel, aber von diesem, abgesehen von der Größe, durch *sehr dünnen geraden Schnabel, weiße Stirn* und verhältnismäßig längere und dünnere grünliche Beine unterschieden. Im Sommer hat das Rückengefieder schwarze Federmitten und rahmbräunliche Ränder und wirkt dann *kräftig fleckig.* Die Schwarzweiß-Zeichnung im Fluge ähnlich wie beim Grünschenkel, aber die *Füße ragen weiter über den Schwanz hinaus. Stimme ganz anders.* Bewegungen merklich anmutiger als beim Grünschenkel. Kann mit Bruchwasserläufer verwechselt werden, der ziemlich ähnliche Stimme und ähnlichen Flug hat, aber kleiner ist und dessen Füße im Fluge nicht so weit nach hinten ragen.

STIMME: Nicht sehr laut und gewöhnlich „ti-u", „tju", „tie" usw. und ein zwitschernder Triller.

VORKOMMEN: Selten an der Meeresküste. Im Winter an Binnengewässern und in Sümpfen. Nister (gelegentlich in kleinen Gruppen) auf Grasufern der Seen und in sumpfigen Steppen. Verbreitungskarte 148.

Grünschenkel *Tringa nebularia* 38, 39

Syn. a. *Totanus nebularius*

(E) Greenshank; (F) Chevalier aboyeur; (I) Pantana; (H) Groenpootruiter; (S) Gluttsnäppa; (Sp) Archebebe claro

KENNZEICHEN: 30,5 cm. Vom Rotschenkel durch helleres Gesicht und hellere Unterseite, durch das *Fehlen einer weißen Flügelbinde* und durch längere, *grüne*, im Flug den Schwanz deutlich überragende Beine unterschieden, ferner durch etwas größere Gestalt, sehr schwach aufgeworfenen, schwärzlichen Schnabel und durch *ausgedehnteren weißen Bezirk an Rücken, Bürzel und Schwanz*. Im Winter oberseits heller und grauer. Siehe auch Dunkler Wasserläufer, Gelbschenkel und Teichwasserläufer.

STIMME: Laut schallend grünspechtartig „kjück-jük-jü", weniger hell, aber härter als beim Rotschenkel; ein wiederholtes scheltendes „tyip" usw. Balztriller angenehm flötend, gereihtes „tju-i".

VORKOMMEN: Wie Rotschenkel. Nistet auf Mooren oder Gras- und Heideflekken im Walde, gewöhnlich nicht weit vom Wasser entfernt. Verbreitungskarte 149.

Großer Gelbschenkel *Tringa melanoleuca* 42

Syn. a. *Totanus melanoleucus*

(E) Greater Yellowlegs; (F) Grand chevalier à pattes jaunes; (I) Albastrello melanoleuco; (H) Grote Geelpootruiter; (S) Stor Gluttsnäppa; (Sp) Archebebe patigualdo grande

KENNZEICHEN: 28–33 cm. Etwa um ein Drittel größer als die sehr ähnliche, im Feld schwer zu unterscheidende *Tringa flavipes*. Bestes Kennzeichen ist der *verhältnismäßig längere, kräftigere Schnabel*, der gewöhnlich wie der des Grünschenkels *schwach aufwärts gebogen* ist; Schnabel länger und kräftiger als der des Rotschenkels. Sehr ähnlich Grünschenkel, aber oberseits mehr gefleckt und das Weiß des Bürzels nicht keilförmig zum Hinterrücken sich erstreckend; der weiße Bürzel ist etwas gefleckt. Ziemlich kräftige, lebhaft gelbe Beine; Schnabel schwarz, am Grunde olivgrünlich. Jungvögel im ersten Winter sind unterseits und am Bürzel reiner weiß.

STIMME: Ein drei- bis viersilbiges „kjü-kjü-kjü-(kjü)", sehr ähnlich Grünschenkel, lauter, höher und schallender als der Ruf von *T. flavipes*.

VORKOMMEN UND VERBREITUNG: Außerhalb der Brutzeit gewöhnlich in grasreichen Sümpfen, an Teichen und Schlamm- und Schlickflächen an der Küste. Irrgast aus Nordamerika in England, Irland, Schweden und Island.

Gelbschenkel *Tringa flavipes* 38

(E) Lesser Yellowlegs (Yellowshank); (F) Petit chevalier à pattes jaunes; (I) Albastrello americano; (H) Kleine Geelpootruiter; (S) Gulbena; (Sp) Archebebe patigualdo chico

KENNZEICHEN: 23,5 cm. Etwas kleiner als Rotschenkel; in der Gestalt an

Bruchwasserläufer erinnernd, ist aber größer, mit längerem, schlankerem Schnabel und längeren, *lebhaft gelben Beinen.* Kein Weiß im Flügel. Der weiße Bürzel ist vom dunkleren Rückengefieder gerade abgesetzt; *das Weiß erstreckt sich* im Gegensatz zu Rotschenkel und Grünschenkel *nicht bis zum Rücken.* Weiße Überaugenstreifen vereinigen sich auf der Stirn. Der Große Gelbschenkel ist größer, mit längerem, schwach aufwärts gebogenem Schnabel.

STIMME: Ein weicher Pfiff, ein-, zwei- oder gelegentlich dreisilbig: „kju" oder „kju-kju".

VORKOMMEN UND VERBREITUNG: Schlammflächen, Sümpfe. Verschlagen aus Nordamerika, hauptsächlich auf die Britischen Inseln; nachgewiesen auch in Finnland, Norwegen, Schweden, Dänemark, Holland, Deutschland, Österreich, Ungarn, Sardinien, Spanien, Frankreich, Belgien.

Einsiedelwasserläufer *Tringa solitaria*   **42**

(E) Solitary Sandpiper; (F) Chevalier solitaire; (I) Piro-piro solitario; (H) Amerikaanse Bosruiter; (S) Amerikansk skogssnäppa; (Sp) Andarríos solitario

KENNZEICHEN: 19–21 cm. Ein oberseits dunkler Wasserläufer mit schwärzlichem Bürzel, einfarbig dunklen Flügeln und mit *auffällig weißen, schwarz quergebänderten* Schwanzseiten und dunkler Schwanzmitte. Durch *dunklen Bürzel* leicht vom sonst ähnlichen Waldwasserläufer zu unterscheiden, mit diesem in der dunklen Flügelunterseite und olivgrünlichen Beinen übereinstimmend. Vom etwas ähnlichen Gelbschenkel unterschieden durch dunklen Bürzel und dunklere Beine, im Fluge von Fluß- und Drosseluferläufer durch Fehlen der weißen Flügelbinde. Nickt mit dem Kopf und hat gewandten, fast schwalbenartigen Flug.

STIMME: Gewöhnlicher Ruf ein hohes „piht" oder „piht-wiht-wiht".

VORKOMMEN UND VERBREITUNG: Süßwassersümpfe, Teiche, Ufer von Wasserläufen. Irrgast aus Nordamerika in Island, Irland, Großbritannien, Frankreich und Spanien.

Waldwasserläufer *Tringa ochropus* R5   **38, 39**

(E) Green Sandpiper; (F) Chevalier cul-blanc; (I) Piro-piro culbianco; (H) Witgatje; (S) Skogssnäppa; (Sp) Andarríos grande

KENNZEICHEN: 23 cm. Größer und kräftiger als Bruchwasserläufer und Flußuferläufer. Im Fluge gut gekennzeichnet durch *schwärzliche* Unterflügel (beim Bruchwasserläufer weißlich) und durch *schwärzliche, scharf von der leuchtend weißen Schwanzwurzel* und Unterseite *abstechende Oberseite.* Hals und Brust gräulichbraun. Kein Flügelabzeichen. Schwanz im Spitzenteil schwarz gebändert. Im Sommer oben weißlich rahmfarben gefleckt, aber feiner und viel weniger stark als Bruchwasserläufer (juv. aber stärker gefleckt); im Winter schwach gefleckt. Die grünlichen Beine ragen im Fluge nicht über das Schwanzende. Scheu und ungesellig. Bewegt Kopf und Schwanz ruckweise. Flug rasch mit stoßartigen, bekassinenähnlichen Flügelschlägen.

STIMME: Im Auffliegen ein flötendes „tlui-titit". Balzstrophe ein Gemisch von hohen flötenden Trillern „titti-lui, titti-lui" usw.

VORKOMMEN: Außerhalb der Brutzeit in Sümpfen, an Seen und Flüssen, selten an der Meeresküste. Nistet in sumpfigen Wäldern, oft in alten Nestern anderer Vögel auf Bäumen. Verbreitungskarte 150.

Bruchwasserläufer *Tringa glareola* R2   **38, 39**

(E) Wood Sandpiper; (F) Chevalier sylvain; (I) Piro-piro boschereccio; (H) Bosruiter; (S) Grönbena; (Sp) Andarríos bastardo

KENNZEICHEN: Reichlich 20 cm. Ein zierlich gebauter Wasserläufer. Im Sommer gekennzeichnet durch dunkelbraune, *dicht weiß gefleckte* Oberseite; Kopf, Hals und Brust fein gestreift; kräftiger weißer Augenstreif. Im Fluge stechen der *weiße Bürzel und die weißlichen Unterflügel* weniger scharf von der dunklen Oberseite ab als der weiße Bürzel von der dunklen Oberseite beim Waldwasserläufer. Kein Flügelabzeichen. Im Winter weiße Fleckung nur schwach entwickelt und dann dem Waldwasserläufer ähnlich, der aber größer und dunkler ist und viel mehr Weiß am Bürzel *und Schwanz* und überdies *schwärzliche Unterflügel hat. Die langen Beine gelb* oder gelblichgrün. Kopf- und Schwanzbewegungen wie Waldwasserläufer.

STIMME: In Gesellschaft oft ein hohes fließendes Trillern. Im Auffliegen schrill „giffgiffgiff". Auch ein ansteigendes fließendes „tlui". Die Balzstrophe ist ein wohltönendes „tlie-tlie-tlie" und wird im hohen Balzflug vorgetragen.

VORKOMMEN: Auf dem Zuge Sümpfe, See- und Flußufer usw. Nistet in leidlich offenem Gelände nahe am Wasser in Wäldern des Nordens und in der Tundra. Verbreitungskarte 151.

Terekwasserläufer *Xenus cinereus*   **40**

Syn. b. *Tringa terek, Terekia cinerea*

(E) Terek Sandpiper; (F) Barge de Térek; (I) Terecchio; (H) Terekruiter; (S) Tereksnäppa; (Sp) Andarríos de Terek

KENNZEICHEN: Knapp 23 cm. Gekennzeichnet durch *langen, dünnen,* merklich *aufwärts gebogenen Schnabel und lebhaft orangegelbe Beine.* Im Winter Scheitel und Oberseite *hell* bräunlichgrau, im Sommer brauner, mit zwei breiten unregelmäßigen schwarzen Streifen, die auf dem Rücken ein „V" bilden. Unterseite weiß mit ganz schwacher Streifung an Hals und Brust. Im Fluge fallen heller Bürzel und weiße Binde am Hinterrande der Flügel auf. Ähnelt einem großen, kurzbeinigen Flußuferläufer; wippt wie dieser. Von manchen Autoren als *Tringa terek* zur Gattung *Tringa* gestellt.

STIMME: Ziemlich oft zu hören, flötend „düdüdüdü" oder ein lautes pfeifendes Zwitschern. Zur Brutzeit „tu-lih" und andere melodische Rufe, von denen einige an Regenbrachvogel erinnern.

VORKOMMEN UND VERBREITUNG: Erscheint an den Ufern großer Flüsse, Salzbecken und in Küstenniederungen. Nistet in Sümpfen unter Weidengestrüpp. Brutvogel in Nordsibirien und Nordrußland; hat in Norwegen und in Finnland gebrütet. Umherstreifende bis Großbritannien und bis zu den meisten westeuropäischen Ländern bis Spanien; mehr als 20mal in Deutschland, mehrfach auch in Österreich und der Schweiz, in Rumänien, Ungarn, Griechenland.

Flußuferläufer *Actitis hypoleucos* R2   **40, 41**

Syn. b. *Tringa hypoleucos*

(E) Common Sandpiper; (F) Chevalier guignette; (I) Piro-piro piccolo; (H) Oeverloper; (S) Drillsnäppa; (Sp) Andapríos chico

KENNZEICHEN: Knapp 20 cm. *Dunkel olivbraune Oberseite* (im Sommer mit undeutlich schwarzer Fleckung), dunkelbrauner Bürzel und Schwanz mit weißen Seiten, weißer Unterkörper; an Hals und Brust ganz schwach gestreift. Im charakteristischen Flug dicht über dem Wasser wechseln schnelle *flache* Flügelschläge mit kurzem Gleiten auf *abwärts gebogenen Schwingen,* wobei eine deutliche weiße Flügelbinde auffällt. Ferner gekennzeichnet durch *ständiges Wippen mit Schwanz und Kopf* und durch die schrille Stimme. Läuft hurtig an steinigen Flußufern. Von anderen Wasserläufern durch die drei Merkmale „geringe Größe, Oberseite *und Bürzel dunkel"* unterschieden. Bruch- und Waldwasserläufer, die oft den gleichen Biotop besuchen, haben *weißen* Bürzel. Siehe auch Temminckstrandläufer. Von manchen zur Gattung *Tringa* gerechnet.

STIMME: Im Auffliegen schrill pfeifend „hididih". Balzstrophe hoch und gereiht „titi-hidi-tidi-hidi".

VORKOMMEN: Flüsse mit klarem Wasser, Bäche und Seen; auf dem Zuge Flußmündungen, Teiche usw. Nistet an Fluß- und Seeufern, auf Kiesbänken der Flüsse usw. Verbreitungskarte 152.

Drosseluferläufer *Actitis macularia*   42

Syn. b. *Tringa macularia*

(E) Spotted Sandpiper; (F) Chevalier grivelé; (I) Piro-piro macchiato; (H) Amerikaanse Oeverloper; (S) Amerikansk drillsnäppa; (Sp) Andarríos maculado

KENNZEICHEN: 19 cm. Vom Flußuferläufer zu unterscheiden durch die *weniger metallisch klingende Stimme,* ein hartes „chwit" und einen Flugruf „tit-wit". Färbungs- und Zeichnungsunterschiede am deutlichsten im Sommer; dann an der dicht schwarz gefleckten Unterseite und am gelben, schwarzspitzigen Schnabel zu erkennen. Immat. lassen sich vom Flußuferläufer durch deutlichere weiße Zeichnung der Flügeldeckfedern, dunklere innere Armschwingen (ohne die weiße Zeichnung des Flußuferläufers), reiner weiße Färbung der Unterseite und gewöhnlich gelbe Beine unterscheiden. Ad. im Winterkleid grauer als Flußuferläufer. Irrgast aus Nordamerika in Irland, Großbritannien, Holland, Deutschland, Österreich, Frankreich und der Schweiz.

Steinwälzer *Arenaria interpres* R1   33, 34

(E) Turnstone; (F) Tourne-pierre interprète; (I) Voltapietre; (H) Steenloper; (S) Roskarl; (Sp) Vuelvepiedras

KENNZEICHEN: 23 cm. Ein robuster Strandvogel mit „schildpattfarbigem" Gefieder, *kurzen, orangegelben* Beinen und kurzem, spitzem, schwarzem Schnabel. Im Sommer oben lebhaft rotbraun und schwarz, Kopf schwarzweiß, unten weiß mit *breitem dunklen Brustband.* Im Winter wird die Schildpattfärbung durch düsteres Braun (mit weißer Kehle) ersetzt. Musterung im Flug sehr bezeichnend (s. Tafel 34). Dreht Steine und Muscheln um.

STIMME: Gewöhnlich scharf und staccato „tük-e-tük".

VORKOMMEN: Im Winter an Fels- oder Kiesküsten. Nistet gewöhnlich am freien Felsboden auf Inseln der Küste, aber in der Arktis auch gelegentlich auf Flußinseln. Verbreitungskarte 153.

Wilsonhühnchen *Phalaropus tricolor*   35
(Amerikanisches Odinshühnchen)

Syn. a. *Steganopus tricolor*

(E) Wilson's Phalarope; (F) Phalarope de Wilson; (H) Grote Franjepoot; (S) Wilsons Simsnäppa

KENNZEICHEN: 23 cm. Wassertreter (Wilson-, Odins- und Thorshühnchen) sind zierliche, *auffallend vertraute* strandläuferartige *Vögel* mit Schwimmlappen an den Vorderzehen, *die gern und korkleicht schwimmen*, oft weit draußen auf See. Bei der Nahrungsaufnahme auf dem Flachwasser „wirbeln" sie in charakteristischer Weise (dabei ständig mit dem Schnabel auf und ins Wasser pickend). ♀ größer und leuchtender gefärbt als ♂, das vom ♀ umworben wird und brütet. Wilsonhühnchen ein großer Wassertreter, *ohne helle Flügelbinde* und *mit weißem Bürzel*. Beim ♀ im Brutkleid setzt sich ein breiter schwarzer Augenstreif als tief kastanienbrauner Längsstreif an den Halsseiten fort und mündet in einen heller rostbraunen Rückenstreifen; Oberkopf, Hinterhals und Rücken hellgrau; Unterseite weiß mit rötlichem Anflug am Vorderhals. ♂ matter gefärbt, mit dunklem Oberkopf und Rücken. Im Winter Geschlechter gleich gefärbt, oberseits blaß graubraun, Brust und Flanken ungestreift, leuchtend weiß; Kopf- und Halsseiten überwiegend weiß, zuweilen mit dunklem Fleck in der Augengegend. Schnabel schwarz, *länger als bei anderen Wassertretern*, nadelfein; Beine im Sommer schwarz, im Winter oft gelblich. Im Flug durch auffallenden weißen Bürzel und Schwanz ähnlich Gelbschenkel, aber leicht zu unterscheiden durch abweichende Bewegungen, ungeflecktes Gefieder und kürzere Beine. Sehr lebhaft, läuft auf Schlammflächen mit etwas taumelndem Gang, den Schnabel von einer Seite zur anderen wendend.

STIMME: Ein nasales „aang"; im Fluge ein gelbschenkelartiges „kju".

VORKOMMEN UND VERBREITUNG: Nicht so viel auf dem Wasser wie andere Wassertreter, gewöhnlich am schlammigen Strande oder im Flachwasser. Irrgast aus Nordamerika in Island, England, Irland, Schweden, Finnland, Dänemark, Holland, Belgien, Frankreich, Spanien und Deutschland.

Schwimmendes Odinshühnchen

Odinshühnchen   *Phalaropus lobatus*   33, 40, 41

Syn. a. *Lobipes lobatus*

(E) Red-necked Phalarope; (F) Phalarope à bec étroit; (I) Falaropo beccosottile; (H) Grauwe Franjepoot; (S) Smalnäbbad simsnäppa; (Sp) Falaropo picofino; (N.A.) Northern Phalarope

KENNZEICHEN: Knapp 18 cm. Dem Thorshühnchen in Verhalten und Stimme ähnlich, aber kleiner und im Brutkleid durch *weiße Kehle* und Unterseite sowie *leuchtend rostfarbiges* (beim ♂ weniger entwickeltes) *Band an den Halsseiten* unterschieden. Im Ruhekleid vom Thorshühnchen durch *dunk-*

lere, mehr gestreifte Oberseite, und *leuchtendere, sich deutlicher von den dunkleren Schwingen abhebende weiße Flügelbinde* unterschieden, von nahem auch durch den *nadelfeinen Schnabel.* Schnabel, Beine und Zehen schwärzlich, *stets ohne Gelb.* Vom Sanderling im Ruhekleid durch den bezeichnenden dunklen Augenstreif unterschieden; auch hat das Odinshühnchen einen viel dünneren Schnabel und schwimmt.

STIMME: Ähnlich Thorshühnchen, aber tiefer.

VORKOMMEN: Wie Thorshühnchen. Nistet in kleinen, zerstreuten Gruppen in Sümpfen, an Seeufern und auf Flußinseln. Verbreitungskarte 154.

Thorshühnchen   *Phalaropus fulicarius*   33, 40, 41

(E) Grey Phalarope; (F) Phalarope à bec large; (I) Falaropo beccolargo; (H) Rosse Franjepoot; (S) Brednäbbad simsnäppa; (Sp) Falaropo picogrueso; (N.A.) Red Phalarope

KENNZEICHEN: Reichlich 20 cm. Im Brutkleid hat das Thorshühnchen *dunkel rostbraune Unterseite* (von weitem schwärzlich), *weißes Gesicht, dunklen Scheitel und gelben Schnabel.* Oberseite mit kräftigem, bekassinenartigem Muster; im Fluge weiße Flügelbinde auffallend. Im Ruhekleid oben hell blaugrau, Kopf und Unterseite weiß, ähnlich Sanderling, aber von diesem durch *dunklen Augenstreif* unterschieden. Sehr ähnlich Odinshühnchen im Ruhekleid, aber etwas größer, heller und oben weniger gestreift; von nahem durch dickeren, kürzeren Schnabel unterschieden; im Fluge hebt sich das Weiß nicht so sehr von den grauen Schwingen ab. Schnabel im Winter schwarz, zuweilen am Grunde gelblich; Beine hornfarben, grau oder schwarz mit kennzeichnenden gelben Schwimmlappen an den Zehen. Weniger lebhaft als Odinshühnchen.

STIMME: Schrill „wit" oder „prip", ähnlich Sanderling, ein gedehnter Pfiff und ein leises „tschwitt-tschwitt". Balzendes ♀ läßt ein teils wohlklingendes, teils rauhes Zwitschern hören.

VORKOMMEN: Außerhalb der Brutzeit auf dem Meere, erscheint aber auf dem Zuge an Küsten und auf Binnengewässern. Nistet in der Tundra an Tümpeln oder Lagunen. Verbreitungskarte 155.

Raubmöwen: Stercorariidae

Große, greifvogelartig wirkende Seevögel mit dunklem Gefieder und schmalen, gewinkelten Flügeln. Mittlere Schwanzfedern bei Altvögeln gewöhnlich verlängert. Gefieder variabel und sehr verwirrend, da helle und dunkle Phasen und alle Zwischenkleider auftreten; in allen Kleidern sind im Fluge die weißen Kiele der Schwingen auffällig. Juv. ohne Schwanzspieße und bei allen Arten meist ähnlich gebändert und gefleckt, daher im Felde gewöhnlich nicht der Art nach zu bestimmen. Sie sind Räuber, welche andere Vögel verfolgen, bis sie die Nahrung erbrechen.

Skua (Große Raubmöwe)   *Stercorarius skua*   43
Syn. b. *Catharacta skua*

(E) Great Skua; (F) Grand labbe; (I) Labbo maggiore; (H) Grote Jager; (S) Storlabb; (Sp) Págalo grande; (N.A.) Skua

KENNZEICHEN: 58 cm. Größer und gedrungener als Silbermöwe. Gefieder ziemlich einfarbig dunkel, unten rostfarbener. Im Fluge von allen anderen alten Raubmöwen und von jungen Möwen durch plumperen Bau, *kurzen, etwas keilförmigen Schwanz*, kräftigen, hakenförmigen, schwarzen Schnabel und *sehr auffallenden weißen Spiegel über die Wurzel der Handschwingen* unterschieden. Flügel breit und rund, *nicht spitz* wie bei den anderen Raubmöwen. Beine schwärzlich. Juv. mit weniger Weiß am Flügel. Normaler Flug möwenartig, aber bei der Verfolgung anderer Vögel mit greifvogelartigen Sturzmanövern, die diese zwingen, die Nahrung auszubrechen; tötet die Verfolgten gelegentlich. Außerhalb der Brutzeit ungesellig. Läßt sich häufig auf dem Wasser nieder.

STIMME: Im Angriff guttural „tak-tak"; ferner rauh und nasal „skirr" und tief bellend „ok-ok-ok".

VORKOMMEN UND VERBREITUNG: Das offene Meer und Küstengewässer. Nistet in zerstreuten Kolonien auf hochgelegenen Mooren in Meeresnähe: Island, Färöer, Shetland- und Orkney-Inseln; auch in Nord-Schottland und Nord-Norwegen. In der Hauptsache Zugvogel, wandert im Winter südwärts über den Atlantik und die westliche Nordsee bis Südspanien (und darüber hinaus). Umherstreifende auf Irland, in Skandinavien, Finnland, Mitteleuropa, Ungarn und im Mittelmeergebiet ostwärts bis Jugoslawien.

Spatelraubmöwe (Mittlere Raubmöwe)   *Stercorarius pomarinus*   **43**

(E) Pomarine Skua; (F) Labbe pomarin; (I) Stercorario mezzano; (H) Middelste Jager; (S) Bredstjärtad labb; (Sp) Págalo pomarino; (N.A.) Pomarine Jaeger

KENNZEICHEN: 54 cm, einschließlich der Schwanzspieße. Kleiner als Skua, größer als Falken- und Schmarotzerraubmöwe. Ad. durch die verlängerten, aber *stumpfen und gedrehten* mittleren Steuerfedern gekennzeichnet, die ihr im Fluge ein sehr bezeichnendes Aussehen geben, doch sind diese verlängerten Schwanzfedern oft abgebrochen. Tritt in heller und dunkler Phase auf. Helle Phase: Gesicht und Oberkopf schwärzlich, Wangen und Halsband gelblichweiß, Unterseite weiß, Flanken gebändert und gewöhnlich ein dunkles Brustband. Die weniger häufige dunkle Phase ist ziemlich einfarbig dunkelbraun. Beide Phasen haben weißliche Abzeichen auf Ober- und Unterflügeln, die aber nicht so weiß sind wie bei Skua. Juv. einförmig dunkelbraun und rahmfarben gefleckt, Unterseite und besonders Unterschwanzdecken kräftig gebändert, ohne Schwanzspieße; im Felde kaum von jungen Schmarotzerraubmöwen und Falkenraubmöwen zu unterscheiden, es sei denn an der bedeutenderen Größe und dem stärkeren Schnabel.

STIMME: Rauh kläffend „gek-gek" und quiekend „ijähe".

VORKOMMEN UND VERBREITUNG: Hauptsächlich Küstengewässer, aber auch das offene Meer. Nistet in kleinen, weit zerstreuten Kolonien in der sumpfigen Tundra Nordrußlands, Nordsibiriens, Nordamerikas und Grönlands. Auf dem Zuge an den westeuropäischen Küsten und an der Ostsee. Umherstreifende bis Mitteleuropa und zum Mittelmeergebiet.

Schmarotzerraubmöwe   *Stercorarius parasiticus*   **43**

(E) Arctic Skua; (F) Labbe parasite; (I) Labbo; (H) Kleine Jager; (S) Labb; (Sp) Págalo parásito; (N.A.) Arctic Skua

KENNZEICHEN: Knapp 50 cm, einschließlich der Schwanzspieße. Kleiner und schlanker als Spatelraubmöwe, in der Regel größer und kräftiger als Falkenraubmöwe. Gekennzeichnet durch die verlängerten, aber *geraden und spitzen* mittleren Steuerfedern; bei der Spatelraubmöwe sind sie stumpf und gedreht, bei der Falkenraubmöwe gewöhnlich viel länger und dünner. Schnabel schlanker als bei der Spatelraubmöwe. Lauf schwarz. Tritt in einer hellen und einer dunklen Phase auf. Erstere hat schwärzlichen Scheitel, dunkelbraune Oberseite, gelblichweiße Wangen und gelblichweißen Hals, weiße Unterseite, gewöhnlich mit dunklem Brustband. Intermediäre Form unterseits blaßbraun, mit bräunlichweißer Färbung von verschiedener Ausdehnung an den Kopfseiten. Die dunkle Phase ist einfarbig schwärzlichbraun. Juv. der hellen Phase oben und unten dicht gebändert und gefleckt. Weiteres siehe bei *St. pomarinus.* Verhalten räuberisch, verfolgt andere Seevögel, bis sie ihre Nahrung von sich geben. Normaler Flug stetig und anmutig, sonst mit greifvogelartigen Sturzmanövern. Altvögel, vor allem aber Jungvögel lassen im Fluge Weiß im Flügel sehen.

STIMME: Höher als bei der Skua; auch ein nasales quiekendes „ih-är".

VORKOMMEN: Küstengewässer und das freie Meer, gelegentlich in großer Zahl auf dem Zuge an den Küsten. Nistet kolonieweise in der Tundra und auf Mooren. Verbreitungskarte 156.

Falkenraubmöwe (Kleine Raubmöwe) *Stercorarius longicaudus* **43**

(E) Long-tailed Skua; (F) Labbe longicaude; (I) Labbo coda-lunga; (H) Kleinste Jager; (S) Fjällabb; (Sp) Págalo rabero; (N.A.) Long-tailed Jaeger

KENNZEICHEN: 53 cm, einschließlich der sehr langen Schwanzspieße. Von der hellen Phase der häufigeren Schmarotzerraubmöwe unterschieden durch geringere Größe und gewöhnlich *viel längere, dünnere, sehr biegsame mittlere Steuerfedern* (doch sind die Federn oft bei beiden Arten sehr kurz abgebrochen). Die Falkenraubmöwe ist an der Brust viel heller als die helle Phase der Schmarotzerraubmöwe, hat kein dunkles Brustband, aber dunklen Hinterbauch (der bei der hellen Schmarotzerraubmöwe weiß ist) und hat eine *schärfer begrenzte schwarze Kopfplatte,* die von dem *breiten weißen Halsband* und hellen Rücken *absticht;* Wangen reiner gelblich; Schnabel schwarz (nicht braun); Beine *grau* (nicht schwarz); ferner weniger Weiß an den Flügeln und Rücken mehr blaugrau. Eine einförmig dunkelbraune Phase scheint in den letzten Jahren nicht mehr aufgetreten zu sein. Juv. gewöhnlich von jungen Schmarotzerraubmöwen nicht zu unterscheiden, nur ist die Falkenraubmöwe grauer und hat, wenn überhaupt, wenig Weiß an den Flügeln. Beim Schwimmen sind der aufgerichtete Hals und der lange, aufgestellte Schwanz bezeichnend. Flug leichter und eleganter als bei anderen Raubmöwen.

STIMME: Selten zu hören. Am Brutplatz schrill „krih-ep".

VORKOMMEN: In höherem Maße Meeresvogel als die Schmarotzerraubmöwe. Nistet in weit zerstreuten Kolonien in hochgelegener Tundra und auf steinigen, kahlen Hügeln. Verbreitungskarte 157.

Möwen: Laridae

Möwen sind langflügelige Seevögel, einige auch regelmäßig im Binnenland, die meisten weiß mit grauem oder schwarzem Rücken und ebenso gefärbten

Flügeln; gedrungener, breitflügeliger und langbeiniger als Seeschwalben; laufen gewandt und gern. Die weißköpfigen Arten verlieren im Winter die dunkle Kopfmaske und haben dann weißen, mehr oder weniger dunkel gefleckten Kopf. Geschlechter einander ähnlich. Nisten am Erdboden oder auf Klippen.

Elfenbeinmöwe *Pagophila eburnea* **44**

(E) Ivory Gull; (F) Goéland sénateur; (I) Gabbiano eburneo; (H) Ivoormeeuw; (S) Ismås; (Sp) Gaviota marfil

KENNZEICHEN: 44,5 cm. Leicht zu erkennen am auffallenden, *ganz weißen Gefieder,* an den kurzen, *schwarzen* Beinen und im Sitzen an der plumpen, gedrungenen, *taubenartigen* Gestalt. Kopf klein und rundlich. Schnabel ziemlich kurz, grau mit orangegelber Spitze. Auge groß und dunkel. Vögel im ersten Lebenswinter mit unregelmäßigen grauen „Schmutzflecken" am Gesicht und Kinn, mit grauem Schnabel, mit schwarzen Sprenkeln auf der Oberseite (manchmal auch Unterseite), mit kleinen schwarzen Spitzen der Handschwingen und mit sehr schmaler schwarzer Endbinde am Schwanz. Geschlossene Flügel erscheinen auffallend lang; Flug leicht, fast seeschwalbenartig. Geht selten aufs Wasser. Die viel größeren Eis- und Polarmöwen haben auch ungezeichnete weiße Flügel, aber rötliche Beine. Verwechslung mit gelegentlich vorkommenden albinotischen Stücken von Sturm- und Dreizehenmöwe möglich, jedoch durch schwarze Beine, grauen, gelbspitzigen Schnabel und bedeutendere Größe unterschieden.

STIMME: Rauh und schrill „ki-er" usw., seeschwalbenartig.

VORKOMMEN UND VERBREITUNG: Zirkumpolarer Brutvogel der Arktis, gewöhnlich am Rande des Packeises zu sehen; wandert im Winter gelegentlich südwärts. Nistet kolonieweise an mehr oder weniger von Treibeis umschlossenen Felsufern. Im Winter regelmäßig Island; gelegentlich Färöer, Nord-Skandinavien. Umherstreifende südwärts bis Großbritannien, Nordfrankreich, Holland, Deutschland, Schweiz (1817), Italien.

Dreizehenmöwe *Larus tridactylus* **44, 45**

Syn. a. *Rissa tridactyla*

(E) Kittiwake; (F) Mouette tridactyle; (I) Gabbiano tridattilo; (H) Drieteenmeeuw; (S) Tretåig mås; (Sp) Gaviota tridáctila

KENNZEICHEN: Reichlich 40 cm. Ein Vogel der offenen See. Knapp sturmmöwengroß. Etwas kleiner als Sturmmöwe, mit kurzen, schwärzlichen Beinen; Haltung im Sitzen ziemlich aufrecht. Ein Vogel des offenen Meeres, der Fischereifahrzeugen folgt, gewöhnlich Nahrung von der Wasseroberfläche aufpickt, aber auch wie Seeschwalben im Sturzflug taucht. Ad. im Sommer mit reinweißem Kopf, der im Winter gefleckt ist; Schwanz weiß; Schnabel grünlichgelb. Im Fluge kenntlich an gegenüber der Sturmmöwe dunkler grauer Färbung von Rücken und Flügeldecken; Handschwingen jedoch hellgrau, vor der dreieckig schwarzen Flügelspitze (ohne weiße Endflecke der Federn) weiß. Juv. von der jungen Sturmmöwe unterschieden durch grauen Mantel, weißen Kopf und weiße Unterseite, durch *schwarzes Nakkenband* und *breites, schwarzes Band in der Längsrichtung des geschlossenen Flügels;* im Flug zeigen sich ein *auffallend dunkles Band diagonal über dem Flügel, das zickzackartig wirkt,* und das schwarz gesäumte, schwach gegabelte Schwanzende; die unausgefärbte Zwergmöwe hat ein ähnliches Flügelmuster, ist aber viel kleiner, hat einen abgestutzten Schwanz und kein schwarzes Nackenband; siehe auch Schwalbenmöwe.

STIMME: Nur am Brutplatz sehr viel zu hören. Laut „kiti-week" oder „kek-wihk", ansteigend moduliert.

VORKOMMEN: Gewöhnlich weit draußen auf dem Meere, oft an den Fischgründen des Nordens; selten im Binnenland. Nistet in geschlossenen Kolonien an steilen Felswänden und in Höhlen der Felsküste, hier und da auch an Gebäuden. In Deutschland auf Helgoland brütend. Verbreitungskarte 168.

Rosenmöwe   *Larus roseus*   46

Syn. a. *Rhodostethia rosea*

(E) Ross's Gull; (F) Mouette de Ross; (I) Gabbiano polare di Ross; (H) Ross's meeuw; (S) Rosenmås; (Sp) Gaviota de Ross

KENNZEICHEN: 32 cm. Ad. im Brutkleid unverkennbar, oberseits hellgrau, sonst weiß mit zart-rosa Anflug, *schmalem, schwarzem Halsband und schmächtigem, schwarzem Schnabel.* Füße rot. Schwanz *keilförmig (gestuft).* Flügel lang und *ohne Schwarz* (außer an der Außenfahne der äußersten Handschwinge), Hinterrand weiß, zusammengelegte Flügel über das Schwanzende hinausragend. Der sitzende Vogel wirkt taubenartig. Im Ruhekleid Kopf grau verwaschen, in der Augengegend etwas gefleckt; rosa Anflug des Gefieders undeutlich; im ganzen ähnlich Zwergmöwe im Ruhekleid, Flügelunterseite grau (nicht schwärzlich). Im ersten Lebensjahr mit ähnlicher Flügelzeichnung wie Zwergmöwe, aber der keilförmige Schwanz unterscheidet sie von dieser; nur die mittleren Schwanzfedern mit schwarzem Endband. Juv. an Scheitel und Rücken grau; Stirn weiß; Kopfseiten gefleckt; Schwanz mit dunkler Endbinde; undeutliches dunkles Brustband; kontrastreiche Flügelzeichnung (innere Handschwingen am Ende schwarz) erinnert an junge Schwalbenmöwen, die aber ganz weiße innere Handschwingen, helleren Rücken und gabelförmig ausgeschnittenen Schwanz haben.

STIMME: Variabel; höher und angenehmer klingend als bei den meisten anderen Möwen; charakteristische Rufe „*a-uo, a-uo*" und „*kliau*".

VORKOMMEN UND VERBREITUNG: Auf dem Zuge an Meeresküsten und Küstenlagunen. Oft auf Eisschollen oder Gletscherrändern sitzend; schwimmt selten. Nistet in der sumpfigen arktischen Tundra. Irrgast aus Nordostsibirien in Irland, Großbritannien, Frankreich, Holland, Island, auf den Färöern, in Norwegen, Dänemark, Deutschland (zwei Nachweise) und Sardinien.

Schwalbenmöwe   *Larus sabini*   44, 45

Syn. a. *Xema sabini*

(E) Sabine's Gull; (F) Mouette de Sabine; (I) Gabbiano a coda forcuta; (H) Vorkstaartmeeuw; (S) Tärnmås; (Sp) Gaviota de Sabine

KENNZEICHEN: 33 cm. Die einzige europäische Möwe mit stark *gegabeltem Schwanz.* (Die junge Dreizehenmöwe hat nur schwach gegabelten Schwanz.) Die *schwarzen äußeren Handschwingen und das breite weiße Dreieck hinter ihnen* ergeben ein unverkennbares Flugmuster. Im Brutkleid Kopf schiefergrau, unten gegen den weißen Hals durch einen schmalen schwarzen Ring abgesetzt; im Ruhekleid ist der Kopf trübweiß mit kurzem, schmalem schwarzen Nackenring. Kann aus der Ferne mit Zwerg- oder Dreizehenmöwen im ersten Lebensjahr verwechselt werden, aber die Flügelzeichnung (schwarze Handschwingen, größtenteils weiße Armschwingen, graue Flügeldecken) der Schwalbenmöwe ist kontrastreicher, und der Schwanz ist gegabelt. Schnabel ziemlich kurz, schwarz mit gelber Spitze. Beine grau. Juv. Rücken und Flügel graubraun, Kopf- und Brustseiten bräunlichgrau; mit ähnlichem Flugmuster wie ad., aber der weiße Schwanz mit breiter schwarzer Endbinde. Aus der Nähe wirkt bei juv. Rückenfärbung schuppig. Nimmt die Nahrung großenteils im leichten Flug von der Wasseroberfläche. Von unausgefärbten Zwerg- oder Dreizehenmöwen durch tiefer gegabelten Schwanz und das *Fehlen einer dunklen Binde* auf den Flügeldecken unterschieden.

STIMME: Ein kreischendes, seeschwalbenähnliches Schreien.

VORKOMMEN UND VERBREITUNG: Küstengewässer des Nordens und zur Brutzeit auch die arktische Tundra. Nistet auf morastigen Inselchen der Tundra und längs der Flachküste. Brutvogel auf Spitzbergen, im nördlichsten Sibirien, in Nordamerika und Grönland. Besucht alljährlich die Britischen Inseln, gelegentlich Island, die Färöer und die Küsten Westeuropas. Ausnahmsweise Schweden, Schweiz, Österreich, Italien, Spanien, Portugal, Ungarn, Ostsee, Polen. In Deutschland über 80 Funde.

Zwergmöwe *Larus minutus* R6   **44, 45**

Syn. a. *Hydrocoloeus minutus*

(E) Little Gull; (F) Mouette pygmée; (I) Gabbianello; (H) Dwergmeeuw; (S) Dvärgmås; (Sp) Gaviota enana

KENNZEICHEN: 28 cm. Kleinste Möwe. Flügelspitze etwas gerundet; Schwanz gerade abgeschnitten. Wirkt im Sitzen wie eine kleine Lachmöwe. Von dieser unterschieden, abgesehen von der Größe, durch *pechschwarzen* (nicht dunkelbraunen) Kopf, dessen Maske sich bis weit auf den Nacken erstreckt; ferner durch *Fehlen von Schwarz an der Spitze der Flügel*, im Fluge durch abstechenden *schwärzlichen Unterflügel*. Schnabel im Sommer dunkelrot, im Winter schwärzlich. Beine rot. Ad. im Winter mit lachmöwenartiger Kopfzeichnung, aber Unterschiede in der Größe und am Flügel unverkennbar. Im ersten Lebensjahr mit weißer Flügelunterseite, schwarzem Schwanzende und mit einem dunklen Längsband, das über den Flügel bis zum Bug und weiter in die schwarzen Handschwingen verläuft und im Fluge ein *Zickzack-Muster* bildet (die Dreizehenmöwe im ersten Jahr hat ein ähnliches Zickzackband, aber dunkle Nackenbinde, graueren, nicht so bräunlichen Rücken, schwarze, nicht rötliche Füße, spitzere Flügel und schwach gegabelten, nicht geraden Schwanz); im Sitzen zeigt der Flügel einen *breiten, waagerechten dunklen Streifen*. Juv. wirkt oben fast *ganz* schwarzbräunlich mit einem breiten weißlichen Streifen in der Mitte des zusammengelegten Flügels. Verhalten ähnlich Lachmöwe, fliegt aber seeschwalbenartig leicht und nimmt die Nahrung im Fluge von der Wasseroberfläche auf. Siehe auch Schwalben-, Rosen- und Bonapartemöwe.

STIMME: Ein nicht sehr lautes „kek-kek-kek" und gereihte „kei-ih".

VORKOMMEN: Wie Lachmöwe. Nistet in kleinen, zerstreuten Kolonien, oft unter Seeschwalben oder anderen Möwen, gewöhnlich in Sümpfen des Binnenlandes. Verbreitungskarte 159.

Aztekenmöwe   *Larus atricilla*   **46**

Syn. a. *Atricilla atricilla*

(E) Laughing Gull; (F) Goéland atricille; (H) Lachmeeuw; (S) Sotvingad mås; (Sp) Gaviota reidora

KENNZEICHEN: 40–42 cm. Etwa so groß wie Lachmöwe, wirkt aber schlanker.
Beste Feldkennzeichen *der dunkle Rücken, dessen Farbe in das Schwarz der
Flügelspitzen übergeht,* und der weiße Hinterrand der Flügel. Im Brutkleid
Kopf schwarz, im Winter weiß mit dunklen Zeichnungen in der Augengegend und am Hinterkopf. Der lange, im Spitzenteil leicht gebogene Schnabel
und die Beine dunkelrot bis schwärzlich. Vögel im ersten Lebensjahr sehr
dunkel, aber mit weißem Bürzel; der weiße Hintersaum der Flügel, die
dunkle Brust, schwärzliche Beine und flache Stirn sind dann gute Kennzeichen.

STIMME: Ein gellend lachendes „ha-ha-ha-ha-haah-haah-haah", ferner „ka-ha,
ka-ha".

VORKOMMEN UND VERBREITUNG: Meeresküsten und Salzsümpfe. Irrgast aus
Nordamerika in Irland, Großbritannien, Frankreich und Schweden.

Bonapartemöwe   *Larus philadelphia*   **46**

Syn. a. *Chroicocephalus philadelphia*

(E) Bonaparte's Gull; (F) Mouette de Bonaparte; (I) Gabbiano del Bonaparte; (H) Kleine Kokmeeuw;
(S) Bonapartes mås; (Sp) Gaviota de Bonaparte

KENNZEICHEN: 32 cm. Kleiner als Lachmöwe, der sie durch den weißen
Vorderflügelrand und schwarze Spitzen der Handschwingen ähnlich ist; hat
aber *dünneren, schwarzen* Schnabel und im Brutkleid schieferfarbene
„Kapuze". Hat dunkler grauen Rücken als Lachmöwe und *grauen* (nicht
weißen) Nacken. Im Ruhekleid Kopfzeichnung wie bei der Lachmöwe.
Bestes Kennzeichen in allen Kleidern die *weiße Unterseite der Handschwingen* (bei der Lachmöwe dunkelgrau bei ad., düster bei Vögeln im ersten
Winter). Ad. mit *orangefarbenen* (nicht roten) Beinen; juv. schwärzliche
Beine. Juv. ähneln jungen Lachmöwen, sind jedoch kleiner, aber durch
schwarze Zeichnung an den Spitzen der Armschwingen und inneren Handschwingen entsteht ein dunkler Saum. *Flug auffallend leicht und seeschwalbenartig.*

STIMME: Ziemlich schweigsam; gelegentlich ein nasaler, kratzender Ruf
„tschihr".

VORKOMMEN UND VERBREITUNG: Lebensraum ähnlich Lachmöwe. Nistet in
der Nähe von Küsten im Nadelwaldgürtel. Irrgast aus Nordamerika in
Großbritannien, Irland, Island, Norwegen, Frankreich, Holland, Belgien;
ein unsicherer Nachweis von Helgoland.

Lachmöwe   *Larus ridibundus*   **44, 45**

Syn. a. *Chroicocephalus ridibundus*

(E) Black-headed Gull; (F) Mouette rieuse; (I) Gabbiano commune; (H) Kokmeeuw; (S) Skrattmås;
(Sp) Gaviota reidora (común)

KENNZEICHEN: 38 cm. Eine kleinere, lebhafte Möwe, die man häufig im
Binnenland beobachtet. Im Fluge durch den *rein weißen Vorderrand der
spitzen Flügel* gekennzeichnet. Unterseite der Handschwingen dunkelgrau.
Schlanker Schnabel und Beine rot. Im Brutkleid Kopf *schokoladenbraun,* im
Ruhekleid weiß mit schwärzlicher Zeichnung vor und hinter dem Auge.

Immat. mit bräunlichen Zeichnungen an Oberseite und Kopfplatte (Kopfzeichnung sonst wie ad. im Ruhekleid) und mit schwarzem Schwanzende, aber Flügel mit dem bezeichnenden weißen Vorderrand; Schnabel dunkel fleischfarben mit schwarzer Spitze, Beine dunkel fleischfarben. Flug nicht so ruhig wie bei den Großmöwen. Folgt oft dem Pfluge. Die Sturmmöwe ist nur wenig größer, aber in jeder Jahreszeit durch grünliche Schnabel- und Beinfärbung zu unterscheiden; juv. mit abweichender Flügelzeichnung. Siehe auch Schwarzkopf-, Dünnschnabel-, Zwerg- und Schwalbenmöwe.

STIMME: Zur Brutzeit sehr laut. Gewöhnlicher Ruf ein rauhes „kwerr", „kwäp" usw.

VORKOMMEN UND VERBREITUNG: Häufig im Binnenland und an der Küste; besucht Seen, Flußufer, Rieselfelder, Häfen, Ackerland. Brütet kolonieweise in Sümpfen, Wiesen, auf Kiesstrand und Inselchen der Seen. Verbreitungskarte 160.

Dünnschnabelmöwe *Larus genei* 44

Syn. a. *Chroicocephalus genei*

(E) Slender-billed Gull; (F) Goéland railleur; (I) Gabbiano roseo; (H) Dunbekmeeuw; (S) Smalnäbbad mås; (Sp) Gaviota picofina

KENNZEICHEN: 43 cm. Durch *ähnliche Flügelzeichnung* mit der Lachmöwe zu verwechseln, hat aber längeren Hals, längeren, keilförmigen Schwanz, und *Kopf und Schnabel werden gewöhnlich deutlich abwärts geneigt* getragen. Schnabel länger, spitzer, aber kräftiger als der der Lachmöwe, dunkelrot, von weitem schwarz erscheinend. Im Brutkleid Kopf und Hals *rein weiß;* Kopf länglich mit auffallender Befiederung der Schnabelbasis. Unterseite mit *zartrosa Tönung.* Juv. weniger von ad. verschieden als bei anderen Möwen, aber der Schwanz mit schwarzer Endbinde; Ohrdecken mit meist erkennbarem grauen Fleck; braune Zeichnungen der Oberseite schwächer entwickelt als bei der jungen Lachmöwe; Beine und Schnabel schmutzig gelblich. Liegt höher im Wasser als Lachmöwe.

STIMME: Ein nasales „yep, yep" und hohe keckernde Laute.

VORKOMMEN: Küstengewässer und Flußmündungen. Nistet in kleinen Gruppen oder Kolonien, manchmal zwischen Seeschwalben, auf trockenen Schlammbänken, Inseln in Lagunen, in Sümpfen, auf Flußbänken. Verbreitungskarte 161.

Schwarzkopfmöwe *Larus melanocephalus* R5 44, 45

Syn. a. *Chroicocephalus melanocephalus*

(E) Mediterranean Gull; (F) Mouette mélanocéphale; (I) Gabbiano corallino; (H) Zwartkopmeeuw; (S) Svarthuvad mås; (Sp) Gaviota cabecinegra

KENNZEICHEN: Gut 39 cm. Leicht mit der Lachmöwe zu verwechseln, aber größer und kräftiger, ad. in jeder Jahreszeit durch *reinweiße Handschwingen ohne schwarze Spitzen und kräftigeren Schnabel* zu unterscheiden. Beine und Schnabel blutrot, letzterer mt dunklem Band. Im Brutkleid ist der Kopf *wirklich schwarz* (nicht dunkelbraun), und diese schwarze Maske erstreckt sich bis weit auf den Nacken (etwa bis zur Hälfte des Halses). Im Ruhekleid Kopf wie bei der Lachmöwe im Ruhekleid. Einjährig leicht mit jungen Sturmmöwen zu verwechseln, aber schwarze Endbinde des Schwanzes *viel schmäler,* Flügel mit hellem Band, das sich bis zu den inneren Handschwingen erstreckt. Ältere mit Schwarz an den äußeren Handschwingen. Verhalten und Flug wie bei der Lachmöwe.

STIMME: Doppelruf mit langgedehntem nasalen a, etwa „äaa-äaa", tiefer und klagender als Lachmöwe, auch ein kehliges „kwouw".

VORKOMMEN: Wie Lachmöwe, aber weniger häufig an Binnengewässern zu sehen. Nistet auf Inselchen in Lagunen und Seen. Verbreitungskarte 158.

Fischmöwe　*Larus ichthyaetus*　　　　　　　　　　46

Syn. a. *Ichthyaetus ichthyaetus*

(E) Great Black-headed Gull; (F) Goéland ichthyaète; (I) Gabbiano del Pallas; (H) Reeuzenzwartkopmeeuw; (S) Svarthuvad trut; (Sp) Gavión cabecinegro

KENNZEICHEN: So groß wie Mantelmöwe. Die einzige große Möwe mit zur Brutzeit schwarzem Kopf und mit halbringförmigen weißen Zeichnungen über und unter dem rotgesäumten Auge. Zu allen Jahreszeiten kenntlich am *kräftigen gelben Schnabel mit schwarzem Band vor der roten Spitze*. Beine gelbgrünlich. Im Winter Kopf weiß mit dunklen Abzeichen auf dem Scheitel und in Augennähe; von der ähnlichen Silbermöwe dann durch den kräftigeren Schnabel und ausgedehntes Weiß im Flügel zu unterscheiden. Unausgefärbte mit breitem schwarzen Band im weißen Schwanz und kennzeichnendem schwarz-weißen Flügelmuster.

STIMME: Ein rauhes „kraaka". Am Nest verschiedene kläffende und lachend klingende Laute.

VORKOMMEN UND VERBREITUNG: Gewöhnlich an der Meeresküste, auf dem Zuge auch im Binnenland. Irrgast aus Rußland und Asien in vielen Teilen Europas bis Österreich, zur Schweiz, bis Großbritannien, Belgien, Holland, Helgoland und Schweden.

Korallenmöwe　*Larus audouinii*　　　　　　　　　　44

(E) Audouin's Gull; (F) Goéland d'Audouin; (I) Gabbiano corso; (H) Audouins Meeuw; (S) Rödnäbbad trut; (Sp) Gaviota de Audouin

KENNZEICHEN: Knapp 50 cm. Fast so groß wie Silbermöwe, aber schlanker und mit *schmäleren* Flügeln. Von nahem am kräftigen, *leuchtend korallenroten Schnabel mit schwarzem Band und gelber Spitze* kenntlich; aus der Ferne sieht der Schnabel dunkel aus. Beine *dunkel olivgrün*. Auge dunkel mit rotem Lidrand. Flügelspitze (Handschwingen) im Fluge mit gut sichtbarem, *allmählichem Übergang von der grauen Basis zu schwarzer Färbung*, mit einem einzelnen kleinen weißen Fleck an der äußeren Handschwinge; von unten betrachtet sind weiße Spitzen an einigen Handschwingen zu sehen. Augenrand rot. Juv. mit hellgrauem Scheitel und Hals, mit kleinem dunklen Abzeichen hinter dem Auge und hellbräunlicher Oberseite. Verhalten wie Silbermöwe.

STIMME: Ein nicht sehr lautes, rauhes *„gi-errk"* sowie gänseartige Rufe.

VORKOMMEN: Lokal an und um Inseln, gelegentlich an der Felsküste des Festlandes. Nistet kolonieweise an steinigen Hängen oder zwischen Felsen auf kleinen Mittelmeerinseln. Verbreitungskarte 162.

Ringschnabelmöwe　*Larus delawarensis*　　　　　　　　46

(E) Ring-billed Gull; (F) Goéland à bec cerclé; (Sp) Gaviota de pico anillado; (H) Ringsnavelmeeuw; (S) Ringsnäbbad mås

KENNZEICHEN: 45–50 cm. Etwas größer als Sturmmöwe; Rücken deutlich

heller; *Schnabel länger und kräftiger, gelb mit auffälligem schwarzen Querband* vor der Spitze; Beine gelblich oder grünlich; Auge hell. Im Flug ist mehr Schwarz an der Unterseite der Handschwingen zu sehen als bei der größeren Silbermöwe. Immat. oft mit rötlichen Füßen, aber von der ähnlichen jungen Silbermöwe durch schmälere schwarze Schwanzbinde unterschieden, von der jungen Sturmmöwe durch hellere Oberseite, graueren Schwanz und weniger deutlich abgesetzte Schwanzbinde.
STIMME: Ein schrilles „kjau" sowie verschiedene quiekende Laute und ein ängstliches „ka-ka-ka".
VORKOMMEN UND VERBREITUNG: An Küsten, Flußmündungen, Seen und an Mülldeponien; brütet auf Inseln in Seen. Irrgast aus Nordamerika in Großbritannien, Deutschland, Spanien und Nordeuropa.

Sturmmöwe *Larus canus* 44, 45

(E) Common Gull; (F) Goéland cendré; (I) Gavina; (H) Stormmeeuw; (S) Fiskmås; (Sp) Gaviota cana; (N.A.) Short-billed Gull

KENNZEICHEN: Reichlich 40 cm. Alte Sturm- und Silbermöwen sehen ziemlich gleich aus, mit hellgrauer Oberseite und schwarz-weißen Flügelspitzen, aber die Sturmmöwe ist viel kleiner, und *Schnabel und Beine* sind *zarter grünlichgelb*. Die Beine der Silbermöwe sind hell fleischfarben (gelb bei der Mittelmeerrasse und der ostskandinavischen Rasse), und der kräftigere Schnabel hat einen roten Fleck; auch ist der Rücken heller. Im Winterkleid Kopf stärker gestreift als bei der Silbermöwe; Schnabel zuweilen mit dunklem Querband. Juv. von der zweijährigen Silbermöwe durch *schmaleres, schwarzes Band auf dem weißen Schwanz* (s. Abb. T. 45) unterschieden. Juv. sonst überwiegend graubraun mit schwärzlichem Schnabel und bräunlich-fleischfarbenen Beinen. Im Flug von der Dreizehenmöwe (die größer ist) durch auffallende *weiße Flecke* an den *schwarzen Flügelspitzen* unterschieden.
STIMME: Viel höher und schriller als die der Silbermöwe, kreischend „kia".
VORKOMMEN: Wie Silbermöwe, aber mehr im Binnenland. Nistet kolonieweise auf Mooren, Inseln und an Abhängen. Verbreitungskarte 163.

Heringsmöwe *Larus fuscus* 44, 45

(E) Lesser Black-backed Gull; (F) Goéland brun; (I) Gabbiano zafferano; (H) Kleine Mantelmeeuw; (S) Silltrut; (Sp) Gaviota sombría

KENNZEICHEN: 53 cm. Etwa silbermöwengroß; viel kleiner als Mantelmöwe, von der sie (abgesehen von der oft schwer zu beurteilenden Größe) im Sommer durch *gelbe* Beine unterschieden ist; doch haben manche ad. im Winter und manche fast adulte Vögel fleischfarbene oder fahle Beine. Die britische Rasse, *L. f. graellsii*, ist oben schiefergrau; die Ostseerasse (Schweden, Finnland), *L. f. fuscus*, ist ebenso schwarz wie die Mantelmöwe; *L. f. intermedius* aus Norwegen und Südwestschweden ist intermediär, meist mattschwarz. Juv. und einjährige sind dunkelbraun gefleckt, mit schwärzlichem Schnabel und bräunlich fleischfarbenen Beinen, gewöhnlich nicht von jungen Silbermöwen zu unterscheiden. Ältere Jungvögel mit fortschreitend dunklerem Rücken, hellerem Kopf, hellerer Unterseite und gelberen Beinen und Schnäbeln.
STIMME: Wie tiefe Rufe der Silbermöwe.
VORKOMMEN: Wie Silbermöwe; auf dem Zuge häufiger im Binnenland und auf

hoher See. Nistet kolonieweise auf Mooren im Binnenland, auf grasigen Meeresinseln, Klippenspitzen. Verbreitungskarte 164.

Silbermöwe *Larus argentatus* 44, 45

(E) Herring Gull; (F) Goéland argenté; (I) Gabbiano reale; (H) Zilvermeeuw; (S) Gråtrut; (Sp) Gaviota argéntea

KENNZEICHEN: 56 cm. Gemeinste Möwe der Küste. Sieht ziemlich sturmmöwenartig aus mit ähnlichen *schwarz-weißen Flügelspitzen*, ist aber viel größer, oben heller, hat kräftigeren gelben Schnabel mit rotem Fleck und bei uns *fleischfarbene Beine* (ausgenommen die Mittelmeerrasse *L. a. michahellis*, die auch die portugiesische und spanische Atlantikküste und den Golf von Biscaya bewohnt, und die ostskandinavische Rasse *L. a. omissus*, die gelbe Beine haben und von manchen Autoren mit innerasiatischen Rassen zusammengefaßt und als besondere Art *L. cachinnans* – Weißkopfmöwe angesehen werden). Von der alten Heringsmöwe durch *hell* graue Oberseite und – in den typischen Rassen – durch *fleischfarbene* (nicht gelbe) Beine unterschieden; Eis- und Polarmöwe ohne Schwarz am Flügel. Juv. einfarbig braun mit dunkleren Handschwingen, dunklerem Schwanz und schwärzlichem Schnabel, nicht von der jungen Heringsmöwe zu unterscheiden. Der zweijährige Vogel ist am Rücken grauer und zeigt mehr Weiß an der Wurzel des am Ende dunkleren Schwanzes. Verhalten und Flug wie bei anderen großen Möwen.
STIMME: Ein gereihtes jaulendes „kjau"; Angstruf des brütenden Vogels ein trockenes „ga-ga-ga"; ferner mannigfaltige miauende, bellende und lachende Rufe.
VORKOMMEN: Meeresküsten, Flußmündungen, küstennahe Gewässer und Felder, mancherorts auch tiefer im Binnenland. Nistet gewöhnlich kolonieweise auf Felsklippen, Inseln, am Strand, gelegentlich in Sümpfen. Verbreitungskarte 165.

Polarmöwe *Larus glaucoides* 44

(E) Iceland Gull; (F) Goéland leucoptère; (I) Gabbiano islandico; (H) Kleine Burgemeester; (S) Vitvingad trut; (Sp) Gaviota polar

KENNZEICHEN: 56–66 cm. Sehr ähnlich der Eismöwe, aber doch in jedem Alter durch geringere Größe und *viel kürzeren, weniger kräftigen Schnabel* (kleiner als bei der Silbermöwe), größere und dunklere Augen und rundlicher erscheinenden Scheitel unterschieden; beim sitzenden Vogel überragen die Flügelspitzen das Schwanzende beträchtlich. Ad. zur Brutzeit von nahem auch am *rötlichen* Augenring zu erkennen. (Bei der brütenden Eismöwe ist der Augenring gelb.) Jugendkleider wie bei der Eismöwe, aber der Schnabel im ersten und zweiten Jahr mit ausgedehntem schwarzen Spitzenteil, der in die graue oder rötliche Schnabelwurzel *übergeht* (bei jungen Eismöwen ist der Schnabel zu zwei Dritteln rötlich oder gelblich mit scharf abgesetzter schwarzer Spitze). Juv. deutlicher gebändert als juv. Eismöwe, *grauer*, mit breitem weißen Schwanzsaum. Stimme höher als Silbermöwe. Wirkt auffallend langflügelig im Fluge, der schneller und leichter ist als bei der Eismöwe. Siehe auch die kleinere Elfenbeinmöwe.
VORKOMMEN, VERBREITUNG: Brutvogel im hohen Norden (arktisches Nordamerika, Grönland, Jan Mayen). Im Winter südwärts bis Nordskandinavien, Island, Färöer, Shetland-, Orkney-Inseln, Hebriden. Ausnahmsweise südwärts bis Portugal, Italien und Rumänien. In Deutschland über 20mal an den Küsten nachgewiesen, einmal in Österreich.

Eismöwe *Larus hyperboreus* **44, 45**

(E) Glaucous Gull; (F) Goéland bourgmestre; (I) Gabbiano bianco; (H) Grote Burgemeester; (S) Vittrut; (Sp) Gaviota hiperbórea

KENNZEICHEN: 63–74 cm. Eis- und Polarmöwe sind die einzigen westpaläarktischen Möwen *ohne Schwarz in Flügel oder Schwanz*, mit auffallend weißen Schwingen in allen Kleidern. Ad. auffallend weiß mit sehr hell grauem Mantel, mit *rein weißen Handschwingen,* fleischfarbenen Beinen und gelbem Schnabel mit rotem Fleck. Die Eismöwe ist gewöhnlich durch *bedeutendere Größe* (fast so groß wie Mantelmöwe), flachere Stirn und längeren, *kräftigeren Schnabel* von der Polar- oder Silbermöwe unterschieden. Von nahem kann man ferner beim brütenden Altvogel den *zitronengelben* Augenring erkennen (der bei der Polarmöwe rötlich ist). Flügel ragen beim sitzenden Vogel nicht so weit über den Schwanz wie bei der Polarmöwe. Einjährige hell rahmbraun, nicht so graubraun wie junge Polarmöwen; dunkle Schnabelspitze; Flügelspitze heller als der übrige Flügel; Schwanz ohne dunklen Saum. Zweijährige sehen einfarbig weiß aus, der Mantel wird bis ins 4. Jahr zunehmend grauer. Auf Island Mischlinge mit Silbermöwe.

STIMME: Ähnlich Silbermöwe, aber gewöhnlich schriller.

VORKOMMEN: Wie Mantelmöwe. Nistet kolonieweise auf und unter Meeresklippen, auf Hügeln und Inseln der Arktis. Verbreitungskarte 166.

Mantelmöwe *Larus marinus* **44, 45**

(E) Great Black-backed Gull; (F) Goéland marin; (I) Mugnaiaccio; (H) Grote Mantelmeeuw; (S) Havstrut; (Sp) Gavión

KENNZEICHEN: 74 cm. Viel größer als Silber- und Heringsmöwe. Von der alten Heringsmöwe im Brutkleid (abgesehen von der Größe) durch *weißlichfleischfarbene Beine* und tiefere Stimme unterschieden. Ad. oben *schwarz,* nicht schiefergrau wie die britische Heringsmöwe, doch ist die skandinavische Heringsmöwe auch oben schwärzlich. Schnabel massiver als bei der Heringsmöwe. Juv. mit kräftigerer dunkler Zeichnung als bei jungen Heringsmöwen, mit hellerem Kopf und hellerer Unterseite, die im 2. und 3. Lebensjahr immer weißer wird, während der Mantel ständig dunkler wird. Wild und räuberisch.

STIMME: Gewöhnlich ein rauhes, tiefes „ouk".

VORKOMMEN: Küstengewässer, Küsten und Flußmündungen. Nistet einzeln oder kolonieweise, manchmal gemeinsam mit der Heringsmöwe, auf felsigen, den Küsten vorgelagerten Inseln, auf Mooren, gelegentlich Klippen und Inseln von Binnenseen. Verbreitungskarte 167.

Seeschwalben: Sternidae

Seeschwalben sind schlanke möwenartige Vögel mit schmaleren Flügeln als die Möwen und mit anmutigerem Flug; Schnabel schlanker, scharf zugespitzt, im Fluge oft abwärts gerichtet; Schwanz gegabelt. Die meisten Seeschwalben sind weißlich mit schwarzer Kappe; im Winter ist die Stirn weiß. Häufig rütteln sie und tauchen aus der Luft nach Fischen. Schlecht zu Fuß. Geschlechter einander ähnlich. Nisten am Erdboden oder auf Klippen.

Lachseeschwalbe   *Gelochelidon nilotica*   R2   **47, 49**

(E) Gull-billed Tern; (F) Sterne hansel; (I) Rondine di mare zampenere; (H) Lachstern; (S) Sandtärna; (Sp) Pagaza piconegra

KENNZEICHEN: 38 cm. Ähnlich Brandseeschwalbe im Brut- und Ruhekleid, aber durch den „*geschwollenen*", *viel kürzeren, gänzlich schwarzen Schnabel* und weniger gegabelten, grauen Schwanz unterschieden; wirkt im Fluge breitflügeliger und kräftiger. Beine schwarz, merklich länger als bei anderen Seeschwalben. Die schwarze Kopfkappe fehlt im Ruhekleid, der Kopf wird dann heller als bei der Brandseeschwalbe. Juv. mit bräunlichem Scheitel und dunkler Augenumgebung. Verhalten wie bei anderen Seeschwalben, aber die Gewohnheit, *sich über Land auf Insekten zu stürzen,* ist ein sicheres Kennzeichen gegenüber der Brandseeschwalbe; taucht selten im Stoßflug.
STIMME: Ein kehliges, kratzendes „hähähäg" oder „keewek" und „lachende" Rufe, ganz verschieden von den höheren Rufen der Brandseeschwalbe.
VORKOMMEN: Salzsümpfe, Sandküsten und Binnengewässer. Nistet kolonieweise auf Sandufern und Inselchen in Salzlagunen. Verbreitungskarte 169.

Raubseeschwalbe   *Sterna caspia*   R1   **47, 49**

Syn. a. *Thalasseus caspius; b. Hydroprogne caspia, Hydroprogne tschegrava*

(E) Caspian Tern; (F) Sterne caspienne; (I) Rondine di mare maggiore; (H) Reuzenstern; (S) Skräntärna; (Sp) Pagaza piquirroja

KENNZEICHEN: Gut 53 cm. Fast so groß wie Silbermöwe. Gekennzeichnet durch große schwarze Kopfkappe, gegabelten Schwanz und *derben, orangeroten Schnabel.* Die schwarze Kappe dehnt sich gerade bis unter das Auge aus, wirkt aber im Ruhekleid gräulich und am dunkelsten in Augenumgebung. Juv. wie ad. im Ruhekleid, aber oben braunfleckig. Wirkt im Flug möwenartig, da nicht so leichtbeschwingt wie die anderen Seeschwalben; kann rasch an dem gewaltigen Schnabel bestimmt werden; dunkle Unterseite der Handschwingen auffallend. S. auch Königsseeschwalbe (S. 271).
STIMME: Laut, tief und krähenartig „krä-i" oder „käh" und andere, ähnliche Rufe.
VORKOMMEN: Hauptsächlich an Meeresküsten, erscheint aber auch auf Seen und Strömen. Nistet einzeln oder kolonieweise an den Sandküsten oder auf Inseln. Verbreitungskarte 170.

Brandseeschwalbe   *Sterna sandvicensis*   R5   **47, 49**

Syn. a. *Thalasseus sandvicensis*

(E) Sandwich Tern; (F) Sterne caugek; (I) Beccapesci; (H) Grote Stern; (S) Kentsk tärna; (Sp) Charrán patinegro; (N.A.) Cabot's Tern

KENNZEICHEN: Reichlich 40 cm. Gekennzeichnet durch ziemlich bedeutende Größe, lange Flügel, kurzen Gabelschwanz und langen, schlanken, schwarzen Schnabel mit gelber Spitze (bei juv. ist das Gelb kaum zu sehen). Beine schwarz. Viel größer und heller als die langschwänzigen Fluß- und Küstenseeschwalben. Die Lachseeschwalbe ist von ähnlicher Größe, hat aber viel kürzeren und gedrungeneren, ganz schwarzen Schnabel und weniger tief gegabelten Schwanz. Die Unterseite kann wie bei der Rosenseeschwalbe einen rötlichen Anflug haben, aber die sehr langen Schwanzspieße und die leuchtend roten Beine der Rosenseeschwalbe machen eine Verwechslung unmöglich. In Erregung werden die *verlängerten schwarzen Hinterkopf-*

federn gesträubt, was dem Kopf ein zottiges Aussehen verleiht. Im Ruhekleid ist der Scheitel überwiegend weiß mit streifig schwarzem Schopf. Kann bereits ins Ruhekleid mausern, wenn sie noch brütet. Juv. sehr hell aussehend, mit weniger tief gegabeltem Schwanz als ad., zuweilen ohne Gelb an der Schnabelspitze, was zur Verwechslung mit Lachseeschwalbe führen kann. Flug möwenartiger als bei den kleineren Seeschwalben.

STIMME: Die Brandseeschwalbe lärmt mehr als die meisten Seeschwalben. Ruft schneidend, kratzend „kirrik" (höher als der ziemlich ähnliche Ruf der Lachseeschwalbe) oder ansteigend „kirr-kit", auch scharf „tripp".

VORKOMMEN: Fast ausschließlich am Meer. Nistet in großen Kolonien dicht beieinander auf Sand- oder Kiesstrand, felsigen oder sandigen Inseln, gelegentlich am Ufer von Binnengewässern. Verbreitungskarte 171.

Rosenseeschwalbe *Sterna dougallii* R1 47, 49

(E) Roseate Tern; (F) Sterne de Dougall; (I) Rondine di mare del Dougall; (H) Dougalls Stern; (S) Rosentärna; (Sp) Charrán rosado

KENNZEICHEN: 38 cm. Wenn in Gesellschaft von Fluß- und Küstenseeschwalbe, an der sehr verschiedenen Stimme, an der *viel helleren Färbung* und den kürzeren Flügeln erkennbar. Schnabel im Sommer *schwarz* mit roter Wurzel, im Winter ganz schwarz. Im Frühling ist an der Brust ein rosa Anflug sichtbar, der aber schon bald verschwindet. Die Brandseeschwalbe hat ebenfalls oft diesen rötlichen Anflug, aber die Rosenseeschwalbe ist im Frühjahr leicht durch die *roten Beine* und langen Schwanzspieße zu unterscheiden. Im Sitzen reichen die Schwanzspieße *weit über* die Flügelspitzen; bei Fluß- und Küstenseeschwalbe tun sie es selten. Juv. von jungen Fluß- und Küstenseeschwalben durch deutlichere Zeichnung auf Scheitel und Oberseite zur Not unterscheidbar. Verhalten wie bei der Flußseeschwalbe, aber der Flug ist leichter, mit flacheren und schnelleren Flügelschlägen.

STIMME: Ein langgezogenes, kreischendes „aaach", ein weiches sehr bezeichnendes „tschu-ick" und ein ängstlich keckerndes „kekekekek" wie Fluß- oder Küstenseeschwalbe.

VORKOMMEN UND VERBREITUNG: Wie Flußseeschwalbe, aber ausschließlich am Meer. Nistet gesellig mit Fluß- oder Küstenseeschwalben, auf Inselchen, gelegentlich am Strand. Als Brutvogel weit über die Erde verbreitet: Küsten des nördlichen Atlantik, der indoaustralischen Region und Südafrikas. In Europa sehr lokal an den Küsten der Britischen Inseln und der Bretagne, früher auch auf den Nordfriesischen Inseln brütend. Umherstreifende an den Küsten Westeuropas nordwärts bis Dänemark und ostwärts bis Italien; auch Schweiz und Österreich.

Flußseeschwalbe *Sterna hirundo* R3 47, 49

(E) Common Tern; (F) Sterne Pierre-Garin; (I) Rondine di mare; (H) Visdief; (S) Fisktärna; (Sp) Charrán común

KENNZEICHEN: 35,5 cm. Fluß-, Küsten- und Rosenseeschwalbe werden leicht miteinander verwechselt, denn die üblichen Merkmale sind selten unbedingt zuverlässig. Im Sommer ist die Flußseeschwalbe gewöhnlich an der *schwarzen Spitze des orangeroten Schnabels* zu erkennen (Schnabel bei der Küstenseeschwalbe ganz blutrot, bei der Rosenseeschwalbe vorwiegend schwarz). Im Winter ist der Schnabel bei der Flußseeschwalbe schwärzlich mit roter Wurzel (bei Küsten- und Rosenseeschwalbe ganz schwärzlich). Alle drei haben im Sommer rote Beine, aber wenn sie beieinandersitzen, erscheinen die Beine der Küstenseeschwalbe merklich kürzer; im Winter sind die Beine der Flußseeschwalbe noch rötlich (bei der Küstenseeschwalbe schwärzlich, bei der Rosenseeschwalbe orangerot, bei juv. jedoch schwärzlich). Die Schwanz-spieße der Flußseeschwalbe ragen nicht über die Spitzen der geschlossenen Flügel hinaus (bei der Küstenseeschwalbe überragen sie die Flügelspitzen etwas, bei der Rosenseeschwalbe weit). Im Ruhe- und Jugendkleid haben alle drei unvollständige schwarze Kopfkappe und weiße Stirn, aber die Flußsee-schwalbe hat *merklich dunklere Schulterflecken.* Juv. nicht sicher zu unter-scheiden. Flug sehr leicht. Bei überhinfliegender Küstenseeschwalbe erschei-nen *alle* Handschwingen wie durchsichtig; bei der Flußseeschwalbe ergeben nur die innersten 4 einen hellen Fleck hinter dem Flügelwinkel; im Sommer fällt der Kontrast zwischen den dunklen Spitzen der äußeren Handschwin-gen und den hellen der inneren Handschwingen auf; bei der Küstensee-schwalbe ist ein solcher Kontrast nicht vorhanden.

STIMME: Viel zu hören und wechselreich. Lang kreischend und abfallend „krih-ärr", „kirri-kirri" und keckernd „kikikikik".

VORKOMMEN: Meeresküsten und manche Binnengewässer, Strand und Inseln. Nistet kolonieweise auf dem Strand, auf Sanddünen, Inseln im Salz- und Süßwasser. Verbreitungskarte 172.

Küstenseeschwalbe   *Sterna paradisaea*   R4   47, 49

(E) Arctic Tern; (F) Sterne arctique; (I) Rondine di mare coda lunga; (H) Noordse Stern; (S) Silver-tärna; (Sp) Charrán ártico

KENNZEICHEN: 38 cm. Von der Flußseeschwalbe durch *ganz blutroten Schna-bel* (dieser ist im Winter ganz schwärzlich, und die Spitze kann noch im Frühling schwarz sein) unterschieden, im Sitzen gewöhnlich durch *kürzere Beine.* Unterseite und Hals in der Regel grauer als bei Fluß- und Rosensee-schwalbe, oft hebt sich von diesem grauen Ton ein *weißer Streifen unter der schwarzen Kopfkappe* ab. Die Spitzen der Handschwingen bilden bei ad. und juv., von unten gesehen, einen *schmalen, deutlich* gegen die hellen Schwingen *abgegrenzten dunklen Saum,* der bei der Flußseeschwalbe undeutlich abge-grenzt und breiter ist. Im Sitzen überragen die Schwanzspieße gewöhnlich die Flügelspitzen *ein wenig,* aber niemals so weit wie bei der Rosensee-schwalbe. Genauen Vergleich der drei Arten siehe unter Flußseeschwalbe.

STIMME: Ähnlich Flußseeschwalbe; ein ansteigendes „kih-kih" kennzeichnend; die meisten übrigen Rufe höher und härter als bei der Flußseeschwalbe.

VORKOMMEN: Wie Flußseeschwalbe, aber mehr an der See und häufiger auf felsigen Inselchen der Küste. Verbreitungskarte 173.

Rußseeschwalbe

Rußseeschwalbe *Sterna fuscata* **46**

Syn. a. *Onychoprion fuscatus*

(E) Sooty Tern; (F) Sterne fuligineuse; (I) Rondine di mare oscura; (H) Bonte Stern; (S) Sottärna; (Sp) Charrán sombrío

KENNZEICHEN: 40,5 cm. Keine andere in Europa auftretende Seeschwalbe ist *oben schwarz und unten weiß* (ad. zu jeder Jahreszeit). Scheitel, Rücken, Flügel und Schwanz schwarz; Unterseite, Wangen und Stirnfleck weiß; Schnabel lang und schwarz; Füße schwarz. Die viel kleinere Trauerseeschwalbe ist oben schwarzgrau, niemals völlig schwarz, und hat einen schwach gegabelten, grauen Schwanz. Die Rußseeschwalbe hat einen sehr tief gegabelten schwarzen Schwanz mit weißen Außensäumen. Juv. oberseits rußbraun, am Rücken weiß gefleckt, unterseits graubraun. Siehe auch Zügelseeschwalbe (Irrgäste S. 272).

STIMME: Nasal „ker-wäcky-wäck".

VORKOMMEN UND VERBREITUNG: Das Meer; nistet auf Inseln der tropischen Ozeane. Umherstreifende bis England, Wales, Frankreich, Italien, Deutschland, Norwegen.

Zwergseeschwalbe *Sterna albifrons* R3 **48, 49**

Syn. a. *Sternula albifrons*

(E) Little Tern; (F) Sterne naine; (I) Fraticello; (H) Dwergstern; (S) Småtärna; (Sp) Charrancito; (N.A.) Least Tern

KENNZEICHEN: 20 cm. Leicht von anderen Seeschwalben zu unterscheiden an der *geringen Größe,* dem schwarzspitzigen *gelben Schnabel, den gelben Beinen und der weißen Stirn,* die sich im Sommer scharf von dem schwarzen Scheitel und dem schwarzen Augenstreif abhebt. Im Ruhe- und Jugendkleid Scheitel aschgrau, allmählich in das Schwarz des Hinterkopfes übergehend. Schwanzspieße kurz. Flügel relativ schmaler, Flügelschläge schneller und das Rütteln vor dem Tauchen anhaltender als bei anderen Seeschwalben. Kann im Herbst mit der Trauerseeschwalbe verwechselt werden, ist aber oben *viel heller,* mit *weißem Schwanz.*

STIMME: Hoch und kratzend „krih-ik", scharf und gereiht „kitt" und rasch schnatternd „kirri-kirri-kirri".

VORKOMMEN: Sand- und Kiesstrand, auf dem Zuge im Binnenland erscheinend. Nistet in kleinen zerstreuten Kolonien auf dem Strand; auf dem Festland auch an den Ufern von Seen und Flüssen. Verbreitungskarte 174.

Weißbartseeschwalbe *Chlidonias hybrida* R6 **48, 49**

(E) Whiskered Tern; (F) Guifette moustac; (I) Mignattino piombato; (H) Witwangstern; (S) Skäggtärna; (Sp) Fumarel cariblanco

KENNZEICHEN: Knapp 25 cm. Im Sommer von der Trauer- und Weißflügelseeschwalbe durch *weiße Wangen und Halsseiten* unterschieden, die vom schwarzen Scheitel und von der *dunkelgrauen Unterseite* abstechen; im Fluge *weiße Unterflügel- und weiße Unterschwanzdecken* ziemlich auffallend. Wirkt sehr viel heller als die anderen „schwarzen" Seeschwalben; der tiefer als bei der Weißflügelseeschwalbe gegabelte Schwanz, Flugweise und Tauchen nach Nahrung im Sturzflug erinnern an Flußseeschwalbe. Ad. im Winter von der Trauerseeschwalbe durch hellere Oberseite, *Fehlen der dunklen Flecke an den Brustseiten und weniger Schwarz am Scheitel* zu unterscheiden, von der Weißflügelseeschwalbe durch grauen (nicht weißen) Nacken, längeren Schnabel und einfarbige Oberseite. Juv. von jungen Trauerseeschwalben durch *fleckigen* Vorderrücken, der sich von den hellen Flügeln abhebt, und das Fehlen der Flecke an den Brustseiten zu unterscheiden, von jungen Weißflügelseeschwalben durch hellgrauen (nicht weißen) Bürzel und längeren Schnabel. Schnabel im Sommer dunkelrot, im Winter schwärzlich, so lang wie der Kopf und höher als bei den anderen *Chlidonias*-Arten. Aufenthalt wie bei der Trauerseeschwalbe.

STIMME: Ein rauhes „zeck" oder „ky-ik" und andere rauhe Rufe. Verbreitungskarte 175.

Trauerseeschwalbe   *Chlidonias niger*   R2   48, 49

(E) Black Tern; (F) Guifette noire; (I) Mignattino; (H) Zwarte Stern; (S) Svarttärna; (Sp) Fumarel común

KENNZEICHEN: 24 cm. Die *Chlidonias*-Arten sind kleine, sumpfige Binnengewässer bewohnende Seeschwalben mit im allgemeinen dunklem Brutkleid und kennzeichnendem, „weicherem" Flug, als ihn die *Sterna*-Arten bei der Nahrungssuche zeigen. Die Trauerseeschwalbe ist die einzige Seeschwalbe mit *ganz schwärzlich-grauem* Brutkleid, ausgenommen die auffallenden *weißen Unterschwanzdecken*. Ruhekleid: Stirn, Hals und Unterseite weiß, an den Brustseiten vor dem Flügel ein *unregelmäßiger dunkelgrauer Fleck*. Sieht in der Mauser fleckig aus. Juv. wie ad. im Ruhekleid, aber mit dunklerem Vorderrücken. Schnabel schwarz, schlank, fast so lang wie der Kopf; Füße rotbraun. Siehe bezüglich des Ruhekleides Weißbart- und Weißflügelseeschwalbe. Fliegt über dem Wasser hin und her, stürzt sich auf die Oberfläche, um Insekten aufzupicken, taucht aber sehr selten unter.

STIMME: Selten zu hören. Gewöhnlich kreischend „kih-pih" oder „krihk".

VORKOMMEN: Binnengewässer, auf dem Zuge auch an der Küste. Nistet in zerstreuten Kolonien, baut Schwimmnester im Flachwasser von Sümpfen und Lagunen. Verbreitungskarte 176.

Weißflügelseeschwalbe   *Chlidonias leucopterus*   R6   48

(E) White-winged Black Tern; (F) Guifette leucoptère; (I) Mignattino alibianche; (H) Witvleugelstern; (S) Vitvingad tärna; (Sp) Fumarel aliblanco

KENNZEICHEN: Knapp 24 cm. Im Sommer unverkennbar, mit überraschend *schwarzem Gefieder und auffallend weißen Flügeldecken* und weißem (bei der Trauerseeschwalbe grauem) Schwanz; ferner von der Trauerseeschwalbe durch schwarze (nicht graue) Flügelunterseite unterschieden. Schnabel und Beine im Sommer rot, im Winter schwärzlich. Im Winter von der Trauerseeschwalbe durch *Fehlen der dunklen Flecke an den Brustseiten,* weniger Schwarz am Scheitel, kräftigeren Körperbau und ruhigeren Flug zu unterscheiden, von der Weißbartseeschwalbe durch *vollständiges* weißes Halsband, helleren Bürzel und weniger gegabelten Schwanz. Juv. von jungen Trauerseeschwalben durch den mit den blaßgrauen Flügeln kontrastierenden dunkler braunen Rücken, von jungen Weißbartseeschwalben durch den rein weißen, vom dunklen Rücken sich abhebenden Bürzel zu unterscheiden. Schnabel im Sommer rot, im Winter schwärzlich, kürzer und gedrungener als bei Trauer- und Weißbartseeschwalbe.

STIMME: Ein rauhes „kerr".

VORKOMMEN: Wie bei der Trauerseeschwalbe, mit der sie häufig das ganze Jahr über vergesellschaftet ist. Verbreitungskarte 177.

Alken: Alcidae

Schwarz-weiße, ans Meer gebundene Tauchvögel mit kurzem Hals, sehr kurzen, schmalen Flügeln und weit zurückgesetzten Beinen. Schnabel spitz oder oft seitlich zusammengedrückt. Flug schwirrend und fierend, selten lange geradeaus; die großen Füße ragen, ehe der Vogel sich niederläßt, seitlich hervor. Halten sich im Stehen gewöhnlich aufrecht. Gesellig.

Trottellumme *Uria aalge* R5   **50**

(E) Guillemot; (F) Guillemot de Troïl; (I) Uria; (H) Zeekoet; (S) Sillgrissla; (Sp) Arao común; (N.A.) Common Murre

KENNZEICHEN: 42 cm. Vom Tordalken durch den *schlanken, spitzen Schnabel und dünneren Hals* unterschieden. Bei der nördlichen Rasse *U. a. aalge* wirkt die Oberseite gewöhnlich ebenso schwarz wie beim Tordalken, obwohl der Kopf brauner ist, aber die südliche Rasse *U. a. albionis* ist dunkel schokoladenbraun im Sommer, graubraun im Winter. Die ziemlich häufige „Ringellumme" (keine eigene Art) hat einen schmalen weißen Augenring und eine weiße, vom Auge nach hinten streichende Linie. Im Ruhekleid sind Kopfseiten und Kehle weiß wie beim Tordalken im Ruhekleid, aber mit auffallend *schwarzer Linie* vom Auge über die Ohrdecken. Bewegungen wie beim Tordalken; im Flug wirkt der Hals dünner und länger und der Schwanz kürzer. Siehe auch Dickschnabellumme.

STIMME: Zur Brutzeit sehr oft zu hören. Langanhaltend und rau „arrr" oder „ärra".

VORKOMMEN: Wie Tordalk. Nistet in dichten Kolonien auf den Simsen steiler Felswände und auf flachen Gipfeln, oft mit Tordalken und Dreizehenmöwen gemeinsam. Verbreitungskarte 178.

Dickschnabellumme *Uria lomvia*   **50**

(E) Brünnich's Guillemot; (F) Guillemot de Brünnich; (I) Uria grossa; (H) Kortsnavelzeekoet; (S) Spetsbergsgrissla; (Sp) Arao de Brünnich; (N.A.) Brünnich's Murre

KENNZEICHEN: 42 cm. Sehr ähnlich der Trottellumme, aber von dieser zu jeder Jahreszeit unterschieden durch *merklich kürzeren und dickeren Schnabel* (der aber längst nicht so hoch ist wie beim Tordalken) und von nahem durch *schmale helle Linie an den Schnabelseiten.* Im Ruhekleid erstreckt sich ferner das Schwarz vom Scheitel bis *ziemlich weit unters Auge,* und über die Ohrdecken führt kein dunkler Streifen. Der junge Tordalk kann mit Dickschnabellumme verwechselt werden, aber sein Schnabel ist gedrungener und runder. Flug, Verhalten und Stimme wie Trottellumme.

VORKOMMEN UND VERBREITUNG: Wie Trottellumme, streift aber im Winter weiter auf See hinaus. Brütet an Küsten der nördlichen Meere, auf Island und in Nordnorwegen; im Winter an der norwegischen Küste südwärts; gelegentlich Färöer. Umherstreifende an den Küsten südwärts bis zu den Britischen Inseln und Nordfrankreich; ausnahmsweise im Binnenland in Deutschland, in Österreich (einmal) und der Tschechoslowakei.

Tordalk *Alca torda* R5 50

(E) Razorbill; (F) Petit pingouin; (I) Gazza marina; (H) Alk; (S) Tordmulle; (Sp) Alca (común); (N.A.) Razor-billed Auk

KENNZEICHEN: Gut 40 cm. Oben schwarz, unten weiß. Von der Trottellumme durch ziemlich dicken Kopf, kurzen dicken Hals und *seitlich zusammengedrückten* Schnabel mit auffallender *weißer Querlinie* in der Mitte unterschieden. Wirkt im Schwimmen gedrungener als die Trottellumme und trägt den spitzen Schwanz gewöhnlich *aufgestellt*. Beide Arten haben am geschlossenen Flügel eine weiße Bogenbinde und im Fluge einen auffallenden weißen Saum am Hinterrand der Flügel. Kehle und Kopfseiten bei ad. im Ruhekleid weiß. Juv. mit kleinerem Schnabel ohne weiße Linie; die junge Trottellumme hat längeren, spitzeren Schnabel und einen bezeichnenden schwarzen Streif hinter dem Auge. Gesellig, sitzt aufrecht oder waagerecht auf Felsvorsprüngen mit Trottellummen.

STIMME: Ein leises, schwirrendes Pfeifen und ein langgezogenes, mürrisches Quarren am Brutplatz.

VORKOMMEN: Ausgesprochener Seevogel, der in Küstengewässern und in einiger Entfernung von der Küste lebt. Nistet kolonieweise, gewöhnlich gemeinsam mit Trottellummen, an Meeresfelsen, so in wenigen Paaren auf Helgoland. Verbreitungskarte 179.

Gryllteiste *Cepphus grylle* 50

(E) Black Guillemot; (F) Guillemot à miroir; (I) Uria nera; (H) Zwarte Zeekoet; (S) Tobisgrissla; (Sp) Arao aliblanco

KENNZEICHEN: Gut 34 cm. Viel kleiner als Trottellumme. Im Sommer leicht zu erkennen an dem *einfarbig schwarzen Gefieder mit großem weißen Flügelschild und leuchtend roten Füßen*. Im Winter unten weiß, schwarze Teile der Oberseite dicht weiß gefleckt. Juv. oben dunkler als ad. im Ruhekleid, das Weiß undeutlich mit Braun vermischt. Verhalten wie Trottellumme, aber gewöhnlich nur in sehr geringer Zahl zu sehen. Kann im Sommer von weitem mit der Samtente verwechselt werden, die aber viel größer ist, am geschlossenen Flügel nur ein kleines weißes Band und im Fluge das Weiß am Hinter- (nicht *Vorder-*)rand des Flügels hat. Nippt oft mit dem Schnabel auf die Wasseroberfläche. Siehe auch Lappentaucher im Ruhekleid.

STIMME: Sehr bezeichnend – ein leiser, pfeifender Ton, gelegentlich zu einem zwitschernden Triller gereiht, wobei der zinnoberrote Rachen auffällt.

VORKOMMEN: Hält sich dichter an der Küste auf als die anderen Lummen, oft an felsigen, sogar bewaldeten Inseln. Nistet einzeln oder in kleinen zerstreuten Gruppen in Höhlen oder unter Steinblöcken auf Felsufern, Klippenvorsprüngen, Inseln. Verbreitungskarte 180.

Krabbentaucher *Alle alle* 50

(E) Little Auk; (F) Mergule nain; (I) Gazza marina minore; (H) Kleine Alk; (S) Alkekung; (Sp) Mérgulo marino; (N.A.) Dovekie

KENNZEICHEN: Gut 20 cm. Der kleinste Seevogel im Winter. Nicht viel größer als ein Star. Leicht zu erkennen an dem *„pausbackigen, halslosen" Aussehen und dem sehr kurzen Schnabel*. Brutkleid: Kopf, Vorderbrust und Oberseite schwarz; schmale weiße Flügelbinde; weiße Unterseite; Ruhekleid: Ohrdecken, Kehle und Vorderbrust weiß. Im Fluge durch dunkle Flügelunterseite von jungen Papageitauchern und anderen Alken unterschieden, die alle helle Flügelunterseite haben.

STIMME: Am Brutplatz viel zu hören. Ein hohes schrilles Plärren.

VORKOMMEN UND VERBREITUNG: Ausgesprochener Meeresvogel. Strandet bei schweren Stürmen gelegentlich am Ufer. Nistet in großen Kolonien, in Höhlen unter Felsen, auf hohen Klippen der Arktis, lokal an Bergen. Brutvogel auf den Inseln des nördlichen Atlantiks und des nördlichen Eismeeres, in unserem Gebiet nur in Nordisland. Teilzieher. Im Winter befliegt er den Raum von der Arktis südwärts bis Nordsee und Nordatlantik; unregelmäßig im Kanal; umherstreifend in Finnland und südwärts bis zum Mittelmeergebiet, wo ostwärts bis Italien.

Papageitaucher *Fratercula arctica* R1   **50**

(E) Puffin; (F) Macareux moine; (I) Pulcinella di mare; (H) Papegaaiduiker; (S) Lunnefågel; (Sp) Frailecillo (común)

KENNZEICHEN: 30,5 cm. Im Brutkleid leicht zu erkennen an dem *dreieckigen, seitlich abgeflachten rot-blau-gelben Schnabel,* an der gedrungenen, dickköpfigen Gestalt, am schwarz-weißen Gefiedern und an den *leuchtend orangeroten Füßen.* Im Ruhekleid ist der Schnabel etwas kleiner, aber noch immer als Papageitaucherschnabel zu erkennen; Wangen grauer. Juv. mit viel kleinerem, schwärzlichem Schnabel, aber mit typischer Papageitauchergesichtszeichnung (s. Taf. 50). Wirkt im Fluge sehr dickköpfig. Sitzt aufrecht, aber ruht waagerecht.

STIMME: Selten zu hören, am Brutplatz tief knurrend „ou" oder „arr".

VORKOMMEN: Küstennahe und -ferne Meeresgewässer. Nistet kolonieweise in Kaninchen-, Sturmtaucher- oder selbstgegrabenen Höhlen im Erdreich felsiger oder grasiger Inseln. Verbreitungskarte 181.

Flughühner: Pteroclidae

Rundliche, taubenartige Bodenvögel unsicherer Verwandtschaft mit sehr kurzen, befiederten Beinen und Zehen. Flügel und Schwanz lang und spitz. Flug reißend. Gang trippelnd und taubenartig. Geschlechter verschieden. Äußerst scheu. Gesellig. Gewöhnlich in Wüsten und Trockengebieten. Ruffreudig. Bodenbrüter.

Spießflughuhn *Pterocles alchata*   **32**

(E) Pin-tailed Sandgrouse; (F) Ganga cata; (I) Grandule; (H) Witbuikzandhoen; (S) Långstjärtad flyghöna; (Sp) Ganga común

KENNZEICHEN: 32 cm. Am Boden ähnlich einem kleinen, hellen Rebhuhn, aber sogleich durch die *langen, nadelspitzen, mittleren Steuerfedern* zu unterscheiden, im Flug ferner durch die langen, scharf zugespitzten Flügel und die „halslose" Silhouette. Kleiner als Sandflughuhn und Steppenhuhn. Von beiden (besonders im Flug) durch *weißen Bauch* und weiße Flügelunterseite mit schwarzer Flügelspitze unterschieden. ♂ im Brutkleid: Oberseite dunkel graubraun, kräftig zitronengelb gefleckt, Flügeldecken kastanienbraun, Scheitel grau, Gesicht orangegelb, *Kinn und Kehle schwarz, breites Brust-*

band ockerbraun. ♀: Oberseite gelblich, fein schwarz und zart lila gebändert; Kehle und Unterseite weiß, mit zwei oder drei schmalen schwarzen Bändern über die Brust. ♂ im Ruhekleid ähnlich ♀, aber ohne zart lila Bänderung. Gewöhnlich in viel größeren Schwärmen als Sandflughuhn, die oft gemeinsame Flugmanöver ausführen. Siehe Sandflughuhn und Steppenhuhn.

STIMME: Nasal „ganggang gang ganggang . . .“ oder „katarr katarr . . .“, gewöhnlich im Flug.

VORKOMMEN UND VERBREITUNG: Trockene, staubige Ebenen, hohe Steinplateaus, sonnengedörrte Schlammflächen und die Ränder von Sümpfen. Nistet am Boden. Jahresvogel in Südfrankreich (Crau), Südspanien und Portugal. Verflogene in Deutschland (Bundesrepublik, einmal), Italien, Sizilien und Malta.

Sandflughuhn   *Pterocles orientalis*   32

Syn. a. *Eremialector orientalis, Syrrhaptes orientalis*

(E) Black-bellied Sand-grouse; (F) Ganga unibande; (I) Ganga; (H) Zwartbuikzandhoen; (S) Ringflyghöna; (Sp) Ortega

KENNZEICHEN: Reichlich 35 cm. Größer und gedrungener als Spießflughuhn, etwa von der Größe des Steppenhuhnes. Von beiden, selbst von weitem, durch *viel weniger verlängerten Schwanz und sehr auffallend schwarzen Bauch* unterschieden. ♂: Sandgrauer Kopf, Oberseite gräulich mit rostgelber Sprenkelung, Flügeldecken und Armschwingen rostgelb, Kehle kastanienbraun, nach hinten durch ein schwarzes Querband begrenzt, Brust rötlichgrau mit einem schmalen schwarzen Querband. ♀: Sandfarben, dicht gefleckt auf Kopf und Oberseite, Kehle hell sandgelb mit schwarzem Fleck, Brust warm ockerfarben, dicht schwarz gefleckt und nach hinten durch ein schwarzes Band begrenzt.

STIMME: Gewöhnlich tief „djürr-rürr-rür“.

VORKOMMEN UND VERBREITUNG: Halbwüsten oder hügeliges, steiniges Gelände. Nistet auf dem Boden, auf der Iberischen Halbinsel und von den Kanaren über Nordafrika und Vorderasien bis Turkestan. Verflogene auf Malta, in Belgien und Deutschland (DDR, einmal).

Steppenhuhn   *Syrrhaptes paradoxus*   R6   32

(E) Pallas' Sandgrouse; (F) Syrrhapte paradoxal; (K) Sirratte; (H) Steppehoen; (S) Stäpphöna; (Sp) Ganga de Pallas

KENNZEICHEN: 36–40 cm. Gekennzeichnet durch lange, nadelspitze mittlere Schwanzfedern (länger als beim Spießflughuhn), das Fehlen von Weiß am Flügel und durch auffallenden *schwarzen Fleck* an der Hinterbrust (weniger ausgedehnt als beim Sandflughuhn). ♂: Kopf und Kehle orangegelb mit grauem, vom Auge bis zu den Halsseiten führendem Bogenstreif; Oberseite gebändert sandfarben; Brust und Handschwingen hellgräulich. ♀: Der Halsfleck ist von einem schmalen schwarzen Band gesäumt, Scheitel und Nacken schwarz gefleckt und ohne Orangegelb. Siehe Sand- und Spießflughuhn.

STIMME: Wenn zu Scharen vereinigt, rufen die Vögel häufig, gewöhnlich „körki“ oder „körkörki“.

VORKOMMEN UND VERBREITUNG: Sandige Halbwüsten. Während der periodischen Massenwanderungen nach Europa erscheint es gewöhnlich an den

Sandküsten, auf Stoppelfeldern usw. Nistet am Boden. Trat sporadisch in ganz Europa auf, westwärts bis Großbritannien (wo es wie auch in Dänemark gebrütet hat), Irland, Spanien, ja sogar Färöer. Auch in Norddeutschland Brutversuche im Invasionsjahr 1888. Letzte große Invasion 1908.

Tauben: Columbidae

Rundliche, schnellfliegende Vögel mit kleinem Kopf und charakteristischer tiefer, gurrender Stimme. Geschlechter einander ähnlich. Teils Baum-, teils Höhlenbrüter.

Felsentaube   *Columba livia*   51

(E) Rock Dove; (F) Pigeon biset; (I) Piccione selvatico; (H) Rotsduif; (S) Klippduva; (Sp) Paloma bravía

KENNZEICHEN: 33 cm. Die Stammform unserer Haustaube. Von der Hohltaube und der viel größeren Ringeltaube unterschieden durch *weißlichen Bürzel, zwei breite schwarze Binden über die Armschwingen und weiße Unterflügel.* Schwanz mit schwarzer Endbinde, gewöhnlich mit etwas Weiß an den äußeren Steuerfedern. Gefieder blaugrau, auf dem Rücken heller, an den Halsseiten glänzend grün und lila. Die Haustaubenrassen variieren im Gefieder von typischen Felsentauben bis zu weißen, gelblichen und schwärzlichen Formen. Flug schneller als bei der Ringeltaube und gewöhnlich niedriger, Schwanz kürzer.

STIMME: Das Gurren ununterscheidbar von dem unserer Haustaube „u-ru-ku".

VORKOMMEN: Gewöhnlich in geringer Zahl an Klippen felsiger Küsten und im angrenzenden Gelände. In Südeuropa auch an Felshängen und Klippen des Binnenlandes. Nistet in Höhlen, Schächten und an Felswänden. Die in Städten und Gehöften überaus häufigen, oft verwilderten Haustauben nisten in und an Gebäuden; sie besuchen scharenweise die Felder. Verbreitungskarte 182.

Hohltaube   *Columba oenas*   R3   51

(E) Stock Dove; (F) Pigeon colombin; (I) Colombella; (H) Holenduif; (S) Skogsduva; (Sp) Paloma zurita

KENNZEICHEN: 33 cm. Merklich *kleiner und dunkler* als Ringeltaube, von der sie im Fluge oder im Sitzen leicht durch *Fehlen von Weiß an Flügel und Hals* zu unterscheiden ist. Oberseite blauer grau. Glänzend grüner Fleck an den Halsseiten. Zwei kurze, *unterbrochene schwarze Flügelbinden.* Juv. ohne Grün am Hals. Verhalten wie Ringeltaube, mit der sie im Winter zuweilen vergesellschaftet; weniger gesellig und Flug reißender. Die Felsentaube hat auffallend weißen Bürzel und zwei breite schwarze Flügelbinden, aber verwilderte Haustauben haben zuweilen Bürzelfärbung wie Hohltaube.

STIMME: Von der Stimme der Ringeltaube abweichend, eine Reihe monotoner „hu-ru" oder „hu-ru-u", die oft auf der ersten Silbe betont sind.

VORKOMMEN: Wie Ringeltaube, zieht aber mehr die offene Parklandschaft mit alten Bäumen vor, auch Klippen, Sanddünen usw. Nistet in Höhlen in alten Bäumen, notfalls in Felsnischen, altem Gemäuer, Kaninchenbauen, Gebäuden usw. Verbreitungskarte 183.

Ringeltaube   *Columba palumbus*   **51**

Syn. a. *Palumbus palumbus*

(E) Wood Pigeon oder Ring Dove; (F) Pigeon ramier; (I) Colombaccio; (H) Houtduif; (S) Ringduva; (Sp) Paloma torcaz

KENNZEICHEN: Reichlich 40 cm. Größer als andere Tauben, mit *breitem, weißem Band über den Flügel* (im Fluge auffallend); am Hals glänzend grün und purpurn mit *weißem Fleck an jeder Seite*. Juv. ohne Halszeichnung. Streift im Winter oft in gewaltigen Scharen umher. Mischt sich gern unter Haus- und Hohltauben; langschwänziger als diese. Fliegt mit lautem Flügelklatschen ab. Siehe auch Hohl- und Felsentaube.

STIMME: Gedämpftes Gurren, ein oft wiederholter Satz von etwa 5 oder 6 Lauten „ku-ku-rú-ku-ku-ku", meist mit der Betonung auf der zweiten oder dritten Silbe.

VORKOMMEN: Wald- und Parkvogel, lokal auch im Innern der Städte, zur Nahrungssuche auf Feldern. Nistet auf Bäumen, in Hecken, in alten Nestern usw. Verbreitungskarte 184.

Türkentaube   *Streptopelia decaocto*   **51**

(E) Collard Turtle Dove; (F) Tourterelle turque; (I) Tortora dal collare orientale; (H) Turkse Tortel; (S) Turkduva; (Sp) Tórtola turca

KENNZEICHEN: 28 cm. Von der Turteltaube durch längeren Schwanz, eintönig hell staubbraune Oberseite mit schmalem *schwarzen Nackenband* und hell blaugrauen äußeren Oberflügeldecken ohne Schwierigkeit zu unterscheiden. Kennzeichnend ist die weiße Endbinde der schwarzen Schwanzunterseite; bei nicht gefächertem Schwanz erscheint dessen Oberseite wie der Rücken gefärbt. Kopf und Unterseite heller und grauer mit weinrötlichem Hauch, besonders an der Brust. Die dunklen Handschwingen heben sich vom Rest des Gefieders ab. Augen rot. Von der sehr ähnlichen Lachtaube (einem in Gefangenschaft gehaltenen Abkömmling von *S. roseogrisea*) durch etwas düsterere (nicht so hell rahmbräunliche) Färbung und dunkle Handschwingen unterschieden.

STIMME: Tief „ku-kuh, ku", gewöhnlich auf der zweiten Silbe betont (bei der Lachtaube ist in der Regel die erste Silbe betont). Flugruf ein nasales „chwi".

VORKOMMEN: Hauptsächlich Städte und Dörfer. Nistet gewöhnlich auf Bäumen, stellenweise an Gebäuden. Verbreitungskarte 185.

Turteltaube   *Streptopelia turtur*   **51**

Syn. a. *Amoropelia turtur*

(E) Turtle Dove; (F) Tourterelle des bois; (I) Tortora; (H) Tortelduif; (S) Turturduva; (Sp) Tórtola (común)

KENNZEICHEN: 28 cm. Kleiner als alle anderen gewöhnlichen Tauben; an der viel schlankeren Gestalt und dem deutlich *gestuften, dunklen Schwanz mit weißem Ende* zu erkennen. Oberkopf und äußere Oberflügeldecken blaugrau, Rücken und innere Oberflügeldecken rostbraun mit schwarzen Federmitten; an den Halsseiten je ein schwarz-weiß gestreifter Fleck; Kehle und Brust zart rötlich. Juv. ohne Halsflecke, Brust ohne rötlichen Anflug. Gewöhnlich paarweise oder in kleinen Trupps. Flug schnell und geradeaus führend. Flügelschlag mehr stoßweise als bei der Ringeltaube. Siehe auch Türkentaube.

STIMME: Zarter und eintöniger als das Gurren anderer Tauben: ein gereihtes, fast schnurrendes „turr-turr-turr . . .

VORKOMMEN: Wälder, offenes Gelände mit verwilderten Hecken und Gehölzen, auch Parkanlagen usw., zur Nahrungssuche auf Feldern. Nistet in Bäumen und Büschen. Verbreitungskarte 186.

Palmtaube   *Streptopelia senegalensis*   75
  Syn. a. *Stigmatopelia senegalensis*

  (E) Laughing Dove; (F) Tourterelle du Sénégal; (I) Tortora senegalese; (H) Palmtortel; (S) Palmduva; (Sp) Tórtola senegalesa

KENNZEICHEN: 26 cm. Eine kleine Taube mit *dunkler Zeichnung* über dem Kropf. Kopf und Hals weinrötlich mit breitem Band aus *schwarzen und kupferfarbigen Flecken am oberen Teil des Kropfes;* Kinn heller, Bauch und Unterschwanzdecken weiß; Vorderrücken dunkel rostbräunlich, Bürzel grau; *im Fluge fallen die blaß blaugrauen Flügeldecken auf;* Schwanz schwärzlich mit breiten weißen Spitzen an den äußeren Federn; Augenring und Füße rot. Geschlechter einander ähnlich. Juv. matter gefärbt.

STIMME: Eine schnelle Folge von wie „kuh" klingenden Rufen, erst ansteigend, dann absinkend.

VORKOMMEN UND VERBREITUNG: Weit verbreitet im Innern und in der Umgebung von Städten und Dörfern im größten Teil Afrikas bis zum Kap und in großen Teilen Südwestasiens bis Indien; nistet in Dornbüschen, kleinen Bäumen und an Gebäuden. Jetzt Brutvogel sowohl im europäischen wie im asiatischen Teil der Türkei. Seltener Gast in Nordost-Griechenland; ausnahmsweise Malta.

Edelpapageien: Psittaculidae

Papageien, meist bunt gefärbte, kurz- oder langschwänzige Vögel mit Hakenschnabel, sind über die tropischen, subtropischen und einige warmgemäßigte Gebiete der Alten und der Neuen Welt verbreitet. Ihre etwa 340 Arten kann man auf mehrere Familien verteilen. 39 Arten bilden die Familie der Edelpapageien, die ihr Hauptverbreitungsgebiet in Süd- und Südost-Asien hat, aber auch bis Neuguinea, zu den Salomonen und Nordost-Australien, bis zu den Maskarenen und in Teilen Afrikas vorkommt. Eine ihrer Arten wurde vom Menschen in Südwest-Asien, in Teilen Ostafrikas und Europas eingebürgert.

Halsbandsittich   *Psittacula krameri*   77
  (E) Ring-necked Parakeet; (F) Perruche à collier; (H) Halsbandparkiet; (S) Halsbandsparakit

KENNZEICHEN: 40 cm. Unverkennbar, smaragdgrün mit sehr langem Schwanz und rotem Hakenschnabel. ♂ mit schmalem schwarzen Band unterhalb der Kopfseiten und über den Hinterhals, dem ein rosenrötliches Band folgt. Gesellig, lärmend; gewandter Flieger. Gewöhnlicher Ruf ein lautes, rauhes Kreischen. Brütet in Baumhöhlen, unter losen Dachziegeln usw. Eingebürgert in Teilen Englands (Beobachtungen auch in Schottland und Wales), in Teilen Hollands und Belgiens und im Rheingebiet (Raum Köln-Bonn, Wiesbaden); auch Beobachtungen in Westfalen.

Kuckucke: Cuculidae

Ziemlich schlanke, langschwänzige, schmalflügelige Vögel, bei denen 2 Zehen nach vorn und 2 nach hinten gerichtet sind. Die beiden in Europa sich fortpflanzenden Arten Brutschmarotzer. Geschlechter meist einander ähnlich. Wahrscheinlich ist die Gruppe der Kuckucke in mehrere Familien zu zerlegen, wobei die in Europa vertretenen Arten drei verschiedene Familien repräsentieren: Eigentliche Kuckucke (Cuculidae) (Kuckuck), Häherkuckucke (Clamatoridae) (Häherkuckuck), Regenkuckucke (Coccyzidae) (Gelbschnabelkuckuck und Schwarzschnabelkuckuck, S. 273).

Gelbschnabelkuckuck *Coccyzus americanus*   54

(E) Yellow-billed Cuckoo; (F) Coulicou à bec jaune; (I) Cuculo americano; (H) Geelsnavelkoekoek; (S) Gulnäbbad gök; (Sp) Cuco piquigualdo

KENNZEICHEN: Reichlich 30 cm. Kleiner, schlanker und taubenähnlicher als der Kuckuck; oben trüb braun und unten weißlich. Deutliche Kennzeichen sind der *gelbe* Unterschnabel, die *großen weißen Flecke* an den Spitzen der Schwanzfedern und das *Rostbraun* im Flügel, das im Fluge auffällt. S. Schwarzschnabelkuckuck (Irrgäste, S. 273).

STIMME: Schnell und kehlig „kä-kä-kä-kä-kä-kau-kau-kaup-kaup-kaup" (zum Schluß langsamer werdend).

VORKOMMEN UND VERBREITUNG: Gebüsch, Dickichte, Waldungen. Brutvogel in Nordamerika, verfliegt sich gelegentlich bis zu den Britischen Inseln, Island, Norwegen, Frankreich, Belgien, Dänemark und Italien.

Häherkuckuck *Clamator glandarius*   54

(E) Great Spotted Cuckoo; (F) Coucou geai; (I) Cuculo dal ciuffo; (H) Kuifkoekoek; (S) Skatgök; (Sp) Críalo

KENNZEICHEN: Fast 40 cm. Leicht zu erkennen an der *auffallenden Haube,* am langen, gestuften, dunkelbraunen Schwanz mit *breiten weißen Säumen* und an der braunen, *kräftig weiß gefleckten* Oberseite. Unterseite und Kopfseiten rahmfarben, an der Kehle gelblich. Leuchtend orangefarbener Augenring. Juv. mit schwärzlichem Kopf, ohne Haube, mit *tief kastanienbraunen* Handschwingen. Auffallend und lärmend, oft auf Zäunen sitzend; manchmal in der Haltung elsternartig. Flug ziemlich kräftig und gerade. Gesellig.

STIMME: Ein schepperndes, seeschwalbenartiges „kitterä, kitterä, kitterä", dem gurgelnde Töne folgen; rauh und ansteigend „sri" (an Blaulelster erinnernd), bei Alarm krähenartig „kark" usw.

VORKOMMEN UND VERBREITUNG: Waldränder und Lichtungen, Olivenhaine, bebuschte Ebenen mit einzelnen Bäumen. Brutschmarotzer, der die Eier gewöhnlich in die Nester von Krähenvögeln, besonders in Elsternnester, legt; bringt oft mehrere Eier im gleichen Nest unter. Sommervogel in Spanien, Portugal, Süd-Frankreich, Sardinien und Sizilien, an der Westküste Italiens und vielleicht in Venetien; sehr vereinzelt vielleicht in Jugoslawien; auch in Griechenland (selten) und der Türkei. Umherstreifende in Europa nordwärts bis zur Schweiz, bis Österreich, Deutschland (mehr als ein Dutzend Nachweise), Belgien, Holland, Dänemark, Schweden, Norwegen, Finnland und zu den Britischen Inseln.

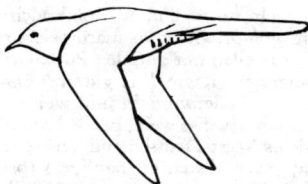

Fliegender Kuckuck

Kuckuck *Cuculus canorus* 54
(E) Cuckoo; (F) Coucou gris; (I) Cuculo; (H) Koekoek; (S) Gök; (Sp) Cuco

KENNZEICHEN: 33 cm. Langschwänzig, ziemlich spitzflügelig, wird im Flug manchmal mit Sperber verwechselt (der jedoch breite, *gerundete* Flügel hat). *Balzruf unverkennbar.* Oberseite und Kehle blaugrau; Unterkörper weißlich, dunkelgrau gebändert; Schwanz lang und rund, schiefergrau mit weißen Flecken und weißen Spitzen. Beine gelb. Juv. verschieden gefärbt: Oberseite entweder rotbraun und stark gebändert (ein Turmfalken-♀ vortäuschend) oder braungrau mit matten Bändern; beide Formen mit gebänderter, gelblichweißer Unterseite und weißem Nackenfleck. Gelegentlich treten rostbraune ♀, ähnlich rostbraunen juv., auf. Flug gerade, vor dem Einfallen gleitend. Außerhalb der Brutzeit ungesellig.

STIMME: Angenehm und weitschallend „kuckuck", manchmal ein- oder dreisilbig; auch ein fauchendes „hachachach" („Gauch"); ♀ (viel seltener zu hören) ruft laut und melodisch kichernd „kwickwickwick".

VORKOMMEN: Wälder und offenes, buschbestandenes Gelände, auch in baumlosen Gefilden, lokal im offenen Hochland. Die Weibchen leben in Vielmännerei und sind Brutschmarotzer, die ihre Eier einzeln in die Nester anderer Vögel legen, und zwar legt jedes einzelne Weibchen in die Nester nur einer bestimmten Wirtsart. Verbreitungskarte 187.

Eulen: Strigidae

Fleischfresser von überwiegend nächtlicher Lebensweise, mit großem Kopf, nach vorn gerichteten Augen und flachem Gesicht, in dem die kranzförmig angeordneten Federn einen „Schleier" bilden. Halb im Gefieder verborgener, krummer Schnabel und mächtige Krallen. Flug geräuschlos und gewöhnlich fledermausartig. Einige Arten mit auffallenden Feder-„Ohren". Die meisten Eulen haben große Augen und dicht befiederte Füße. Geschlechter gewöhnlich gleich. Brüten in Höhlen, alten Horsten anderer Vögel oder auf dem Boden. Mehrere Unterfamilien, unter denen die Schleiereulen am stärksten verschieden sind.

Schleiereule *Tyto alba* R4 52
(E) Barn Owl; (F) Chouette effraye; (I) Barbagianni; (H) Kerkuil; (S) Tornuggla; (Sp) Lechuza común

KENNZEICHEN: 34 cm. Eine langbeinige, sehr helle Eule mit weißem Gesicht.

Auf den Britischen Inseln, in S- und W-Frankreich und Südeuropa (Rasse
T. a. alba) *Oberseite goldbraun*, grau marmoriert mit weißen Fleckchen,
Unterseite rein weiß, zuweilen mit dunklen Punkten; im östlichen Mitteleu-
ropa südwärts bis Bulgarien (Rasse *T. a. guttata*) *Oberseite grau* mit durch-
scheinenden goldbraunen Federwurzeln und weißen Fleckchen, *Unterseite*
meist *tief rostgelb*, ausnahmsweise weiß, bei der von N- und Ost-Frankreich,
Belgien und Holland bis West-Deutschland verbreiteten Mischform Unter-
seite bald weiß, bald (nach Osten zu häufiger) rostgelb. Augen schwarz.
Keine Federohren. Nächtlich, jagt aber gelegentlich bei Tage. Im aufrechten
Sitzen sind die „x-beinigen" langen Läufe und der große Kopf bezeichnend.
Flug schwankend und in der Abenddämmerung wirklich geisterhaft. Nährt
sich hauptsächlich von kleinen Nagern.
STIMME: Langanhaltendes schnarchendes Gekreisch. Auch zischende und kläf-
fende Laute.
VORKOMMEN: Mit ganz besonderer Vorliebe menschliche Siedlungen, nistet in
Gehöften, in Mauern, Kirchtürmen, Ruinen usw. Besucht auch Parks mit
alten Bäumen, gelegentlich Klippen. Verbreitungskarte 188.

Zwergohreule   *Otus scops*   R6   52
(E) Scops Owl; (F) Hibou petit-duc; (I) Assiolo; (H) Dwergooruil; (S) Dvärguv; (Sp) Autillo

KENNZEICHEN: 19 cm. Eine sehr kleine Eule mit *Federohren* (diese nicht immer
auffallend). Gefieder graubraun marmoriert und gesprenkelt. Mit kleinerem,
weniger flachem Kopf als der Steinkauz und schlanker als dieser, von mehr
konischer Gestalt und mit längerem Schwanz. Der *monotone Ruf* ist sehr
bezeichnend. Hauptsächlich nächtlich. Frißt vor allem Insekten.
STIMME: Gewöhnlich ein ständig wiederholter melancholischer Pfiff „kju", der
sehr an das Geläute von Geburtshelferkröten erinnert.
VORKOMMEN: Bäume in der Nachbarschaft menschlicher Wohnungen,
Anpflanzungen, Gärten usw.; auch zwischen alten Gebäuden. Nistet in
Höhlen, gelegentlich in alten Nestern anderer Vögel. Verbreitungskarte 189.

Uhu   *Bubo bubo*   R3   52
(E) Eagle Owl; (F) Hibou grand-duc; (I) Gufo reale; (H) Oehoe; (S) Berguv; (Sp) Buho real

KENNZEICHEN: 66–71 cm. Größte europäische Eule (zweimal so groß wie
Waldohreule), mit *sehr auffälligen Federohren*, breit gestreifter gelbbrauner
Brust und *großen, orangeroten Augen*. Oberseite gelbbraun, dunkelbraun
gefleckt. Schlägt Beute bis zur Größe von Hasen und Rehkitzen. Jagt in der
Morgen- und Abenddämmerung und rastet in Felsspalten oder hohlen
Bäumen oder aufrecht auf einem Ast dicht neben dem Baumstamm sitzend.
Ungesellig.
STIMME: Tief, aber kurz „u-hu", die zweite Silbe etwas abfallend; manchmal
folgt ihr ein gedämpftes, gutturales Kichern. Ähnlicher Ruf des Weibchens
höher. Das Weibchen hat überdies einen fuchsartig bellenden Ruf.
VORKOMMEN: Große Wälder, Klippen, bewaldete oder kahle Berghänge und
offene Steppen. Nistet in Vertiefungen unter Felsen und Gesträpp, in hohlen
Bäumen oder alten Greifvogelhorsten. Verbreitungskarte 190.

Schneeeule   *Nyctea scandiaca*   52
(E) Snowy Owl; (F) Chouette harfang; (I) Civetta delle nevi; (H) Sneeuwuil; (S) Fjälluggla; (Sp) Buho
nival

KENNZEICHEN: 54–66 cm. Eine *sehr große, weiße, rundköpfige Eule,* trüb braun gefleckt oder gebändert; manche viel weißer als die übrigen; ♂ weißer als ♀. Hauptsächlich bei Tage und einzeln jagend. Gleitet langsam und stürzt sich schnell auf vorbeifliegende Vögel. Schlägt Beute bis zur Größe von Schneehase und Eiderente. Sitzt im Freien auf Pfosten, Felsen, Heustadeln, Dünen oder anderen niedrigen Warten. Wandert aus der Arktis invasionsartig in beträchtlicher Zahl etwa alle 4 Jahre nach Süden. Vom Grönlandfalken durch größeren, runderen Kopf, abgerundete Flügel und weniger kräftigen Flug unterschieden, von unten weißen Schleiereulen durch viel bedeutendere Größe, weiße Oberseite und gelbe Augen.
STIMME: Selten zu hören. Flugruf zur Brutzeit ein wiederholtes lautes „krauau" oder gereiht „rick".
VORKOMMEN: Die arktische Tundra und ödes Hügelgelände. Während der Invasionen im offenen Gelände in Dünen, Wiesenniederungen, an der Küste und an Seeufern usw. Nistet auf Mooshügeln in der Tundra. Verbreitungskarte 191.

Sperbereule Surnia ulula 53
(E) Hawk Owl; (F) Chouette épervière; (I) Ulula; (H) Sperweruil; (S) Hökuggla; (Sp) Lechuza gavilana

KENNZEICHEN: 36–40 cm. Von anderen Eulen unterschieden durch den *langen, runden Schwanz* und die ziemlich kurzen, spitzen Flügel, die dem Vogel ein falkenähnliches Flugbild verleihen, und durch die *eng gebänderte* Unterseite. Gesicht weißlich, mit *kräftig schwarzer Einfassung.* Scheitel und Oberseite schwärzlichbraun, weiß gebändert. Jagt hauptsächlich bei Tage. Sitzt auffällig auf Baumspitzen oder Telegraphenmasten, oft in gar nicht eulenartiger *vorgeneigter Haltung,* und zuckt häufig mit dem Schwanze. Flug sperberartig, gewöhnlich niedrig, zum Sitzen aufwärts streichend. Wenig scheu, gleichgültig dem Menschen gegenüber.
STIMME: Gellend „kikikiki", mehr falken- als eulenähnlich; Reviergesang ein kollerndes Trillern.
VORKOMMEN: Nadelwälder und offenes Birkengestrüpp. Nistet im Schutze gebrochener Baumwipfel, in hohlen Bäumen, alten Greifvogelnestern usw. Verbreitungskarte 192.

Sperlingskauz Glaucidium passerinum R4 53
(E) Pygmy Owl; (F) Chouette chevêchette; (I) Civetta nana; (H) Dwerguil; (S) Sparvuggla; (Sp) Mochuelo chico

KENNZEICHEN: 16,5 cm. Die kleinste Eule Europas – kleiner als ein Star. Gekennzeichnet durch *sehr geringe Größe* und verhältnismäßig kleinen Kopf. Oben dunkelbraun, mit weißlich-rahmfarbener Fleckung; unten grauweiß mit schwärzlicher Streifung; Gesicht weißlich mit kleinen gelben Augen unter kurzen weißen „Augenbrauen". Schwanz eng braun und weißlich gebändert; stellt den Schwanz häufig auf oder *schlägt ruckartig mit dem Schwanz* seitwärts. Verhalten keck und lebhaft. Auch bei Tage aktiv. Jagt und schlägt kleine Vögel und Kleinsäuger. Steinkauz ist viel größer und heller und hat einen flacheren Scheitel. Siehe auch Rauhfußkauz.
STIMME: Sehr stimmbegabt. Ein pfeifendes „kiu", „kitschik" usw. Balzstrophe ein monoton wiederholtes gimpelähnliches „djühb . . . djühb . . . djühb . . .", manchmal mit angehängtem „düdüdü".

VORKOMMEN: Alte, einsame Wälder, gewöhnlich Nadelwälder in den Gebirgen. Nistet in hohlen Bäumen und Spechthöhlen. Verbreitungskarte 193.

Steinkauz *Athene noctua* R3   53

(E) Little Owl; (F) Chouette chevêche; (I) Civetta; (H) Steenuil; (S) Minervas uggla; (Sp) Mochuelo (común)

KENNZEICHEN: Knapp 22 cm. Gekennzeichnet durch *geringe Größe, geduckte Haltung* und *flachköpfiges* Aussehen. Oberseite dunkelbraun, dicht weiß gefleckt und gebändert. Unterseite weißlich, breit dunkelbraun gestreift. Die niedrige Stirn und die gelben Augen verleihen ihm ein wildes, finsteres Aussehen. Oft bei Tage zu beobachten. Sitzt aufrecht auf Telegraphenmasten, Zäunen usw. Knickst und verbeugt sich, wenn er argwöhnisch ist. Flug niedrig und schnell, in tiefen Wellenlinien. Frißt hauptsächlich Insekten und kleine Nagetiere, seltener kleine Vögel. Siehe auch Rauhfußkauz.

STIMME: Schrill und durchdringend „kwiu"; „Gesang" ein weiches, klagendes, hochgezogenes „ghuk".

VORKOMMEN: Verschieden, aber gewöhnlich in ziemlich offenem Kulturland oder steinigem Ödland. Nistet in Baumhöhlen, besonders in gekappten Weiden, Felsen, Gebäuden und Erdbauen. Verbreitungskarte 194.

Waldkauz *Strix aluco*   53

(E) Tawny Owl; (F) Chouette hulotte; (I) Allocco; (H) Bosuil; (S) Kattuggla; (Sp) Cárabo (común)

KENNZEICHEN: 38 cm. *Gefleckter und gestreifter, großer, runder Kopf, dunkle Augen, keine Federohren.* Die Oberseite variiert in der Färbung vom warmen Braun bis Gelbbraun oder Gräulich. Unterseite gelblichbraun mit deutlichen dunklen Streifen. Gesicht graubraun. Streng nächtlich. Frißt hauptsächlich kleine Nager, Vögel, Insekten usw. Von der Waldohreule durch kräftigeren Bau, dunkle Augen und Fehlen der Federohren unterschieden, von der Sumpfohreule durch dunkleres, weniger gelbliches Gefieder und braunschwarze Augen, von der Schleiereule durch bedeutendere Größe und viel dunkleres Gefieder, besonders an Gesicht und Unterseite. Erscheint im Fluge besonders breitflügelig.

STIMME: Gellend „kju-wik". Balzstrophe tief und wohltönend „huuh", dem nach einer Pause ein kurzes „huch" und ein längeres tremulierendes „u-u-u-u" folgen.

VORKOMMEN: Alte Wälder, Parkanlagen, große Gärten. Nistet in hohlen Bäumen, in alten Nestern großer Vögel, gelegentlich in Gebäuden und Kaninchenbauten. Verbreitungskarte 195.

Habichtskauz *Strix uralensis* R1   53

(E) Ural Owl; (F) Chouette de l'Oural; (I) Allocco degli Urali; (H) Oeraluil; (S) Slaguggla; (Sp) Cárabo uralense

KENNZEICHEN: 61 cm. Etwas kleiner als Bartkauz, sieht aus wie ein übergroßer, heller, langschwänziger Waldkauz. Allgemeinfärbung hell gräulich, breit dunkelbraun gestreift; Flügel und der ziemlich lange, wohlgerundete Schwanz kräftig quergebändert. Kopf rund, ohne Federohren. Schleier gräulichweiß *ohne Ringzeichnung.* Augen *schwärzlichbraun.* Verhalten sehr ähnlich Waldkauz. Bartkauz ist größer, mit *gelben* Augen und deutlicher Ringzeichnung im Schleier. Der Waldkauz ist viel kleiner und dunkler mit größeren Augen.

STIMME: Ein ziemlich hohes, bellendes „hau . . . hau . . . hau" in unregelmäßigen Abständen und ein rauhes ‚auweck"; Reviergesang „wúhu huch hu", das „wúhu" am lautesten.

VORKOMMEN: Mischwälder, Dickichte und Waldungen mit Blößen. Nistet in hohlen Bäumen, gelegentlich in alten Greifvogelnestern. Verbreitungskarte 196.

Bartkauz   *Strix nebulosa*   53
Syn. b. *Scotiaptex nebulosa*
(E) Great Grey Owl oder Lapland Owl; (F) Chouette laponne; (I) Gufo della Lapponia; (H) Laplanduil; (S) Lappuggla; (Sp) Cárabo Lapón

KENNZEICHEN: Gut 68 cm. Fast von der Größe des Uhus, aber leicht von diesem zu unterscheiden durch *graue Färbung, sehr runden Kopf, Fehlen von Federohren* und längeren Schwanz. Gefieder düster grau, oben unregelmäßig dunkel und weiß gezeichnet und unten breit gestreift. Schleier sehr groß und mit konzentrischer Ringzeichnung; *dunkler Fleck am Kinn; Augen bemerkenswert klein und gelb.* Der Habichtskauz ist etwas kleiner und brauner, mit *dunklen* Augen und *ohne* Ringzeichen am Schleier.

STIMME: Tief brummend „hu-hu-hu- . . .", Strophen aus 10–12 Lauten in regelmäßigen Abständen wiederholt; ferner ein hohes, schrilles „kiwick"; beide Rufe nicht unähnlich denen des Waldkauzes.

VORKOMMEN UND VERBREITUNG: Dichte Nadelwälder des Nordens. Legt in alte Nester großer Greifvögel. Jahresvogel im arktischen Norwegen, Schweden und Finnland. In Invasionsjahren südwärts streichend über fast ganz Skandinavien, Finnland, Estland, ausnahmsweise bis Ostpreußen (einmal), Bialowies und Lublin.

Waldohreule   *Asio otus*   52
(E) Long-eared Owl; (F) Hibou moyen-duc; (I) Gufo commune; (H) Ransuil; (S) Hornuggla; (Sp) Buho chico

KENNZEICHEN: Knapp 36 cm. Eine nur mittelgroße Eule mit *langen Federohren.* Infolge rein nächtlicher Lebensweise schwer zu beobachten. Oberseite gelblichbraun und graubraun gesprenkelt und marmoriert; Unterseite blasser, kräftig mit dunklen Schaftstreifen und feiner Querbänderung gezeichnet. Vom rundköpfigen Waldkauz durch eckigen Kopf, lange Federohren (im Flug nicht zu sehen), schlankere Gestalt und *orangegelbe* (statt braunschwarze) Augen unterschieden. Im Flug wirken Flügel und Schwanz länger als beim Waldkauz. Flügelspitze wirkt rundlicher, weniger „gefingert". S. auch Sumpfohreule, von der durch schlankere Gestalt und durch viel längere Federohren unterschieden. Ruht bei Tage im dichten Laubwerk oder schlank aufgerichtet auf einem Ast dicht am Baumstamm. Frißt kleine Säugetiere, Vögel und Insekten. Rastet im Herbst oder Winter oft in kleinen Gesellschaften.

STIMME: Tief und seufzend „huh", etwa im Atemabstand wiederholt, viel stöhnender als der Ruf des Waldkauzes. Ferner einige kläffende Rufe und Flügelklatschen. Junge fiepen wie Rehkitze. In der Regel außerhalb der Brutzeit schweigsam.

VORKOMMEN: Nadelwaldungen, auch kleine Nadelholzdickungen, lokal Laubwälder. Nistet in alten Nestern, gelegentlich am Waldboden oder im Moor. Verbreitungskarte 197.

Sumpfohreule   *Asio flammeus*   R3 52

(E) Short-eared Owl; (F) Hibou des marais; (I) Gufo di palude; (H) Velduil; (S) Jorduggla; (Sp) Lechuza campestre

KENNZEICHEN: 38 cm. Jagt in der Abenddämmerung und bei Tage im offenen Gelände. Im Flug ähnlich Waldohreule, aber im allgemeinen heller und fleckiger erscheinend; der dunkle Fleck auf der Flügeloberseite vor der gelbbraunen Handschwingenbasis ist deutlicher; die Flügeloberseite zeigt einen *hellen hinteren Saum;* der Schwanz ist *deutlicher gebändert* als bei der Waldohreule. Unterseite des Flügels bei beiden Arten mit dunklem Fleck am Bug. Bei der Sumpfohreule ist der *Bauch merklich heller als die Brust.* Von Falken durch den großen, runden Kopf und den kurzen Schwanz unterschieden, von der Waldohreule im Sitzen durch die gelblichere Färbung, die kaum sichtbaren Federohren und das Fehlen der Sprenkelung auf der Oberseite und der Querbänderung auf der Unterseite. Sitzt hauptsächlich am Boden, den Körper in bezeichnender Weise geneigt. Flug niedrig und schaukelnd mit häufig eingeschalteten Gleitstrecken, wobei die Flügel weihenartig leicht nach oben gewinkelt sind; gelegentlich fliegt sie sehr hoch. Bei Mäuseplagen manchmal in Gesellschaften versammelt.

STIMME: Ein hohes, schnaubendes Bellen „ki-äw". Balzstrophe tiefe „bu-bu-bu"-Reihen, gewöhnlich beim kreisenden Balzflug. Balzflug auch von Flügelklatschen begleitet.

VORKOMMEN: Offenes, sumpfiges Gelände, Sanddünen, Moore. Nistet am Boden in Heide, Schilf, feuchten Wiesen usw. Verbreitungskarte 198.

Rauhfußkauz   *Aegolius funereus*   R5 53

(E) Tengmalm's Owl; (F) Chouette de Tengmalm; (I) Civetta capogrosso; (H) Ruigpootuil; (S) Pärluggla; (Sp) Lechuza de Tengmalm; (N.A.) Richardson's Owl

KENNZEICHEN: Gut 25 cm. Ähnelt oberflächlich dem Steinkauz, ist etwas größer und durch *aufrechtere Haltung,* größeren, viel runderen Kopf und tieferen Schleier (nicht zwischen den Augen abgeflacht wie beim Steinkauz) unterschieden. Auch ist die Abgrenzung des Schleiers schwärzer, die weißen Augenbrauen sind breiter. Grundfärbung *schokoladenbraun.* Beine und Füße sind dicht weiß befiedert, und der Scheitel ist zierlich weiß gefleckt (nicht gestreift). Juv. fast einfarbig mahagonibraun mit breiten weißen Augenbrauen. Rein nächtlich, ausgenommen in der Arktis. Ruht bei Tage in Nadelbäumen. Stimme sehr bezeichnend. Flug nicht spechtartig wie beim Steinkauz, sondern an andere einheimische Eulen erinnernd.

STIMME: Eine ziemlich schnelle Folge von 3–6 gleichen, hohen und wohlklingenden Tönen, „pu-pu-pu" usw., der Schlußton oft weniger betont, manchmal fast bis zu einem Triller beschleunigt; Warnrufe „kjuwick" oder einsilbig „zschuk".

VORKOMMEN: Nadelwälder, lokal in Mischwaldungen. Im Süden des Verbreitungsgebietes hauptsächlich im Gebirge. Nistet in Spechthöhlen oder natürlichen Baumhöhlen. Verbreitungskarte 199.

Nachtschwalben: Caprimulgidae

Nachtvögel und Insektenfresser mit großen Augen, riesigem Rachen, winzigen Füßen, langen Flügeln und langem, meist geradem Schwanz. Gefieder rindenfarbig, der Umgebung hervorragend angepaßt. Verbringen den Tag gewöhnlich bewegungslos am Boden oder in Längsrichtung auf einem Ast sitzend. Geschlechter gleich gefärbt. Bodenbrüter.

Ziegenmelker

Ziegenmelker *Caprimulgus europaeus* R3 **54**

(E) Nightjar; (F) Engoulevent d'Europe; (I) Succiacapre; (H) Nachtzwaluw; (S) Nattskärra; (Sp) Chotacabras gris

KENNZEICHEN: Knapp 27 cm. Am bekanntesten durch seinen bemerkenswerten nächtlichen, *schnurrenden Gesang* und auffallenden Balzflug. Von länglicher, gestreckter Gestalt. Sieht im allgemeinen graubraun aus und ist dicht und eng dunkelbraun und rostgelb gesprenkelt und gebändert, was eine vollkommene Farbanpassung bewirkt. Der große Kopf abgeflacht mit sehr kleinem Schnabel und sehr großem Schnabelspalt. Flügel und Schwanz lang. ♂ mit drei weißen Flecken an den Handschwingen nahe der Flügelspitze und mit auffallenden weißen Spitzen der äußeren Steuerfedern. Verbringt den Tag bewegungslos in Deckung längs (manchmal auch quer) auf Zweigen und am Boden sitzend. Jagt nachts in lautlosem, unruhigem Fluge Nachtschmetterlinge. Zur Brutzeit häufig lautes Flügelklatschen. Siehe auch Rothals- und Pharaonennachtschwalbe.

STIMME: Flugruf leise nasal „gu-ek"; bei ängstlicher Erregung „quick-quick-quick". Balzstrophe in der Abenddämmerung oder bei Nacht ein lautes, schnelles Schnurren, das ansteigt und abfällt und minutenlang pausenlos anhalten kann, manchmal in ein paar gluckenden Lauten ausklingend.

VORKOMMEN: Moore, Heidegebiete, Wälder, besonders an deren Rändern und auf Lichtungen, die mit Farnkraut bestanden sind, usw. Legt die Eier auf den nackten Boden. Verbreitungskarte 200.

Rothalsnachtschwalbe *Caprimulgus ruficollis* **54**

(E) Red-necked Nightjar; (F) Engoulevent à collier roux; (I) Succiacapre collorosso; (H) Moorse Nachtzwaluw; (S) Rödhalsad nattskärra; (Sp) Chotacabras pardo

Kennzeichen: Knapp 32 cm. Sieht wie die gewöhnliche Nachtschwalbe aus, ist aber etwas größer, hat ein sandfarbig-rostbraunes Halsband *und einen größeren weißen Kehlfleck.* Beide Geschlechter mit deutlicheren weißen Abzeichen an den Handschwingen und äußeren Steuerfedern.

Stimme: Die weittönende Balzstrophe besteht aus einzelnen oder gewöhnlich doppelten, unaufhörlich wiederholten Rufen „kutuck, kutuck, kutuck" usw., die wie hartes Pochen auf hohles Holz klingen, bis mehr als 100 Töne in der Minute.

Vorkommen und Verbreitung: Kiefernwälder, buschige Halbwüsten und mit Kiefern bestandene Hügel und Hänge. Legt die Eier auf den nackten Boden. Sommervogel in Südspanien und Portugal. Hat auch in Südfrankreich gebrütet. Umherstreifende bis Sizilien, Malta und Großbritannien.

Pharaonennachtschwalbe *Caprimulgus aegyptius* **75**

(E) Egyptian Nightjar; (F) Engoulevent d'Egypte; (I) Succiacapre isabellino; (H) Egyptische Nachtzwaluw; (S) Ökennattskärra; (Sp) Chotacabras Egipcio

Kennzeichen: Gut 25 cm. Viel heller und sandfarbener als der gewöhnliche Ziegenmelker. Erscheint im Fluge fast einfarbig, obwohl das Gefieder fein gezeichnet ist. Weder ♂ noch ♀ haben klar abgegrenzte weiße Flecken auf Flügeln oder Schwanz, obwohl die Innenfahnen der Handschwingen weißlich gefärbt sind.

Stimme: Ein hölzern klingendes „tok, tok, tok . . .".

Vorkommen und Verbreitung: Wüstenvogel, der in den Wüsten von Afghanistan bis Algerien brütet und gelegentlich auf Malta und Sizilien erscheint. Ausnahmsweise auf Helgoland (einmal), in Dänemark, Schweden und in England.

Segler: Apodidae

Schwalbenähnliche, aber den Schwalben nicht näher verwandte Vögel. Verbringen den größten Teil des Lebens fliegend. Schlank mit langen, sichelförmigen Flügeln und mit kurzem Schwanz. Strukturell ganz eigenartig, mit flachem Schädel, bei unseren Arten alle 4 Zehen nach vorn gerichtet. Flug rasend schnell. Geschlechter gleich gefärbt. Meiste Arten Höhlenbrüter.

Kaffernsegler *Apus caffer* **75**

(E) White-rumped Swift; (F) Martinet à croupion blanc; (I) Rondone caffro; (H) Witstuitgierzwaluw; (S) Kafferseglare; (Sp) Vencejo culiblanco cafre

Kennzeichen: 14 cm. Ein kleiner schwärzlicher Segler mit schmalem weißen Querband über dem Bürzel; kleiner als Mauersegler und Fahlsegler. Schwanz gegabelt; dadurch von dem ähnlichen, noch etwas kleineren Haussegler (s. S. 274) unterschieden, bei dem überdies das Weiß des Bürzels ausgedehnter ist und an den Seiten weiter nach unten reicht.

Stimme: Ziemlich schweigsam, in der Nähe des Nestes ruffreudiger; der Ruf wurde mit „prsuit, prsuit" wiedergegeben; ein zwitschernder Gesang ist in der Tonhöhe tiefer als der des Hausseglers.

Vorkommen: Brutvogel in Südspanien (Prov. Cadiz) seit 1966; sonst eine afrikanische Art, die von Senegal, dem Tschad-Gebiet und Äthiopien bis zur

Kapprovinz Südafrikas verbreitet ist, wahrscheinlich auch in Marokko vorkommt. Gern an Gebäuden und in Ortschaften. Nistet vor allem in Nestern von Schwalben der Gattung *Cecropis*, nachdem er die Nesteigentümer verjagt hat, aber auch in Löchern und Spalten von Felsen und Gebäuden.

| *Kaffernsegler* | *Haussegler* | *Fahlsegler* |

Mauersegler *Apus apus*   57

(E) Swift; (F) Martinet noir; (I) Rondone; (H) Gierzwaluw; (S) Tornsvala; (Sp) Vencejo común

KENNZEICHEN: 16,5 cm. Von allen Schwalben durch *rußschwärzliches Gefieder* und weißliches Kinn (selten zu sehen) unterschieden; lange, *sichelförmige Flügel;* kurzer, gegabelter Schwanz. Gesellig und ausschließlich im Luftraum. Fliegt sehr schnell mit äußerst geschwindem Flügelschlag, wobei die Flügel aber ausgestreckt gehalten werden und starr erscheinen. Zur Brutzeit sehr laut, wenn kreischende Trupps in wilder Jagd um Hausgiebel rasen. Siehe auch Alpen- und Fahlsegler.

STIMME: Ein schrilles, langgezogenes, durchdringendes „srih"; am Nest oder an der Rasthöhle ferner ein schnelles Zwitschern.

VORKOMMEN: In der Luft. Kann überall erscheinen, besonders in Ortschaften mit geeigneten Nistplätzen zahlreich. Nistet gewöhnlich in Mauerspalten an Gebäuden, unter Dachrinnen, gelegentlich in Felsenlöchern und Baumhöhlen. Verbreitungskarte 201.

Fahlsegler *Apus pallidus*   57

(E) Pallid Swift; (F) Martinet pâle; (I) Randone pallido; (H) Vale Gierzwaluw; (S) Blek tornsvala; (Sp) Vencejo pálido

KENNZEICHEN: Bei guter Beleuchtung durch hellere, mehr milchbraune Färbung vom Mauersegler zu unterscheiden; Außenrand der Flügel dunkler als innerer Rand (beim Mauersegler umgekehrt); *der dunkle Vorderrücken ergibt den Eindruck eines dunklen „Sattels";* weißer Kehlfleck bis zur Vorderbrust ausgedehnt; deutlicher weißer Stirnfleck und mit der übrigen Kopffärbung kontrastierende dunkle Augenumgebung. Schwanz weniger tief gegabelt. Flug weniger reißend als der des Mauerseglers, mit dem der Fahlsegler oft vergesellschaftet ist. Stimme weicher. Aufenthaltsorte ähnlich wie beim Mauersegler, nistet häufiger in Felshöhlen. Verbreitungskarte 202.

Alpensegler   *Apus melba*   R5   **57**

Syn. a. *Tachymarptis melba*

(E) Alpine Swift; (F) Martinet alpin; (I) Rondone alpino; (H) Alpengierzwaluw; (S) Alpseglare; (Sp) Vencejo real

KENNZEICHEN: 21 cm; Flügelspannweite 53 cm. *Viel größer,* heller und brauner als Mauersegler; mit *weißer* Unterseite und *braunem Brustband.* Sehr kennzeichnende Stimme. Verhalten und Flug wie Mauersegler, gleitet aber oft mit tief gesenkten Flügeln. Gesellig. S. auch Stachelschwanzsegler (S. 274).

STIMME: Ein lauter, ansteigender und abfallender, trillernder Flugruf wie ein ferner Falkenschrei und ganz anders als der Ruf des Mauerseglers; gewöhnlich im Chor beim Umkreisen der Nistplätze.

VORKOMMEN: Hohe felsige Gebirge, lokal auch an Felsküsten und zwischen alten Gebäuden. Baut napfförmige Nester in Felsspalten und unter Dachsparren. Verbreitungskarte 202.

Eisvögel: Alcedinidae

Lebhaft gefärbte Vögel mit kurzen Beinen, verhältnismäßig großem Kopf und meist langem, kräftigem Schnabel. Hauptsächlich in den Tropen und im Süden der Alten Welt verbreitet, nur wenige in der Paläarktis und in Amerika. Höhlenbrüter.

Eisvogel   *Alcedo atthis*   R4   **54**

(E) Kingfisher; (F) Martin-pêcheur; (I) Martin pescatore; (H) IJsvogel; (S) Kungsfiskare; (Sp) Martín pescador

KENNZEICHEN: 16,5 cm. Unverkennbar. *Glänzend metallisch* blaue und smaragdgrüne *Oberseite,* weiße Kehle und weißer Halsfleck; *Wangen und Unterseite rostbraun, Schnabel lang und dolchförmig.* Kopf groß, Körper untersetzt, Flügel und Schwanz kurz, Füße klein und leuchtend rot. Sitzt wachsam und zuckt häufig nervös mit Kopf und Schwanz, stößt ins Wasser nach kleinen Fischen und Insekten und rüttelt gelegentlich, ehe er zum Tauchstoß ansetzt. Fliegt in der Regel niedrig, gerade und sehr schnell. Ungesellig.

STIMME: Ein hoher, durchdringender Pfiff „tiht", der in Erregung schnell wiederholt wird. Balzstrophe sehr selten zu hören, ein kurzer Triller von ähnlicher Klangfarbe wie der Ruf.

VORKOMMEN: Flüsse, Kanäle, Seen, Teiche. Im Winter auch die Meeresküste und die der Einwirkung von Ebbe und Flut ausgesetzten Feuchtgebiete. Nistet in Höhlen, die in Uferwände gegraben werden, gelegentlich auch weit vom Wasser entfernt. Verbreitungskarte 204.

Spinte: Meropidae

Spinte oder Bienenfresser sind lebhaft gefärbte, langflügelige Vögel der wärmeren Gebiete der Alten Welt, die von einer Warte aus fliegende Insekten, besonders Bienen, Wespen und dgl. fangen. Brüten in Erdhöhlen.

Bienenfresser *Merops apiaster* R6   54

(E) Bee-eater; (F) Guépier d'Europe; (I) Gruccione; (H) Bijeneter; (S) Biätare; (Sp) Abejaruco común

KENNZEICHEN: 28 cm. Unverkennbar. *Lebhafte Färbung*, Gleitflug, langer, gebogener Schnabel, die *verlängerten mittleren Steuerfedern* (Schwanzspieße) fallen selbst von weitem auf. Bei beiden Geschlechtern Oberseite kastanienbraun und gelb, Schwingen und Schwanz blaugrün, Unterseite blaugrün mit *leuchtend gelber Kehle*. Juv. ohne Schwanzspieße. Sehr gesellig; sitzt oft auf Telephondrähten. Flug anmutig und schwalbenartig, oft gleitend mit flach ausgestreckten Flügeln.

STIMME: Sehr bezeichnend. Gewöhnlich ein flüssiges, aber ein wenig knarrendes „prürr", das beständig wiederholt wird und weithin zu hören ist.

VORKOMMEN: Bevorzugt offenes buschiges Gelände mit ein paar Bäumen, Telegraphenmasten usw., stellt sich aber auch auf Waldblößen ein. Nistet kolonieweise in Höhlen, die in Erdhänge, Sandgruben, Uferbänke gegraben werden, gelegentlich zu ebener Erde. Verbreitungskarte 205.

Blauwangenspint *Merops superciliosus*   75

(E) Blue-cheeked Bee-eater; (F) Guêpier de Perse; (I) Gruccione persiano; (H) Groene Bijeneter; (S) Blåkindad biätare; (Sp) Abejaruco papirrojo

KENNZEICHEN: 31 cm. Vom Bienenfresser leicht zu unterscheiden durch fast einfarbig leuchtend grünes Gefieder ohne Gelb oder Braun an der Oberseite. Hat gelblich kupferfarbene Kehlfärbung, die aber nach hinten nicht durch ein schwarzes Band begrenzt wird. Im Fluge fällt die Kupferfarbe der Flügelunterseite auf. Verlängerte mittlere Schwanzfedern erheblich länger als beim Bienenfresser. Stimme ähnlich, aber rauher. Auch Aufenthalt und Verhalten ähnlich. Irrgast aus Afrika oder Süd-Asien in Griechenland, Jugoslawien, auf Malta, in Italien, Frankreich, Holland, Großbritannien und Schweden.

Racken: Coraciidae

Lebhaft gefärbte Vögel mit kräftigem, an der Spitze etwas hakigem Schnabel. Gestalt häherartig; die Jagd auf Insekten von einer Warte aus erinnert an Würger. Höhlenbrüter.

Blauracke *Coracias garrulus* R1   54

(E) Roller; (F) Rollier d'Europe; (I) Ghiandaia marina; (H) Scharrelaar; (S) Blåkråka; (Sp) Carraca

KENNZEICHEN: 30,5 cm. Ein kräftiger, häherartiger Vogel mit starkem Schnabel. Gefieder *hell azurblau mit leuchtend röstlichbraunem Rücken, lebhaft blauen Flügeln*, die (im Fluge zu sehen) *schwarz gesäumt sind*, mit grünlichblauem Schwanz und düsteren mittleren Steuerfedern. Verhalten ziemlich

würgerartig, stürzt sich von freien Warten oder Telephondrähten auf vorbei-
fliegende Insekten. Flug dohlenähnlich, kräftig und gewandt, gelegentlich
gleitend; das ♂ führt gaukelnde Balzflüge aus, wobei es sich – aus beträchtli-
cher Höhe – überschlägt und hin und her wirft.
STIMME: Laut, tief und krähenartig „kr-r-r-r-ak", „krak-ak" oder „rä-rä-rä".
VORKOMMEN: Alte Wälder und ziemlich offenes Gelände mit wenigen Bäumen.
Nistet in alten hohlen Bäumen, in Höhlen von Erdhängen, Ruinen usw.
Verbreitungskarte 206.

Wiedehopfe: Upupidae

Nur eine Art. Nächstverwandt den langschwänzigen, metallisch schwarzen
afrikanischen Baumhopfen (Phoeniculidae).

Wiedehopf   *Upupa epops*   R2   **54**
  (E) Hoopoe; (F) Huppe fasciée; (I) Upupa; (H) Hop; (S) Härfågel; (Sp) Abubilia

KENNZEICHEN: 28 cm. Unverkennbar. In beiden Geschlechtern ist das Gefieder
hell orangebräunlich. *Schwingen und Schwanz kontrastreich schwarz-weiß
quergebändert.* Die lange *aufrichtbare Haube* mit schwarzen Spitzen. Schnabel lang, gebogen. Nahrungssuche hauptsächlich am Boden im freien
Gelände. Flug träge und wellenförmig, mit bezeichnender, langsamer,
schmetterlingsartiger Flügelbewegung.
STIMME: Dumpf und weit hörbar „pu-pu-pu"; auch verschiedene miauende
Laute und ein nicht lauter schnatternder Alarmruf.
VORKOMMEN: Offene Waldungen, Obstgärten, Parklandschaft usw. Im Winter
in offenerem buschigen Gelände. Nistet in Höhlen alter Bäume, gelegentlich
an Gebäuden. Verbreitungskarte 207.

Wendehälse: Jyngidae

Spechtähnliche Vögel ohne den Stützschwanz der eigentlichen Spechte und mit
rindenfarbigem Gefieder. Klettern nicht nach Art der Spechte an Baumstämmen. Brüten in vorgefundenen, nicht selbstgezimmerten Höhlen.

Wendehals   *Jynx torquilla*   R4   **55**
  (E) Wryneck; (F) Torcol fourmilier; (I) Torciocollo; (H) Draaihals; (S) Göktyta; (Sp) Torcecuello

KENNZEICHEN: 16,5 cm. Obwohl der Wendehals den Spechten verwandt ist,
sind Aussehen und Haltung ziemlich sperlingsvogelartig. Wirkt von weitem
einfarbig graubraun mit hellerer Unterseite; von nahem erinnert die Gefie-
derzeichnung an Ziegenmelker. Oberseite und der längliche, gerundete
Schwanz dicht grau, braun und rostgelb gemustert. Unterseite rahmgelblich,
mit engen graubraunen Querwellen. Füße spechtartig: 2 Zehen nach vorn, 2
nach hinten gerichtet. Scheitelfedern aufrichtbar. Öfter zu hören als zu
sehen. Nahrungssuche am Boden, hüpft dabei mit erhobenem Schwanz; sitzt
längs und quer zum Ast, klammert sich spechtartig an Baumstämme. Ver-

dreht den Kopf („Wendehals"). Flug wellenförmig, ähnelt dem einer lang-schwänzigen Lerche.

STIMME: Eine nasale, klagende Rufreihe „gäh-gäh-gäh . . ."; erinnert an den fernen Ruf eines Baumfalken.

VORKOMMEN: Wie Grünspecht. Gärten, Obstwiesen, Parks, baumreiche Park-landschaft. Nistet in natürlichen Höhlen von Bäumen, Gemäuer, in Nisthöh-len usw. Verbreitungskarte 208.

Spechte: Picidae

Vögel mit kräftigem Meißelschnabel, der zum Aufspalten von Rinde und morschem Holz bei der Nahrungssuche und zum Zimmern der Bruthöhle dient. Starke Füße (2 Zehen nach vorn, 2 nach hinten gerichtet), auffallend lange Zunge und meist steifer Schwanz, der als Stütze beim Baumklettern dient. Die ♂ meistens mit Rot am Kopf. Viele Spechte hämmern, vor allem in der Brutzeit, in rasender Schlagfolge auf einen leicht schwingenden Gegenstand, gewöhnlich einen dürren Ast: sie „trommeln".

Grauspecht *Picus canus* 55

(E) Grey-headed Woodpecker; (F) Pic cendré; (I) Picchio cenerino; (H) Grijskopspecht; (S) Gråspett; (Sp) Pito cano

KENNZEICHEN: Reichlich 25 cm. Wird leicht für einen ziemlich kleinen Grün-specht gehalten, aber von diesem durch *grauen Kopf und Hals*, kleineren schwarzen Augenstreif und *schmalen* schwarzen Bartstreif unterschieden. Beim ♂ nur Stirn und Vorderscheitel leuchtend rot. Dem ♀ fehlt das Rot. Juv. brauner und mit braun gebänderten Flanken; ♂ juv. mit etwas Rot an der Stirn. Verhalten wie Grünspecht. Die spanische Rasse des Grünspechts hat wenig Schwarz am Kopf, grünlichgraue Kopfseiten mit rotem Bartstreif des ♂ ohne schwarze Einfassung, kann daher mit Grauspecht verwechselt werden.

STIMME: Der Balzruf ähnelt dem des Grünspechtes, aber das „Lachen" ist nicht so schallend und eine *stetig absinkende und langsamer werdende Tonfolge.* Trommelt anhaltend im Frühling.

VORKOMMEN: Wie Grünspecht, lokal, vor allem in Laubwaldungen der Gebirge bis hinauf zur Baumgrenze. Meidet Nadelwälder. Verbreitungs-karte 209.

Grünspecht *Picus viridis* 55

(E) Green Woodpecker; (F) Pic vert; (I) Picchio verde; (H) Groene Specht; (S) Gröngöling; (Sp) Pito real

KENNZEICHEN: Knapp 32 cm. Ein großer Specht mit *olivgrüner Oberseite,* hell graugrüner Unterseite, rotem Scheitel und auffallendem *gelblichen Bürzel.* Vordere Kopfseiten und Bartstreif schwarz; ♂ mit roter Mitte des sehr breiten Bartstreifs. Juv. heller, deutlich gefleckt und gebändert. Zur Nah-rungssuche häufig am Boden bei Ameisennestern. Hüpft kraftvoll, in auf-rechter Haltung. Flug tief wellenförmig: schlägt kräftig und kurz mit den Flügeln und schießt dann mit angelegten Schwingen in weitem Bogen durch die Luft, um sich aufs neue mit schnellem Flügelschlag voranzustoßen. Die spanische Rasse, *P. v. sharpei,* mit weniger Schwarz im Gesicht und mit ungebänderten Unterschwanzdecken. Siehe auch Grauspecht.

STIMME: Ein sehr lautes, schallendes „Lachen". Trommelt sehr selten.

VORKOMMEN: Laubwälder, Parkanlagen, offene Kulturlandschaft mit zerstreuten Baumgruppen oder Bäumen. Nistet in selbstgezimmerten Baumhöhlen. Verbreitungskarte 210.

Schwarzspecht   *Dryocopus martius*   55

(E) Black Woodpecker; (F) Pic noir; (I) Picchio nero; (H) Zwarte Specht; (S) Spillkråka; (Sp) Pito negro

KENNZEICHEN: Knapp 46 cm. Größter europäischer Specht (so groß wie eine Saatkrähe) mit *einförmig schwarzem Gefieder.* ♂ mit roter Kopfplatte (schwache Haubenbildung). ♀ nur mit rotem Hinterhauptfleck. Augen hellgelb. Schnabel hell. Flug schwerfällig und geradlinig bis ganz schwach wellenförmig.

STIMME: Laut schallend „kliöh", aus der Ferne an einen Hahnenschrei erinnernd, und hoch und kratzend „krri-krri-krri-krri". Balzstrophe, meist im Fluge, ein durchdringendes, wohlklingendes „gück-gück-gück", das an Grünspecht erinnert, aber gewöhnlich langsamer und kürzer ist. Trommelt gelegentlich sehr laut.

VORKOMMEN: Alte Nadelwälder, besonders der Mittel- und Hochgebirge; lokal auch Misch- und Buchenwälder. Zimmert sehr große Nisthöhlen mit gewöhnlich längsovalem Eingang, manchmal in beträchtlicher Höhe. Verbreitungskarte 211.

Buntspecht   *Picoides major*   55

Syn. a. *Dendrocopos major;* b. *Dryobates major*

(E) Great Spotted Woodpecker; (F) Pic épeiche; (I) Picchio rosso maggiore; (H) Grote Bonte Specht; (S) Större hackspett; (Sp) Pico picapinos

KENNZEICHEN: 23 cm. Beträchtlich kleiner als Grünspecht, aber viel größer als Kleinspecht, von dem er sich durch schwarzen Rücken mit *großen weißen Schulterflecken* und durch *rote Unterschwanzdecken* unterscheidet. (Die Oberseite des Kleinspechtes ist dicht gebändert.) *Durchgehender schwarzer Bartstreif über die weißen Wangen und schwarzer Querstreif über die hintere Ohrgegend bis zum Genick.* Unterseite ungestreift weiß. ♂ (nicht aber das ♀) mit rotem Genickfleck, aber juv. beider Geschlechter mit *gänzlich rotem, schwarz eingefaßtem Scheitel.* Zur Nahrungssuche selten am Boden. Siehe auch Weißrücken-, Mittel- und Buntspecht.

STIMME: Sehr laut und hart „kick", viel lauter und häufiger zu hören als der ähnliche Ruf des Kleinspechtes. Beide Geschlechter trommeln sehr schnell an toten Ästen usw.

VORKOMMEN: Mehr Wald- und Gartenvogel als der Grünspecht, auch in Nadelwäldern. Verbreitungskarte 212.

Blutspecht   *Picoides syriacus*   55

Syn. a. *Dendrocopos syriacus;* b. *Dryobates syriacus*

(E) Syrian Woodpecker; (F) Pic syriaque; (I) Picchio siriaco; (H) Syrische Bonte Specht; (S) Syrisk hackspett; (Sp) Pico sirio

KENNZEICHEN: Sehr ähnlich dem Buntspecht (große weiße Schulterflecke und schwarze Kappe), aber *ohne schwarzes Querband in der Ohrgegend* – siehe Farbtafel. Am Schwanz weniger Weiß als beim Buntspecht, an den Flügeln *mehr* Weiß. Unterschwanzdecken heller rot als beim Buntspecht. Juv. können infolge ihrer roten Kopfkappe mit dem Mittelspecht verwechselt werden, aber beim jungen Blutspecht reicht der schwarze Bartstreif bis zum Schnabel, und er hat ein rötliches Querband über dem Vorderhals.

STIMME: Wie Buntspecht, aber weniger scharf: „chig" und „kirruk" (ähnlich Teichhuhn); auch ein an den Frühlingsruf des Mittelspechts erinnernder „Gesang".

VORKOMMEN: Wie Buntspecht, aber mehr in der offenen Kulturlandschaft und in der Nähe menschlicher Siedlungen. Verbreitungskarte 213.

Mittelspecht   *Picoides medius*   R3   55

Syn. a. *Dendrocopos medius; b. Dryobates medius*

(E) Middle Spotted Woodpecker; (F) Pic mar; (I) Picchio rosso mezzano; (H) Middelste Bonte Specht; (S) Mellanspett; (Sp) Pico mediano

KENNZEICHEN: Knapp 22 cm. Kann mit Buntspecht und Blutspecht verwechselt werden, die die einzigen anderen eurpäischen Spechte mit *weißen Schulterflecken sind*. Unterschieden durch etwas geringere Größe und auffallende, zu einer schwachen Haube verlängerte, hellrote Scheitelfedern *ohne jede schwarze Begrenzung;* an den weißen Kopfseiten ein sehr schmaler schwarzer Bartstreif, *der nicht bis zum Schnabel reicht; schwarzes Querband über die Ohrgegend reicht nicht bis zum Genick;* der ganze Kopf wirkt blaß; die weiße Unterseite mit der kräftigen Flankenstreifung geht *ganz allmählich* in das Rosarot des Bauches über (anstatt des scharfen Kontrastes zwischen der weißen Unterseite und dem Rot der Unterschwanzdecken beim Buntspecht). Flügel kräftig schwarz-weiß gebändert, mit schmäleren weißen Schulterflecken als beim Buntspecht. ♀ matter, mit heller rotem Scheitel. Siehe auch Blutspecht.

STIMME: Ähnlich Buntspecht ein schnelles Kickern, aber in etwas tieferer Tonlage und der erste Laut gewöhnlich höher: „ptik-tjek-tjek-tjek-tjek". Im Frühling ein quäkendes, klägliches „ääk . . . ääk", das in langsamer Folge ansteigen oder abfallen kann. Trommelt selten.

VORKOMMEN: Sehr ähnlich Buntspecht, aber vorwiegend in Eichenwäldern. Zimmert die Nisthöhle hoch in Laubbäumen. Verbreitungskarte 214.

Weißrückenspecht   *Picoides leucotos*   R3   55

Syn. a. *Dendrocopos leucotos; b. Dryobates leucotos*

(E) White-backed Woodpecker; (F) Pic à dos blanc; (I) Picchio dorsobianco; (H) Witrugspecht; (S) Vitryggig hackspett; (Sp) Pico dorsiblanco

KENNZEICHEN: Gut 25 cm. Größer und schlanker als der Buntspecht. Gekennzeichnet durch *einfarbig schwarzen Rücken und schwarze Schultern und reinweißen* (nord- und osteuropäische Rasse *P. l. leucotos*) *oder schwarzweiß gebänderten* (Rasse der Pyrenäen, Südosteuropas und Kleinasiens: *P. leuc. lilfordi*) *Bürzel.* ♂ mit weißlicher Stirn und scharlachrotem Scheitel. Unterseite weiß, mit auffallender schwarzer Streifung an den Körperseiten, das Weiß *allmählich* in das Rot der Unterschwanzdecken übergehend. Flügel kräftig schwarz-weiß gebändert, *ohne weiße Schulterflecke.* ♀ mit schwarzem Scheitel. Juv. nur mit einer Spur von Rot am Scheitel und an den Unterschwanzdecken. Die nördliche Rasse des Dreizehenspechts ist der einzige andere europäische Specht mit weißem Bürzel, aber er ist viel kleiner, und das Weiß erstreckt sich vom Nacken bis zum Bürzel. Bunt- und Mittelspecht sind leicht durch die großen weißen Schulterflecken zu unterscheiden.

STIMME: Der selten zu hörende Ruf erinnert an Buntspecht, ist aber viel weniger grell.

VORKOMMEN: Laubwälder des Hügellandes mit reichlich alten, verrotteten Bäumen; lokal in dichten Nadelwäldern; im Winter am Stadtrand. Nistet in selbstgezimmerten Höhlen verrotteter Bäume. Verbreitungskarte 215.

Kleinspecht   *Picoides minor*   55

Syn. a. *Xylocopus minor; b. Dendrocopos minor, Dryobates minor*

(E) Lesser Spotted Woodpecker; (F) Pic épeichette; (I) Picchio rosso minore; (H) Kleine Bonte Specht; (S) Mindre hackspett; (Sp) Pico menor

KENNZEICHEN: 14,5 cm. Kleinster europäischer Specht. Von allen anderen Buntspechten durch *Sperlingsgröße, eng* schwarz-weiß *gebänderte Oberseite* und das Fehlen von Rot an den Unterschwanzdecken unterschieden. Schwarzer Bartstreif. Wangen, Unterseite weißlich, mit dunklen Streifen an den Flanken. ♂ mit matt rotem Scheitel; ♀ mit weißlichem Scheitel; juv. mit etwas Rot auf dem Scheitel und braunerer Unterseite. Lebt unauffällig und versteckt zumeist im Kronenbereich der Bäume.

STIMME: Gereiht und hell „ki-ki-ki", nicht unähnlich dem Rufen des Wendehalses, aber schwächer und weniger schallend. Gelegentlich auch ein ziemlich gedämpftes „kick", das an den entsprechenden Ruf des Buntspechtes erinnert. Trommelt weniger laut als Buntspecht.

VORKOMMEN: Wie Buntspecht. Verbreitungskarte 216.

Dreizehenspecht   *Picoides tridactylus*   55

(E) Three-toed Woodpecker; (F) Pic tridactyle; (I) Picchio tridattilo; (H) Drieteenspecht; (S) Tretåig hackspett; (Sp) Pico tridáctilo

KENNZEICHEN: Gut 22 cm. Ungefähr Buntspechtgröße. Füße mit nur 3 Zehen. Von allen anderen europäischen „bunten" Spechten unterschieden durch gänzlichen Mangel an Rot im Gefieder (sogar beim ♂), nahezu ganz schwarze Schwingen und schwarze Wangen. Die nord- und osteuropäische Rasse *P. t. tridactylus* überdies mit *breitem weißlichem Streifen auf dem Rücken vom Nacken bis zum Bürzel;* bei der südlichen Rasse *P. t. alpinus* ist der Rücken schwarz-weiß gefleckt. ♂ mit *gelber* Scheitelmitte (beim ♀ schwarz mit weißlicher Stirn). Unterseite weiß, an den Flanken *schwarz gebändert.* Juv. grauer mit weißem, erheblich schwarzgeflecktem Rücken. Der Weißrückenspecht hat ebenfalls weißen Bürzel, aber sein Vorderrücken ist schwarz, er hat rote Unterschwanzdecken und breite, weiße Flügelbinden. Weniger aktiv als die anderen Spechte; verweilt oft lange Zeit an einer Stelle.

STIMME: Selten zu hören, einem weniger kräftigen Buntspechtruf ähnlich; manchmal ein keckerndes „kek-ek-ek-ek". Trommelt gelegentlich, aber langsam.

VORKOMMEN: Gebirgswälder und die Waldungen des Nordens, Birken- oder

Nadelwälder, vorzugsweise auf alten, ausgebrannten Flächen. Nistet in Höhlen, die in Bäumen oder selbst in Telegraphenmasten gezimmert werden. Verbreitungskarte 217.

Lerchen: Alaudidae

Meist gestreifte, vorwiegend braune Singvögel; hauptsächlich Bodenvögel mit rennendem Gang; den Stelzen verwandt und wie diese die Braunellen, Sperlinge, Finken und Ammern mit den Grasmücken verbindend. Geschlechter bei den meisten Arten einander ähnlich gefärbt (Ausnahme: Mohrenlerche). Nestlingskleid auffällig gefleckt. Stimme wechselreich und wohltönend. Bodenbrüter. Außerhalb der Brutzeit gesellig.

Dupont-Lerche *Chersophilus duponti* 56

(E) Dupont's Lark; (F) Sirli de Dupont; (I) Lodola del Dupont; (H) Duponts Leeuwerik; (S) Smalnäbbad lärka; (Sp) Alondra de Dupont

KENNZEICHEN: 19 cm. Eine sehr heimlich lebende Art, die durch braune, am Hinterhals und den Halsseiten aber auffallend grauere Färbung, *langen, schlanken, abwärts gebogenen Schnabel* und Fehlen von Weiß an den Flügeln gekennzeichnet ist; äußere Steuerfedern weiß; auffallender heller Überaugenstreif. Selten im Fliegen zu beobachten, ausgenommen im Frühling, wenn sie im Singflug in große Höhe emporsteigt; nach der Landung rennt sie *bemerkenswert schnell* in die nächste verfügbare Deckung; sitzt aufrecht und wirkt dann sehr schlank.

VORKOMMEN UND VERBREITUNG: Halbwüsten mit wildem Thymian, Gestrüpp usw., niemals auf ganz nackten offenen Flächen. Brutvogel lokal in Süd- und Inner-Spanien, nordwärts bis Burgos und Zaragoza, sonst in Nordafrika von Ost-Marokko und Algerien bis West-Ägypten. Umherstreifend bis Italien und Malta.

Kalanderlerche *Melanocorypha calandra* 56, 78 E

(E) Calandra Lark; (F) Alouette calandre; (I) Calandra; (H) Kalnderleeuwerik; (S) Kalanderlärka; (Sp) Calandria (común)

KENNZEICHEN: 19 cm. Durch bedeutende Größe, plumpen Körperbau, *dicken, gelblich hornfarbenen Schnabel und großen, schwarzen Kropffleck* gekennzeichnet. Die rahmfarbene Brust schwach braun gestreift. Im Fluge bilden die Spitzen der Armschwingen *auffallende weiße Hinterränder* am großen, *unterseits recht dunklen, dreieckigen* Flügel. Ohne Haube. Juv. mehr gelblich rahmfarben; Kropffleck teilweise verdeckt. Flug sehr leicht. Siehe auch Weißflügel- und weibliche Mohrenlerche.

STIMME: Nasal zirpend „klitra". Das Lied ähnelt dem der Feldlerche, ist aber lauter, mit häufigen Einschaltungen von Imitationen und Trillern; singt im hohen *Kreisflug* und stürzt oft die letzten 30 m schweigend zu Boden. Singt gelegentlich auch im Sitzen.

VORKOMMEN: Steinige Wüsteneien, Felder und Steppen. Nistet am Boden. Verbreitungskarte 218.

Weißflügellerche *Melanocorypha leucoptera* **56, 78 E**

(E) White-winged Lark; (F) Alouette leucoptère; (I) Calandra siberiana; (H) Witvleugelleeuwerik; (S) Vitvingad Lärka; (Sp) Calandria aliblanca

KENNZEICHEN: Knapp 19 cm. Von den anderen Lerchen durch *breiten weißen Flügelspiegel,* der im Fluge sehr auffällt, unterschieden, von der Kalanderlerche auch durch das Fehlen der schwarzen Kropfflecke. Die gelbbräunliche Oberseite mit dunklen Streifen; Scheitel, Flügeldecken und Schwanz kastanienbraun; Unterseite weißlich, Kehle und Brust ein wenig bräunlich gefleckt. ♀ mit gestreiftem braunen Scheitel. Siehe Schneeammer.

STIMME: Der Gesang soll an eine kurze Strophe der Feldlerche erinnern, er wird während eines kurzen aufsteigenden Fluges und vom Boden aus vorgetragen.

VORKOMMEN UND VERBREITUNG: Hauptsächlich trockene Grassteppen. Nistet am Boden. Brutvogel in Südostrußland und Westturkestan. Auf dem Zuge und in strengen Wintern in Ost-Rumänien und Südost-Polen. Umherstreifende in Europa westwärts bis Schweiz, Belgien, Großbritannien und Norwegen und südwärts bis Italien und Malta. Zweimal Helgoland.

Mohrenlerche *Melanocorypha yeltoniensis* **56, 78 E**

(E) Black Lark; (F) Alouette nègre; (I) Calandra nera; (H) Zwarte Leeuwerik; (S) Svart lärka; (Sp) Calandria negra

KENNZEICHEN: 19 cm. ♂ unverkennbar, groß und *schwarz* mit hellen sandfarbenen Federrändern, die im Winter teilweise das Schwarz verdecken. Schnabel kurz und dick, gelb mit schwarzer Spitze. ♀ sehr ähnlich einer *hellen* Kalanderlerche, aber von dieser durch *Fehlen von schwarzen Kropfflecken* und durch schwärzliche Unterflügel unterschieden. *Immat.* dem ♀ ähnlich. Beide Geschlechter ohne Weiß an Flügeln und Schwanz.

STIMME: Klarer, pfeifender Gesang. Das Lied ähnelt einer kurzen Feldlerchenstrophe.

VORKOMMEN UND VERBREITUNG: Grasige oder buschbestandene Steppen, oft in Wassernähe, auch in Wüsten; im Winter mehr im Kulturland und an Straßenrändern. Brutvogel in Südostrußland. Umherstreifende im Winter bis Mitteleuropa, westwärts bis Belgien, Niederlande, Helgoland (zweimal) und Österreich und südwärts bis Italien und Malta.

Kurzzehenlerche *Calandrella brachydactyla* **56, 78 E**
Syn. b. *Calandrella cinerea brachydactyla*

(E) Short-toed Lark; (F) Alouette calandrelle; (I) Calandrella; (H) Kortteenleeuwerik; (S) Korttålärka; (Sp) Terrera común

KENNZEICHEN: 14 cm. Heller und viel kleiner als Feldlerche. Oben gelblichbraun mit kräftigen dunklen Streifen; unten *ungestreift* rahmweiß; an den Kropfseiten *kleine schwärzliche Flecken* (die oft schwer zu sehen sind). Ohne Haube, aber rostbraune „Kappe". *Kurzer,* spitzer, gelblicher Schnabel. Juv. mit wenigen Streifen auf der Brust. Flug niedrig und wellenförmig. Siehe auch Stummellerche.

STIMME: Ein kurzes trockenes Zirpen „tschi-tschirrp", an Haussperling erinnernd; Angstruf „ti-u". Der Gesang, hauptsächlich in hohem, steil *auf- und abführendem* Flug vorgetragen, ist eine einfache trillernde Strophe, die oft mit einer Reihe kurzer Töne oder mit einer Anzahl pfeifender Töne eingeleitet wird und während des oft mehrere Minuten währenden Singflugs vielfach wiederholt wird.

VORKOMMEN: Offenes, sandiges oder steiniges Ödland, Steppen oder Felder. Nistet am Boden. Wird von manchen Autoren nicht als besondere Art von der afrikanischen Rotkappenlerche *(C. cinerea)* getrennt. Verbreitungskarte 219.

Stummellerche   *Calandrella rufescens*   56, 78 E

Syn. a. *Alaudala rufescens*

(E) Lesser Short-toed Lark; (F) Alouette pispolette; (I) Pispoletta; (H) Kleine Kortteenleeuwerik; (S) Dvärglärka; (Sp) Terrera marismeña

KENNZEICHEN: 14 cm. Sehr ähnlich der Kurzzehenlerche, mit der sie auch gemeinsam auftritt, aber von nahem durch *fein gestreifte Vorderbrust* unterschieden. Oberkopf wie der Rücken, keine „Kappe". Ohne dunkle Kropfflecken und allgemein etwas brauner, weniger rostfarben als Kurzzehenlerche.

STIMME: Ein kurzer charakteristischer Ruf „prrit", der auch im Lied vorkommt. Gesang wohltönender und anhaltender als bei der Kurzzehenlerche, aber ähnlich im Charakter, enthält Nachahmungen; singt in ansteigendem Spiralflug oder im hohen Kreisflug, auch vom Erdboden.

VORKOMMEN UND VERBREITUNG: Wie Kurzzehenlerche, aber auch trockene Randgebiete von Sumpfgelände. Brutvogel in Südspanien. Umherstreifende bis Malta, Italien, Helgoland (einmal), zu den Britischen Inseln, Schweden, Finnland, Rumänien, Bulgarien (in Bulgarien vielleicht brütend).

Haubenlerche   *Galerida cristata*   56, 78 E

(E) Crested Lark; (F) Cochevis huppé; (I) Cappellaccia; (H) Kuifleeuwerik; (S) Tofslärka; (Sp) Cogujada común

KENNZEICHEN: Gut 17 cm. Gedrungener und heller als Feldlerche. Gekennzeichnet durch *ziemlich langen Schopf* auf dem Kopf, verhältnismäßig langen, schwach gebogenen Schnabel und durch kurzen Schwanz mit dunkler Mitte und *gelbbraunen* Seiten. Oberseite sandbraun oder graubraun, weniger stark gestreift als bei der Feldlerche; Unterseite rahmweiß, Brust dunkel gestreift; Unterseite der Flügel, beim Fliegen sichtbar, isabellrötlich. Juv. oben mehr gefleckt, mit kürzerem Schopf. Von Feld- und Heidelerche durch lange, schmale Haube und Fehlen von Weiß an den breiten, abgerundeten Flügeln und dem kurzen Schwanz unterschieden. Weicher, „flappiger" Flug. Siehe auch die sehr ähnliche Theklalerche.

STIMME: Weich „djui" und ein fließendes „die-di-drië". Gesang weniger zusammenhängend und kürzer als bei der Feldlerche; gewöhnlich kurze, wiederholte Motive, die vom Boden, von einer niedrigen Warte aus oder im Fluge vorgetragen werden; zuweilen mit Nachahmungen.

VORKOMMEN: Im allgemeinen flaches grasiges oder arides Gelände; oft in der Nähe menschlicher Siedlungen, an Feldwegen, Straßenrändern, Bahnhöfen usw. Nistet am Boden. Verbreitungskarte 220.

Theklalerche   *Galerida theklae*   56, 78 E

(E) Thekla Lark; (F) Cochevis de Thékla; (I) Cappellaccio spagnola; (H) Theklaleeuwerik; (S) Lagerlärka; (Sp) Cogujada montesina

KENNZEICHEN: 16 cm. Im Felde kaum von der Haubenlerche zu unterscheiden, allenfalls, wenn beide Arten dort, wo sie gemeinsam vorkommen, aus großer Nähe zu beobachten sind. Die Theklalerche ist etwas kleiner, oben dunkler,

178 *Lerchen: Alaudidae*

unten heller, hat *feinere, weniger fleckige, kontrastreichere Brustzeichnung;* europäische Rasse mit *grauer* (nicht isabellrötlicher) Flügelunterseite; *Schnabel kürzer,* daher dicker erscheinend. In der Hand kann man sie an der Schwingenformel von der Haubenlerche unterscheiden: die äußerste (rudimentäre) Handschwinge ist so lang wie oder länger als die Handdecken (bei der Haubenlerche nie länger als die Handdecken, was aber nicht für Vögel im Jugendkleid gilt).

STIMME: Gesang dem der Haubenlerche ähnlich, nur durch eingeflochtene arttypische Rufe zu unterscheiden, *zuweilen von Büschen aus vorgetragen;* dem fallenden Ruf „dri-dri-drië" der Haubenlerche entspricht ein steigendes, mehr endbetontes „dadüii" oder ein auf- und abgehendes „dadüdie".

VORKOMMEN UND VERBREITUNG: Bevorzugt trockenere, steinige Hänge mit schütterer Vegetation, stellenweise auch Sanddünen mit etwas Bewuchs; tritt auch in größeren Höhen auf. Jahresvogel in Portugal, Süd- und Ost-Spanien, auf den Balearen und im äußersten Süden Frankreichs (Mittelmeergebiet von Lencate bis zur spanischen Grenze).

Heidelerche *Lullula arborea* R3   56, 78 E

(E) Woodlark; (F) Alouette lulu; (I) Tottavilla; (H) Boomleeuwerik; (S) Trädlärka; (Sp) Totovía

KENNZEICHEN: Gut 15 cm. Von der Feldlerche durch geringere Größe, *sehr kurzen Schwanz ohne weiße Kanten, auffallende weiße, im Genick zusammenstoßende Überaugenstreifen* unter der runden Haube, durch feineren Schnabel und bezeichnende Stimme unterschieden. Mit charakteristischen dunklen Abzeichen in der Nähe des Flügelbuges (siehe Abb.). Steigt in weiten Spiralen im Singflug empor und stürzt sich schließlich mit angelegten Flügeln bis fast zu Boden. Setzt sich auf Bäume. Siehe auch Baumpieper.

STIMME: Ein melodisches „didloi" oder „didli". Gesang weniger wechselreich, nicht so anhaltend und weniger kräftig als bei der Feldlerche, aber weicher und wohltönender und aus kurzen Strophen bestehend, in die flüssige „lülülülü"-Triller und ein abfallendes „lürelürelüre" eingestreut sind; singt auf Bäumen, am Boden oder im Fluge; auch nachts.

VORKOMMEN: Waldränder, Hänge mit wenigen Bäumen, sandige Heidegebiete usw., lokal auch in sandigem Kulturland. Im Winter auf Feldern. Nistet am Boden. Verbreitungskarte 221.

Feldlerche *Alauda arvensis*   56, 78 E

(E) Skylark; (F) Alouette des champs; (I) Lodola; (H) Veldleeuwerik; (S) Sånglärka; (Sp) Alondra común

KENNZEICHEN: Knapp 18 cm. Oberseite braun, stark schwärzlich gestreift; Unterseite rahmweiß mit kräftiger Bruststreifung. *Der längliche Schwanz mit auffallenden weißen Außenkanten.* Die hintere Begrenzung der langen, spitzen Flügel zeigt im Fluge Weißlich. Kurzer, gerundeter, oft aufgerichteter Schopf. Läuft geduckt. Flug kräftig und schwach wellenförmig, wobei sich Flügelschlagen und „Vorwärtsschießen" mit angelegten Schwingen abwechseln; fliegt singend empor und singt im Rütteln. Nach Beendigung des Gesanges läßt sie sich mit angelegten Flügeln zu Boden fallen. Siehe auch Heide- und Haubenlerche.

STIMME: Ein klares, ineinanderfließendes „trr-lit". Gesang ein wohlklingender Erguß trillernder und wirbelnder hoher Töne, *sehr lange anhaltend,* gelegentlich vom Boden oder von niedriger Warte aus, meist im Singflug, sowohl

beim Aufsteigen wie beim Rütteln hoch in der Luft und beim langsamen Abwärtssteigen, dem zuletzt ein stummer Sturz zu Boden folgt.
VORKOMMEN: Felder, Weideflächen, Moor, Sanddünen. Nistet am Boden. Verbreitungskarte 222.

Ohrenlerche   *Eremophila alpestris*   56, 78 E

(E) Shore Lark; (F) Alouette hausse-col; (I) Lodola golagialla; (H) Strandleeuverik; (S) Berglärka; (Sp) Alondra cornuda; (N.A.) Horned Lark

KENNZEICHEN: 16,5 cm. Leicht von allen anderen Lerchen durch das *helle, gelbe Gesicht und die gelbe Kehle, das auffallende schwarze Brustband und die schwarzen Wangen* zu unterscheiden. Oben rötlichbraun, unten weißlich. ♂ mit schwarzem Querband auf dem Scheitel und *kleinen, schwarzen "Hörnchen".* ♀ mit weniger Schwarz. Juv. sieht gefleckt und matter aus. Die Kopfzeichnung der ad. wird im Winter teilweise verdeckt.
STIMME: Klar, pieper- oder stelzenartig „tsih-ih", „tsi-ti-ti" usw. Gesang klingelnd, unregelmäßig und hoch, oft lange anhaltend, manchmal hoch in der Luft vorgetragen wie bei der Feldlerche.
VORKOMMEN: Im Winter an den Meeresküsten (Kieselstrand), in Salzsümpfen, gelegentlich auf Stoppelfeldern. Nistet über der Baumgrenze in den Gebirgen der Balkanhalbinsel und in der trockenen Tundra. Bodennister. Verbreitungskarte 223.

Schwalben: Hirundinidae

Schlanke, stromlinienförmige und anmutige Singvögel ungewisser Verwandtschaft. Winzige Füße, lange spitze Flügel und kurzer Schnabel mit sehr weitem Rachen. Erbeuten ihre Nahrung (Insekten) im Fluge.

Uferschwalbe   *Riparia riparia*   R4   57

(E) Sand Martin; (F) Hirondelle de rivage; (I) Topino; (H) Oeverzwaluw; (S) Backsvala; (Sp) Avión zapador; (N.A.) Bank Swallow

KENNZEICHEN: 12 cm. Kleinste europäische Schwalbe. *Erdbraune Oberseite,* weiße Unterseite mit *braunem Brustband.* Sehr gesellig. Nahrungssuche hauptsächlich über Wasser. Flug mehr flitzend, weniger schießend als bei der Rauchschwalbe. Siehe auch Felsenschwalbe.
STIMME: Ein reibendes „tschrrip"; bei Alarm kurz „brrit". Gesang ein schwaches Zwitschern.
VORKOMMEN: Offenes Gelände mit Teichen, Flüssen usw. Nistet gesellig in selbst gegrabenen Röhren in Sand- und Kiesgruben, Flußufern, selten auch in Felslöchern. Verbreitungskarte 224.

Felsenschwalbe   *Ptyonoprogne rupestris*   R2   57, 84 E
Syn. b. *Hirundo rupestris*

(E) Crag Martin; (F) Hirondelle de rochers; (I) Rondine montana; (H) Rotszwaluw; (S) Klippsvala; (Sp) Avión roquero

KENNZEICHEN: Knapp 15 cm. Kann von weitem mit der Uferschwalbe verwechselt werden, aber von dieser durch plumpere Gestalt unterschieden; Unterseite schmutzig weiß *ohne Brustband,* an Bauch und Unterschwanzdecken trüber; von nahem ferner an den *weißen Flecken in der Spitzenhälfte des gespreizten Schwanzes zu erkennen,* doch hat auch Rauchschwalbe weiße Flecken im Schwanz! Achselfedern dunkel! Verhalten wie bei den anderen Schwalben, aber weniger gesellig. Der Alpensegler ist sehr viel größer und hat weiße Unterseite und dunkles Brustband.

STIMME: Nicht sehr stimmbegabt: ein ziemlich leises „tschitsch" oder „tschrri".

VORKOMMEN: Gebirgsschluchten und Felsen im Binnenland und an der Küste. Baut offene, halb napfförmige Schlammnester in Felsspalten oder Höhlen von Felswänden, gelegentlich in gemeinsamen Kolonien mit Mehlschwalbe. Verbreitungskarte 225.

Rauchschwalbe   *Hirundo rustica*   57, 84 E

(E) Swallow; (F) Hirondelle de cheminée; (I) Rondine; (H) Boerenzwaluw; (S) Ladusvala; (Sp) Golondrina común; (N.A.) Barn Swallow

KENNZEICHEN: 19 cm. Durch lange Schwanzspieße gekennzeichnet. Oberseite *dunkel metallisch glänzend blau,* Stirn und Kehle braunrot, *dunkelblaues Kropfband,* die übrige Unterseite rahmweiß. Juv. viel matter, mit kürzeren Schwanzspießen. Flug anmutig dahinschießend. Gesellig, wenn auch mehr außerhalb als zur Brutzeit. Mehlschwalbe mit weißer Kehle und weißem Bürzel und ohne Schwanzspieße. Ufer- und Felsenschwalbe oben braun und ohne Schwanzspieße. Mauersegler einförmig dunkel. Siehe auch Rötelschwalbe.

STIMME: Ein hohes „tswit", das in Erregung zu einem schnellen Zwitschern gereiht wird. Alarmruf ein hohes „biwist". Gesang ein angenehmes sanftes, plauderndes Gezwitscher aus in schneller Folge gereihten Tönen mit einem harten Schnurrer.

VORKOMMEN: Offenes Kulturland mit Gehöften, Wiesen, Teichen. Baut offene Nester aus Schlamm und Stroh auf Sparren und Simse in Kuhställen, Scheunen usw., lokal in Schornsteinen oder außen an Gebäuden. Verbreitungskarte 226.

Rötelschwalbe   *Cecropis daurica*   57

Syn. b. *Hirundo daurica*

(E) Red-rumped Swallow; (F) Hirondelle rousseline; (I) Rondine rossiccia; (H) Roodstuitzwaluw; (S) Rostgumpsvala; (Sp) Golondrina dáurica

KENNZEICHEN: Knapp 18 cm. Sofort zu erkennen an dem *rostgelblichen Bürzel,* am rostbraunen Nacken und Augenstreif, an der rahmfarbenen Kehle und Unterseite ohne dunklen Halsfleck. Scheitel und Rücken dunkel, metallisch glänzend blau, Flügel und Gabelschwanz schwärzlich. Ohne die weiße Schwanzzeichnung der Rauchschwalbe und mit merklich gröberen Schwanzspießen und *stumpferen* Flügelspitzen. Von der Mehlschwalbe durch rostfarbige statt weiße Tönung von Bürzel und Unterseite unterschieden.

STIMME: Ein bezeichnender rauher, dünner, sperlingsartiger Flugruf. Warnruf: „kier". Gesang ähnlich dem der Rauchschwalbe, aber weniger wohlklingend.

VORKOMMEN: Felsen am Meer und im Binnenland; weniger an Kulturland gebunden als die Rauchschwalbe, aber im Flachland lokal häufig an Brücken und Gebäuden. Nest ähnlich dem der Mehlschwalbe, aber retortenförmig mit Eingangsröhre, in Höhlen, Felsspalten, unter Brücken usw. Verbreitungskarte 227.

Mehlschwalbe *Delichon urbica* 57

(E) House Martin; (F) Hirondelle de fenêtre; (I) Balestruccio; (H) Huiszwaluw; (S) Hussvala; (Sp) Avión común

KENNZEICHEN: Knapp 13 cm. Die einzige europäische Schwalbe mit *rein weißem Bürzel.* Unterseite weiß; Kopf, Rücken, Flügel und Schwanz blauschwarz. Schwanz kurz und gegabelt, ohne Schwanzspieße. Kurze Beine und Füße weiß befiedert. Verhalten wie Rauchschwalbe, aber geselliger, nistet in dichten Kolonien. Flug weniger schießend, mehr flatternd als bei der Rauchschwalbe und oft höher.

STIMME: Schnirpend „tsrr", bei Alarm schrill „sier". Gesang ein leises, schwatzendes Zwitschern, nicht so abwechslungsreich wie das der Rauchschwalbe.

VORKOMMEN: Wie Rauchschwalbe, lokal auch in Städten; auch im offenen Gelände. Baut geschlossene Schlammnester mit oberem Eingangsloch unter Dachrinnen, Dachrändern, Toreinfahrten und Gesimsen, lokal im Inneren von Gebäuden und an Felsen. Verbreitungskarte 228.

Stelzen: Motacillidae

Die Stelzen und Pieper sind den Lerchen, aber auch den Sperlingen, Finken und Ammern verwandte und richtiger in deren Nähe in das System einzuordnende, weltweit verbreitete Bodenvögel, die flink laufen und rennen (nicht hüpfen). *Eigentliche Stelzen* sind schlank, kräftig gezeichnet, haben langen Schwanz, schlanken Schnabel, schlanke Beine; Geschlechter mehr oder weniger deutlich verschieden gefärbt. Nisten am Erdboden, in Spalten oder an Felsen. Die *Pieper* sind braunstreifige Vögel mit weißen oder weißlichen Schwanzkanten, nicht so schlank wie Stelzen, manche mit langer Kralle an der Hinterzehe; Geschlechter gleich gefärbt; Jugendgefieder lerchenartig gefleckt (Untergattung *Anthus*) oder dem Alterskleid ähnlich (Untergattung *Spipola*). Bodenbrüter.

Spornpieper *Anthus novaeseelandiae* 58, 78 E

(E) Richard's Pipit; (F) Pipit de Richard; (I) Calandro maggiore; (H) Grote Pieper; (S) Stor piplärka; (Sp) Bisbita de Richard

KENNZEICHEN: 17 cm. Ein *großer*, langschwänziger und *langbeiniger* Pieper. Oberseite braun, breit schwärzlich gestreift, Brust rahmgelblich, *sparsam, aber kräftig gestreift.* Über dem Auge und unter der Wange ein fahl gelblicher Streif. Schmaler schwarzer Bartstreif und schwarze Linie unter dem Auge. Beine und Hinterkralle sehr lang. Etwas größer und dunkler als Brachpieper, mit kürzerem, kräftigerem Schnabel; ferner im Frühling durch kräftig gezeichneten Rücken, längere Beine und mehr gestreifte Vorderbrust und Kehle unterschieden; im Herbst nicht sicher von jungen (gestreiften) Brachpiepern zu unterscheiden, ausgenommen durch die Stimme und die Schnabelgestalt. Beträchtlich größer als Wiesen-, Baum- und Rotkehlpieper und unten weniger gestreift.

STIMME: Ein ziemlich rauhes „r-rihp". Gesang spatzenartig tschilpend.

VORKOMMEN UND VERBREITUNG: Feuchte Wiesen, sumpfige Steppen und Reisfelder. Brutvogel in Asien, Australien, Neuseeland, Afrika. Sibirische Rasse *A. n. richardi* alljährlich auf dem Zuge (bis Dezember) auf Helgoland, seltener an der deutschen Küste, auf den Britischen Inseln sowie von Skandinavien bis Frankreich, Portugal und Griechenland erscheinend.

Brachpieper *Anthus campestris* R2   **58, 78 E**

(E) Tawny Pipit; (F) Pipit rousseline; (I) Calandro; (H) Duinpieper; (S) Fältpiplärka; (Sp) Bisbita campestre

KENNZEICHEN: 16 cm. Schlanker und stelzenähnlicher als die anderen Pieper, aber leicht mit dem Spornpieper zu verwechseln. Oben hell, *fast einfarbig* sandbraun, abgesehen von einer Reihe dunkler Flecken auf den Flügeldecken nahe dem Flügelbug; unten heller, gewöhnlich *ungestreift. Auffallender rahmfarbener* Überaugenstreif. Undeutlicher brauner Bartstreif. Beine lang und gelblich, doch kürzer als beim Spornpieper. Von diesem ferner durch helleres, weniger kräftig gezeichnetes Gefieder und etwas geringere Größe unterschieden. Juv. (Frühherbst) haben gestreifte Brust und ähneln jungen Spornpiepern bis auf die kürzeren Beine.

STIMME: Die Lockrufe sind lauter und wechselreicher als bei anderen Piepern, meist Abwandlungen von „zihp", „dieb" usw. Gesang ein wiederholtes „zirluih", gewöhnlich im abwärts gleitenden Balzflug vorgetragen.

VORKOMMEN: Ödland und brachliegendes Gelände mit Sand- und Gestrüpp, auf dem Zuge auch auf Kulturland. Nistet in einer von Pflanzen geschützten Bodenvertiefung. Verbreitungskarte 229.

Waldpieper *Anthus hodgsoni*   **76**
Syn. a. *Spipola hodgsoni*

(E) Olive-backed Pipit; (F) Pipit indien; (I) Prispolone indiano; (H) Siberische Boompieper; (S) Sibirisk piplärka; (Sp) Bisbita de Hodgson

KENNZEICHEN: 15 cm. Im Gegensatz zu den meisten anderen Piepern *Oberseite fast ungestreift dunkel olivgrünlich;* Unterseite bräunlichweiß mit dunkler Streifung, die an der Vorderbrust am deutlichsten ist. Bestes Feldkennzeichen die charakteristische *Kopfzeichnung:* schwarz begrenzter weißer Überaugenstreif, der *hinter dem Auge* am deutlichsten ist; aus der Nähe ist zu sehen, daß die dunkle Wange am hinteren Ende gewöhnlich einen weißen Fleck hat, unter dem sich ein schwärzlicher Fleck befindet. Wippt wie eine Bachstelze ständig den Schwanz.

STIMME: Ruft laut „tsiht". Gesang ähnlich dem des Baumpiepers, lauter und höher, im Sitzen oder im Hin-und-Her-Fliegen, nicht in baumpieperartigem Balzflug vorgetragen.

VORKOMMEN UND VERBREITUNG: Gewöhnlich auf Lichtungen und am Rande von Nadelwäldern. Irrgast aus Asien in Großbritannien, Holland, Deutschland (Helgoland), Norwegen, Polen und auf Malta.

Baumpieper *Anthus trivialis*   **58, 78 E**
Syn. a. *Spipola trivialis*

(E) Tree Pipit; (F) Pipit des arbres; (I) Pispolone; (H) Boompieper; (S) Trädpiplärka; (Sp) Bisbita arbóreo

KENNZEICHEN: 15 cm. Vom sehr ähnlichen Wiesenpieper am besten an der *Stimme* zu unterscheiden, ferner an der etwas stämmigeren Gestalt, etwas stärkerem Schnabel, an der gelblichen Brust, den rötlichen Beinen und der *kurzen* Hinterzehenkralle. Oberseite braun, schwärzlich gestreift. Unten gelblich rahmfarben mit schwärzlichem Bartstreif und kräftig gestreifter

Brust und gestreiften Flanken. Gelblicher Überaugenstreif. Weiße äußere Steuerfedern. Sitzt gern auf Bäumen. Strandpieper ist größer und *dunkler.* Siehe auch Rotkehlpieper.

STIMME: „Psih"; bei Alarm ein beharrlich wiederholtes „sib". Gesang laut und wohltönend, mit langen Trillern, am Ende mit charakteristischem „zia-zia-zia", singt von hoher Warte und vor allem im kurzen Singflug während des fallschirmartigen Niedergleitens zum Sitzplatz (die Heidelerche stürzt sich schweigend zu Boden).

VORKOMMEN: Heide, Waldblößen, lichter Wald, Hänge mit zerstreuten Bäumen und Büschen. Nistet unter Farnkraut, im hohen Gras usw. Verbreitungskarte 230.

Petschorapieper *Anthus gustavi* 76

Syn. a. *Spipola gustavi*

(E) Pechora Pipit; (F) Pipit de la Petchora; (H) Petsjorapieper; (S) Tundrapiplärka

KENNZEICHEN: Knapp 15 cm. Ähnlich Baumpieper; am besten zu unterscheiden durch den *Ruf, zwei fahle Längsstreifen über den Rücken* und *zwei weiße Flügelbinden.* Bürzel wie beim Rotkehlpieper kräftig gestreift. Unterseite mit kräftiger Streifenzeichnung; äußere Schwanzfedern gelbbräunlich (nicht weiß). Lange Hinterzehenkralle. Heimliches Verhalten.

STIMME: Ein hartes „pwit", gewöhnlich wiederholt, vom Ruf anderer Pieper deutlich verschieden, leiser und härter als Ruf des Wiesenpiepers. Gesang zweiteilig, ein Triller, dem ein leises Zwitschern folgt.

VORKOMMEN UND VERBREITUNG: Außer zur Brutzeit meist in der Nähe von Deckung, selten wie ein Baumpieper auf Pfählen sitzend; im Brutgebiet fußt er häufig auf Bäumen. Irrgast aus Nordosteuropa und Nordasien in Finnland, Norwegen, Großbritannien und Holland.

Wiesenpieper *Anthus pratensis* 58, 78 E

Syn. a. *Spipola pratensis*

(E) Meadow Pipit; (F) Pipit farlouse; (I) Pispola; (H) Graspieper; (S) Ängspiplärka; (Sp) Bisbita común

KENNZEICHEN: Knapp 15 cm. Sehr ähnlich dem Baumpieper, aber von diesem unterschieden durch die *Stimme,* olivfarbenere Oberseite und gewöhnlich *hellere, weniger gelbliche Brust* mit kleineren, aber zahlreicheren Streifen. Äußere Schwanzfedern weiß. Beine bräunlich, mit *langer* Kralle der Hinterzehe. Sitzt selten auf Bäumen; vgl. dagegen Baumpieper. Wasserpieper ist größer, Strandpieper überdies dunkler. Siehe auch Rotkehlpieper.

STIMME: Kurz „ist" oder zart „zip", bei Alarm schnell gereiht; ferner lauter „tissip". Gesang ein dünnes Pfeifen in allmählich aufsteigendem Tempo und mit einem kurzen Triller endend, im kurzen Singflug und fallschirmartigen Niedergleiten.

VORKOMMEN: Moore, Dünen, offenes Weideland, auch Heide und Bergwiesen; im Winter auf Feldern und an Gräben. Nistet am Boden. Verbreitungskarte 231.

Rotkehlpieper *Anthus cervina* 58, 78 E

Syn. a. *Spipola cervina*

(E) Red-throated Pipit; (E) Pipit à gorge rousse; (I) Pispola golarossa; (H) Roodkeelpieper; (S) Rödstrupig piplärka; (Sp) Bisbita gorgirrojo

KENNZEICHEN: Knapp 15 cm. Ähnlich Wiesenpieper, aber durch die dunklere Oberseite, den *kräftig gestreiften Bürzel* und die verschiedene Stimme unterschieden. Zur Brutzeit sind Kehle und zuweilen auch Vorderbrust *rost- bis ziegelrot* getönt. Im Winter vom Wiesenpieper durch streifigen Bürzel und kräftig dunkel gestreifte Unterseite unterschieden; Kehle zuweilen zimtrötlich.

STIMME: Ein heiseres „szieh" und ein weiches „djie-e". Gesang meist im Singflug, pfeifend und trillernd, nicht so wohltönend wie der des Wiesenpiepers und höher.

VORKOMMEN: Die sumpfige Tundra, feuchte Niederungen und Kulturland, gewöhnlich Gelände mit niedrigen Büschen, oft nahe der Küste. Nistet am Boden. Verbreitungskarte 232.

Wasserpieper *Anthus spinoletta* R5   **58, 78 E**
Syn. a. *Spipola spinoletta*

Strandpieper:
(E) Rock Pipit; (F) Pipit maritime; (I) Spioncello marittimo; (H) Oeverpieper; (S) Skärpiplärka; (Sp) Bisbita ribereño costero

Bergpieper:
(E) Water Pipit; (F) Pipit spioncelle; (I) Spioncello; (H) Waterpieper; (S) Vattenpiplärka; (Sp) Bisbita ribereño alpino

KENNZEICHEN: 16,5 cm. Etwas größer und schlanker als Wiesen- und Baumpieper, mit langer Hinterzehenkralle. Beine *viel dunkler* als bei den anderen Piepern. Die typische Gebirgsrasse (der Bergpieper, *A. s. spinoletta*) hat *weiße äußere Steuerfedern,* einen weißlichen Überaugenstreif, grau getönte Oberseite und weiße Unterseite, die im Winter kräftig, zur Brutzeit nur wenig gestreift ist und einen rötlichen Anflug hat. Die Küstenrassen (die Strandpieper, *A. s. petrosus, A. s. littoralis, A. s. kleinschmidti*), die von manchen Autoren als besondere Art *(A. petrosus)* angesehen werden, sehen dunkler, mehr olivfarben aus und haben dicht gestreifte, olivgelbliche Unterseite und *gräuliche* (nicht weiße) äußere Steuerfedern. Vom Wiesenpieper im Winter durch braunere Oberseite und *dunkle Beine* unterschieden; vom Brachpieper durch geringere Größe, dunklere Oberseite und *dunkle Beine.*

STIMME: Dünne „zip", „djihp" oder „zihp-ihp", ferner „ist" (weniger gereiht als beim Wiesenpieper). Gesang dem des Baum- und Wiesenpiepers ähnlich, aber weniger klangvoll; gewöhnlich im flatternden Singflug vorgetragen.

VORKOMMEN: Brutvogel des Gebirges (Bergpieper) oder der Meeresküste (Strandpieper). Im Winter in sumpfigen Niederungen, an Binnengewässern, auf Schlammflächen und an der Küste. Nistet in Bodenvertiefungen, Felsspalten usw. Verbreitungskarte 233.

Schafstelze *Motacilla flava*   **58, 59, 78 E**
Syn. b. *Budytes flavus*

Schafstelze: (verschiedene Rassen):
(E) Blue-headed Wagtail; (F) Bergeronnette printanière; (I) Cutrettola; (H) Gele Kwikstaart; (S) Gulärla; (Sp) Lavandera boyera

Englische Schafstelze:
(E) Yellow Wagtail; (F) Bergeronnette flavéole; (H) Engelse Gele Kwikstaart; (S) Engelsk gulärla

KENNZEICHEN: 16,5 cm. Ein schlanker, langschwänziger und langbeiniger Vogel mit gelber Unterseite. Mehrere Rassen in Europa; sie können vom Geübten im Felde unterschieden werden. Im größten Teil Deutschlands brütet *M. flava flava;* ein Mischgebiet dieser Rasse mit der im mittleren Südeuropa brütenden Aschköpfigen Schafstelze *(M. f. cinereocapilla)* reicht bis Südwestdeutschland; auf Helgoland und einigen anderen Nordseeinseln brütet gelegentlich die Englische Schafstelze *(M. flava flavissima),* die auf dem Zuge selten auch im Binnenland erscheint. Außerdem können auf dem Zuge oder als Irrgäste in Deutschland noch die Hellköpfige *(M. f. beema)* und Nordische Schafstelze *(M. f. thunbergi)* sowie ausnahmsweise die Maskenstelze *(M. f. feldegg)* beobachtet werden. Das ♂ der mitteleuropäischen Rasse *M. f. flava* hat olivgrünliche Oberseite und *grauen* Kopf mit *weißem Überaugenstreif und weißem Kinn;* übrige Unterseite im Frühling leuchtend gelb. ♀ und Ruhekleid blasser. Das ♂ der gelbesten Rasse *(M. f. flavissima,* Brutvogel auf den Britischen Inseln und in benachbarten Küstengebieten des Festlandes) hat Überaugenstreif, Kehle und Unterseite gelb, Oberkopf und Wange gelblichgrün, ♀ und Ruhekleid matter und oben bräunlicher, juv. mit gelblichem Kinn und bräunlichem Kropfband. *M. f. beema* mit hellgrauem Oberkopf brütet in Westsibirien bis Südostrußland und erscheint als Irrgast in Mitteleuropa (einmal Helgoland); die Nordische Schafstelze, *M. f. thunbergi,* brütet in Skandinavien und erscheint in Mitteleuropa auf dem Durchzug; die Maskenstelze, *M. f. feldegg,* brütet auf der Balkanhalbinsel und erscheint als Irrgast sehr selten in Österreich, Polen usw. Zur Unterscheidung der Rassen siehe Tafel 59.

Anmerkung: Es besteht eine Neigung der einzelnen Populationen, Mutanten hervorzubringen und Einzelstücke, die eigentlich denen anderer Rassen gleichen. Siehe auch Gebirgstelze.

STIMME: Laut und wohltönend „psüip" oder rauher „zier". Gesang ein einfaches „zip-zip-zipsi".

VORKOMMEN: Gewöhnlich in der Nähe von Wasser: Sümpfe, Wiesen, Flußauen, auch nicht zu trockene Felder. Nistet in einer Bodenvertiefung unter Gras, Getreide usw. Verbreitungskarte 234.

Zitronenstelze *Motacilla citreola* 76

Syn. b. *Budytes citreolus*

(E) Citrine Wagtail; (F) Bergeronnette citrine; (I) Cutrettola testagialla orientale; (H) Citroenkwikstaart; (S) Gulhuvad ärla; (Sp) Lavandera cetrina

KENNZEICHEN: 16,5 cm. Ad. ♂ im Brutkleid an der einheitlich *zitronengelben Färbung von Kopf und Hals* leicht zu erkennen; Rücken je nach der Rasse blaugrau, vorn in Form eines Hinterhalsbandes schwarz, oder einfarbig grau oder einfarbig mattschwarz; Flügel mit zwei hellen Binden; Unterkörper gelb. ♀ matter und bräunlicher gefärbt, ohne Schwarz am Rücken, Oberkopf gelbgrünlich mit gelber Stirn und gelbem Überaugenstreif. Im Winterkleid sind beide Geschlechter, von vorn gesehen, einer Schafstelze im Ruhekleid ähnlich, mit gelber Stirn und gelbem Überaugenstreif; von hinten gesehen ähneln sie mehr einer Bachstelze, wippen jedoch den Schwanz nicht so häufig wie diese. Vögel im ersten Lebensjahr sind weißlich statt gelb, brüten aber in diesem Kleid.

STIMME: Schafstelzenähnlich „swihp".

VORKOMMEN UND VERBREITUNG: Am Wasser in sumpfigen Wiesen und Mooren. Irrgast aus Asien und Nordost-Rußland in Finnland, Schweden, Großbritannien, Deutschland, Österreich, Tschechoslowakei, Griechenland.

Gebirgstelze *Motacilla cinerea* 58, 59, 78 E

(E) Grey Wagtail; (F) Bergeronnette des ruisseaux; (I) Ballerina gialla; (H) Grote Gele Kwikstaart; (S) Forsärla; (Sp) Lavandera cascadeña

KENNZEICHEN: Knapp 18 cm. In jeder Jahreszeit von allen anderen gelbbrüstigen Stelzen durch sehr *langen, schwarzen* Schwanz mit auffallenden weißen äußeren Steuerfedern, durch *blaugraue Oberseite und gelbe Unterschwanzdecken* unterschieden. Brust im Sommer leuchtend gelb, im Winter gelbbräunlich. Bürzel grünlichgelb. ♂ mit weißem Überaugenstreif und auffallendem, weißem Streif vom Schnabel unter die graue Wange. Kinn und Kehle beim ♂ im Sommer *schwarz*, im Winter weißlich. ♀ oben grünlich getönt, im Sommer und Winter mit weißlicher Kehle. Juv. oben graubraun, unten gelblichbraun; von der Bachstelze durch *gelbe* Unterschwanzdecken unterschieden. Flug und Bewegungen wie Bachstelze, Schwanzwippen noch auffälliger. Ungesellig, ausgenommen am Schlafplatz. Siehe auch Schafstelze.

STIMME: Lockruf metallischer als bei der Bachstelze und Gesang wechselreicher. Bei Alarm ein schrilles „sihit" oder „zissit".

VORKOMMEN: An schnell fließenden seichten Flüssen und Bächen im Berg- und Hügelland, im Tiefland vor allem an Wehren und Mühlen. Nistet in Höhlungen von Gemäuer, Brücken, Flußufern usw. Verbreitungskarte 235.

Bachstelze *Motacilla alba* 58, 59, 78 E

Bachstelze (Festlandrasse):

(E) White Wagtail; (F) Bergeronnette grise; (I) Ballerina bianca; (H) Witte Kwikstaart; (S) Sädesärla; (Sp) Lavandera blanca común

Trauerbachstelze:

(E) Pied Wagtail; (F) Bergeronnette d'Yarrell; (I) Ballerina nera; (H) Rouwkwikstaart; (S) Engelsk sädesärla; (Sp) Lavandera blanca enlutada

KENNZEICHEN: Knapp 18 cm. Ein kräftig gezeichneter, schwarz-weißer Vogel mit schlanken Beinen und langem Schwanz, mit dem wippende Bewegungen ausgeführt werden. ♂ ad. der Festlandsrasse (die Bachstelze, *M. a. alba*) im Brutkleid: Kopfplatte, Kehle und Vorderbrust schwarz, *Rücken hellgrau;* der schwarze Schwanz mit weißen äußeren Steuerfedern; Stirn, Kopfseiten und Bauch weiß. ♀ wie ♂, aber weniger Schwarz an Kopf und Brust. Im Ruhekleid in beiden Geschlechtern mit *weißer Kehle*, ein hufeisenförmiges Kropfband schwarz mit grauen Säumen, das Schwarz des Scheitels durch breite graue Säume verdeckt. Die britische Rasse (die Trauerbachstelze, *M. a. yarrellii*), die vereinzelt auch im Nordseeküstengebiet von Südwest-Norwegen bis Belgien vorkommt, ist ähnlich, aber zur Brutzeit mit *schwarzem* (nicht hellgrauem) *Rücken.* Im Herbst sind beide Rassen viel leichter zu verwechseln, die Trauerbachstelze aber hat dunklen Bürzel. Juv. ähnlich Ruhekleid, Kropfband schwarzbraun, Weiß des Unterkörpers gelblich überflogen.

STIMME: Lebhaft „zilipp", in Erregung scharf „zisiss", Gesang ein Zwitschern aus vielfältig abgewandelten Lockrufen.

VORKOMMEN: Zur Zugzeit häufig auf Äckern; sonst an Gräben, Flußufern, in offenem Gelände aller Art und in Ortschaften. Oft, aber nicht immer, am Wasser. Nistet in Höhlungen von Gebäuden, Felsen, im Efeu, in hohlen Bäumen usw. Verbreitungskarte 236.

Seidenschwänze: Bombycillidae

Der Seidenschwanz ist der einzige europäische Vertreter einer kleinen, isoliert stehenden Singvogelgruppe, deren Arten ziemlich kleine bis knapp drosselgroße Vögel sind, die in der freien Natur sowohl an Würger wie an Stare erinnern und die offene Nester bauen.

Seidenschwanz *Bombycilla garrulus*   67, 83 E

(E) Waxwing; (F) Jaseur boréal; (I) Beccofrosone; (H) Pestvogel; (S) Sidensvans; (Sp) Ampelis Europeo; (N.A.) Bohemian Waxwing

KENNZEICHEN: Knapp 18 cm. Unverkennbar durch die *rötlichgraubraune Haube* und den kurzen, *am Ende gelben Schwanz*. Augenstreif und Kehlfleck schwarz. Oberseite rötlichgraubraun mit grauem Bürzel; Unterseite rötlichgrau mit *kastanienbraunen* Unterschwanzdecken; dunkle Flügel *auffallend weiß und gelb* gezeichnet mit *scharlachroten „Siegellackplättchen" an den Spitzen der Armschwingen* (beim ♀ weniger auffällig), bei ad. ♂ zuweilen auch an den Spitzen der Schwanzfedern. Juv. ohne schwarzen Kehlfleck und ohne weiße Spitzen der Handschwingen; unten zart gestreift. Flug kräftig und starenartig. Oft sehr zutraulich. Gesellig.

STIMME: Lockruf ein leises, hohes, klingelndes „srih"; Gesang ein leises Gezwitscher, mit Rufen untermischt.

VORKOMMEN: Nistet auf Lichtungen der Nadel- und Birkenwälder des Nordens. Im Winter im offeneren Gelände auf Beerensträuchern, auch in Gärten und Anlagen. Verbreitungskarte 237.

Wasseramseln: Cinclidae

Die Wasseramseln sind an das Leben an fließenden Gewässern angepaßte Singvögel, die Drosseln und Zaunkönigen ähnlich sind, ihre Nahrung (vor allem Wasserinsekten) auch tauchend suchen und sogar am Boden nicht zu tiefer Bäche entlanglaufen können.

Wasseramsel *Cinclus cinclus* R4   66

(E) Dipper; (F) Cincle plongeur; (I) Merlo acquaiolo; (H) Waterspreeuw; (S) Strömstare; (Sp) Mirlo acuático

KENNZEICHEN: Knapp 18 cm. Ein dicker Vogel von zaunkönigartiger Gestalt, aber viel größer, mit ziemlich großen, derben Beinen; der kurze Schwanz wird oft gestelzt. Schwärzlich mit *weißer Brust,* die bei den in Mitteleuropa brütenden Rassen *C. c. aquaticus* und *C. c. meridionalis* unten rostbraun begrenzt ist; bei einigen nordischen und südwesteuropäischen Populationen fehlt dieses Rostbraun. Geschlechter gleich. Juv. oben schiefergrau, unten grau und weiß gefleckt. Knickst, sitzt auf Felsblöcken im Bach. Taucht oder läuft ins Wasser, bleibt zur Nahrungssuche am Grunde unter Wasser; schwimmt auf oder unter Wasser. Flug gewöhnlich niedrig, schnurrend und gradlinig, den Bächen folgend. Ungesellig, hält sich meist das ganze Jahr über am gleichen Bachabschnitt auf.

STIMME: Kurz „zit" oder im Fluge „zrrb". Gesang eine Folge von hohen kratzenden und platzenden Lauten, in die manchmal flüssige Triller oder Pfeiftöne eingestreut sind. Singt fast das ganze Jahr über.

VORKOMMEN: Schnellfließende klare Gewässer (vor allem Gebirgsbäche); besucht im Winter gelegentlich die Küste. Baut große, kugelförmige Nester in Spalten unter Wasserfällen, Brücken und Erdhängen; hält sich ständig ganz nahe am fließenden Wasser auf. Verbreitungskarte 238.

Zaunkönige: Troglodytidae

Insektenfressende Singvögel mit vorwiegend braunem, gewöhnlich teilweise dunkel quergebändertem Gefieder. In der Alten Welt nur eine Art; alle übrigen sind amerikanisch. Die meisten bauen geschlossene Nester.

Zaunkönig   *Troglodytes troglodytes*   **66, 79 E**

(E) Wren; (F) Troglodyte mignon; (I) Scricciolo; (H) Winterkoning; (S) Gärdsmyg; (SP) Chochín; (N.A.) Winter Wren

KENNZEICHEN: 9,5 cm. Ein kleiner, runder, dicht gebänderter brauner Vogel mit *kurzem, gestelztem Schwänzchen.* Äußerst lebendig; durchstöbert Gestrüpp und Genist am Grunde wie eine Maus und fängt Insekten zwischen der Vegetation wie eine Grasmücke. Flug schnurrend und geradlinig.

STIMME: Laut und hart „zick-zick-zick", bei Alarm zu einem rauhen Schnurren werdend. In Erregung „zerr". Gesang sehr laut, ohne Pausen, eine Reihe schmetternder Töne, zwischen die gestreckte Laute und ein tieferer Roller eingeschoben sind. Singt fast das ganze Jahr über.

VORKOMMEN: In niedriger Deckung in Gärten, Dickichten, Wäldern, zwischen Felsen, an Gräben, Bachufern usw. Baut ein kugelförmiges Nest in Heuschobern und Höhlen in Bäumen, Böschungen oder Gebäuden. Verbreitungskarte 239.

Braunellen: Prunellidae

Ziemlich graubraun und sperlingsartig aussehend, aber mit schlankerem und spitzerem Schnabel; den Sperlingen, Finken und Ammern nahestehend und richtiger nahe den Sperlingen einzuordnen, mit denen auch abgebildet (Taf. 73). Zunge der Jungen wie bei den Lerchen und den meisten Grasmücken mit dunkler Punktzeichnung. Mit bezeichnendem, schleppendem Gang, unaufdringlichen Gewohnheiten. Nisten im Gebüsch oder in Felslöchern u. dgl.

Heckenbraunelle *Prunella modularis* **73, 81 E**

(E) Dunnock oder Hedge Sparrow; (F) Accenteur mouchet; (I) Passera scopaiola; (H) Heggemus; (S) Järnsparv; (Sp) Acentor común

KENNZEICHEN: Knapp 15 cm. Unauffällig und ohne hervorstechende Merkmale; die Verbindung von *sattem Dunkelbraun und Dunkelgrau* im Gefieder ist der beste Anhalt. Oberseite dunkelbraun, schwarz gestreift; Kopf und Hals schiefergrau, Scheitel und Ohrdecken bräunlich, *Unterseite schiefergrau* mit dunkel gestreiften Flanken. Der dunkle, dünne Schnabel bezeichnend. Zur Nahrungssuche am Boden, selten weitab von Deckung, bewegt sich langsam und unauffällig; zuckt häufig mit den Flügeln. Ungesellig.

STIMME: Hoch pfeifend „ziht" und ein feines trillerndes „di-di-di". Gesang ein eiliges, nicht lautes, auf und ab gehendes Klirren, viel kürzer und leiser als das etwas ähnliche Zaunköniglied, ohne dessen Roller und ohne schmetternde Töne. Beginnt schon im Winter zu singen.

VORKOMMEN: Hecken, Gärten, Friedhöfe, Gebüsch, Dickungen. Nistet in Büschen, jungen Nadelbäumen, Brombeergestrüpp, Reisighaufen usw., in Bodennähe bis höchstens mannshoch. Verbreitungskarte 240.

Alpenbraunelle *Laiscopus collaris* R5 **73, 81 E**

Syn. b. *Prunella collaris*

(E) Alpine Accentor; (F) Accenteur alpin; (I) Sordone; (H) Alpenheggemus; (S) Alpjärnsparv; (Sp) Acentor alpino

KENNZEICHEN: Knapp 18 cm. Größer, robuster und lebhafter gefärbt als die Heckenbraunelle. Wippt mit dem Schwanz, zuckt mit den Flügeln; Bewegungen sonst lerchenartig. *Kinn und Kehle weißlich, schwarz gefleckt,* Brust gräulich, *Flanken rostbraun gestreift,* unregelmäßige doppelte weiße Flügelbinde, die ein auffälliges dunkles Band einschließt, und Spitzen der Steuerfedern hell bräunlichgelb. Oberseite streifig graubraun. Juv. mit ungefleckter, grauer Kehle.

STIMME: Ein trillerndes, lerchenartiges „trr-lit" und ein vibrierendes „trrüi". Gesang ein angenehmes, aber hartes, etwas lerchenartiges Trillern und Schwätzen. Singt vom Boden aus oder im kurzen Balzflug.

VORKOMMEN: Felsige Berghänge bis zur Schneegrenze aufwärts. Im Winter in tieferen Lagen. Nistet in Felslöchern, gelegentlich im Schutze der Vegetation. Verbreitungskarte 241.

Sänger: Muscicapidae

Diese Familie umfaßt die durch vermittelnde Gattungen verbundenen Gruppen der Heckensänger, Erdsänger, Fliegenschnäpper, Rotschwänze, Schmätzer, Steinmerlen und Drosseln, die u. a. durch Eigenarten der Stimmuskulatur als zusammengehörig ausgewiesen und durch bei fast allen Arten geflecktes Jugendgefieder gekennzeichnet sind. Insektenfresser.

Heckensänger (S. 190), früher oft zu den Grasmücken gestellt, sind diesen nur oberflächlich ähnlich; die Heckensänger sind eine bei uns nur durch eine Art vertretene, hauptsächlich afrikanische Gruppe.

Die *Erdsänger* (Rotkehlchen bis Blauschwanz, S. 190 bis 192) sind durch vermittelnde Formen eng mit den *Fliegenschnäppern* (Trauerschnäpper bis Grauschnäpper, S. 193 bis 195) verbunden, an die durch außereuropäische Arten wiederum eng die *Rotschwänze* (S. 195) angeschlossen sind. Ihnen nahe stehen die *Wiesenschmätzer* (Braun- und Schwarzkehlchen, S. 196), an die sich die eigentlichen *Schmätzer* (Isabell- bis Trauerschmätzer, S. 197 bis 199) in Erscheinung und Lebensweise anschließen. Sie alle halten sich aufrecht, viele sind lebhaft gefärbt, die Geschlechter verschieden oder einander ähnlich. Typische Fliegenschnäpper sitzen gewöhnlich auf erhabenen Warten, von wo sie in kurzem Flug Jagd auf vorüberfliegende Insekten machen; ihr Schnabel ist am Grunde breit, bei den Erdsängern, Rotschwänzen und Schmätzern, die sich viel am Erdboden aufhalten, ist er meist schmäler.

Die *Steinmerlen* (Steinrötel und Blaumerle, S. 200) verbinden die vorstehenden Gruppen, vor allem die Rotschwänze, mit den *Drosseln* (Schieferdrossel bis Misteldrossel, S. 200 bis 206), die in der Mehrzahl größere Vögel sind.

Viele Erdsänger, Fliegenschnäpper, Rotschwänze und Schmätzer nisten in Höhlungen verschiedenster Art; andere bauen wie die Drosseln napfförmige Nester in Büschen und Bäumen; manche nisten am Erdboden.

Heckensänger *Cercotrichas galactotes* 63, 81 E

Syn. b. *Agrobates galactotes, Erythropygia galactotes*

(E) Rufous Bush Robin; (F) Agrobate roux; (I) Usignolo d'Africa; (H) Rosse Waaierstaart; (S) Rödsångare; (Sp) Alzacola

KENNZEICHEN: Gut 15 cm. Schlank, langbeinig und oft in der Haltung ziemlich drosselähnlich. Schnell zu erkennen an dem *langen, kastanienbraunen Fächerschwanz, der an der Spitze breit schwarz-weiß gesäumt* ist. Die westliche Rasse, *C. g. galactotes,* hat die ganze Oberseite fuchsig rotbraun; die östliche Rasse, *C. g. syriacus,* das den Kastanienbraun auf Bürzel und Schwanz beschränkt, die übrige Oberseite ist graubraun; beide Rassen mit ausgeprägtem rahmfarbenen Überaugenstreif und sandfarbener Unterseite. Keckes Verhalten; sitzt auffällig auf Büschen und am Boden mit hängenden Flügeln und langem, gefächertem und senkrecht aufgerichtetem Schwanz.
STIMME: Lockruf ein hartes „teck". Gesang sehr wohltönend, aber abgerissen und im Umfang wechselnd, in manchen kurzen Motiven an Feldlerche erinnernd. Singt auf freier Warte, Telephondrähten usw. und im langsamen, niedergehenden Balzflug.
VORKOMMEN: Gärten, Weinberge, Palmen- und Olivenhaine. Nistet in Hecken von Feigenkakteen und Palmbüschen. Verbreitungskarte S. 242.

Rotkehlchen *Erithacus rubecula* 60, 79 E

(E) Robin; (F) Rouge-gorge familier; (I) Pettirosso; (H) Roodborst; (S) Rödhake; (Sp) Petirrojo

KENNZEICHEN: 14 cm. Ein rundliches, „halslos" erscheinendes Vögelchen. Ad. mit *satt orangefarbener* Brust und Stirn und einfarbig olivbrauner Oberseite. Juv. ohne rote Brust, stark dunkelbraun und rahmfarben gefleckt; vom jungen Rotschwanz durch *olivbraunen* statt rostroten Schwanz unterschieden; von der jungen Nachtigall durch geringere Größe, rahmfarbene Unterseite und *olivbraunen Schwanz.* Das zutrauliche Verhalten dieses schmucken Vögelchens gegenüber dem Menschen ist wohlbekannt.
STIMME: Scharf „zick", oft sehr schnell wiederholt (das „Schnickern"), leise „zip" oder „zisip" und dünn und klagend „zieh". Gesang fast das ganze Jahr

über zu hören, eine wechselnde, schwermütige Weise, mit hohen, scharfen Tönen beginnend, denen kurze, absinkende, flötende und trillernde Motive folgen.

VORKOMMEN: Gärten, Laub-, Misch- und Nadelwälder mit Unterholz usw. Nistet in Höhlen oder Winkeln von Mauern, Erdhängen, Bäumen, am Grunde von Hecken, in Efeu, Blechbüchsen usw. Verbreitungskarte 243.

Sprosser *Luscinia luscinia* **60, 81 E**
Syn. b. *Erithacus luscinia*
(E) Thrush Nightingale; (F) Rossignol progné; (I) Usignolo maggiore; (H) Noordse nachtegaal; (S) Näktergal; (Sp) Ruiseñor ruso

KENNZEICHEN: 16,5 cm. Sehr ähnlich Nachtigall, aber von dieser durch dunkleres, mehr olivbraunes Aussehen und, aus großer Nähe, durch *bräunlich gewölkte Brust* zu unterscheiden. Verhalten wie Nachtigall.

STIMME: Lockruf wie bei der Nachtigall; Gesang ähnlich wohltönend, mit typischer tiefer „tschuck-tschuck-tschuck"-Eröffnung; dem Gesang fehlt das kennzeichnende Crescendo der Nachtigall.

VORKOMMEN: Dichte und feuchte Dickichte, besonders von Erlen und Birken, und im Unterholz über sumpfigem Boden. Nistgewohnheiten wie bei der Nachtigall. Verbreitungskarte 244.

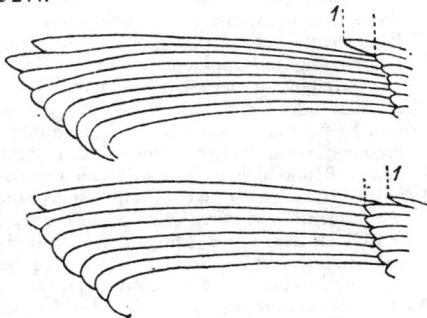

Flügel von Nachtigall, *L. megarhynchos,* (oben) und Sprosser, *L. luscinia* (unten). Vgl. die relative Länge der 1. und 2. Handschwinge und die Verschmälerung im Spitzendrittel der Außenfahnen bei der 3. bzw. 3. und 4. Schwinge!

Nachtigall *Luscinia megarhynchos* **60, 81 E**
Syn. b. *Erithacus megarhynchos*
(E) Nightingale; (F) Rossignol philomèle; (I) Usignolo; (H) Nachtegaal; (S) Sydnäktergal; (Sp) Ruiseñor común

KENNZEICHEN: 16,5 cm. Fast ohne bezeichnende Merkmale mit Ausnahme des *braunroten Schwanzes und des bemerkenswerten Gesanges.* Oberseite einfarbig braun, Unterseite hell braungrau. Juv. gefleckt und gesprenkelt wie ein junges Rotkehlchen, aber leicht an der größeren Gestalt, am rotbraunen Schwanz und an der helleren Unterseite zu unterscheiden; vom jungen Gartenrotschwanz durch Größe und viel weniger leuchtend rotbraunen Schwanz unterschieden. Versteckt und ungesellig. Flug und Haltung bei der Nahrungssuche am Boden wie Rotkehlchen. Siehe auch Sprosser.

STIMME: Ein flüssiges „huit", laut „teck", leise und kurz „tack" und bei Alarm rauh „karr". Gesang reich, laut und wohltönend, aus Strophen dicht gereihter Einzel- oder Doppeltöne bestehend; charakteristisch ein tiefes, aufsprudelndes „tschuck-tschuck-tschuck", ein langsames „dü, dü, dü" in prächtigem Crescendo und Schmetterstrophen. Singt bei Tage und bei Nacht aus dichter Deckung oder von niedriger freier Warte.

VORKOMMEN: Laubwaldungen des Tieflandes, feuchte Dickichte, verwilderte Hecken und Parkanlagen; im Süden mehr im Gebirge. Nest wohlverborgen am Boden in Brombeeren, Brennesseln usw. Verbreitungskarte 245.

Blaukehlchen   *Cyanosylvia svecica*   R2   60, 81 E
Syn. b. *Luscinia svecica, Erithacus svecicus*

(E) Bluethroat; (F) Gorge-bleue à miroir; (I) Pettazzurro; (H) Blauwborst; (S) Blåhake; (Sp) Pechiazul

KENNZEICHEN: 14 cm. Rotkehlchenähnliche Bewegungen, jedoch mit häufigem Spreizen und Stelzen des Schwanzes, wobei dessen *kastanienbraune Wurzel* auffällt. ♂ im Brutkleid mit *leuchtend blauem Kehlfleck*, der von der Vorderbrust durch je ein schwarzes und rostrotes Band getrennt wird. Die skandinavische Rasse (das Rotsternige Blaukehlchen, *C. s. svecica*) mit *rostrotem Fleck ("Stern")* inmitten der blauen Kehle kommt lokal auch in den Alpen, den Sudeten, und den Karpaten vor; die mittel- und südeuropäische Rasse (das Weißsternige Blaukehlchen, *C. s. syanecula*) hat *weißen Stern*, der ausnahmsweise (bei einer vorderasiatischen Rasse meist) fehlt. Im Ruhekleid ist die Kehle gewöhnlich weißlich, mit etwas Blau, schwarzer Begrenzung und dunklem Brustband. ♀: Weißlicher Kehlfleck mit schwarzen Streifen an der Seite, allmählich in einen unregelmäßigen dunklen Halslatz oder ein dunkles Brustband übergehend, oft mit Spuren von Blau und Rostrot. Juv. wie ein streifiges, dunkles junges Rotkehlchen, aber von diesem durch kastanienbraune Schwanzwurzel unterschieden. ♀ und juv. der beiden Blaukehlchenrassen im Felde nicht zu unterscheiden.

STIMME: Ein scharfes „tack", sanft „huit" und guttural „törrk". Gesang sehr wohltönend und wechselvoll, mehr dem Lied des Sumpfrohrsängers (s. S. 212) als dem der Nachtigall ähnlich und mit vielen Nachahmungen; mit solchen oder mit zögerndem „dip-dip-dip" eingeleitet. Singt von einer Warte aus und in kurzem, gleitendem Singflug.

VORKOMMEN: Sumpfige Dickichte, Heidemoore, Weidicht, Ufergebüsch usw. Nistet dicht am Boden unter Birken-, Weiden- und Wacholdergestrüpp, in der feuchten Heide; mancherorts hoch in den Bergen, in Mitteleuropa im Tieflande. Verbreitungskarte 246.

Blauschwanz   *Tarsiger cyanurus*   76
Syn. a. *Ianthia cyanurus;* b. *Erithacus cyanurus*

(E) Red-flanked Bluetail; (F) Rossignol à flancs roux; (I) Codazzurro; (H) Blauwstaart; (S) Blåstjärt; (Sp) Coliazul cejiblanco

KENNZEICHEN: Von der Größe und Gestalt eines Rotkehlchens und mit den Bewegungen eines Rotschwanzes. ♂ mit *blauer* Oberseite (leuchtend kobaltblau an Schultern, Bürzel und Schwanz, sonst graublau, am dunkelsten an den Wangen und Halsseiten). Unterseite rahmweißlich mit *leuchtend orangefarbenen Brustseiten;* vorn weißer, hinten hellblauer Überaugenstreif. ♀ oben olivbraun, unten heller, mit bläulichem Bürzel und Schwanz und orangefarbenen Brustseiten. Juv. ähnlich jungen, gefleckten Rotkehlchen.

Äußerst scheu. Wippt in schneller Schlagfolge mit dem Schwanz, ohne diesen jedoch nach Rotschwanzart vibrieren zu lassen. Knickst wie Rotkehlchen und Rotschwänze.

STIMME: Ruft dünn „fied, fied" und tief „tack, tack". Gesang bezeichnend, eine kurze, auf und ab gehende Strophe, etwa „titi-trilih-tititi" oder „titi-trilih-trilih-tititi", etwas an den Gesang des Trauerschnäppers und auch an den des Fitis erinnernd. Singt bei Tag und Nacht, gewöhnlich von hohen Baumspitzen aus.

VORKOMMEN UND VERBREITUNG: Dichte, unberührte, moos- und unterholzreiche Nadelwälder. Nistet am Boden. Hat sich neuerdings als Sommervogel in Ostfinnland angesiedelt und hat in Estland gebrütet. Brütet sonst in Rußland und Sibirien. Als Irrgast auf den Britischen Inseln, in Holland, Deutschland (mehrmals, Bundesrepublik und DDR), Schweden, Norwegen, Dänemark und in Italien nachgewiesen.

Zwergschnäpper *Erythrosterna parva* **67, 81 E**

Syn. b. *Ficedula parva, Muscicapa parva, Siphia parva*

(E) Red-breasted Flycatcher; (F) Gobe-mouche nain; (I) Pigliamosche pettirosso; (H) Kleine Vliegenvanger; (S) Liten flugsnappare; (Sp) Papamoscas papirrojo

KENNZEICHEN: 11,5 cm. Der kleinste europäische Fliegenschnäpper. Nur das ♂ im Sommer und Winter mit *leuchtend orangefarbener Kehle* und mit gräulichen Kopfseiten. Oben graubraun, unten rahmgelblich, aber sogleich an den *auffallenden weißen Flecken* an jeder Seite des schwärzlichen Schwanzes, mit dem der Vogel im Sitzen oft zuckt, zu erkennen; die Flügel läßt der Vogel dabei herabhängen. Zurückhaltend; macht gelegentlich kurze Flüge in die Luft oder auf den Boden nach Insekten, wobei die schwarz-weiße Schwanzzeichnung in Erscheinung tritt, jagt aber sonst mehr laubsängerartig in den Baumwipfeln. Das ♂ sieht bis auf das Weiß am Schwanz und die verschiedene Gesichtsfärbung ganz rotkehlchenartig aus. Einjährige ♂ haben noch keine rote Kehle, sie ähneln den ♀ und schreiten schon zur Brut.

STIMME: Lebhaft „tschick" und ein leises zaunkönigartiges Schnurren. Gesang abwechslungsreich, beginnt oft mit leisem „zr, zr . . .", dann folgen Reihen ein- oder zweisilbiger metallischer Pfeiflaute, etwa „tink, tink, tink, ziwü, ziwü, ziwü".

VORKOMMEN: Gewöhnlich Laubwälder, vor allem Buchenwälder, gelegentlich Misch- und Nadelwälder; auf dem Zuge auch im offenen Kulturland. Nistgewohnheiten wie Trauerschnäpper, baut aber auch offene, an Baumstämme gelehnte Nester. Verbreitungskarte 296.

Halsbandschnäpper *Ficedula albicollis* **67, 81 E**

Syn. b. *Muscicapa albicollis*

(E) Collared Flycatcher; (F) Gobe-mouche à collier; (I) Balia del collare; (H) Withalsvliegenvanger; (S) Halsbandsflugsnappare; (Sp) Papamoscas collarino

KENNZEICHEN: Knapp 13 cm. Ähnlich Trauerschnäpper, aber ♂ durch *auffallend weißes Halsband*, das am Hinterhals nicht unterbrochen ist, unterschieden. Ferner weißer Bürzel, auffallendere weiße Abzeichen an Flügeln und Stirn und weniger Weiß an den Schwanzseiten. Im Ruhekleid wird die schwarze Zeichnung durch Dunkelbraun ersetzt, das Halsband verschwindet fast, und die weißen Abzeichen sind rückgebildet. ♀ nicht sicher vom

Trauerschnäpper-♀ zu unterscheiden, aber beim Halsbandschnäpper ist es gewöhnlich oben grauer mit leuchtenderen Flügelabzeichen und einer Neigung zu weißlichem Halsband und Bürzel. Verhalten und Vorkommen wie beim Trauerschnäpper.

STIMME: Lockruf „sieb"; ängstlich erregt wie Trauerschnäpper „tik" (oft gereiht); Gesang kürzer und einfacher: „zit-zit-zit-sju-si", der vorletzte Ton tiefer; dünner und etwas langsamer vorgetragen als der Gesang des Trauerschnäppers, zuweilen mit Imitationen. Verbreitungskarte 297.

Halbringschnäpper *Ficedula semitorquata* 76

Syn. b. *Muscicapa albicollis semitorquata, Ficedula albicollis semitorquata*
(E) Semicollared Flycatcher

KENNZEICHEN: Wurde früher als Rasse des Halsbandschnäppers aufgefaßt, scheint aber nach neueren Untersuchungen eine eigene Art zu sein. Dem Halsbandschnäpper ähnlich, aber das *weiße Halsband des ♂ am Hinterhals durch die schwarze Oberseitenfärbung unterbrochen;* die Halsseiten sind im Gegensatz zum Trauerschnäpper, aber wie beim Halsbandschnäpper weiß; hat ausgedehnteres Weiß an der Stirn und an den äußeren Schwanzfedern; mittlere Flügeldecken mit weißen Spitzen, wodurch eine undeutliche weiße Binde entsteht. ♀ dem des Halsbandschnäppers ähnlich.

STIMME: Der des Halsbandschnäppers sehr ähnlich, der Gesang jedoch nur in Aufbau und Klangfarbe, während er den schnelleren Rhythmus des Trauerschnäppperliedes hat.

VORKOMMEN UND VERBREITUNG: Gewöhnlich Laubwälder, stellenweise auch im Nadelwald. Lokal verbreitet in Griechenland und Bulgarien (außerhalb Europas durch Kleinasien bis zum Kaukasus, Transkaspien und Südiran). Irrgast auf Malta.

Trauerschnäpper *Ficedula hypoleuca* 67, 81 E

Syn. b. *Muscicapa hypoleuca*

(E) Pied Flycatcher; (F) Gobe-mouche noir; (I) Balia nera; (H) Bonte Vliegenvanger; (S) Svartvit flugsnappare; (Sp) Papamoscas cerrojillo

KENNZEICHEN: Knapp 13 cm. ♂ im Brutkleid: Kopf und Oberseite *schwarz,* Stirn, Unterseite, *Flügelfleck und Schwanzseiten weiß.* Dieses kontrastreiche schwarz-weiße Kleid wird vor allem in Skandinavien, in England, den Alpen und Südeuropa beobachtet; die meisten in Mitteleuropa brütenden ♂ (Rasse *F. h. muscipeta*) sind graubraun (♀-ähnlich) gefärbt. ♂ im Ruhekleid wie ♀, aber Stirn oft weißlich. ♀ oben graubraun, unten rahmweiß, mit kleinerem *hellen Flügelfleck.* Juv. vom jungen Grauschnäpper durch Weiß an Flügeln und Schwanz unterschieden. Insektenfang wie beim Grauschnäpper, kehrt aber selten auf denselben Sitzplatz zurück und geht auch am Boden der Nahrungssuche nach; zuckt mit dem Schwanz und zeigt ein- oder beidseitiges Flügelzucken. Die weißen Flügelflecke erlauben keine Verwechslung mit anderen Fliegenschnäppern außer mit Halsbandschnäpper.

STIMME: Metallisch „bitt", ängstlich „puit", oft anhaltend „tik" oder „huitik" und platzend „ztschist". Gesang, hauptsächlich aus 2 auf- und abpendelnden Tönen, etwa „wu-ti-wu-ti . . .", bestehend, denen weitere Töne folgen können, dem Gesang des Gartenrotschwanzes ähnlich.

VORKOMMEN: Laub- und Mischwaldungen, Parkanlagen, Gärten, auch Nadelwälder. Nistet in Baumhöhlen, Nistkästen. Verbreitungskarte 298.

Grauschnäpper *Muscicapa striata* **67, 81 E**

(E) Spotted Flycatcher; (F) Gobe-mouche gris; (I) Pigliamosche; (H) Grauwe Vliegenvanger; (S) Grå flugsnappare; (Sp) Papamoscas gris

KENNZEICHEN: 14 cm. Außer der charakteristischen, aufrechten, wachsamen Haltung durch aschbraunes Gefieder, gefleckten Scheitel und *leicht streifige, weißliche Brust* gekennzeichnet. Zuckt viel mit Flügeln und Schwanz. Macht oft vom niedrigen, freien Sitzplatz in schnellem, gewandtem Flatterflug einen Ausfall auf vorüberfliegende Insekten. Ziemlich ungesellig.

STIMME: Scharf „pst" oder sehr dünn, kratzend „zieh" und ein schnelles „zitek-tek". Gesang ein paar dünne, hastige Töne: „sip-sip-sih-sitti-sih-sih".

VORKOMMEN: Gärten, Parkanlagen, Waldränder. Nistet an oder in Gebäuden, in Halbhöhlen an Baumstämmen, hinter Schlinggewächsen usw. Verbreitungskarte 295.

Hausrotschwanz *Phoenicurus ochruros* **60**

(E) Black Redstart; (F) Rouge-queue noir; (I) Codirosso spazzacamino; (H) Zwarte Roodstaart; (S) Svart rödstjärt; (Sp) Colirrojo tizón

KENNZEICHEN: 14 cm. Beide Geschlechter in jedem Alter mit *ständig vibrierendem rostrotem Schwanz und rostrotem Bürzel* wie Gartenrotschwanz, aber viel dunkler, Unterseite *schwärzlich* oder mausgrau (nicht rostrot) und mittelstes Steuerfederpaar dunkelbraun. ♂ rußschwarz mit weißlichem Flügelspiegel (♂ im 1. Lebensjahr meist ähnlich ♀, stets ohne Flügelspiegel); Gefieder im Herbst heller, mit teilweise verdecktem Flügelspiegel. ♀ ähnlich dunklem Gartenrotschwanz-♀, aber mit dunkelgrauer statt gelbbrauner Unterseite; juv. nicht gefleckt! Bewegungen wie Gartenrotschwanz, zieht aber als Sitzplatz Dächer oder Felsen vor.

STIMME: Kurz „tsip" und stotternd, hart schmatzend „hid-teck-teck", schärfer als der ähnliche Ruf des Gartenrotschwanzes. Der kurze und schnelle Gesang ist einfacher und nicht so wohlklingend wie der des Gartenrotschwanzes; er besteht aus zwei Strophen, jede aus 4 bis 5 gleichhohen Tönen, die zweite Strophe dazu mit merkwürdig gepreßten Zischlauten eingeleitet. Singt vom Hausdach oder von einer anderen freien Warte aus.

VORKOMMEN: Klippen, Gebäude, Felshänge, gelegentlich Weinberge. Nistet in Höhlen von Mauern, Felsen, Gebäuden. Verbreitungskarte 247.

Gartenrotschwanz *Phoenicurus phoenicurus* **60, 81 E**

(E) Redstart; (F) Rouge-queue à front blanc; (I) Codirosso; (H) Gekraagde Roodstaart; (S) Rädstjärt; (Sp) Colirrojo real

KENNZEICHEN: 14 cm. In beiden Geschlechtern und jedem Alter von allen europäischen Arten (außer Hausrotschwanz, Steinrötel; s. auch Blauschwanz) durch *häufig vibrierende Bewegungen des rostroten Schwanzes* unterschieden; *Bürzel rostrot.* ♂: *Gesicht und Kehle schwarz,* Stirn weiß, Oberseite schiefergrau, Brust und Flanken *rostrot;* das Schwarz der Kehle im Herbst teilweise durch weiße Federsäume verdeckt. ♀: Oben gräulichbraun, unten gelblichbraun; juv. wie ein junges Rotkehlchen gefleckt, aber mit rostrotem Bürzel und Schwanz; beide viel heller und brauner als ♀ und juv. des Hausrotschwanzes. Verhalten ähnlich wie Rotkehlchen.

STIMME: Ruft „fuid-tick-tick", das flüssige „fuid" sehr ähnlich dem Ruf des Fitis. Gesang beginnt meist mit einem gezogenen Hochton, dem zwei tiefere kurze Töne folgen und oft ein anderer kurzer Ton vorangeht; es folgt dann

meist ein kurzes, gefälliges Klingeln von ein paar eiligen, oft etwas gequetschten Tönen, in einem schwachen Triller ausklingend.
VORKOMMEN: Wälder, Parkanlagen, Gärten, Heide mit Büschen und alten Bäumen, gelegentlich Ruinen. Nistet in Baumhöhlen, Mauerlöchern, Schuppen usw. Verbreitungskarte 248.

Braunkehlchen   *Saxicola rubetra*   R3   **60, 81 E**

(E) Whinchat; (F) Traquet des prés; (I) Stiaccino; (H) Paapje; (S) Busksvätta; (Sp) Tarabilla norteña

KENNZEICHEN: Knapp 13 cm. Von untersetztem, kurzschwänzigem Äußeren, ähnlich einem Schwarzkehlchen-♀, aber in allen Jahreszeiten durch *auffallenden Überaugenstreif, weiße Flecke an der Schwanzwurzel* und weniger aufrechte Haltung unterschieden. Beim ♂ sind Wangen, Scheitel und Oberseite stark gestreift: ein *breiter weißer Streif über dem Auge und an der Seite der Kehle;* weißer Fleck über dem schwärzlichen Flügel; warm rahmgelbe Kehle und Brust. ♀ heller, mit gelblichem statt weißem Überaugenstreif und kleineren Flügelflecken. Juv. ohne Flügelflecke. Verhalten wie Schwarzkehlchen.
STIMME: Kurz „tick-tick", „djü-tick-tick". Gesang ein sehr kurzes, abgerissenes, ziemlich metallisches, aber angenehmes Lied aus rauhen und klar pfeifenden Lauten, das an Gartenrotschwanz und Schwarzkehlchen erinnert. Singt von Buschspitzen aus, gelegentlich im Fluge.
VORKOMMEN: Ausgedehnte Wiesen, Sümpfe, grasige Böschungen, offenes Gelände mit ein paar Büschen usw., lokal selten. Auf dem Zuge in Feldern und buschigem Gelände. Nistet am Boden im Gras, oft am Fuße eines kleinen Busches oder einer größeren Staude. Hat mancherorts in Mitteleuropa an Zahl rapide abgenommen. Verbreitungskarte 249.

Schwarzkehlchen   *Saxicola torquata*   R4   **60, 81 E**

(E) Stonechat; (F) Traquet pâtre; (I) Saltimpalo; (H) Roodborsttapuit; (S) Svarthakad buskskvätta; (Sp) Tarabilla común

KENNZEICHEN: Knapp 13 cm. Rundlicher und aufrechter sitzend als Braunkehlchen. ♂: *Kopf und Kehle schwarz, breite weiße Halsflecken* und schmaler weißer Flügelstreif; Oberseite schwärzlich mit weißem Fleck am Bürzel; Unterkörper lebhaft rostbraun, bauchwärts in Rahmweiß übergehend. Im frischen Kleid brauner und matter. ♀ und juv. oben braun mit schwarzen Streifen, ohne Weiß am Bürzel, aber mit einigen schwarzen Abzeichen an der Kehle; vom Braunkehlchen durch Fehlen eines Überaugenstreifs, rötliche statt rahmgelbe Brust und Fehlen von Weiß an den Schwanzseiten unterschieden. Sitzt auf Buschspitzen oder Telephondrähten und wippt ständig mit Flügeln und Schwanz. Flug niedrig und ruckweise.
STIMME: Anhaltend schimpfend „fid, track, track", wie wenn zwei Steine aneinander geschlagen werden. Gesang besteht aus abgerissenen, zwitschernden Strophen und ist nicht unähnlich dem der Heckenbraunelle. Singt von erhöhter Warte aus oder im „tanzenden" Singflug.
VORKOMMEN: Ähnlich Braunkehlchen, aber mehr auf ginsterbestandenem Ödland, in Sandgruben, an Bahndämmen, stellenweise in Korbweidenpflanzungen, in Küstennähe usw. Verbreitungskarte 250.

Isabellschmätzer   *Oenanthe isabellina*   **76**

(E) Isabelline Wheatear; (F) Traquet isabelle; (I) Monachella isabellina; (H) Isabeltapuit; (S) Isabell-
stenskvätta; (Sp) Collalba isabel

KENNZEICHEN: 16 cm. Geschlechter einander ähnlich gefärbt. Kenntlich durch
die *bedeutende Größe und nahezu einheitlich blaß gräulich-sandfarbenes
Gefieder*. Erinnert auf den ersten Blick an ein sehr blasses Weibchen oder
einen blassen Jungvogel der Grönlandrasse des gewöhnlichen Steinschmät-
zers, doch fehlen ihm die dunklen Ohrdecken, und Kopf und Schnabel sind
merklich größer. Schwarz im Schwanz ausgedehnter, Unterflügeldecken viel
blasser als beim Steinschmätzer. Rennen auf dem Erdboden ist kennzeichnend.

STIMME: Ein lautes „*tschihp*" und ein pfeifendes „*whit-whit*". Gesang von dem
der verwandten Arten abweichend, laut, lang und lerchenähnlich.

VORKOMMEN UND VERBREITUNG: Gewöhnlich in der Steppe, auf vegetationsar-
men Flächen und im unteren Teil kahler Berghänge; zeigt im Winter
Vorliebe für sandiges Gelände. Brutvogel in Südostbulgarien, Nordostgrie-
chenland und der europäischen Türkei. Irrgast in Großbritannien, Frankreich, Italien, Rumänien, Finnland und auf Malta.

Steinschmätzer   *Oenanthe oenanthe*   R4   **60, 81 E**

(E) Wheatear; (F) Traquet motteux; (I) Culbianco; (H) Tapuit; (S) Stenskvatta; (Sp) Collalba gris

KENNZEICHEN: Knapp 15 cm. Beide Geschlechter mit auffallendem *weißen
Bürzel* und weißen Schwanzseiten, die von dem Schwarz von Mitte und
Ende des Schwanzes (wie ein brei-
tes umgekehrtes „T") abstechen. ♂
im Brutkleid mit blaugrauem Rükken und *breitem, weißem Überaugenstreif;* schwarze Ohrdecken
und Flügel (im Herbst bräunlich);
rahmgelbe Unterseite. ♂ im Ruhekleid mehr rahmfarben mit bräunlichem Rücken. ♀ wie ♂ im Ruhekleid. Huscht rastlos über dem offenen Boden hin und her, knickst
und schlägt langsam mit dem gefächerten Schwanz. Die Grönland-
rasse, *O. o. leucorhoa* (die durch
Westeuropa zieht), ist größer und
neigt zu lebhafterer Färbung, aber

*Steinschmätzer
im Fluge*

viele sind nicht mit Sicherheit von unserem Steinschmätzer zu unterscheiden.
Siehe auch Mittelmeerschmätzer.

STIMME: Hart „*töck*", „*töck-jiw*", „*jiw-töck*" usw. Gesang ein kurzes, lerchenartiges Zwitschern, wohltönende und gepreßte Laute verbindend.

VORKOMMEN: Moore, Heiden, Sandhügel, Bergweiden, Felsen, Dünen, Halden. Nistet in Höhlen von Mauern, Kaninchenbauten, Steinhaufen usw. Zur
Zugzeit auf Feldern. Verbreitungskarte 251.

Nonnenschmätzer   *Oenanthe pleschanka*   **60**

Syn. b. *Oenanthe leucomela*

(E) Pied Wheatear; (F) Traquet pie; (I) Monachella dorsonero; (H) Bonte Tapuit; (S) Nunnesten-
skvätta; (Sp) Collalba pía

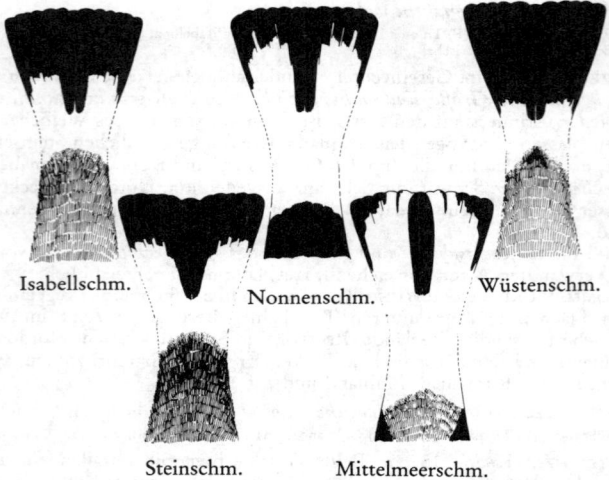

Isabellschm.   Nonnenschm.   Wüstenschm.

Steinschm.   Mittelmeerschm.

Bürzel- und Schwanzzeichnung von fünf Schmätzerarten (♂) nach Bälgen im British Museum (N.H.)

KENNZEICHEN: Knapp 15 cm. ♂ von anderen europäischen Steinschmätzern unterschieden durch die Verbindung von *schwarzem Rücken* mit weißlicher Unterseite. Scheitel und Nacken im Sommer weiß, im Winter hellbraun. Das Weiß an den äußeren Steuerfedern reicht manchmal fast bis zur Spitze, nur das mittelste Paar ist fast vom Grunde bis ganz zur Spitze schwarz. Schwingen, Flügeldecken im Sommer schwarz, im Winter mit hellen rahmgelblichen Säumen. ♀ im Brutkleid nicht vom Mittelmeersteinschmätzer-♀ zu unterscheiden, obwohl Rücken und Flügel gewöhnlich mehr erdbraun sind. Jagt oft nach Würgerart von einer Warte auf einem Busch oder Baum aus. Wahrscheinlich nur östliche Rassengruppe des Mittelmeerschmätzers; Mischlinge u. a. in Bulgarien.

STIMME: Rauh „säck". Gesang ähnlich Mittelmeerschmätzer, lokal verschieden, kurze, pfeifende und schnalzende Motive, die in kurzen Abständen wiederholt werden.

VORKOMMEN UND VERBREITUNG: In Europa an steinigen Küsten; sonst steiniges Ödland, felsige Abhänge an Hügeln mit ein paar Büschen. Nistet in Höhlen. Sommervogel in Südostrumänien und an der bulgarischen Küste. Umherstreifende bis Großbritannien, Norwegen, Schweden, Deutschland (mehrfach, vor allem auf Helgoland), Ungarn (hat dort gebrütet), Finnland, Italien und Malta.

Mittelmeerschmätzer *Oenanthe hispanica*   **60, 81 E**

(E) Black-eared Wheatear; (F) Traquet oreillard; (I) Monachella; (H) Blonde Tapuit; (S) Rödstenskvätta; (Sp) Collalba rubia

KENNZEICHEN: Knapp 15 cm. Die ♂ treten in 2 Farbmutanten auf und haben entweder einen *schwarzen Fleck durch Auge und Wangen und weißliche Kehle* oder aber auch *schwarze Kehle*. Körper sehr hell sandfarben. Scheitel und Bürzel heller, Brust ockerfarben und Unterseite weißlich. Im ganzen sehr variabel. Flügel und Schultern auffallend schwarz. Schwanz weiß mit schwarzen Mittelfedern und schwarzem Ende. Im Ruhekleid mehr ockergelblich. ♀ ähnlich Steinschmätzer-♀, aber von diesem durch *dunklere Ohrdecken, schwärzere* Flügel und mehr Weiß im Schwanz unterschieden; vom Nonnenschmätzer-♀ nicht zu unterscheiden, obwohl gewöhnlich oben heller. Von Süditalien ostwärts alte ♂ kontrastreicher schwarz-weiß, nicht sandfarben (Rasse *Oe. h. melanoleuca;* diese auch auf Elba). Sitzt gern auf Bäumen.

STIMME: Ein kratzender Ruf, dem ein gezogener Pfiff folgt. Gesang eine kurze, laute Strophe, oft auch mit Nachahmungen, im kreisenden Balzflug oder im Sitzen auf erhöhter Warte vorgetragen.

VORKOMMEN: Offenes oder locker baumbestandenes, trockenes Gelände; steinige Berghänge. Nistet gewöhnlich in Höhlen zwischen Felsen, Gemäuer usw. Verbreitungskarte 252.

Wüstenschmätzer *Oenanthe deserti* 76

(E) Desert Wheatear; (F) Traquet du désert; (I) Culbianco del deserto; (H) Woestijntapuit; (S) Ökenstenskvätta; (Sp) Collalba desértica

KENNZEICHEN: Knapp 15 cm. Beide Geschlechter von anderen europäischen Steinschmätzern unterschieden durch *bis fast zur Wurzel schwarz gefärbten Schwanz* und auffallend weiße Säume der Flügeldecken. Bürzel und Oberschwanzdecken weiß mit besonders beim ♂ entwickelten gelbbräunlichen Anflug; ♀ hat ferner im Gegensatz zum ♂ weißliche Kehle und braunere Flügel. *Schwarze Kehle* des ♂ macht Verwechslung mit der schwarzkehligen Variante des Mittelmeerschmätzers möglich, aber von diesem durch fahl bräunliche, statt schwarze Schulterfedern und das Fehlen von auffallendem Weiß im Schwanz zu unterscheiden. Im Herbst schwarze Kehlfedern des ♂ mit weißen Säumen.

STIMME: Ruf ein weicher, etwas klagender Pfiff. Gesang klingt melancholischer als der anderer europäischer Schmätzer: wiederholte kurze, klagende Motive.

VORKOMMEN UND VERBREITUNG: Vegetationsarmes, steiniges oder sandiges Ödland; im Winter auch in angrenzendem Kulturland. Irrgast aus Nordafrika, Vorder- und Innerasien in Großbritannien, auf Helgoland (mehrmals), in Finnland, Schweden, Italien, Griechenland.

Trauerschmätzer *Oenanthe leucura* 60, 81 E

(E) Black Wheatear; (F) Traquet rieur; (I) Monachella nera; (H) Zwarte Tapuit; (S) Sorgstenskvätta; (Sp) Collalba negra

KENNZEICHEN: Knapp 18 cm. Leicht zu erkennen an der *bedeutenden Größe* und am auffallenden, schwach glänzenden schwarzen *Gefieder;* nur Bürzel, Unterschwanzdecken und Schwanzseiten weiß. ♀ wie ♂, aber in der Regel matter, bräunlichschwarz. Siehe auch *Oenanthe leucopyga* (Irrgäste, S. 277).

STIMME: Gesang eine abgehackte Reihe wohlklingender Töne, an Blaumerle erinnernd. Angstruf *„pie-pie-pie".*

VORKOMMEN: Felswüsten und Gebirge. Nistet in Höhlen zwischen Felsen, und häufig ist der Eingang durch einen kleinen Wall von Kieselsteinen geschützt. Verbreitungskarte 253.

Steinrötel   *Monticola saxatilis*   R1   **60, 83 E**

(E) Rock Thrush; (F) Merle de roche; (I) Cordirossone; (H) Rode Rotslijster; (S) Stentrast; (Sp) Roquero rojo

KENNZEICHEN: 19 cm. In allen Kleidern *kurzer, rostbrauner Schwanz* mit brauner Mitte. ♂ im Brutkleid mit *hell schieferblauem Kopf, Hals und Mantel, weißem Hinterrücken,* schwärzlichen Flügeln und *rostroter Unterseite;* im Ruhekleid werden diese Farben größtenteils durch rahmfarbene Federränder verdeckt, die dem Vogel ein mattes, fleckiges Aussehen verleihen. ♀ oben kräftig braun gefleckt, manchmal mit einer Spur von Weiß am Rücken, unten gelblich, schuppig dunkel gefleckt. Scheu und ungesellig; sitzt aufrecht wie ein Steinschmätzer mit erhobenem oder schlaff hängendem Schwanz, bevor er hinter Felsen der Sicht entschwindet. Leicht von der Blaumerle durch den weißen Hinterrücken und den *rostbraunen Schwanz* zu unterscheiden, mit dem im Gegensatz zur Blaumerle zitternde, rotschwanzartige Bewegungen ausgeführt werden.

STIMME: Mäßig laut „tack, tack". Gesang ein klangreines Flöten, oft mit Nachahmungen anderer Stimmen, von Felsen, Pfahl oder ähnlicher Warte aus oder im kurzen senkrechten Balzflug.

VORKOMMEN: Nistet in offenen felsigen Gebieten, an sonnigen Steilhängen, auf Blockfeldern mit einzelnen Büschen und Bäumen, auch in Weinbergen, von 900 bis 2400 m aufwärts, in Südosteuropa bis herab zum Meeresspiegel. Verbreitungskarte 254.

Blaumerle   *Monticola solitarius*   **60, 83 E**

Syn. a. *Cyanocincla solitaria*

(E) Blue Rock Thrush; (F) Merle bleu; (I) Passera solitaria; (H) Blauwe Rotslijster; (S) Blåtrast; (Sp) Roquero solitario

KENNZEICHEN: Gut 20 cm. Etwas größer als Steinrötel. ♂ leicht am *tief blaugrauen Gefieder* zu unterscheiden; im Winter schwärzlich. ♀ oben bläulichbraun, unten heller, fein graubraun gebändert. Sitzt auf Felsen mit hängenden Flügeln und angehobenem Schwanz, entschwindet sofort der Sicht, wenn man sich ihr nähert. Ungesellig. Siehe auch Steinrötel.

STIMME: Hart „tschack" oder klagend „tsihk"; Alarmruf schnarrend „tschrrrr". Gesang getragen, laut und flötend, an Amsel erinnernd, kurze, oft in der Tonhöhe abfallende Motive, die oft wiederholt werden; auch Nachahmungen; singt vom Felsen aus oder im flatternden Balzflug.

VORKOMMEN: Wüste Felsgebiete, felsige Berghänge und Steinbrüche mit etwas Pflanzenwuchs, gern in der Nähe von Wasserfällen; mancherorts in Südeuropa Stadtbewohner wie anderswo die Amsel. Nistet in Felsspalten und Löchern von Gebäuden. Verbreitungskarte 255.

Schieferdrossel (Sibirische Drossel)   *Turdus sibiricus*   **61**

Syn. a. *Turdulus sibiricus, Geokichla sibirica;* b. *Cryptocichla sibirica*

(E) Siberian Thrush; (F) Merle sibérien; (I) Tordo siberiano; (H) Siberische Lijster; (S) Sibirisk trast; (Sp) Zorzal siberiano

KENNZEICHEN: 23 cm. ♂ durch *schieferschwarzes* Gefieder, *auffallenden weißen Augenstreif* und weiße Bauchmitte gekennzeichnet, im Fluge zudem durch weiße Spitzen der seitlichen Schwanzfedern. ♀ mit olivbrauner Oberseite, rahmfarbenem Überaugenstreif und rahmweißer, braun geschuppter

Unterseite. Im Fluge zeigen beide Geschlechter ein *auffallendes weißes Band über die Unterflügel,* das ein gutes Merkmal ist, um sie von der recht ähnlichen Rostflügel- und Schwarzkehldrossel zu unterscheiden.

STIMME: Drosselartig tackend; ferner ein dünnes „sih". Gesang kurz, etwas eintönig, laut flötend, von Baumwipfeln aus vorgetragen.

VORKOMMEN UND VERBREITUNG: Im dichtesten Unterholz von Laub-, Misch- und Nadelwäldern, gern in der Nähe von Gewässern, auch in Buschdickichten an Flußufern. Brutvogel von Mittelsibirien bis Japan. Umherstreifende westwärts durch Europa bis Norwegen, Großbritannien, Holland, Belgien, Deutschland, Schweiz, Frankreich und Italien.

Erddrossel *Turdus dauma* **61**

Syn. a. *Oreocincla dauma*; b. *Zoothera dauma*

(E) White's Thrush; (F) Grive dorée; (I) Tordo dorato; (H) Goudlijster; (S) Guldtrast; (Sp) Zorzal dorado

KENNZEICHEN: Knapp 27 cm. Größer als Misteldrossel. Durch reich *goldbraunes* Gefieder mit *halbmondförmig* schwarzen Federspitzen an Kopf und Brust gekennzeichnet. Im Fluge sind die auffallenden schwarzweißen Bänder der Unterflügel bezeichnend. Flug tief wellenförmig. Von jungen, „fleckigen" Misteldrosseln durch die schwarz-weiße Unterflügelzeichnung und durch goldgelbes (statt gräuliches) Aussehen unterschieden.

STIMME: Ein langgezogenes dünnes „sih"; erregt schnarrend. Gesang (der ostrussisch-sibirischen Rasse *Z. d. aurea*) ein lauter, klagender, flötender Doppelruf „ji-jü", der zweite Teil tiefer als der erste.

VORKOMMEN UND VERBREITUNG: In der Regel geschlossene Wälder mit reichem Unterwuchs. Brutvogel in Asien westwärts bis zum Ural und südwärts bis Australien. Umherstreifende über Europa nach Westen bis Norwegen, Island, zu den Britischen Inseln, Holland, Belgien, Frankreich, Italien und Spanien. In Deutschland etwa 30mal nachgewiesen.

Misteldrossel *Turdus viscivorus* **61, 83 E**

(E) Mistle Thrush; (F) Grive draine; (I) Tordela; (H) Grote Lijster; (S) Dubbeltrast; (Sp) Zorzal charlo

KENNZEICHEN: Knapp 27 cm. Von der viel kleineren Sing- und Rotdrossel durch *gräulichbraune Oberseite, dicht gefleckte Unterseite* und aufrechtere Haltung (mit erhobenem Kopf) unterschieden. Zeigt wie die Wacholderdrossel im Fluge Weiß unter den Flügeln, ist aber von dieser sogleich am *graubräunlichen* statt kastanienbraunen Rücken, am bräunlichgrauen statt grauen Bürzel, an der *rahmweißen* statt rostfarbenen Brust und am längeren *helleren Schwanz* mit weißlichen Spitzen der Außenfedern zu unterscheiden. Juv. oben stark gefleckt und daher mit der seltenen Erddrossel zu verwechseln. Scheu. Flug kräftig und flachwellig wie bei der Wacholderdrossel, aber mit längerem und unregelmäßigerem Flügelschließen.

STIMME: Ein trockenes, lautes Schnarren („Schnärrer") und ein dünnes, rotdrosselartiges „sih-ip". Gesang laut, amselähnlich, aber viel abgehackter, kurze, ähnliche Motive mehrmals wiederholend. Singt bei jedem Wetter, von Baumspitzen aus.

VORKOMMEN: Laub- und Nadelwälder, in Westeuropa und Nordwestdeutschland auch Gärten, Obstwiesen, Parkanlagen, Feldgehölze usw. Nistet in

kahlen Astgabeln. Im Herbst Trupps in offenem Gelände. Verbreitungskarte 261.

Wacholderdrossel　*Turdus pilaris*　　　　　　　　　　　　　**61, 83 E**
Syn. a. *Arceuthornis pilaris*
(E) Fieldfare; (F) Grive litorne; (I) Cesena; (H) Kramsvogel; (S) Björktrast; (Sp) Zorzal real

KENNZEICHEN: 25,5 cm. Etwas kleiner als Misteldrossel, viel größer als Sing-
und Rotdrossel. Durch *hellgrauen Kopf und Bürzel, kastanienbraunen Rükken* und fast schwarzen Schwanz gekennzeichnet. Kehle und Brust rostgelb,
schwarz gefleckt, Flankenfedern teils mit schwarzer V-Zeichnung; teils
dunkel mit hellen Säumen, Körperseiten dadurch geschuppt erscheinend. Im
Flug sind der blaugraue Bürzel, die weißen Unterflügel und der Flugruf
bezeichnend. Flug weniger wellenförmig als bei der Misteldrossel. Auf dem
Boden wachsame und aufrechte Haltung. Gesellig.
STIMME: Laut „schack-schack-schack", hart „terr-terr" und ein sanftes „zieh"
(„Ziemer"). Gesang (häufig im Fluge) hart, aber nicht laut, schwätzend und
zwitschernd.
VORKOMMEN: Im Winter im offenen Gelände, zur Futtersuche auf Feldern und
an Hecken. Nistet gewöhnlich kolonieweise in offenem, mit Baumgruppen
bestandenem Gelände, auf Waldlichtungen und an Waldrändern, besonders
auf Pappeln, Birken und anderen licht belaubten Bäumen, gelegentlich an
Gebäuden und Heuschobern, jenseits der Baumgrenze auf dem Boden. In
Ausbreitung nach Westen begriffen. Verbreitungskarte 258.

Naumanndrossel　*Turdus naumanni*　　　　　　　　　　　　**61, 83 E**
Syn. a. *Arceuthornis naumanni*

Naumanndrossel:
(E) Naumann's Thrush; (F) Grive de Naumann; (I) Cesena di Naumann; (H) Echte Naumanns
Lijster; (S) Naumanns trast; (Sp) Zorzal de Naumann

Rostflügeldrossel:
(E) Dusky Thrush; (F) Grive à ailes rousses; (I) Cesena fosca; (H) Bruine Lijster; (S) Sibirisk
rödvingetrast; (Sp) Zorzal eunomo

KENNZEICHEN: 23 cm. Naumann- und Rostflügeldrossel vermischen sich in den
Arealgrenzen und müssen deshalb als Rassen einer einzigen Art betrachtet
werden. Die eigentliche Naumanndrossel *(T. n. naumanni)* ist dadurch
gekennzeichnet, daß sie an der Brust dort, wo die Rostflügeldrossel schwärzlich ist, *kastanienbraun* gefärbt ist. ♂ oberseits graubraun mit *Kastanienbraun an den Flügeln;* Körperseiten schuppig rotbraun, Zeichnung ähnlich
Wacholderdrossel. ♀ oben brauner, unten viel heller, mit singdrosselartigen
schwärzlichen Flecken an Brust und Flanken. Brutvogel im südlichen Mittel-
und Ostsibirien. Umherstreifende bis Mitteleuropa, westwärts bis Norwegen, Großbritannien, Holland, Belgien, Frankreich, Italien und Österreich;
in Deutschland mehrfach nachgewiesen.
Die Rostflügeldrossel *(T. n. eunomus)* unterscheidet sich von den häufigeren
europäischen Drosseln durch breite *schwärzliche Brustbinde,* die durch die
weißen Federsäume vor allem im Winter schuppig erscheint; Körperseiten
mit schuppenartigen schwarzen Flecken. Schnabel kräftig. *Auffallender
weißlicher Überaugenstreif.* Große kastenienbraune Bezirke auf dem Bürzel

und auf Ober- und Unterseite der Flügel. Von *T. n. naumanni* unterschieden durch schwärzliche statt kastenienbraune Zeichnung an Brust und Körperseiten und schwärzlichen statt kastanienbraunen Schwanz, von der Rotdrossel durch bedeutendere Größe, schwärzliche Brustfärbung und Flankenzeichnung und Kastanienbraun auf dem Flügel. Brutvogel in den nördlichen Teilen Mittel- und Ostsibiriens. Umherstreifende westwärts bis Norwegen, Dänemark, Großbritannien, Irland, Holland, Belgien, Frankreich. Italien und Österreich; in Deutschland mehrfach nachgewiesen.

STIMME: Ein schnelles, beinahe schackerndes „quäwäg", an Wacholderdrossel erinnernd; der Gesang soll dem der Rotdrossel ähnlich sein.

Bechsteindrossel   *Turdus ruficollis*   **61**
Syn. a. *Arceuthornis ruficollis*

Schwarzkehldrossel:
(E) Black-throated Thrush; (F) Grive à gorge noire; (I) Tordo golanera; (H) Zwartkeellijster; (S) Svarthalsad trast; (Sp) Zorzal papinegro

Rotkehldrossel:
(E) Red-throated Thrush; (F) Grive à cou roux; (H) Echte Roodkeellijster; (S) Rödhalsad trast

KENNZEICHEN: 23,5 cm. Schwarzkehldrossel *(T. r. atrogularis):* ♂ mit auffallendem *schwarzem Gesicht, schwarzer Kehle und schwarzer Brust* (im Winter durch helle Federsäume teilweise verdeckt), die sich vom weißlichen Unterkörper deutlich abheben; Oberseite graubraun. ♀ oben brauner, Kehle und Brust weißlich, dicht schwarz gefleckt oder gestreift. Im Fluge rostbräunliche Unterseite der Flügel auffallend. Verhalten und Erscheinung wie Wacholderdrossel. Bei der Rotkehldrossel *(T. r. ruficollis)* ist das Schwarz an Kehle und Brust von *T. r. atrogularis* durch *Ziegelrot* ersetzt.

STIMME: Soll dem Alarmruf der Amsel ähnlich sein. Gesang kurz, soll aus wenigen singdrosselartigen Flötentönen bestehen.

VORKOMMEN UND VERBREITUNG: Im Winter in offenem Gelände und an Deckung gewährenden Stellen des Kulturlandes. *T. r. atrogularis* ist Brutvogel in Laub-, Misch- und Nadelwäldern von Ostrußland bis Mittelsibirien, *T. r. ruficollis* in den Nadelwäldern und Krummholzbeständen der Gebirge im südlichen und östlichen Sibirien; an den Arealgrenzen vermischen sich beide Rassen. Umherstreifende Schwarzkehldrosseln westwärts bis Norwegen, Großbritannien, Holland, Belgien, Frankreich, Italien und Österreich; für Deutschland viele Nachweise. Die Rotkehldrossel ist als Irrgast lediglich viermal in Deutschland, einmal in Holland, einmal in Österreich, einmal in Finnland vorgekommen.

Ringdrossel   *Turdus torquatus*   **61, 83 E**
Syn. a. *Merula torquata*

(E) Ring Ouzel; (F) Merle à plastron; (I) Merlo dal collare; (H) Beflijster; (S) Ringtrast; (Sp) Mirlo collarizo

KENNZEICHEN: 24 cm. Unverkennbar. ♂ mit einfarbig mattschwarzem Gefieder und *breitem weißen, halbmondförmigem Brustschild;* im Winter mit hellen Federrändern, die ihm ein schuppiges Aussehen verleihen. ♀ brauner, mit schmalerem, matterem Brustschild. Juv. ohne weißes Brustschild, wirkt wie eine sehr gefleckte junge Amsel. Flug schnell, gewandt hinter Felsen ausweichend, wenn man sich ihr nähert. Von den gelegentlich auftretenden gescheckten Amseln durch *grauen Fleck auf dem geschlossenen Flügel* zu unterscheiden.

STIMME: Ein amselartiges, aber schnarrenderes, hölzernes Schimpfen „tak-tak-tak". Gesang aus ein paar doppelten oder dreifachen Rufen bestehend, etwa „tschere", „tschiwi", „ti-tscho-o" usw., die 3–4mal wiederholt werden (zwischen Pausen), und mit eingestreuten gackernden Lauten, etwas an Singdrossel erinnernd, aber weniger klangschön und abgehackter.

VORKOMMEN: Nördliche Rasse, *T. t. torquatus,* meist über 300 m hoch in Bergmooren zwischen Heide, Wacholder, Felsen; auch auf den Britischen Inseln. Die Rasse *T. torquatus alpestris* mit deutlicheren hellen Federsäumen nistet in einigen höheren Gebirgen Süd- und Mitteleuropas, vor allem in der Knieholzzone der Alpen von 1000 m an aufwärts, gewöhnlich auf Nadelbäumen niedrig über dem Boden. Verbreitungskarte 256.

Amsel *Turdus merula*   **61, 83 E**

Syn. a. *Merula merula*

(E) Blackbird; (F) Merle noir; (I) Merlo; (H) Merel; (S) Koltrast; (Sp) Mirlo común

KENNZEICHEN: 25,5 cm. ♂ *ganz schwarz mit leuchtend orangegelbem Schnabel und Augenring.* ♀ oben einfarbig dunkelbraun, unten heller braun mit hellerer, gefleckter Kehle und braunem Schnabel. Juv. rötlicher braun und deutlich gefleckt. ♂ im ersten Lebensjahr haben schwarzbraune statt schwarzer Schwingen und schwärzlichen Schnabel, der erst von Januar des 2. Kalenderjahres an gelb wird. Die gelegentlich auftretenden teilalbinotischen ♂ unterscheiden sich von der Ringdrossel durch Fehlen des hellen Flügelfeldes und die Stimme. Zur Nahrungssuche auf dem Boden. Beim Landen wird der Schwanz aufgestellt und gefächert, und die Flügel werden hängen gelassen.

STIMME: Ein schrilles Zetern, wenn der Vogel aufgejagt wird; ein beharrliches lärmendes „tschink, tschink, tschink"; ängstlich „tschuk"; dünn „tsih" usw. Gesang ein getragenes, lautes und melodisches Flöten, leicht vom Singdrossellied zu unterscheiden durch langsamen, fließenden Vortrag, das *Fehlen sich wiederholender Motive* und das charakteristische Schlußstück aus schwächeren, gepreßten oder schirkenden Tönen. Gesang ähnlich dem der Misteldrossel, aber viel fließender, nicht so abgehackt und die einzelnen Motive nicht mehrfach wiederholt.

VORKOMMEN: Wälder, Hecken, Gärten, Parkanlagen, häufig in Dörfern und Städten. Nistet in Hecken, Holzstößen, an Schuppen und anderen Gebäuden, niedrig und in mäßiger Höhe auf Bäumen usw. Verbreitungskarte 257.

Wanderdrossel *Turdus migratorius*   **61**

Syn. a. *Merula migratoria;* b. *Planesticus migratorius*

(E) American Robin; (F) Merle migrateur; (I) Tordo migratore; (H) Roodborstlijster; (S) Vandrings-trast; (Sp) Robín americano; (N.A.) Robin

KENNZEICHEN: 25,5 cm. Im Charakter wie Amsel, mit *einfarbig ziegelroter Brust,* dunkelgrauem Kopf und Rücken, *auffallendem weißen Abzeichen ums Auge* und weißen Spitzen der äußeren Schwanzfedern. Kinn weiß, schwarz gestreift. Schnabel gelb. Geschlechter ähnlich, aber ♂ mit schwärzerem Kopf. Siehe auch Naumann-, Rotkehl- und Weißbrauendrossel.

STIMME: Amselartig; Gesang zwei- oder dreisilbige, durch Pausen getrennte Motive.

VORKOMMEN UND VERBREITUNG: Wälder, offenes Gelände mit Büschen, Alleen, Gärten usw. Brutvogel in Nordamerika. Als Irrgast in Irland, Großbritannien, Deutschland, Frankreich, Belgien, Holland, Österreich, Tschechoslowakei und Jugoslawien.

Weißbrauendrossel *Turdus obscurus* 61

Syn. a. *Merula obscura*

(E) Eye-browed Thrush; (F) Grive obscure; (I) Tordo oscuro; (H) Vale Lijster; (S) Vitbrynad trast; (Sp) Zorzal rojigris

KENNZEICHEN: 19 cm. Zu beachten die Verbindung von *grauer* Vorderbrust und *orangegelblichen* Brustseiten und Flanken. Olivbraune Oberseite mit gräulichem Scheitel, *auffallender weißer Überaugenstreif* und breiter weißer Fleck unter dem Auge bis zum Kinn. ♀ matter.

STIMME: Gedehnt „sih" und singdrosselähnlich „tacktack". Gesang flötend, eintönig und kurz.

VORKOMMEN UND VERBREITUNG: Brutvogel in Mittel- und Ostsibirien; zur Brutzeit Nadelwaldbewohner, gern in der Nähe von Gewässern. Umherstreifende bis Finnland, Norwegen, Großbritannien, Holland, Belgien, Frankreich, Italien; in Deutschland etwa 20mal nachgewiesen.

Rotdrossel *Turdus iliacus* R6 61, 83 E

Syn. a. *Iliacus iliacus*

(E) Redwing; (F) Grive mauvis; (I) Tordo sassello; (H) Koperwiek; (S) Rödvingetrast; (Sp) Zorzal malvis

KENNZEICHEN: 21 cm. Die kleinste unserer gewöhnlichen Drosseln. Ähnelt der Singdrossel, aber von dieser durch *auffallenden rahmfarbenen Überaugenstreif, satt kastanienbraune Flanken, gestreifte* (nicht gefleckte) Brust und im Fluge durch *kastanienbraune* (nicht rahmgelbliche) Unterflügel unterschieden. Gesellig, durchstreift im Winter gemeinsam mit Wacholderdrosseln das Land. Siehe auch die seltene Rostflügeldrossel.

STIMME: Der bezeichnende Ruf (oft vom nächtlich ziehenden Vogel zu hören) ist ein dünnes „zieh"; auch ein rauhes „tschittak". Der Gesang wechselt lokal sehr stark; ein wiederholtes Motiv von 4–6 Flötentönen, die abfallen oder aufsteigen, typisch etwa „trü-trü-trü-trü-tri", auf das ein halblautes Zwitschern folgt.

VORKOMMEN: Im Winter im offenen Gelände und in lichten Wäldern. Nistet auf Baumstümpfen, Holzstapeln, Bäumen oder Büschen, am Boden usw. in lichten Wäldern und sumpfigem Gelände, oft am Rande von Wacholderdrosselkolonien. Verbreitungskarte 260.

(Früher *T. iliacus*, später lange Zeit *T. musicus* genannt; dann legte die Internationale Nomenklatur-Kommission den Namen *iliacus* für die Art fest.)

Singdrossel *Turdus philomelos* 61, 83 E

Syn. a. *Cichloselys philomelos*

(E) Song Thrush; (F) Grive musicienne; (I) Tordo; (H) Zanglijster; (S) Taltrast; (Sp) Zorzal común

KENNZEICHEN: 23 cm. Ein braunrückiger Vogel mit gefleckter Brust. Von

Mistel- und Wacholderdrossel durch viel geringere Größe, einfarbig *braune* Oberseite und gelblich rahmfarbene, mit *kleinen* dunklen *Flecken* übersäte Brust und Flanken unterschieden, von der Rotdrossel durch *Fehlen von Kastanienbraun an Flanken und Unterflügeln* und durch Fehlen eines hervortretenden Überaugenstreifs. Unterflügel *gelblich rahmfarben*. Zur Nahrungssuche oft am Boden im offenen Gelände; rennt ruckweise.

STIMME: Laut „dack" oder „gick", das bei Alarm oft schnell wiederholt wird; Flugruf scharf „zipp" („Zippe"). Gesang laut und feurig, mit kurzen, ein- bis dreisilbigen, wechselreichen Motiven, deren jedes *2- bis 4mal* zwischen kurzen Pausen *wiederholt* wird.

VORKOMMEN: In der Nachbarschaft menschlicher Siedlungen, in Gärten, Parkanlagen und Wäldern. Nistet in Büschen, Hecken, Efeu usw., ausnahmsweise an Gebäuden. Verbreitungskarte 259.

(Wurde früher *Turdus musicus,* später *T. philomelos,* dann *T. ericetorum* genannt; durch eine Entscheidung der Internationalen Nomenklatur-Kommission wurde *philomelos* als Artname festgelegt.)

Zwergdrossel (Swainsondrossel) *Turdus ustulatus* **76**
Syn. a. *Catharus ustulatus* b. *Hylocichla ustulata*

(E) Swainson's Thrush; (F) Grive petite; (I) Tordo di Swainson; (H) Dwerglijster; (S) Gråbrun dvärgtrast; (Sp) Zorzal ustulado

KENNZEICHEN: 18 cm. Ähnelt einer sehr kleinen Singdrossel mit *gelbbräunlichem Augenring und gelbbräunlicher Färbung von Wangen und Kehle.* Diese Merkmale unterscheiden sie von der sehr ähnlichen Grauwangendrossel (siehe Irrgäste, S. 278). Im Flug von der Singdrossel durch die weißliche, nicht rostgelbliche Flügelunterseite zu unterscheiden. Vorderbrust gelbbräunlich, dunkel gefleckt; schwache Fleckung auch an den Körperseiten; Unterseite sonst weiß; Rücken und Bürzel olivbraun. Schnabel schwärzlich, Füße blaß bräunlich. Lebt scheu und zurückgezogen im Unterholz, zeigt sich aber auch gelegentlich in den Baumwipfeln. Zur Nahrungssuche hauptsächlich auf dem Erdboden, gelegentlich auch nach Fliegenschnäpperart fliegende Insekten fangend.

STIMME: Ein hohes, nicht sehr lautes *„whit".* Gesang wohlklingend, aus ansteigenden, flötenden Motiven bestehend.

VORKOMMEN UND VERBREITUNG: Zur Zugzeit auf Waldlichtungen, in Gärten und feuchten Waldbeständen. Brütet in feuchte Nadelwaldungen, stellenweise auch im Mischwald. Irrgast aus Nordamerika in Irland, Großbritannien, Frankreich, Belgien, Deutschland (zweimal: Helgoland und Reinbek bei Hamburg), Österreich, Italien.

Grasmücken: Sylviidae

Eine unscharf umgrenzte Familie kleiner, beweglicher, insektenfressender Vögel mit schlankem Schnabel. Viele in verwirrendem Maße ohne deutlich markierte Kennzeichen; das erschwert nicht nur die Bestimmung der Arten, sondern auch die Abgrenzung der Gattungen, die in vielen Fällen noch unbefriedigend ist. Rufe auch oft recht ähnlich, aber Gesang oft charakteristisch und daher für die Bestimmung wichtig. Nisten großenteils in niedrigem Pflanzenwuchs, auf oder nahe über dem Boden, oder (so manche *Acrocephalus*-Arten) im Schilf. Geschlechter einander ähnlich (außer bei einigen *Sylvia*-Arten).

Die Familie gliedert sich in mehrere Unterfamilien. Bei uns nur durch eine Art, den Cistensänger, vertreten sind die in Afrika sehr artenreichen, aber auch in S-Asien vorkommenden und in zwei Arten bis Australien reichenden *Halmsänger,* die vielleicht eine besondere Familie darstellen. Eine zweite Gruppe bilden die *Rohrsänger* und ihre Verwandten, zu denen bei uns der Seidensänger, die Schwirle, die eigentlichen (gestreiften und ungestreiften) Rohrsänger und die Spötter gehören. An sie schließen sich erscheinungsbildlich die *eigentlichen Grasmücken* an, die zu den oft als eine eigene Familie angesehenen, besonders in Asien sehr artenreichen *Timalien* vermitteln. Eine letzte Gruppe bilden die *Laubsänger,* die teils den Seidensängern aus der Unterfamilie Rohrsänger, in anderen Arten auch den Goldhähnchen ähnlich sind, die daher von manchen Autoren ebenfalls zu den Grasmücken gerechnet werden.

Cistensänger   *Cisticola juncidis*   **62, 81 E**

(E) Fan-tailed Warbler; (F) Cisticole des joncs; (I) Beccamoschino; (H) Waaierstaartrietzanger; (S) Grässångare; (Sp) Buitrón

KENNZEICHEN: 10 cm. Am leichtesten zur Brutzeit im Balzflug zu beobachten; dann durch den Gesang unverkennbar. Sonst heimlich. Täuscht einen kleinen, lebhaft gefärbten Schilfrohrsänger vor. Von diesem unterschieden durch *Fehlen des hellen Augenstreifens,* viel geringere Größe (die kleinste europäische Grasmücke) und *kurzen Schwanz.* Oberseite dunkelbraun mit breiten rostfarbenen Federrändern und rotbraunem Bürzel, wirkt dadurch stark röstlichbraun gestreift; Kehle und Unterseite ungestreift weißlich, an Brust und Flanken rostgelb getönt; Schwanz kurz und gerundet, mit schwarzweißen Federenden.
STIMME: Scharf, hoch und kratzend „dsip . . . dsip . . . dsip . . .“, jeder Ruf fällt mit einem hohen Ansteigen des Vogels in seinem kraftlosen, wellenförmigen Flug zusammen. Lockruf „tju“.
VORKOMMEN: Feuchte und trockene Plätze, Kornfelder, verwilderte grasige Ebenen, Sümpfe. Baut ein tiefes, beutelförmiges Nest, das in Binsen, im hohen Gras, wachsendem Getreide oder dichtem Unterwuchs aufgehängt ist. Verbreitungskarte 263.

Seidensänger   *Cettia cetti* R6   **62, 80 E**

(E) Cetti's Warbler; (F) Bouscarle de Cetti; (I) Usignolo di fiume; (H) Cettis Zanger; (S) Cettisångare; (Sp) Ruiseñor bastardo

KENNZEICHEN: 14 cm. Versteckte Lebensweise macht die Bestimmung durch Beobachtung schwierig, aber der *Gesang ist unverkennbar.* Oberseite *dunkel rotbraun,* kurzer Überaugenstreif, Unterseite gräulichweiß mit brauneren Flanken und Unterschwanzdecken. Schwanz breit und stark gerundet, besteht aus nur 10 Steuerfedern. Das ziemlich rotbraune Aussehen kann Verwechslung mit Nachtigall bewirken, aber die letztere ist größer, mit längerem Schwanz, der mehr rotbraun ist als die Oberseite. Schwanz wird oft gestelzt.
STIMME: Laut „tschi“, kurz „tuik“, weich „hüt“ und ein schnarrender Alarmruf. Gesang sehr laut, plötzlich ausbrechend, hauptsächlich eine Wiederho-

lung von „tschjuih" oder „zi-zi-zidja zidja zidja" in verschiedener Betonung. Singt in der dichten Vegetation.
VORKOMMEN: Niedriges, feuchtes Pflanzengewirr, gewöhnlich nahe am Wasser, an Gräben, in Sümpfen und Röhricht. Nistet wohlverborgen im niedrigen Pflanzenwuchs. Verbreitungskarte 262.

Streifenschwirl   *Locustella certhiola*   65

(E) Pallas's Grasshopper Warbler; (F) Locustelle de Pallas; (I) Forapaglie striato; (H) Siberische Snor; (S) Starrsangäre; (Sp) Buscarla de Pallas

KENNZEICHEN: Reichlich 13 cm. Hat das heimliche Verhalten der Schwirle, wie diese viel über den Erdboden huschend, erinnert aber in der Gefiederfärbung an Schilfrohrsänger. *Bürzel und Oberschwanzdecken rostbraun* (mit einigen dunklen Stricheln), *sich deutlich vom graubraunen Schwanz abhebend.* Der Schwanz hat undeutliche Querbänderung und schwärzliche Federmitten, die sich an den mittleren Federn zu einer dunklen Endbinde verbreitern; im frischen Gefieder bilden *schmale grauweiße Spitzen aller Schwanzfedern mit Ausnahme des mittleren Paares einen undeutlichen hellen Endsaum des Schwanzes.* Breiter weißlicher Überaugenstreif wie Schilfrohrsänger, aber Scheitel dunkler und Stirn viel blasser; Kehle und Vorderbrust auffallend weiß, einen *deutlichen weißen Latz* bildend; restliche Unterseite ungefleckt gelbbräunlich; *gelblich graubraune Grundfarbe* des Vorderrückens hebt sich von der Färbung des umgebenden Gefieders als *blassere Partie* deutlich ab; helle Säume der dunklen Flügelfedern lassen den Flügel fleckig erscheinen, Schnabel dunkel; Füße fleischfarben. Juv. mit gelblicher Färbung von Brust und Körperseiten und mit einem aus undeutlichen dunklen Flecken gebildeten Brustband.
STIMME: Im Winterquartier „tschirr-tschirr" rufend. Gesang beginnt wetzend, dann folgt ein kurzes rü-rü-rü, worauf eine wohlklingende, schilfrohrsängerartige Strophe folgt.
VORKOMMEN UND VERBREITUNG: Feuchte, sumpfige Wiesen mit hohem Gras und Strauchwerk. Im Winter in Reisfeldern, Schilfbeständen, Sümpfen. Irrgast aus Sibirien und Innerasien in Lettland, Großbritannien, Irland, Holland und auf Helgoland (einmal).

Strichelschwirl   *Locustella lanceolata*   65

(E) Lanceolated Warbler; (F) Locustelle lancéolée; (I) Forapaglie lanciolato; (H) Kleine Sprinkhaanrietzanger; (S) Träsksångare; (Sp) Buscarla lanceolada

KENNZEICHEN: 11,5 cm. Ähnlich kleinem Feldschwirl, aber oberseits kräftiger gestreift, besonders auf dem braunen Vorderrücken. Bestes Feldkennzeichen das *deutliche, aus parallelen dunklen Stricheln gebildete Halsband unter der weißlichen Kehle.* Undeutlicher bräunlich-weißer Überaugenstreif. Oberschnabel dunkel, Unterschnabel hell fleischfarben; Füße rötlich. Verhalten sehr heimlich.
STIMME: Ruft im Winter *„tschirr-tschirr"* ähnlich Streifenschwirl. Gesang schwirrend, hin und wieder durch kurze Pfeiftöne unterbrochen.
VORKOMMEN UND VERBREITUNG: Hoher Pflanzenwuchs und Schilf am Rande von Gewässern, nasse Wiesen, feuchte mit Riedgras bewachsene Stellen an Waldrändern, Sümpfe mit dichtem Pflanzenwuchs. Irrgast aus Nordostrußland und dem nördlichen Asien in Großbritannien, Frankreich, Holland,

Dänemark, Schweden, Ostpreußen (einmal), auf Helgoland (zweimal) und in Jugoslawien.

Feldschwirl   *Locustella naevia*   **62, 80 E**

(E) Grasshopper Warbler; (F) Locustelle tachetée; (I) Forapaglie macchiettato; (H) Sprinkhaanrietzanger; (S) Gräshoppsångare; (Sp) Buscarla pintoja

KENNZEICHEN: Knapp 13 cm. Sehr heimlich. Gewöhnlich nur an dem *bezeichnenden Gesang* zu bestimmen. Oberseite olivbraun, stark gestreift; Bürzel weniger gestreift; Unterseite weißlich, zuweilen gelblich, schwach gestreift; stark gerundeter, schwach gebänderter Schwanz. Beine rötlich, variabel. Kriecht und rennt behende im Pflanzenunterwuchs, fliegt aber nur ungern.
STIMME: Kurz „tuit" oder „pitt", bei Alarm sich zu einem Schnattern steigernd. Der für viele ältere Personen nicht hörbare Gesang ist ein „mechanisches" Schwirren auf gleichbleibender Tonhöhe, das wie das Aufspulen einer Angelrolle oder wie das helle Schwirren der Grünen Laubheuschrecke klingt und oft mehr als 2 Minuten anhält; der Wechsel der Lautstärke wird durch Drehen des Kopfes erzielt. Singt bei Tag und Nacht. Siehe auch Rohrschwirl und Strichelschwirl.
VORKOMMEN: Unterwuchs von Sümpfen, versumpfte Wiesen mit Büschen, Heideflächen, Heckenstreifen, trockene Waldlichtungen usw. Nest wohlverborgen auf oder nahe dem Boden im hohen Gras, in Binsen, Rankwerk usw. Verbreitungskarte 264.

Schlagschwirl   *Locustella fluviatilis*   **62, 80 E**

(E) River Warbler; (F) Locustelle fluviatile; (I) Salciaiola fluviatile; (H) Krekelzanger; (S) Flodsångare; (Sp) Buscarla fluvial

KENNZEICHEN: Knapp 15 cm. Vom Feldschwirl unterschieden durch *ungefleckte,* dunkel erdbraune Oberseite und weißliche, an der Vorderbrust *schwach braun gestreifte* Unterseite; Schwanz breit und gerundet mit schwach rötlich getönten Deckfedern. Beine rosa. Juv. nur mit zarter Streifung an der Kehle, mit mehr rotbrauner Oberseite und gelblichweißer Unterseite. Ebenso heimlich und ungern fliegend wie Feldschwirl, aber im Gesang und Aufenthalt unterschieden.
STIMME: Lauter, rauher Lockruf. Gesang entfernt ähnlich Feldschwirl, lauter und reiner, die einzelnen Töne viel klarer getrennt und wetzend „dzedzedze . . .", an das Geräusch einer fernen, schnell fahrenden Dampflokomotive erinnernd, schließt mit 4 bis 5 wie „swih" klingenden Tönen. Singt oft von Buschspitzen im Schatten höherer Bäume.
VORKOMMEN: Feuchte Plätze, auch oft in Dickichten der Wälder oder im Pflanzengewirr und Brombeergestrüpp in offenem Gelände oder auf Lichtungen (auch von Kiefernwäldern). Nistet auf oder dicht über dem Boden im undurchdringlichen Dickicht. Verbreitungskarte 265.

Rohrschwirl   *Locustella luscinioides*   R5   **62, 80 E**

(E) Savi's Warbler; (F) Locustelle luscinioïde; (I) Salciaiola; (H) Snor; (S) Vassångare; (Sp) Buscarla unicolor

KENNZEICHEN: 14 cm. Oberflächlich dem Teichrohrsänger ähnelnd, aber durch feldschwirlähnlichen Gesang zu unterscheiden. Schwanz breit, deutlich gestuft, oft zart gebändert. Oberseite *ungestreift* dunkel rötlichbraun; Unterseite bräunlichweiß mit zart rostbraunen Flanken. Ein kurzer, undeutlicher, rahmgelblicher Augenstreif. Vom Feldschwirl durch *einfarbiges,* ungeflecktes Gefieder unterschieden, vom Schlagschwirl durch ungestreifte Brust, von beiden durch verschiedenen Gesang. Viel weniger heimlich als Feldschwirl, bewegt sich aber ebenso behende und ähnlich wie eine Maus durch dichten Pflanzenwuchs, dabei nervös mit Flügeln und Schwanz zuckend.

STIMME: Ein leises, beharrliches „zick" und ein schimpfendes Schnattern. Gesang sehr ähnlich dem Schwirren des Feldschwirls, aber tiefer, mehr schnurrend und gewöhnlich *kürzer;* kann mit den Stimmen der Maulwurfsgrille und der Wechselkröte verwechselt werden. Oft eingeleitet durch tiefe tickende Töne, die sich immer schneller folgen, bis sie in das typische Schwirren überleiten. Singt von den Spitzen des Röhrichts aus.

VORKOMMEN: Sümpfe, Röhricht mit zerstreuten Büschen. Nest wohlverborgen im dicken Gewirr von abgestorbenem Rohr und Schilf. Verbreitungskarte 266.

Mariskensänger   *Acrocephalus melanopogon*   62, 80 E

Syn. a. *Calamodus melanopogon; b. Lusciniola melanopogon, Muscipeta melanopogon*

(E) Moustached Warbler; (F) Lusciniole à moustaches; (I) Forapaglie castagnolo; (H) Zwartkoprietzanger; (S) Tamarisksångare; (Sp) Carricerín real

KENNZEICHEN: Knapp 13 cm. Nur schwer vom Schilfrohrsänger zu unterscheiden an dem *fast schwarzen Scheitel,* der von dem *weißen (helleren) Überaugenstreif* absticht, an den *dunkelbraunen Wangen und der weißen Kehle.* An Nacken und Rücken *rostfarbiger* als Schilfrohrsänger. *Richtet zuweilen den ziemlich kurzen, runden Schwanz keck auf.* Ziemlich heimlich.

STIMME: Weich, aber durchdringend „t-trrt" und rauher „tschack", was in ein schimpfendes Alarmrasseln überleitet. Gesang erinnert an Schilfrohrsänger, ist jedoch wohlklingender; nachtigallartige, aber schwächere Tonreihen und teichrohrsängerartige Strophen werden durch Gezwitscher verbunden.

VORKOMMEN: Röhricht und Sümpfe. Nistet im Rohr oder in niedrigen Büschen über flachem Wasser. Verbreitungskarte 267.

Schilfrohrsänger   *Acrocephalus schoenobaenus* R4   62, 80 E

Syn. a. *Calamodus schoenobaenus; b. Muscipeta schoenobaenus*

(E) Sedge Warbler; (F) Phragmite des joncs; (I) Forapaglie; (H) Rietzanger; (S) Sävsångare; (Sp) Carricerín común

KENNZEICHEN: Knapp 13 cm. Vom Teichrohrsänger durch *auffallenden weißlichen Überaugenstreif* und – mit Ausnahme des ungestreiften rostbraunen Bürzels – durch *kräftig gestreifte Oberseite* unterschieden. Unterseite rahmfarben mit gelbbraunen Flanken. Der Scheitel der ad. kann sehr dunkel sein und zu Verwechslungen mit dem Mariskensänger Anlaß geben. Schwanz ziemlich spitz. Juv. gelber, besonders am Bürzel, mit matten Flecken an Kehle und Vorderbrust; gelegentlich auf dem Scheitel ein schwacher rahmfarbener Streif, der zu Verwechslungen mit dem Seggenrohrsänger Anlaß geben kann. Flug und Verhalten wie Teichrohrsänger. Siehe auch Seggenrohrsänger und Mariskensänger. Die anderen Rohrsänger haben ungestreifte Oberseite. Die gestreiften Rohrsänger sind auch durch die Zeichnung der Eier (s. Taf. 80) gekennzeichnet und werden von manchen mit gutem Grund als besondere Gattung *(Calamodus* oder *Muscipeta),* von der früher der

Mariskensänger noch einmal als Gattung *Lusciniola* getrennt wurde, den übrigen Rohrsängern gegenübergestellt.

STIMME: Platzend „täk", in Erregung zu einem stotternden Rattern gereiht; auch ein rauhes Schnarren. Gesang *wechselreicher* als beim Teichrohrsänger, eine laute, schnelle Folge wohltönender und rauher, zwitschernder Laute, gemischt mit langen Trillern und nachgeahmten Rufen anderer Vögel. Durch „woid-woid"-Strophe gut gekennzeichnet. Singt von einer Warte aus und im kurzen, senkrechten Balzflug.

VORKOMMEN: Üppige Vegetation am Wasser: Weidicht, Schilf, sumpfige Dickichte usw.; gelegentlich in Getreidefeldern. Baut ein unordentliches Nest im niedrigen, dichten Pflanzenwuchs. Verbreitungskarte 269.

Seggenrohrsänger *Acrocephalus paludicola* R1   **62, 80 E**

Syn. a. *Calamodus paludicola; b. Muscipeta paludicola, Acrocephalus aquaticus*

(E) Aquatic Warbler; (F) Phragmite aquatique; (I) Pagliarolo; (H) Waterrietzanger; (S) Vattensångare; (Sp) Carricerín

KENNZEICHEN: Knapp 13 cm. Wirkt wie ein sandfarbener Schilfrohrsänger, aber von diesem unterschieden durch *auffallenden gelblichen Längsstreif über die Scheitelmitte, durch langen braungelblichen* (statt weißlichen) Überaugenstreif, deutlichere schwarze Streifen auf dem Rücken, die sich weniger deutlich *bis auf den Bürzel erstrecken* und, besonders im Sommer, durch schmale braune Striche an Brust und Flanken. Von allen anderen Rohrsängern durch Scheitelstreif und *gestreiften* rostfarbenen Bürzel unterschieden. Heimlicher als Schilfrohrsänger. Zur Nahrungssuche oft auf dem Boden.

STIMME: Ähnlich Schilfrohrsänger, aber nicht so abwechslungsreich, etwa „errr-didi, errr-didi . . .".

VORKOMMEN: Wie Schilfrohrsänger, aber vorzugsweise in offenen Sümpfen mit niedriger Vegetation, vor allem Seggen. Verbreitungskarte 268.

Buschrohrsänger *Acrocephalus dumetorum*   **65, 80 E**

(E) Blyth's Reed Warbler; (F) Rousserolle des buissons; (I) Cannaiola di Blyth; (H) Struikrietzanger; (S) Busksångare; (Sp) Carricero de Blyth

KENNZEICHEN: Knapp 13 cm. Im Felde nicht vom Sumpfrohrsänger zu unterscheiden, aber Braun der Oberseite grauer getönt. Vom Teichrohrsänger zur Not an der schwach dunkleren und gewöhnlich weniger rostbraunen Oberseite zu unterscheiden. In etwa sicher nur zu bestimmen, wenn man den Vogel in der Hand hat, auf Grund der Schwingenformel (Diagramm S. 212). Einzelne Exemplare von Teich- und Buschrohrsängern sind jedoch, da innerhalb der Überschneidungszone, nicht zu unterscheiden.

STIMME: Gesang, gewöhnlich von Bäumen aus vorgetragen, sehr melodisch, erinnert an Sumpfrohrsänger, langsamer, laut und abwechslungsreich, die einzelnen Motive 3–8mal wiederholt. Viele Imitationen anderer Vogelstimmen.

VORKOMMEN UND VERBREITUNG: In Buschwerk und anderem hohen Pflanzenwuchs, gern in Himbeersträuchern, auf Lichtungen, am Waldrand und am Rande von Ortschaften, ausnahmsweise im Schilf. Sommervogel in Süd-Finnland und im Osten Estlands; mehrfach zur Brutzeit in Schweden beobachtet; hat in Lettland gebrütet. Irrgast in Norwegen, Dänemark, Irland, Großbritannien, Polen, Italien, Rumänien.

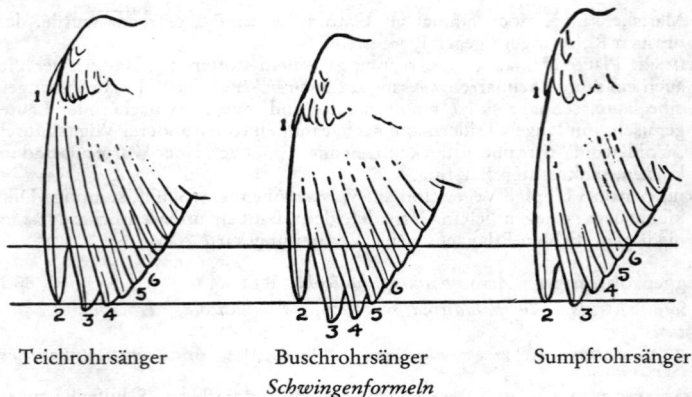

Teichrohrsänger	Buschrohrsänger	Sumpfrohrsänger

Schwingenformeln

Man beachte die relative Länge der 2. Handschwinge und die Lage der Verschmälerung an ihrer Innenfahne: beim Teichrohrsänger 12–15 mm vor der Spitze, d. h. zwischen der Spitze der 9. Handschwinge und den Spitzen der Armschwingen; beim Buschrohrsänger 11–14 mm vor der Spitze, d. h. basalwärts von den Armschwingenspitzen; beim Sumpfrohrsänger 10,5–12 mm vor der Spitze, d. h. zwischen der Spitze der 6. und der 8. Handschwinge (Williamson). Eindeutige Artbestimmung ist auch nach der relativen Länge der Schwingen nicht in allen Fällen möglich.

Sumpfrohrsänger   *Acrocephalus palustris*   62, 80 E

(E) Marsh Warbler; (F) Rousserolle verderolle; (I) Cannaiola verdognola; (H) Bosrietzanger; (S) Kärrsångare; (Sp) Carricero poliglota

KENNZEICHEN: Knapp 13 cm. Schwer von Busch- und Teichrohrsänger zu unterscheiden, von letzterem am ehesten durch *bemerkenswert wohltönenden Gesang*, aber Oberseite im frisch vermauserten Gefieder weniger rost- und mehr olivbraun, Kinn und Kehle heller. *Beine gelblich fleischfarben* (beim Teichrohrsänger meist grünlichgrau), heller Ring ums Auge und kurzer, schwacher Überaugenstreif, der aber gewöhnlich deutlicher ist als beim Teichrohrsänger. *Stirn rundlicher* (beim Teichrohrsänger flacher). Weniger heimlich als Teichrohrsänger. Vom Buschrohrsänger zu unterscheiden durch deutlicheren Überaugenstreif, mehr olivbraune, weniger graubraune Oberseite, hellere Füße und längere Flügel. S. auch das Diagramm auf dieser Seite.

STIMME: Laut und wiederholt „tschak", leise „tak", stotternd „tik-tirrik", „tuik" usw. Gesang ausnehmend wohltönend und wechselreich, mit einer großen Zahl von Nachahmungen anderer Vogelstimmen, eingestreut teichrohrsängerartige Strophen und seltsam „zwirlende" Laute. Singt auch nachts.

VORKOMMEN: Dichte, niedrige Vegetation an Wassergräben, Dickichte, Flußufer, Weidenpflanzungen, Getreidefelder. Baut unordentliche Nester, die an Halmen und Stengeln über dem trockenen Boden aufgehängt sind. Verbreitungskarte 270.

Teichrohrsänger *Acrocephalus scirpaceus* **62, 80 E**

(E) Reed Warbler; (F) Rousserolle effarvatte; (I) Cannaiola; (H) Kleine Karekiet; (S) Rörsångare; (Sp) Carricero común

KENNZEICHEN: Knapp 13 cm. Einfarbig braune Oberseite, am Bürzel etwas röstlicher, weißliche Unterseite mit gelbbräunlichen Flanken. Beinfarbe variabel, aber gewöhnlich grünlichgrau; weißlicher Ring ums Auge. Vom Schilfrohrsänger durch *ungestreiften* Kopf und Rücken und *undeutlichen* Überaugenstreif unterschieden. Drosselrohrsänger ist viel größer. Im Felde fast nur durch die Stimme vom Sumpfrohrsänger zu unterscheiden, ist aber in der Regel etwas rostfarbiger, hat etwas feineren Schnabel, dunklere Füße und flachere Stirn. Jungvögel beider Arten sind ganz gleich gefärbt. Ziemlich scheu. Auf kurzen Überwasserflügen wird der runde Schwanz gespreizt und niedergedrückt. Siehe auch Buschrohrsänger und Feldrohrsänger (S. 211, 278).

STIMME: Tief „tschak", rauh „skarr" bei Alarm (sehr ähnlich dem Schilfrohrsänger) und ein leiser tickender Ruf. Der anhaltende Gesang erinnert an Schilfrohrsänger, ist aber von diesem unterschieden durch die Neigung, die Motive taktmäßig 2–3mal zu wiederholen: „tiri tiri tiri treck treck treck" usw. Singt bei Tag und Nacht.

VORKOMMEN: Röhricht und dichtbewachsene Ufer; in manchen Teilen Europas auch im Kulturland weitab vom Wasser. Nistet kolonieweise, baut Hängenester im Rohr. Verbreitungskarte 271.

Drosselrohrsänger *Acrocephalus arundinaceus* R3 **62, 80 E**

(E) Great Reed Warbler; (F) Rousserolle turdoïde; (I) Cannareccione; (H) Grote Karekiet; (S) Trastsångare; (Sp) Carricere tordal

KENNZEICHEN: 19 cm. Leicht vom Teichrohrsänger zu unterscheiden: *Viel größer, Schnabel länger und viel stärker, auffallender Überaugenstreif und knarrende Stimme.* Färbung wie Teichrohrsänger. Weniger heimlich; setzt sich frei auf Bäume oder Telephondrähte. Flug niedrig, mit charakteristisch gespreiztem Schwanz, taucht schwerfällig ins Rohr.

STIMME: Knarrend und laut. Gesang rauh und anhaltend, weithin zu hören. Ein weiter Bereich von knarrenden Lauten, jeder 2–3mal wiederholt: „karrekarre", „krik-krik", „görk-görk,görk" usw.

VORKOMMEN: Bewohnt größere Schilfbestände; baut ein an Rohrhalmen befestigtes Hängenest wie Teichrohrsänger im Röhricht, nahe der Grenze des offenen Wassers, an Flußufern, Lehmgruben usw. Verbreitungskarte 272.

Buschspötter *Hippolais caligata* **65**

Syn. a. *Acrocephalus caligatus*

(E) Booted Warbler; (F) Hypolaïs russe; (I) Canapino asiatico; (H) Russische Spotvogel; (S) Liten gulsångare; (Sp) Zarcero escita

KENNZEICHEN: 11,5 cm. Ein unauffälliger, beweglicher, Deckung liebender Vogel, ähnlich einem *kleinen* Blaßspötter, aber mit kürzerem, dünnerem Schnabel und etwas rundlicherem Kopfprofil. Schwach entwickelter heller Überaugenstreif, zuweilen auch ein an *Phylloscopus* erinnernder dunkler Augenstreif. Im Flug fallen die weißlichen äußeren Schwanzfedern auf. Unterseite im Sommer bräunlicher als beim Blaßspötter, im Winter aber weißlichgrau.

STIMME: Fortlaufend hart schwätzend, mit Rufen wie „schrek-schrek" untermischt. Auch ein leise tickender Ruf.

VORKOMMEN UND VERBREITUNG: Gewöhnlich in buschbestandenem Gelände oder im Kulturland, lokal auch in Halbwüstenvegetation. Irrgast aus Rußland und West-Asien in Großbritannien, Schweden und Deutschland (Helgoland).

Blaßspötter *Hippolais pallida* 64, 80 E

Syn. a. *Acrocephalus pallidus*

(E) Olivaceous Warbler; (F) Hypolaïs pâle; (I) Canapino pallido; (H) Vale Spotvogel; (S) Blek gulsångare; (Sp) Zarcero pálido

KENNZEICHEN: Knapp 13 cm. Gestalt und Verhalten ähnlich Orpheusspötter, aber gewöhnlich ohne grünliche und gelbliche Gefiederfärbung. Kenntlich an der *bedeutenderen Schnabellänge*, dem *gelblich* gefärbten Unterschnabel, dem *flacheren Scheitel*, grau- oder olivbrauner Oberseite und, abgesehen von schmalen helleren Säumen an den inneren Armschwingen, *einfarbigen, dunkleren Flügeln;* diese reichen angelegt nur bis zur Schwanzwurzel, dadurch von grauen Jungvögeln des Gelbspötters zu unterscheiden. Unterseite schmutzig weißlich, an Körperseiten, Unterschwanzdecken und zuweilen an der Brust blaßbräunlich verwaschen, Kehle oft reiner weiß. Im Frühjahr Unterseite oft gelblich überflogen. Blaßgrauer Augenring. Fußfärbung variabel, bald wie beim Gelbspötter, bald wie beim Orpheusspötter. Hat längeren Schnabel, deutlicheren Überaugenstreif und flacheren Scheitelumriß als Gartengrasmücke.

STIMME: Lockruf ähnlich wie beim Gelbspötter „tek, tek". Alarmruf ein leises Ticken. Der hastige Gesang ist eine Aneinanderreihung wiederholter, laut schwätzender Motive, dem Gesang des Olivenspötters ähnlich, aber nicht so laut.

VORKOMMEN: Kulturland und Gärten mit Bäumen und Büschen. Nistet gewöhnlich in Büschen, Hecken usw., manchmal in beträchtlicher Höhe auf Palmen. Verbreitungskarte 273.

Olivenspötter *Hippolais olivetorum* 64, 80 E

Syn. a. *Acrocephalus olivetorum*

(E) Olive-tree Warbler; (F) Hypolaïs des oliviers; (I) Canapino levantino; (H) Griekse Spotvogel; (S) Olivgulsångare; (Sp) Zarcero grande

KENNZEICHEN: Gut 15 cm. Ein großer *gräulich* gefärbter Spötter mit auffallend starkem, *dolchartigem Schnabel,* der am Grunde gelb ist. *Deutliche weißliche Säume der Armschwingen* lassen den geschlossenen Flügel streifig erscheinen. Handschwingen und Schwanz dunkler braungrau. Füße blaugrau. Scheitel erscheint wie beim Gelbspötter hinten eckig. Bis hinter das Auge reichender heller Überaugenstreif. Kräftiger Schnabel, Flügelzeichnung und bedeutendere Größe unterscheiden den Olivenspötter vom Blaßspötter.

STIMME: Ruft „tack". Der kennzeichnende Gesang ist lauter, langsamer, tiefer in der Tonlage, im Klang zuweilen an Drosselrohrsänger erinnernd, nicht so schneidend wie der des Gelbspötters und nicht besonders wohlklingend; kaum Nachahmungen anderer Vogelstimmen.

VORKOMMEN: Häufig im dichten Laubdach der Olivenhaine und Eichenwälder, wo er sich gut der Sicht entzieht. Nistet in Gabeln von Olivenzweigen. Verbreitungskarte 274.

Gelbspötter *Hippolais icterina* **64, 80 E**

Syn. a. *Acrocephalus icterinus*

(E) Icterine Warbler; (F) Hypolaïs ictérine; (I) Canapino maggiore; (H) Spotvogel; (S) Gulsångare; (Sp) Zarcero icterino

KENNZEICHEN: Gut 13 cm. Ein kräftig gebauter, lebhafter, grünlichgrau und gelb gefärbter rohrsängerartiger Vogel. Vom Orpheusspötter meist durch grünlichere (oft gelb verwaschene) Oberseite, infolge Aufstellens der Federn oft höher erscheinenden Scheitel und *längere, spitzere, wenn angelegt, über die Schwanzwurzel hinausreichende Flügel* unterschieden. Außer im abgetragenen Spätsommerkleide bilden die hellen Säume der inneren Armschwingen *auf dem geschlossenen Flügel einen deutlichen helleren* (bei juv. weißlichen, bei ad. gelblichen) *Fleck*. Ad. gelegentlich unterseits ohne Gelb und oberseits grauer. Juv. grauer, Farben „ausgewaschener" erscheinend als beim jungen Orpheusspötter. Beine blaugrau bis bläulichschwarz. Schnabel ziemlich breit und verhältnismäßig lang, Oberschnabel dunkel, Unterschnabel rötlich. Ferner durch Stimme und Verbreitung vom Orpheusspötter unterschieden.

STIMME: Mönchsgrasmückenartig „tek", ein charakteristisches wohltönendes „dideroid", zilpzalpartig „hüid" und – bei Alarm – tief schnarrend „errr". Der Gesang erinnert an den des Sumpfrohrsängers, ist aber lauter und schneidender und ist ein lautes, bemerkenswert langanhaltendes und abwechslungsreiches Gemisch von wohltönenden *und mißtönenden Lauten,* jedes Motiv mehrere Male *wiederholt,* und mit eingestreuten knarrenden gequetschten Rufen; gelegentlich Nachahmungen anderer Vogelstimmen.

VORKOMMEN: Gärten, Parkanlagen und Kulturland, aber auch Wälder, Dickichte und Hecken. Baut sein dichtes Nest in Gebüsch, Hecken usw. Verbreitungskarte 275.

Orpheusspötter *Hippolais polyglotta* **64, 80 E**

Syn. a. *Acrocephalus polyglottus*

(E) Melodious Warbler; (S) Hypolaïs polyglotte; (I) Canapino; (H) Orpheusspotvogel; (S) Polyglottgulsångare; (Sp) Zarcero común

KENNZEICHEN: Knapp 13 cm. Im Felde schwer vom Gelbspötter zu unterscheiden, außer durch die *Stimme.* Ist etwas kleiner, mit vor allem am Bürzel bräunlicher oder matter gefärbter Oberseite. Scheitel *rundlich* im Umriß, *Flügel kürzer, mehr gerundet, angelegt nicht über die Schwanzwurzel hinausreichend.* Zur Brutzeit haben viele ad. gelblichen Flügelfleck, der aber weniger auffällig ist als beim Gelbspötter; den bräunlicheren Jungvögeln fehlt er. Unterseite variabel, aber gewöhnlich etwas satter gelb als beim Gelbspötter; einzelne ad. und juv. ohne Gelb und oberseits bräunlicher. Beiden Arten (und dem Blaßspötter) fehlt ein hellerer Überaugenstreif, was die Kopfzeichnung ziemlich einfarbig erscheinen läßt und die Unterscheidung von den sehr nahe verwandten *Acrocephalus*-Rohrsängern (die den Spöttern wahrscheinlich näher stehen als den gestreiften Rohrsängern der *Calamodus*-Gruppe) und den Laubsängern erleichtert. Die auch etwas ähnliche Gartengrasmücke hat kürzeren, kräftigeren Schnabel und kein Gelb im Gefieder. Füße bräunlich fleischfarben bis blaugrau, *gewöhnlich bräunlicher* als beim Gelbspötter. In der Hand vom Gelbspötter stets einwandfrei an der Schwingenformel zu unterscheiden: äußerste rückgebildete Handschwinge deutlich länger als Handdecken, beim Gelbspötter kürzer oder höchstens genauso lang wie Handdecken.

STIMME: Ein haussperlingsartiges Tettern, ein zilpzalpähnliches „hüid" und ein schroffes „titt, titt". Der Gesang, der gewöhnlich mit einer kurzen Reihe deutlich getrennter, sperlingsähnlicher Einzeltöne beginnt, ist ein *anhaltendes*, wohltönendes und sehr wechselreiches Schwatzen, eiliger vorgetragen und ohne die schneidend scharfen Motive des Gelbspötters, dem Gesang des Sumpfrohrsängers ähnlich; oft werden sperlingsartig tschilpende Laute und die Rufe anderer Vögel eingefügt.

VORKOMMEN: Ähnlich wie beim Gelbspötter, aber öfter in üppiger Vegetation am Wasser. Nest auf Büschen oder sogar Bäumen. In Ausbreitung nach Norden begriffen. Verbreitungskarte 276.

Sardengrasmücke *Sylvia sarda* 63, 81 E

Syn. a. *Curruca sarda, Melizophilus sardus*

(E) Marmora's Warbler; (F) Fauvette sarde; (I) Magnanina sarda; (H) Sardijnse Grasmus; (S) Sardinisk sångare; (Sp) Curruca sarda

KENNZEICHEN: Gut 12 cm. Wirkt von weitem einheitlich schiefergrau. Größe und Gestalt wie Provencegrasmücke, aber von dieser durch *schiefergraue* statt purpurbraune Kehle und Unterseite unterschieden. Oberseite schiefergrau. *Kopf* im abgetragenen Gefieder *dunkler, Flügel und Schwanz* oft *fast schwarz;* Bauch bräunlichweiß; Schwanz ein wenig kürzer als bei der Provencegrasmücke; Augenlider rot. ♀ etwas brauner. Juv. oben heller und grauer und unten viel heller als junge Provencegrasmücke. Verhalten und Vorkommen wie Provencegrasmücke, aber noch heimlicher.

STIMME: Ein einzelnes scharfes „zig"; warnt rauh und kurz „rrätt". Gesang ähnlich Provencegrasmücke, hastig vorgetragen, mit eingestreuten pfeifenden Lauten und hausrotschwanzartig gepreßten Tönen; oft im Singflug vorgetragen, dann länger und abwechslungsreicher.

VORKOMMEN UND VERBREITUNG: In baumlosen, mit Gebüsch oder lockerem Pflanzenwuchs bedeckten Gelände; gern in Zistrosenbeständen; auch in lichtem Kiefernwald. Jahresvogel an der spanischen Ostküste, auf den Inseln des westlichen Mittelmeeres und vielleicht auf Sizilien; umherstreifend bis Südtirol.

Provencegrasmücke *Sylvia undata* 63, 81 E

Syn. a. *Curruca undata, Melizophilus undatus*

(E) Dartford Warbler; (F) Fauvette pitchou; (I) Magnanina; (H) Provençaalse Grasmus; (S) Provencesångare; (Sp) Curruca rabilarga

KENNZEICHEN: Knapp 13 cm. Gekennzeichnet durch *sehr dunkles Gefieder und ständig gestelzten oder gefächerten Schwanz.* ♂ mit schiefergrauem Kopf (mit charakteristisch gesträubten Scheitelfedern); diese Farbe geht allmählich in das *Dunkelbraun des Rückens* über; Unterseite *dunkel purpurbraun;* Kinn und Kehle im Herbst weiß gefleckt, Schwanz gestuft, dunkelbraun mit weißem Saum. Augen orangerot. Heimlich. Kraftloser Flug mit bezeichnenden zuckenden Bewegungen des Schwanzes und der schnell schwirrenden Flügel. Siehe auch Bart- und Sardengrasmücke.

STIMME: Schwanzmeisenartig „tschirrr", kurz „tek", oft in der Verbindung „tschirrr-tek-tek"; ferner ein klares „tjäi"; in der Erregung „terrterr-terr . . .". Gesang ein kurzes, rauh schwätzendes Zwitschern mit eingestreuten flötenden Tönen, an Dorngrasmücke erinnernd, oft in „tanzendem" oder schwirrendem Fluge vorgetragen.

VORKOMMEN: Offenes Gelände (vor allem Heiden und Garrigue) mit Heidekraut und Ginster, Zwergeichen, mit Ziströschen bestandene Abhänge usw. Nistet im Gestrüpp in Bodennähe. Verbreitungskarte 277.

Weißbartgrasmücke *Sylvia cantillans* 63, 81 E

Syn. a. *Curruca cantillans*

(E) Subalpine Warbler; (F) Fauvette passerinette; (I) Sterpazzolina; (H) Baardgrasmus; (S) Rödstrupig sångare; (Sp) Curruca carrasqueña

KENNZEICHEN: Gut 12 cm. Von der in der Gestalt ähnlichen Provencegrasmücke, mit der sie oft zusammen vorkommt, durch viel hellere, bläulich aschgraue Oberseite, ungefleckte Kehle und auffälliges Weiß an den Außenfahnen der äußeren Federn des sonst dunklen, gerundeten Schwanzes unterschieden. ♂ mit *schmalem, weißem Bartstreif*, der sich von der rötlichkastanienbraunen Färbung von Kehle und Brust deutlich abhebt. ♀ und juv. matter und heller, unten braunrötlich mit viel zarterem Bartstreif. Die Augen wirken durch rötlichen Lidrand von nahem rot. Verhalten wie bei der Provencegrasmücke, in der Erregung den Schwanz aufstellend und spreizend, doch ist der Schwanz kürzer. Siehe auch Brillengrasmücke.

STIMME: Hart, aber leise „täk, täk" und ein schneller, fast schwanzmeisenartig schnurrender Alarmruf. Gesang sehr ähnlich dem der Samtkopfgrasmücke, erinnert auch an die Dorngrasmücke, klingt aber angenehmer und entbehrt im allgemeinen der harten und rauhen Laute. Singt von Büschen aus und im kurzen, tänzelnden Balzflug.

VORKOMMEN: Unterholzreicher Wald und hohes Buschwerk, vor allem in der hohen Macchie; auch auf freien Waldblößen und an Flußufern. Nistet in dichten Büschen. Verbreitungskarte 279.

Maskengrasmücke *Sylvia rueppelli* 63, 81 E

Syn. a. *Curruca rueppelli*

(E) Rüppell's Warbler; (F) Fauvette masquée; (I) Silvia del Rüppell; (H) Rüppells Grasmus; (S) Svarthakad sångare; (Sp) Curruca de Rüppell

KENNZEICHEN: 14 cm. ♂: *Scheitel, Gesicht und Kehle schwarz, mit auffallendem weißen Bartstreif*, graue Oberseite, weißliche Unterseite; Schwanz schwarz mit *breiter weißer Außenkante*. ♀ matter, mit heller oder düsterer Kehle, aber weißer Bartstreif noch ziemlich sichtbar. Augen und Beine leuchtend rotbraun. ♂ von der Samtkopfgrasmücke durch *schwarze Kehle* und *weißen Bartstreif* unterschieden. Auffälliger Balzflug.

STIMME: Alarmruf kaum von dem der Samtkopfgrasmücke zu unterscheiden. Klingt gewöhnlich wie das schnelle Drehen einer Holzklapper. Gesang kürzer und härter als der der Samtkopfgrasmücke, durchsetzt mit den charakteristischen klappernden Lauten.

VORKOMMEN UND VERBREITUNG: Nistet in Büschen zwischen niedrigem Gestrüpp mit anstehenden Felsen. Sommervogel im Bereich des Ägäischen Meeres. Verirrte bis Großbritannien, Rumänien, Korsika, Italien und Sizilien.

Samtkopfgrasmücke *Sylvia melanocephala* 63, 81 E

Syn. a. *Curruca melanocephala*

(E) Sardinian Warbler; (F) Fauvette mélanocéphale; (I) Occhiocotto; (H) Kleine Zwartkop; (S) Sammetshätta; (Sp) Curruca cabecinegra

KENNZEICHEN: 13,5 cm. ♂ durch *schwarze, bis gut unter das Auge ausgedehnte Kopfkappe*, rein weiße Kehle, graue Oberseite und weißliche Unterseite mit grauen Seiten gekennzeichnet. Auffallender *leuchtend rötlicher Augenring.* Spreizt häufig den schwärzlichen, gestuften Schwanz mit den auffallenden weißen Kanten. ♀ viel brauner, mit graubrauner Kappe, die kaum dunkler als der Rücken ist. Flug und rastloses Verhalten erinnern an Dorngrasmücke. Siehe auch Orpheus-, Mönchs- und Maskengrasmücke.

STIMME: Der laute, hart ratternde Alarmruf „terrterrterrterr . . .“ klingt wie das schnelle Drehen einer Holzklapper. Gesang erinnert etwas an Dorngrasmücke, mehr noch an Weißbartgrasmücke, ist eine schnelle Folge von harten und wohlklingenden Tönen und durchsetzt mit Alarmrufen. Singt von freier Warte oder verstecktem Sitzplatz aus und im kurzen, tänzelnden Balzflug.

VORKOMMEN: Trockenes, ziemlich offenes Gestrüppgelände, Dickichte, Kiefern- und immergrüne Eichenwälder usw. Typischer Bewohner der mediterranen Zwergbuschsteppe (Phrygana). Nistet in niedrigen Büschen und im Unterwuchs. Verbreitungskarte 280.

Orpheusgrasmücke   *Sylvia hortensis*   63, 80 E

Syn. a. *Curruca hortensis*

(E) Orphean Warbler; (F) Fauvette orphée; (S) Mästersångare; (I) Bigia grossa; (H) Orpheusgrasmus; (Sp) Curruca mirlona

KENNZEICHEN: Gut 15 cm. Ähnlich einem großen Mönchsgrasmücken-♂, aber leicht am *Weiß der äußeren Schwanzfedern* zu unterscheiden; die matte schwärzliche Kopfplatte *erstreckt sich deutlich bis unters Auge* und geht allmählich in den grauen Mantel über statt scharf begrenzt zu sein; ferner ist die Kehle *weiß* und nicht grau wie bei der Mönchsgrasmücke. Augen deutlich hell strohgelb. ♀ etwas brauner. Von der Samtkopfgrasmücke unterschieden durch viel bedeutendere Größe, helle Augen, unscharf begrenzte glänzend schwarze Kopfplatte und verschiedenen Aufenthalt.

STIMME: Mönchsgrasmückenartig „täck, täck“, bei Alarm gelegentlich gereiht und laut schnarrend; auch „tjäd, tjäd“. Gesang lokal verschieden, eintöniger oder abwechslungsreicher, aber meist ein wohllautendes, fast *drosselartiges,* melodisches Lied, jedes Motiv gewöhnlich 4–5mal wiederholt, gewöhnlich ohne mißtönende Einschaltungen, oft mit Nachahmungen.

VORKOMMEN: Hauptsächlich baumbewohnend. Wälder, Gärten, Orangen- und Olivenhaine. Nistet auf niedrigen Baumzweigen. Verbreitungskarte 281.

Sperbergrasmücke   *Sylvia nisoria*   R2   63, 80 E

Syn. a. *Curruca nisoria*

(E) Barred Warbler; (F) Fauvette épervière; (I) Bigia padovana; (H) Sperwergrasmus; (S) Höksångare; (Sp) Curruca gavilana

KENNZEICHEN: Gut 15 cm. Gekennzeichnet durch weißliche, mit *dunkler, halbmondförmiger Zeichnung gebänderte* Unterseite (beim ♀ viel weniger deutlich). ♂ oben aschgraubraun, ♀ brauner. Die dunkelbraunen Flügel mit *zwei weißlichen Binden.* Der ziemlich lange Schwanz mit etwas Weiß an den äußeren Steuerfedern. Ad. mit *leuchtend gelben Augen.* Juv. mit zart bräunlich-rahmfarbener Unterseite, mit wenig oder ohne Zeichnung; von der Gartengrasmücke durch graueres Aussehen unterschieden. Wirkt schwerfällig, mit starken Beinen und kräftigem Schnabel. Heimlich; schlägt oft mit dem Schwanz. Auffälliger Balzflug.

STIMME: Hart „tscheck", tief schnarrend und deutlich kratzend „tschärr, tschärr", dieser Ruf auch im Gesang. Das Lied erinnert in Klangreichtum und -reinheit an das der Gartengrasmücke, wird aber schneller und in *kürzeren Phasen* vorgetragen, dadurch auch etwas an Dorngrasmücke erinnernd. Nicht selten werden Schnarrtöne eingeschoben.

VORKOMMEN: Dorndickichte, Feldgehölze und Hecken, Waldblößen usw. Nistet gewöhnlich in Dornbüschen. Verbreitungskarte 282.

Brillengrasmücke   *Sylvia conspicillata*   63, 81 E

Syn. a. *Curruca conspicillata*

(E) Spectacled Warbler; (F) Fauvette à lunettes; (I) Sterpazzola di Sardegna; (H) Brilgrasmus; (S) Glasögonsångare; (Sp) Curruca tomillera

KENNZEICHEN: Knapp 13 cm. Ähnelt einer kleinen, kräftig gefärbten Dorngrasmücke, mit der sie nahe verwandt ist, und hat ebenso lebhaft rostfarbene Flügel. Die weiße Kehle hebt sich aber stärker vom dunklen Kopf und von der rötlichbraunen Brust ab. Der schmale weiße Augenring ist kein sehr gutes feldornithologisches Kennzeichen. *Füße* auffallend *hell strohgelb.* Scheitel schiefergrau, Zügel und Ohrdecken dunkler; Rücken braun. Juv. brauner, ohne Grau am Kopf und mit mehr gelblichweißer Unterseite. Bewegungen ähnlich wie bei der Dorngrasmücke, stelzt aber oft den Schwanz, wobei die weißen Außenfedern auffallen.

STIMME: Gesang ist kurz und dorngrasmückenähnlich, aber ruhiger; weniger kratzende Laute, mehr Pfeiftöne, dadurch dem der Weißbartgrasmücke ähnlich; singt von freier Warte aus oder im tänzelnden Singflug. Alarmruf ein gedämpftes, sehr charakteristisches, zaunkönigartiges Schnurren.

VORKOMMEN: Hauptsächlich auf den mit Queller *(Salicornia)* bedeckten Flächen der Küste und (oft gemeinsam mit Provencegrasmücke) im niedrigen Gestrüpp. Nistet in niedrigen Büschen. Verbreitungskarte 278.

Dorngrasmücke   *Sylvia communis*   63, 80 E

Syn. a. *Curruca communis*

(E) Whitethroat; (F) Fauvette grisette; (I) Sterpazzola; (H) Grasmus; (S) Törnsångare; (Sp) Curruca zarcera

KENNZEICHEN: 14 cm. Ein lebhafter kleiner Vogel mit auffallend *rostfarbenen* Flügeln und ziemlich langem Schwanz mit weißer Außenkante. ♂ mit *hellgrauer Kopfkappe,* die sich bis zum Nacken und unter das Auge erstreckt (im Herbst bräunlichgrau), mit *reinweißer Kehle.* Unterkörper weißlich mit bräunlich-rosenrötlichem Anflug. ♀ matter, mit bräunlichem Kopf und nur zartem, rötlichem Anflug an der Brust. Rastlos im dichten Unterwuchs und im Freien in Bewegung, mit gesträubten Scheitelfedern und oft gefächertem Schwanz. Siehe auch Klappergrasmücke.

STIMME: Wiederholt „tschäck", rauh schimpfend „scharr", gedämpft „woid, woid, wit-wit". Gesang rauhes, aber melodisches, eiliges Zwitschern, gewöhnlich aus einem Busch heraus oder im kurzen, tänzelnden Balzflug, „dididroidazít", „zerízeríterít" oder ähnlich.

VORKOMMEN: Ziemlich offenes Gelände mit Büschen, Brombeeren, Ginster, Nesseln, buschbestandene Feldraine, Bahndämme, Waldränder. Nistet in Bodennähe in niedriger Vegetation. Früher vielerorts die häufigste Grasmücke, heute in vielen Teilen West- und Mitteleuropas weit spärlicher vorkommend. Verbreitungskarte 284.

Klappergrasmücke *Sylvia curruca* 63, 81 E

Syn. a. *Curruca curruca*

(E) Lesser Whitethroat; (F) Fauvette babillarde; (I) Bigiarella; (H) Braamsluiper; (S) Ärtsångare; (Sp) Curruca zarcerilla

KENNZEICHEN: 13,5 cm. Von der Dorngrasmücke unterschieden durch *kürzeren Schwanz, viel graue Oberseite, dunkle Ohrdecken* (die den Eindruck einer Maske hervorrufen), durch das *Fehlen von Rostbraun auf den Flügeln* und verschiedene Stimme. Heimlicher als Dorngrasmücke. Siehe auch Masken- und Samtkopfgrasmücke.

STIMME: Ruf „täck" ähnlich Mönchsgrasmücke. Der Gesang beginnt mit leisem Gezwitscher, dem ein lautes, unmelodisches, sumpfmeisenartiges Klappern *auf einem Ton* folgt. Singt in dichter Deckung und hat im Gegensatz zur Dorngrasmücke keinen Balzflug.

VORKOMMEN: Wie Dorngrasmücke, doch gewöhnlich in höherer, dichterer Vegetation mit mehr Bäumen; auch in Gärten. Verbreitungskarte 283.

Gartengrasmücke *Sylvia borin* 64, 80 E

Syn. a. *Epilais borin*

(E) Garden Warbler; (F) Fauvette des jardins; (I) Beccafico; (H) Tuinfluiter; (S) Trädgårdssångare; (Sp) Curruca mosquitera

KENNZEICHEN: 14 cm. Eine plumpe, einfarbig *olivbräunlichgraue* Grasmücke mit hellerer Unterseite und charakteristischem, rundem Kopf mit kurzem Schnabel. Ohne bezeichnende Merkmale, aber an dem *anhaltenden, sehr wohlklingenden Gesang zu erkennen.* Von der weiblichen und jungen Mönchsgrasmücke durch einfarbig bräunlichgrauen Scheitel und ebenso gefärbte Oberseite unterschieden. Füße bleigrau.

STIMME: Ruf „tschäck, tschäck", fast wie Mönchsgrasmücke, aber weniger hart, tief und rauh „tschar-r-r" und zart „uit". Gesang ebenso angenehm im Klang wie bei der Mönchsgrasmücke, aber voller tönend („orgelnd" oder „sprudelnd") und nicht in Vorgesang und „Überschlag" gegliedert. Singt im Unterholz oder auf Bäumen.

VORKOMMEN: Wälder mit wucherndem Unterholz, Dickichte, Feldgehölze mit Brombeerflecken, verwilderte Hecken, Beerensträucher. Nistet in niedrigen Büschen. Verbreitungskarte 285.

Mönchsgrasmücke *Sylvia atricapilla* 63, 80 E

(E) Blackcap; (F) Fauvette à tête noire; (I) Capinera; (H) Zwartkop; (S) Svarthätta; (Sp) Curruca capirotada

KENNZEICHEN: 14 cm. ♂ durch *glänzend schwarze,* bis in Augenhöhe reichende *Kopfplatte* gekennzeichnet; Oberseite grünlichbraun, *Kopfseiten* und Unterseite aschgrau. ♀ mit *rotbrauner Kopfplatte* und braunerer Unterseite. Juv. oben rostfarbener, unten gelber; ♂ juv. mit dunkelrostbrauner Kopfplatte. Von Orpheus- und Samtkopfgrasmücke durch *scharf begrenzte, in Augenhöhe endende Kappe und Fehlen von Weiß im Schwanz* unterschieden. Siehe auch Gartengrasmücke.

STIMME: Betont „täck, täck", bei Alarm schnell wiederholt, und rauh schnarrend. Gesang ein abwechslungsreiches Zwitschern (sog. „Vorgesang"), weniger voll tönend und *weniger anhaltend* als der ähnliche Gesang der Gartengrasmücke, *mit einer klar und laut flötenden Schlußstrophe,* dem „Motivgesang" oder „Überschlag".

VORKOMMEN: Unterholzreiche Wälder, überwucherte Hecken, Beerensträucher, Parkanlagen, Gärten. Nistet in Büschen, in Geißblatt usw. Verbreitungskarte 286.

Grünlaubsänger *Phylloscopus trochiloides* 64

Syn. a. *Acanthopneuste trochiloides*

(E) Greenish Warbler; (F) Pouillot verdâtre; (I) Luì giallo; (H) Grauwe fitis; (S) Lundsångare; (Sp) Mosquitero troquiloide

KENNZEICHEN: Knapp 11 cm. Sehr ähnlich dem Zilpzalp, aber durch die Stimme, eine *kurze weißliche Flügelbinde,* weniger gelbliche Unterseite und ausgeprägteren Überaugenstreif verschieden. In der Größe zwischen Wander- und Gelbbrauenlaubsänger, aber *grauer,* weniger grün als diese, Überaugenstreif weniger hervortretend. Beine *dunkel* graubraun. Im Herbst schwierig vom Wanderlaubsänger zu unterscheiden, außer durch den etwas kürzeren, dünneren Schnabel und die Beinfarbe. (Siehe Abb. der Schwingenformeln, S. 250).

STIMME: Ein abfallendes „tjïë". Gesang (der europäischen Rasse) kurz und laut, mit schnell wiederholten Lockrufen beginnend, denen ein Triller folgt und der mit etwas an die Fitis erinnernden Tönen endet.

VORKOMMEN: Sehr mannigfaltig: Laub- oder Nadelwälder, Dickungen, Obstgärten usw. Nistet am Boden oder in Bodennähe, nicht unbedingt im Unterwuchs, gelegentlich in niedrigen Steinwällen. Verbreitungskarte 287.

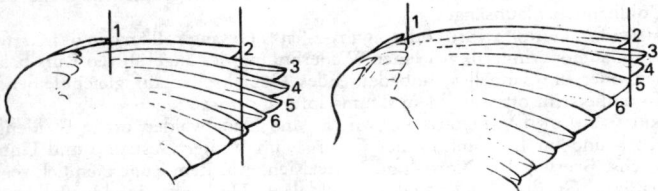

Grünlaubsänger   Wanderlaubsänger

Schwingenformeln

Grünlaubs. hat längere 1., kürzere 2. Handschwinge als Wanderlaubsänger

Wanderlaubsänger (Nordischer Laubsänger) 64, 79 E
Phylloscopus borealis

Syn. a. *Acanthopneuste borealis*

(E) Arctic Warbler; (F) Pouillot boréal; (I) Luì boreale; (H) Noordse Boszanger; (S) Nordsångare; (Sp) Mosquitero boreal

KENNZEICHEN: Gut 12 cm. In der Größe fast wie Waldlaubsänger, aber mit weißlicher Kehle und auffallendem gelblichweißen Überaugenstreif, der sich deutlich von einem langen, bis fast zum Nacken reichenden dunklen Augenstreif abhebt. Gefieder variabel; Oberseite gräulichgrün bis grünlichbraun (im 1. Winter dunkler); Unterseite gräulichweiß, manchmal mit Spuren von

Gelb; gewöhnlich eine *schmale weißliche Flügelbinde,* manchmal eine zarte Spur einer zweiten Binde, aber alle beide können im abgetragenen Gefieder ganz verlorengehen. Beine *hell* gelblichbraun. Äußerst lebhaft. Siehe auch Grünlaubsänger.

STIMME: Ruft gedämpft und heiser „tssp", metallisch „tzick" und läßt ein an leisen Misteldrosselruf erinnerndes Schnärren hören; Gesang ein wohlklingendes Schwirren von etwa 15 Tönen, zwischen Schlagschwirl und Waldlaubsängerschwirren stehend, auch an Zaunammer erinnernd, oft mit 1 bis 3 „tzick" eingeleitet.

VORKOMMEN: Gewöhnlich nahe am Wasser im üppigen Unterwuchs, aber auch in Birken- und Nadelwäldern. Nistet am Boden. Zieht nicht durch Europa, wo aber ausnahmsweise u. a. in Holland, auf Helgoland und in Bayern nachgewiesen; überwintert in Südost-Asien. Verbreitungskarte 288.

Gelbbrauenlaubsänger   *Phylloscopus inornatus*   64, 79 E

Syn. a. *Reguloides inornatus*

(E) Yellow-browed Warbler; (F) Pouillot à grands sourcils; (I) Luì forestiero; (H) Bladkoninkje; (S) Taigasångare; (Sp) Mosquitero bilistado

KENNZEICHEN: Gut 10 cm. Sehr klein, *zwei weißliche Flügelbinden,* die hintere lang, breit und dunkel umgrenzt, breite weißliche Säume der Armschwingen und *sehr langer, rahmgelber Überaugenstreif.* Oberseite grünlich, Bürzel heller, gelber. Unterseite weißlich. Schwanz ziemlich kurz. Manchmal mit undeutlichem hellen Mittelstreif auf dem Scheitel. Fängt oft Fliegen wie ein Fliegenschnäpper. Von Goldhähnchen durch bedeutendere Größe, rahmgelben Überaugenstreif und weißliche Unterseite unterschieden. Siehe auch Goldhähnchenlaubsänger.

STIMME: Ein lautes „wihst" oder „wihs-zihst". Gesang soll an den des Gartenbaumläufers erinnern, aus einer Wiederholung des angeführten Rufs bestehen oder ein schnelles, unbedeutendes Gezwitscher auf gleichbleibender Tonhöhe sein, oft von einem Baumwipfel aus vorgetragen.

VORKOMMEN UND VERBREITUNG: Misch- und Nadelwälder, oft in Weidengebüsch und im Krummholz der Gebirge; im Winter Gestrüpp und Unterwuchs. Brutvogel in Nord- und Mittelasien. Auf dem Zuge ziemlich regelmäßig in Großbritannien und auf Helgoland. Umherstreifend bis Irland, zu den Färöer, Norwegen, Schweden, Dänemark, Estland, Lettland, Polen, Österreich, Schweiz, Deutschland, Holland, Belgien, Frankreich, Spanien und Italien.

Goldhähnchenlaubsänger   *Phylloscopus proregulus*   65

Syn. a. *Reguloides proregulus*

(E) Pallas's Leaf Warbler; (F) Pouillot de Pallas; (I) Luì de Pallas; (H) Pallas' Boszanger; (S) Kungsfågelsångare; (Sp) Mosquitero de Pallas

KENNZEICHEN: 9 cm. Klein; Gefiederfärbung und Verhalten (u. a. Rütteln vor Zweigspitzen) erinnern an Goldhähnchen. Vom Gelbbrauenlaubsänger zu unterscheiden durch lebhafter grünliche Oberseite, *breiten gelben Mittelstreif über den seitlich dunklen Scheitel,* gelbe Stirn und gelben Überaugenstreif, zwei *schwefelgelbe* Flügelbinden und beim Rütteln auffälligen *schwefelgelben Bürzelfleck.*

STIMME: Ein leises, aber durchdringendes, ansteigendes „wihsp", länger als der ähnliche Ruf des Gelbbrauenlaubsängers, zuweilen zweisilbig klingend wie „wih-isp", die zweite Silbe höher als die erste. Gesang eine Reihe klarer, mehrfach wiederholter Töne, aus den Wipfeln der höchsten Bäume vorgetragen.

VORKOMMEN UND VERBREITUNG: Nadel-, Birken- und Mischwald; Bewohner der Baumkronen, nistet aber am Boden. Irrgast aus Asien in Irland, Großbritannien, Frankreich, den Niederlanden, in Belgien, in Deutschland (Bundesrepublik und DDR), Dänemark, der Schweiz, Norwegen, Schweden, Finnland, Estland, Lettland, Ungarn und Jugoslawien.

Berglaubsänger *Phylloscopus bonelli*   **64, 79 E**

Syn. a. *Rhadina bonelli*

(E) Bonelli's Warbler; (F) Pouillot de Bonelli; (I) Luì bianco; (H) Bergfluiter; (S) Berglövsångare; (Sp) Mosquitero papialbo

KENNZEICHEN: 11,5 cm. Ein sehr grauer Laubsänger, mit hell graubrauner Oberseite, heller grauem Kopf und weißlicher Unterseite. Flügelbug leuchtend gelb; Flügel mit gelbgrünen Federsäumen. Der gelbliche Fleck auf dem Bürzel kann sehr auffällig sein, ist aber oft schwierig zu sehen. Außenfahne der 3. bis 5., bei der westlichen Rasse, *Ph. (Rh.) b. bonelli*, zuweilen die der 3. bis 6. Handschwinge ausgebuchtet.

STIMME: Sanft „ho-ihd", deutlicher zweisilbig als der gewöhnliche Ruf des Fitis; bei der östlichen Rasse, *Ph. (Rh.) b. orientalis*, ein kurzer, harter Ruf. Gesang ein loser Triller *auf demselben Ton*, doch langsamer, wohltönender und die einzelnen Töne klarer voneinander getrennt als bei dem etwas ähnlichen, meist längeren Triller des Waldlaubsängers. Kann aus der Ferne mit dem Gesang von Zaunammer und Klappergrasmücke verwechselt werden.

VORKOMMEN: Im dichten Astwerk der Bäume, lokal wechselnd von trockenen Kiefern-, Laub- oder Mischwäldern bis zu offenen Korkeichenhainen u. a. Im Gebirge sogar in schütterer Vegetation aufwärts bis zur Baumgrenze. Nistet am Boden unter Bäumen. Verbreitungskarte 289.

Waldlaubsänger *Phylloscopus sibilatrix*   **64, 79 E**

Syn. a. *Rhadina sibilatrix*

(E) Wood Warbler; (F) Pouillot siffleur; (I) Luì verde; (H) Fluiter; (S) Grönsångare; (Sp) Mosquitero silbador

KENNZEICHEN: Knapp 13 cm. Größer als Zilpzalp, mit viel längeren Flügeln. Durch voneinander abstechende leuchtend gelblichgrüne Oberseite, *schwefelgelbe* Kehle und Brust und weißen Bauch gekennzeichnet. Breiter gelber Überaugenstreif. Flügel lang, braun und mit gelben Federsäumen. Verhalten wie Zilpzalp, zuckt aber nicht mit den Flügeln, obwohl er sie oft lose hängen läßt. – 1. Handschwinge wie bei *Ph. borealis* kürzer als Handdecken. 3. bis 4. oder 3. bis 5. Handschwinge mit Ausbuchtung an der Außenfahne (Diagramm S. 224).

STIMME: Klangvoll „düh" und weich „wit, wit, wit". Gesang bald eine Reihe von etwa einem Dutzend flötender „düh", bald eine Reihe von „sib" (auf einem Ton) mit immer größerer Beschleunigung bis zu einem zitternden oder schwirrenden Triller am Schluß. Singt oft im langsamen Balzflug zwischen dem niedrigen Astwerk der Bäume.

VORKOMMEN: Laubwälder mit schwachem Unterwuchs, darum gern in Buchenwäldern; gelegentlich auch Nadelwälder. Nistet am Boden zwischen lichtem Unterwuchs. Verbreitungskarte 290.

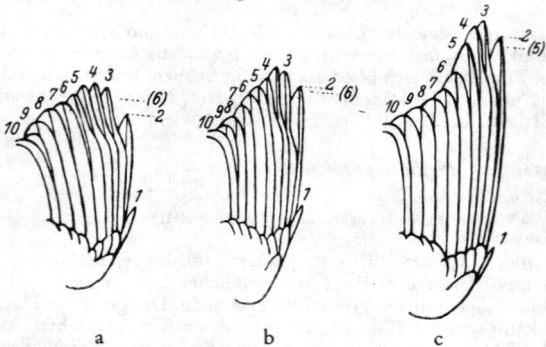

a   b   c

Flügeldiagramme einiger Laubsänger

a. Zilpzalp, b. Fitis, c. Waldlaubsänger. Vgl. das Längenverhältnis von Handdecken und 1. Schwinge, die relative Länge der 2. Schwinge und die Verengung der Außenfahnen im Spitzendrittel bei der 3. bis 4., 5. bzw. 6. Schwinge. (Aus G. NIETHAMMER, Handbuch der deutschen Vogelkunde. 1937.)

Zilpzalp   *Phylloscopus collybita*   64, 79 E

(E) Chiffchaff; (F) Pouillot véloce; (I) Luì piccolo; (H) Tjiftjaf; (S) Gransångare; (Sp) Mosquitero común

KENNZEICHEN: Knapp 11 cm. Sehr ähnlich dem Fitis, aber Gefieder etwas trüber. Am besten kenntlich an dem *bezeichnenden Gesang*. Beine gewöhnlich *schwärzlich*, nicht licht braun wie meist beim Fitis, aber dieses Kennzeichen ist nicht immer zuverlässig. Oberseite olivbraun, Unterseite weißlich mit schwachem zitronengelben Anflug. (Ein nützliches, einwandfreies Merkmal zur Nachprüfung und zum Bestimmen beim Beringen ist: 2. Handschwinge kürzer als 6., wogegen sie beim Fitis länger ist. 3. bis 6. Handschwinge an der Außenfahne ausgebuchtet, beim Fitis 3. bis 5. S. Diagramm.) Rastlos tätig, schlägt häufig mit Flügeln und Schwanz.

STIMME: Sanft „hüid" und lauter „wist". Der Gesang besteht aus zwei Lauten, die in mäßigem Tempo eintönig pendelnd wiederholt werden, in unregelmäßiger Reihenfolge: „zilp, zilp, zalp, zilp, zalp" usw., mit eingeschobenem, gedämpftem „trrrt-trrrt". Brutvögel der Iberischen Halbinsel singen abweichend, etwa „djep djep djep swüid swüid tetettettett", der letzte Teil berglaubsängerartig schwirrend.

VORKOMMEN: Mehr auch auf höheren Bäumen als der Fitis. Nistet gewöhnlich dicht über dem Boden in Brombeergestrüpp, Immergrün u. dgl., in Wäldern, Feldgehölzen und Parkanlagen usw. Im Winter in ziemlich offener Vegetation. Verbreitungskarte 291.

Fitis *Phylloscopus trochilus* **64, 79 E**

(E) Willow Warbler; (F) Pouillot fitis; (I) Luì grosso; (H) Fitis; (S) Lövsångare; (Sp) Mosquitero musical

KENNZEICHEN: Knapp 11 cm. Der häufigste Sommervogel im nördlichen Europa. Leicht mit Zilpzalp zu verwechseln, jedoch *verschiedener Gesang.* Gefieder meist etwas gelblicher als beim Zilpzalp, aber dieser Unterschied ist im späten Sommer nicht mehr verläßlich, und bei der nordeuropäischen Rasse *Ph. t. acredula* kommen Vögel ohne gelbliche und olivgrünliche Färbung vor, die der sibirischen Rasse *Ph. t. yakutensis* ähnlich sind. Jungvögel im ersten Winter unterseits einfarbig gelb. Beine gewöhnlich hellbraun, nicht schwärzlich wie beim Zilpzalp, aber die Beinfärbung ist für die Bestimmung unzuverlässig. Verhalten und Flug wie beim Zilpzalp, aber nicht ganz so rastlos. Siehe diesen zum Vergleich der Schwingenformeln.

STIMME: Ruf sehr ähnlich dem des Zilpzalps, aber ausgesprochener zweisilbig „hüid" oder „suih". Gesang eine weiche, wohltönende Kadenz, die zart beginnt und reiner, volltönender und langsamer wird, *abfallend* und mit einem bezeichnenden „Schnörkel" „suit-suitu" verklingend.

VORKOMMEN: Lichte Wälder, Waldränder, gern in Birken; weniger auf hohen Bäumen als der Zilpzalp. Nistet am Boden auf offenen buschigen Plätzen. Verbreitungskarte 292.

Dunkellaubsänger *Phylloscopus fuscatus* **65**

Syn. a. *Oreopneuste fuscata*

(E) Dusky Warbler; (F) Pouillot brun; (I) Luì fuscato; (H) Bruine Boszanger; (S) Brunsångare; (Sp) Mosquitero sombrio

KENNZEICHEN: 11,5 cm. Oberflächlich ähnlich Bartlaubsänger, aber kleiner, mit *dünnerem Schnabel* und kürzerem Schwanz; *Überaugenstreif* weniger deutlich und *rostfarben,* nicht rahmfarben, darunter kein dunkler Augenstreif. Dunkler und brauner als die meisten anderen Laubsänger, ohne grünliche oder gelbe Farben. Keine Flügelbinde, Unterseite weißlich, an den Körperseiten bräunlich. Ohrgegend dunkel rostbräunlich gewölkt, vom helleren Unteraugenstreif sich deutlich abhebend. Beine braun. Stimme von der des Bartlaubsängers sehr verschieden.

STIMME: Ein hartes, grasmückenartiges „tschack-tschack". Gesang variable, klangvolle, auf und ab gehende viersilbige Pfeifstrophe.

VORKOMMEN UND VERBREITUNG: Gebüsch und Dickichte in feuchtem Gelände; zur Nahrungssuche meist am Erdboden. Irrgast aus Asien in Polen, Finnland, Norwegen, Schweden, Deutschland, Österreich, Holland, Belgien, Großbritannien, Irland.

Bartlaubsänger *Phylloscopus schwarzi* **65**

Syn. a. *Herbivocula schwarzi*

(E) Radde's Warbler; (F) Pouillot de Schwarz; (I) Luì di Schwarz; (H) Raddes Boszanger; (S) Videsångare; (Sp) Mosquitero de Schwarz

KENNZEICHEN: 13 cm. Deutlich größer und langschwänziger als ein Zilpzalp, einem Dunkellaubsänger ähnlich. Kenntlich an dem *sehr langen, rahmfarbenen Überaugenstreif,* unter dem ein dunkler Augenstreif vom Schnabel bis fast zum Genick verläuft. Schnabel kräftig; Beine gelblich. Oberseite bräunlich oliv, *Unterseite weißlich rahmfarben.* Vom Dunkellaubsänger unter-

schieden durch auffälligeren Überaugenstreif, bedeutendere Größe, stärkeren Schnabel und gelbliche (nicht dunkle) Beine.
STIMME: Ein ziemlich schwaches „twit-twit". Gesang laut, ein Triller, der mit
dem Schlag des Buchfinken verglichen wurde.
VORKOMMEN UND VERBREITUNG: Am Waldrand, in Bäumen und im Gebüsch.
Irrgast aus Asien auf den Britischen Inseln, in Finnland, Schweden, Dänemark, Deutschland, Holland, Frankreich, Spanien und Polen.

Goldhähnchen: Regulidae

Kleine, olivgrünliche Baumvögel von unbestimmter Verwandtschaft, die glei-
cherweise an Laubsänger und kleine Meisen erinnern, vor allem Nadelwälder
bewohnen und in Bäumen kunstvolle Nester bauen; bei den europäischen
Arten ad. in beiden Geschlechtern mit auffallend orangeroter (♂) oder glänzend gelber (♀) Scheitelzeichnung.

Wintergoldhähnchen *Regulus regulus*   66, 79 E

(E) Goldcrest; (F) Roitelet huppé; (I) Regolo; (H) Goudhaantje; (S) Kungsfågel; (Sp) Reyezuelo
sencillo

KENNZEICHEN: 9 cm. Von Meisen und Laubsängern durch *sehr geringe Größe,
rundliche Gestalt und leuchtend gelben, schwarz begrenzten Scheitel* unterschieden; dieser beim ♂ mit orangefarbener Mitte (manchmal verborgen),
beim ♀ heller gelb und bei juv. fehlend. Oberseite olivgrün; Unterseite trüb
weißlich mit grünlichen Flanken. Flügel mit *2 weißen Binden und einem
schwarzen Band.* Verhalten laubsängerartig. Streift außerhalb der Brutzeit
mit Meisen umher. Vom Sommergoldhähnchen am besten am *Fehlen der
Augenstreifen* zu unterscheiden.
STIMME: Ein häufig zu hörendes, hohes, spitzes „sih-sih-sih". Gesang ein
hoher, dünner, etwa 6mal gereihter Doppelton, eilig auf und ab dahin-
wispernd und mit einem kurzen Zwitschern schließend, für viele ältere
Personen unhörbar.
VORKOMMEN: Nadel- und Mischwälder; im Winter auch in Hecken oder im
Unterwuchs. Baut ein Hängenest, gewöhnlich unter der Spitze eines Nadel-
zweiges (aber selten auf Kiefern). Verbreitungskarte 293.

Sommergoldhähnchen *Regulus ignicapillus*   66, 79 E

(E) Firecrest; (F) Roitelet triple bandeau; (I) Fiorrancino; (H) Vuurgoudhaantje; (S) Brandkronad
kungsfågel; (Sp) Reyezuelo listado

KENNZEICHEN: 9 cm. Vom Wintergoldhähnchen durch *auffallenden, weißen
Überaugenstreif und schwarzen Augenstreif* unterschieden; Oberseite grüner, Unterseite heller; die goldgelb getönten Halsseiten sind nur unter guten
Bedingungen zu sehen. Juv. mit unvollkommenen schwarzweißen Kopfstreifen, aber ohne leuchtend gefärbtes Krönchen. Verhalten wie Wintergoldhähnchen.
STIMME: Wie Wintergoldhähnchen, aber tiefer und weniger anhaltend: Gesang
eine einfache Wiederholung eines Tones in gleicher Höhe und crescendo, mit
einem betonten Schluß-Schlag, etwa „sisisisisisiá".

VORKOMMEN: Wie Wintergoldhähnchen, aber weniger ausschließlich in Nadelwäldern und öfter im niedrigen Unterholz, Farnkraut usw. Baut Hängenester in Nadel- oder Laubbäumen, Büschen, Schlingpflanzen usw. Verbreitungskarte 294.

Rohrmeisen: Panuridae

Dichtes Gebüsch oder Röhricht bewohnende Singvögel mit mehr oder weniger gedrungenem, kräftigem Schnabel. Nester napfförmig. Zwei Unterabteilungen (Unterfamilien): Die Papageischnäbel (Paradoxornithinae) im Himalajagebiet und Ostasien, die Bartmeisen (Panurinae) mit nur einer Art in Europa und Asien. Von manchen Autoren zu den jetzt als Verwandte der Grasmücken betrachteten Timalien oder Drosselmeisen (Timaliinae) gezählt, von anderen mit den Schwanzmeisen (s. unten) vereinigt.

Bartmeise *Panurus biarmicus* R5   **68**

(E) Bearded Tit oder Reedling; (F) Mésange à moustaches; (I) Basettino; (H) Baardmees; (S) Skäggmes; (Sp) Bigotudo

KENNZEICHEN: 16,5 cm. Gekennzeichnet durch *zimtbraune Oberseite, langen zimtbraunen Schwanz* und rötlichgraue Unterseite. ♂ mit aschgrauem Kopf, *breiten schwarzen „Bartstreifen"* und auffallenden *schwarzen Unterschwanzdecken.* ♀ heller mit bräunlichem Kopf, ohne Bartstreifen und ohne Schwarz. Juv.: Rücken, Flügeldecken und Schwanzseiten dunkel. Flug schwirrend mit deutlich gespreiztem Schwanz. Geschickter Kletterer im Röhricht.

STIMME: Ein bezeichnendes näselndes „ping-ping", ferner ein schnurrendes „tschirr" usw.

VORKOMMEN: Ausgedehnte und einsame Rohrdickichte. Nistet tief am Grunde des Röhrichts nahe am Wasser. Verbreitungskarte 299.

Schwanzmeisen: Aegithalidae

Kleine, langschwänzige Vögel mit kurzem Schnabel; den Rohrmeisen nahestehend und von einigen Autoren mit diesen in einer gemeinsamen Familie (Aegithalidae) vereinigt; im Gegensatz zu diesen bauen sie geschlossene Nester.

Schwanzmeise *Aegithalos caudatus*   **68, 79 E**

(E) Long-tailed Tit; (F) Mésange à longue queue; (I) Codibugnolo; (H) Staartmees; (S) Stjärtmes; (Sp) Mito

KENNZEICHEN: 14 cm (einschließlich des knapp 8 cm langen Schwanzes). Unverkennbar durch *schwärzlich-weißlich-rötliches Gefieder, den langen, gestuften Schwanz* und den bezeichnenden Ruf. Die britische Rasse, *Ae. c. rosaceus,* und die west- und südeuropäischen Rassen haben weißen Kopf mit breitem, schwärzlichem, bei der sizilianischen Rasse, *Ae. c. siculus,* braunem Streifen über dem Auge; Oberseite rötlich und schwarz gemischt, bei einigen südeuropäischen Rassen grau; unten weißlich, Flanken und Bauch rosenrötlich; Flügel und Schwanz schwarz, äußere Schwanzfedern rein weiß. Juv. mit dunklen Kopfseiten; ohne rötliche Färbung. Die nördliche Rasse *Ae. c. caudatus* hat Kopf, Hals und Unterseite rein weiß. Sie kommt in Nordeuropa und auch in Ostpreußen vor, in Mitteleuropa dagegen die meist streifenköpfige Rasse *Ae. c. europaeus*, die nach Osten hin in den stets weißköpfigen *Ae. c. caudatus*, nach Westen und Süden in weitere streifenköpfige Rassen übergeht. Ein rastloser Zweigturner.

STIMME: Ein wiederholtes schnurrendes „tserrrp" und ein feines „si-si-si". Gesang (selten zu hören) ein Gemisch aus Lockrufen und schnellen „si-si-siu".

VORKOMMEN: Wälder mit Unterholz, Weidenpflanzungen, Parkanlagen, Obstgärten usw. Baut eiförmiges, geschlossenes Moosnest, gewöhnlich niedrig in Dornen, Gebüsch oder Brombeergestrüpp, gelegentlich hoch in Bäumen. Verbreitungskarte 300.

Meisen: Paridae

Kleine, rundliche, kurzschnäbelige Vögel, die bei der Nahrungssuche an den Zweigen umherturnen. Geschlechter im allgemeinen gleich, juv. matter gefärbt. Höhlenbrüter. Die meisten streifen im Winter in gemischten Schwärmen umher. Die Mehrzahl der Meisen wird zwar gewöhnlich in einer einzigen Gattung *(Parus)* vereinigt, doch zerfällt diese in mehrere deutlich verschiedene Untergattungen, die wohl besser als selbständige Gattungen betrachtet werden.

Sumpfmeise *Parus palustris*   **68, 79 E**

Syn. a. *Poecile palustris*

(E) Marsh Tit; (F) Mésange nonnette; (I) Cincia bigia; (H) Glanskopmees; (S) Entita; (Sp) Carbonero palustre

KENNZEICHEN: 11,5 cm. Kopfkappe und Kehle schwarz. Im Gegensatz zur Tannenmeise *ohne weißen Nackenfleck*, ohne Flügelbinden und mit braunerer Oberseite; von der sehr ähnlichen Weidenmeise durch *glänzend* schwarzen (anstatt rußschwarzen) Scheitel, durch *Fehlen eines lichten Fleckes auf dem geschlossenen Flügel* und den bezeichnenden Lockruf unterschieden. Wangen und Unterseite matt gräulich-weiß. Juv. oben grauer mit matt rußschwarzem Scheitel, kaum von der jungen Weidenmeise zu unterscheiden. Im Winter in gemischten Meisenschwärmen selten mehr als zwei beieinander.

STIMME: Äußerst bezeichnend. Laut „pistjä" u. ä., ferner zeternd „zjä-dä-dä", die einzelnen Töne kurz, lange nicht so breit und gedehnt wie bei der Weidenmeise. Imponiergesang ähnlich dem der Weidenmeise; Reviergesang einförmig klappernd, etwa „zje-zje-zje . . .", oft variiert, vielfach an Klappergrasmücke erinnernd.

VORKOMMEN: Laubwälder, Hecken, Dickichte usw., seltener in Gärten. Ohne besondere Vorliebe für Sümpfe. Nistet in vorhandenen Baumhöhlen. Verbreitungskarte 301.

Trauermeise   *Parus lugubris*   **68, 79 E**

Syn. a. *Poecile lugubris*

(E) Sombre Tit; (F) Mésange lugubre; (I) Cincia dalmatina; (H) Rouwmees; (S) Sorgmes; (Sp) Carbonero lúgubre

KENNZEICHEN: 14 cm. Wie Weidenmeise gezeichnet, aber viel größer. Seiten dunkler und Schnabel für eine Meise sehr kräftig, wodurch die Gestalt kohlmeisenartig wirkt. *Scheitel und Nacken rußig bräunlichschwarz* (beim ♀ mehr schokoladenbraun). Oberseite graubraun, *Gesicht und Halsseiten weißlich*, Unterseite matt weißlich mit gräulichbraunen Flanken und großem, schwarzem Kehlfleck. Verhalten wie Kohlmeise, vereinigt sich aber im Winter selten zu gemischten Trupps.

STIMME: Ein kennzeichnendes „ssih" oder „ssia", ein rauhes „terrr" und kohlmeisenartige Rufe.

VORKOMMEN: Tiefebenen und Berghänge mit Mischwäldern und anstehendem Felsen. Nistet in Baumhöhlen, gelegentlich zwischen Felsen. Verbreitungskarte 302.

Weidenmeise   *Parus montanus*   **68, 79 E**

Syn. a. *Poecile montana*; b. *Parus atricapillus, Poecile atricapilla*

(E) Willow Tit; (F) Mésange boréale; (I) Cincia boreale; (H) Matkopmees; (S) Talltita; (Sp) Carbonero sibilino; (N.A.) Black-capped Chickadee (für *P. atricapillus*)

KENNZEICHEN: 11,5 cm. Sehr ähnlich der Sumpfmeise, aber von dieser durch matte, rußschwarze Kopfplatte, *hellen*, durch die lichten Säume der Armschwingen erzeugten *Flügelfleck* (im Sommer weniger gut sichtbar) und durch *bezeichnenden Lockruf* unterschieden. Flanken dunkler rahmfarben als bei der Sumpfmeise und der schwarze Kehllatz gewöhnlich etwas ausgedehnter; juv. kaum unterscheidbar. Die nördlichen Rassen *P. m. borealis* und *P. m. loennbergi* sind heller, mit rein weißen Kopfseiten, vor allem die letztere mit grauerem, weniger braunem Rücken. Die Weidenmeise ist vielleicht nicht artlich verschieden von dem nordamerikanischen *Parus (Poecile) atricapillus*.

STIMME: Lock- und Warnruf ein *breites, gedämpftes „däh"*. Imponiergesang ein buntes Gemisch von kurzen, summenden und pfeifenden Tönen; Reviergesang (Balzpfiff) des ♂ (vor allem im Frühjahr) Reihen etwas absinkender heller Pfeiflaute, etwa „zjü-zjü-zjü-zjü", bei der Alpenrasse abweichende Reihe auf gleicher Höhe bleibender Töne.

VORKOMMEN: Liebt mehr als die Sumpfmeise die sumpfigen Dickungen, wo sie faule Baumstümpfe finden kann, aber auch Eichen-Birkenwald, Mischwald usw. Zimmert sich ihre Nisthöhle in morschen Erlen, Birken, Weiden usw. In den Alpen bis zur Knieholzzone aufwärts werden die mitteleuropäischen Rassen *P. m. salicarius* und *P. m. rhenanus*, die einander äußerst ähnlich sind, durch eine größere Rasse (die Alpenmeise, *P. m. montanus*) vertreten. Verbreitungskarte 303.

Lapplandmeise   *Parus cinctus*   **68, 79 E**

Syn. a. *Poecile cinta*

(E) Siberian Tit; (F) Mésange laponne; (I) Cincia siberiana; (H) Bruinkopmees; (S) Lappmes; (Sp) Carbonero lapón

KENNZEICHEN: 13,5 cm. Von bezeichnendem *„staubigen" und flaumigen Aus-*

sehen, ganz unähnlich der „sauberen" Färbung der meisten Meisen. Scheitel und Nacken *düster braun,* Oberseite heller, matt rostbräunlich; Gesicht und Unterseite schmutzig weiß, mit rotbräunlichen Flanken und rußschwarzem Kehlfleck, der undeutlich gegen die helle Brust begrenzt ist. Juv. sieht „sauberer" aus. Leicht von der kleineren Sumpf- und Weidenmeise an der deutlich braunen Kopfplatte zu unterscheiden. Weniger lebhaft als andere Meisen.

STIMME: Ruft ähnlich Weidenmeise „däh, däh . . ."; Gesang eine Reihe langgezogener „dih".

VORKOMMEN: Fast ausschließlich Birkenwälder oder mit Birken gemischte Nadelwälder. Nistet in alten Spechthöhlen oder in das weiche Holz abgestorbener Baumstämme gemeißelten Höhlen. Verbreitungskarte 304.

Haubenmeise   *Parus cristatus*   **68, 79 E**

Syn. a. *Lophophanes cristatus*

(E) Crested Tit; (F) Mésange huppée; (I) Cincia col ciuffo; (H) Kuifmees; (S) Tofsmes; (Sp) Herrerillo capuchino

KENNZEICHEN: 11,5 cm. Leicht an der *sehr auffallenden, schwarzweiß gesprenkelten Haube und der bezeichnenden Stimme* zu erkennen. Gesicht weißlich mit schwarzem Streif, der sich vom Auge nach hinten um die Wange biegt, mit schmalem, schwarzem Halsband und Kehllatz. Oberseite warm gräulichbraun, Unterseite weißlich mit rahmfarbenen Flanken. Bei der Nahrungssuche manchmal wie Baumläufer an Baumstämmen kletternd. Weniger gesellig als die meisten anderen Meisen.

STIMME: Ein kurzes, lockeres Schnurren „gü-r-r". Auch ein wiederholtes, hohes, dünnes „zi-zi", das oft dem „gür-r-r" vorausgeht.

VORKOMMEN: Nadelwälder, hier und da Mischwälder, Buchenbestände und nadelholzreiche Parkanlagen, in Spanien Korkeichenwälder. Nistet in Höhlen morscher Bäume, Zaunpfähle usw. Verbreitungskarte 305.

Tannenmeise   *Parus ater*   **68, 79 E**

Syn. a. *Periparus ater*

(E) Coal Tit; (F) Mésange noire; (I) Cincia mora; (H) Zwarte mees; (S) Svartmes; (Sp) Carbonero garrapinos

KENNZEICHEN: Knapp 11 cm. Etwas kleiner als Blaumeise. Die einzige schwarzköpfige Meise mit *auffallendem, großem weißen Nackenfleck.* Kopfseiten bei den europäischen Rassen weiß oder weißlich; Kinn bis Vorderbrust schwarz; Oberseite je nach den Rassen bläulichgrau bis olivgrau mit schmaler doppelter weißer Flügelbinde; Unterseite gelblich (bei der irischen Rasse *P. a. hibernicus*) bis weißlich mit rahmfarbenen Flanken. Juv. mit gelblichen Wangen, gelblicher Unterseite und gelblichem Nackenfleck. Weniger aufdringlich als Kohlmeise.

STIMME: Klar und dünn „tsi", auch dünn „sissi-sissi-sissi". Einige Rufe sehr goldhähnchenähnlich. Gesang ein wiederholtes und rhythmisches „wize-wize-wize", schneller und weniger derb als ähnliche Rufe der Kohlmeise.

VORKOMMEN: Vorzüglich Nadelwälder. Nistet in Höhlen von Böschungen und Baumstümpfen, gewöhnlich nahe am Boden. Verbreitungskarte 306.

Blaumeise *Parus caeruleus* 68, 79 E

Syn. a. *Cyanistes caeruleus*

(E) Blue Tit; (F) Mésange bleue; (I) Cinciatella; (H) Pimpelmees; (S) Blåmes; (Sp) Herrerillo común

KENNZEICHEN: 11,5 cm. Die einzige Meise, bei der *Scheitel, Flügel und Schwanz lebhaft blau* gefärbt sind. Unterseite gelb mit kleinem, schwärzlichem Mittelfleck; Kopfseiten weiß mit schwarzem Augenstrich und schwarzer Begrenzung gegen das blauschwarze Kinn; Scheitel weiß eingefaßt, weißer Nackenfleck; grünlicher Rücken. Juv. mit grünlichbrauner Oberseite und gelben Wangen. Verhalten wie Kohlmeise.

STIMME: Verschiedene Lockrufe „tsi-tsi-tsi-tsit" usw. und rauh schimpfend und ansteigend „zerretetet". Gesang beginnt mit „zi-zi", dem ein langer, hell perlender Triller folgt.

VORKOMMEN: Wie Kohlmeise. Verbreitungskarte 307.

Lasurmeise *Parus cyanus* 68, 79 E

Syn. a. *Cyanistes cyanus*

(E) Azure Tit; (F) Mésange azurée; (I) Cincia azzurra; (H) Azuurmees; (S) Azurmes; (Sp) Herrerillo cíáneo

KENNZEICHEN: 13,5 cm. Ähnlich einer weißlichen Blaumeise mit ziemlich langem Schwanz. Gekennzeichnet durch *schneeweißen Kopf* mit dunkelblauem Augenstreif bis zum Hinterkopf, graublaue Oberseite, weiße Unterseite mit kleinem blauen Streif oder Fleck an der Brust, durch ein *breites weißes umgekehrtes „V" im dunklen Flügel* und durch auffallendes Weiß an den äußeren Schwanzfedern. Juv. mit grauem Scheitel und oben grauer.

STIMME: Lockruf schwanzmeisenartig tief „tsirr"; bei Alarm laut „tscherpink".

VORKOMMEN UND VERBREITUNG: Bäume (vorzugsweise Weiden) und Büsche an Strom- und Flußufern und Teichen. Brutvogel in Rußland, Süd-Sibirien und Innerasien. Umherstreifende bis Mitteleuropa, westwärts bis Schweden und Thüringen. Hat in Finnland gebrütet. In Holland wurde als Irrgast auch ein Mischling von Blau- und Lasurmeise gefunden, eine sog. „Pleskemeise", die im gemeinsamen Verbreitungsgebiet der beiden Arten in Osteuropa gelegentlich vorkommt und umherstreifend ausnahmsweise bis Westeuropa gelangt.

Kohlmeise *Parus major* 68, 79 E

(E) Great Tit; (F) Mésange charbonnière; (I) Cinciallegra; (H) Koolmees; (S) Talgoxe; (Sp) Carbonero común

KENNZEICHEN: 14 cm. Die größte der allgemein verbreiteten Meisen. Hals und Kopf glänzend blauschwarz mit weißen „Wangen"; Unterseite *gelb mit schwarzem Längsband in der Mitte* (das beste Kennzeichen). Rücken grünlich, Flügel, Schwanz blaugrau. Juv. mit bräunlichem Scheitel und gelblichen Wangen. Baumvogel, Zweigturner.

STIMME: Die wechselreichste der Meisen: buchfinkähnlich „pink, pink" („Finkmeise"), sumpfmeisenähnlich „zidä, zidädä", scheltend und blaumeisenähnlich, aber härter „trärretetet" usw. Der Gesang ist das in zwei- oder dreisilbigen Varianten zu hörende „Läuten" im Frühling: „zizibäh-zizibäh-zizibäh", bald auf die letzte, bald auf die vorletzte Silbe betont. Ahmt gelegentlich andere Vögel nach.

VORKOMMEN: Laub- und Mischwälder, Hecken, Gärten. Nistet in Höhlen von Bäumen, Mauern, in Abzugsrohren, Nisthöhlen usw. Verbreitungskarte 308.

Spechtmeisen: Sittidae

Die *Spechtmeisen* erinnern an kleine Spechte, haben kräftige Schnäbel und große Füße, klettern an Bäumen (oder Felsen) aufwärts und abwärts, ohne den Schwanz als Stütze zu benutzen. Geschlechter einander ähnlich gefärbt. Höhlenbrüter.

Türkenkleiber　*Sitta krueperi*　　　　　　　　　　　　　　　　　76

Syn. a. *Micrositta krueperi*

(E) Krüper's Nuthatch; (F) Sittelle de Krüper; (H) Krüpers Boomklever; (S) Krüpers nötväcka

KENNZEICHEN: 13 cm. Ähnlich dem Korsenkleiber, aber schwarze Färbung des Scheitels nicht so weit nach hinten reichend, schwarzer Augenstreif undeutlich; leicht kenntlich an einem *auffallenden kastanienbraunen Brustfleck*.

STIMME: Gereihte Pfeiftöne, dem Trillern des Kleibers ähnlich, aber auch grünlingsähnlich „duid" und rauh „schwih".

VORKOMMEN: Hauptsächlich im äußeren Astwerk von Nadelbäumen. Kleinasien bis zum Kaukasus; auch auf Lesbos und vielleicht auch anderen Inseln der Ägäis.

Korsenkleiber　*Sitta whiteheadi*　　　　　　　　　　　　　　　66

Syn. a. *Micrositta whiteheadi*

(E) Corsican Nuthatch; (F) Sittelle corse; (I) Picchio muratore corso; (H) Zwartkopboomklever; (S) Korsikansk nötväcka; (Sp) Trepador corso

KENNZEICHEN: 12 cm. Viel kleiner als unser Kleiber. ♂ gekennzeichnet durch *schwarzen* Scheitel und breiten Augenstreif sowie durch einen *breiten, scharf begrenzten Überaugenstreif*. Unterseite schmutzig *weißlich*. ♀ matter, mit schiefergrauem Scheitel.

STIMME: Nasaler und gedämpfter als Kleiber; ein feines, trillerndes „pupupupu", ein lauteres ansteigendes „pui"; weniger häufig ist ein lautes „qui, qui, qui", dünner als der ähnliche Ruf des Kleibers.

VORKOMMEN UND VERBREITUNG: Auf die Gebirgswaldungen und Haine Korsikas beschränkt. Zimmert Nisthöhlen in verrotteten Bäumen.

Kleiber　*Sitta europaea*　　　　　　　　　　　　　　　　66, 79 E

(E) Nuthatch; (F) Sittelle torchepot; (I) Picchio muratore; (H) Boomklever; (S) Nötväcka; (Sp) Trepador azul

KENNZEICHEN: 14 cm. Ein untersetzter, lebhafter Baumkletterer mit starkem, spitzem Schnabel. Gekennzeichnet durch *blaugrauen Scheitel und blaugraue Oberseite, rahmgelbe Unterseite, mit beim ♂ satt kastanienbraunen, beim ♀ fahl zimtbraunen Flanken*, durch weiße Wangen und Kehle und kräftigen schwarzen Augenstreif. Klettert an Baumstämmen ruckweise in jeder Richtung und sogar *abwärts*. Hämmert auf in die Rinde geklemmte Nüsse. Der Schwanz wird beim Klettern *nicht* als Stütze benutzt. Die skandinavische

Rasse, *S. eu. europaea*, ist unterseits weiß statt rahmgelb. Siehe auch Felsen-kleiber.

STIMME: Ein lautes, metallisches „twiht, twiht, twiht", ein wiederholtes „tsit", ein trillerndes „tsirr" usw. Gesang ein wiederholtes lautes „tüh", ein langes trillerndes „qui-qui-qui-qui . . ." usw.

VORKOMMEN: Alte Laubbäume in Wäldern, Parkanlagen und Gärten. Nistet in Baumhöhlen, gelegentlich in Mauerlöchern, Nistkästen usw., verklebt zu große Höhleneingänge mit Lehm und verengt so den Einschlupf. Verbrei-tungskarte 309.

Felsenkleiber   *Sitta neumayer*   **66, 79 E**

(E) Rock Nuthatch; (F) Sittelle des rochers; (I) Picchiotto rupestre; (H) Rotsklever; (S) Klippnöt-väcka; (Sp) Trepador rupestre

KENNZEICHEN: 14 cm. Von anderen Kleibern durch seinen Aufenthalt sehr unterschieden, da er an nackten Felsen lebt, gelegentlich aber auch auf Bäumen sitzt. Einem *sehr blassen* Kleiber ähnlich, mit *weißlicher* Unterseite, *bräunlich-gelblichen* (nicht kastanienbraunen) Flanken und Unterschwanz-decken und grauem Schwanz *ohne weiße Abzeichen*. Bewegungen wie Kleiber.

STIMME: Schrill und hoch, sehr abwechslungsreich, aber nicht so vollklingend wie die des gewöhnlichen Kleibers. Gesang ein schnelles, abfallendes Trillern wie „wiwiwiwi . . .".

VORKOMMEN: Felsschluchten, Berghänge, Klippen. Nistet in Höhlen und Spalten von Felsen, verklebt den Eingang so mit Schlamm, daß sich eine kurze Einschlupfröhre bildet. Verbreitungskarte 310.

Mauerläufer: Tichodromidae

Diese Familie besteht aus nur einer, auf die Hochgebirge Europas und Asiens beschränkten Art, deren verwandtschaftliche Beziehungen noch ungeklärt sind.

Mauerläufer   *Tichodroma muraria*   R5   **66, 79 E**

(E) Wall Creeper; (F) Tichodrome échelette; (I) Picchio muraiolo; (H) Rotskruiper; (S) Murkrypare; (Sp) Treparriscos

KENNZEICHEN: 16,5 cm. Zu erkennen an dem *leuchtenden Rot* auf den schwärzlichen, runden Flügeln. Oberseite grau, Schwanz kurz und Schnabel lang, dünn und gebogen. Mit *großen weißen Flecken* an den Rändern von Schwingen und Schwanz. Kehle und Brust beim ♂ im Sommer schwarz, im Winter weißlich; beim ♀ ebenfalls im Winter weiß, im Sommer mit schwar-zem Brustfleck oder ohne solchen. Bewegt sich stoßweise, schmetterlingsar-tig flatternd und rüttelnd; schlägt bei der Nahrungssuche an Felswänden ständig mit den sehr breiten Schwingen. Juv. wie ad. im Winter, aber bräunlich, mit geradem Schnabel.

STIMME: Dünn pfeifend „tih, tiü, itië" u. ä. in aufsteigender Tonfolge. Gesang laut und wohltönend „zizizitüi"; singt gewöhnlich beim Klettern.

VORKOMMEN: Felsschluchten, Klippen, Ruinen. Nistet in tiefen Felsspalten,

gelegentlich an Gebäuden, gewöhnlich von etwa 1800 m an bis zur Schneegrenze; überwintert in Felstälern und an Bergsockeln. Verbreitungskarte 311.

Baumläufer: Certhiidae

Lebhafte kleine Vögel mit langem, schlankem, gebogenem Schnabel. Man sieht
sie gewöhnlich an Baumstämmen aufwärts rutschen. Geschlechter gleich aussehend. Nest in Baumspalten.

Waldbaumläufer *Certhia familiaris* **66, 79 E**

(E) Tree Creeper; (F) Grimpereau des bois; (I) Rampichino alpestre; (H) Taigaboomkruiper; (S)
Trädkrypare; (Sp) Agateador norteño; (N.A.) Brown Creeper

KENNZEICHEN: Unter 13 cm. Ein zierlicher, *brauner* Baumkletterer. Von
Spechten und Kleibern leicht an der geringen Größe, am *dünnen, gebogenen
Schnabel* und bezeichnenden Verhalten zu unterscheiden. Oberseite braun
mit rahmfarbenen Streifen; Unterseite silbrig weiß. Klettert in Spiralen
ruckweise an Stämmen hoch und preßt dabei den steifen Schwanz als Stütze
gegen die Rinde. S. auch Gartenbaumläufer. Streift im Winter mit Meisen
umher.

STIMME: Dünn und hoch „srih" oder „tsit". Gesang etwas an Zaunkönig und
Blaumeise erinnernd, eine längere, abfallende und zum Schluß meist wieder
ansteigende Strophe aus zartem Gezwitscher, kurzen Pfeiftönchen und
blaumeisenartigen Trillerchen.

VORKOMMEN: Wälder, Parkanlagen und Gärten mit großen Bäumen. Nistet
hinter abstehender Rinde, in Baumspalten, hinter Efeu usw. Zieht in Südeuropa und im Westen Mitteleuropas Gebirgswälder vor und meidet dort das
Tiefland. Verbreitungskarte 312.

Gartenbaumläufer *Certhia brachydactyla* **66, 79 E**

(E) Short-toed Tree Creeper; (F) Grimpereau des jardins; (I) Rampichino; (H) Boomkruiper; (S)
Kortkload trädkrypare; (Sp) Agateador común

KENNZEICHEN: Unter 13 cm. Im Felde nicht immer sicher vom Waldbaumläufer zu unterscheiden, es sei denn an *Stimme* und *Verbreitung*, aber am Bürzel
weniger rostfarben und mit *bräunlicheren Flanken* (ein ziemlich gutes feldornithologisches Kennzeichen). Überaugenstreif weniger deutlich; Stirn
weniger deutlich gefleckt. Schnabel gewöhnlich etwas länger und mehr
gebogen und die Krallen kürzer als beim Waldbaumläufer.

STIMME: Ein kräftiges, hohes „ti", einzeln oder gereiht. Mitunter „srrieh",
ähnlich Waldbaumläufer, aber schärfer. Gesang recht verschieden von dem
des Waldbaumläufers, kürzer, ohne die dünnen, hohen Töne, ein rhythmisches „ssit, ssit, ssitteroittitt".

VORKOMMEN: Gärten, Parkanlagen, Obstwiesen, Auwälder, meidet dichte
Waldungen. In Südeuropa ist der Waldbaumläufer gewöhnlich auf Gebirge
beschränkt, wogegen der Gartenbaumläufer von 1500 m bis hinab zur Meereshöhe vorkommt. Verbreitungskarte 313.

Beutelmeisen: Remizidae

Kleine Singvögel mit spitzem Schnabel. Von unbestimmter Verwandtschaft, aber wohl den Meisen oder den Schwanzmeisen nahe stehend. Die meisten Arten bauen höchst kunstvolle Nester; eine abweichende Art ist Höhlenbrüter.

Beutelmeise   *Remiz pendulinus*   R5   **68**

(E) Penduline Tit; (F) Rémiz penduline; (I) Pendolino; (H) Buidelmees; (S) Pungmes; (Sp) Pájaro moscón

KENNZEICHEN: Knapp 11 cm. Leicht zu erkennen: Kopf und Kehle auffallend grauweiß mit *breitem schwarzen Fleck übers Gesicht.* Rücken *kastanienbraun;* Bauch rahmfarben. Juv. hauptsächlich hell aschbraun, ohne schwarze oder kastanienbraune Abzeichen.

STIMME: Vernehmlich und gedehnt „sih", an Rohrammer erinnernd; als Stimmungsfühlungslaut ein dünnes „tsi-tsi-tsi".

VORKOMMEN: Sumpfgebiete, Dickichte an Deichen usw., aber lokal auch in trockenem Gelände. Baut eiförmige, geschlossene Nester mit Einflugröhre, die an den Außenzweigen von Büschen und Bäumen oder im Ried aufgehängt sind. Verbreitungskarte 314.

Pirole: Oriolidae

Im männlichen Geschlecht meist sehr lebhaft, oft vorherrschend gelb gefärbte Vögel, deren Hauptverbreitungsgebiet in den warmen Ländern der Alten Welt liegt. In Europa nur eine Art. Bauen kunstvolle napfförmige Nester in Bäumen.

Pirol   *Oriolus oriolus*   **69, 82 E**

(E) Golden Oriole; (F) Loriot d'Europe; (I) Rigogolo; (H) Wielewaal; (S) Sommargylling; (Sp) Oropéndola

KENNZEICHEN: 24 cm. ♂ unverkennbar: *leuchtend gelb, mit schwarzen Flügeln und schwarzem Schwanz, der kräftig gelb gezeichnet ist.* ♀ und juv. gelblichgrün mit dunkleren Flügeln und dunklerem Schwanz und schwach gestreifter, heller Unterseite; im Laubwerk schwer zu erkennen; leicht vom Grünspecht durch ganz andere Gestalt und Fehlen von Rot am Kopf zu unterscheiden. Flug schnell, in langen Wellen mit charakteristischem Emporschießen in die nächste Baumdeckung. Bleibt in der Regel in den Wipfeln verborgen.

STIMME: Laut *flötend* „düdlio" oder „oglouhö" von verstecktem Platz aus. Bei Alarm gepreßte und krächzende, eichelhäherartige Rufe. Flügge Junge rufen oft unermüdlich ein melancholisches, abfallendes „gügügügü".

VORKOMMEN: Ausschließlich Baumbewohner; Parkanlagen mit reichem Baumwuchs, alte Obstgärten, Pappelanpflanzungen, Auwälder und andere Laubwälder, auch Kiefernwälder, selten im offenen Gelände zu sehen. Nistet gewöhnlich in *waagerechter Astgabel* in beträchtlicher Höhe (oft nahe am Wasser); Nest freihängend. Verbreitungskarte 315.

Würger: Laniidae

Auffallend gezeichnete Singvögel mit hakenförmig gebogener Schnabelspitze und falkenähnlichem Benehmen. Sie sitzen gewöhnlich wachsam und aufrecht auf hervorragenden Aussichtsplätzen und bewegen ihren ziemlich langen Schwanz. Flug langsam, mit einer Aufwärtsschwenkung vorm Fußfassen. Die Beute wird oft in Dornbüschen aufgespießt oder in Astgabeln geklemmt („Schlachtbänke"). Lockrufe rauh. Geschlechter meist einander ähnlich, außer beim Neuntöter. Busch- oder Baumbrüter. Alle europäischen Würger nehmen gegenwärtig vielerorts an Zahl stark ab.

Rotrückenwürger   *Lanius collurio*   R3   67, 83 E

Neuntöter:

(E) Red-backed Shrike; (F) Pie-grièche écorcheur; (I) Averla piccola; (H) Grauwe Klauwier; (S) Vanlig törnskata; (Sp) Alcaudón dorsirrojo

Isabellwürger:

(E) Isabelline Shrike; (F) Pie-grièche isabelle; (I) Averla isabellina; (H) Isabelklauwier; (S) Isabellatörnskata; (Sp) Alacudón isabel

Neuntöter und Isabellwürger sind zwar deutlich verschiedene, aber durch asiatische Mischformen verbundene Rassengruppen einer und derselben Art. Brutvogel in Europa sowie in West-Sibirien und Kleinasien bis West-Iran nur der Neuntöter (*L. c. collurio* und verwandte Rassen); Isabellwürger (*L. c. arenarius, L. c. phoenicuroides* u. a. Rassen) erscheinen in Europa (Brit. Inseln, Norwegen, Schweden, Helgoland, Frankreich) nur als Irrgäste aus Inner-Asien. Kennzeichen: Gut 17 cm. *Neuntöter:* ♂ durch kastanienbraunen Rücken gekennzeichnet. Mit hell blaugrauem Scheitel und Bürzel und breiter schwarzer Gesichtszeichnung durch Augengegend und Ohrdecken. Unterseite rötlichweiß, Schwanz schwarz mit weißen Seiten, wird von einer Seite zur anderen bewegt. ♀ in der Regel ohne schwarze Gesichtsabzeichen und oben matt rotbraun, unten bräunlichweiß mit halbmondförmigen braunen Querflecken; vom weiblichen Rotkopfwürger durch Fehlen von Weiß an Bürzel und Flügeln unterschieden. Juv. mit ausgeprägterer Querfleckung, auch oberseits; schwer von jungen Rotkopfwürgern zu unterscheiden, außer am rötlicher braunen Gefieder, am Fehlen des hellen Bürzels, des weißen „Schulterflecks" und des Flügelspiegels. Flug gewöhnlich geradlinig. Gleitet und rüttelt, wenn er an Hecken entlang jagt, stürzt sich aber gewöhnlich von erhöhten Warten auf Beute. Spießt Insekten, nur selten auch kleine Vögel, häufiger als andere Würger auf Dornen von Büschen („Dorndreher"). *Isabellwürger:* ♂ und ♀ einander und dem ♀ des Neuntöters ähnlich. Ad. ♂ der Rassen *L. c. phoenicuroides,* der am ehesten in Europa zu erwarten ist, und *L. c. isabellinus* mit weißem „Spiegel" an der Wurzel der Handschwingen; *L. c. phoenicuroides* hat in typischer Ausprägung rotbraune Färbung von Oberkopf, Bürzel und Schwanz, die sich von der graubraunen Färbung des Vorderrückens abhebt, weißen Überaugenstreif und schwarze Zeichnung durch Augen- und Ohrgegend; der weiße Flügelspiegel fällt besonders im Fluge auf. *L. c. arenarius* (= *isabellinus* vieler Autoren) ist viel blasser, mehr sandfarben, unterseits rahmfarben und mit undeutlichem, rahmfarbenem Spiegel. Juv. ähnlich juv. Neuntöter, aber oberseits ohne Querfleckung.

STIMME: Rauh und kratzend „gäck", in Erregung auch gereiht. Gesang ein leises, angenehmes und oft anhaltendes Zwitschern mit eingestreuten Lockrufen und vielen Imitationen anderer Vogelstimmen.

VORKOMMEN: Feldgehölze, verwilderte Hecken, Dickichte, Waldblößen, alte Steinbrüche. Nistet in Büschen und kleinen Bäumen. Verbreitungskarte 316.

Schwarzstirnwürger *Lanius minor* R2 67, 83 E

(E) Lesser Grey Shrike; (F) Pie-grièche à pointrine rose; (I) Averla cenerina; (H) Kleine Klauwier; (S) Svartpannad törnskata; (Sp) Alcaudón chico

KENNZEICHEN: Reichlich 20 cm. Ähnlich Raubwürger, aber *kleiner*, mit verhältnismäßig längeren Flügeln; die breite schwarze Gesichtszeichnung *setzt sich über die Stirn fort* (weniger auffällig beim ♀); kein weißer Überaugenstreif; *hellrötlicher Anflug auf der Unterseite;* Oberseite blaugrau; Flügel und Schwanz schwarz; Schnabel kürzer und *höher;* sehr auffällige weiße Flügelbinde und weiße äußere Steuerfedern. Juv. wirkt von weitem *gelblich,* mit nur ziemlich wenig gebänderter Brust und feiner dunkelbrauner Querwellung an Kopf und Flanken; Flügel und Schwanz bräunlich-schwarz. Verhalten ähnlich Raubwürger, hat aber *aufrechtere Haltung.* Flug gewöhnlich *geradlinig* (nicht niedrig und wellenförmig wie beim Raubwürger); rüttelt häufig.

STIMME: Sehr ähnlich wie beim Raubwürger; ferner ein klangreines „kwiell".

VORKOMMEN: Ziemlich offenes Gelände mit zerstreuten Bäumen und Büschen, Wegränder, Feld- und Wiesenränder usw. Nistet ziemlich hoch (gelegentlich fast 20 m hoch) in Bäumen; oft in lockeren Kolonien. Verbreitungskarte 317.

Raubwürger *Lanius excubitor* R2 67, 83 E

(E) Great Grey Shrike; (F) Pie-grièche grise; (I) Averla maggiore; (H) Klapekster; (S) Varfågel; (Sp) Alcaudón real; (N.A.) Northern Shrike

KENNZEICHEN: 24 cm. Der größte Würger. Durch kontrastreich *schwarz-weißgraues Gefieder* gekennzeichnet. Vom Schwarzstirnwürger durch bedeutendere Größe, graue (nicht schwarze) Stirn und *schmalen, weißen Überaugenstreif* zwischen schwarzem Augenstreif und grauem Scheitel unterschieden; viel mehr Weiß auf den Schultern, *weißliche* oder gräuliche (nicht rötliche) Unterseite, verhältnismäßig kürzere *bis zur Schwanzwurzel reichende Flügel;* längerer und mehr gestufter Schwanz, schmaler weißer Bezirk im ausgebreiteten Flügel (bei geschlossenem Flügel zeigt sich oft eine doppelte Flügelbinde). ♀ gewöhnlich mit zart grauer Wellung auf der Brust. Juv. graubraun, mit braunen Wellenlinien auf der Unterseite. Sitzt auf Baumspitzen oder Telegraphenmasten, von denen aus er kleine Vögel, Mäuse, Eidechsen und Insekten jagt. Bewegt Schwanz hin und her. Flug langsam und in der Regel wellenförmig, mit steilem Aufwärtsgleiten zum Sitzplatz; rüttelt häufig. (Schwarzstirnwürger fliegt höher.) Die südeuropäische Rasse, *L. e. meridionalis,* ist oben und unten dunkler.

STIMME: Charakteristisch „schäck-schäck", manchmal zum elsternartigen Schackern verlängert. Angstruf kratzend „äk-äk". Gesang ein gedämpftes, anhaltendes Mischmasch von rauhen und wohlklingenden Tönen.

VORKOMMEN: Waldränder, Obstgärten, Heide, Hecken usw. Brütet weniger gern in offenen Gelände als andere Würger. Neststand unterschiedlich, gelegentlich auf hohen Bäumen, gewöhnlich im Dorngestrüpp. Verbreitungskarte 318.

Rotkopfwürger   *Lanius senator*   R2   **67, 83 E**

(E) Woodchat Shrike; (F) Pie-grièche à tête rousse; (I) Averla capirossa; (H) Roodkopklauwier; (S) Rödhuvad törnskata; (Sp) Alcaudón común

KENNZEICHEN: Gut 17 cm. Vom Raub- und Schwarzstirnwürger durch *satt rostrotbraunen Oberkopf und Nacken* unterschieden. Breite schwarze, über die Stirn ausgedehnte Gesichtszeichnung, rein weiße Kehle und Unterseite; Flügel und Mantel schwärzlich mit *auffallenden weißen Schulterflecken* und weißem „Spiegel" an der Wurzel der Handschwingen. Schwanz schwarz mit weißen Seiten, *Bürzel weiß, im Fluge auffällig.* ♀ etwas matter gefärbt. Juv. ähnlich einem jungenNeuntöter, aber mit dickerem, eckiger erscheinendem Kopf; blasser und weniger rotbraun, Schultern und Bürzel viel heller; zeigt nur eine Spur eines kurzen weißlichen Flügelspiegels. Verhalten und Flug wie Neuntöter, aber weniger gern freisitzend. Nahrung Insekten. Die Rasse von Korsika, Sardinien und den Baleáren, *L. s. badius,* ohne weißen Flügelspiegel. Siehe auch Maskenwürger.

STIMME: Wie Schwarzstirnwürger, aber abwechslungsreicher, häufig mit haussperlingsartigem Tettern. Gesang ein anhaltendes, angenehmes Schwatzen und Zwitschern mit eingestreuten rauhen Lauten und Nachahmungen anderer Vogelstimmen.

VORKOMMEN: Trockenes, offenes Gelände. Olivenhaine, Obstgärten, Feldgehölze, gelegentlich größere Wälder. Nistet in Bäumen verschiedener Größe. Verbreitungskarte 319.

Maskenwürger   *Lanius nubicus*   **67, 83 E**

(E) Masked Shrike; (F) Pie-grièche masquée; (I) Averla della Nubia; (H) Maskerklauwier; (S) Masktörnskata; (Sp) Alcaudón núbico

KENNZEICHEN: Gut 17 cm. Oben einfarbig schwarz vom Scheitel bis zum Schwanz. In der Größe wie Rotkopfwürger, aber von diesem durch *schwarzen Bürzel, schwarzen Scheitel* mit auffallender weißer Stirn und weißem Überaugenstreif unterschieden; ferner durch *rötliche Flanken* (Unterseite im übrigen weiß) und auffallendere weiße Seiten des langen Schwanzes. Flügelzeichnung wie beim Rotkopfwürger. Verhalten wie Neuntöter, aber Flug anmutiger; selten auf hervorragenden Sitzwarten.

STIMME: Rauh, aber klagend, wiederholt „kihr". Gesang eine gedämpfte, monotone Folge kratzender Töne.

VORKOMMEN UND VERBREITUNG: Olivenhaine, Gärten und licht bewaldetes Gelände. Nistet auf ziemlich hohen Bäumen. Sommervogel in der Türkei, in Griechenland, Bulgarien und Südjugoslawien. Umherstreifende bis Frankreich, Südspanien und Finnland.

Rabenvögel: Corvidae

Die größten Sperlingsvögel, viele mit schwarzem oder doch kräftig gezeichnetem Gefieder. Schnabel ziemlich lang, kräftig. Geschlechter einander ähnlich gefärbt. Baum-, Felsen- oder Höhlenbrüter. Unter den europäischen Vögeln sind wahrscheinlich die Pirole und die Würger ihre nächsten Verwandten. Obwohl in mancher Hinsicht verhältnismäßig ursprünglich geblieben, werden die Rabenvögel wegen ihres hoch entwickelten Gehirns in einigen Systemen an das Ende und damit an die Spitze der Vogelfamilien gestellt.

Unglückshäher *Perisoreus infaustus* **69, 82 E**

(E) Siberian Jay; (F) Mésangeai imitateur; (I) Ghiandaia di Siberia; (H) Taigagaai; (S) Lavskrika; (Sp) Arrendajo funesto

KENNZEICHEN: 30,5 cm. Flügel z. T., Bürzel und besonders äußere Steuerfedern des ziemlich gestuften Schwanzes *fuchsrot* und im Fluge auffallend. Scheitel und Nacken matt rußbraun; Rücken, mittlere Steuerfedern und Unterseite mausgrau, mit rotbraunen Flanken und Unterschwanzdecken. Heimlich und gewöhnlich schweigsam in der Brutzeit, sonst neugierig und zutraulich. Hängt sich gewandt an die Spitzen der Kiefernzweige, um die Zapfen zu erreichen.

STIMME: Ein munteres „kuk, kuk" und ein heiseres „tschär"; auch „huisk-i".

VORKOMMEN: Dichte Nadel- und Birkenwälder des Nordens, im Winter die nächste Umgebung von Lagern und Dörfern besuchend. Nistet gewöhnlich in Kiefern auf einem Ast dicht am Stamm. Verbreitungskarte 321.

Eichelhäher *Garrulus glandarius* **69, 82 E**

(E) Jay; (F) Geai des chênes; (I) Ghiandaia; (H) Vlaamse Gaai; (S) Nötskrika; (Sp) Arrendajo (común)

KENNZEICHEN: Gut 34 cm. Rötlichbrauner Körper, *weißer, vom schwarzen Schwanz abstechender Bürzel,* auffallender weißer Flügelfleck, *blauschwarz gebänderte Flügeldecken,* schwarz-weiß gestreifte, aufrichtbare Scheitelfedern. Augen hellblau. Flug schwerfällig. Oft in kleinen, lärmenden Gesellschaften.

STIMME: Durchdringend und heiser „rätsch", manchmal im Chor. Verschiedene rauhe Rufe und gedämpft gluckende, knackende und miauende Laute.

VORKOMMEN: Selten weit von Bäumen entfernt. Nistet gewöhnlich in recht geschlossenen Nadel- und Laubwaldungen. Verbreitungskarte 320.

Blauelster *Cyanopica cyanus* **69, 82 E**

(E) Azure-winged Magpie; (F) Pie bleue; (I) Gazza dalle ali azzurre; (H) Blauwe Ekster; (S) Blåskata; (Sp) Rabilargo

KENNZEICHEN: Gut 34 cm. Leicht zu erkennen an der *satt schwarzen Kopfkappe,* die bis zum Nacken und unter die Augen reicht, an den *blauen Flügeln* mit schwarzem Innensaum der Handschwingen und am langen, gestuften *blauen Schwanz.* Oberseite bräunlichgrau, Unterseite hell mit graubraunen Flanken. Vertraut und neugierig, in lärmenden Trupps durchs Land streifend. Bewegt sich elsternartig.

STIMME: Klagend und ansteigend „srih"; ferner ein rauhes „krah, kwink-kwink-kwink".

VORKOMMEN UND VERBREITUNG: Gärten, Obstgärten, Olivenhaine, Eukalyptusforsten und Wälder, besonders solche mit reichem Stecheichen- und Kiefernbestand. Baut offene Nester, gewöhnlich in der Gabel von Kiefern, Stecheichen, Pappeln oder Fichten. Nistet in zerstreuten Gruppen. Jahresvogel in Mittel- und Südspanien und in Portugal, dann wieder in weiter Disjunktion in Ostasien. Umherstreifend einmal Italien.

Elster *Pica pica* **69, 82 E**

(E) Magpie; (F) Pie bavarde; (I) Gazza; (H) Ekster; (S) Skata; (Sp) Urraca

KENNZEICHEN: Knapp 46 cm. Unverkennbar durch *kontrastreich schwarz-weißes Gefieder und langen Schwanz.* Schultern, Flanken und Bauch weiß; das übrige Gefieder schwarz mit blauem, grünem und purpurfarbenem Glanz. Oft in kleinen Gesellschaften; im Winter zuweilen in großen Versammlungen auftretend.

STIMME: Laut und schnell „schack-schack-schack-schack". Ferner zur Brutzeit ein nicht unmelodisches, mannigfaltiges Geschwätz.

VORKOMMEN: Kulturland und offenes Gelände mit Hecken und einigen Bäumen. Baut haubenförmig überdachte Nester in hohen Bäumen, aber auch in Dorngebüsch und Hecken, an Waldrändern, sogar in Brombeerbüschen. Verbreitungskarte 322.

Tannenhäher *Nucifraga caryocatactes* 69, 82 E

(E) Nutcracker; (F) Casse-noix moucheté; (I) Nocciolaia; (H) Notenkraker; (S) Nötkråka; (Sp) Cascanueces

KENNZEICHEN: Knapp 32 cm. Dunkel schokoladenbraun, *kräftig weiß getropft.* Langer, starker, schwärzlicher Schnabel. Sehr auffallende *weiße Unterschwanzdecken,* breiter, weißer Endsaum an der Unterseite des Schwanzes (von oben nur als schmale weiße Federspitzen zu sehen). Flügel schwärzlich und im Fluge sehr breit. Flug eichelhäherartig. Außerhalb der Brutzeit oft in kleinen Gesellschaften. Sitzt gern auf Baumspitzen.

STIMME: Rauh „kror" und eichelhäherartig „rätsch"; oft Reihen kurzer Rufe zu hören. Zur Brutzeit verschiedene krächzende, knackende und miauende Rufe.

VORKOMMEN: Hauptsächlich die Nadelwaldungen der Gebirge, im Winter auch Laubwälder. In manchen Jahren im Herbst und Winter Invasionen der westwärts bis Nordost-Rußland brütenden sibirischen Rasse *N. c. macrorhynchos,* die etwas längeren und dünneren Schnabel hat. Nistet auf Nadelbäumen. Verbreitungskarte 323.

Alpendohle *Pyrrhocorax graculus* 69, 70, 82 E

(E) Alpine Chough; (F) Chocard à bec jaune; (I) Gracchio alpino; (H) Alpenkauw; (S) Alpkaja; (Sp) Chova piquigualda

KENNZEICHEN: 38 cm. Von der Alpenkrähe durch viel kürzeren und geraderen, *gelben* Schnabel unterschieden. Beine rot. Von nahem wirkt das Gefieder schwärzer und weniger blauglänzend. Im Gleitflug von der Alpenkrähe durch stärker gewinkelte Flügel zu unterscheiden. Verhalten ähnlich Alpenkrähe. Juv. matter, mit schwärzlichen Beinen.

STIMME: Weniger ruffreudig als die Alpenkrähe; Rufe meist in höherer Tonlage, ein klirrendes „bürrb" und ein kurzes „tschjup".

VORKOMMEN: Hohe Gebirge. Steigt normalerweise nicht ins Tiefland hinab. Nicht an den Küsten. Nistet in Felsspalten und Ruinen. Verbreitungskarte 324.

Alpenkrähe *Pyrrhocorax pyrrhocorax* 69, 70, 82 E

(E) Chough; (F) Crave à bec rouge; (I) Gracchio corallino; (H) Alpenkraai; (S) Alpkråka; (Sp) Chova piquirroja

KENNZEICHEN: Knapp 40 cm. Glänzend blauschwarzes Gefieder, *langer, gebogener, roter Schnabel und rote Füße.* Juv. mit gelbem Schnabel. Brillanter Kunstflieger, dessen Handschwingen beim Segeln weit gespreizt und aufgebogen sind. Gesellig. Von der Dohle leicht durch völligen Mangel an Grau im Gefieder und von der gelbschnäbeligen Alpendohle durch *längeren, roten,* nur bei juv. gelben Schnabel zu unterscheiden, im Flug durch breitere, geradere Flügel.

STIMME: Ein langgezogenes hohes „kjä" ähnlich wie bei der Dohle, aber wohltönender, oder ein charakteristisches „tschaff". Ferner mehrere möwenartige Rufe „kuak-ak-ak" usw. sowie ein gedehntes „krah".

VORKOMMEN: Felsige Gebirge und lokal Klippen und Felsen an der Küste. Nistet in Felsspalten, an Felssimsen, in Höhlen, gelegentlich in Ruinen. Verbreitungskarte 325.

Dohle   *Corvus monedula*   70, 82 E

Syn. a. *Coloeus monedula*

(E) Jackdaw; (F) Choucas des tours; (I) Taccola; (H) Kauw; (S) Kaja; (Sp) Grajilla

KENNZEICHEN: 33 cm. Schwarz, mit *grauem* Nacken und *grauen* Ohrdecken. Unterseite dunkelgrau. Augen deutlich hellgrau. Von den Krähen leicht an der *geringeren Größe,* am schnelleren Flug, lebhafteren Verhalten, *kürzeren Schnabel* und an der charakteristischen Stimme zu unterscheiden. Gesellig, oft mit Saatkrähen vergesellschaftet. Die skandinavische Rasse, *C. m. monedula,* hat allgemein eine hellere Halstönung und einen kaum sichtbaren weißen Fleck an jeder Halsseite; im Winter erscheint auch die östliche Rasse, *C. m. soemmeringii,* mit deutlichem rahmweißen Halsseitenfleck, die schon in Südosteuropa bis Jugoslawien und im östlichen Polen brütet, in Mittel- und (in geringerer Zahl) in Westeuropa, wo *C. m. spermologus* brütet.

STIMME: Unverkennbar „kjack" und in Erregung ein lärmendes „kjacka-kjacka-kjack", auch „kja" und recht verschiedenartige Rufe zur Brutzeit.

VORKOMMEN: Gehölze und Parkanlagen mit alten Bäumen, Felsen, Ruinen, Ortschaften, Kulturlandschaft. Nistet gesellig in Höhlen von Bäumen, Felsen, Gebäuden, in Schornsteinen, gelegentlich in Erdhöhlen und alten Saatkrähennestern. Verbreitungskarte 326.

Saatkrähe   *Corvus frugilegus*   R3   70, 82 E

(E) Rook; (F) Corbeau freux; (I) Corvo nero; (H) Roek; (S) Råka; (Sp) Graja

KENNZEICHEN: Knapp 46 cm. Schwarz mit Schiller. Von den anderen Krähen durch *nacktes, weißliches Gesicht und durch schlankeren, spitzeren, gräulich-schwarzen Schnabel* unterschieden; die Schenkelbefiederung wirkt im Laufen merkbar struppig. Juv. matter schwarz, mit voll befiedertem, schwarzem Gesicht; juv. häufig mit der Rabenkrähe verwechselt, aber Schnabel stets schlanker. Flug geradlinig und regelmäßig mit schnelleren Flügelschlägen als bei der Rabenkrähe. Gesellig.

STIMME: Sehr wechselreich. Gewöhnlich tief und heiser „gag" oder „krä", gewöhnlich nicht mehrmals wiederholt. Stimme heiserer, aber viel weniger quarrend als bei der Rabenkrähe.

VORKOMMEN: Bevorzugt Felder mit einigen Bäumen. Nistet in *Kolonien* in Gehölzen und rastet *gesellig* in Baumwipfeln. Im Winter in West- und Mitteleuropa in oft sehr großen Flügen, häufig mit Dohlen vergesellschaftet, auf den Feldern. Verbreitungskarte 327.

Aaskrähe *Corvus corone* 70, 82 E

Rabenkrähe:

(E) Carrion Crow; (F) Corneille noire; (I) Cornacchia nera; (H) Zwarte Kraai; (S) Svart kråka; (Sp) Corneja negra

Nebelkrähe:

(E) Hooded Crow; (F) Corneille mantelée; (I) Cornacchia bigia; (H) Bonte Kraai; (S) Grå kråka; (Sp) Corneja cenicienta

Rabenkrähe *(C. corone corone)* und Nebelkrähe *(C. corone cornix,* im südeuropäischen Teil des Verbreitungsgebietes *C. corone sardonius)* sind Rassen der gleichen Art.

KENNZEICHEN: 47 cm. *Rabenkrähe:* Ganz schwarz, bei gutem Licht glänzend. Kräftiger, schwarzer Schnabel. Flug geradlinig, mit langsamem, regelmäßigem Flügelschlag; segelt selten. Gewöhnlich *einzeln* oder paarweise, außer am Schlafplatz. Von der jungen Saatkrähe durch kräftigeren, höheren Schnabel unterschieden, von der erwachsenen Saatkrähe überdies durch befiedertes Gesicht, von der Nebelkrähe durch einfarbig schwarzes Gefieder, vom Kolkraben durch geringere Größe, weniger klotzigen Schnabel und gerade abgeschnittenen (nicht keilförmigen) Schwanz; am besten an der Stimme zu erkennen. *Nebelkrähe:* Von Raben- und Saatkrähe leicht durch *grauen Rücken und grauen Unterkörper* zu unterscheiden; übriges Gefieder schwarz. Stimme, Verhalten und Aufenthaltsorte wie Rabenkrähe, mit der sie sich vermischt, wo die Verbreitungsgebiete aneinandergrenzen.

STIMME: Laut krächzend „krah", 3- bis 4mal wiederholt; auch ein wiederholtes „kirrk" und ein metallisches „konk".

VORKOMMEN: Kulturland mit Bäumen, Parkanlagen, Wälder, Moorland, Küsten. Nistet gewöhnlich auf Bäumen, gelegentlich an Felsen. Verbreitungskarten für Rabenkrähe und Nebelkrähe getrennt, 328 und 329.

Kolkrabe *Corvus corax* 70, 82 E

(E) Raven; (F) Grand corbeau; (I) Corvo imperiale; (H) Raaf; (S) Korp; (Sp) Cuervo

KENNZEICHEN: 63,5 cm. Durch seine gewaltige Größe (größer als Mäusebussard), den *klotzigen, schwarzen Schnabel,* die gesträubten, zottigen Kehlfedern, das *keilförmige* Schwanzende und die *tiefe,* bezeichnende Stimme leicht von den übrigen, kleineren Rabenvögeln zu unterscheiden. Gefieder schwarz, bei gutem Licht schillernd. Wuchtiger, geradliniger Flug; segelt und gleitet oft; während der Balz akrobatische Flugspiele.

STIMME: Ein wiederholtes sonores „prråk"; auch ein tiefes „ko-ruk" und hoch metallisch „tok"; viele andere krächzende und gluckende Rufe.

VORKOMMEN: Zum Brüten und auch sonst im Gebirge häufig an Felsen; in der Ebene auf Bäumen nistend. Verbreitungskarte 330.

Stare: Sturnidae

Kräftige, untersetzte Vögel mit kurzem Hals und langem, spitzem Schnabel. Munter, geschwätzig und sehr lebendig. Geschlechter gleich gefärbt. Zur Nahrungssuche auf freiem Boden. Die europäischen Arten Höhlenbrüter.

Star *Sturnus vulgaris* 69, 83 E
(E) Starling; (F) Étourneau sansonnet; (I) Storno; (H) Spreeuw; (S) Stare; (Sp) Estornino pinto

KENNZEICHEN: Knapp 22 cm. Schwärzlich, bronzegrün und purpurfarben glänzend. *Kurzer Schwanz; spitze Flügel; langer, spitzer Schnabel.* Gefieder im Winter dicht weiß getüpfelt, besonders bei ♀. Juv. mausbraun mit weißlicher Kehle. Schnabel bei ad. im Winter dunkel, im Frühling zitronengelb. Munter, zänkisch und geschwätzig. Flug geradlinig und schnell, gelegentlich gleitend. Frißt und rastet in Scharen. Erscheint im Herbst und Winter in oft riesigen Schwärmen, die in Dickichten und dgl., aber auch mitten in Städten übernachten.
STIMME: Rauh abfallend „spreen". Ferner ein Gemisch von klangreinen Pfiffen, Knacken, Schmatzen usw., alles zu einem langen, nicht sehr lauten Gesang verwoben, der von einem Schornstein, Dachfirst oder Baum aus unter Flügelschlagen vorgetragen wird. Ahmt oft und gut andere Vogelstimmen nach. Junge rufen „tschirr".
VORKOMMEN: Überall zu Hause in Stadt und Land. Nistet in Höhlen von Bäumen, Gebäuden, Strohdächern, in Nistkästen usw. oder auch in Erdhöhlen im Ödland. Verbreitungskarte 331.

Einfarbstar *Sturnus unicolor* 69
(E) Spotless Starling; (F) Étourneau unicolore; (I) Storno nero; (H) Zwarte Spreeuw; (S) Svart stare; (Sp) Estornino negro

KENNZEICHEN: Knapp 22 cm. Von weitem von unserem Star nicht zu unterscheiden, aber von nahem wirkt das ♂ im Brutkleid merklich *schwärzer,* mit Purpurglanz und *ohne Flecke;* Schnabel gelb. ♀ matter. Im Winter beide ad. schwarz mit kleinen, bogenförmigen weißen Fleckchen. Juv. wie dunkle Junge des Stars. Verhalten und Flug wie Star.
STIMME: Lauter und schriller als Star; auffallend ein pfeifendes „siuh".
VORKOMMEN UND VERBREITUNG: Gewöhnlich in kleinen Kolonien an Felsen und in Städten und Dörfern, lokal in bewaldeten Gebieten und rings um Einzelgehöfte. Nistet in Höhlen von Bäumen, Felsen, Ruinen, unter Dachrinnen usw. Jahresvogel in Spanien, Portugal, Korsika, Sardinien, Sizilien und Nordafrika.

Rosenstar *Pastor roseus* 69, 83 E
Syn. b. *Sturnus roseus*
(E) Rose-coloured Starling; (F) Martin roselin; (I) Storno roseo; (H) Rose Spreeuw; (S) Rosenstare; (Sp) Estornino rosado

KENNZEICHEN: Knapp 22 cm. Ähnlich dem Star in Gestalt und Bewegung. Flug nur wenig abweichend. Gefieder unverkennbar *rosenrötlich, Kopf, Hals, Flügel, Schwanz glänzend schwarz, ebenso eine deutliche Kopfhaube.* Schnabel drosselähnlicher als der beiden anderen europäischen Stare, orangegelb, im Winter braun; Füße rötlich. Juv. sandbraun, mit dunkleren Flügeln, dunklerem Schwanz und ohne Haube; *heller* als junger Star, sogar im Flug zu unterscheiden, auch durch *auffallend hellen Bürzel* und *gelblichen Schnabel.* (Verwechslung junger Rosenstare mit gelegentlich auftretenden hellen, biskuitfarbenen jungen Staren ist möglich!) Gesellig, selbst beim Nisten. Mit Staren vergesellschaftet, besonders bei der Nahrungssuche zwischen weidendem Vieh.

STIMME: Flugruf wie Star; im Sitzen höher, schneller und kratzender; von nahrungsuchenden Flügen hört man ein schnelles, hohes Geschwätz, das lauter als das Geschwätz von Flügen des gewöhnlichen Stars ist.

VORKOMMEN UND VERBREITUNG: Offenes Gelände, Felder, alte Ruinen, Steppen. Nistet in Höhlen unter Steinen in offenem Gelände und in Mauern oder Schobern. Durchzügler in Griechenland, brütet unregelmäßig in Südosteuropa, westwärts bis Ungarn und Italien, folgt Heuschreckenschwärmen und erscheint im Sommer und Herbst von Zeit zu Zeit in plötzlich anschwellender Zahl hier und da in ganz Europa bis Portugal, Irland und Island.

Prachtfinken: Estrildidae

Kleine, in erster Linie von Körnern (Grassamen) sich ernährende finkenähnliche, jedoch am nächsten mit den Webervögeln (Ploceidae) verwandte Vögel mit meist kräftigem, oft rot gefärbtem Schnabel; hauptsächlich in Afrika, zahlreiche Arten aber auch in Südasien und Australien. Bauen rundliche oder birnenförmige Nester mit seitlichem Eingang und legen weiße Eier. Viele Arten sehr gesellig.

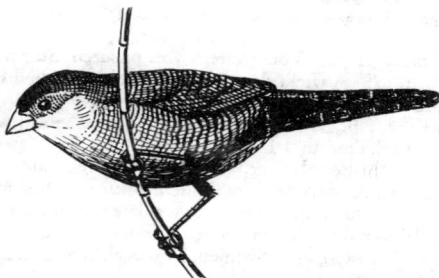

Wellenastrild

Wellenastrild   *Estrilda astrild*   77

(E) Common Waxbill; (F) Astrild ondulé; (I) Astrilda ondulata; (H) Sint Helena-fazantje; (S) Helenaastrild; (Port) Bico de lacre

KENNZEICHEN: 11 cm. Ein sehr kleiner, aber ziemlich langschwänziger, graubrauner, fein dunkel quergebänderter Vogel *mit rotem Schnabel, lebhaft rotem Augenstreif,* weißlicher Kehle und roter Mitte des Unterkörpers; Unterschwanzdecken *schwarz.* Juv. mit schwarzem Schnabel.

STIMME: Ruft leise „tjük" und „tjüküp"; Gesang kurz und rauh, ein mehrfach wiederholtes „tzitzischüri".

VORKOMMEN: In einem großen Teil Mittel-Portugals und im äußersten Süden des Landes eingebürgert; dort gesellig an schilfbestandenen Wassergräben in Gemüsefeldern und in Pfahlrohrbeständen. Heimat: Afrika von Sierra Leone und Äthiopien bis zur Kapprovinz Südafrikas; in Brasilien, auf St. Helena, den Maskarenen, Seychellen, auf Neukaledonien und Tahiti eingebürgert.

Sperlinge: Passeridae

Die Sperlinge vermitteln zwischen den Finken und den afrikanisch-südasiatischen Webervögeln (Ploceidae). Es sind dickschnäbelige, kräftige kleine Vögel, meist ohne lebhafte Farben im Gefieder. Geschlechter gleich oder verschieden gefärbt. Nester in Höhlungen, auf Felsen oder auch frei auf Bäumen, dann gewöhnlich überdacht nach Art der Nester von Webervögeln und Prachtfinken, aber nicht kunstvoll gewoben wie die der ersteren, sondern unordentliche Anhäufungen von Genist; auch Höhlennester häufig überwölbt.

Haussperling *Passer domesticus* 73, 85 E

(E) House Sparrow; (F) Moineau domestique; (I) Passera europea; (H) Huismus; (S) Gråsparv; (Sp) Gorrión común

KENNZEICHEN: Knapp 15 cm. Vielleicht der bekannteste Vogel. ♂ durch *dunkelgrauen Scheitel, kastanienbraunen Nacken, schwarzen,* im Winter durch graue Federränder z. T. verdeckten *Kehlfleck* und weißliche Wangen gekennzeichnet. ♀ und juv. ohne schwarze Kehle und oben streifig mattbraun, unten schmutzig weiß, ohne bezeichnende Merkmale. ♂ der italienischen Rasse, des Italiensperlings *(P. d. italiae),* der den Haussperling mit dem Weidensperling verbindet und ursprünglich offenbar aus einer Vermischung beider hervorgegangen ist, ist im Frühjahr und Sommer lebhafter gefärbt, mit *kräftig kastanienbraunem Oberkopf,* reiner *weißen* Kopfseiten und hellerer Unterseite; in Süditalien und auf Sizilien Übergänge zum Weidensperling, in den Schweizer und italienischen Alpen Mischlinge mit dem gewöhnlichen Haussperling *(P. d. domesticus).* Vgl. Karte. Siehe auch Feld- und Weidensperling.

STIMME: Geschwätzig und abwechslungsreich. Laut „schilp" und verschiedene scheltende, zwitschernde und zirpende Rufe.

VORKOMMEN: Bebautes und kultiviertes Gelände, selten weitab von menschlichen Wohnungen. Nistet in Höhlen oder Spalten von Gebäuden, Efeu, Scheunen usw.; gelegentlich freistehende Nester in Bäumen. Verbreitungskarte 332.

Weidensperling *Passer (domesticus) hispaniolensis* 73, 85 E

(E) Spanish Sparrow; (F) Moineau espagnol; (I) Passera sarda; (H) Spaanse Mus; (S) Spansk sparv; (Sp) Gorrión moruno

KENNZEICHEN: ♂ mit satt *kastanienrotem* Scheitel wie beim Italiensperling, aber von diesem und vom Haussperling durch *viel ausgedehntere schwarze Kehle und Vorderbrust, schwarzgestreifte Flanken und viel schwärzeren Rücken* unterschieden. ♀ und juv. ähneln dem Haussperling-♀, doch sind die Kopfseiten heller und die Oberseite dunkler, ferner haben sie auf den Flanken eine ähnliche, wenn auch viel blassere Streifung wie die ♂. Verhalten und Flug sehr ähnlich wie beim Haussperling, ist aber oft in großen Schwärmen weitab von Häusern zu sehen. Wohl nur als Rassengruppe des Haussperlings zu betrachten.

STIMME: Der des Haussperlings ähnlich, aber voller klingend, mehr zweisilbig „tschillip".

VORKOMMEN: Meist nicht in Ortschaften, sondern vorzugsweise in Gebüschen, Uferdickichten und Wäldern. Nistet kolonieweise und einzeln im Unterbau besetzter und unbesetzter Nester von Störchen, Adlern usw., ferner in alten Schwalbennestern und im Gezweige von Wald- und Landstraßenbäumen. Vermischt sich in Teilen Nordafrikas, wo er in Ortschaften eingedrungen ist, in großer Zahl mit dem Haussperling. Verbreitungskarte 333.

Feldsperling   *Passer montanus*   73, 85 E

(E) Tree Sparrow; (F) Moineau friquet; (I) Passera mattugia; (H) Ringmus; (S) Pilfink; (Sp) Gorrión molinero

KENNZEICHEN: 14 cm. Geschlechter gleich. Vom Haussperling-♂ durch *tief kupferbraunen Scheitel, schwarzen Fleck auf den reiner weißen Ohrdecken* sowie ein fast geschlossenes weißes Halsband zu unterscheiden. Kleiner, zierlicher und heimlicher als Haussperling. Siehe auch Italien- und Weidensperling.

STIMME: Härter als die des Haussperlings. Kurz, metallisch „tschick" oder „tschop", wiederholt „tschit-tschap" und ein schnelles Zwitschern. Der unverkennbare Flugruf „tek, tek".

VORKOMMEN: In Westeuropa mehr auf dem Lande (weniger an menschliche Siedlungen gebunden) als Haussperling, in manchen ost- und südostasiatischen Ländern aber vor allem an Gebäuden und in Städten, hier die Rolle, die in Europa dem Haussperling zukommt, spielend; im Norden lokal auch in der Tundra. Nistet in Baumhöhlen, besonders in gekappten Weiden, Nistkästen, Heuschobern usw., in Süd- und Osteuropa jedoch an Häusern. Verbreitungskarte 334.

Steinsperling   *Petronia petronia*   R1   73, 85 E

(E) Rock Sparrow; (F) Moineau soulcie; (I) Passera lagia; (H) Rotsmus; (S) Stensparv; (Sp) Gorrión chillón

KENNZEICHEN: 14 cm. Hell und gedrungen, mit kurzem Schwanz. Scheitelmitte graubraun, Scheitelseiten und Wangen dunkelbraun, mit breitem, langem, bis zum Genick reichendem hellen Überaugenstreif. Auffallende weiße Flecken an den Spitzen der Schwanzfedern, besonders im Flug gut zu sehen. Unterseite zart hellbraun gestreift. Ein hellgelber Kehlfleck ist nur aus nächster Nähe zu sehen, wenn der Vogel den Kopf hebt. Juv. heller, ohne gelben Kehlfleck.

STIMME: Bezeichnend ein quäkendes „bä-i" (an Stieglitz und Bergfink erinnernd), wobei der zweite Ton eine Quarte höher ist. Auch im Gesang kehrt dieser Ruf immer wieder. Verschiedene weitere sperlingsartige Rufe sind rauher als beim Haussperling.

VORKOMMEN: Hohe felsige Berghänge, steiniger Boden, Ruinen usw., auch in ausgetrockneten Flußbetten und auf Ackerland; selten an Gebäuden, jedoch gelegentlich in Baumbeständen. Nistet in Felsspalten, Mauerlöchern, Baumhöhlen usw. Verbreitungskarte 335.

Schneefink (Schneesperling)   *Montifringilla nivalis*   R5   73, 85 E

(E) Snow Finch; (F) Niverolle des Alpes; (I) Fringuello alpino; (H) Sneeuwvink; (S) Snöfink; (Sp) Gorrión alpino

KENNZEICHEN: Knapp 18 cm. Bergvogel. Von der Schneeammer durch *grauen Kopf* und die im Winter durch helle Federränder z. T. verdeckte *schwarze Kehle* unterschieden. Oben braun, unten rahmweiß. Schwanz überwiegend weiß mit schwarzer Mitte, auffallender im Flug als im Sitzen. ♀ und juv.

matter, mit weniger Weiß an Flügeln und Schwanz. Schnabel im Frühling schwärzlich, im Winter und bei juv. gelb. Sitzt aufrecht, mit aufgeregt zuckendem Schwanz.

STIMME: Rauh „zuihk", an Bergfink erinnernd. Gesang, im Balzflug und im Sitzen, ein wiederholtes „sittitsche-sittitsche".

VORKOMMEN UND VERBREITUNG: Nackte Berggipfel über 1800 m; auch an hochgelegenen Gebäuden. Auch im Winter nur wenig tiefer. Besucht Schutz- und Almhütten. Nistet in Felsspalten, Mauerlöchern usw. Verbreitungs- karte 336.

Finken: Fringillidae

Körnerfressende Vögel, viele lebhaft gefärbt, mit kräftigem, oft dickem Schna- bel von verschiedener Gestalt. Im Gegensatz zu den Ammern hauptsächlich altweltlich verbreitet, jedoch im Südseegebiet (außer auf den Hawaiischen Inseln), in Australien und Neuseeland fehlend; in den beiden letztgenannten Gebieten sind aber mehrere europäische Arten durch den Menschen eingebür- gert worden. Zwei Unterfamilien, die von manchen Autoren wohl mit Recht als besondere Familien (Fringillidae und Carduelidae) betrachtet werden: *Edelfin- ken,* nur die Gattung *Fringilla* (s. Buch- und Bergfink) enthaltend und die Finken einerseits an die Ammern und Tangaren (s. S. 225), andererseits an die Sperlinge, vor allem an die Schneefinken und Steinsperlinge, anschließend; *Stieglitzartige* oder *Gimpel,* die Mehrzahl der Finken mit vielen Gattungen und Arten. Wie die Ammern bauen die Finken oben offene, meist frei in Büschen oder Bäumen stehende, beim Wüstengimpel und einigen anderen, nichteuropäi- schen Arten auch am Erdboden unter Steinen oder in Felsspalten angelegte Nester.

Buchfink *Fringilla coelebs* **71, 84 E**

(E) Chaffinch; (F) Pinson des arbres; (I) Fringuello; (H) Vink; (S) Bofink; (Sp) Pinzón vulgar

KENNZEICHEN: Gut 15 cm. Der gewöhnlichste Fink. Durch *auffallende dop- pelte weiße Flügelbinde* und im Fluge durch *weiße äußere Steuerfedern* gekennzeichnet. ♂ unten bräunlichrosa, mit kastanienbraunem Mantel, grünlichem Bürzel und schieferblauem Scheitel und Nacken. ♀ oben hell olivbraun, unten lichter. Flug wellenförmig. Gesellig, auch mit anderen Finken, ausgenommen zur Brutzeit; Geschlechter oft in getrennten Schwär- men. Sofort vom Bergfinken durch *grünlichen* (nicht weißen) Bürzel zu unterscheiden.

STIMME: Laut und wiederholt „pink". Wie der Gesang ist auch der sog. „Regenruf" lokal verschieden, meist rotschwanzartig „huit" oder „rül- schend" „wried" oder „rüt". Flugruf gedämpft „jüp". Gesang („Schlag") eine kurze Kaskade von etwa einem Dutzend schmetternden Tönen, in einem Schnörkel („disterwï", „wïtju", „witjuïë", „tïë" und ähnl.) ausklin- gend.

VORKOMMEN: Laub- und Nadelwälder, Feldgehölze, Gärten, überall, wo nur einige Bäume vorkommen. Nest meist nicht sehr hoch auf Bäumen oder in hohen Büschen. Verbreitungskarte 337.

Bergfink *Fringilla montifringilla* R6 **71, 84 E**

(E) Brambling; (F) Pinson du nord; (I) Peppola; (H) Keep; (S) Bergfink; (Sp) Pinzón real

KENNZEICHEN: Knapp 15 cm. Leicht vom Buchfinken durch *auffallenden schmal weißen Bürzel* mit weniger Weiß an Flügeln und Schwanz zu unterscheiden. ♂ mit *kräftig orangefarbenem Schulterfleck* und orangefarbener Brust; Kopf und Mantel im Frühling prächtig *schwarz,* im Winter bräunlich. ♀ leicht mit Buchfink-♀ zu verwechseln, aber blasser und bräunlicher und durch weißen Bürzel und dunkle Streifen auf dem Scheitel zu unterscheiden. Im Winter gesellig mit Buchfinken. Auch der Gimpel hat einen weißen Bürzel, ist aber viel kräftiger und hat einen stärkeren Schnabel.

STIMME: Metallisch „djüp"; ferner „quäih" und „quäk". Gesang ein kratzendes, monoton wiederholtes grünlingsartiges „Schwunschen" mit ein paar eingestreuten schabenden Lauten.

VORKOMMEN: Im Winter vor allem in Buchenwäldern, auch in der Feldlandschaft. Nistet hauptsächlich auf Birken, aber auch auf Nadelbäumen, gewöhnlich an Waldrändern. Verbreitungskarte 338.

Girlitz *Serinus serinus* **71, 84 E**

(E) Serin; (F) Serin cini; (I) Verzellino; (H) Europese Kanarie; (S) Gulhämpling; (Sp) Serín

KENNZEICHEN: 11,5 cm. Ein kleiner, gestreifter, gelblicher Finkenvogel. Durch *kurzen, dicken Schnabel und leuchtend gelben Bürzel* gekennzeichnet. *Stirn,* Überaugenstreif, Kehle und Brust beim ♂ *leuchtend gelb.* ♀ mehr gestreift, unten grauer, oben brauner; vom weiblichen Zeisig durch *kürzeren und dickeren Schnabel* unterschieden, ferner durch Fehlen von Gelb am Schwanz, kräftigeren Überaugenstreif und deutlicher ausgeprägte Streifung der Unterseite. Juv. kräftig braun gestreift, ohne Gelb am Bürzel. Flug hurtig und wellenförmig; Balzflug fledermausartig flatternd, dem des Grünlings (S. 249) ähnlich.

STIMME: Klirrender Flugruf „girlitt"; ein nach unten perlendes Trillerchen; Angstruf fließend „zuit". Gesang von Baumspitze, Antenne oder Telegraphendraht aus, ein ganz hohes sirrendes, schwirrendes, fast zischendes Klirren.

VORKOMMEN: Parkanlagen, Friedhöfe, Gärten, Weinberge usw. Nistet in Bäumen, Rebstöcken, kleinen Büschen. Verbreitungskarte 339.

Zitronengirlitz (Zitronenzeisig) *Serinus citrinella* R5 **71, 84 E**

(E) Citril Finch; (F) Venturon montagnard; (I) Venturone; (H) Citroenkanarie; (S) Citronsiska; (Sp) Verderón serrano

KENNZEICHEN: 12 cm. *Gelblichgrün, mit gräulichem Nacken und gräulichen Halsseiten;* leuchtend gelbe Unterseite, Bürzel grünlichgelb, schwärzliche Flügel mit grünlichgelber Binde. ♀ matter und schwach gestreift. Juv. gräulichbraun mit hellerer Unterseite, oben und unten gestreift. Flug „tänzelnd". Gesellig. Der gräuliche Hals und die ungestreifte Unterseite unterscheiden ihn vom Zeisig und Girlitz. Die korsische Rasse *S. c. corsicanus* hat gestreiften, rostfarbenen Rücken, heller gelbe Unterseite und brütet bis hinab zum Meeresspiegel; sie lebt auch auf Sardinien und Elba.

STIMME: Klagend „zi-ä", ferner nasal „dit-dit". Gesang ein zwischen Girlitz- und Stieglitzgesang stehendes Mischmasch von klirrenden Lauten und wohltönendem Zwitschern, oft im Kreisflug vorgetragen.

Vorkommen: Gebirge mit zerstreuten Nadelbäumen und offenem, felsigem Boden; im Sommer oberhalb 700 m (Schwarzwald) und 1500 m (Alpen), im Winter tiefer. Nistet hauptsächlich auf Nadelbäumen. Verbreitungskarte 340.

Grünling *Chloris chloris* 71, 84 E
Syn. b. *Carduelis chloris*

(E) Greenfinch; (F) Verdier d'Europe; (I) Verdone; (H) Groenling; (S) Grönfink; (Sp) Verderón común

Kennzeichen: Knapp 15 cm. ♂ olivgrün mit *gelbgrünem Bürzel und auffallendem Gelb an Flügeln und Schwanz.* Kräftiger, weißlicher Schnabel. Rötlich fleischfarbene Füße. ♀ matter, weniger gelb. Juv. brauner und gestreift. Flug wellenförmig.

Stimme: Ein lautes schnelles Klingeln wie „gigigigig"; zur Brutzeit laut, gezogen und rauh „ihtsch" („Schwunsch"). Gesang von Baumspitzen aus oder im fledermausartigen Balzflug schnurrende und klingelnde Triller, mit weichen Pfeiftönen und Lockrufen untermischt.

Vorkommen: Gärten, Gebüsch, Feldgehölze, Friedhöfe usw. Nistet in Hekken, Büschen, und kleinen Bäumen, besonders immergrünen. Verbreitungskarte 341.

Stieglitz *Carduelis carduelis* 71, 84 E
(E) Goldfinch; (F) Chardonneret élégant; (I) Cardellino; (H) Putter; (S) Steglits; (Sp) Jilguero

Kennzeichen: 12 cm. Geschlechter gleich. *Auffällig gezeichnete schwarzgelbe Flügel;* schwarz-weißer Schwanz; *schwarz-weiß-roter Kopf;* brauner Rükken, der in den weißen Bürzel übergeht. Juv.: Kopf und Oberseite gräulich gelbbraun, braun gestreift und gefleckt; Flügel wie ad. Flug wellenförmig und tänzelnd. Gesellig.

Stimme: Unverkennbar, fließend und häufig wiederholt „tiglitt"; Angstruf gedehnt „a-i"; Gesang ein flüssiges, helles Zwitschern, das Variationen der Lockrufe und eine schmetternde Tonreihe einschließt.

Vorkommen: Gärten, Obstgärten, Parkanlagen. Zur Nahrungssuche auf Wiesen mit fruchtendem Löwenzahn, im Herbst und Winter an Disteln auf Ödland und an Straßenrändern. Nistet auf Bäumen, gewöhnlich nahe der Spitze eines Zweiges, gelegentlich in Hecken. Verbreitungskarte 342.

Erlenzeisig (Zeisig) *Spinus spinus* 71, 84 E
Syn. b. *Carduelis spinus*

(E) Siskin; (F) Tarin des aulnes; (I) Lucarino; (H) Sijs; (S) Grönsiska; (Sp) Lúgano

Kennzeichen: 12 cm. ♂ *gelblichgrün,* unten heller, mit *schwarzem* Scheitel und Kinn; Bürzel, Flügelbinde, Schwanzseiten und Streif hinter dem Auge *gelb;* Rücken und Flanken dunkel gestreift. ♀ grauer, mit weniger Gelb, ohne Schwarz am Kopf und unten weißlich, kräftiger gestreift. Flug finkenartig, aber sehr leicht. Im Winter gesellig, nicht selten zusammen mit Birkenzeisigen. Siehe auch Girlitz, Zitronen- und Birkenzeisig.

Stimme: Zwitschert fast ständig. Lockrufe ein rasches, gereihtes „djet-djet . . ." und ein gedehntes „dïeh". Gesang ein langes, schnelles Zwitschern, oft mit lang gezogenem grünlingsartigen „Knätschen" endend.

Vorkommen: Zur Brutzeit Nadelwälder, sonst Birken- und Erlenbestände,

Parkanlagen, Friedhöfe, Feldgehölze, Baumreihen. Nistet hoch auf Nadelbäumen, gewöhnlich in den äußeren Zweigspitzen. Verbreitungskarte 343.

Birkenzeisig *Acanthis flammea*					**72, 84 E**

Syn. b. *Carduelis flammea*

(E) Redpoll; (F) Sizerin flammé; (I) Organetto; (H) Barmsijs; (S) Gråsiska; (Sp) Pardillo sizerín

KENNZEICHEN: Knapp 13 cm. Ein kleiner, graubraun gestreifter Finkenvogel
mit *leuchtend roter Stirn und schwarzem Kinn*. Nur (!) ♂ mit rötlichem
Anflug an der Brust. Flanken gestreift. Flug wellenförmig und leicht. Gesellig. Die Rasse der Alpen, der deutschen Mittelgebirge, der mittel- und
westeuropäischen Küsten, der Britischen Inseln usw. (Alpenbirkenzeisig,
A. f. cabaret) ist kleiner und brauner, die nordeuropäische Rasse *A. f.
flammea* ist etwas größer, mit hellerer Flügelbinde und lichterem Bürzel und
im Winter mit hellerem und grauerem Gefieder. Die Grönlandrasse, *A. f.
rostrata*, ist noch größer (14–15 cm) und dunkler, mit längerem Schnabel, mit
Sicherheit nur zu unterscheiden, wenn sie sich in Gesellschaft kleinerer
Birkenzeisig-Rassen befindet. Siehe auch Polarbirkenzeisig.

STIMME: Hohe, metallische Flugrufe: ein sehr schnelles, anhaltendes Zwitschern „dschädsch-ädsch-ädsch" usw. Angstruf ein klagendes „zuit".
Gesang, oft im Balzflug, kurze Triller mit eingestreuten Flugrufen.

VORKOMMEN: Gestrüpp und Gebüsch, vorzüglich von Erle und Weide, aber
auch Nadelholz, lokal Gärten und Friedhöfe; in den Wäldern des Nordens
hauptsächlich Laubbäume; ferner felsiges Gelände mit lockerem Nadelholz-
bestand oder Erlen- und Weidengebüsch an und über der Baumgrenze in den
Alpen und auf der Tundra. Nistet, oft gesellig, auf Birken, Erlen, Weiden
oder Wacholder. Gegenwärtig in Ausbreitung begriffen. Verbreitungskarte 346.

Polarbirkenzeisig *Acanthis hornemanni*					**72, 84 E**

Syn. b. *Carduelis hornemanni*

(E) Arctic Redpoll; (F) Sizerin blanchâtre; (I) Organetto artico; (H) Witstuitbarmsijs; (S) Snösiska;
(Sp) Pardillo de Hornemann; (N.A.) Hoary Redpoll

KENNZEICHEN: Knapp 13 cm. Brutkleid sieht wie „bereift" aus, besonders auf
Kopf und Nacken. Bürzel *weiß und* (wie bei einigen Birkenzeisigen) *nicht
gestreift;* Bürzel und der helle Kopf heben sich vom grauen Rücken ab, so
daß der Eindruck eines „Sattels" entsteht. Flügelbinden auffällig. *Unterseits
weißer und weniger gestreift* als die anderen Rassen; Brust des ♂ außerdem
viel heller rosa. ♀ ohne Rosa; beide Geschlechter mit karminrotem Scheitel.
Gewohnheiten ähnlich Birkenzeisig.

STIMME: Wie bei anderen Birkenzeisigen, aber Gezwitscher im Fluge langsamer, die einzelnen Töne klarer voneinander getrennt.

VORKOMMEN: Kommt an einigen Stellen mit anderen Birkenzeisigen gemeinsam vor, bewohnt aber gewöhnlich die offenere und sumpfige Tundra; brütet
in Zwergbirken und niederem Gestrüpp des hohen Nordens. Wird von
einigen Autoren wahrscheinlich mit Recht nur als eine Rassengruppe des
Birkenzeisigs angesehen. Verbreitungskarte 347.

Berghänfling   *Acanthis flavirostris*[1]   72, 84 E

Syn. a. *Agriospiza flavirostris;* b. *Linaria flavirostris, Carduelis flavirostris*
(E) Twite; (F) Linotte à bec jaune; (I) Fanello nordico; (H) Frater; (S) Vinterhämpling; (Sp) Pardillo piquigualdo

KENNZEICHEN: Reichlich 13 cm. Im Aussehen zwischen Birkenzeisig und Hänfling; verbindet die Gruppe der Grünlinge, Stieglitze, Zeisige und Birkenzeisige einerseits mit den Hänflingen und Girlitzen andererseits. Oben matt gelbbräunlich, schwarz und braun gestreift, unten heller. *Kehle warm gelblichbraun.* Beim ♂ Bürzel mit *bezeichnendem rötlichen Anflug,* beim ♀ gelblichbraun mit schwarzen Streifen. Schnabel im Sommer gräulichgelb, im Winter lichtgelb. Vom Hänfling-♀ und juv. durch weniger Weiß auf Flügeln und Schwanz, dunklere Oberseite, fast zimtbraune Kehle und etwas längeren Schwanz und im Winter auch durch *gelben* Schnabel unterschieden, vom Birkenzeisig durch gelbbrauneres Gefieder, das Fehlen des schwarzen Kinnflecks und der roten Kappe und längeren Schwanz.
STIMME: Nasal „tschuit". Lockruf „gjä-gjä-gjä", weicher als beim Hänfling. Zwitschert im Flug fast ständig. Gesang seltsam nasal und gequetscht klingende, großenteils fließend miteinander verbundene Töne.
VORKOMMEN: Nistet gesellig auf Mooren und in hochgelegenen Ödländereien. Streift im Winter in Schwärmen über Felder, Sümpfe usw., vor allem in den Küstengebieten. Verbreitungskarte 345.

Bluthänfling   *Acanthis cannabina*[1]   72, 84 E

Syn. a. *Linaria cannabina;* b. *Carduelis cannabina*
(E) Linnet; (F) Linotte mélodieuse; (I) Fanello; (H) Kneu; (S) Hämpling; (Sp) Pardillo común

KENNZEICHEN: Reichlich 13 cm. ♂ mit kastanienbraunem Mantel; Schwingen und die gegabelte Schwanz schwarzbraun mit *weißen Säumen;* Kopf *gräulich;* Unterseite gelbbräunlich, bräunlichschwarz gestreift, Brust *rötlich,* Kehle weißlich mit braunen Streifen. In der Brutzeit beim ♂ *Scheitel und Brust karminrot.* ♀ ohne Karminrot und mehr gestreift. Flug wellenförmig. Gesellig. Im Winter vom Berghänfling und Birkenzeisig durch gestreiftes Kinn und gestreifte Kehle, hervorstechendes Weiß an den Schwanzseiten (beim Berghänfling nur angedeutet) und dunklen Schnabel unterschieden.
STIMME: Flugruf ein schnelles Geckern; Gesang eine abwechslungsreiche Folge harter und weich pfeifender Töne mit eingestreuten Lockrufen, von der Spitze eines Busches vorgetragen.
VORKOMMEN: Offenes Gelände mit Gebüsch oder Hecken, Friedhöfe, Heiden, auch Gärten, zur Nahrungssuche auf Wiesen und Feldern; streift im Winter in großen Schwärmen über Ödländereien, Felder und Sümpfe. Nistet in Ginster, Dickungen und Hecken, gelegentlich im Gras und Heidekraut. Verbreitungskarte 344.

Kiefernkreuzschnabel   *Loxia pytyopsittacus*   72, 84 E

(E) Parrot Crossbill; (F) Bec-croisé perroquet; (I) Crociere delle pinete; (H) Grote Kruisbek; (S) Större kornsnäbb; (Sp) Piquituerto lorito

KENNZEICHEN: Etwas größer als Fichtenkreuzschnabel, und der *kräftigere,*

---

[1] Berghänfling und Bluthänfling werden richtiger als Vertreter eigener Gattungen von *Acanthis* getrennt; einige Autoren vereinigen andererseits *Acanthis* mit *Carduelis, Chloris* und *Spinus* unter dem Gattungsnamen *Carduelis,* doch kann dann *Serinus* nicht von *Carduelis* ausgeschlossen werden.

runde Schnabel verleiht dem Kiefernkreuzschnabel ein mehr „kopflastiges" Aussehen. Färbung und papageienartige Bewegungen wie beim Fichtenkreuzschnabel, aber selten in solch großen Schwärmen zu sehen wie dieser und sich gewöhnlich abseits von anderen Kreuzschnäbeln haltend. Stimme und Vorkommen wie Fichtenkreuzschnabel, aber Vorliebe für Kiefern charakteristisch. Kiefern- und Fichtenkreuzschnabel mögen sich als Rassen einer und derselben Art erweisen.

STIMME: Tiefer und lauter als beim Fichtenkreuzschnabel: „göpp-göpp".

VERBREITUNG: Brutvogel in Südfinnland und Skandinavien von 67° an südwärts sporadisch bis Ostdeutschland; erscheint im Winter unregelmäßig in Dänemark, Deutschland, Österreich, gelegentlich in Großbritannien, Holland, Belgien, Frankreich, Italien und Jugoslawien.

Fichtenkreuzschnabel *Loxia curvirostra*   **72, 84 E**

(E) Crossbill; (F) Bec-croisé des sapins; (I) Crociere; (H) Kruisbek; (S) Mindre korsnäbb; (Sp) Piquituerto (común); (N.A.) Red Crossbill

KENNZEICHEN: 16,5 cm. Ein Vogel der Nadelbäume. Gekennzeichnet durch *übereinander gekreuzten Ober- und Unterschnabel, papageienartige Bewegungen bei der Futtersuche und kurzen, tief eingekerbten Schwanz.* ♂ ziegelrot, leuchtender am Bürzel, mit dunklen Flügeln und dunklem Schwanz. Junge ♂ bald orange bis gelb, bald rot. ♀ olivfarben, Bürzel gelb, Unterseite gelblich. Juv. grünlichbraun, unten stark gestreift. Gesellig und zutraulich. Der große Kopf und kurze Schwanz sind im schnellen, wellenförmigen Flug bezeichnend. Unternimmt alle paar Jahre starke Invasionszüge und tritt dann vielerorts auf (auch als Brutvogel), wo er sonst fehlt; manche brüten dann auch auf den Britischen Inseln, wo im Norden eine besondere Rasse vorkommt; diese schottische Rasse *L. c. scotica* hat viel kräftigeren Schnabel und wird von manchen Autoren als Rasse des Kiefernkreuzschnabels, von anderen als besondere Art *L. scotica* angesehen. Siehe Kiefernkreuzschnabel, Haken- und Karmingimpel. Vom Bindenkreuzschnabel durch Fehlen von Weiß an den Flügeln unterschieden.

STIMME: Laut und betont „gipp-gipp-gipp". Gesang erinnert entfernt an Grünling, ist aber ein regelmäßiger aufgeteiltes Mischmasch von kurzen Trillern, knarrenden, zwitschernden und schabenden Lauten.

VORKOMMEN: Nadelwälder, hauptsächlich Fichten, aber auch Kiefern und Lärchen. Die herabgefallenen offenen Zapfen verraten die Anwesenheit der Kreuzschnäbel. Nistet auf Nadelbäumen, zu allen Jahreszeiten, auch im Winter. Verbreitungskarte 348.

Bindenkreuzschnabel *Loxia leucoptera*   **72**

(E) Two-barred Crossbill; (F) Bec-croisé bifascié; (I) Crociere fasciato; (H) Witbandkruisbek; (S) Bändelkorsnäbb; (Sp) Piquituerto franjeado; (N.A.) White-winged Crossbill

KENNZEICHEN: Knapp 15 cm. Kleiner als Fichtenkreuzschnabel. Selbst im Fluge an der *auffallenden doppelten weißen Flügelbinde* zu erkennen, die ihm bei schlechtem Licht ein buchfinkenartiges Aussehen verleiht. ♂ lebhafter karminrot gefärbt als Fichtenkreuzschnabel; ♀ lichter gelb und mehr gestreift. Juv. mit weniger ausgeprägten Flügelbinden als ad., im übrigen wie junge Fichtenkreuzschnäbel. Siehe auch Hakengimpel.

STIMME: Fließend „piht" und trocken „krit-krit" (entspricht dem harten

„gipp-gipp" des Fichtenkreuzschnabels). Gesang eine Folge lauter Triller in verschiedenen Tonhöhen.

VORKOMMEN UND VERBREITUNG: Wie Fichtenkreuzschnabel, aber vorzugsweise Lärchenwälder. Brütet selten in Nordfinnland und Nordschweden. Überwintert in den Baltischen Staaten, erreicht manchmal Mittel-, Nordwest- und Westeuropa und die Britischen Inseln. Hin und wieder in Deutschland und Österreich, auch zusammen mit Fichtenkreuzschnabel.

Hakengimpel   *Pinicola enucleator*   72, 84 E

(E) Pine Grosbeak; (F) Dur-bec des sapins; (I) Ciuffolotto delle pinete; (H) Haakbek; (S) Tallbit; (Sp) Camachuelo picogrueso

KENNZEICHEN: Reichlich 20 cm. Ein großer, kräftiger Finkenvogel mit *ziemlich langem Schwanz*. Beim ♂ Kopf, Hals, Brust und Bürzel tief *rosarot;* die dunklen Flügel mit *zwei weißen Binden;* Bauch grau. Beim ♀ sind die beim ♂ rötlichen Gefiederteile prächtig *grünlich goldbraun*. Scheitel ziemlich flach, Schnabel kräftig und gimpelartig. Flug sehr wellenförmig. Gewöhnlich sehr vertraut. Im Winter gesellig. Bindenkreuzschnabel und Karmingimpel sind auch rosenrot mit (bei letzterem undeutlichen) Flügelbinden, aber viel kleiner (sperlingsgroß).

STIMME: Hoch pfeifend „tih-tih-tiu". Bei Alarm ein angenehmes „tschihwli-tschihwli". Gesang besteht aus laut pfeifenden Tönen mit eingestreuten näselnden Lauten.

VORKOMMEN: Misch- und Nadelwälder des Nordens. Nistet gewöhnlich auf Nadelbäumen. Verbreitungskarte 350.

Karmingimpel   *Carpodacus erythrinus*   R6   72, 84 E
Syn. a. *Erythrina erythrina*

(E) Scarlet Grosbeak; (F) Roselin cramoisi; (I) Ciuffolotto scarlatto; (H) Roodmus; (S) Rosenfink; (Sp) Camachuelo carminoso

KENNZEICHEN: Knapp 15 cm. ♂: Kopf, Brust und Bürzel *lebhaft karminrot,* der kräftige Schnabel braun, Flügel dunkelbraun mit zwei undeutlichen Binden, Bauch weiß. ♀ und juv. ohne auffallende Kennzeichen: oberseits gelblichbraun, am Bürzel lebhafter, am Kopf grauer; unterseits gelbbräunlich, fein braun gestreift; am besten zu erkennen an der gedrungenen Gestalt, dem auffallenden schwarzen Auge am großen, rundlichen Kopf, den zwei hellen Flügelbinden und dem deutlich ausgeschnittenen Schwanz. Flug wellenförmig. Vom Hakengimpel durch viel geringere Größe und undeutliche Flügelbinden unterschieden, von den Kreuzschnäbeln durch längeren Schwanz und ungekreuzten Schnabel.

STIMME: Lockruf „tschäeüb", auch „twie, twie . . ."; Gesang ein kurzes, klangreines Pfeifen „ti-tië-ti-tië", das weithin hörbar ist und an Pirolpfiff erinnert.

VORKOMMEN: Im Sommer Dickichte, Gebüsch, Brüche, strauchiger Unterwuchs in Wassernähe. Nistet niedrig über dem Boden, gewöhnlich in sumpfiger Vegetation, lokal in trockenen Eichenwäldern. In Schweden, an der Ostseeküste, in der Tschechoslowakei und im Alpengebiet z. Zt. in Ausbreitung nach Westen begriffen. Wandert nach Südosten. Verbreitungskarte 349.

Wüstengimpel   *Bucanetes githagineus*   **65**

Syn. b. *Rhodopechys githaginea*

(E) Trumpeter Bullfinch; (F) Bouvreuil githagine; (I) Trombettiere; (H) Woestijnvink; (S) Ökentrumpetare; (Sp) Camachuelo trompetero

KENNZEICHEN: 14 cm. Ein knapp sperlingsgroßer, langflügeliger, am Erdboden Nahrung suchender Vogel mit kurzem, dickem Schnabel. ♂ im Frühjahr und Sommer (im abgeriebenen Gefieder) graubräunlich, Flügel (vor allem Schwingensäume), Unterseite und Gesicht *rosenrot verwaschen*, Gesicht oft karminrot; Schnabel leuchtend korallenrot. ♂ im Herbst und Winter und ♀ matter gefärbt, mit viel weniger Rosenrot und mit gelblichem Schnabel. *Stimme sehr kennzeichnend.* Im eigentlichen Lebensraum der Art schwierig zu beobachten, hält sich hier dicht über dem Erdboden und auf diesem auf. Hat schnellen, finkenartigen Flug.

STIMME: Ein kennzeichnender *nasaler, trompetender Ton* „däht" und ein rauhes „tschick".

VORKOMMEN UND VERBREITUNG: Steiniges, bergiges Ödland und Wüsten, aber oft in der Nähe von Wasserstellen, die er abends zum Trinken aufsucht. Nistet in Felsspalten, in Mauerlöchern oder unter Pflanzenbüschen. Brutvogel in Südspanien (Prov. Almeria), sonst Irrgast aus Nordafrika (darüber hinaus ostwärts bis Pakistan verbreitet) auf Malta, Sizilien, in Griechenland sowie in Großbritannien, Schweden und Dänemark.

Gimpel   *Pyrrhula pyrrhula*   **72, 84 F**

(E) Bullfinch; (F) Bouvreuil pivoine; (I) Ciuffolotto; (H) Goudvink; (S) Domherre; (Sp) Camachuelo común

KENNZEICHEN: Knapp 15 cm. Das ♂ ist ein auffallender Vogel mit *leuchtend röstlich rosenroter Unterseite*, weißem Bürzel, blaugrauer Oberseite, *schwarzer Kopfkappe, schwarzem Kinn und sehr kräftigem schwarzem Schnabel.* Flügel und Schwanz schwarz, weißer Fleck auf den Flügeln. ♀ mit ähnlicher schwarzer Kappe und ähnlicher Zeichnung, aber unten rötlichgrau, oben braungrau. Flug wellenförmig. Heimlich, verläßt selten die Deckung. Die nordeuropäische Rasse, *P. p. pyrrhula,* ist deutlich größer und leuchtender gefärbt als die britische Rasse *(P. p. pileata)* und die auch durch West- und Norddeutschland bis zur unteren Oder verbreitete westeuropäische Rasse *(P. p. europaea;* auf der Iberischen Halbinsel vertreten durch *P. p. iberiae)* Zwischen nord- und westeuropäischer Rasse vermittelt sowohl in der Größe wie in der Färbung die in Süd- und Mitteldeutschland und auf der Balkanhalbinsel brütende Rasse *P. p. coccinea.* Siehe auch Bergfink, der ebenfalls weißen Bürzel hat.

STIMME: Sanft pfeifend „dü". Gesang leise, ein gedämpftes Gemisch von zwitschernden und knarrenden Tönen.

VORKOMMEN: Wälder, Anpflanzungen, Dickungen, buschreiche Gärten, Parkanlagen, waldnahe Obstgärten. Nistet in immergrünen Gartenbäumen, Hecken, auf kleinen Nadelbäumen in Schonungen usw. Verbreitungskarte 351

Kernbeißer   *Coccothraustes coccothraustes*   **71, 84 F**

(E) Hawfinch; (F) Gros-bec cassenoyaux; (I) Frosone; (H) Appelvink; (S) Stenknäck; (Sp) Picogordo

KENNZEICHEN: Knapp 18 cm. *Mächtiger Schnabel,* Stiernacken, *kurzer,* am Ende weißer Schwanz, blauschwarze Flügel mit *auffallenden weißen Schulterflecken.* Kopf gelbbraun, Rücken satt braun, Unterseite hell rötlichbraun

Kehlfleck und Zügel schwarz. Schnabel im Frühling stahlblau, im Winter hell hornfarben. ♀ heller, am Scheitel weniger rotbraun. Juv. mit dunklen Federsäumen und gelbem Kehlfleck. Flug schnell und gewöhnlich hoch, aber über kurze Strecken „hüpfend". Flugbild (großer Kopf, kurzer Schwanz) unverkennbar; bei überhinfliegenden Stücken ist eine durch weiße Zeichnung der Innenfahnen hervorgerufene helle Binde über die Handschwingen auffällig. Läuft aufrecht in watschelndem Gang und hüpft in weiten Sprüngen. Meist in den Baumwipfeln, im Winter aber auch mit anderen Finken auf dem Waldboden bei der Nahrungssuche. Äußerst vorsichtig.

STIMME: Laut und platzend „zicks" oder „zicks . . . zicks-it", gedehnt „zieh" usw. Gesang selten zu hören, ein zögerndes „tik, tik, tör-hui-hui" mit Variationen. Singt gewöhnlich auf Baumspitzen.

VORKOMMEN: Hauptsächlich in Mischwäldern (besonders solchen mit Rot- und Hainbuchen), Parkanlagen, Obstgärten. Nistet in Baumwipfeln oder auf niedrigen, waagerechten Ästen oder am Stamm, oft in lockeren Kolonien. Verbreitungskarte 352.

Waldsänger: Parulidae

Eine in ihrer Verbreitung auf die Neue Welt beschränkte Familie insektenfressender Singvögel, die in Amerika in vieler Hinsicht die altweltlichen Grasmücken ersetzen, jedoch nicht mit diesen, sondern mit den Ammern und Tangaren nächstverwandt sind. Einige Arten erinnern auch an Pieper, andere an Fliegenschnäpper. In Europa nur als Irrgäste.

Kappenwaldsänger *Dendroica striata (= breviunguis)* **65**
(E) Blackpoll Warbler; (F) Sylvette rayée

KENNZEICHEN: 13 cm. In Europa am ehesten im Winterkleid zu sehen; in diesem oberseits streifig olivgrünlich mit grauem Oberkopf, unterseits gelblich und ebenfalls undeutlich längsgestreift. Hat *zwei auffällige weiße Flügelbinden*, weiße Unterschwanzdecken und blaß gelblichbraune Beine. Im Brutkleid hat das ♂ einen schwarzen Oberkopf, weiße Kopfseiten mit einem schwarzen Bartstreif; die weiße Unterseite ist an den Seiten kräftig schwarz gestreift.

STIMME: Der Gesang besteht aus einer Reihe kurzer, dünner Töne auf gleicher Höhe, an Lautstärke zuerst zunehmend und dann wieder abnehmend.

VORKOMMEN UND VERBREITUNG: Zur Brutzeit im Nadelwald, auf dem Zuge in Baumbeständen verschiedenster Art. Irrgast aus dem nördlichen Nordamerika in Großbritannien.

Ammern: Emberizidae

Die Ammern sind eine hauptsächlich amerikanische Familie, die vor allem den Stärlingen und Tangaren (s. S. 283), aber auch den Finken nahe steht. Wie fast alle nichtamerikanischen Ammern gehören die in Europa lebenden Arten zur

Unterfamilie der Altweltammern; es sind körnerfressende Singvögel mit kurzem, am Grunde dickem Schnabel mit Gaumenhöcker und mehr oder weniger stark geschweiften Schneiden. Nur die als seltener Gast in Europa erscheinende Weißkehlammer gehört wie andere Irrgäste (s. S. 283) aus der Familie Ammern zur Unterfamilie Scharrammern. ♂ der meisten Arten lebhaft gefärbt oder auffällig gezeichnet. Nisten in Bäumen, Büschen, am Erdboden oder in Spalten.

Weißkehlammer   *Zonotrichia albicollis*   **65**

(E) White-throated Sparrow; (F) Bruant à gorge blanche; (I) Zonotrichia collobianco; (H) Witkeelgors; (S) Vithalsad sparv; (Sp) Chingolo gorgiblanco

KENNZEICHEN: Größe wie Goldammer. Brust grau, scharf abgesetzter *weißer Kehlfleck*, kontrastreich *schwarz-weiß gestreifter Scheitel*, breiter Überaugenstreif, der vor dem Auge gelb, hinter dem Auge weiß ist. Färbung von Rücken und Flügeln ähnlich wie beim Haussperling. Schnabel schwärzlich (bei der ähnlichen Dachsammer, s. S. 284, hell, orange-fleischfarben). Bei manchen Individuen und bei immat. Vögeln ist die Kopfstreifung dunkel- und hellbraun statt schwarz und weiß, der weiße Kehlfleck ist unscharf begrenzt.

STIMME: Ein hartes „tschink" und ein schleifendes „tsiht". Gesang: Auf einige hohe Töne folgen drei kurze, dreisilbige Laute.

VORKOMMEN UND VERBREITUNG: Buschwerk und niedrige Baumbestände. Irrgast aus Nordamerika in Irland, Großbritannien, Holland, Dänemark, Schweden, Finnland.

Schneeammer   *Plectrophenax nivalis*   **73, 85 E**

Syn. b. *Emberiza nivalis*

(E) Snow Bunting; (F) Bruant des neiges; (I) Zigolo della neve; (H) Sneeuwgors; (S) Snösparv; (Sp) Escribano nival

KENNZEICHEN: 16,5 cm. Leicht zu bestimmen an den *breiten weißen Flecken in Flügel und Schwanz*. ♂ im Frühling: Handschwingen und mittlere Steuerfedern schwarz, das übrige Gefieder *schneeweiß*. Beim ♀ Oberkopf schwärzlich mit weißlichen Federsäumen und weißem Überaugenstreif; Rücken schwärzlich mit hellen Federsäumen. Im Winter Kopf beim ♂ sandfarben, Rücken brauner, Unterseite rahmfarben mit gelbbraunen Flecken auf den Brustseiten; ♀ brauner, aber im Fluge sind die weißen Flügelfelder noch immer auffallend. Immat. mit braunen Flügeln, rötlich-gelbbraunem Kopf und Brustband, rahmfarbener Unterseite. Flug „tänzelnd" und gewöhnlich hoch. Gesellig; große Schwärme erinnern an treibende Schneeflocken. Siehe auch Schneefink.

STIMME: Klirrend „brrr", klagend „düh" (wie Spornammer). Gesang ein hohes, sehr schnelles, aber wohltönendes „tjuri-tjuri-tjuri-tetiü", fast lerchenartig im Charakter; singt im Abwärtsgleiten von kreisendem Balzflug.

VORKOMMEN: Im Winter an den Meeresküsten und in offenem Küstengelände gelegentlich im Binnenland in Niederungen und auf Feldern. Nistet in Spalten in der Fels- und Bergregion. Verbreitungskarte 354.

Spornammer *Calcarius lapponicus* **73, 85 E**

Syn. b. *Emberiza lapponica*

(E) Lapland Bunting; (F) Bruant lapon; (I) Zigolo di Lapponia; (H) Ijsgors; (S) Lappsparv; (Sp) Escribano lapón; (N.A.) Lapland Longspur

KENNZEICHEN: Gut 15 cm. ♂ im Frühling: *Kopf und Kehle schwarz,* mit auffallendem, braungelblichem *Band,* das vom Hinterrand des Auges bis zum Weiß unterhalb der Wangen führt, und *leuchtend kastanienbraunem Nacken.* Oberseite dunkelbraun gestreift; Bauch weißlich, mit gestreiften Flanken; auffallende weiße Schwanzseiten. ♀ ohne schwarze Zeichnung, mit gestreiftem Scheitel und weißlicher Kehle. Im Herbst und Winter unauffälliger: streifig gelblichbraun, mit zwei schmalen weißlichen Flügelbinden, Kastanienbraun auf den Flügeldecken, einigen dunklen Flankenstreifen und mit Rotbraun in wechselnder Ausdehnung am Nacken (beim ♂); oft mit schmutzig streifigem Fleck an der Vorderbrust; vom ziemlich ähnlichen Rohrammer-♀ durch kürzeren Schwanz mit weniger Weiß, *hellen Scheitelstreif,* weniger hervortretenden hellen Bartstreif und die laufende Fortbewegung (gelegentlich auch regenpfeiferähnliches Rennen) unterschieden.

STIMME: Wohltönend „tihe", hänflingsartig „gegegeg" oder zart schnarrend „trrrr". Gesang (im Flug) kräftig, aber angenehm, nicht unähnlich einem kurzen Auszug des Feldlerchenliedes.

VORKOMMEN: Im Winter auf Stoppelfeldern nahe der Küste, in Salzsümpfen und längs des Strandes. Nistet in baumlosem Ödland, auf der offenen Tundra und Moosheide. Verbreitungskarte 353.

Waldammer *Emberiza rustica* **73, 85 E**

Syn. a. *Buscarla rustica*

(E) Rustic Bunting; (F) Bruant rustique; (I) Zigolo boschereccio; (H) Bosgors; (S) Videsparv; (Sp) Escribano rústico

KENNZEICHEN: Knapp 15 cm. Von den anderen Ammern durch rein weiße Kehle und Unterseite mit großem, unregelmäßigem, *zimtbraunem Brustband* und ein paar gleichgefärbte Streifen an den Flanken unterschieden. Oberseite kastanienbraun, schwarz gestreift. Beim ♂ sind *Scheitel und Wangen schwarz* (im Winter bräunlich) mit *auffallendem breiten weißen* Streifen hinter dem Auge. ♀ mit Dunkelbraun anstelle von Schwarz am Kopf; ähnelt entfernt einem großen Braunkehlchen. Sträubt aufgeregt die Scheitelfedern.

STIMME: Wiederholt hoch „twüit", ferner „tick, tick". Gesang von dem anderer Ammern abweichend, wohlklingend, sowohl an Heckenbraunelle wie an Rotkehlchen und Gartengrasmücke erinnernd, etwa „sio-sí-sí-sissio-sí-sí" oder ähnlich, aber sehr variabel.

VORKOMMEN: Dickichte am Wasser und Mischwälder mit rankendem Unterwuchs. Nistet im Gras oder in niedrigen Büschen. Verbreitungskarte 359.

Zwergammer *Emberiza pusilla* **74**

Syn. a. *Ocyris pusilla*

(E) Little Bunting; (F) Bruant nain; (I) Zigolo minore; (H) Dwerggors; (S) Dvärgsparv; (Sp) Escribano pigmeo

KENNZEICHEN: 13,5 cm. Hänflinggroß; ohne auffallende Kennzeichen, außer zur Brutzeit, wenn Scheitel und Wangen kastanienbraun mit kräftiger schwarzer Begrenzung sind. Oberseite braun, schwarz gestreift; Unterseite weißlich mit *feinen schwarzen Streifen,* besonders auf der Vorderbrust und an den Körperseiten. ♀ matter. Vom ♀ der Wald- und der Rohrammer durch geringere Größe und matt kastanienbraune Wangen unterschieden. Füße blaß fleischfarben (die der Rohrammer stets dunkelbraun). Im Flug klein und gedrungen wirkend; Schwanz weniger lang erscheinend als bei der Rohrammer.

STIMME: Kurz „phuick" oder „tschick". Gesang kurz, ammerartig, etwas an Goldammer und Ortolan erinnernd.

VORKOMMEN UND VERBREITUNG: In der Tundra, am Wasser, im Weidenge-büsch in Flußtälern und Sümpfen. Nistet am Boden im Weiden- oder Zwergweidengestrüpp. Brutvogel in Sibirien und Nordrußland, westwärts bis Nordfinnland; hat auch in Nordnorwegen und Schweden gebrütet. Gelegentlich auf dem Zuge in den meisten westeuropäischen Ländern süd-wärts bis zum Mittelmeer. Mehr als 30mal in Deutschland, meistens auf Helgoland; auch in Österreich und der Schweiz.

Fichtenammer *Emberiza leucocephalos* **74**

Syn. a. *Emberiza citrinella leucocephalos*

(E) Pine Bunting; (F) Bruant à calotte blanche; (I) Zigolo golarossa; (H) Witkopgors; (S) Tallsparv; (Sp) Escribano de Gmelin

KENNZEICHEN: 16,5 cm. Ad. ♂ mit unverwechselbarer *kastanienbrauner und weißer Kopfzeichnung:* Scheitel und Wangen weiß, schwarz eingefaßt, Kehle und Augenstreif kastanienbraun. Untere Kehle und Bauch weiß, Brust und Körperseiten blaß kastanienbraun gefleckt. Im Winter sind alle Farben durch bräunliche oder graue Federsäume matter erscheinend. ♀ bräunlicher, Weiß des Oberkopfes braun verwaschen und schwärzlich gestrichelt, Kehle grau-weißlich mit rotbraunem Federgrund, im ganzen ähnlich einem Goldammer-♀, bei dem das Gelb durch weißliche Farbe ersetzt ist.

STIMME: Gesang sehr ähnlich dem der Goldammer, mit der sich die Fichten-ammer in Nord-Asien stellenweise in großem Umfang vermischt und von der sie vielleicht nicht artlich zu trennen ist.

VORKOMMEN UND VERBREITUNG: Offenes Kulturland und lichte Nadelwälder. Gast aus Ost-Rußland und Nord-Asien in fast allen Ländern Europas bis Island, Großbritannien, Holland, Belgien, Frankreich, Italien, Öster-reich; mehrfach in Deutschland.

Goldammer *Emberiza citrinella* **74, 85 E**

(E) Yellowhammer; (F) Bruant jaune; (I) Zigolo giallo; (H) Geelgors; (S) Gulsparv; (Sp) Escribano cerillo

KENNZEICHEN: 16,5 cm. ♂: *Kopf und Unterseite zitronengelb* mit grünlicher Streifenzeichnung am Kopf und undeutlichem Brustband; *Bürzel hell rot-braun;* Rücken und Flanken mit kastanienbrauner Streifung. Weiß an äuße-ren Steuerfedern im Fluge auffallend. ♀ und juv. viel weniger gelb, mit mehr dunklen Abzeichen, besonders am Kopf; von der Zaunammer durch *kasta-nienbraunen Bürzel* unterschieden.

STIMME: Metallisch „ziß" und „zick-zick". Gesang ein schnelles, stereotypes „zi-zi-zi-zi-zi- . . . zieh" mit lokalen Schwankungen (der letzte Ton kann z. B. zweisilbig, höher oder tiefer sein), im Volksmund wiedergegeben durch: „Wie, wie, wie hab' ich dich lieb."

VORKOMMEN: Offenes Gelände, Felder, Waldränder, Gebüsch usw., im Winter oft bei Höfen und Feldscheunen. Nistet auf oder niedrig über dem Boden an Hecken, Grabenrändern usw. Verbreitungskarte 355.

Zaunammer *Emberiza cirlus* R2 74, 85 E

(E) Cirl Bunting; (F) Bruant zizi; (I) Zigolo nero; (H) Cirlgors; (S) Häcksparv; (Sp) Escribano soteño

KENNZEICHEN: 16,5 cm. ♂: *Gelbe Unterseite mit grünlichem Brustband, schwarzer Kehle* (im Winter durch graue Federsäume verdeckt) und gestreiften Flanken; olivgrüner Kopf mit dunklem Scheitel, *gelben Streifen über und unter dem Auge* und schwarzem Augenstreif; Rücken und Brustseiten kastanienbraun; von der Goldammer durch charakteristische Kopf- und Brustzeichnung unterschieden. ♀ und juv. matter, von Goldammer durch *olivbraunen Bürzel* unterschieden. Siehe auch Weidenammer und Ortolan.

STIMME: Fein „zip", Flugruf „sissi-sissi-sip". Gesang ein monotones, eiliges Klirren auf einem Ton, ähnlich wie das Klappern der Klappergrasmücke oder ein schneller Goldammergesang ohne Schlußton.

VORKOMMEN: Hohe Hecken und Bäume in Kulturland; auch an mit Gebüsch bewachsenen felsigen Hängen. Im Winter in gemischten Schwärmen auf Feldern und an Dörfern. Nistet niedrig in Hecken, Bäumen, manchmal an Erdhängen. Früher in Deutschland im Rheingebiet nordwärts bis Bonn, jetzt nur noch in der Pfalz. Verbreitungskarte 356.

Türkenammer *Emberiza cineracea* 74

(E) Cinereous Bunting; (F) Bruant cendré; (I) Zigolo cinereo; (H) Smyrnagors; (S) Gulgrå sparv; (Sp) Escribano cinéreo

KENNZEICHEN: 16,5 cm. Eine in der Hauptsache *gräulich gefärbte* Ammer *mit düster gelblichem Kopf*. Kehle reiner gelb. Nacken und Vorderbrust aschgrau mit gelbem Anflug; Unterkörper bei uns weißlich. Rücken und Flügel braungrau, dunkel gestreift, Flügeldecken und Armschwingen mit gelbbräunlichen Säumen. Schnabel bläulich hornfarben. Füße bräunlich fleischfarben. ♀ matter gefärbt, mit bräunlicherem, streifigem Kopf und gestreifter gelber Kehle. Juv. dunkler, mit bräunlich aschgrauer, gestreifter Unterseite, jedoch Kehle schwefelgelb verwaschen; innere Armschwingen mit breiten rostbräunlichen Säumen.

STIMME: Ruf ein kurzes „kip". Der kurze Gesang hat typischen Charakter eines Ammernliedes, soll wie „dir, dir, dir, dudli-di" klingen.

VORKOMMEN UND VERBREITUNG: Trockene felsige oder steinige Hänge mit geringem Pflanzenwuchs, aufwärts bis zur Baumgrenze. Brütet in der Ägäis (auf Lesbos und Chios) und in Kleinasien und ostwärts bis Iran.

Ortolan *Emberiza hortulana* R2 74, 85 E

(E) Ortolan Bunting; (F) Bruant ortolan; (I) Ortolano; (H) Ortolaan; (S) Ortolansparv; (Sp) Escribano hortelano

KENNZEICHEN: 16,5 cm. Von den anderen Ammern durch die Verbindung *„zimtfarbige Unterseite und gelbe Kehle"* unterschieden. *Kopf und Vorderbrust hell olivgrau, Kehle hell gelb* mit olivfarbenem Bartstreif. Von nahem sind der gelbe Augenring und der rötliche Schnabel zu sehen. Oberseite braun, schwarz gestreift. ♀ heller, weniger oliv, mit kleinen dunklen Stricheln an der Vorderbrust. Immat. brauner, unterseits gestreift, aber mit charakteristischem *Augenring und rötlichem Schnabel.* Siehe auch Grauortolan und Zippammer.

STIMME: Laut „zih-ip" und „zip" und pfeifend „züh". Gesang erinnert an Goldammer, ist aber *langsamer,* klingt schwermütig und ist sehr variabel; gewöhnlich werden 3 bis 4 klangreine Pfeiftöne gebracht, denen 1 bis 3 tiefer liegende oder ein Schnörkel folgen.

VORKOMMEN: Lichte, nicht zu hoch gewachsene Getreidefelder auf trockenem Boden, soweit sie an Wälder grenzen oder Feldgehölze, einzelne Bäume usw. aufweisen, seltener in Hackfruchtfeldern, mancherorts in lichten Kiefernbeständen, Heiden, Weinbergen usw., auch an Landstraßen. Nistet auf oder nahe dem Boden in der Saat oder zwischen Gras und Kräutern. Verbreitungskarte 358.

Grauortolan *Emberiza caesia* **74, 85 E**

(E) Cretzschmar's Bunting; (F) Bruant cendrillard; (I) Ortolano grigio; (H) Bruinkeelortolaan; (S) Rostsparv; (Sp) Escribano ceniciento

KENNZEICHEN: 16 cm. ♂ wie ein Ortolan-♂, aber Kopf und Brustband unverkennbar *leuchtend blaugrau* (nicht olivfarben), Kehle *zimtbraun* (nicht gelb). ♀ vom Ortolan-♀ durch *Fehlen von Gelb an der Kehle* unterschieden. Juv. nicht sicher von jungen Ortolanen am gelbbräunlicheren Aussehen zu unterscheiden, von Zippammer-juv. am rötlichen Schnabel. Im Herbst sind bei beiden Geschlechtern die leuchtenden Farbtöne teilweise verdeckt.

STIMME: Ein beständiges „stjip", nicht so weich wie Ruf des Ortolans. Der Gesang variabel, bald weicher, bald hart klingend, 3–5 Töne auf gleicher Höhe, mit Betonung auf der letzten Silbe, etwa „ze-ze-zríh".

VORKOMMEN UND VERBREITUNG: Nackte felsige Abhänge und Halbwüsten mit schütterer und verkümmerter Vegetation. Nistet am Boden. Häufiger Sommervogel in Griechenland, nordwärts bis Albanien. Umherstreifende auch anderswo im mediterranen Europa, westlich bis Spanien, sogar auf Helgoland (etwa ein Dutzend mal), in Großbritannien, Frankreich, Holland, Österreich und Schweden nachgewiesen.

Zippammer *Emberiza cia* **74, 85 E**

(E) Rock Bunting; (F) Bruant fou; (I) Zigolo muciatto; (H) Grijze Gors; (S) Sippsparv; (Sp) Escribano montesino

KENNZEICHEN: 16 cm. *Kehle und Kopf aschgrau mit dünnen schwarzen Streifen* auf dem Scheitel und an den Kopfseiten. Spreizt bei der Nahrungssuche am Boden häufig den Schwanz, in dem dann das Weiß auffällt. Oberseite kastanienbraun, schwarz gestreift; Bürzel *ungestreift* kastanienbraun, Unterseite *zimtbraun.* ♀ dem ♂ ähnlich, etwas matter gefärbt, das Grau meist weniger rein. Ad. von allen anderen europäischen Ammern durch *hell aschgraue Kehle* unterschieden. Immat. streifig, von jungen Ortolanen und jungen Grauortolanen durch rostbräunliche Unterseite sowie kastanienbraunem Bürzel unterschieden.

STIMME: Lockruf dünn „zihp" oder „zip". Gesang erinnert an Heckenbraunelle und Rohrammer, variabel, kurz und sehr hoch, etwa „zi-zi-zi-zirr", die letzte Silbe ansteigend.

VORKOMMEN: Gewöhnlich felsige Hänge mit Büschen oder Bäumen, Weinberge; gelegentlich auf Meereshöhe. Nistet auf oder niedrig über dem Boden Verbreitungskarte 357.

Rohrammer   *Emberiza schoeniclus*   **73, 85 E**

Syn. a. *Schoeniclus schoeniclus*

(E) Reed Bunting; (F) Bruant des roseaux; (I) Migliarino; (H) Rietgors; (S) Sävsparv; (Sp) Escribano palustre

KENNZEICHEN: Gut 15 cm. Beim ♂ *Kopf und Kehle schwarz, mit weißem Halsband* (diese Zeichnung ist im Winter durch braune Fleckung nahezu verdeckt), Oberseite dunkelbraun mit schwarzen Streifen und gräulichem Bürzel; äußere Steuerfedern auffallend weiß; Unterseite gräulich weiß, Flanken schwarz gestreift. ♀ mit braunem Kopf, hellem Überaugenstreif und *auffallendem schwarz-weißlichen Bartstreif;* Bürzel bräunlich; Kehle und Unterseite gelblichbraun mit schwarzen Streifen an Brust und Flanken. Südeuropäische Rassen mit auffallend dickerem Schnabel. Siehe auch Wald-, Zwerg- und Spornammer.

STIMME: Laut, gedehnt „zieh", metallisch „tschink" und (Alarmruf) „tschit". Gesang individuell verschieden, abgehackt, beginnt langsam und endet eilig, „zja-tit-tai-zississ" oder ähnlich, gewöhnlich von einem Rohrhalm oder einem Busch aus vorgetragen.

VORKOMMEN: Röhricht, nasse Wiesen, Weidicht, Gräben, Sümpfe, lokal in trockenerem Gelände; durchstreift im Winter Felder und Wiesen. Nistet auf oder niedrig über dem Boden im üppigen Pflanzenwuchs. Verbreitungskarte 360.

Weidenammer   *Emberiza aureola*   **74, 85 E**

Syn. a. *Hypocentor aureola*

(E) Yellow-breasted Bunting; (F) Bruant auréole; (I) Zigolo dal collare; (H) Wilgengors; (S) Brunhuvad sparv; (Sp) Escribano aureolado

KENNZEICHEN: 14 cm. ♂ mit leuchtend gelber Unterseite und *kennzeichnendem, schmalem kastanienbraunen Querband über die Brust;* buchfinkenähnliche Flügelzeichnung mit breitem weißen „Schulterfleck" und schmaler weißer Querbinde im Flügel; *Gesicht schwarz,* Hinterkopf und Rücken dunkel kastanienbraun; im Winter sind die schwarzen und kastanienbraunen Abzeichen teilweise verdeckt; leicht von allen anderen Ammern durch die weißen Flügelbinden und das schmale kastanienbraune Brustband zu unterscheiden. ♀ unterseits ebenfalls gelb oder gelblich, aber ohne Brustband; die auffällige Kopfzeichnung (heller Scheitelstreif und heller Überaugenstreif, durch dunklere Färbung getrennt) erinnert an Seggenrohrsänger; von Gold- und Zaunammer ferner durch blassere Allgemeinfärbung, ungestreifte Brustmitte und zwei undeutliche helle Flügelbinden zu unterscheiden. Beide Geschlechter mit weißer Zeichnung an den äußeren Schwanzfedern.

STIMME: Ein rotkehlchenartiges „zick" und ein weiches „trssit". Der laute, melodische Gesang ist schneller und flüssiger als der etwas ähnliche des Ortolans, klingt etwa wie „djüldjül-tië-tië-zitü".

VORKOMMEN UND VERBREITUNG: Offenes Gelände. Im Sommer hauptsächlich üppige, buschbestandene Wiesen, Birken und Weidengestrüpp am Wasser, auch in der Steppe. Nistet in kleinen Büschen. Brutvogel in Sibirien, Nordrußland und Mittelfinnland, neuerdings auch in Nordnorwegen. Wandert ostwärts; umherstreifend westwärts bis Irland, Großbritannien, Belgien, Holland, Deutschland (vor allem Helgoland), Frankreich, Italien, Malta.

Kappenammer　*Emberiza melanocephala*　　　　　　　　　**74, 85 E**

Syn. a. *Granativora melanocephala*

(E) Black-headed Bunting; (F) Bruant mélanocéphale; (I) Zigolo capinero; (H) Zwartkopgors; (S) Svarthuvad sparv; (Sp) Escribano cabecinegro

KENNZEICHEN: 16,5 cm. ♂ mit *ungestreifter* gelber Unterseite; *Kopf schwarz mit gelbem Halsband;* Rücken kastanienbraun; *ohne Weiß am Schwanz.* Kopf im Herbst bräunlich. ♀ oben matt olivbraun gestreift (an helles Haussperling-♀ erinnernd); von ♀ anderer gelbbrüstiger Ammern durch *ungestreifte* fahle Unterseite unterschieden; Unterschwanzdecken gelb. Beim ♂ der als Irrgast in Europa erscheinenden, vielleicht nicht artlich verschiedenen Braunkopfammer *(E. bruniceps)* (s. S. 285) sind *Kopf und Kehle* kastanien-*braun;* ♀ im Felde ununterscheidbar. Siehe auch Weidenammer.

STIMME: Ein weiches „tschup", ein kurzes, lautes „zitt" und ein tieferes, leiseres „zih". Gesang beginnt mit ein paar langsamen Tönen und endet mit einem kurzen, schnellen Triller.

VORKOMMEN UND VERBREITUNG: Offenes Gelände mit zerstreuten Wäldchen und Gebüschen, Olivenhaine, Gärten. Nistet in niedriger Vegetation. Verbreitungskarte 361.

Grauammer　*Emberiza calandra*　R4　　　　　　　　　　**74, 85 E**

Syn. a. *Miliaria calandra*

(E) Corn Bunting; (F) Bruant proyer; (I) Strillozzo; (H) Grauwe Gors; (S) Kornsparv; (Sp) Triguero

KENNZEICHEN: Knapp 18 cm. Unsere größte Ammer. Plump. Bräunlich, oben und unten gestreift. Kein Weiß an Flügeln und Schwanz. Von Lerchen und Piepern durch bedeutendere Größe, großen, runden Kopf und viel derberen, kürzeren Schnabel unterschieden. Geschlechter gleichgefärbt. Schnabel und Beine gelblich. Flug schwerfällig, oft mit hängenden Beinen. Sitzt auf Pfählen und Telephondrähten. Gesellig. Gewöhnlich polygam.

STIMME: Ein kurzes, raspelndes „ticks", rauh und länger „sihp"; im Herbst „tip-ä-tip". Flugruf ein klirrendes Zickern. Gesang eine schnelle Folge kurzer, metallischer Töne, die in einem eigentümlichen Klirren endet, das wie das Rasseln eines Schlüsselbundes klingt (etwa „zickzickzickzick . . . schnirrrps").

VORKOMMEN: Offenes Feldgelände (Kornfelder, Wiesen) mit einzelnen Bäumen, Büschen, Hecken; an Landstraßen. Charaktervogel der Bördenlandschaften. Nistet im hohen Gras, unter Disteln, am Grunde von Hecken usw. Verbreitungskarte 362.

Irrgäste

Als „Irrgäste" werden alle diejenigen Arten aufgeführt, die weniger als 20mal innerhalb des in diesem Taschenbuch behandelten geographischen Areals nachgewiesen worden sind. Zweifellos werden der europäischen Vogelliste, wenn sich die Zahl der Vogelbeobachtungsstätten und erfahrenen Beobachter vermehrt, noch mehr neue Arten hinzugefügt werden. Kaum ein Jahr vergeht ohne solche Neunachweise. Viele alte Berichte, die heute infolge der Unmöglichkeit einer genauen Nachprüfung der näheren Umstände nicht mehr anerkannt werden, können dennoch wahr gewesen sein. Trotzdem muß stets große Vorsicht geübt werden. Arten, bei denen die Möglichkeit besteht, daß sie aus Menschenobhut entflohen sind, oder solche Vögel, die bekanntermaßen als Käfigvögel in anderen Teilen der Welt gehalten werden, sind von vornherein verdächtig. Wo jedoch von Zugvögeln bekannt ist, daß sie gelegentlich weitab von der Heimat und noch dazu in allgemeiner Richtung auf Europa erscheinen, ist die Möglichkeit nicht von der Hand zu weisen, daß sie durch heftige Stürme weiter verschlagen oder von der Zugbewegung anderer Arten erfaßt und mitgeführt worden sind. Beispiele hierfür sind die amerikanischen Drosseln, Waldsänger und Wasservögel sowie asiatische und nordafrikanische Arten. Die Hurrikane der südlichen Ozeane tragen auch zu dieser Liste bei, indem sie seltene Sturmschwalben, Sturmtaucher und Albatrosse in europäische Gewässer verschlagen.

Viele dieser Seltenheiten unterscheiden sich von ihren europäischen Verwandten nur geringfügig, und es ist recht unwahrscheinlich, daß sie der Gelegenheitsbeobachter erkennt. Derjenige (oder diejenige) wird sie entdecken, der auf jeden Vogel einen kritischen *zweiten* Blick wirft. Bei weitem die lohnendsten Plätze zur Beobachtung solcher seltenen Wanderer sind Halbinseln oder Inseln wie etwa Helgoland, die Fair-Insel oder die Scilly-Inseln.

Die folgenden kurzen Angaben führen die wichtigsten feldornithologischen Kennzeichen von Vogelarten auf, die als Irrgäste in Europa nachgewiesen wurden. Von jeder Art wird die Brutheimat in Klammern angegeben, dann folgt eine Aufzählung derjenigen europäischen Länder, in denen sie mindestens einmal nachgewiesen wurde. Die im Hauptteil nicht behandelten Familien und Unterfamilien werden kurz charakterisiert.

Lappentaucher: Podicipedidae

Bindentaucher. *Podilymbus podiceps.* Etwa so groß wie Schwarzhalstaucher, Gestalt ähnlich Zwergtaucher. Graubraun mit *weißen* Unterschwanzdecken. Im Sommer mit schwarzer Kehle und schwarzem Schnabelring. (Amerika.) Ausnahmsweise Großbritannien. Taf. 15.

Albatrosse: Diomedeidae

Wanderalbatros (Kapschaf). *Diomedea exulans.* Der größte Meeresvogel (3,35 m Flügelspanne). Hauptsächlich weiß, mit schwarzen Flügelspitzen und etwas dunkler Zeichnung auf den Flügeldecken und an der Schwanzspitze. Schnabel hell fleischfarben. ♀ mit dunklem Scheitel. Unausgefärbte vorwiegend braun, mit weißem Gesicht und weißer Kehle; Flügel oben schwärzlich, unten weiß, ausgenommen die schwarzen Spitzen. (Die Ozeane des Südens.) Als Irrgast Frankreich, Belgien, Deutschland (einmal).

Sturmvögel: Procellariidae

Riesensturmvogel. *Macronectes giganteus.* Bei weitem der größte Sturmvogel mit fast 2,5 m Flügelspannweite. Von den dunklen Albatrossen durch gedrungenere Gestalt, kürzere Flügel, fächerförmigen Schwanz und sehr kräftigen, blassen Schnabel unterschieden. Gefieder dunkelgraubraun mit hellerem Kopf. Jungvögel weiß gefleckt. Eine fast reinweiße Färbungsphase kommt am Rande der Antarktis vor (bis zu 10 % der dortigen Populationen). (Ozeane des Südens.) Ausnahmsweise im Kanal.

Teufelssturmvogel. *Pterodroma hasitata.* So groß wie ein großer Schwarzschnabel-Sturmtaucher. Ähnlich dem Großen Sturmtaucher, aber von diesem durch *weißlichen Nacken und weißliche Stirn* (in scharfem Gegensatz zur schwarzen Kappe) und ausgedehnteres Weiß oder Grau am Bürzel unterschieden. Schnabel kürzer und dicker als beim Großen Sturmtaucher. Sehr selten. (Karibische See.) Als Irrgast England.

Bulwersturmvogel. *Bulweria bulwerii.* Erheblich größer als die gemeine Sturmschwalbe, ein wenig größer als Wellenläufer. *Insgesamt* bis auf das graue Kinn *rußschwarz.* Schwanz *keilförmig* und länger als bei den meisten Sturmschwalben. Füße *rötlich.* (Atlantische Inseln.) Als Irrgast Großbritannien, Irland, Italien.

Sturmschwalben: Hydrobatidae

Fregattensturmschwalbe. *Pelagodroma marina.* Von allen anderen kleinen Sturmschwalben durch *gänzlich weiße Unterseite von Flügeln und Körper* zu unterscheiden. Oberseite dunkel, Bürzel hellgrau. Weiße Stirn und *weißer Überaugenstreif;* dunkler Scheitel und *Streif unter dem Auge.* (Atlantische Inseln.) Als Irrgast Großbritannien, Holland.

Madeira-Wellenläufer. *Oceanodroma castro.* Von Sturmschwalbe und Wellenläufer durch gleichmäßigeren horizontalen Zickzackflug ohne sprunghaftes Flattern zu unterscheiden; brauner, *mit rein weißem* (in der Mitte nicht grauem) Bürzelband und weniger tief gegabeltem Schwanz. (Atlantische Inseln.) Als Irrgast Großbritannien, Irland, Spanien.

Fregattvögel: Fregatidae

Fregattvögel sind große, gabelschwänzige Seevögel, den Kormoranen und Tölpeln verwandt, denen sie erbeutete Nahrung abjagen; sie fischen aber auch selbst. Meist entfernen sie sich nicht sehr weit von ihren Brutplätzen auf Meeresinseln. Ein Vorkommen eines Fregattvogels unbestimmter Art in Deutschland.

Pracht-Fregattvogel. *Fregata magnificens.* Groß (2,10 m Flügelspanne), schwarz; räuberischer Seevogel mit sehr langem, *tief gegabeltem* Schwanz (der gewöhnlich nicht gespreizt und daher lang und spitz ist), mit rotem Kehlfleck und langem, schlankem, an der Spitze hakenförmig gebogenem Schnabel. ♀ mit weißer Brust. (Süd-Atlantik.) Als Irrgast Holland, Frankreich, Schottland, Dänemark.

Reiher: Ardeidae

Indianerdommel. *Ixobrychus exilis.* Der Zwergdommel ähnlich, noch kleiner, mit mehr Rostfarbe an den Halsseiten und an den Flügeln. Rücken beim ♂ schwarz mit einer schmalen hellen Längszeichnung, beim ♀ rotbraun mit hellen Federsäumen. (Amerika.) Ausnahmsweise Island.

Mandschurendommel. *Ixobrychus eurhythmus.* ♂: Vom Zwergdommel-♂ durch *dunkel kastanienbraune* (nicht weiße) Kopfseiten und schmalen dunklen Längsstrich über Kehle und Vorderbrust unterschieden; Füße grün statt gelb. Oberkopf matt schwarzbraun, sonst oben dunkel kastanienbraun mit Ausnahme der gräulich lehmfarbenen mittleren und großen Oberflügeldekken; Unterseite hell ockergelb, Unterschwanzdecken weiß. ♀ mit kleinen, rundlichen weißlichen Flecken auf dem Rücken und braun gestreifter Unterseite. (Ostasien). Als Irrgast Deutschland, Italien.

Mangrovereiher (Grünreiher). *Butorides striatus.* Etwa so groß wie Zwergdommel. Ad. mit schwarzem Scheitel, kastanienbraunem Hals, graublauem Rücken. Wirkt von fern sehr dunkel. Immat. unterseits kräftig gestreift, Flügel weiß gefleckt. (Amerika, Afrika, Südasien, Australien, Südsee.) Ausnahmsweise Großbritannien (Rasse *Butorides striatus virescens* aus dem östlichen Nordamerika).

Küstenreiher (Meerreiher). *Egretta gularis.* In Größe und Gestalt dem Seidenreiher äußerst ähnlich, wie dieser mit gelben Zehen und ähnlichen Schmuckfedern; von manchen daher nur als Rassengruppe des Seidenreihers betrachtet. Zerfällt in eine westliche *(Egretta gularis gularis;* Küste Westafrikas) und eine östliche Rasse *(Egretta gularis schistacea;* Küsten des Roten Meeres bis zur Westküste Indiens und Ceylon), jede mit einer grauen und einer (selteneren) weißen Färbungsphase; letztere bei der Westrasse im Feld von Seidenreiher ununterscheidbar, erstere *dunkel schiefergrau mit weißer Kehle;* die Ostrasse hat helleren, oft gelben Schnabel, durch den sie stets vom Seidenreiher unterschieden werden kann. Ausnahmsweise Spanien, Frankreich, Italien, Jugoslawien.

Ibisse: Threskiornithidae

Waldrapp. *Geronticus eremita.* Schwarz mit grünem, bronzefarbenem und purpurnem Schiller. Größter Teil des Kopfes nackt, rot; gebogener, roter Schnabel; Füße dunkelrot. (Nordafrika, Vorderasien.) Irrgast in Südspanien. Bis zum Beginn des 17. Jahrhunderts Brutvogel auch in Süddeutschland.

Flamingos: Phoenicopteridae

Zwergflamingo. *Phoeniconaias minor.* Um ein Viertel kleiner als Flamingo (S. 52), *Schnabel dunkelrot mit schwarzer Spitze;* Beine rosa wie bei der größeren Art. (Afrika, Nordwestindien.) Ausnahmsweise Südspanien.

Entenvögel: Anatidae

Witwenpfeifgans (Witwenente). *Dendrocygna viduata.* 48 cm. Eine hochbeinige, aufrecht stehende Ente mit *auffallendem weißen Vorderkopf;* Rest des Kopfes und Hals schwarz mit einem weißen Fleck an der unteren Kehle. Körperseiten eng *schwarz-weiß quergebändert.* Hat lauten, klaren Pfiff. (Süd- und Mittelamerika, Afrika, Madagaskar.) Irrgast in Spanien.

Streifengans. *Anser indicus* (Syn. a. *Eulabeia indica*) Ad. Körper hellgrau, Kopf weiß mit zwei schwarzen Querbinden im Nacken. Hals dunkel mit langem weißen Streifen an den Seiten. Immat. ohne Nackenbinden; Kopf- und Halsseiten weiß, Nacken und Oberhals dunkel. (Zentralasien.) Als Irrgast (oder aus Menschenobhut?) Finnland, Schweden, Dänemark, Ungarn, Deutschland (wiederholt festgestellt, aber wohl alle aus der Gefangenschaft entwichene Stücke.)

Sichelente. *Anas falcata* (Syn. a. *Eunetta falcata).* ♂ mit rotbraun und schillernd grün gefärbtem Kopf; schwach ausgebildete, struppige Haube im Nacken; weiße Kehle mit schmalem, dunklem Querband; herabhängende, sichelartig gebogene Schulterfedern („Sichelente"). Wirkt wie eine „krickentenköpfige Schnatterente". ♀ unauffällig braun mit gesprenkelten Flanken. (Nordostasien.) Als Irrgast (oder aus Menschenobhut?) Schweden, Frankreich (?), Tschechoslowakei, Österreich, Malta.

Dunkelente. *Anas rubripes.* Größe und Flugbild wie Stockente. Dunkelbraun (aus der Ferne schwarz) mit hellen Wangen und Halsseiten, gelblichem Schnabel, purpurnem Spiegel ohne weißen Rand. Im Flug *dunkler Körper* gegen *weiße Unterflügel* abstechend. (Nordamerika.) Als Irrgast Irland, England, Schweden, Italien.

Plüschkopfente. *Somateria fischeri.* Leicht von den anderen Eiderenten an dem *großen, ringförmigen hellen Augenfleck* zu unterscheiden. Beim ♂ Genick und *Stirn* hellgrün; Oberseite gelblichweiß; Unterseite schwärzlich. ♀ dicht braun und schwarz quergebändert, mit gräulich-gelbbräunlichem Kopf und Hals. (Sibirien.) Gelegentlich in den arktischen Meeren westwärts bis Norwegen und Schleswig-Holstein (einmal).

Büffelkopfente. *Bucephala albeola.* Eine kleine Ente. ♂ mit hochscheiteligem, dickem Kopf und *großem weißen Fleck hinter dem Auge,* der rund um die Rückseite des Kopfes reicht. Wirkt in der Ruhe hauptsächlich weiß mit schwarzem Rücken. ♀ oben braun, mit düsteren Flanken, weißem Wangenfleck und weißem Flügelfeld. (Nordamerika.) Als Irrgast Island, Großbritannien, Tschechoslowakei.

Kappensäger. *Lophodytes cucullatus* (Syn. b. *Mergus cucullatus).* Etwas größer als Zwergsäger, mit typischem Sägerschnabel und schlankem Flugbild. ♂ schwarzweiß, mit *fächerförmiger, weißer, schwarz gesäumter, aufrichtbarer Haube;* Brust weiß mit zwei schwarzen Binden vor dem Flügel; Flanken bräunlich. ♀ viel kleiner und dunkler als Gänse- und Mittelsäger, mit dunklem Kopf und Hals und *auffallender buschiger gelbbrauner Haube.* (Nordamerika.) Als Irrgast Großbritannien, Irland; anderswo (auch in Deutschland) nachgewiesene Vögel wohl Zooflüchtlinge.

Greife: Accipitridae

Schwalbenweih. *Elanoides forficatus.* Ein schlanker, bussardgroßer Greif mit langem Gabelschwanz. Im Flug einer riesigen Schwalbe gleichend. Kopf und Unterseite weiß, Rücken, Flügel und Schwanz schwarz. (Vom südlichen Nordamerika bis Nord-Argentinien.) Irrgast (oder Zooflüchtling?) in Großbritannien, Frankreich und Deutschland (Rheinland).

Bindenseeadler. *Haliaeetus leucoryphus* (Syn. a. *Cuncuma leucoryphus*). Dunkelbraun, mit weißlicher Kehle und weißlichen Kopfseiten, gelblichbraunem Scheitel und Nacken und einem *breiten weißen Band* im dunklen Schwanz. Unausgefärbte ganz dunkel mit hellen Kopfstreifen. Auch als *Cuncuma leucoryphus* getrennt. (Rußland, Asien.) Als Irrgast Norwegen, Finnland, Schlesien (einmal), Ungarn, Holland, Deutschland (Bundesrepublik); z. T. vielleicht Zooflüchtlinge.

Ohrengeier. *Aegypius tracheliotus* (Syn. *Torgos tracheliotus*). Größe des Mönchsgeiers, mit noch stärkerem Schnabel. Aus der Nähe fallen der nackte *fleischfarbene Kopf und die ebenso gefärbte Kehle* auf. Ad. im Flug kenntlich an schmaler weißer Binde im vorderen Teil der Flügelunterseite und am Weiß von Schenkeln und Kropfseiten. (Afrika, Israel und Süd-Arabien.) Irrgast in Süd-Europa.

Graubürzel-Singhabicht (Kleiner Singhabicht). *Melierax metabates.* In der Größe zwischen Sperber und Habicht. Oberseits dunkelgrau, jedoch mittlere und große Flügeldecken hellgrau, weiß marmoriert, Flügelspitzen schwärzlich, Oberschwanzdecken weiß gebändert, Schwanz schwärzlich mit weißer Endbinde; Kehle und Vorderbrust grau, Unterkörper weiß mit grauer Querbänderung. Haltung aufrecht. Beine verhältnismäßig lang, orangefarben. Im Flug breite, hellgraue Flügel mit *abstechenden schwarzen Spitzen* und einfarbig dunkelgraue Vorderbrust kennzeichnend. Immat. braun, Bürzel und Unterkörper heller gebändert. Rufe klar pfeifend. (Afrika und SW-Arabien.) Irrgast in Südspanien und Griechenland.

Falken: Falconidae

Buntfalke. *Falco sparverius* (Syn. a. *Tinnunculus sparverius;* b. *Cerchneis sparveria*). Ähnlich Turmfalke, aber Schwanz beim ♂ *rotbraun* (nicht grau), Flügel blaugrau, Gesicht viel auffallender schwarz-weiß gezeichnet. ♀ ähnlich Turmfalken-♀, jedoch wie ♂ mit kräftiger schwarz-weißer Zeichnung an den Kopfseiten. (Amerika.) Als Irrgast Malta, Großbritannien, Dänemark, Estland.

Schieferfalke (Blaufalke). *Falco concolor.* Größe zwischen der von Baumfalke und Eleonorenfalke. Geschlechter gleich gefärbt, jedoch zwei Färbungsphasen, die eine fast ganz schwarz, die andere schiefergrau mit schwarzen Flügelspitzen. Erstere ähnelt sehr der dunklen Färbungsphase des Eleonorenfalken, der Vogel ist aber etwas kleiner, mit verhältnismäßig längeren Flügeln und kürzerem Schwanz (der von den angelegten Flügeln überragt wird). Aus großer Nähe ist zu erkennen, daß die beiden mittleren Schwanzfedern die übrigen ein wenig überragen. Die hellere Phase unterscheidet sich vom ♂ des Rotfußfalken durch *gelbe (nicht rote) Beine und Füße* und durch Fehlen von Rot an der Schnabelwachshaut. Stimme turmfalkenähnlich. (Nordafrika und Südwest-Asien.) Irrgast auf Malta.

Rallen: Rallidae

Carolina-Sumpfhuhn. *Porzana carolina.* Sehr ähnlich Tüpfelsumpfhuhn, aber ad. mit *schwarzem Fleck* an Gesicht und Kehle. Oberkopf dunkel rostbraun mit schwarzem Mittelstreif. Ohne Rot an der Wurzel des gelben Schnabels und ohne weiße Flecke an Hals und Vorderbrust. Immat. ohne schwarze Gesichtszeichnung. (Nordamerika.) Als Irrgast in Großbritannien, Frankreich, Schweden.

Bronzesultanshuhn. *Porphyrula alleni.* Kleiner als Teichhuhn. Kopf schwarz, Rücken und Flügel bronzegrün, Hals und Brust rötlichblau, Bauch schwarz, Unterschwanzdecken weiß. Schnabel und Beine *dunkelrot;* Stirnschild *grün.* (Afrika.) Als Irrgast Spanien, Italien, Sizilien, Dänemark, Deutschland (Bundesrepublik, einmal), Frankreich.

Zwergsultanshuhn. *Ionornis martinicus* (Syn. b. *Porphyrula martinica*). Kopf und Unterseite tief purpurfarben, Rücken bronzefarben; hellblaues Stirnschild, Schnabel rot mit gelber Spitze; Beine gelb. (Südamerika bis zum südlichen Nordamerika.) Als Irrgast Großbritannien, Norwegen, Schweiz.

Indianerbläßhuhn. *Fulica americana.* Vom Bläßhuhn und Kammbläßhuhn unterschieden durch weiße Unterschwanzzeichnung, auch bei immat. Bei ad. oberer Teil des weißen Stirnschilds rötlich; vor der Spitze des weißen Schnabels dunkelrotbraune Zeichnung. (Nordamerika, Mittelamerika, Andengebiet Südamerikas; Hawaii.) Irrgast auf Island.

Kraniche: Gruidae

Kanadakranich. *Grus canadensis.* Kleiner als Kranich, ohne Schwarz am Hals. Grau (einschl. der verlängerten Armschwingen); *Stirn* und Scheitel *rot,* Wangen weiß. Immat. einfarbig gelbbraun, Flügel nicht grau wie beim immat. Kranich. (Nordamerika, Nordost-Sibirien.) Ausnahmsweise Irland.

Brachschwalben: Glareolidae

Rotbrust-Brachschwalbe. *Glareola maldivarum.* 25 cm. Sehr ähnlich der Rostflügel-Brachschwalbe und vielleicht nur Rasse dieser Art; nur schwer zu unterscheiden durch dunkleres Gefieder und weniger tief gegabelten Schwanz: äußerste Schwanzfedern nur 2,5 cm länger als die mittelsten Schwanzfedern; bei der Rostflügel-Brachschwalbe sind sie etwa 5 cm länger. (Süd- und Ost-Asien.) Irrgast in Großbritannien.

Regenpfeifer: Charadriidae

Mongolenregenpfeifer. *Charadrius mongolus* (Syn. a. *Cirrepidesmus mongolus*). Unterscheidet sich im Winterkleid vom ähnlichen Wüstenregenpfeifer nur durch geringere Größe, kürzere Beine und *weniger starken Schnabel*; ähnlich wie beim Wüstenregenpfeifer Oberbrust mit grauen Flecken beiderseits. Vom auch etwas ähnlichen Seeregenpfeifer durch Fehlen des weißen Halsbandes unterschieden. Im Sommerkleid oft mit ausgedehnterem Kastanienbraun an der Brust als Wüstenregenpfeifer. (Asien.) Irrgast in Norwegen und Österreich.

Wermutregenpfeifer. *Charadrius asiaticus* (Syn. a. *Eupoda asiatica*). Etwas größer als Sandregenpfeifer. Oben haarbraun, unten weiß. Mit *breitem, rostfarbenem Brustband,* das nach hinten schmal schwarz gesäumt ist. Gesicht und Überaugenstreif weiß. ♂ mit nur schwach entwickeltem Brustband. ♂ im Winter ähnlich ♀. (Asien.) Als Irrgast Norwegen, Großbritannien, Helgoland (2mal), Frankreich, Italien, Malta, Rumänien, Bulgarien.

Schnepfenvögel: Scolopacidae

Bergstrandläufer. *Calidris mauri* (Syn. a. *Ereunetes mauri*). Sperlingsgroß. Dem Wiesenstrandläufer ähnlich, aber etwas größer, mit längerem, am Grunde dickerem, im Spitzenteil schwach abwärts gebogenem Schnabel; im Brutkleid oberseits rostbraun; im Ruhekleid oberseits grauer, weniger bräunlich als der Wiesenstrandläufer, Brust reiner weiß, nicht so stark gestreift, Schultern oft rostfarben. Beine schwärzlich. Etwas kleiner als der ebenfalls ähnliche Sandstrandläufer und mit längerem Schnabel; Sandstrandläufer im Ruhekleid stets ohne Rostfarbe an den Schultern. (Alaska.) Als Irrgast auf den Britischen Inseln und in Portugal und Dänemark.

Rotkehlstrandläufer. *Calidris ruficollis* (Syn. a. *Ereunetes ruficollis*). Dem Zwergstrandläufer (S. 118) sehr ähnlich, ein wenig größer und kurzbeiniger, im Brutkleid durch *rostrote Kehle und Vorderbrust,* die scharf vom weißlichen Unterkörper abgesetzt sind, zu unterscheiden; Beine schwarz. (Nordsibirien, Nordwestalaska.) Ausnahmsweise Bundesrepublik Deutschland (Wilhelmshaven).

Langzehen-Strandläufer. *Calidris subminuta* (Syn. a. *Ereunetes subminutus*). Von anderen kleinen Strandläufern nur schwierig zu unterscheiden durch deutlichere Zeichnung der Oberseite (ausgedehntere dunkle Federmitten, hellere Federsäume) und gewöhnlich grünlichgelbe Beine. Hals und Brust dünn bräunlichgrau gestreift. Im Brutkleid Oberseite, Hals und Brust hell rostbraun statt graubraun. Schnabel- und Fußfärbung variabel. „Himmelt" aufgescheucht wie ein Temminckstrandläufer. Stimme kennzeichnend, ein schnurrendes „schrrupp". Vom recht ähnlichen Zwergstrandläufer, der ebenfalls helle Beine hat, durch dunkle äußere Schwanzfedern, deutlichere Zeichnung der Oberseite und die Stimme unterschieden. (Nordost-Asien.) Irrgast in Schweden.

Bindenstrandläufer. *Calidris himantopus* (Syn. a. *Micropalama himantopus*). Mit Schlammläufer vergleichbar (S. 124). Stark gebänderte Unterseite, rostfarbener Wangenfleck unter weißem Augenstreif und lange, dünne, grünliche Beine, die im Fluge den Schwanz deutlich überragen. Der schlanke, etwas abwärts gebogene Schnabel ist länger als bei anderen Strandläufern gleicher Größe. Hinterbürzel weiß. Im Winter heller und grauer, ohne rostfarbene Abzeichen und auffallende Bänderung. Bewegt sich bei der Nahrungssuche wie Schlammläufer. (Nordamerika.) Als Irrgast England, Irland, Schweden, Österreich.

Kurzschnabel-Schlammläufer. *Limnodromus griseus.* Bekassinengroß, mit langem, geradem, bekassinenartigem Schnabel und weißem Hinterrücken, Bürzel und Schwanz; sehr ähnlich dem Langschnabel-Schlammläufer *(L. scolopaceus)* (s. S. 124), aber kleiner, mit kürzerem Schnabel, verhältnismäßig längeren Flügeln und gefleckten, nicht gebänderten Unterschwanzdecken. (Nordamerika.) Irrgast in Großbritannien, Dänemark, Norwegen, Schweden, Bundesrepublik Deutschland (diese Art oder *L. scolopaceus?*), Frankreich (?).

Hudsonschnepfe (Amerikanische Uferschnepfe). *Limosa haemastica.* 35 bis 40 cm. Im Brutkleid von der ähnlichen Uferschnepfe dadurch unterschieden, daß sich das Rostrot der Unterseite bis zum Bauch erstreckt, ferner durch helle Kopfseiten und dunkel gefleckten Hals. *Beine blaugrau.* In allen Kleidern nur *sehr schmale weiße Flügelbinde* und schmale weiße Endbinde des schwarzen, im Wurzelteil aber weißen Schwanzes. Flügelunterseite schwärzlich mit weißer Binde durch die Mitte. Im Winterkleid oberseits grau, Hals und Unterseite rahmfarben, Schwanz wie im Brutkleid. Der Schnabel kann leicht aufwärts gebogen sein. (Arktisches Nordamerika.) Irrgast in Großbritannien.

Zwergbrachvogel. *Numenius minutus.* Wie eine Miniaturausgabe des Regenbrachvogels (30 gegenüber 40 cm) mit dünnerem, kürzerem und weniger gebogenem Schnabel. *Kopfstreifung brauner* (nicht schwarz und weißlich); Schwanz und Bürzel wie der Rücken gefärbt. Flügelunterseite blaß graubraun und gelbbräunlich, *nur an den Flügelspitzen dunkel gebändert.* Ruft ein hartes, aber wohlklingendes „tit-tit-tit", erschreckt ein hartes „tju-tju". (Nord-Asien.) Irrgast in Norwegen.

Eskimo-Brachvogel. *Numenius borealis.* Ähnlich einem kleinen Regenbrachvogel, mit kürzerem, geraderem Schnabel und *ohne Weiß am Bürzel.* Vom ziemlich ähnlichen, aber größeren Amerikanischen Regenbrachvogel (dem der weiße Bürzel gleichfalls fehlt) durch *hellere,* mehr gelblichbraune Unterseite und *zimtbraune* Unterflügel unterschieden. Beine dunkel grünlich. (Nördliches Nordamerika.) Als Irrgast früher in Großbritannien, Irland, Norwegen nachgewiesen. Heute so gut wie ausgestorben.

Schlammtreter. *Catoptrophorus semipalmatus.* Ein großer Wasserläufer, in der Größe zwischen Grünschenkel und Großem Brachvogel, mit dunkel blaugrauen Beinen; leicht kenntlich durch die *im Fluge schwarzweiß erscheinenden Flügel* (Armschwingen und Wurzelhälfte der Handschwingen weiß); übriges Gefieder im Brutkleid oberseits röstlich braungrau, dunkel gefleckt, unterseits weiß, an Brust und Seiten dunkel gebändert, Oberschwanzdecken und seitliche Schwanzfedern größtenteils weiß. Ruhekleid oben braungrau, unten weiß. Ruft „will-will-willet" oder „kip-kip-kip". (Nordamerika.) Als Irrgast Irland, Großbritannien, Frankreich, Schweden, Jugoslawien.

Wanderwasserläufer. *Heteroscelus incanus* (Syn. b. *Tringa incana*). 27 cm. Ein mittelgroßer Bewohner felsiger Küsten. *Oberseits einfarbig dunkelgrau,* unterseits heller; im Winterkleid Unterseite einfarbig, im Brutkleid eng dunkler grau quergebändert. Beine gelblich. Keine Abzeichen in Flügeln oder Schwanz. Nickt und wippt wie ein Flußuferläufer. Ruft ein helles „wih-wi-wi"; Stimme der des Drosseluferläufers ähnlich. (Nordost-Sibirien und Nordwest-Nordamerika.) Irrgast in Großbritannien.

Möwen: Laridae

Präriemöwe (Franklinmöwe). *Larus pipixcan* (Syn. a. *Atricilla pipixcan*). 35 cm. Etwas kleiner als Lachmöwe, wie diese im Brutkleid mit dunklem Kopf, am besten dadurch kenntlich, daß die *schwarze Flügelspitze durch ein weißes Band vom Grau des restlichen Flügels getrennt* ist; mittlere Federn des weißen Schwanzes hellgrau; Schnabel und Füße dunkelrot. (Nordamerika.) Ausnahmsweise Großbritannien, Schweden, Frankreich.

Graukopfmöwe. *Larus cirrocephalus* (Syn. a. *Chroicocephalus cirrocephalus*). 40 cm. Wenig größer als Lachmöwe, dieser ähnlich, aber *Kopf* im Brutkleid *hellgrau,* nicht schokoladenbraun, im Ruhekleid mehr oder weniger rein weiß. Schnabel und Füße rot. (Südamerika, Afrika nordwärts bis Mauretanien, Madagaskar.) Ausnahmsweise Südspanien.

Weißaugenmöwe. *Larus leucophthalmus* (Syn. a. *Adelarus leucophthalmus*). Kopf *bis zur unteren Kehle schwarz,* vom düstergrauen Rücken durch ein weißes Halsband getrennt; Auge weiß, kurzer weißer Streif über dem Auge. Schnabel lang, rot mit schwarzer Spitze, Füße gelb. Im Fluge Hinterrand der Flügel weiß; Flügelunterseite schwärzlich. Auch im Winter schwarzköpfig. Immat. ohne weißes Halsband. Etwas größer als Sturmmöwe, aber Flügel schmäler. (Küsten des Roten Meeres und Somalias.) Ausnahmsweise Griechenland.

Seeschwalben: Sternidae

Königsseeschwalbe. *Sterna maxima* (Syn. a. *Thalasseus maximus*). Erinnert an kleine Raubseeschwalbe mit weniger kräftigem, orangefarbenem Schnabel; Schwanz länger und tiefer gegabelt; Spitzen der Handschwingen mit etwas weniger Schwarz; Stirn weiß, ausgenommen zu Beginn der Brutzeit; ruft höher und weniger rauh. (Nordamerika und Westafrika.) Als Irrgast Norwegen, Großbritannien, Irland, Spanien (?).

Rüppellseeschwalbe. *Sterna bengalensis* (Syn. a. *Thalasseus bengalensis*). Etwa so groß wie Lachseeschwalbe, aber mit schlankerem, *orangegelbem* Schnabel und tiefer gegabeltem Schwanz. Füße schwarz. Scheitel bei ad. mit schwach ausgebildeter Haube, im Sommer ganz schwarz, im Winter weiß gestreift. (Küsten Nord- und Ostafrikas, Madagaskars, Südasiens bis Australien.) Ausnahmsweise Sizilien, Schweiz, Frankreich, Spanien.

Sumpfseeschwalbe. *Sterna forsteri.* Ad. im Sommer im Fluge von der Flußseeschwalbe durch silberfarbene Handschwingen (heller als der übrige Flügel), weniger weißen Schwanz und mehr orangefarbenen Schnabel unterschieden. Hat im Herbst und Winter des ersten Lebensjahres einen *großen schwarzen Fleck in der Ohrgegend;* Schnabel dann schwärzlich, Füße orange oder gelblich. Immat. ohne den für die Flußseeschwalbe bezeichnenden dunklen Fleck am Vorderrand des Flügels. (Nordamerika.) Irrgast in Island und Großbritannien.

Aleutenseeschwalbe. *Sterna aleutica* (Syn. a. *Onychoprion aleuticus*). Von der Küstenseeschwalbe unterschieden durch scharf abgegrenzten weißen Stirnfleck, der sich bis über das Auge erstreckt, merklich dunkler graue Färbung von Rücken und Flügeln, schwarzen Schnabel, schwarze Füße und auffälligeres Weiß von Bürzel und Schwanz. Von der Zügelseeschwalbe zu unterscheiden durch Fehlen des hellen Halsbandes, helleres Grau von Rücken und Flügeln und weiße Färbung von Bürzel und Schwanz. Flügelschlag tief und langsam. Ruf *mehrsilbig,* pfeifend, von dem der meisten anderen Seeschwalben sehr verschieden. (Ost-Sibirien bis West-Alaska, Aleuten.) Irrgast in Großbritannien.

Zügelseeschwalbe. *Sterna anaethetus* (Syn. a. *Onychoprion anaethetus*). Ähnlich Rußseeschwalbe, aber kleiner, mit grauerem Rücken, weitem *weißlichen Halsband* und weißem, sich in einer Spitze bis *hinter das Auge* erstreckendem Stirnfleck. (Karibische See, Afrika.) Ausnahmsweise Großbritannien, Irland.

Noddi. *Anous stolidus.* Unsere einzige dunkelbraune Seeschwalbe (ausgenommen junge Rußseeschwalbe) und bei uns die einzige mit ungegabeltem, *rundem Schwanz* mit nur leichter Ausbuchtung (Rußseeschwalbe mit Gabelschwanz). Im Vergleich mit anderen Seeschwalben, die dunkle Kopfkappe und hellen Körper haben, wirkt die dunkle Noddiseeschwalbe mit ihrem *weißlichen Scheitel* wie das „Negativ" einer Seeschwalbe. (Tropische und subtropische Meere.) Ausnahmsweise Deutschland (Schleswig-Holstein, einmal), Norwegen.

Alken: Alcidae

Schopfalk. *Aethia cristatella.* Größer als Krabbentaucher. Ganz schwarz, oben *und unten.* Leicht an der *kurzen, schwarzen* Haube zu erkennen, die auf der Stirn entspringt und nach vorn gebogen ist, und an den Büscheln weißer, vom Hinterrand des Auges herabhängender Federn (wie beim Rotschnabelalk). Schnabel orangerot mit weißlicher Spitze. (Nordpazifik.) Ausnahmsweise Island.

Rotschnabelalk (Papageialk). *Cyclorrhynchus psittacula.* Viel größer als Krabbentaucher. Von diesem unterschieden durch verhältnismäßig größeren, höheren, *orangeroten Schnabel* und durch *Büschel verlängerter weißer Federn,* die vom Hinterrand des Auges herabhängen. (Nordpazifik.) Ausnahmsweise Schweden. Siehe auch Schopfalk.

Flughühner: Pteroclidae

Braunbauchflughuhn. *Pterocles exustus* (Syn. a. *Namapterocles exustus*). Mit sehr langen Schwanzspießen und schwärzlichen Achseln (bei *N. senegalla* weiß). ♂ oben sandfarben mit feiner dunkler Zeichnung, gelblichem Gesicht, fahl rötlich gelbbrauner Brust, die unten von einem *schmalen schwarzen Band* begrenzt wird, *und mit dunkel kastanienbraunem Bauch.* ♀ auf Oberseite, Brust und Bauch dunkel gefleckt und quergewellt. (Senegal und Ägypten bis Indien.) Ausnahmsweise Ungarn.

Tropfenflughuhn. *Pterocles senegallus* (Syn. a. *Nyctiperdix senegalla*). ♂ oben und unten fast ganz sandfarben, nur *Scheitel, Kehle und Wangen orangegelb* und ein den Scheitel begrenzendes Band hell blaugrau. ♀ kräftig schwarz gefleckt, Kehle und Wangen heller gelb. Beide Geschlechter mit langen Schwanzspießen, die aber kürzer als beim Spießflughuhn sind, und *schwarzem Bauchstreif.* (Nordafrika bis Nordwestindien.) Ausnahmsweise Sizilien.

Tauben: Columbidae

Meenataube. *Streptopelia orientalis* (Syn. a. *Amoropelia orientalis*). Im Feld von Turteltaube nicht zu unterscheiden, es sei denn, man kann die bedeutendere Größe und die *dunklere und mattere Färbung* erkennen. Von nahem sind die *bläulichgrauen* (nicht weißen) Spitzen der Schwanzfedern zu sehen. Unterschwanzdecken auch grau. (Asien.) Ausnahmsweise Skandinavien, Dänemark, Großbritannien, Italien, Helgoland (einmal), Griechenland.

Kuckucke: Cuculidae

Schwarzschnabelkuckuck. *Coccyzus erythrophthalmus.* Sehr ähnlich dem Gelbschnabelkuckuck, aber *ohne Rotbraun* am Flügel, mit *kleinen* weißen Schwanzflecken, ganz *schwarzem* Schnabel und schmalem, rotem Augenring. (Nordamerika.) Ausnahmsweise Island, Irland, Großbritannien, Frankreich, Italien, Bundesrepublik Deutschland (einmal).

Eulen: Strigidae

Kap-Ohreule. *Asio capensis.* Ähnlich einer dunklen Sumpfohreule, aber Unterseite gefleckt und gekritzelt, nicht gestreift, und Augen *dunkel.* Zehen fast nackt, Füße schwärzlich. Kurze Federohren. (Afrika und Madagaskar.) Als Irrgast Spanien, Portugal.

Nachtschwalben: Caprimulgidae

Falkennachtschwalbe (Nachtfalke). *Chordeiles minor.* Kleiner, dunkler und grauer als die europäischen Ziegenmelker und weniger ausgesprochen Nachtvogel (Dämmerungsvogel). Mit schwach gegabeltem Schwanz und *auffallenden weißen Binden* der sehr langen spitzen Flügel. (Nordamerika.) Ausnahmsweise Großbritannien, Island.

Segler: Apodidae

Stachelschwanzsegler. *Hirundapus caudacutus* (Syn. b. *Chaetura caudacuta*). Ein großer Segler mit sehr kurzem gestutzten Schwanz. Dunkelbraun, mit metallischem, grünem Glanz auf Flügeln, Scheitel und Schwanz. Stirn, Kehle und *auffallende hufeisenförmige Abzeichen* der Unterschwanzdecken *weiß*. Schwanzfederschäfte hart, stachelartig vorstehend. (Ostasien.) Ausnahmsweise Irland, Großbritannien, Italien, Finnland, Norwegen, Malta.

Gabelschwanzsegler (Pazifiksegler). *Apus pacificus.* 19 cm. Größer als Mauersegler. Ähnlich einem großen Kaffernsegler, aber mit deutlicherem *weißen Bürzelfleck.* Flügel und *der tief gegabelte Schwanz* bemerkenswert lang und schmal. Kehle weiß. Weißliche „Schuppung" der schwarzen Brust und des ebenso gefärbten Bauches nur aus großer Nähe erkennbar. (Asien.) Irrgast in Großbritannien.

Haussegler (Weißbürzelsegler). *Apus affinis.* Etwas kleiner als Kaffernsegler, dem er bis auf den kaum gegabelten (fast gerade abgestutzten) Schwanz und ausgedehnten *weißen Bürzel* ähnelt. (Afrika, südliches Asien.) Ausnahmsweise Spanien, Italien, Malta, Großbritannien (Wales), Irland; s. Abb. S. 167.

Eisvögel: Alcedinidae

Gürtelfischer. *Ceryle alcyon* (Syn. a. *Megaceryle alcyon, Streptoceryle alcyon*). Größer als Graufischer (etwa so groß wie Dohle). Oben *blaugrau*, unten weiß, mit ausgeprägtem, zottigem Schopf und einem Brustband (♂) oder zwei breiten Brustbändern (♀); das hintere Brustband des ♀ ist rostrot und zieht sich an den Flanken nach hinten. (Nordamerika.) Ausnahmsweise Großbritannien, Irland, Holland, Island.

Graufischer. *Ceryle rudis.* Ein großer, *schwarz-weißer* Eisvogel mit struppigem Schopf (zweimal so groß wie unser Eisvogel). ♂ mit einem breiten und einem schmalen schwarzen Band über die weiße Brust. ♀ mit nur einem Brustband. An Süß- und Salzwasser. (Afrika, südliches Asien.) Ausnahmsweise Griechenland, Polen.

Braunliest. *Halcyon smyrnensis.* Kopf, Hals, Unterkörper kastanienbraun, Rücken blaugrün, kleine Flügeldecken hell kastanienbraun, mittlere schwarz, große blau, Kehle bis zur Brust weiß; Schnabel und Füße rot. (Kleinasien ostwärts bis Formosa und Philippinen.) Ausnahmsweise Griechenland (Mazedonien).

Spechte: Picidae

Saftlecker. *Sphyrapicus varius.* Buntspechtgroß. ♂ mit leuchtend schwarz-weiß-rotem Kopf; Kehle *leuchtend rot,* hinten schwarz begrenzt. ♀ mit weißer Kehle. Beide Geschlechter: Langer weißer Flügelfleck, viel schmaler als beim Buntspecht; Rücken fein schwarz-weiß gebändert; Bürzel weiß; Unterkörper blaß gelblich. Immat. oben und unten bräunlich gebändert. (Nordamerika.) Ausnahmsweise Island.

Tyrannen: Tyrannidae

Eine äußerst artenreiche, rein amerikanische Familie, die zusammen mit einigen verwandten Gruppen eine besondere Unterordnung der Ordnung Singvögel bildet. In der Anpassung an ähnliche Lebensräume und Lebensweisen habn die Arten dieser Familie sich vielfach parallel zu den altweltlichen Grasmücken, Fliegenschnäppern, Schmätzern und Würgern entwickelt und in Aussehen und Verhalten sich diesen angenähert.

Buchentyrann. *Empidonax virescens.* 14 cm. Oberseits matt grünlich, unterseits blasser, an den Körperseiten gelblich verwaschen. Auffallender *heller Ring ums Auge* und *zwei weiße Flügelbinden.* Ruft dünn „tiht" und singt laut und rauh „pitchí". (Östliches Nordamerika.) Ausnahmsweise Island.

Lerchen: Alaudidae

Sandlerche (Bindenlerche). *Ammomanes cinctura.* Ähnlich einer kleinen Steinlerche, aber mehr rost-isabellfarben; Handschwingen und Steuerfedern mit *schwarzen Spitzen.* (Nordafrika bis Beludschistan.) Ausnahmsweise Italien, Malta.

Steinlerche. *Ammomanes deserti.* Ein hell wüstenfarbiger Vogel. *Oben einfarbig gräulich sandfarben,* mit zart gestreiftem Kopf und schwach rostfarbenem Bürzel; Schwingen mit hell rostfarbenen Rändern; Unterseite weißlich sandfarben, an der Kehle ganz zart gesprenkelt. (Nordafrika, Westasien.) Ausnahmsweise Spanien.

Wüstenläuferlerche. *Alaemon alaudipes.* Ein schnell rennender Wüstenvogel mit wundervollem Gesang. Wirkt im Fluge wie ein kleiner Wiedehopf. Oben gräulich sandfarben, mit weißlichem Überaugenstreif und dunklem Augenstreif. Schnabel lang und schwach abwärts gebogen. Beine weiß. *2 prächtige breite weiße Binden reichen fast über den ganzen schwärzlichen Flügel.* Unterseite schmutzig weiß, Vorderbrust kräftig dunkel getropft. (Nordafrika bis Pakistan.) Ausnahmsweise Malta.

Bergkalanderlerche. *Melanocorypha bimaculata.* Von der Kalanderlerche durch geringere Größe, rötliches Gefieder, *rahmfarbene* (nicht weiße) äußere Steuerfedern und Spitzen der Armschwingen sowie kleinere schwarze Kropfseitenflecke unterschieden. (Kleinasien bis Westsibirien und Afghanistan.) Ausnahmsweise Finnland, Großbritannien, Italien.

Uferlerche. *Calandrella raytal* (Syn. a. *Alaudala raytal*). Ein wenig kleiner als Kurzzehenlerche, mit *sehr hell silbergrauer Oberseite*, mit weißer Kehle und Vorderbrust. (Südasien). Ausnahmsweise Spanien.

Stelzen: Moracillidae

Steppenpieper (Godlewskipieper). *Anthus goldlewskii.* 16,5 cm. Sehr schwierig von Sporn- und Brachpieper zu unterscheiden, im Aussehen zwischen beiden stehend. In der Größe dem Spornpieper sich nähernd, aber durch etwas blasseres und mehr gelbbräunlich gefärbtes Gefieder dem Brachpieper ähnlicher. Wirkt weniger hochbeinig als Spornpieper, Haltung weniger aufrecht. Hinterzehenkralle viel kürzer als beim Spornpieper. Ruft „dschriep", im Balzflug vorgetragener Gesang eine Reihe gleichhoher Töne, denen brachpieperartige „zirlui" folgen. (Asien.) Irrgast in Finnland und Großbritannien.

Braunellen: Prunellidae

Bergbraunelle. *Spermolegus montanella* (Syn. b. *Prunella montanella*). ♂ mit *schwarzem Scheitel und Gesicht* und mit *breitem ockerfarbenen Streif* über dem Auge und schwach dunkel gestreiftem rötlichbraunen Rücken. Bürzel und Schwanz graubraun. Unterseite warm gelbbräunlich, mit gestreiften Flanken. ♀ matter, mit hellerer Unterseite. (Nordasien.) Ausnahmsweise Schweden, Finnland, Tschechoslowakei, Italien, Griechenland.

Spottdrosseln: Mimidae

Eine ausschließlich amerikanische Familie unbestimmter Verwandtschaft, von manchen Autoren als Unterfamilie zur Familie Sänger in die Nähe der Drosseln gestellt.

Rotrücken-Spottdrossel. *Toxostoma rufum.* Ein drosselgroßer, oberseits rotbrauner, unterseits weißlicher, dunkel gestreifter Vogel mit zwei weißen Flügelbinden, langem Schwanz und leicht gebogenem Schnabel. Ruft „tschack". Gesang aus langsam vorgetragenen wohlklingenden, abgehackten Rufen bestehend. (Nordamerika.) Irrgast Großbritannien, Helgoland (?).

Katzendrossel. *Dumetella carolinensis.* Ein schlanker, langschwänziger, dunkel schiefergrauer Vogel mit schwarzer Kappe und *kastanienroten* Unterschwanzdecken. Etwa starengroß, aber mit viel längerem Schwanz. Mit bezeichnendem, miauendem Lockruf. (Nordamerika.) Ausnahmsweise Helgoland (einmal), Mecklenburg, Großbritannien.

Sänger: Muscicapidae

Weißkehlsänger (Iranie). *Irania gutturalis.* 17 cm. ♂ leicht kenntlich: Oberseite blaugrau, Überaugenstreif und Kehle weiß, Kopfseiten schwarz, Unterkörper rostfarben. ♀ oberseits bräunlich mit dunklem Schwanz, Kehle und

Unterkörper weißlich, jedoch *Körperseiten rostfarben.* Stelzt häufig den Schwanz. (Vorderasien.) Ausnahmsweise Griechenland, Schweden, Norwegen.

Blaunachtigall. *Larvivora cyane* (Syn. b. *Luscinia cyane, Erithacus cyane*). Gestalt rotkehlchenähnlich, aber mit kürzerem Schwanz und längeren, stärkeren, hell gefärbten Beinen. ♂ *oberseits tiefblau mit schwarzen Kopf- und Halsseiten und rein weißer Unterseite.* ♀ oberseits dunkel olivenbraun, unterseits weiß, an den Körperseiten bräunlich, mit bräunlicher Kehle, bläulich überflogenem Schwanz und auffälligem hellen Ring um das Auge. Immat. mit bräunlich gefleckter Brust, sonst ähnlich ♀. (Asien.) Irrgast in Großbritannien.

Taigarubinkehlchen. *Calliope calliope* (Syn. b. *Luscinia calliope, Erithacus calliope*). 15,5 cm. Von weitem ähnlich wie ein großes Blaukehlchen. ♂ im Brutkleid: Kehle *leuchtend scharlachrot,* Augen- und Bartstreif weiß, Brust grau, das übrige Gefieder olivbraun. ♀ und ♂ im Ruhekleid mit weißlicher Kehle und braungelblichem Augenstreif. (Ostrußland, Sibirien bis Nordwestchina und Nordjapan.) Ausnahmsweise Island, Estland, Großbritannien, Frankreich, Italien.

Tannenschnäpper (Mugimakischnäpper). *Ficedula mugimaki* (Syn. b. *Muscicapa mugimaki*). ♂ ähnlich Trauerschnäpper-♂ mit ockerfarbener Kehle und Brust; kein weißer Stirnfleck, dafür breiter weißer Streif hinter dem Auge; große Flügeldecken weiß; Schwanz im Wurzelteil seitlich mit Weiß; ♀ oberseits olivbraun, innere Armschwingen und Flügeldecken mit rahmfarbenen Säumen, Schwanz ohne Weiß, Kehle und Brust matt ockerfarben. (Südliches Ost- und Mittelsibirien bis Nordchina.) Ausnahmsweise Italien.

Braunschnäpper. *Arizelomyia latirostris* (Syn. b. *Muscicapa latirostris*). Ähnlich einem kleinen ♀ des Trauerschnäppers; von diesem durch *Fehlen des weißen Flügelflecks* und – von nahem – durch auffallend großes, von einem *schmalen weißen Ring* eingefaßtes Auge unterschieden. Vom Grauschnäpper durch geringere Größe und *Fehlen der Streifung* an Scheitel und Brust unterschieden. (Ostasien bis Indien.) Ausnahmsweise Britische Inseln, Norwegen, Dänemark, Färöer.

Diademrotschwanz. *Diplootocus moussieri* (Syn. b. *Phoenicurus moussieri*). 12 cm. Der kurze Schwanz und das Sitzen auf Büschen lassen ihn wie ein Mittelding zwischen Rotschwanz und Schwarzkehlchen erscheinen. ♂ von anderen Rotschwänzen durch weißen Überaugenstreif und *breiten, weißen Fleck an den Nackenseiten* unterschieden; weißes Feld im Flügel. Oberseite und Kopf schwarz; Stirn und Überaugenstreif weiß; Bürzel, Schwanz und Unterseite rostrot; ♀ oben graubraun, unten bräunlich rostfarben, gewöhnlich ohne weißes Flügelfeld. (Nordafrika.) Ausnahmsweise Italien, Malta.

Saharaschmätzer (Weißbürzelsteinschmätzer). *Oenanthe leucopyga.* 17 cm. Sehr ähnlich Trauerschmätzer, doch beide Geschlechter gewöhnlich *blauschwarz,* im ersten Jahr mit schwarzem Scheitel, später Scheitel fast ganz weiß gefärbt. Bürzel und Unterschwanzdecken immer weiß wie auch der Schwanz, mit Ausnahme der Endhälfte der mittleren Steuerfedern, die schwarz ist. (Nordafrika, Arabien.) Ausnahmsweise Malta, Großbritannien.

Einfarbdrossel. *Turdus unicolor* (Syn. a. *Cichloselys unicolor*). Singdrosselgroß. ♂ einfarbig grau oder graubraun, unten heller; gewöhnlich (nicht immer) mit sparsamen Streifen an der Vorderbrust. ♀ einer Singdrossel ähnlich, aber mit kastanienbraunen Unterflügeldecken und nur sparsamer Fleckung der Brust. (Himalaja.) Ausnahmsweise Helgoland (einmal).

Walddrossel. *Turdus mustelinus* (Syn. a. *Hylocichla mustelina*). 20 cm. Einer kleinen Singdrossel (S. 205) ähnlich, aber *Oberkopf rotbraun;* auch Rücken ziemlich rötlichbraun. Unterseite rahmweiß mit *runden* schwarzen Flecken. (Nordamerika.) Ausnahmsweise Island.

Einsiedlerdrossel. *Turdus guttatus* (Syn. a. *Catharus guttatus;* b. *Hylocichla guttata*). 18 cm. Beträchtlich kleiner als Singdrossel, der sie oberflächlich ähnelt. Rasch an dem *leuchtend rostroten Bürzel und Schwanz* zu erkennen. Beine fleischfarben. Hat die bezeichnende Gewohnheit, den Schwanz aufzurichten und dann langsam abwärts zu bewegen. (Nordamerika.) Ausnahmsweise Island, Deutschland (Anhalt, Oberpfalz, Schwarzwald), Großbritannien, Luxemburg.

Wilsondrossel. *Turdus fuscescens* (Syn. a. *Catharus fuscescens;* b. *Hylocichla fuscescens*). 18 cm. Eine weitere kleine Drossel, *oberseits rötlichbraun,* unterseits weißlich mit *undeutlich* dunkel *gefleckter Brust,* die von weitem einfarbig erscheint. (Nordamerika.) Ausnahmsweise Großbritannien.

Grauwangendrossel. *Turdus minimus* (Syn. a. *Catharus minimus;* b. *Hylocichla minima*). 18,5 cm. Ähnlich Zwergdrossel (S. 206), aber mit *gräulichen Wangen* und *ganz undeutlichem* Augenring. (Nordamerika.) Ausnahmsweise Norwegen, Großbritannien, Helgoland (einmal), Frankreich.

Bülbüls: Pycnonotidae

Eine in Afrika und Süd-Asien artenreiche, an Würger und Drosseln erinnernde Familie meist grau, braun oder gelbgrünlich gefiederter Singvögel.

Graubülbül. *Pycnonotus barbatus.* 19 cm. Wahrscheinlich nicht artlich verschieden vom südafrikanischen *Pycnonotus capensis.* Kopf und Kehle schwärzlich, übrige Oberseite dunkel graubraun, Unterseite heller graubraun, Schnabel schwarz. Manche Rassen (nicht die als Irrgast in Europa erscheinende nordafrikanische) mit gelben Unterschwanzdecken. Gestalt einer kleinen Drossel. (Afrika, Vorderer Orient.) Ausnahmsweise Südspanien.

Grasmücken: Sylviidae

Riesenschwirl. *Locustella fasciolata.* Sehr ähnlich einem großen Rohrschwirl, aber in der Größe mehr einem Drosselrohrsänger. *Ungestreiftes* Gefieder, an der Vorderbrust grau verwaschen. Hat lauten, klangvollen Gesang. (Mittelsibirien bis Nordjapan und Korea.) Ausnahmsweise Frankreich, Dänemark.

Feldrohrsänger. *Acrocephalus agricola.* Im Feld nicht mit Sicherheit von Teich-, Busch- und Sumpfrohrsänger zu unterscheiden. Im frischen Gefieder etwas heller und röstlicher als diese und weniger olivfarben als Sumpfrohrsänger; heller Überaugenstreif deutlicher; Längenverhältnisse der Schwingen meist wie beim Buschrohrsänger (s. Abb. S. 212); von diesem durch etwas geringere Größe (Flügellänge meist unter 62 mm) und rotbräunliche statt braungraue Füße unterschieden. Stimme soll der des Sumpfrohrsängers ähneln. (Süd-Rußland bis Mongolei.) Ausnahmsweise Fair-Insel, Holland, Helgoland (einmal), Rumänien, Bulgarien, Schweden; brütet im Donaudelta und vielleicht in Nordost-Bulgarien.

Dickschnabelsänger (Weidenrohrsänger). *Acrocephalus aedon* (Syn. *Phragamaticola aedon*). Sehr ähnlich in Größe, Gestalt und Färbung dem Drosselrohrsänger, aber Schnabel dicker und kürzer, Schwanz verhältnismäßig länger, Bürzel rötlicher; kein heller Überaugenstreif; Beine graublau. In der Hand ist die Länge der gerundeten äußersten Schwinge (merklich länger als Handdecken) kennzeichnend. (Südsibirien bis zur Mandschurei.) Als Irrgast Großbritannien.

Atlasgrasmücke. *Sylvia deserticola* (Syn. a. *Curruca deserticola, Melizophilus deserticola*). ♂ sehr ähnlich dem der Provencegrasmücke, aber *mit rostbraunen Säumen der Armschwingen*. Von der Weißbartgrasmücke durch die rostfarbenen Armschwingensäume und weniger deutlichen weißen Bartstreif unterschieden. ♀ dem der Brillengrasmücke äußerst ähnlich, aber *mit nicht so reinweißer Kehle*. (Nordafrika: Atlas.) Ausnahmsweise Malta.

Tamariskengrasmücke. *Sylvia mystacea* (Syn. a. *Curruca mystacea*). Vielleicht nur eine Rasse der ähnlichen Samtkopfgrasmücke (s. S. 217), von dieser durch *orangebräunliche Kehle und Brust* und *gelben* statt roten *Augenring* unterschieden. Weißer Bartstreif. ♀ matter gefärbt. Gesang weniger abwechslungsreich als der der Samtkopfgrasmücke. (Südost-Rußland, Vorderasien.) Ausnahmsweise Portugal.

Wüstengrasmücke. *Sylvia nana* (Syn. a. *Curruca nana*). Sehr klein (11,5 cm). Oben sehr hell, sandgräulich wüstenfarbig, am Bürzel schwach rostfarben; unten weißlich mit zart gelblichbraunen Flanken; Schwanz wohlgerundet, hell rötlichbraun, mit weißlichen äußeren Steuerfedern. Augen und Beine *hell gelblich*. Brillengrasmücke viel dunkler, größer, mit dunklen Wangen und dunklen Augen. (Nordafrika, Südost-Rußland bis Innerasien.) Ausnahmsweise Griechenland, Italien, Großbritannien, Frankreich, Deutschland, Schweden, Finnland.

Wacholderlaubsänger. *Phylloscopus nitidus* (Syn. *Acanthopneuste nitida*). Ähnlich dem Grünlaubsänger, aber Oberseite grüner, mattgrün ohne gelblichen Anflug; zwei gelbliche Flügelbinden, die vordere undeutlich; Unterseite gelber als beim Grünlaubsänger. (Kaukasusgebiet bis Afghanistan und Usbekistan.) Ausnahmsweise Helgoland (einmal).

Spechtmeisen: Sittidae

Kanadakleiber. *Sitta canadensis* (Syn. a. *Micrositta canadensis*). Gehört in eine engere Verwandtschaftsgruppe mit Korsenkleiber und Türkenkleiber

(S. 232). Ersterem sehr ähnlich, aber mit *rostfarbenem* Unterkörper. Langer weißer Überaugenstreif, schwarzer Streif durchs Auge. ♀ unterseits weniger lebhaft rostfarben. (Nordamerika.) Ausnahmsweise Island.

Vireos: Vireonidae

Vireos sind eine ausschließlich amerikanische Familie unbestimmter Verwandtschaft, von manchen Autoren als Verwandte der Waldsänger und Ammern angesehen, nach neueren Erkenntnissen aber in die entfernte Verwandtschaft der Würger gehörend.

Rotaugenvireo. *Vireo olivaceus* (Syn. a. *Vireosylva olivacea*). Größe und Gestalt wie Mönchsgrasmücke. Oben olivgrün, unten weiß, mit *grauem Scheitel* und auffallendem, *schwarzgesäumtem* weißen Überaugenstreif. Rotes Auge! Keine Flügelbinde. Lockruf ein nasales „tschwee". (Nordamerika.) Ausnahmsweise Island, Britische Inseln, Helgoland (einmal).

Rabenvögel: Corvidae

Elsterdohle. *Corvus dauuricus* (Syn. a. *Coloeus dauuricus*). Von der Dohle leicht durch weißliche Brust *und breites weißliches Halsband* zu unterscheiden. Immat. ähnlich jungen Dohlen. (Ostsibirien bis Südwestchina.) Ausnahmsweise Finnland.

Finken: Fringillidae

Stieglitzartige oder *Gimpel*

Goldzeisig. *Astragalinus tristis* (Syn. b. *Spinus tristis, Carduelis tristis*). 11,5 cm. ♂ im Brutkleid gelb mit schwarzem Scheitel und schwarzen Flügeln und Schwanz mit weißen Abzeichen. ♂ im Ruhekleid und ♀ oberseits olivgrau, unterseits gelblich, Flügel und Schwanz wie im Brutkleid des ♂, jedoch beim ♀ weniger tief schwarz. Stimme stieglitzartig. (Nordamerika.) Irrgast (entwichener Käfigvogel?) Irland.

Rosengimpel. *Carpodacus roseus.* Größer als Karmingimpel (von ähnlicher Gestalt.) ♂ in der Hauptsache rosenrot, Stirn und Vorderscheitel atlasweiß mit rosenrotem Anflug, Kehle ebenso, Bauch weißlich, Rücken schwarzbraun gestreift, aber Bürzel ungestreift rosenrot; Flügel dunkelbraun mit rosaweißlichen Federsäumen und zwei weißlichen Querbinden; Schwanz dunkelgraubraun mit rötlichen Federsäumen. ♀ am Oberkopf rosa mit schwarzbraunen Flecken, Hinterhals und Rücken braun mit helleren Federsäumen, Bürzel rosenrot; unterseits blaß rosa, Bauch weißlich, Brust und Körperseiten dunkelbraun gestreift. (Mittel- und Ostsibirien.) Ausnahmsweise Ungarn.

Abendkernbeißer. *Hesperiphona vespertina.* Kurzschwänzig wie ein Kernbeißer und etwa gleich groß. ♂: Scheitel schwarz, hellgelber Überaugenstreif, sonst oben und unten nach hinten zu gelb, mit schwarzem

Schwanz und schwarzweißen Flügeln (innere große Oberflügeldecken und innere Armschwingen weiß). ♀: Oberseite grünlichgrau, Flügel schwarz mit weißen Federsäumen und großem weißlichen Fleck, Schwanz schwarz mit weißer Zeichnung am Ende; Unterseite weißlich, an den Seiten gelblichgrau. (Nordamerika.) Ausnahmsweise Großbritannien, Norwegen.

Waldsänger: Parulidae

Uferwaldsänger (Drosselwaldsänger). *Seiurus noveboracensis.* Ähnlich einem sperlingsgroßen Pieper mit kurzem Schwanz, auffallendem, gelblichem Augenstreif und deutlich gestreifter Unterseite. Verhalten und Aufenthalt wie bei einem Wasserläufer: rennt hurtig am Rand eines Gewässers entlang und wippt im Stehen ständig mit Körper und Kopf wie ein Flußuferläufer. (Nordamerika.) Ausnahmsweise Frankreich, Scilly-Inseln.

Pieperwaldsänger (Ofenvogel). *Seiurus aurocapillus.* 15 cm. Dem Drosselwaldsänger ähnlich, aber Scheitelmitte orangefarben, seitlich dunkel begrenzt. (Nordamerika.) Ausnahmsweise Großbritannien.

Gelbkehlchen. *Geothlypis trichas.* 12,5 cm. ♂ oben olivbraun, mit breiter schwarzer Maske über Stirn und Wangen (im Winter teilweise verdeckt), die von Hell-Aschgrau eingerahmt ist; gelbe Kehle, weißer Bauch. ♀ matter, vor allem ohne schwarze Gesichtsmaske. (Nordamerika bis Mexiko.) Ausnahmsweise Großbritannien.

Kapuzenwaldsänger. *Wilsonia citrina.* 12,5 cm. ♂ oberseits olivgrün mit schwarzem Hinterscheitel, der mit der ebenfalls schwarzen Kehle durch ein schwarzes Band hinter den Ohrdecken verbunden ist, und mit gelbem „Gesicht" (Stirn, Vorderscheitel, Kopfseiten gelb); die drei äußeren Schwanzfedern mit weißer Zeichnung der Innenfahne; Unterkörper gelb. ♀ sehr ähnlich dem ♀ des Mönchswaldsängers, aber durch die weiße Zeichnung der äußeren Schwanzfedern, die oft gefächert werden, zu unterscheiden. (Nordamerika.) Als Irrgast Großbritannien (Scilly-Inseln).

Schnäpperwaldsänger. *Setophaga ruticilla.* Etwa 12,5 cm. ♂ hauptsächlich schwarz mit leuchtend orangefarbenen Feldern auf Flügeln und Schwanz; Bauch weiß. ♀ oben olivbraun, unterseits weiß, mit gelben Feldern auf Flügeln und Schwanz. Immat. ähnlich ♀, aber das Gelb bei jungen ♂ orangefarben getönt. Schwanz wird fortgesetzt gefächert. (Nordamerika.) Ausnahmsweise Frankreich (einmal), Großbritannien, Irland.

Goldwaldsänger (Gelber Waldsänger). *Dendroica petechia.* 12,5 cm. Kleiner als Streifen- und Kronwaldsänger, etwa wie Fitis. Erscheint aus größerer Entfernung einfarbig gelb. Aus der Nähe Oberseite etwas grünlicher, Brust beim ♂ mit rotbrauner Streifung; zwei helle Flügelbinden, Innenfahnen der Schwanzfedern gelb. Auch Fitisse im ersten Herbst können sehr gelb aussehen! (Amerika.) Ausnahmsweise Großbritannien.

Tigerwaldsänger. *Dendroica tigrina.* 13 cm. ♂ im Brutkleid oberseits dunkel olivfarben, aber *Bürzel wie Halsseiten und Unterseite lebhaft gelb* mit auffälligen schwarzen Längsstreifen an Brust und Körperseiten; *Kopfseiten* *kastanienbraun;* zwei breite weiße Flügelbinden. Der einzige Waldsänger, bei dem dunkler Oberkopf, gelber Überaugenstreif und kastanienbraune Kopfseiten kombiniert sind. Winterkleid und ♀ ziemlich unauffällig, ohne kastanienbraune Kopfseiten, aber kenntlich an den gelben Halsseiten. Ruf ein hohes, nasales „swi-swi-swi"; Gesang variabel, meist eine hohe, dünne Tonreihe. (Nordamerika: Kanada und nördliche USA.) Irrgast in Großbritannien.

Hemlockwaldsänger. *Dendroica magnolia.* 12 cm. Ein schwarz-gelber Waldsänger mit auffallenden weißen Zeichnungen in Flügel und Schwanz. Oberkopf grau, Kopfseiten schwarz, darüber hinter dem Auge ein weißer Streif. Bürzel gelb, der gelbe Unterkörper an Brust und Seiten kräftig schwarz längsgestreift. Rücken beim ♂ schwarz, beim ♀ mit olivgrünlichen Federsäumen. Schwanz schwarz, beiderseits der schwarzen Mittelfedern mit großer weißer Querbinde, von unten gesehen weiß mit schwarzer Spitze. Zwei auffallende weiße Flügelbinden. Immat. mit olivgrauer Oberseite und nur schwacher Streifung der Unterseite, jedoch Flügel und Schwanz wie bei ad. (Nordamerika: Kanada und nördliche USA.) Irrgast in Großbritannien.

Kronwaldsänger. *Dendroica coronata.* 14 cm. Zu jeder Zeit kenntlich durch leuchtend gelben Bürzel, Gelb auf dem Scheitel und vor den Flügeln. ♂ oben blaugrau (im Winter bräunlich wie ♀), mit umgekehrtem schwarzen „U" auf weißer Brust und weißen Flanken (diese im Winter teilweise durch Streifen verdunkelt). Weiße Flecke jederseits im gespreizten Schwanz. (Nordamerika bis Nordmexiko.) Ausnahmsweise Großbritannien, Irland.

Grünwaldsänger. *Dendroica virens.* 12,5 cm. ♂ mit *leuchtend gelben Kopfseiten,* die von der schwarzen Kehle und dem olivgrünen Scheitel eingefaßt werden; Oberseite olivgrün; zwei auffallende weiße Flügelbinden und weiße Unterseite mit schwarz gestreiften Flanken. ♀ und Herbstvögel viel weniger schwarz an Kehle und Flanken. (Nordamerika.) Ausnahmsweise Helgoland (einmal).

Meisensänger. *Parula americana.* 11,5 cm. Unverkennbar; oberseits bläulich mit grünem Fleck auf dem Vorderrücken, mit *gelber* Kehle und Brust und zwei auffallenden weißen Flügelbinden. ♂ mit bei den südlichen Rassen, die vielleicht eine eigene Art (*P. pitiayumi*) bilden, nur durch rostfarbene Schattierung angedeutetem, *dunkel rostfarbenem* Band über die Vorderbrust. (Nord- und Südamerika bis Uruguay.) Ausnahmsweise Island, Großbritannien.

Brauenwaldsänger. *Vermivora peregrina* (Syn. a. *Oreothlypis peregrina*). 12 cm. Etwas kleiner und kräftiger als ein Fitis. ♂ im Brutkleid nicht unähnlich einem Wanderlaubsänger (S. 221), aber unterseits weiß und mit deutlich *blaugrauem Kopf,* der sich gut vom *am Bürzel besonders lebhaft gefärbten* olivgrünen Rücken abhebt; auffallender weißer Überaugenstreif und gelber Augenring. Unterschwanzdecken rein weiß. Breite, aber undeutliche helle Flügelbinde. ♀ mit weniger grauem Kopf und gelber Unterseite. Im Herbst ähneln beide Geschlechter noch mehr dem Wanderlaubsänger, sind aber oben *grüner,* an Unterseite und Überaugenstreif gelber, aber mit *weißen Unterschwanzdecken.* Beine dunkel. (Nordamerika.) Ausnahmsweise Island, Großbritannien.

Kletterwaldsänger. *Mniotilta varia.* 13 cm. An Kopf, Körper und Flügeln stark *schwarz-weiß* gestreift. ♀ unten heller. *Klettert* an Baumstämmen aufwärts. (Nordamerika.) Ausnahmsweise Großbritannien; Irland.

Tangaren: Thraupidae

Eine rein amerikanische, den Ammern verwandte und schwer gegenüber diesen abzugrenzende Familie teils körner-, teils frucht- und insektenfressender, oft farbenprächtiger Vögel, die vor allem in Südamerika sehr artenreich ist. Viele der körnerfressenden Arten (so die Kernknacker und Kardinäle) werden von manchen Autoren zu den Ammern gerechnet, andere vereinigen Ammern und Tangaren in einer Familie.

Scharlachtangare. *Piranga olivacea.* Ein wenig kleiner als Sommertangare. ♂ im Brutkleid scharlachrot mit schwarzen Flügeln und schwarzem Schwanz. ♂ im Ruhekleid und ♀ oben grünlich, unten gelblich, mit schwärzlichen Flügeln. (Nordamerika.) Ausnahmsweise Großbritannien, Irland.

Sommertangare. *Piranga rubra.* So groß wie Grauammer. ♂ ad. unverkennbar, fast einfarbig rot mit hellem, ziemlich kräftigem, aber schlankem Schnabel. ♀ oben gelblich olivfarben, unten tief gelb. ♂ immat. rot- und grünflekkig. (Nordamerika.) Ausnahmsweise Großbritannien.

Schwarzkopfkernknacker. *Pheucticus ludovicianus* (Syn. b. *Hedymeles ludovicianus*). 20 cm. Fast so groß wie eine kleine Drossel, ein kräftiger, dickschnäbeliger Vogel; ♂ im Brutkleid am Kopf schwarz, bei der in Europa vorkommenden Nominatrasse (Rosenbrustkernknacker) Gefieder sonst schwarzweiß mit rosenroter Brustmitte; im Ruhekleid an Kopf und Rücken bräunlicher, mit hellem Überaugenstreif; ♂ von zwei westlichen Rassen *(Ph. l. melanocephalus, Ph. l. maculatus)* ohne Rosenrot an der Brust, mit rostgelbem statt weißem Unterkörper. ♀ oben bräunlich, mit hellem Scheitelstreif und hellem Überaugenstreif, unterseits weißlich, dunkel gestrichelt; Flügelunterseite lebhaft gelblich. (Nordamerika bis Mexiko.) Ausnahmsweise Britische Inseln, Malta, Spanien.

Indigofink. *Passerina cyanea.* Kleiner als Haussperling. ♂ im Brutkleid bei der in Europa als Irrgast vorgekommenen Nominatrasse *einfarbig tief blau;* ähnelt im Winter dem braunen ♀, obwohl etwas Blau an Flügeln und Schwanz zurückbleibt; ♀ eintönig braun, unten heller mit undeutlicher Streifung. (Nordamerika.) Ausnahmsweise Island, Großbritannien, Helgoland. Die Vorkommen der Rasse *P. cyanea amoena* aus dem Westen Nordamerikas (♂ mit brauner Brust, weißem Bauch und weißer Flügelbinde, ♀ braun mit heller Flügelbinde) beziehen sich wohl auf Volierenflüchtlinge.

Scharrammern

Ammern: Emberizidae

Eine durch die Fußbildung und die Gewohnheit vieler Arten, mit beiden Füßen gleichzeitig zu scharren, gekennzeichnete Gruppe amerikanischer, nur in Ostasien auf die Alte Welt übergreifender Ammern.

Grundammer. *Pipilo erythrophthalmus.* 20 cm. Eine viel am Boden sich aufhaltende, langschwänzige Ammer mit schwarzem (♂) oder braunem (♀) Kopf und Hals und weißem, an den Seiten breit rotbraunem Unterkörper; bei den Rassen des östlichen Nordamerika Rücken einfarbig schwarz (♂) bzw. braun (♀), Auge rot (N) oder weiß (S). Im Fluge weiße Zeichnung am Ende des schwarzen Schwanzes auffallend. (Nordamerika, Mexiko.) Irrgast Großbritannien.

Junko. *Junco hyemalis.* Kleiner als Haussperling. Nominatrasse an Kopf, Rücken und Flügeln dunkel *schiefergrau,* Bauch und äußere Steuerfedern *auffallend weiß,* Schnabel weißlich; andere Rassen mit schwarzem oder grauem Kopf und Hals und braunem oder kastanienfarbenem Rücken. (Nordamerika.) Ausnahmsweise Island, Britische Inseln, Holland, Polen (Hela), Italien.

Grasammer. *Passerculus sandwichensis.* 13 cm. Eine kleine, stark gestreifte Scharrammer der offenen Landschaft. Oberkopf mit schmalem weißlich-grauen Scheitelstreif und je nach der Rasse gelbem oder gelblichweißem Überaugenstreif. Die weißliche Unterseite ist an Brust und Körperseiten kräftig dunkel längsgestreift. Beine fleischfarben. Von der ähnlichen Sing-ammer durch kürzeren, *ausgebuchteten* Schwanz und deutlicher fleischfar-bene Beine zu unterscheiden. (Nordamerika.) Irrgast in Großbritannien.

Fuchsammer. *Passerella iliaca.* Größer als Haussperling. Ein stark streifiger, fuchsrot wirkender Finkenvogel, bei dem vor allem der *leuchtend fuchsrote Schwanz* (besonders im Fluge) und die breit rostrot gestreifte Brust auffallen. (Nordamerika.) Ausnahmsweise Island, Britische Inseln, Bundesrepublik Deutschland, Italien.

Singammer. *Melospiza melodia* (Syn. *Passerella melodia*). 15 cm. Oberseite braun, dunkler gestreift, hellgräulicher Überaugenstreif, dunkler Bartstreif, Unterseite weißlich, kräftig dunkel gestreift; auf der Brustmitte bildet die Streifung einen schwarzen Fleck, der aber bei Jungvögeln fehlen kann. Schwanz nicht merklich ausgebuchtet. (Nordamerika bis Mexiko.) Aus-nahmsweise Großbritannien, Norwegen.

Dachsammer. *Zonotrichia leucophrys.* 17 cm. Der Weißkehlammer (s. S. 256) sehr ähnlich, etwas größer, kein Gelb vor dem Auge, *Kehle grau, nicht weiß;* Schnabel orange-fleischfarben. (Nordamerika.) Ausnahmsweise Bundes-republik Deutschland, Frankreich, Großbritannien.

Altweltammern

Gelbbrauenammer (Prachtammer) *Emberiza chrysophrys* (Syn. a. *Buscarla chrysophrys, Cristemberiza chrysophrys*). Kopf schwarz mit schmalem, wei-ßem Scheitelstreif und gelbem Überaugenstreif. Oben braun, schwärzlich gestreift; Unterseite weiß, mit schwärzlichen Streifen an Brust und Flanken. ♀ matter, unten mehr gefleckt. (Mittel- und Ostsibirien.) Als Irrgast Luxem-burg, Frankreich, Großbritannien, Holland.

Wiesenammer. *Emberiza cioides.* Ähnlich Zippammer, aber *Wangen und Scheitel dunkel kastanienbraun* und oft ein helles kastanienbraunes Brustband. (Südsibirien und Turkestan bis Japan.) Ausnahmsweise Italien. (S. Tafel 74.)

Pallasammer (Grauschulter-Rohrammer) *Emberiza pallasi* (Syn. a. *Schoeniclus pallasi*). Sehr ähnlich Rohrammer, aber etwas kleiner, kleine Flügeldecken bräunlichgrau statt rotbraun. (Mittel- und Ostsibirien bis Turkestan und zur Mongolei.) Ausnahmsweise Dänemark, Großbritannien.

Maskenammer. *Emberiza spodocephala* (Syn. a. *Hypocentor spodocephalus*). ♂ mit dunkel olivgrauem, um den Schnabel herum schwärzerem *Kopf und gelbem Bauch;* Flügel und Schwanz schwärzlichbraun. ♀ brauner und matter, ohne Schwarz im Gesicht und mit gelber, braun gestreifter Kehle und Brust. (Sibirien bis Westchina, Nordkorea und Japan.) Ausnahmsweise Helgoland (einmal) (s. Tafel 74).

Rötelammer. *Emberiza rutila* (Syn. a. *Hypocentor rutilus*). Beim ♂ Kopf, Oberseite und Brust kastanienbraun; Unterkörper leuchtend gelb mit kastanienbraunen Streifen. ♀ oben olivbraun, schwärzlich gestreift; Scheitel schwach rostfarben, Bürzel einfarbig kastanienbraun; Unterkörper matt gelb; Kehle weiß, mit Kastanienbraun gesäumt. (Ostsibirien bis zur Mongolei.) Als Irrgast Holland, Frankreich, Großbritannien, Norwegen.

Braunkopfammer. *Emberiza bruniceps* (Syn. a. *Granativora bruniceps*). Vielleicht nur Rasse der Kappenammer (s. S. 262), aber ♂ sehr verschieden: Rücken grünlichgelb, dunkel gestreift, Kopf und Kehle kastanienbraun, Unterkörper gelb, damit mehr manchen Webervögeln der Gattung *Textor* als einer Ammer ähnlich gefärbt; ♀ im Felde ununterscheidbar vom ♀ der Kappenammer. Brütet von Südost-Rußland bis Inner-Asien und im Ost-Iran; erscheint als Irrgast in Europa bis Norwegen, Dänemark, Großbritannien, Holland, Belgien, Frankreich, Spanien und Italien, mehrfach auch in Deutschland (Bundesrepublik) nachgewiesen, dabei dürfte es sich in vielen Fällen um entkommene oder freigelassene Käfigvögel gehandelt haben.

Stärlinge: Icteridae

Finken- bis dohlengroße, durch kunstvolle Nester, Gefiederfärbung und Brutparasitismus einiger Arten an die nicht näher verwandten afrikanischen Webervögel erinnernde Verwandte der Ammern. Rein amerikanisch. Von einigen Autoren als Unterfamilie der Ammern angesehen.

Bobolink. *Dolichonyx oryzivorus.* Größer als Feldlerche. Ein Wiesenvogel von gedrungener Gestalt; *Gesicht und Unterseite schwarz;* auffallendes weißes Schulterband und weißer Bürzel; *Hinterhals matt bräunlichgelb;* Rücken kräftig gestreift. ♀ und immat. gelblich braun, oberseits kräftig gestreift. (Nordamerika.) Ausnahmsweise Großbritannien, Irland.

Brillenstärling. *Xanthocephalus xanthocephalus.* Amselgroß. ♂ schwarz, *Kopf und Brust leuchtend goldgelb;* im Flug weißer Flügelfleck auffallend. Schnabel ziemlich kräftig. ♀ kleiner und brauner, Gesicht, Kehle und Brust heller gelb; Hinterbrust weiß gestreift. Ruft tief „krack" oder „kek". (Nordamerika.) Ausnahmsweise Dänemark, Schweden, Norwegen, Spanien.

Baltimoretrupial. *Icterus galbula.* 19 cm. Merklich kleiner als Rotdrossel, mit schlankem, spitzem, aber kräftigem Schnabel. ♂ schwarz und lebhaft orange oder gelb, Flügel mit weißer Zeichnung, Schwanz schwarz, seitlich orange oder gelb. Rücken schwarz, Bürzel orange oder gelb, Kopf und Hals bei der in unserem Gebiet einmal nachgewiesenen Rasse *I. g. galbula* ganz schwarz, bei anderen teilweise (Überaugenstreif, Kopfseiten) orange oder gelb. ♀ oberseits olivbraun oder olivgrünlich, Bürzel gelblich, zwei weißliche Flügelbinden; Unterseite mehr oder weniger gelb mit Weiß gemischt, bei *I. g. galbula* oft orangegelb. (Nordamerika bis Mexiko.) Ausnahmsweise Großbritannien, Irland, Island.

Volierenflüchtlinge

Häufiger als den im Vorstehenden aufgeführten Irrgästen und anderen Seltenheiten wird der Beobachter aus Käfigen oder Volieren entkommenen Fremdlingen der verschiedensten Arten begegnen können, außer den vielen Zuchtformen der domestizierten Arten – Kanarienvogel *(Serinus canaria)*, Zebrafink *(Taeniopygia guttata)*, Wellensittich *(Melopsittacus undulatus)* u. a. – vor allem Angehörigen der Gruppe der Papageien, der Timalien oder Drosselmeisen, Ammern, Kardinälen, Finken, Webervögeln (Ploceidae), Prachtfinken und Staren. Entwichene **Tigerfinken** *(Amandava amandava;* eine südasiatische Art der Prachtfinken, s. S. 244) haben sogar in Deutschland und der Schweiz gebrütet, desgleichen **Senegalamaranten** *(Lagonosticta senegala)* in Süd-Spanien; im Rheingebiet (so in Wiesbaden, Köln, Bonn), und in einigen Teilen der Grafschaften Kent und Surrey in England haben sich **Halsbandsittiche** *(Psittacula krameri;* nördliches tropisches Afrika und Süd-Asien; s. S. 157) angesiedelt und sich fortgepflanzt, so daß man schon von einer Einbürgerung sprechen kann, vorausgesetzt, der Bestand wird einen strengen Winter überstehen können. In Köln gibt es freifliegende **Nymphensittiche** *(Nymphicus hollandicus;* Australien). Verschiedene **Ara-Arten** *(Ara* sp.; Südamerika), **Mönchsittiche** *(Myiopsitta monachus,* Südamerika), **Schamadrossel** *(Copsychus malabaricus;* Süd-Asien), **Dorfweber** *(Textor cucullatus;* Afrika) u. a. wurden mehrfach freifliegend gehalten, und mit dem asiatischen **Sonnenvogel** *(Leiothrix lutea;* Fam. Timalien), dem nordamerikanischen **Rotkardinal** *(Cardinalis cardinalis;* Familie Ammern) u. a. wurden nach anfänglichen kleinen Erfolgen fehlgeschlagene Einbürgerungsversuche gemacht. Auch die in Frankreich, Dänemark und Deutschland vorgekommenen **Chinesengrünlinge** *(Chloris sinica;* Ostasien), sehr nahe Verwandte unseres Grünlings (s. S. 249), müssen wahrscheinlich als entwichene Käfigvögel angesehen werden. Von Ziergeflügelteichen entkommen häufig fremdländische Enten, so die auch in Deutschland schon angetroffene **Chilenische Pfeifente** *(Anas [Mareca] sibilatrix)* und vor allem die viel gehaltene nordamerikanische **Brautente** *(Aix sponsa),* eine im männlichen Prachtkleid oberseits schillernd dunkelgrüne Ente mit weiß gesäumtem Schopf, weißer Kehle und purpurbrauner Brust, deren ♀ dem der Mandarinente (S. 61) sehr ähnlich, aber durch in der Mitte dunkle, nicht völlig weiße Stirn unterschieden ist.

Literatur

Liste der führenden ornithologischen Handbücher und
wichtigsten Quellen über die Vögel Europas

Die hier zusammengestellte Liste enthält eine Auswahl von Nachschlagewerken, die denen empfohlen seien, die über die in diesem Taschenbuch gemachten kurzen Angaben hinaus ihre Kenntnis der europäischen Vögel und ihrer Verbreitung erweitern und vertiefen möchten. Zwar konnte auf die Aufführung einiger älterer, jetzt vergriffener Standardwerke nicht verzichtet werden, doch sind in der Hauptsache neuere Bücher genannt, neben einigen wenigen, die einen Gesamtüberblick über die Vogelwelt vermitteln, nur solche, die Kennzeichen, Vorkommen und Verbreitung der Vögel Europas behandeln. Bücher über die Vögel anderer Erdteile und solche über die verschiedenen Teilgebiete der Vogelkunde (Systematik und Stammesgeschichte, Anatomie, Physiologie, Verhaltenskunde, Ökologie, allgemeine Biologie, Vogelzugkunde, Vogelschutz, Vogelhaltung usw.) sind nicht aufgenommen.

Allgemeine Werke

PETERS, J. L., u. a. 1931 ff.: Check-list of Birds of the World. 15 Bände (Bd. 11 noch nicht erschienen). Cambridge, Mass.

WOLTERS, H. E., 1975: Die Vögel der Welt. Artenliste. Hamburg und Berlin. Eine kritische Liste aller Vogelarten der Welt mit den wichtigsten Synonymen, deutschen Namen für jede Art und kurzen Verbreitungsangaben.

BERNDT, R.; MEISE, W., 1959–1966: Naturgeschichte der Vögel. 3 Bände. Stuttgart. Mit Abbildungen von über 1000 Vogelarten. Eine umfassende Darstellung unseres Wissens vom Vogel.

TUCK, G. S., 1978: A Field Guide to the Seabirds of Britain and the World. London. Deutsche Übersetzung und Bearbeitung von E. und F. GOETHE, 1980: Die Meeresvögel der Welt. Hamburg und Berlin. Behandelt alle Seevögel der Erde.

VOOUS, K. H., 1973–1977: List of recent holarctic bird species. London (Abdruck aus Ibis 115 u. 119). Namenliste der Vögel Nord-Afrikas, Europas, Nord-Asiens und Nordamerikas.

HARTERT, E., 1903–1922; Ergänzungsband mit F. STEINBACHER, 1932–1938: Die Vögel der paläarktischen Fauna. 3 Bde. und Ergänzungsband. Berlin. Neudruck Lehre 1969. Das Standardwerk zur Taxonomie und Verbreitung der Vögel der gesamten paläarktischen Region.

VAURIE, CH., 1959–1965: The Birds of the Palearctic Fauna. 2 Bände. London. Eine neue Darstellung der Verbreitung und Rassengliederung der Vögel der Paläarktis im Anschluß an das oben genannte Werk von HARTERT.

CRAMP, S., (Hrsg.) u. a., 1977 ff.: Handbook of the Birds of Europe, the Middle East and North Africa. The Birds of the Western Palearctic. 7 Bände, davon bis 1983 3 Bände erschienen. Oxford u. London. Ausführliche Darstellung der Vögel der West-Paläarktis mit farbigen Abbildungen.

HEINZEL, H.; FITTER, R.; PARSLOW, J., 1972: The Birds of Britain and Europe with North Africa and the Middle East. London. Deutsche Übersetzung und Bearbeitung von G. NIETHAMMER u. H. E. WOLTERS, 1972; 4. Aufl. 1983: Pareys Vogelbuch. Alle Vögel Europas, Nordafrikas und des Mittleren

Ostens. Hamburg und Berlin. Ein Feldführer mit farbigen Abbildungen aller Vogelarten des genannten Gebietes.

HARRISON, C. J. O., 1975: A Field Guide to the Nests, Eggs and Nestlings of European Birds. London. Deutsche Übersetzung und Bearbeitung von E. HERRLINGER, 1975: Jungvögel, Eier und Nester aller Vögel Europas, Nordafrikas und des Mittleren Ostens. Hamburg und Berlin.

HARRISON, C. J. O., 1982: An Atlas of the Birds of the Western Palaearctic. London. Kommentierte Verbreitungskarten und Vignetten aller Vögel der West-Paläarktis.

WOLTERS, H. E., 1983: Die Vögel Europas im System der Vögel. Baden-Baden. Eine Namenliste der Vogelarten Europas und eine Übersicht über alle Ordnungen und Familien der Vögel mit Angaben über Verbreitung und Artenzahlen.

VOOUS, K. H., 1960: Atlas van de Europese Vogels. Amsterdam und Brüssel. Deutsche Übersetzung und Bearbeitung von M. ABS, 1960: Die Vogelwelt Europas und ihre Verbreitung. Hamburg und Berlin. Mit Karten der Gesamtverbreitung aller europäischen Vogelarten und ausführlichem Begleittext.

NICOLAI, J., 1982: Fotoatlas der Vögel. Das große Bildsachbuch der Vögel Europas. München. Farbphotos und Zeichnungen aller Vögel Europas mit Verbreitungskärtchen.

BERGMANN, H.-H.; HELB, H. W., 1982: Stimmen der Vögel Europas. München, Wien, Zürich. Beschreibung der Stimmen der Vögel Europas mit mehr als 2000 Sonagrammen.

MAKATSCH, W., 1974–1976: Die Eier der Vögel Europas. 2 Bände. Melsungen.

JØRGENSEN, H., 1958: Nomina Avium Europaearum. Kopenhagen. Ein Verzeichnis der Trivialnamen der Vögel Europas in 21 Sprachen.

COOMANS DE RUITER, L.; HEURN, W. C. VAN; KRAAK, W. K., 1947: Betekenis en etymologie van de wetenschappelijke namen der Nederlandsche vogels. Kampen. Erläutert die wissenschaftlichen Namen der europäischen Vögel, soweit sie in den Niederlanden vorkommen.

NOWAK, E., 1979: Die Vögel der Länder der Europäischen Gemeinschaft. Greven. Eine Übersicht über die im Bereich der EG vorkommenden Vogelarten mit ihren Namen in 7 Sprachen und Angaben über die Schutzbestimmungen.

GLUTZ VON BLOTZHEIM, U. N. (Hrsg.); BAUER, K. M., u. a., 1966 ff.: Handbuch der Vögel Mitteleuropas. Auf 12 Bände veranschlagt, davon bis 1983 Bd. 1–9 erschienen (Seetaucher–Spechte). Wiesbaden. Die ausführlichste je geschriebene Darstellung der Vögel Mitteleuropas, d. h. Deutschlands, Österreichs, der Schweiz, Luxemburgs, Belgiens, Hollands, der Tschechoslowakei und Ungarns.

NIETHAMMER, G., 1963: Die Einbürgerung von Säugetieren und Vögeln in Europa. Unter Mitarbeit von J. NIETHAMMER und J. SZIJJ. Hamburg und Berlin. Eine ausführliche Dokumentation der bis 1963 in Europa erfolgten Einbürgerungsversuche mit Säugetieren und Vögeln.

Belgien

VERHEYEN, R., 1943–1951: Das „Institut Royal des Sciences Naturelles de Belgique" hat ein umfassendes, illustriertes Werk über die Vögel Belgiens veröffentlicht. Jeder der 8 Bände erschien unter verschiedenem Titel.

VERHEYEN, R. F., u. a., 1967: Lijst van de in België waargenomen vogelsoorten en hun geographische vormen. Auch französ. Ausgabe: Avifaune de Belgique. Brüssel.

LIPPENS, L.; WILLE, H., 1972: Atlas des Oiseaux de Belgique. Auch flämische Ausgabe: Atlas van de vogels in België en West-Europa. Tielt. Die neueste umfassende Darstellung der Vögel Belgiens mit 764 Verbreitungskarten.

Siehe auch GLUTZ VON BLOTZHEIM (Allgemeine Werke).

Bulgarien

REISER, O., 1894: Materialien zu einer Ornis Balcanica; II: Bulgarien. Wien.

VON JORDANS, A., 1940: Beitrag zur Kenntnis der Vögel Bulgariens. In: Mitt. aus d. königl. naturwiss. Instituten Sofia.

PATEFF, P., 1950: Ptitzite w Blgarija (Die Vögel Bulgariens). Sofia. Bulgarisch mit englischer Zusammenfassung.

PESCHEV, Z.; BOEV, N., 1962: Fauna na Blgarija, Sofia. Feldführer, bulgarisch. Behandelt alle Wirbeltiere Bulgariens.

Dänemark

JESPERSEN, P., 1946: The Breeding Birds of Denmark. Kopenhagen. Englisch.

SALOMONSEN, F., 1963: Oversigt over Danmarks Fugle. Kopenhagen. Die neueste dänische Artenliste.

LØPPENTHIN, B., 1967: Danske ynglefugle i fortid og nutid. Odense.

DYBBRO, T., 1976: De Danske ynglefugles utbredelse. Kopenhagen.

Siehe auch Grönland.

Deutschland (BR-Deutschland und DDR)

NIETHAMMER, G., 1937–1942: Handbuch der deutschen Vogelkunde. 3 Bände. Leipzig.

NIETHAMMER, G.; KRAMER, H.; WOLTERS, H. E., 1964: Die Vögel Deutschlands. Artenliste. Frankfurt a. M.

WÜST, W., 1970: Die Brutvögel Mitteleuropas. München. Mit farbigen Abbildungen aller Brutvögel Deutschlands. Einziges neueres Buch, in dem auch die deutschen Synonyme der Vogelnamen aufgeführt sind.

VOIGT, A.; BEZZEL, E., 1961: Exkursionsbuch zum Studium der Vogelstimmen. Heidelberg. Neubearbeitung (durch E. BEZZEL) des bewährten Buches von A. VOIGT.

Siehe auch GLUTZ VON BLOTZHEIM (Allgemeine Werke).

Bundesrepublik Deutschland

RHEINWALD, G., 1982: Brutvogelatlas der Bundesrepublik Deutschland. Kartierung 1980. Lengede. Ergebnisse einer 25 × 25-km-Rasterkartierung in der Bundesrepublik Deutschland einschl. Berlin (West).

Baden-Württemberg:

HÖLZINGER, J.; KNÖTZSCH, G.; KROYMANN, B.; WESTERMANN, K., 1970: Die Vögel Baden-Württembergs. Eine Übersicht. Sonderheft des „Anzeiger der Ornithologischen Gesellschaft in Bayern". Siehe auch JACOBY u. a. (Schweiz).

Bayern:

WÜST, W., 1962: Prodromus einer „Avifauna Bayerns". Mit Nachtrag 1963. In: Anzeiger der Ornithologischen Gesellschaft in Bayern.
WÜST, W., 1982 ff.: Avifauna Bavariae. Die Vogelwelt Bayerns im Wandel der Zeit. Bisher Band 1 erschienen. München.
BEZZEL, E.; LECHNER, F.; RANFTL, H., 1980: Arbeitsatlas der Brutvögel Bayerns. Greven.

Hamburg:

TIMMERMANN, G., 1953: Die Vogelwelt des Hamburger Wandergebietes. Hamburg.
Siehe auch Schleswig-Holstein.

Hessen:

GEBHARDT, L.; SUNKEL, W., 1954: Die Vögel Hessens. Frankfurt a. M. Ergänzungsband von G. BERG-SCHLOSSER, 1968.

Niedersachsen:

GOETHE, F.; HECKENROTH, H.; SCHUMANN, H., 1978 ff.: Die Vögel Niedersachsens und des Landes Bremen. Bisher erschienen Teil 1 (Seetaucher bis Flamingos). Hannover.
GREVE, E.; FLADE, M., 1977–1983: Die Vögel der Südheide und der Aller-Niederung. 2 Bände. Celle.

Rheinland (Nordrhein und Rheinland-Pfalz):

NEUBAUR, F., 1957: Beiträge zur Vogelfauna der ehemaligen Rheinprovinz. In: Decheniana (Bonn) 110, Heft 1.
MILDENBERGER, H., 1982 ff.: Die Vögel des Rheinlandes. 4 Bände, bisher erschienen Band 1 (Allg. Einführung, Seetaucher bis Alken). Düsseldorf u. Greven. Behandelt die Vögel von Nordrhein und der Nordhälfte von Rheinland-Pfalz.
Siehe auch HENS (Holland).

Schleswig-Holstein:

BECKMANN, K. O., 1964: Die Vogelwelt Schleswig-Holsteins. Neumünster.
Orn. Arbeitsgemeinschaft für Schleswig-Holstein u. Hamburg, 1974 ff.: Vogelwelt Schleswig-Holsteins. Bisher erschienen Bd. 1 (Seetaucher–Flamingos), bearb. von BERNDT, R.-K.; DRENKHAHN, D. Bd. 2 (Greifvögel) bearb. von LOOFT, G.; BUSCHE, V. Neumünster.
SCHMIDT, G. A. J.; BREHM, K., 1974: Vogelleben zwischen Nord- und Ostsee. Neumünster.

Westfalen:

PEITZMEIER, J., 1969: Avifauna von Westfalen. Anhang 1979. Münster.
SÖDING, K., 1953: Vogelwelt der Heimat. Recklinghausen. Behandelt die Vögel des Ruhrgebietes und des Münsterlandes.

DDR

Brandenburg:
RUTSCHKE, E. (Hrsg.), 1983: Die Vogelwelt Brandenburgs. Jena.
Mecklenburg:
KLAFS, G.; STÜBS, J. (Hrsg.), 1977: Die Vogelwelt Mecklenburgs. Jena.
Sachsen:
HEYDER, R., 1952: Die Vögel des Landes Sachsen. Leipzig.

Finnland

MERIKALLIO, E., 1958: Finnish Birds. Their Distribution and Numbers. Fauna Fennica, V. Helsinki. Mit Verbreitungskarten.

Frankreich

MAYAUD, N.; HEIM DE BALSAC, H.; JOUARD, H., 1936: Inventaire des Oiseaux de France. Paris. Eine Liste mit Angaben zur Verbreitung, ergänzt durch: Commentaires sur l'Ornithologie Française, in: Alauda (1938–1939), L'Oiseau (1941), Alauda (1946–1951).
MAYAUD, N., 1953: Liste des Oiseaux de France. In: Alauda 21, S. 1–63.
YEATMAN, L. (Hrsg.), 1976: Atlas des oiseaux nicheurs de France de 1970 à 1975. Paris. Kommentierter Verbreitungsatlas der Brutvögel.
LEBRETON, P., 1977: Atlas ornithologique Rhône-Alpes. Lyon.
LHERITIER, J. N., 1977: Atlas des oiseaux nicheurs du Massif Central. Clermont-Ferrand.
THIBAULT, J.-C., 1983: Les Oiseaux de la Corse. Clermont-Ferrand.
BARRUEL, P., 1949: Les Oiseaux dans la Nature. Paris. Taschenbuch.
CORTI, A., 1961: Die Brutvögel der französischen und italienischen Alpenzone. Chur.
Siehe auch GÉROUDET (Schweiz).

Griechenland

REISER, O., 1905: Materialien zu einer Ornis Balcanica; III: Griechenland und die griechischen Inseln. Wien.
MAKATSCH, W., 1950: Die Vogelwelt Macedoniens. Leipzig.
BAUER, W.; HELVERSEN, O. VON; HODGE, M.; MARTENS, J., 1969: Aves. In: A. KANELLIS: Catalogus Faunae Graeciae. Thessaloniki.

Grönland

SALOMONSEN, F.; JOHANSEN, G., 1950–1951: Grønlands Fugle. 3 Bände. Kopenhagen.

Großbritannien

WITHERBY, H. F.; JOURDAIN, F. C. R.; TICEHURST, N. F.; TUCKER, B. W., 1938–1941; Neudruck 1965: The Handbook of British Birds. 5 Bände mit farbigen Abb. Das Standardwerk über die Vögel der Britischen Inseln, auch heute noch wichtig.
HOLLOM, P. A. D., 1962; 1. Aufl. 1952: The Popular Handbook of British

Birds. London. Kurzgefaßtes Handbuch mit Abbildungen aus dem Werk von WITHERBY u. a. (s. o.).

HOLLOM, P. A. D., 1960: The Popular Handbook of Rarer British Birds. London. Behandelt die auf den Britischen Inseln vorgekommenen Seltenheiten und Irrgäste.

SHARROCK, J. T. R. und E. M., 1976: Rare Birds in Britain and Ireland. Berkhamsted.

British Ornithologists' Union (Hrsg. D. W. SNOW), 1971: The Status of Birds in Britain and Ireland. Oxford, London, Edinburgh.

PARSLOW, J., 1973: Breeding Birds of Britain and Ireland, a historical survey. Berkhamsted. Bestands- und Verbreitungsänderungen der Vögel der Britischen Inseln in den letzten Jahrzehnten.

SHARROCK, J. T. R., 1976: The Atlas of Breeding Birds in Britain and Ireland. Tring. Kommentierter Verbreitungsatlas.

BANNERMAN, D. A., 1953–1963: The Birds of the British Isles. 12 Bände. Edinburgh und London. Eine ausführliche Darstellung und Lebensbeschreibung der Vögel der Britischen Inseln.

BAXTER, E. V.; RINTOUL, L. J., 1953: The Birds of Scotland. 2 Bände. Edinburgh und London.

Holland

EYKMAN, C., 1937–1949: De Nederlandse Vogels. 3 Bände. Wageningen.

VAN IJZENDOORN, A. L. J., 1950: The Breeding Birds of the Netherlands. Leiden. Liste der Brutvögel Hollands. Englisch.

VOOUS, K. H., u. a., 1970: Avifauna van Nederland. Lijst van de in Nederland waargenomen vogelsoorten en hun geografische vormen. Leiden. Artenliste.

TEIXEIRA, R. M. (Hrsg.), 1979: Atlas van de Nederlandse Broedvogels. 's-Graveland. Kommentierter Verbreitungsatlas.

ALLEYN, W. F. u. a., 1971: Avifauna van Midden-Nederland. Assen.

HENS, P. A., 1965: Avifauna van de Nederlandse Provincie Limburg benevens een vergelijking met die der aangrenzende gebieden. Maastricht. Wichtig auch für die angrenzenden deutschen Gebiete.

Siehe auch GLUTZ VON BLOTZHEIM (Allgemeine Werke).

Irland

KENNEDY, P. G., u. a., 1954: The Birds of Ireland. Edinburgh und London. Siehe auch Großbritannien.

RUTTLEDGE, R. F., 1975: A List of the Birds of Ireland. Dublin.

Island

TIMMERMANN, G., 1938–1949: Die Vögel Islands. Reykjavik. Ein Handbuch über die Vögel Islands.

Italien

ARRIGONI DEGLI ODDI, E., 1929: Ornitologia Italiana. Mailand. Das beste ältere Werk.

TOSCHI, A., 1969: Avifauna Italiana. Handbuch über die Vögel Italiens.

BRICHETTI, P., 1976: Atlante ornitologico Italiano. 2 Bände. Brescia. Farbige Abbildungen, Darstellung und Verbreitungskarten der Vögel Italiens.

BRICHETTI, P., 1977: Guida degli uccelli nidificanti in Italia. Brescia. Kleinformatiger Verbreitungsatlas der Brutvögel Italiens mit Abbildungen. Siehe auch CORTI (Frankreich).

Jugoslawien

REISER, O., 1896, 1939: Materialien zu einer Ornis Balcanica; IV (1896): Montenegro; I (1939): Bosnien und Herzegowina. Wien.
MATVEJEV, S. D., 1950: La Distribution et la Vie des Oiseaux en Serbie (Ornithogeographia Serbica). Belgrad. Serbisch, mit französischer Zusammenfassung.

Luxemburg

MORBACH, J., 1939–1963: Die Vögel der Heimat. 5 Bände. Esch-Alzette.
HULTEN, M.; WASSENICH, V., 1963: Die Vogelfauna Luxemburgs. Luxemburg.
Siehe auch GLUTZ VON BLOTZHEIM (Allgemeine Werke).

Norwegen

LØVENSKIØLD, H. L., 1947: Handbok over Norges Fugler. Oslo.
LØVENSKIØLD, H. L., 1963: Avifauna Svalbardensis. Oslo. Behandelt die Vögel der norwegischen Arktis.
HAFTORN, S., 1971: Norges Fugler. Oslo.
Siehe auch Schweden.

Österreich

BAUER, K.; ROKITANSKY, G., 1951: Verzeichnis der Vögel Österreichs. Neusiedl.
ROKITANSKY, G., 1964: Catalogus Faunae Austriae; Teil XXIb: Aves, Wien. Die neueste Liste der Vögel Österreichs.
Siehe auch GLUTZ VON BLOTZHEIM (Allgemeine Werke).

Polen

SOKOLOWSKI, J., 1958: Ptaki ziem Polskich (Die Vögel Polens). 2 Bände. Warschau. Polnisch.
TOMIATOJĆ, L., 1976: Birds of Poland. A List of Species and Their Distribution. Warschau.

Portugal

TAIT, W., 1924: Birds of Portugal. London.
THEMIDO, A. A., 1952: Aves de Portugal. Coimbra.
BANNERMAN, D. A. and M., 1963–1968: Birds of the Atlantic Islands, 4 Bände. Edinburgh und London. Behandelt die Vögel der Azoren, Madeiras, der Kanaren und der Kap-Verde-Inseln.
Siehe auch LIETGET (Spanien) und BERNIS (Spanien).

Rumänien

VON DOMBROWSKI, R., 1912: Ornis Romaniae. Bukarest.
LINTIA, D., 1946–1955: Păsările din R.P.R. (Die Vögel Rumäniens). 3 Bände. Bukarest. Rumänisch.
VASILIU, G. D., 1968: Systema Avium Romaniae (Inventaire des Oiseaux de Roumanie). In: Alauda 36; Sonderheft.

Schweden

CURRY-LINDAHL, K., 1959–1963: Våra Fåglar i Norden. 4 Bände. Stockholm. Behandelt auch die norwegischen, finnischen und dänischen Vögel.
ROSENBERG, E., 1961: Fåglar in Sverige. 4. Aufl. Stockholm, Taschenbuch mit Abbildungen und Verbreitungskarten.
BERGSTRÖM, U., u. a., 1962: Förteckning över Sveriges Fåglar. 5. Aufl. Stockholm.
SVENSSON, L. (Hrsgbr.), 1978: Sveriges fåglar. Stockholm. Die neueste schwedische Artenliste mit Verbreitungskarten.

Schweiz

GÉROUDET, P., 1940–1954: La Vie des Oiseaux. 6 Bände (in Taschenbuchformat). Neuchâtel und Paris. Behandelt die Vögel der Schweiz, Frankreichs und Belgiens. Französisch.
HALLER, W., 1951: Unsere Vögel. Artenliste der schweizerischen Avifauna. Aarau.
SUTTER, E., u. a., 1959: Verzeichnis der schweizerischen Vogelarten. In: Ornithologischer Beobachter 56.
GLUTZ VON BLOTZHEIM, U. (Hrsg.), 1962: Die Brutvögel der Schweiz. Aarau.
SCHIFFERLI, A.; GÉROUDET, P.; WINKLER, R., 1980: Verbreitungsatlas der Brutvögel der Schweiz. Atlas des Oiseaux nicheurs de Suisse. Sempach.
JACOBY, H.; KNÖTZSCH, G.; SCHUSTER, S., 1970: Die Vögel des Bodenseegebietes. Beiheft zu Band 67 von „Der Ornithologische Beobachter".
Ferner U. A. CORTI über die Vogelwelt einzelner Kantone. Chur.

Spanien

LLETGET, G., 1945: Sinopsis de las Aves de España y Portugal. Madrid. Eine Liste mit Bestimmungsschlüsseln.
BERNIS, F., 1954: Prontuario de la Avifauna Española (Incluyendo Aves de Portugal, Baleares y Canarias). In: Ardeola, 1.
ARANZANA, E. DE J., 1980: Atlas Ornitologico de La Rioja. Logroño.
Siehe auch BANNERMAN (Portugal)

Tschechoslowakei

JIRSÍK, J., 1955: Nasi Pěvci. Prag.
Siehe auch GLUTZ VON BLOTZHEIM (Allgemeine Werke).

Ungarn

SCHENK, J., 1918: Aves. In: Fauna Regni Hungariae. Budapest.

KEVE, A., 1960: Nomenclator Avium Hungariae. Budapest. Neueste ungarische Artenliste; ungarisch und deutsch.

FARKAS, T., 1967: Ornithogeographie Ungarns. Berlin.

Siehe auch GLUTZ VON BLOTZHEIM (Allgemeine Werke).

An Hand der angeführten Literatur wird es jedem möglich sein, sich über die Vogelwelt einzelner Gebiete Europas genauer zu unterrichten. Um tiefer in die Probleme der Vogelkunde einzudringen, ist es erfahrungsgemäß empfehlenswert, sich einer Vereinigung von Ornithologen anzuschließen, in Deutschland der *Deutschen Ornithologen-Gesellschaft*. Aufnahmeanträge sind an den Schatzmeister zu richten; derzeitige Anschrift: Natur-Museum u. Forschungsinstitut Senckenberg, Senckenberg-Anlage 25, 6000 Frankfurt a. M.

Farbtafeln 1–85

Lappen- und Seetaucher

○ **Ohrentaucher** *Podiceps auritus* S. 3⁸
Sommer: Goldgelbe Kopfbüschel; rostroter Hals.
Winter: Schwarz-weiß; dünner, dunkler, gerader Schnabel,
schwarze Kappe über dem Auge.

● **Schwarzhalstaucher** *Podiceps nigricollis* R3 S. 3⁹
Sommer: Goldgelbe Ohrbüschel, schwarzer Hals.
Winter: Wie Ohrentaucher, aber grauerer Hals, aufgeworfener
Schnabel, schwarze Kappe bis unter das Auge.

● **Rothalstaucher** *Podiceps grisegena* R4 S. 3⁸
Sommer: Rostroter Hals, weißes Kinn und hellgraue Wangen.
Winter: Gräulicher Hals, gelblicher Schnabel.

● **Zwergtaucher** *Tachybaptus ruficollis* S. 3⁷
Sommer: Rundlich, dunkler; heller Schnabelfleck.
Winter: Unten hell. An Gestalt und Schnabel zu erkennen.

● **Haubentaucher** *Podiceps cristatus* S. 3⁸
Sommer: Weißer Hals, schwarze „Hörnchen", rostfarbene
Krause.
Winter: Atlasweiß; rötlicher Schnabel, über dem Auge weiß.

○ **Sterntaucher** *Gavia stellata* S. 3⁹
Sommer: Grauer Kopf, dunkelrote Kehle.
Winter: Hell; schlanker, aufgeworfener Schnabel.

○B **Prachttaucher** *Gavia arctica* S. 3⁴
●C *Sommer:* Grauer Scheitel; Rückenflecke in Feldern angeordnet.
Winter: So dunkel wie Eistaucher; Schnabel so schlank
wie beim Sterntaucher, aber nicht aufgeworfen.

○ **Eistaucher** *Gavia immer* S. 3⁶
Sommer: Schwarzer Kopf, Rücken gleichmäßig gemustert,
derber Schnabel.
Winter: Dunkler Rücken; derber, gerader Schnabel.

△ **Gelbschnabel-Eistaucher** *Gavia adamsii* S. 3⁊
Wie Eistaucher. Am starken, weißlichen, aufgeworfenen
Schnabel zu erkennen.

Seetaucher wirken im Fluge bucklig, mit leich[t]
abwärts gekehrtem Hals; Füße den Schwan[z]
überragend.

mmer

Winter

OHRENTAUCHER

Sommer

Winter

SCHWARZHALSTAUCHER

mer

Winter

ROTHALSTAUCHER

Sommer

Winter

ZWERGTAUCHER

mer

Winter

HAUBENTAUCHER

mmer

Winter

STERNTAUCHER

mer

Winter

PRACHTTAUCHER

GELBSCH.-
EISTAUCHER

Winter

Winter

mer

EISTAUCHER

Sturmschwalben und Sturmvögel

Sturmschwalben sind kleine, dunkel gefärbte Vögel mit weißem Bürzel, die unstet niedrig über den Wellen flattern.
Sturmvögel bewegen sich im Fluge abwechselnd mit lockeren Flügelschlägen oder gleitend, dabei mit steif gehaltenen Flügeln in tiefe Wellentäler hineinschießend und vor der Dünung wieder aufsteigend.

△ **Wellenläufer** *Oceanodroma leucorhoa* S. 43
Schwanz leicht ausgebuchtet, was aber meist nicht zu erkennen ist. Graues Diagonalband über den Flügeln. Hüpfender Flug.

△B **Buntfuß-Sturmschwalbe** *Oceanites oceanicus* S. 42
Schwanz gerade abgeschnitten. Ziemlich lange Beine. Dunkle Flügelunterseite. Füße gelblich. Fledermausartiger Flug.

△ **Sturmschwalbe** *Hydrobates pelagicus* S. 43
Gerade abgeschnittener Schwanz. Flügelunterseite mit weißlicher Binde. Flatternder Flug.

△ **Schwarzschnabel-Sturmtaucher** *Puffinus puffinus* S. 42
Oberseits dunkel, unterseits weiß; kein heller Fleck an der Schwanzwurzel. Die mediterranen Rassen sind ober- und unterseits brauner.

△B **Kleiner Sturmtaucher** *Puffinus assimilis* S. 42
Ähnlich einem kleinen Schwarzschnabel-Sturmtaucher, aber dunkle Oberkopffärbung nicht bis unter das Auge reichend; Füße bläulich, nicht fleischfarben.

△B **Gelbschnabel-Sturmtaucher** *Calonectris diomedea* S. 40
Keine kontrastreiche Kopfzeichnung; gelblicher Schnabel. Flug ähnlich Eissturmvogel. Mit oder ohne Weiß an der Schwanzwurzel.

△B **Kappensturmtaucher** (Großer Sturmtaucher) *Puffinus gravis* S. 41
Scharf abgegrenzte Oberkopfkappe; weiße Kopfseiten, weißer Fleck an der Schwanzwurzel. Flug ähnlich Schwarzschnabel-Sturmtaucher.

●B **Eissturmvogel** *Fulmarus glacialis* R5 S. 40
△C „Stiernackig"; gedrungener Schnabel; gleitender Flug mit steif gehaltenen Flügeln. Helle Phase: Weißer Kopf; heller Fleck an der Wurzel der Handschwingen. Dunkle Phase: Rauchgrau.

△B **Dunkelsturmtaucher** *Puffinus griseus* S. 41
Bis auf die hellen Unterflügeldeckfedern einfarbig dunkel.

WELLEN-LÄUFER

BUNTFUSS-STURMSCHWALBE

STURM-SCHWAL-BE

CHWARZ-CHNABEL-TURM-AUCHER

Atlantik-rasse

SCHWARZ-SCHNABEL-STURM-TAUCHER

West-medit. Rasse

KLEINER STURM-TAUCHER

GELB-SCHNABEL-STURMT.

KAPPEN-STURMT.

Helle Phase

Dunkle Phase

EISSTURM-VOGEL

DUNKEL-STURMTAUCHER

| Tafel 3 |

Kormorane

Kormorane sind große, dunkle Wasservögel, von der Zwergscharbe abgesehen, größer als jede Ente. Sitzend halten sie sich aufrecht und breiten dabei häufig die Flügel wie ein Wappenadler aus. Sie schwimmen wie Taucher tief eingetaucht, tragen dabei aber den Hals mehr aufgerichtet und richten den Schnabel schräg nach oben.

● **Kormoran** *Phalacrocorax carbo* R2   S. 44

Größer als Krähenscharbe, mit kräftigerem Schnabel und an *Kinn und Wangen weiß.* Im Brutkleid mit *weißem Fleck an den Schenkeln.* Brutvögel des Kontinents (außer Norwegen und Nord-Finnland) im Frühjahr für kurze Zeit mit viel Weiß an Kopf und Hals (Schmuckfedern). Immat. von jungen Krähenscharben zu unterscheiden durch Größe, Gestalt und mehr oder weniger *ausgedehntes Weiß* an der Unterseite.

△B **Krähenscharbe** *Phalacrocorax aristotelis*   S. 45

Kleiner als Kormoran, Schnabel schlanker; ad. ohne den weißen Wangenfleck des Kormorans, aber zur Brutzeit mit kurzer Haube in der Scheitelmitte, die angelegt werden kann und dann nicht zu erkennen ist. Immat. unterseits dunkler als junger Kormoran.

△B **Zwergscharbe** *Phalacrocorax pygmeus*   S. 45

Kleiner, kurzhalsiger und kurzschnäbliger als Krähenscharbe; Schwanz länger.

ad.
Brutkleid

KORMORAN

Atlantische
Rasse

immat.

Kontinen-
tale Rasse

KORMORAN

ad.

immat.

KRÄHEN-
SCHARBE

KRÄHEN-
SCHARBE
ad.

ad.

ZWERGSCHARBE

ad.

KRÄHENSCHARBE

| Tafel 4 |

Verschiedene große Wasservögel

△ **Rosapelikan** *Pelecanus onocrotalus* S. 46
Sehr groß, mit mächtigem Schnabel. Schwingen, auch von unten
gesehen, ausgedehnt schwarz. Füße rötlich.

Krauskopfpelikan *Pelecanus crispus* S. 46
Sehr groß. Vom Rosapelikan im Fluge zu unterscheiden durch
nur schmalen schwarzen Saum der Flügelunterseite; Weiß des
Gefieders weniger rein. Füße schwärzlich.

Mollymauk *Diomedea melanophris* S. 39
Spannweite der Flügel etwa 230 cm. Sieht aus wie eine große,
langflügelige Mantelmöwe mit starkem Schnabel, hat aber
schwarzen Schwanz und vorn und hinten schwarz gesäumte
Flügelunterseite. Kennzeichnender Segelflug nahe über den
Wellen.

△ **Basstölpel** *Sula bassana* S. 44
Ad.: Weiß; keilförmiger Schwanz; ausgedehnt schwarze Hand-
schwingen.
Jagt stoßtauchend Fische.
Immat.: Dunkelbraun mit keilförmigem Schwanz.
Übergangskleid: Weiß, dunkel gefleckt.

ROSAPELIKAN

KRAUSKOPF-
PELIKAN

MOLLYMAUK

ad.

immat.

BASSTÖLPEL

Übergangs-
kleid

BASSTÖLPEL

Tafel 5

Langbeinige Sumpfvögel
(Reiher, Kraniche)

● **Rohrdommel** *Botaurus stellaris* R2   S. 47
Bräunlich gelb; gebändert und gefleckt. Schnabel oft aufwärts
gerichtet.

Nordamerikanische Rohrdommel *Botaurus lentiginosus*   S. 47
Kleiner als Rohrdommel; mehr gestreift, weniger gebändert.
Auffallender schwarzer Halsfleck.

● **Zwergdommel** *Ixobrychus minutus* R2   S. 48
Sehr klein; großes rahmfarbenes Flügelfeld.
♂: Schwarzer Rücken. ♀: Brauner Rücken. Juv. bräunlich;
gestreifte, gelbbräunliche Flügel.

◐ **Nachtreiher** *Nycticorax nycticorax* R5   S. 48
Ad.: Weiße Brust, schwarzer Rücken, schwarzer Scheitel.
Immat.: Braun; weißliche Flecken auf Rücken und Flügeln.

● **Graureiher** *Ardea cinerea*   S. 50
Groß, hellgrau; dunkle Schwingen.

●B **Purpurreiher** *Ardea purpurea* R5   S. 50
▲C Dunkler, schlanker als Fischreiher; rostroter Hals.
Scheitel ganz schwarz. Immat. sandfarbener.

● **Kranich** *Grus grus* R2   S. 10
Schwarz-weiße Halsstreifen; über den Schwanz herabhängende
Federn.

△ **Jungfernkranich** *Anthropoides virgo*   S. 10
Kleiner als Kranich; schwarze Brust, weiße Kopfbüschel.

Reiher (einschließlich Dommeln) fliegen
mit eingezogenem Hals; Kraniche und
alle anderen langbeinigen Sumpfvögel
fliegen mit ausgestrecktem Hals.

ROHRDOMMEL

NORD-
AMERIKANISCHE ROHRDOMMEL

NACHTREIHER

juv.

ZWERGDOMMEL

juv.

ad.

NACHT-
REIHER

ad.

juv.

GRAUREIHER

PURPUR-
REIHER

ad.

KRANICH

JUNGFERNKRANICH

Langbeinige Sumpfvögel
(Reiher, Ibisse, Flamingo, Störche)

△ **Seidenreiher** *Egretta garzetta*   S. 49
Klein, weiß; schwarze Läufe, gelbe Zehen; schlanker,
schwarzer Schnabel.

△ **Silberreiher** *Casmerodius albus*   S. 50
Groß, weiß; schwärzliche Füße, Gelb am Schnabel.

△ **Kuhreiher** *Bubulcus ibis*   S. 49
Sieht weiß aus; kräftige „Kinnbacken"; Schnabel und Beine
rötlich. Die braungelblichen Federn werden nach der Brutzeit
abgelegt. Schnabel und Beine können dann gelblich oder dunkel
sein.

△ **Rallenreiher** *Ardeola ralloides*   S. 48
Ad.: Sieht sandbräunlich aus, im Fluge aber fast weiß;
      Beine grünlich.
Juv.: Gestreifte Brust; weiße Flügel.

△ **Löffler** *Platalea leucorodia* R5   S. 52
Ad.: Weiß; langer schwarzer, löffelförmiger Schnabel.
Juv.: Rötlicher Löffelschnabel, schwarze Flügelspitzen.

△ **Braunsichler** *Plegadis falcinellus*   S. 52
Dunkler, glänzender Körper, abwärts gebogener Schnabel.

△ **Flamingo** *Phoenicopterus ruber*   S. 52
Leuchtend rot an Flügeln; Hals und Beine sehr lang.

● **Weißstorch** *Ciconia ciconia* R2   S. 51
Weiß, mit Schwarz an den Flügeln, roter Schnabel.

● **Schwarzstorch** *Ciconia nigra* R2   S. 51
Schwarz mit weißem Bauch, roter Schnabel

Weißstorch   *Flamingo*   *Schwarzstorch*

Brutkleid

SEIDENREIHER

Brutkleid

SILBERREIHER

Brutkleid

Brutkleid

Ruhekleid

juv.

Ruhekleid

UHREIHER

RALLEN-
REIHER

RALLEN-
REIHER

ad.

LÖFFLER

juv.

BRAUN-
SICHLER

ad.

FLAMINGO

WEISSTORCH

SCHWARZSTORCH

Schwäne und Gänse
(S. auch Tafel 8)

○ **Zwergschwan** *Cygnus bewickii* S. 54
Ad.: Rundlicher Kopf; Schnabelwurzel gelb.
Immat.: Schmutzigweiß; Schnabelwurzel matt fleischfarben.

○ **Singschwan** *Cygnus cygnus* S. 54
Ad.: Kopf erscheint flacher als beim Zwergschwan; Gelb an der Schnabelwurzel ausgedehnter als beim Zwergschwan, nach vorn spitz auslaufend.
Immat.: Größer als Zwergschwan, längerer Hals.

● **Höckerschwan** *Cygnus olor* S. 54
Ad.: Schnabel orangefarben, mit Höcker.
Immat.: Schnabel fleischfarben, an der Wurzel schwarz.

△ **Schneegans** *Anser caerulescens* S. 57
Ad.: *Weiße Phase* (Abb.): Weiß mit schwarzen Flügelspitzen.
Graue Phase: Grau mit weißem Kopf und Hals.
Immat.: Trüber; Schnabel dunkel.

○ **Nonnengans** (Weißwangengans) *Branta leucopsis* S. 58
Brust und Hals schwarz, Gesicht weiß.

○ **Kanadagans** *Branta canadensis* S. 58
Schwarzer Hals, helle Brust, weißer Wangenfleck.

○ **Ringelgans** *Branta bernicla* S. 59
Brust und Hals schwarz, kleiner weißer Halsfleck.
Immat.: Ohne Halsfleck.
Dunkelbäuchige Rasse: Dunkle Unterseite.
Häufig an den deutschen Küsten.
Hellbäuchige Rasse: Lichte Unterseite.
Nur selten an den deutschen Küsten.

△ **Rothalsgans** *Branta ruficollis* S. 59
Kastanienbraune Brust, breiter weißer Flankenstreifen, Kopfzeichnung!

juv. juv.

iv. ad.

ZWERGSCHWAN   SINGSCHWAN   HÖCKERSCHWAN

HÖCKERSCHWAN

SING-
SCHWAN

ZWERGSCHWAN

ad.

SCHNEE-
GANS

NONNENGANS   KANADAGANS

Hellbäuchige
Rasse

Dunkelbäuchige
Rasse

RINGELGANS   ROTHALSGANS

Schwäne und Gänse im Fluge

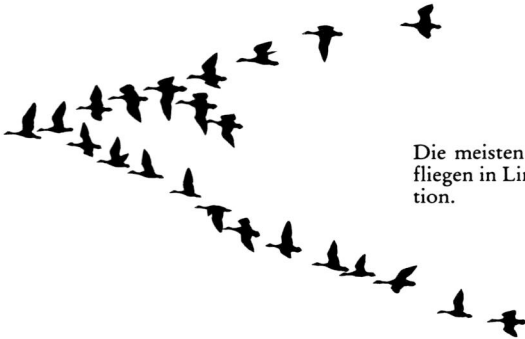

Die meisten Gänse und Schwäne fliegen in Linien- oder Keilformation.

○ **Ringelgans** *Branta bernicla*   S. 59
Klein; Kopf, Hals und Brust schwarz.
Hellbäuchige Rasse: Lichte Unterseite.
Dunkelbäuchige Rasse: Dunkle Unterseite.

○ **Nonnengans** (Weißwangengans) *Branta leucopsis*   S. 58
Brust und Hals schwarz, weißes Gesicht.

○ **Kanadagans** *Branta canadensis*   S. 58
Schwarzer „Halsstrumpf", lichte Brust, weißer Kehlfleck.

○ **Singschwan** *Cygnus cygnus*   S. 54
Ganz weiß; sehr langer Hals.
Zwergschwan ist kleiner und kurzhalsiger.

● **Höckerschwan** *Cygnus olor*   S. 54
Höcker an der Stirn. Fluggeräusch.

△ **Schneegans** *Anser caerulescens*   S. 57
Weiß; schwarze Handschwingen. *Graue Phase* grau mit weißem
Kopf und Hals.

RINGELGANS

Hellbäuchige Rasse

Dunkelbäuchige Rasse

von oben

NONNEN-GANS

von unten

von oben

KANADAGANS

SINGSCHWAN

HÖCKER-SCHWAN

SCHNEEGANS

Die grauen Gänse

(S. auch Tafel 10)

Der geeignetste Platz zum Studium der europäischen Gänse ist das Gelände des Severn Wildfowl Trust, Slimbridge (Gloucestershire, England). Gefangene Stücke aller auf dieser Tafel abgebildeten Arten können dort beobachtet werden, im Winter auch wilde Gänse verschiedener Art. Der Direktor der „Trust", Peter Scott, hat die Anfertigung der Gänsetafeln überwacht.

Die grauen Gänse mit *orangefarbenen* Beinen

○ **Bläßgans** *Anser albifrons albifrons*   S. 56
Rötlicher Schnabel mit weißem Fleck am Schnabelgrunde; dieser Fleck und schwarze Bauchfleckung fehlen *juv.*

△B **Grönländische Bläßgans** *Anser albifrons flavirostris*   S. 56
Eine Rasse der Bläßgans; überwintert hauptsächlich in Irland und Westschottland. – Dunkler; Schnabel gelb (Nagel hornfarben, nicht weiß). Juv. ohne oder mit nur wenig Weiß an der Schnabelwurzel und oft ohne Querbänderung der Brust.

○ **Zwergbläßgans** *Anser erythropus*   S. 56
Kleiner; kleiner Schnabel, *gelber Augenring.* Mehr Weiß an der Stirn.

○ **Saatgans** *Anser fabalis*   S. 55
Kopf und Hals dunkel; Schnabel gelb mit schwarzen Abzeichen verschieden großer Ausdehnung.

Die grauen Gänse mit *rötlichen* Beinen

○ **Kurzschnabelgans** *Anser brachyrhynchus*   S. 55
Klein; dunkler Hals, Schnabel schwarz und rötlich.

● **Graugans** *Anser anser*   S. 54
Groß und hell; Schnabel ohne Schwarz.

W e s t l i c h e R a s s e   *Anser anser anser*
(die in Deutschland brütende Rasse)
Dunkler; orangegelber Schnabel.

Ö s t l i c h e R a s s e   *Anser anser rubrirostris*
Heller, mit breiten lichten Federrändern; Schnabel rötlich fleischfarben.

BLÄSSGANS   Grönland-Rasse   ZWERG-GANS   SAATGANS

ad.   juv.

BLÄSSGANS

GRÖNLÄNDISCHE BLÄSSGANS

SAATGANS

ZWERGBLÄSS-GANS

östliche Rasse

KURZSCHNABEL-GANS

westliche Rasse   GRAUGANS

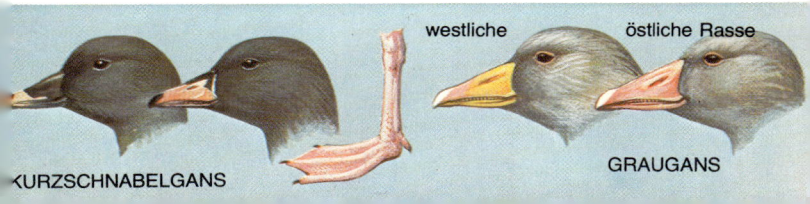

westliche   östliche Rasse

KURZSCHNABELGANS   GRAUGANS

Tafel 10

Die grauen Gänse im Fluge

Den meisten erscheinen alle graugefärbten Gänse im Fluge sehr ähnlich, und es erfordert viel Übung und Erfahrung, um sie von weitem richtig ansprechen zu können. Ihre Rufe (unten) liefern den besten Bestimmungsschlüssel. Vor nahem ist die auf Tafel 9 wiedergegebene Färbung von Schnabel und Beinen kennzeichnend.

○ **Bläßgans** *Anser albifrons*   S. 56
   Flügel vorn bräunlich; ad. mit schwarzer Fleckung an der Brust.
   Von nahem: orangefarbene Beine, rötlicher Schnabel, weiße
   Stirn. Die grönländische Bläßgans mit gelbem Schnabel.
   Stimme: Wohltönend, hoch, gewöhnlich zweisilbig, manchmal
        dreisilbig: „Kou-ljau" oder „ljo-ljok" usw.

○ **Saatgans** *Anser fabalis*   S. 55
   Dunkel, orangefarbene Füße, schwarz-gelber Schnabel.
   Stimme: Trompetend und fagottartig „ang-ank", nicht unähn-
        lich den jedoch höheren Rufen der Kurzschnabelgans.
        Häufig „kajak" und „kaiaiak".

○ **Kurzschnabelgans** *Anser brachyrhynchus*   S. 55
   Heller Körper, sehr dunkler Hals, rötliche Füße.
   Stimme: Wohltönend „ang-ank", höher als Saatgans. Manch-
        mal „king-uink" oder ein oft wiederholtes „uink-
        uink-uink".

● **Graugans** *Anser anser*   S. 56
   Ziemlich groß; heller Kopf, hellgrauer Flügelvorderrand.
   Stimme: „gágagag", sehr ähnlich wie Hausgänse.

△ **Rothalsgans** *Branta ruficollis*   S. 59
   Schwarzer Bauch, weiße Streifen, rotbraune Brust.

immat.
von unten

BLÄSSGANS

ad. von unten

SAATGANS

von
unten

ad. von
oben

KURZSCHNABEL-
GANS

von unten

von oben

von oben

von unten

von oben

von
unten

GRAUGANS

von unten

ROTHALSGANS

Schwimmenten
In Sümpfen und auf Teichen

● **Stockente** *Anas platyrhynchos*   S. 63
♂: Grüner Kopf, weißer Hals-
ring; purpurbraune Brust.
♀: Manchmal orangefarben am
Schnabel, weißlicher Schwanz.

● **Spießente** *Anas acuta* R5   S. 63
♂: Schwanzspieß, Halsstreif.
♀: Grauer Schnabel, schlanker,
spitzer Schwanz.

● **Schnatterente** *Anas strepera* R5   S. 62
♂: Grauer Körper, schwarzes Hinterende. Weißer Spiegel.
♀: Gelblicher Schnabel, weißer Spiegel (im Fluge).

●B **Pfeifente** *Anas penelope* R6   S. 61
●C ♂: Rotbrauner Kopf, rahmfarbener Scheitel.
♀: Kurzer blaugrauer Schnabel, lichte Schultern (beim
Schwimmen nicht oft sichtbar).

● **Löffelente** *Anas clypeata* R5   S. 65
♂: Löffelschnabel, dunkelkastanienbraune Seiten.
♀: Löffelschnabel, blaue Schultern (im Flug).

Mandarinente *Aix galericulata*   S. 61
♂: Orangerote „Koteletten" und „Segel".
♀: Weißer Augenring, weißes Kinn.

● **Krickente** *Anas crecca* R4   S. 63
♂: Klein; grau mit dunklem Kopf und waagerechtem weißem
Streif über dem Flügel.
♀: Klein, grüner Flügelspiegel.

● **Knäkente** *Anas querquedula* R4   S. 64
♂: Weißer Kopfstreif, bläulicher Schulterfleck.
♀ Von der Krickente durch grauere Flügel und dunklen Spie-
gel unterschieden.

△B **Marmelente** *Marmaronetta angustirostris*   S. 65
Mittelmeergebiet. Getüpfelt. Kopf erscheint struppig.
Dunkler Streif durchs Auge, weißer Schwanz.

♂ STOCKENTE ♀

♂ SPIESSENTE ♀

♂ SCHNATTERENTE ♀

♂ PFEIFENTE ♀

♀

♂ LÖFFELENTE   ♂ MANDARINENTE

♀

♂

KRICKENTE

♀

♂

♂

KNÄKENTE   MARMELENTE

Tauchenten

Tauchenten (Enten offener Gewässer und des Meeres) laufen beim Auffliegen platschend auf der Wasseroberfläche dahin. Schwimmenten (Tafel 11) erheben sich unmittelbar in die Luft.

● **Schellente** *Bucephala clangula* R5   S. 72
    ♂: Vor dem Auge ein runder weißer Fleck.
    ♀: Grauer Körper, brauner Kopf, weißes Halsband; im Schwimmen Weiß am Flügel sichtbar.

△ **Spatelente** *Bucephala islandica*   S. 71
    ♂: Weißer Halbmondfleck im Gesicht; oben schwärzer als Schellente.
    ♀: Sehr ähnlich Schellente (s. Text).

●B ●C **Moorente** *Aythya nyroca* R1   S. 66
    ♂: Tief mahagonibraun; weiße Unterschwanzdecken.
    ♀: Ähnlich, aber matter.

○ **Bergente** *Aythya marila*   S. 67
    ♂: Schwarzer Vorderteil, heller Rücken, blauer Schnabel; „Schwarz an beiden Enden, weiß in der Mitte."
    ♀: Scharf begrenzter weißer Fleck am Schnabelgrunde.

● **Reiherente** *Aythya fuligula*   S. 67
    ♂: Schwarzer Vorderteil, schwarzer Rücken, im Genick herabhängende Haube.
    ♀: Von Bergenten-♀ durch „Andeutung" einer Haube unterschieden. Nur wenig oder kein Weiß am Schnabelgrunde.

● **Tafelente** *Aythya ferina*   S. 66
    ♂: Grau; schwarze Brust, rotbrauner Kopf.
    ♀: Braungelbe Zeichnung an Auge und Schnabelgrund, blaues Schnabelband.

● **Kolbenente** *Netta rufina* R5   S. 65
    ♂: Von Tafelente durch roten Schnabel und weiße Seiten unterschieden.
    ♀: Weiße Wange, dunkler Scheitel; von Trauerenten-♀ durch weißen Flügelfleck und Rot am Schnabel unterschieden.

♂

♀

SCHELLENTE

♂

SPATELENTE

♂

MOORENTE

♂

BERGENTE

♀

♂

REIHERENTE

♀

♂

TAFELENTE

♀

♂

KOLBENENTE

♀

Meerenten

○ **Eisente** *Clangula hyemalis*   S. 70
    ♂: im Sommer: Schwanzspieß, weißer Gesichtsfleck.
    ♂: im Winter: Schwanzspieß, scheckiges Muster.
    ♀: Dunkle Flügel, weißes Gesicht, dunkles Wangenzeichen.

△ **Kragenente** *Histrionicus histrionicus*   S. 69
    ♂: Dunkel; rostfarbene Flanken, „Harlekin"-Zeichnung.
    ♀: Dunkel; Gesichtsflecke, kleiner Schnabel.

△B **Brillenente** *Melanitta perspicillata*   S. 71
    ♂: Schwarzer Körper, weiße Kopfflecke.
    ♀: Helle Gesichtsflecke, kein Weiß am Flügel.

○ **Samtente** *Melanitta fusca*   S. 70
    ♂: Schwarzer Körper, weißer Flügelfleck.
    ♀: Helle Gesichtsflecke, weißer Flügelfleck.

○ **Trauerente** *Melanitta nigra*   S. 70
    ♂: Gefieder ganz schwarz, gelber Fleck am Schnabel.
    ♀: Dunkler Körper, lichte Wange, dunkler Scheitel.

●B **Eiderente** *Somateria mollissima*   S. 68
○C ♂: Oben weiß, unten schwarz.
    ♀: Braun, kräftig gebändert.

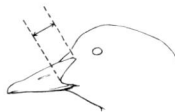

△ **Prachteiderente** *Somateria spectabilis*   S. 68
    ♂: Weißlicher Vorderteil, schwarzer Rücken, orangefarbenes
       Stirnschild.
    ♀: Siehe Diagramm unten.

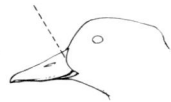

△ **Scheckente** *Polysticta stelleri*   S. 69
    ♂: Weißer Kopf, rostgelbe Unterseite, schwarzer Fleck.
    ♀: Siehe Diagramm unten.

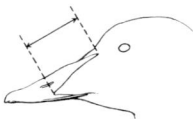

    Eiderente-♀   *Prachteiderente-♀*   *Scheckente-♀*

Weibliche Eiderenten können am Schnabel unterschieden werden: Er ist bei der Eiderente lang und geneigt und erstreckt sich weit auf die Stirn, bei der Prachteiderente kürzer und nicht so weit auf die Stirn reichend und bei der Scheckente überhaupt nicht auf die Stirn ausgedehnt.

♂ Sommer   ♂ Winter

EISENTE   ♀ Winter

♂   ♀

KRAGENENTE

♂   ♀

BRILLENENTE

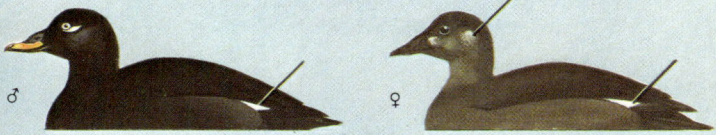

♂   ♀

SAMTENTE

♂   ♀

TRAUERENTE

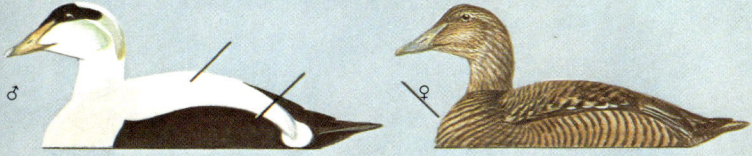

♂   ♀

EIDERENTE

♂

PRACHTEIDERENTE   **SCHECKENTE**

Säger, Halbgänse und Steifschwanzenten

Die *Säger* („Sägeschnabel", Fischnahrung) haben schlanken, langen Schnabel mit gezähnten Rändern. Sie liegen beim Schwimmen tief im Wasser. *Brandente* und *Rostgans* sind groß und etwas gänseartig. *Steifschwanzenten* sind kurz und dick mit langem, oft zaunkönigartig aufgestelltem Schwanz.

● **Mittelsäger** *Mergus serrator* R5 S. 72
  ♂: Weißes Halsband, strähnige Haube, braune Brust.
  ♀: Mit Haube; Kehl- und Halsfärbung *ineinander* übergehend.

● **Gänsesäger** *Mergus merganser* R3 S. 73
  ♂: Langer, weißer Körper, dunkler Kopf.
  ♀: Mit Haube; *scharf voneinander geschiedene* Kehl- und Halsfärbung.

○ **Zwergsäger** *Mergellus albellus* S. 72
  ♂: Weiß mit schwarzer Zeichnung; weiße Haube.
  ♀: Schokoladenbraune Kappe, weiße Wangen, dünner dunkler Schnabel.

● **Brandgans** *Tadorna tadorna* S. 60
  Fuchsroter Gürtel um den Vorderkörper, roter Schnabel.
  ♂ mit Schnabelhöcker; ♀ ohne Schnabelhöcker.

△ **Rostgans** *Tadorna ferruginea* S. 60
  Rostbrauner Körper mit hellem Kopf.
  ♂ mit schmalem schwarzem Halsring, ♀ ohne Halsring.

△ **Weißkopf-Ruderente** *Oxyura leucocephala* S. 73
  ♂: Dunkler Körper, weißer Kopf, blauer Schnabel (im Sommer).
  ♀: Helle Wangen, von dunkler Linie gekreuzt.
  Beide Geschlechter mit am Grunde aufgetriebenem Schnabel.

Haltung von Enten an Land

| Schwimmente (Sumpf und Teich) | Tauchente (Seen und Meer) | Säger (Tauchvogel) | Steifschwanzente (Tauchvogel) | Brandgans |

MITTELSÄGER

GÄNSESÄGER

ZWERGSÄGER

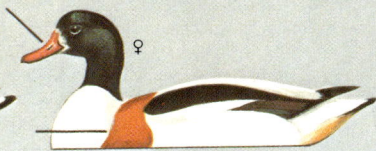

BRANDGANS

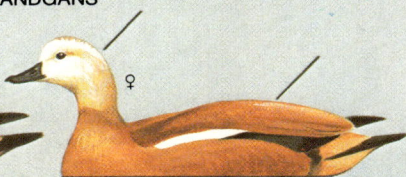

ROSTGANS

Sommer

WEISSKOPF-RUDERENTE

Bindentaucher und seltene Enten

Anmerkung: Nur ♂ sind auch fliegend dargestellt.

Bindentaucher   *Podilymbus podiceps*   S. 263
Winter: Kurzer, weißlicher Schnabel, weiße Unterschwanz-
decken.
Sommer: Schnabel mit schwarzem Ring, schwarze Kehle.

Schwarzkopf-Ruderente   *Oxyura jamaicensis*   S. 74
♂ im Brutkleid: Rotbraun mit weißen Kopfseiten und schwarzer Kappe.
♂ im Ruhekleid: Grau, weiße Kopfseiten, schwarze Kappe.
♀ ähnlich ♂ im Ruhekleid, aber mit dunklem Streif durch die
weißen Kopfseiten.
Von der Weißkopf-Ruderente durch geringere Größe und
nicht geschwollenen Schnabel unterschieden.

Ringschnabelente   *Aythya collaris*   S. 66
♂: Scheitelumriß erscheint gewölbt; Schnabel mit weißem
Ring; weißes Abzeichen vor den grauen Körperseiten.
♀: Undeutliche helle Gesichtszeichnung; weißer Schnabelring
und weißer Augenring.

△B **Blauflügelente**   *Anas discors*   S. 64
♂: Gesicht mit weißer Halbmondzeichnung; Körperende
schwarz-weiß.
♀: Helle Zeichnung bei der Schnabelwurzel; Schnabel länger
als bei der ähnlichen Knäkente.

Gluckente   *Anas formosa*   S. 62
♂: Auffallende gelblichweiße und schwarze Kopfseitenzeich-
nung.
♀: Weißer Fleck bei der Schnabelwurzel; unterbrochener heller Überaugenstreif.

△B **Nordamerikanische Pfeifente**   *Anas americana*   S. 61
♂: Fleischrötlichbraun; Kopf mit weißem Scheitel und breitem
dunkelgrünem Seitenstreif, Wangen und Kehle auf weiß-
lichem Grund fein dunkel gefleckt, grau erscheinend.
♀: Von dem der Pfeifente durch graueren Kopf und weiße
Säume der Schulterfedern unterschieden.

Sommer Winter

BINDENTAUCHER

♀ ♂ Ruhekleid

♂ Brutkleid

SCHWARZKOPF-RUDERENTE

♂ ♀

RINGSCHNABEL-
ENTE

♀

♂

BLAUFLÜGELENTE

♀

♂

GLUCKENTE

♂

♀

NORDAMERIKANISCHE PFEIFENTE

Enten im Fluge
(S. auch Tafel 18)

Anmerkung: Hier werden nur ♂ abgehandelt. ♀ siehe Text.

● **Brandgans** *Tadorna tadorna*   S. 60
Schwarz, weiß und fuchsrot gemustert, große weiße Vorderflügelflecke.

△ **Rostgans** *Tadorna ferruginea*   S. 60
Hell rostbraun; Flügel vorn mit großen weißen Flecken.

● **Stockente** *Anas platyrhynchos*   S. 63
Dunkler Kopf, zwei weiße Saumbinden am Spiegel, weißer Halsring.

● **Spießente** *Anas acuta* R5   S. 63
Schwanzspieß, eine weiße Saumbinde am Spiegel, Halsstreifen.

●B **Pfeifente** *Anas penelope* R6   S. 61
●C Große weiße Schulterflecke, grauer Rücken.

● **Löffelente** *Anas clypeata* R5   S. 65
Kräftiger Löffelschnabel, große bläuliche Schulterflecke.

● **Schnatterente** *Anas strepera* R5   S. 62
Graubraun; Spiegel großenteils weiß.

● **Knäkente** *Anas querquedula* R4   S. 64
Klein; weißer Kopfseitenstreif; große bläuliche Schulterflecke.

● **Krickente** *Anas crecca* R4   S. 63
Klein; dunkelflügelig; grüner Spiegel.

○ **Zwergsäger** *Mergellus albellus*   S. 72
Weißer Kopf und Bauch, weißer Vorderflügel.

● **Gänsesäger** *Mergus merganser* R3   S. 73
Sägergestalt; weiße Brust, große Flügelflecken.

● **Mittelsäger** *Mergus serrator* R5   S. 72
Sägergestalt; dunkle Brust, große Flügelflecken.

Säger (Zwerg-, Gänse- und Mittelsäger) fliegen mit ganz waagerecht gehaltenem Schnabel, Kopf, Hals, Körper. (Vgl. Seetaucher, Tafel 1).

BRANDGANS

STOCKENTE

GANS

♂

SPIESSENTE

IFENTE

LÖFFELENTE

KNÄKENTE

KRICKENTE

HNATTER-
TE

♂

WERG-
ÄGER

GÄNSESÄGER

MITTELSÄGER

Enten im Fluge
(S. auch Tafel 19)

Anmerkung: Hier werden nur ♂ abgehandelt. Manche ♀ haben gleiche Flügelmuster (siehe Text).

● **Reiherente** *Aythya fuligula* S. 6
Schwarzer Rücken; weißer Streif am Hinterrande des Flügels.

○ **Bergente** *Aythya marila* S. 6
Grauer Rücken; breiter weißer Streifen am Hinterrande des Flügels.

●B **Moorente** *Aythya nyroca* R1 S. 6
●C Mahagonibraun; Flügelstreif.

● **Tafelente** *Aythya ferina* S. 6
Grauer Rücken, breiter, grauer Flügelstreif.

● **Kolbenente** *Netta rufina* R5 S. 6
Breites weißes Kleid nahezu über ganze Flügellänge.

● **Schellente** *Bucephala clangula* R5 S. 7
Großes weißes Flügelquadrat, kurzer Hals, schwarzer Kopf mit weißem Fleck. Pfeifendes Fluggeräusch.

○ **Eisente** *Clangula hyemalis* S. 7
Dunkle, ungezeichnete Flügel; Weiß an Kopf und Körper.

△ **Kragenente** *Histrionicus histrionicus* S. 6
Dick, dunkel; kleiner Schnabel, weiße Abzeichen.

△ **Prachteiderente** *Somateria spectabilis* S. 6
Weißlicher Vorderteil, Rücken und Hinterteil schwarz.

●B **Eiderente** *Somateria mollissima* S. 6
○C Weißer Rücken, weiße Vorderflügel, schwarzer Bauch.

○ **Samtente** *Melanitta fusca* S. 7
Schwarzer Körper, weißes Flügelfeld.

△B **Brillenente** *Melanitta perspicillata* S. 7
Schwarzer Körper, weiße Kopfflecken.

○ **Trauerente** *Melanitta nigra* S. 7
Ganz schwarz.

REIHERENTE

BERGENTE

♂

MOORENTE

KOLBENENTE

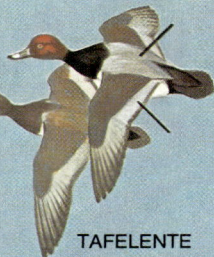

TAFELENTE

SCHELLENTE

EISENTE

KRAGENENTE

♂

PRACHTEIDERENTE

EIDERENTE

SAMTENTE

BRILLENENTE

TRAUERENTE

Enten im Fluge

(von unten gesehen; s. auch Tafel 16)

Anmerkung: Hier werden nur ♂ abgehandelt. ♀ siehe Text.

● **Brandgans**   *Tadorna tadorna*   S. 6●
Fuchsrotes Brustband auf der weißen Unterseite.

△ **Rostgans**   *Tadorna ferruginea*   S. 6●
Hell rostbrauner Körper.

● **Stockente**   *Anas platyrhynchos*   S. 6.
Dunkler Kopf und dunkle Brust, lichter Bauch,
weißer Halsring.

● **Spießente**   *Anas acuta*   R5   S. 6.
Weiße Brust, langer dünner Hals, Schwanzspieß.

●B **Pfeifente**   *Anas penelope*   R6   S. 6
●C Scharf begrenzter weißer Bauch, dunkler, spitzer Schwanz.

● **Löffelente**   *Anas clypeata*   R5   S. 6
Dunkler Bauch, weiße Brust, breiter Schnabel.

● **Schnatterente**   *Anas strepera*   R5   S. 6.
Weißer Bauch, weißes Feld am Flügelhinterrand.

● **Knäkente**   *Anas querquedula*   R4   S. 6
Klein; weißer Bauch, dunkler Vorderteil.

● **Krickente**   *Anas crecca*   R4   S. 6
Klein; helle Unterseite, dunkler Kopf.

○ **Zwergsäger**   *Mergellus albellus*   S. 7
Ganz weiß, ausgenommen an Flügeln und Schwanz.

● **Gänsesäger**   *Mergus merganser*   R3   S. 7
Schwarzer Kopf, weißer Körper, weiß befiederte
Flügelspannhaut.

● **Mittelsäger**   *Mergus serrator*   R5   S. 7.
Sägergestalt; dunkles Brustband.

BRANDGANS

♂

STOCKENTE

...STGANS

♂

SPIESSENTE

...EIFENTE

LÖFFELENTE

KNÄKENTE

KRICKENTE

...CHNATTER-
NTE

♂

...ERG-
...GER

GÄNSESÄGER

MITTELSÄGER

Enten im Fluge

(von unten gesehen; s. auch Tafel 17)

Anmerkung: Hier werden nur ♂ abgehandelt. ♀ siehe Text.

○ **Bergente** *Aythya marila*   S. 67
Schwarze Brust, weißer Streif im Flügel.

● **Reiherente** *Aythya fuligula*   S. 67
Im Fluge von unten nicht sicher von Bergente zu unterscheiden.

●B **Moorente** *Aythya nyroca* R1   S. 66
●C Durch dunkle Körperseiten und weiße Unterschwanzdecken gekennzeichnet.

● **Kolbenente** *Netta rufina* R5   S. 65
Breiter, schwarzer Bauchstreif.

● **Tafelente** *Aythya ferina*   S. 66
Schwarze Brust, rotbrauner Kopf.

● **Schellente** *Bucephala clangula* R5   S. 72
Schwärzliche Unterflügeldecken, weiße Flecken.

○ **Eisente** *Clangula hyemalis*   S. 70
Einfarbig dunkle Flügel, weißer Bauch.

△ **Kragenente** *Histrionicus histrionicus*   S. 69
Einfarbig dunkel, weiße Flecken, kleiner Schnabel.

△ **Prachteiderente** *Somateria spectabilis*   S. 68
Weiße Brust, schwarzer Bauch, stumpfer Kopf.

●B **Eiderente** *Somateria mollissima*   S. 68
○C Weiße Brust, schwarzer Bauch, spitzer Kopf.

○ **Samtente** *Melanitta fusca*   S. 70
Schwarzer Körper, weißes Flügelfeld.

△B **Brillenente** *Melanitta perspicillata*   S. 71
Schwarzer Körper, Weiß am Kopf.

○ **Trauerente** *Melanitta nigra*   S. 70
Schwarzer Körper, silbrige Schwingen.

BERGENTE

♂

MOORENTE

REIHERENTE

KOLBENENTE

TAFELENTE

SCHELLENTE

EISENTE

KRAGENENTE   ♂

PRACHTEIDERENTE

EIDERENTE

SAMTENTE

BRILLENENTE

TRAUERENTE

Geier

△ **Gänsegeier**   *Gyps fulvus*   S. 77
Lange, breite Flügel; kurzer, ziemlich gerade abgeschnittener
dunkler Schwanz. Helle Halskrause. Flügelunterseite mit heller
Zeichnung.

△ **Mönchsgeier**   *Aegypius monachus*   S. 77
So groß wie Gänsegeier, aber mit kräftigerem Schnabel und
dunkler Halskrause. Schwanz stark gerundet. Wirkt aus der
Ferne einfarbig schwarz.

△B **Bartgeier**   *Gypaetus barbatus*   S. 77
Charakteristisches Flugbild: Lange, schmale, oft gewinkelte
Flügel, langer, keilförmiger Schwanz. Rostgelblicher Kopf mit
schwarzem „Bocksbart".

△B **Schmutzgeier**   *Neophron percnopterus*   S. 77
Kleiner als andere Geier. Lange, schwarz-weiße Flügel, keil-
förmiger weißer Schwanz. Langer, dünner Schnabel; nacktes
Gesicht gelb. Juv. einfarbig dunkelbraun.

GÄNSEGEIER

MÖNCHSGEIER

BARTGEIER

SCHMUTZGEIER

SCHMUTZGEIER

BARTGEIER

GÄNSEGEIER

MÖNCHSGEIER

Weihen, Milane, Gleitaar

(S. auch Tafel 22)

Weihen haben kleinen Kopf, langen Körper, lange Flügel und langen Schwanz.

● **Rohrweihe** *Circus aeruginosus* R5   S. 78
   ♂: Große blaugraue Flecken auf den Flügeln; unterseits rostbräunlich. Oberschwanzdecken nicht so weiß wie auf Abb.
   ♀: Dunkelbraun; heller Scheitel und helle Kehle.
   Juv.: Wie ♀ oder mit fast ganz dunklem Kopf.

● **Wiesenweihe** *Circus pygargus* R2   S. 79
   ♂: Schwarze Binde auf dem Flügel, gräulicher Bürzel, rostfarbene Abzeichen auf der Unterseite.
   ♀: Schlanker als Kornweihe, Bürzelfleck etwas schmaler.

● **Kornweihe** *Circus cyaneus* R2   S. 79
   ♂: Grau mit rein weißem Bürzelfleck; keine schwarze Flügelbinde, jedoch Armschwingen mit dunklen Spitzen.
   ♀: Braun, gestreift; weißer Bürzelfleck.

● **Steppenweihe** *Circus macrourus* R6   S. 79
   ♂: Heller als Kornweihe, mit weißer Brust; kein weißer Bürzelfleck, keine schwarze Flügelbinde.
   ♀: Im Felde nicht von Wiesenweihen-♀ zu unterscheiden.

Milane sind in der Gestalt ziemlich weihenähnlich, haben aber gekerbten oder gegabelten Schwanz. Gleitaare sind kleiner, hell gefärbt, mit bei unserer Art nur schwach ausgeschnittenem Schwanz.

● **Schwarzmilan** *Milvus migrans* R4   S. 75
Düster; schwach gegabelter Schwanz.

● **Rotmilan** *Milvus milvus* R3   S. 76
Rostfarben mit hellem Kopf; tief gegabelter Schwanz.

△B **Gleitaar** *Elanus caeruleus*   S. 75
Schwarze Schultern, weißer Schwanz.

♀

juv.

♂

ROHRWEIHE

♀

juv.

♂

WIESENWEIHE

♀

♂

KORN-
WEIHE

♂

♀

STEPPENWEIHE

ROTMILAN

GLEITAAR

SCHWARZMILAN

Weihen und Milane im Fluge

(S. auch Tafel 21)

Weihen haben lange Flügel, langen Schwanz und langen Körper. Flügel nicht so spitz wie bei den Falken und Flug matter, kraftloser und mehr gleitend, gewöhnlich niedrig über dem Boden. Beim Gleiten werden die Flügel (besonders bei Wiesen- und Kornweihe) gewöhnlich in Form eines flachen „V" über dem Rücken gehalten.

● **Rohrweihe**   *Circus aeruginosus* R5   S. 78
  ♂: Kontrastreiches blaugraues Flügelfeld. Heller Schwanz.
  ♀: Dunkel; heller Scheitel und helle Schultern.

● **Wiesenweihe**   *Circus pygargus* R2   S. 79
  ♂: Schwarze Flügelbinde; gräulicher Bürzel.
  ♀: Schlanker als Kornweihe. Weißer Bürzelfleck etwas kleiner.

● **Kornweihe**   *Circus cyaneus* R2   S. 79
  ♂: Hellgrau; dunkle Spitzen der Armschwingen (auf Abb. nicht
     zu sehen) bilden schmale dunkle Binde; weißer Bürzel.
  ♀: Streifig braun; weißer Bürzel.

Milane sind den Weihen in der Gestalt ziemlich ähnlich, haben aber gekerbten oder gegabelten Schwanz. Sie gleiten und segeln leicht mit auffallender Steuerung durch den beweglichen Schwanz.

● **Rotmilan**   *Milvus milvus* R3   S. 76
  Rostbraun; tief gegabelter Schwanz; deutliches Flügelmuster.

● **Schwarzmilan**   *Milvus migrans* R4   S. 75
  Düster; schwach gegabelter Schwanz; kein merkliches Flügelmuster.
  Anmerkung: Kann mit manchen dunklen Rohrweihen verwechselt werden.

ROHRWEIHE

♀ ♂

WIESENWEIHE

♀ ♂

KORNWEIHE

♀ ♂

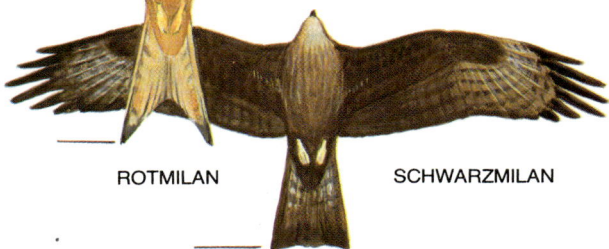

ROTMILAN SCHWARZMILAN

Bussarde, Wespenbussard, Habichte
(S. auch Tafeln 24 und 28)

Bussarde haben kräftigen Körper und kurzen, breiten Schwanz. Wespenbussarde sind etwas schlanker und haben kleineren Kopf.

○ **Rauhfußbussard** *Buteo lagopus*   S. 82
Dunkler Bauch, weißlicher Schwanz mit dunkler Endbinde. Rüttelt oft wie ein schwerfälliger Turmfalke.

● **Mäusebussard** *Buteo buteo*   S. 81
Gefiederfärbung variabel, meist dunkel, mit gefleckter oder gebänderter Unterseite. Schwanz mit schmalen dunklen Binden, zuweilen fast ungebändert braun.

● **Wespenbussard** *Pernis apivorus* R4   S. 75
Kopf kleiner, Schwanz länger als beim Mäusebussard. Schwanz mit breiten schwarzen Binden am Grunde und an der Spitze.

△ **Adlerbussard** *Buteo rufinus*   S. 82
Schwanz (gewöhnlich) hell zimtfarben, meist ungebändert, am Grunde zuweilen weißlich.

Sperber und Habichte haben kleinen Kopf, kurze Flügel und langen Schwanz.

● **Sperber** *Accipiter nisus* R5   S. 81
♂: Klein; Unterseite eng rotbraun gebändert („gesperbert").
♀: Ziemlich groß; Unterseite eng grau gebändert.

● **Habicht** *Accipiter gentilis* R5   S. 80
Ad.: Groß, gebändert („gesperbert"); dunkle Wange, weißer Überaugenstreif. Weiße Unterschwanzdecken.
Juv: Braun, gestreift; ausgeprägter Überaugenstreif.

normal

hell

RAUHFUSS-
BUSSARD

MÄUSE-
BUSSARD

dunkel

hell

ormal

ad.

WESPEN-
BUSSARD

ADLER-
BUSSARD

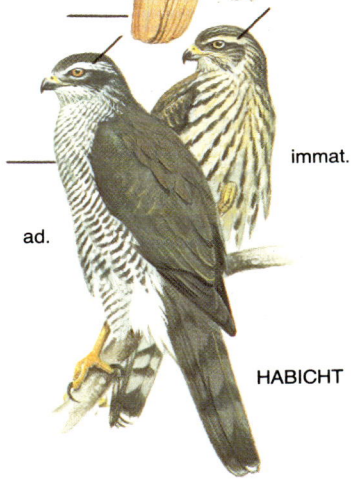

immat.

ad.

♂

♀

ad.

SPERBER

HABICHT

Bussardähnliche Greife im Fluge

(von unten gesehen; s. auch Tafel 23)

Bussarde wirken im Fluge großflächig und plump, mit breiten Flügeln und breitem Schwanz. Sie segeln und kreisen hoch am freien Himmel. Gewisse Adler u. a. sind im Umriß ähnlich, haben aber gewöhnlich verhältnismäßig längere Flügel.

● **Mäusebussard** *Buteo buteo*　　　　　　　　　　S. 81
Verschieden gefärbt, gewöhnlich dunkel; wirkt kurzhalsig; Schwanz mit zahlreichen schmalen Binden; „Handgelenk"-Flecken nicht auffallend.

○ **Rauhfußbussard** *Buteo lagopus*　　　　　　　　S. 82
Dunkler Bauch; weißer Schwanz mit breiter schwarzer Endbinde; schwarze „Handgelenk"-Flecken.

● **Wespenbussard** *Pernis apivorus* R4　　　　　　S. 75
Kopf weiter vorragend als beim Mäusebussard, Schwanz länger, mit breiten schwarzen Binden an der Wurzel. Beachte die Flügelzeichnung! Variabel.

△ **Adlerbussard** *Buteo rufinus*　　　　　　　　　S. 82
Schwanz hell zimtfarben, meist ohne Bänderung; Unterflügeldecken rostfarben.

△ **Habichtsadler** *Hieraaetus fasciatus*　　　　　　S. 85
Ad.: Unten seidenweiß, nur schwach gefleckt; dunkle Flügel.
Juv.: Unterflügeldecken rostfarben, dunkel abgegrenzt; s. auch Text.

△ **Zwergadler** *Hieraaetus pennatus*　　　　　　　S. 85
So groß wie Mäusebussard; längerer Schwanz. Siehe Vorkommen.
Helle Phase: Weiße Unterflügeldecken, dunkle Schwingen.
Dunkle Phase: Dunkel; hell am Grunde von Handschwingen und Schwanz.

✤ **Schlangenadler** *Circaetus gallicus* R1　　　　　S. 78
Weiße Unterseite und Unterflügel stechen gewöhnlich von der dunklen Vorderbrust ab. Manche Vögel unten sehr weiß, ohne dunkles Kropfband. Kopf eulenartig.

MÄUSE-
BUSSARD

HFUSSBUSSARD

WESPEN-
BUSSARD

.ERBUSSARD

HABICHTSADLER
ad.

HABICHTSADLER
juv.

ZWERGADLER
helle Phase

WERGADLER
nkle Phase

SCHLANGENADLER

Adler

(S. auch Tafel 26)

●B **Steinadler** *Aquila chrysaetos* R2   S. 8
♨C   Viel größer als Mäusebussard, Silhouette verschieden. Ad. fast
einfarbig dunkelbraun mit goldbraunen Federn an Genick und
Hinterhals. S. auch Flugbild auf Tafel 26. Immat. mit im
Wurzelteil weißem Schwanz.

●   **Seeadler** *Haliaeetus albicilla* R2   S. 7
Ad. wuchtiger als Steinadler, ganzer Kopf hell, Schwanz weiß.
S. auch Tafel 26.

△C **Steppenadler** *Aquila nipalensis*   S. 8
Fast einfarbig dunkelbraun, jedoch oft mit rostbraunem Nak-
kenfleck. Juv. (nicht abgebildet) *milchkaffeebraun*; zwei helle
Flügelbinden.

△   **Kaiseradler** *Aquila heliaca*   S. 8
Ähnlich Steinadler, aber hinterer Oberkopf und Genick bei
manchen Individuen sehr hell, nahezu weißlich. Schultern
gewöhnlich *mit einigen weißen Federn*; spanische Rasse
mit auffällig *weißem Flügelbug*. Juv. heller, mehr rostbraun;
Schwanz im Gegensatz zum Steinadler ohne ausgedehntes
Weiß.

♨B **Schreiadler** *Aquila pomarina* R1   S. 8
●C   Sehr ähnlich dem Schelladler, etwas weniger kräftig gebaut,
Flügel schmäler; nicht so eintönig braun. Immat. weniger
gefleckt.

△   **Schelladler** *Aquila clanga*   S. 8
Ad. einfarbig dunkelbraun, Oberschwanzdecken mit deutlich
sichtbarem Weiß. Immat. mit *vielen weißlichen Flecken*, die auf
den Flügeln zu Querbinden angeordnet sind; weiße V-Zeichnung über der Schwanzwurzel.

SEEADLER

ad.

ad.

STEPPENADLER

STEINADLER

ad.

ad.
Spanische Rasse

:liche Rasse

KAISERADLER

ad.

ad.

immat.

SCHELLADLER

CHREIADLER

immat.

Steinadler, Seeadler, Fischadler im Fluge

(von unten gesehen; s. auch Tafel 25)

●B **Steinadler** *Aquila chrysaetos* R2   S. 8
🛆C Viel größer als Bussard; abweichendes Flugbild.
    Immat.: Schwanz im Wurzelteil weiß; große weiße Flecken an
    der Wurzel der Handschwingen und äußeren Armschwingen.
    Ad.: Größer als Mäusebussard; fast einfarbig dunkel; Schwanz-
    wurzel oft mit undeutlicher heller Bänderung. Von oben gese-
    hen sind die goldgelben Federn auf Scheitel und Nacken kenn-
    zeichnend.

● **Seeadler** *Haliaeetus albicilla* R2   S. 7
    Immat.: Vom alten Steinadler durch mehr keilförmigen
    Schwanz unterschieden. Mächtiger Schnabel; Flügelgestalt
    geierartig. Heller als Steinadler, oft unterseits weiß und braun
    gestreift.
    Ad.: Weißer Schwanz.

●B **Fischadler** *Pandion haliaetus* R1   S. 8
●C Weißer Kopf, rein weißer Bauch, schwarze „Handgelenk"-
    Flecken.

Schelladler
immat.
(nach P. J. Hayman)

STEINADLER immat.

STEINADLER ad.

SEEADLER immat.

SEEADLER ad.

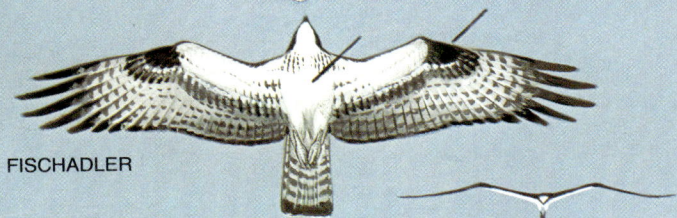

FISCHADLER

Falken
(S. auch Tafel 28)

Falken haben ziemlich großen Kopf, breite Schultern, lange, spitze Flügel und ziemlich langen Schwanz.

● **Turmfalke** *Falco tinnunculus* S. 87
♂: Rotbrauner Rücken, grauer Schwanz mit schwarzer Binde.
♀: Rotbrauner Rücken, gebändert.

△ **Rötelfalke** *Falco naumanni* S. 86
♂: Vom Turmfalken durch Fehlen von Flecken auf dem Rücken unterschieden. – Mittelmeergebiet. Gesellig.

○ **Merlin** *Falco columbarius* S. 88
♂: Klein, blaugrauer Rücken.
♀: Ober- und unterseits düster; gebänderter Schwanz.

● **Wanderfalke** *Falco peregrinus* R2 S. 90
Ad.:   Schiefergrauer Rücken, weißliche Brust, kräftige schwarze Bartstreifen.
Immat.: Braun, gestreift, kräftige Bartstreifen.

Lanner (Feldeggsfalke) *Falco biarmicus* S. 89
Sandgelbliche Kappe, brauner Rücken.

△ **Würgfalke** *Falco cherrug* S. 89
Weißlicher Kopf, rostbrauner Rücken und rostbraune Flügel.

● **Baumfalke** *Falco subbuteo* R4 S. 88
Wie kleiner Wanderfalke; gestreifte Unterseite, rostrote „Hosen".

Eleonorenfalke *Falco eleonorae* S. 88
Dunkle Phase: Braunschwarz mit gelben Füßen. (Nicht zu verwechseln mit der seltenen schwarzen Phase der Wiesenweihe.)
Helle Phase: Wirkt wie ein kleiner junger Wanderfalke, aber Bartstreifen schmaler und Wachshaut gelb (nicht bläulich).

❸ **Rotfußfalke** *Falco vespertinus* R6 S. 87
♂: Schieferschwarz; rote Füße, rostrote Unterschwanzdecken.
♀: Rostgelber Scheitel und Bauch; grauer, gebänderter Rücken.

RÖTELFALKE

TURMFALKE

MERLIN

juv.

WANDERFALKE

LANNER

WÜRG-
FALKE

dunkle Phase
ad.

helle Phase
ad.

BAUMFALKE

ELEONORENFALKE

ROTFUSSFALKE

Falken, Sperber und Habicht im Fluge

(von unten gesehen)

Falken haben lange, spitze Flügel und langen Schwanz. Ihre Flügelschläge sind kräftig und schnell, aber flach.

△ **Gerfalke** *Falco rusticolus*   S. 89
Graue Phase: Größer als Wanderfalke, Flügel am Grunde breiter, ohne kontrastreiche Gesichtszeichnung.
Weiße Phase: Weiß wie eine Schnee-Eule.

○ **Merlin** *Falco columbarius*   S. 88
Kleiner als Turmfalke; dunkler und gedrungener.

● **Wanderfalke** *Falco peregrinus* R2   S. 90
Falkengestalt; Gesichtszeichnung; fast so groß wie eine Krähe.

● **Baumfalke** *Falco subbuteo* R4   S. 88
Wie ein kleiner Wanderfalke; Schwanz kürzer.

❽ **Rotfußfalke** *Falco vespertinus* R6   S. 87
♂: Schieferschwarz; rote Füße, rostrote Unterschwanzdecken.
♀: Rostfarbene Unterflügeldecken; ungezeichneter, sandfarbener Bauch.

● **Turmfalke** *Falco tinnunculus*   S. 87
Klein, schlank; breite schwarze Binde am Schwanzende. Rüttelt häufig.

Eleonorenfalke *Falco eleonorae*   S. 88
Helle Form: Gestreifte, rostfarbene Unterseite.
Dunkle Form: Einfarbig dunkel, mit hellen Füßen.

△ **Rötelfalke** *Falco naumanni*   S. 86
Schwanz leicht keilförmig. Weiße Flügelunterseite. Rüttelt selten.

Sperber und Habichte haben kurze, runde Flügel und langen Schwanz. Im Fluge wechseln mehrere rasche Flügelschläge mit kurzem Gleitfliegen ab.

● **Habicht** *Accipiter gentilis* R5   S. 80
Sehr groß; Unterseite grau gebändert; auffallende weiße Unterschwanzdecken.

● **Sperber** *Accipiter nisus* R5   S. 81
Ziemlich klein; Unterseite rostbraun (♂) oder grau (♀) gebändert.

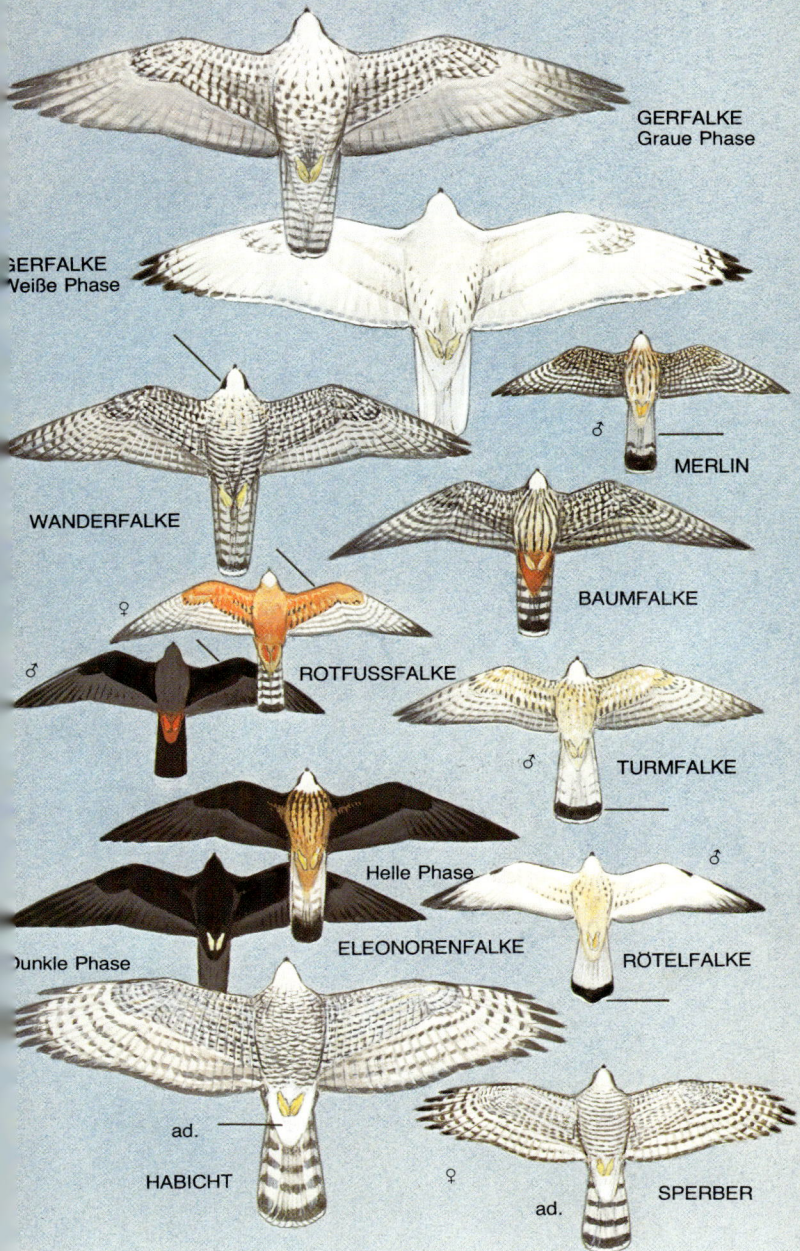

GERFALKE
Graue Phase

GERFALKE
Weiße Phase

MERLIN
♂

WANDERFALKE

BAUMFALKE

♀

♂

ROTFUSSFALKE

TURMFALKE
♂

Helle Phase

♂

Dunkle Phase

ELEONORENFALKE

RÖTELFALKE

ad.

HABICHT

♀

ad.

SPERBER

Hühnervögel
(S. auch Tafel 30)

● **Fasan** *Phasianus colchicus* S. 97
  ♂: Sehr bunt; sehr langer Schwanz, gewöhnlich mit weißem Halsring.
  ♀: Groß, braun; spitzer Schwanz.

● **Birkhuhn** *Lyrurus tetrix* R2 S. 92
  ♂: Glänzend schwarz; leierförmiger Schwanz, weiße Flügelbinde, weiße Unterschwanzdecken.
  ♀: Groß, braun; gekerbter Schwanz (Kerbung nicht immer deutlich zu erkennen).

● **Auerhuhn** *Tetrao urogallus* R2 S. 93
  ♂: Sehr groß, düstere Färbung, breiter Fächerschwanz.
  ♀: Groß, braun; Fächerschwanz.

● **Haselhuhn** *Tetrastes bonasia* R3 S. 91
  Rebhuhngroß; Fächerschwanz mit breiter schwarzer Binde. Gefieder sehr variabel von Rotbraun bis Grau, und zwar im Süden des Verbreitungsgebietes mehr zu rotbrauner, im Norden mehr zu grauer Färbung neigend.

Fasanenhahn   *Birkhahn*   *Auerhahn*

Siehe auch Hühnervogel auf Tafel 30

♀ FASAN

♂ FASAN

♀ BIRKHUHN

♂ BIRKHUHN

♀ AUERHUHN

HASELHUHN

♂ AUERHUHN

Hühnervögel und Laufhühnchen
(S. auch Tafel 29)

⌀B **Schottisches Moorschneehuhn** *Lagopus lagopus scoticus* S. 91
Dunkel rotbraunes Gefieder, dunkle Flügel, dunkler Schwanz.
♀ weniger rotbraun, mehr gebändert.

●B **Alpenschneehuhn** *Lagopus mutus* R5 S. 92
Winter: Weiß mit schwarzem Schwanz.
Sommer: Weiße Flügel, grauer oder brauner Körper, schwarzer Schwanz.

Moorschneehuhn *Lagopus lagopus* subsp. S. 91
Winter: Unterscheidung vom Alpenschneehuhn siehe Textbild unten.
Sommer: Rotbraun; weiße Flügel, schwarzer Schwanz. In tieferen Lagen als Alpenschneehuhn.

● **Rebhuhn** *Perdix perdix* R3 S. 96
Rotbrauner Schwanz, rostroter Kopf. ♂ mit dunklem, hufeisenförmigem Brustschild.

Rote Füße und rotbrauner Schwanz (nur im Fluge auffallend) kennzeichnen die folgenden drei Hühnerarten. Sie sind am besten an ihrer Halszeichnung zu unterscheiden.

⌀B **Rothuhn** *Alectoris rufa* R1 S. 9
Halslatz schwarz, in kurze Streifen übergehend.

●B **Steinhuhn** *Alectoris graeca* R5 S. 9
Halslatz schwarz, scharf begrenzt.

Felsenhuhn *Alectoris barbara* S. 95
Halslatz rotbraun, mit weißen Flecken; „Gesicht" grau.

● **Wachtel** *Coturnix coturnix* R3 S. 96
Klein; sandbraun, gestreifter Kopf.

Laufhühnchen *Turnix sylvatica* S. 100
Wachtelartig; leuchtend rostbrauner Brustfleck, auffallende Fleckung an den Brustseiten.

Alpenschneehuhn ♂   *Moorschneehuhn* ♂ *und* ♀

Man beachte die schwarze Gesichtszeichnung des Alpenschneehuhn-♂ im Winter. Sie fehlt dem ♀ des Alpenschneehuhns und beiden Geschlechtern des Moorschneehuhns, das einen dickeren Schnabel hat.

SCHOTTI-
SCHES MOOR-
SCHNEE-
HUHN

♂

SCHOTTI-
SCHES
MOOR-
SCHNEEHUHN

♀

♂

Winter

♂

Sommer

♀

Sommer

ALPEN-
SCHNEEHUHN

ROTHUHN
von unten

♂

Sommer

MOORSCHNEEHUHN

♂

REBHUHN

WACHTEL

LAUFHÜHNCHEN

Hühner mit roten Füßen

STEINHUHN →
← ROTHUHN

FELSENHUHN

Rallen

● **Wasserralle** *Rallus aquaticus* R4   S. 101
Ad.: Langer, schlanker Schnabel, gebänderte Flanken.
Juv.: Hell bräunliche, verwaschen gebänderte Unterseite.

● **Wachtelkönig** *Crex crex* R3   S. 102
Rostbraune Flügel, gelblicher Schnabel. Oft dunkler als Abb.,
Kopfseiten und Brust gräulich.

● **Tüpfelsumpfhuhn** *Porzana porzana* R3   S. 101
Oft dunkler als Abb. Ähnlich kurzschnäbliger Wasserralle.
Gefleckt; grünliche Beine, stark gebänderte Flanken. Braungelbliche Unterschwanzdecken; Oberschnabel am Grunde orangerot.

◗ **Zwergsumpfhuhn** *Porzana pusilla* R6   S. 102
Kein Rot am Schnabel, Beine blaß olivfarben (nicht grün),
auffallende Flankenbänderng.

● **Kleinsumpfhuhn** *Porzana parva* R5   S. 101
♂: Beine und Schnabel wie beim Tüpfelsumpfhuhn, aber ohne
Flecken an der Brust und ohne dunkle Flankenbänderung;
roter Fleck am Schnabel; Beine grün.
♀: Braungelbliche Brust, grüne Beine, roter Fleck am
Schnabel.

● **Teichhuhn** *Gallinula chloropus*   S. 103
Ad.: Roter Schnabel mit gelber Spitze, weißer Flankenstreif;
weiße Unterschwanzdecken.
Juv.: Bräunlich, weiße Unterschwanzdecken und weißer Flan-
kenstreif; Schnabel gelblichgrün.
Dunenkleid: Schwarz; Rot am Schnabel. Bläulicher Kopf.

● **Bläßhuhn** *Fulica atra*   S. 103
Ad.: Weißer Schnabel und Stirnschild.
Juv.: Vom Teichhuhn durch Fehlen von Weiß an den Unter-
schwanzdecken unterschieden.
Dunenkleid: Schwarz. Orangeroter Kopf.

Kammbläßhuhn *Fulica cristata*   S. 104
Bläulichweißer Schnabel und Stirnschild; rote Höcker auf der
Stirn zur Brutzeit, sonst kaum oder überhaupt nicht zu sehen;
schwarze Kopfbefiederung, anders als beim Bläßhuhn und auf
Abb., nicht in einer Spitze zum Oberschnabel hin vorspringend.

△B **Purpurhuhn** *Porphyrio porphyrio*   S. 103
Tiefblau; rote Beine, sehr großer, roter Schnabel.

Bläß- und Teichhühner laufen beim Auffliegen spritzend und platschend übers Wasser.

ad.

v.

WACHTELKÖNIG

WASSERRALLE

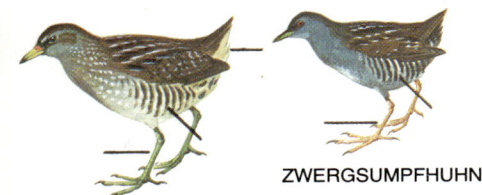

ZWERGSUMPFHUHN

TÜPFELSUMPFHUHN

♀

♂

KLEINSUMPFHUHN

juv.

TEICHHUHN

ad.

TEICHHUHN

Dunen-
junge

juv.

ad.

KAMMBLÄSSHUHN

BLÄSSHUHN

d.

PURPURHUHN

Trappen, Flughühner und Triel

Trappen sind sehr große und schwere, langbeinige Vögel der freien, weiten Ebene.

Flughühner sind an Tauben erinnernde Wüstenvögel mit spitzem Schwanz.

B Großtrappe *Otis tarda* R1 S. 105
●C Sehr groß (♂ bis 15 kg); Kopf und Hals hellgrau
(ohne Schwarz). ♀: Kleiner.

△B **Zwergtrappe** *Tetrax tetrax* S. 106
C ♂: Schwarz-weiße Halszeichnung.
♀: Braunstreifiger Kopf und Hals.

△ **Kragentrappe** *Chlamydotis undulata* S. 106
Lange, schwarz-weiße, vom Hals herabhängende Federn.
Ähnelt im Umriß einer Truthenne mit längerem Schwanz.

△C **Sandflughuhn** *Pterocles orientalis* S. 154
Schwarzer Bauch; mittlere Schwanzfedern weniger verlängert
als bei den anderen Flughühnern; Unterflügeldecken schwärzlich.

△B **Spießflughuhn** *Pterocles alchata* S. 153
Weißer Bauch, weiße Flügelbinde; mittlere Schwanzfedern
lang, nadelspitz.

△ **Steppenhuhn** *Syrrhaptes paradoxus* R6 S. 154
Schwarzer Bauch; mittlere Schwanzfedern lang, nadelspitz;
Unterflügeldecken hell.

● **Triel** *Burhinus oedicnemus* R1 S. 108
Geduckte Haltung, große, helle Augen, breite lichte Binde im
geschlossenen Flügel.

GROSS-
TRAPPE

♂

ZWERGTRAPPE

♀

♂

Geschlechter
gleich

KRAGENTRAPPE

SANDFLUGHUHN

SPIESSFLUG-
HUHN

TRIEL

STEPPENHUHN

Watvögel[1]
(S. auch Tafel 34)

● **Sandregenpfeifer** *Charadrius hiaticula* S. 111
Brustband, gelbe oder orangefarbene Beine, Schnabel am Grunde gelb.

● **Flußregenpfeifer** *Charadrius dubius* S. 110
Kleiner als Sandregenpfeifer; fleischfarbene Beine, weiße Linie über dem Schwarz der Stirn.

●B **Seeregenpfeifer** *Charadrius alexandrinus* R5 S. 112
◐C Schwarz nur an den Brustseiten; schwarze Beine; weißer Streif über dem Auge nicht unterbrochen.

○ **Kiebitzregenpfeifer** *Pluvialis squatarola* S. 114
Sommer: Unten schwarz, oben hell.
Winter: Regenpfeifergestalt, oben grau.

● **Goldregenpfeifer** *Pluvialis apricaria* R2 S. 113
Sommer: Unten schwarz, oben dunkel; breiter weißer Seiten-streif. Die südliche Rasse weniger schwarz.
Winter: Regenpfeifergestalt; oben goldbraun.

● **Kiebitz** *Vanellus vanellus* S. 116
Lange, strähnige Haube, schwarze Brust, schillernder Rücken.

◐ **Steinwälzer** *Arenaria interpres* R1 S. 132
Sommer: Rostbrauner Rücken, bezeichnendes Gesichtsmuster.
Winter: Dunkle Brust, orangenfarbene Beine.

△ **Rennvogel** *Cursorius cursor* S. 109
Sandbraun; Augenstreifen; lange, rahmgelbe Beine.

◐ **Mornellregenpfeifer** *Charadrius morinellus* R1 S. 113
Überaugenstreif, rostbraune Körperseiten, schwarzer Bauch.

● **Alpenstrandläufer** *Calidris alpina* R2 S. 121
Sommer: Rostbrauner Rücken; schwarzer Bauchfleck.

○ **Sichelstrandläufer** *Calidris ferruginea* S. 121
Sommer: Abwärts gebogener Schnabel, rotbraune Unterseite.

△ **Thorshühnchen** *Phalaropus fulicarius* S. 134
♂ *im Sommer:* Unten rostbraun, weiße Wangen.
♀ *im Sommer:* Matter.

○ **Odinshühnchen** *Phalaropus lobatus* S. 133
♀ *im Sommer:* Rostroter Hals, weiße Kehle.
♂ *im Sommer:* Matter.

---

[1] Watvögel oder Limicolen ist eine Sammelbezeichnung für Schnepfenvögel, Austernfischer, Stelzenläufer, Regenpfeifer, Triele und Rennvögel.

SEEREGEN-
PFEIFER

SAND-
REGEN-
PFEIFER

FLUSS-
REGENPFEIFER

Winter

Winter

Südliche Rasse
Sommer

Winter

Sommer

KIEBITZ-
REGEN-
PFEIFER

GOLD-
REGEN-
PFEIFER

Nördliche Rasse
Sommer

Winter

juv.

KIEBITZ

Sommer

Sommer

WEN-
ZER

Sommer

Sommer

RENN-
VOGEL

MORNELL-
REGEN-
PFEIFER

EN-
AND-
FER

Sommer

Sommer

♂

♂

SICHEL-
STRAND-
LÄUFER

THORSHÜHNCHEN

♀ Sommer

Sommer

ODINSHÜHNCHEN

♀

Regenpfeifer, Kiebitz und Steinwälzer im Fluge
(S. auch Tafel 33)

● **Sandregenpfeifer** *Charadrius hiaticula*   S. 11
Oben schlammbraun; auffallende Flügelbinde; dunkler
Schwanz mit weißen Säumen.

● **Flußregenpfeifer** *Charadrius dubius*   S. 11
Vom Sandregenpfeifer durch Stimme und Fehlen einer Flügelbinde unterschieden.

●B **Seeregenpfeifer** *Charadrius alexandrinus* R5   S. 11
❁ C Oben sandbraun; weiße Schwanzseiten.

○ **Kiebitzregenpfeifer** *Pluvialis squatarola*   S. 11
Sommer: Schwarze Unterseite, Weiß an Flügeln und Bürzel.
Winter: Helle Unterseite, schwarze Achselfedern, Weiß an
Flügeln und Bürzel.

● **Goldregenpfeifer** *Pluvialis apricaria* R2   S. 11
Sommer: Schwarze Unterseite; oberseits ohne Weiß.
Winter: Oben und unten ohne Muster, weiße Achseln.

❁ **Mornellregenpfeifer** *Charadrius morinellus* R1   S. 11
Vorderkopf weißlich; helle Querbinde auf der Brust, dunkler
Bauch. Bauch im Winter heller.

● **Kiebitz** *Vanellus vanellus*   S. 11●
Schwarz-weiß; sehr breite runde Flügel.

❁ **Steinwälzer** *Arenaria interpres* R1   S. 13.
Wie ein Harlekin gemustert.

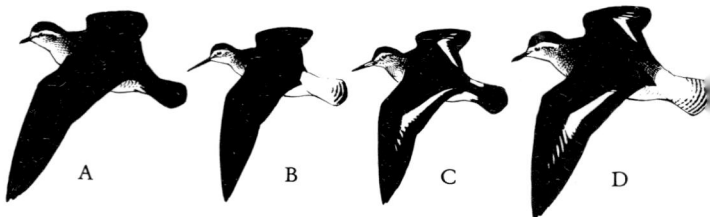

Typische Flugmuster
A *Kein Flügelstreif, keine Schwanzzeichnung.*
B *Kein Flügelstreif, weißer Bürzel und Schwanz.*
C *Flügelstreif, dunkler Bürzel und Schwanz.*
D *Flügelstreif, weißer Bürzel und Schwanz.*

SAND-
REGEN-
PFEIFER

FLUSS-
REGEN-
PFEIFER

SEE-
REGEN-
PFEIFER

Sommer

KIEBITZREGENPF.

GOLDREGEN-
PFEIFER
Nördliche Rasse
Sommer

Winter
von oben

von oben

Winter
von unten

GOLDREGEN-
PFEIFER
Winter

von unten

MORNELL
Sommer

Sommer

STEINWÄLZER
Sommer

KIEBITZ

Wilsonhühnchen und seltene Regenpfeifer

△ **Steppenkiebitz** *Chettusia gregaria* S. 114
Schwarzer Scheitel; weißer Überaugenstreif, der am Hinterkopf eine V-förmige Zeichnung bildet; dunkler Bauchfleck.

△B **Spornkiebitz** *Hoplopterus spinosus* S. 115
Bis auf braunen Rücken und braune Flügeldecken kontrastreich schwarz-weiß gefärbt.

△C **Wüstenregenpfeifer** *Charadrius leschenaultii* S. 112
♂ im Brutkleid mit rostbraunem Brustband. Kräftiger Schnabel. Im Ruhekleid statt Brustband nur graue Wölkung der
Brustseiten; die schwarze Kopfzeichnung des Brutkleides
durch Braungrau ersetzt. ♀ im Brutkleid mit hauptsächlich
braungrauer statt schwarzer Kopfzeichnung und mit blasserem, weniger breitem Brustband; ♀ im Ruhekleid wie ♂ im
gleichen Kleid.

Weißschwanzkiebitz *Chettusia leucura* S. 115
Weißer Schwanz, dunkle Brust, auffällige, schwarzweiße Flügelzeichnung.

△B **Wanderregenpfeifer** *Pluvialis dominica* S. 113
♂ im Brutkleid ähnlich Goldregenpfeifer, aber Körperseiten
und Unterschwanzdecken schwarz; Unterflügeldecken dunkel
gelbbräunlich, nicht weiß. S. Text.

Keilschwanzregenpfeifer *Charadrius vociferus* S. 111
Doppeltes schwarzes Brustband; Bürzel und Oberschwanzdecken auffallend goldig rostfarben, Schwanz lang, keilförmig.
♀ wie ♂.

△B **Wilsonhühnchen** *Phalaropus tricolor* S. 132
Dünner Schnabel. Im Brutkleid kennzeichnende, kontrast-
reiche Kopfzeichnung, kastanienbrauner Halsseitenstreif. Im
Ruhekleid von anderen Wassertretern durch weißen Bürzel,
Fehlen einer Flügelbinde und längeren, dünneren Schnabel
unterschieden. Vgl. auch Gelbschenkel (Tafel 38).

STEPPENKIEBITZ

SPORNKIEBITZ

Ruhekleid

WÜSTEN-
REGEN-
PFEIFER

♂ im
Brutkleid

WEISSSCHWANZ-
KIEBITZ

Ruhekleid

Brutkleid

WANDER-
REGEN-
PFEIFER

KEILSCHWANZ-
REGENPFEIFER

WILSON-
HÜHNCHEN

Ruhekleid

♀

♂

Brutkleid

Große Watvögel[1] .
(S. auch Tafel 37)

● **Säbelschnäbler** *Recurvirostra avosetta* S. 10?
Aufgebogener Schnabel, schwarz-weißer Rücken.

● **Austernfischer** *Haematopus ostralegus* S. 10?
Groß, schwarzer Kopf, roter Schnabel.

⚑ **Stelzenläufer** *Himantopus himantopus* R6 S. 10.
Oben schwarz, unten weiß, sehr lange, rötliche Beine.

● **Uferschnepfe** *Limosa limosa* R4 S. 12?

   Sommer: Rostbraune Brust, langer, gerader Schnabel, Schwanz
           und Querbinden an den Körperseiten schwarz.
   Winter: Grau; langer, gerader Schnabel; schwarzer Schwanz.

○ **Pfuhlschnepfe** *Limosa lapponica* S. 12?
   Sommer: Kürzere Beine als Uferschnepfe, mehr aufgeworfener
           Schnabel, gebänderter Schwanz.
   Winter: Graubraun mit oben angegebenen Kennzeichen.

△ **Rostflügel-Brachschwalbe** *Glareola pratincola* R6 S. 10?
Ziemlich seeschwalbenartig; Gabelschwanz; weißer Bürzel; heller Kehlfleck; rostrote Unterflügeldecken.

△ **Schwarzflügel-Brachschwalbe** *Glareola nordmanni* S. 11?
Wie Brachschwalbe, aber Unterflügeldecken schwarz, nicht rostrot.

● **Großer Brachvogel** *Numenius arquata* R3 S. 12.
Sehr langer Bogenschnabel, keine Kopfstreifen.

○ **Regenbrachvogel** *Numenius phaeopus* S. 12?
Kleiner; Bogenschnabel, gestreifter Scheitel.

△ **Dünnschnabel-Brachvogel** *Numenius tenuirostris* S. 12?
Etwa so groß wie Regenbrachvogel, aber Scheitel wie Großer Brachvogel. Beachte die herzförmigen Flecken an den Körperseiten.

---

[1] S. Fußnote bei Tafel 33.

SÄBELSCHNÄBLER

AUSTERNFISCHER

Sommer

♀

♂

Sommer

STELZEN-
LÄUFER

Winter

Winter

UFERSCHNEPFE

Sommer

Sommer

PFUHL-
SCHNEPFE

GROSSER
BRACH-
VOGEL

ROST-
FLÜGEL-
BRACH-
SCHWALBE

SCHWARZFLÜGEL-
BRACHSCHWALBE

REGENBRACHVOGEL

DÜNNSCHNABEL-
BRACHVOGEL

Große Watvögel im Fluge
(S. auch Tafel 36)

● **Säbelschnäbler** *Recurvirostra avosetta*   S. 108
Oben schwarz-weiß, dünner, aufgebogener Schnabel.

⚲ **Stelzenläufer** *Himantopus himantopus* R6   S. 107
Unten weiß, einförmig schwarze Flügel. Äußerst weit über den
Schwanz hinausragende rote Beine.

● **Austernfischer** *Haematopus ostralegus*   S. 107
Weißes Flügelband, schwarzer Kopf, orangeroter Schnabel.

○ **Regenbrachvogel** *Numenius phaeopus*   S. 126
Abwärts gebogener Schnabel, auffallende Scheitelstreifen.
(Sowohl Regenbrachvogel wie Großer Brachvogel sind braun
mit weißlichem Bürzel, aber ersterer ist kleiner und schnittiger.)

● **Großer Brachvogel** *Numenius arquata* R3   S. 127
Sehr langer Bogenschnabel, keine auffallenden Scheitelstreifen.

○ **Pfuhlschnepfe** *Limosa lapponica*   S. 126
Langer, schwach aufgeworfener Schnabel, gebänderter
Schwanz, kein Flügelstreif.

● **Uferschnepfe** *Limosa limosa* R4   S. 125
Sehr langer Schnabel; weißer Flügelstreif und weißer Bürzel
auffallend; breite schwarze Schwanzbinde.

Austernfischer

SÄBELSCHNÄBLER

STELZEN-
LÄUFER

AUSTERNFISCHER

REGENBRACH-
VOGEL

GROSSER
BRACHVOGEL

PFUHLSCHNEPFE

UFERSCHNEPFE

Watvögel[1]

(Schnepfenvögel; s. auch Tafel 39)

● **Bekassine** *Gallinago gallinago* R3   S. 123
Langer, gerader Schnabel, gestreifter Scheitel und Vorderrücken.

❽ **Doppelschnepfe** *Gallinago media* R1   S. 124
Größer als Bekassine, mehr Weiß an den Schwanzseiten.

❽ **Zwergschnepfe** *Lymnocryptes minimus* R6   S. 123
Kleiner als Bekassine, Scheitelmittelstreif dunkel (bei den anderen Bekassinen hell); zugespitzter Schwanz ohne Weiß.

● **Waldschnepfe** *Scolopax rusticola* R4   S. 125
Dick und untersetzt; langer Schnabel, gebänderter Scheitel,
gebänderte Unterseite.

△C **Langschnabel-Schlammläufer** *Limnodromus scolopaceus*   S. 124
Bekassinenartiger Schnabel, langer weißer Bürzelfleck; kurze
Beine.
Winter: Grau. *Sommer:* Rostbraun.

● **Waldwasserläufer** *Tringa ochropus* R5   S. 130
Oben sehr dunkel, mit weißem Bürzel; dunkle Beine; Unterflügel schwärzlich.

●B **Bruchwasserläufer** *Tringa glareola* R2   S. 131
❽C Schlank; etwas heller und brauner als Waldwasserläufer; Beine
heller, zuweilen gelblich; Unterflügel hell (nicht schwärzlich).

△ **Teichwasserläufer** *Tringa stagnatilis*   S. 128
Wirkt wie ein kleiner, schlanker Grünschenkel, aber mit dünnerem, nadelartigem Schnabel. Siehe Text.

△B **Gelbschenkel** *Tringa flavipes*   S. 129
Lange, leuchtend gelbe Beine, weißer Bürzel, kein Flügelstreif;
dünner Schnabel.

● **Kampfläufer** *Philomachus pugnax* R2   S. 123
♂ *im Frühling:* Außergewöhnliche, äußerst variable
              Halskrause.
♂ *im Herbst:* „Schuppige" Oberseite. Siehe Text.
♀: Viel kleiner, sonst ähnlich ♂ im Herbst.

○ **Grünschenkel** *Tringa nebularia*   S. 129
Lange, grünliche Beine, weißer Bürzel und Hinterrücken, heller Kopf, kein Flügelstreif.

● **Rotschenkel** *Tringa totanus* R3   S. 128
Lange, orangerote Beine, rötliche Schnabelwurzel.

○ **Dunkelwasserläufer** *Tringa erythropus*   S. 127
Ad. im Sommer: Schwärzlich; dunkelrote Beine.
Ad. im Winter: Vom Rotschenkel durch hellere Unterseite,
              graueren Rücken, längeren Schnabel und
              Flügelzeichnung unterschieden.

---

[1] S. Fußnote bei Tafel 33.

EKASSINE

DOPPEL-
SCHNEPFE

ZWERG-
SCHNEPFE

Sommer

Winter

SCHLAMM-
LÄUFER

WALD-
SCHNEPFE

Sommer

WALD-
WASSER-
LÄUFER

BRUCH-
WASSER-
LÄU-
FER

♂

Herbst

♂

KAMPF-
LÄUFER

♂

TEICH-
WASSER-
LÄUFER

GELB-
SCHENKEL

♀

GRÜNSCHENKEL

Sommer

Winter

DUNKEL
WASSER-
LÄUFER

ROTSCHENKEL

Watvögel im Fluge
(S. auch Tafel 38)

● **Bekassine** *Gallinago gallinago* R3   S. 123
Langer, meist abwärts gerichteter Schnabel, spitze Flügel,
weißlicher Schwanzsaum. Zickzackflug.

☻ **Doppelschnepfe** *Gallinago media* R1   S. 124
Etwas größer als Bekassine, mehr Weiß an den Schwanzseiten;
Flug mehr geradeaus.

☻ **Zwergschnepfe** *Lymnocryptes minimus* R6   S. 123
Kleiner als Bekassine, kürzerer Schnabel; fliegt stumm und mit
weniger Zickzack-Schwenkungen auf.

● **Waldschnepfe** *Scolopax rusticola* R4   S. 125
Langer Schnabel, runde Flügel, Fallaubfärbung.

△C **Langschnabel-Schlammläufer** *Limnodromus scolopaceus*   S. 124
Bekassinenschnabel; langer weißer Fleck am Hinterrücken,
weiß am Flügelhinterrand.

○ **Grünschenkel** *Tringa nebularia*   S. 129
Langer, bis zu den Schultern heraufreichender weißer Bürzelfleck, kein weißer Flügelstreif.

● **Rotschenkel** *Tringa totanus* R3   S. 128
Weißer Bürzel, breiter weißer Streif am Flügelhinterrand.

○ **Dunkelwasserläufer** *Tringa erythropus*   S. 127
Winter: Zeichnung ähnlich Grünschenkel, aber schmälerer
weißer Bürzelfleck; Beine rot, merklich über den
Schwanz hinausragend.
Sommer: Schwärzlich, oben heller gefleckt.

● **Waldwasserläufer** *Tringa ochropus* R5   S. 130
Sehr dunkel; weißer Bürzel, schwärzliche Unterflügel.

●B **Bruchwasserläufer** *Tringa glareola* R2   S. 131
☻C Vom Waldwasserläufer durch weniger Weiß an Schwanz und
Bürzel unterschieden; helle Unterflügel.

△ **Rennvogel** *Cursorius cursor*   S. 109
Sandgelblich; Handschwingen ober- und unterseits schwarz.

△ **Rostflügel-Brachschwalbe** *Glareola pratincola* R6   S. 109
Seeschwalbenartig; Schwanz gegabelt, am Grunde weiß.

BEKASSINE

DOPPELSCHNEPFE

ZWERGSCHNEPFE

WALDSCHNEPFE

SCHLAMM-
LÄUFER

GRÜN-
SCHENKEL

ROT-
SCHENKEL

DUNKEL
WASSER-
LÄUFER

WALD-
WASSER-
LÄUFER

BRUCH-
WASSER-
LÄUFER

RENNVOGEL

ROSTFLÜGEL-
BRACHSCHWALBE

Kleinere Watvögel[1]

(Schnepfenvögel; s. auch Tafel 41)

● **Flußuferläufer** *Actitis hypoleucos* R2 S. 131
„Schmutzflecken" an den Brustseiten; wippt mit dem Schwanz.

△ **Thorshühnchen** *Phalaropus fulicarius* S. 134
Winter: Augenfleck, ziemlich dicker Schnabel, ungestreifter Rücken.

○ **Odinshühnchen** *Phalaropus lobatus* S. 133
Winter: Augenfleck, nadelartiger Schnabel, gestreifter Rücken.

● **Alpenstrandläufer** *Calidris alpina* R2 S. 121
Winter: Sanft gebogener Schnabel, Brust und Seiten streifig.

○ **Meerstrandläufer** *Calidris maritima* S. 121
Dick; schiefergrau; gelbe Beine; vorzüglich auf Felsen.

○ **Sanderling** *Calidris alba* S. 117
Winter: Weißlich; schwarze „Schultern"; kurzer Schnabel.
Sommer: Rostbraun mit weißem Bauch.

○ **Knutt** *Calidris canutus* S. 116
Winter: Dick, grau; lichte Federränder; kurzbeinig.
Sommer: Rostbraune Unterseite, verhältnismäßig kurzer Schnabel.

○ **Sichelstrandläufer** *Calidris ferruginea* S. 121
Herbst: Grau; gebogener Schnabel, weißer Bürzel.

△ **Terekwasserläufer** *Xenus cinereus* S. 131
Aufgeworfener Schnabel, kurze, gelbe Beine; wippt mit dem
Schwanz.

△ **Graubrust-Strandläufer** *Calidris melanotos* S. 120
Scharfe Grenze zwischen Brust- und Bauchfärbung; gestreifter
Rücken; dunkler Oberkopf.

△B **Baird-Strandläufer** *Calidris bairdii* S. 119
Gelbbräunliche Brust, schuppiger Rücken, zwergstrandläufer-
artiger Schnabel, schwarze Beine.

△ **Grasläufer** *Tryngites subruficollis* S. 122
Ganze Unterseite rostfarbig; kleiner Kopf, gelbe Beine.

△B **Weißbürzel-Strandläufer** *Calidris fuscicollis* S. 119
Winter: Weißer Bürzel; vom Sichelstrandläufer durch kürzere
Beine und kürzeren, geraden Schnabel unterschieden.

○ **Zwergstrandläufer** *Calidris minuta* S. 118
Sommer: Sehr klein, rostbraun, Beine schwarz; schmächtiger
Schnabel.
Winter: Grauer Rücken, weißliche Brust.
Juv.: Helles „V" auf dem Rücken.

○ **Temminckstrandläufer** *Calidris temminckii* S. 118
Grauer als Zwergstrandläufer, Beine grünlich oder gelblich;
keine V-Zeichnung auf dem Rücken.

○ **Sumpfläufer** *Limicola falcinellus* S. 122
Vorn abgeknickter, am Grunde breiter Schnabel; doppelter
Augenstreif; kurze Beine.

[1] S. Fußnote bei Tafel 33.

FLUSSUFERLÄUFER

Winter

THORS-HÜHNCHEN

Sommer

MEER-STRANDLÄUFER

Winter

Winter

DINS-HÜHNCHEN

Winter

ALPEN-STRAND-LÄUFER

Winter

Herbst

Winter

Winter

SANDERLING

KNUTT

SICHEL-STRAND-LÄUFER

Sommer

TEREK-WASSERLÄUFER

Sommer

KNUTT

Sommer

Winter

AUBRUST-RAND-UFER

BAIRD-STRAND-LÄUFER

WEISS-BÜRZEL-STRAND-LÄUFER

GRASLÄUFER

juv.

Winter

nmer

Sommer

SUMPF-LÄUFER

Sommer

ZWERG-STRANDLÄUFER

TEMMINCK-STRANDLÄUFER

Watvögel im Fluge
(S. auch Tafel 40)

● **Alpenstrandläufer** *Calidris alpina* R2   S. 12?
Herbst: Schlicht grau; etwa so groß wie Sanderling, aber dunkler, mit weniger auffallendem Flügelstreif.

○ **Meerstrandläufer** *Calidris maritima*   S. 12?
Schiefergrau; seitliche Schwanzfedern weiß; häufig an ausgewaschenen Meeresfelsen.

○ **Knutt** *Calidris canutus*   S. 11?
Winter: Plump; gräulich mit hellem Bürzel.

○ **Sichelstrandläufer** *Calidris ferruginea*   S. 12?
Herbst: Wirkt wie ein schnittiger Alpenstrandläufer, aber Bürzel weiß.

○ **Sanderling** *Calidris alba*   S. 11?
Perlgrau. Hat den am meisten auffallenden Flügelstreif aller kleinen Strandläufer.

● **Flußuferläufer** *Actitis hypoleucos* R2   S. 13?
Sehr kurzer Flügelschlag (wirkt deshalb steifflügelig).

○ **Zwergstrandläufer** *Calidris minuta*   S. 11?
Sehr klein; schwach entwickelter Flügelstreif, graue Schwanzseiten.

○ **Temminckstrandläufer** *Calidris temminckii*   S. 11?
Vom Zwergstrandläufer durch grauere Färbung und weiße Schwanzseiten unterschieden.

○ **Odinshühnchen** *Phalaropus lobatus*   S. 13?
Immat.: Streifig; deutliche Flügelbinden; nadelfeiner Schnabel.

△ **Thorshühnchen** *Phalaropus fulicarius*   S. 13?
Herbst: Ähnlich Sanderling, aber Flügelstreif weniger abstechend; Schnabel dicker als beim Odinshühnchen, Füße gelblich.

△ **Graubruststrandläufer** *Calidris melanotos*   S. 12?
Dunkelbraun, mit schmaler Flügelbinde; Schwanzzeichnung wie beim Alpenstrandläufer.

❽ **Triel** *Burhinus oedicnemus* R1   S. 10?
Doppelte Flügelbinde.

● **Kampfläufer** *Philomachus pugnax* R2   S. 12?
♂: Im Sommer mit Halskrause von sehr verschiedener Färbung; eiförmige weiße Flecke an der Schwanzwurzel.

ALPEN-
STRANDL.

Herbst

MEER-
STRANDL.

KNUTT
Winter

SICHEL-
STRANDL.

Herbst

Winter

SANDERLING

FLUSSUFER-
LÄUFER

ZWERG-
STRANDL.

ODINS-
HÜHNCHEN

Herbst

TEMMINCK-
STRANDL.

GRAUBRUST-
STRANDL.

THORS-
HÜHNCH.

Herbst

TRIEL

♂

Sommer

KAMPFLÄUFER

♀

Prärieläufer, seltene Strandläufer, seltene Wasserläufer

△B **Wiesenstrandläufer** *Calidris minutilla*   S. 119
Kleinster Strandläufer; Schnabel sehr dünn; gebückte Haltung
bei der Nahrungssuche. Ruf ein dünnes „krri-it" mit deutlicherem „l" als ein ähnlicher Ruf des Zwergstrandläufers, länger
ausgezogen als der des Bergstrandläufers. S. Text.

△B **Sandstrandläufer** *Calidris pusilla*   S. 117
Graubraun; kurzer, dicker Schnabel; Beine schwarz. Ruf ein
kennzeichnendes „tscherk", auch „terip". S. Text.

△ **Drosseluferläufer** *Actitis macularia*   S. 132
Ad. im Sommer: Drosselartig gefleckt; gelber Schnabel mit
schwarzer Spitze.
Ad. im Winter und juv.: Ähnlich Flußuferläufer, aber Schwanz
kürzer; Brustmitte reiner weiß; ungestreift.

Spitzschwanz-Strandläufer *Calidris acuminata*   S. 120
Erinnert an Graubrust-Strandläufer, aber streifige Brustzeichnung nicht so scharf vom weißen Bauch abgesetzt. Im Herbst
mit gelbbrauner Brust und Streifen nur an den Seiten.

△B **Prärieläufer** *Bartramia longicauda*   S. 127
Kleiner Kopf, ziemlich kurzer Schnabel, dünner Hals, langer,
brauner Schwanz.

Einsiedelwasserläufer *Tringa solitaria*   S. 130
Ähnlich Waldwasserläufer, aber mit dunklem (nicht weißem)
Bürzel.

Großer Gelbschenkel *Tringa melanoleuca*   S. 129
In der Gestalt wie Grünschenkel, aber Beine leuchtend gelb.
Größer als *Tringa flavipes*, Schnabel länger und etwas aufge-
worfen.

Brutkleid

juv.

WIESEN-
STRAND-
LÄUFER

Brutkleid

juv.

SANDSTRANDLÄUFER

Brutkleid

DROSSEL-
UFERLÄUFER

Ruhekleid
oder juv.

Brutkleid

ITZ-
HWANZ-
RANDLÄUFER

PRÄRIELÄUFER

GROSSER
GELBSCHENKEL

EINSIEDEL-
WASSERLÄUFER

Raubmöwen

Raubmöwen sind dunkle, habicht- oder falkenartige Meeresvögel, die andere Vögel nach Piratenart verfolgen. Alle zeigen im Fluge ein weißes Aufleuchten der Schwingen. Altvögel der drei kleineren Arten haben verlängerte mittlere Steuerfedern (s. Zeichnung unten), deren Spitzen aber nicht selten abgebrochen sind. Schmarotzer- und Spatelraubmöwe treten in hellen und dunklen sowie (häufiger nur bei ersterer) intermediären Färbungsphasen (Morphen) auf. Unausgefärbte haben kürzere mittlere Steuerfedern und sind sehr schwer voneinander zu unterscheiden.

△ **Skua** *Stercorarius skua*   S. 134
(Große Raubmöwe)
Dunkel, sehr groß und kräftig; große Flügelflecken; stumpfer Schwanz.

○ **Schmarotzerraubmöwe** *Stercorarius parasiticus*   S. 135
Spitze mittlere Steuerfedern (mittlerer Länge).

○ **Spatelraubmöwe** *Stercorarius pomarinus*   S. 135
(Mittlere Raubmöwe)
Stumpfe (und teilweise gedrehte) mittlere Steuerfedern; Flügel am Grunde breit; Flanken und Unterflügeldecken schuppig.

○ **Falkenraubmöwe** *Stercorarius longicaudus*   S. 136
(Kleine Raubmöwe)
Sehr lange, biegsame, spitze mittlere Steuerfedern; schmale Flügel; vollständiges weißes Halsband.

Schmarotzerraubmöwe

Falkenraubmöwe

Spatelraubmöwe

Schwänze von Raubmöwen (ad.)

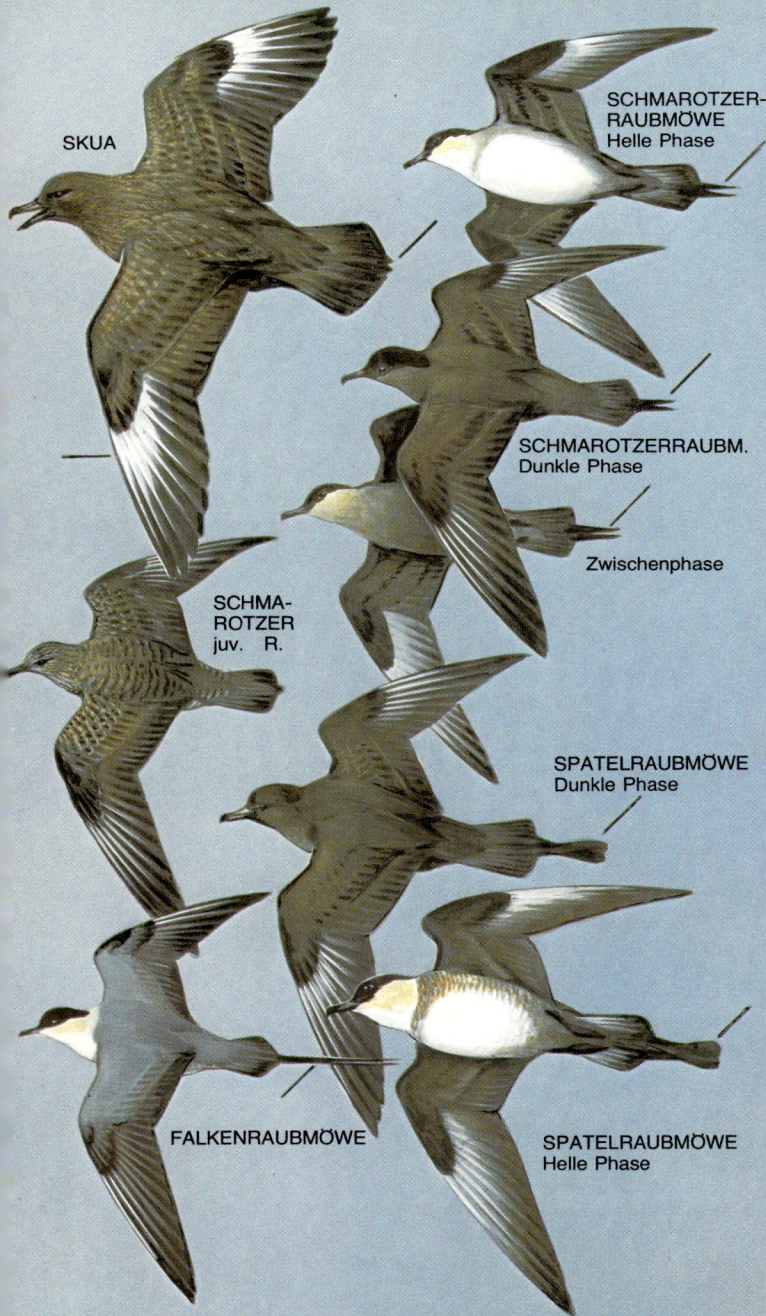

SKUA

SCHMAROTZER-
RAUBMÖWE
Helle Phase

SCHMAROTZERRAUBM.
Dunkle Phase

Zwischenphase

SCHMA-
ROTZER
juv.   R.

SPATELRAUBMÖWE
Dunkle Phase

FALKENRAUBMÖWE

SPATELRAUBMÖWE
Helle Phase

Möwen (ad.)

Bei der Bestimmung der Möwen sind die wichtigsten Kennzeichen Flügelzeichnung (besonders Flügelspitzen) und Beinfarbe.

○ **Mantelmöwe**   *Larus marinus*   S. 145
  Sehr groß, Rücken und Flügel schwarz, Beine fleischfarben.

● **Heringsmöwe**   *Larus fuscus*   S. 143
  So groß wie Silbermöwe, Beine gewöhnlich gelb oder orange-
  farben.
  Nördliche Rasse: Dunkel (schwärzlicher Rücken).
  Südliche Rasse: Heller (dunkelgrauer Rücken).

○B **Eismöwe**   *Larus hyperboreus*   S. 145
△C So groß wie Mantelmöwe; weiße Handschwingen;
  Kopf groß, Schnabel kräftig.

△ **Polarmöwe**   *Larus glaucoides*   S. 144
  So groß wie Silbermöwe; weiße Handschwingen.

△B **Elfenbeinmöwe**   *Pagophila eburnea*   S. 137
  So groß wie Dreizehenmöwe; ganz weiß; schwarze Beine.

● **Silbermöwe**   *Larus argentatus*   S. 144
  Rücken und Flügel grau, an Flügelspitzen schwarz, Beine
  fleischfarben. Ad. Vögel vom Mittelmeer sowie von Finnland,
  dem Baltikum und z. T. bis Ostschweden und Mecklenburg
  haben gelbe Beine (Weißkopfmöwe).

● **Sturmmöwe**   *Larus canus*   S. 143
  Kleiner als Silbermöwe; Schnabel und Beine grünlichgelb.

●B **Dreizehenmöwe**   *Larus tridactylus*   R5   S. 137
○C Dreieckige schwarze, „in Tinte getauchte" Flügelspitze;
  schwarze Beine.

  Korallenmöwe   *Larus audouinii*   S. 142
  Leuchtend roter Schnabel mit schwarzer Binde; olivgrünliche
  Beine; Schwingen zur Spitze hin allmählich schwarz.

❽ **Zwergmöwe**[1]   *Larus minutus*   R6   S. 139
  Schwärzlicher Unterflügel; kein Schwarz auf Flügeloberseite.

△ **Schwalbenmöwe**[1]   *Larus sabini*   S. 138
  Schwarze äußere Handschwingen, dreieckiges weißes Flügel-
  feld; Gabelschwanz.

● **Lachmöwe**[1]   *Larus ridibundus*   S. 140
  Langer weißer Keilfleck auf den Handschwingen; Schnabel
  und Beine rot.

🐚 **Schwarzkopfmöwe**[1]   *Larus melanocephalus*   R5   S. 141
  Keine dunklen Spitzen der weißen Handschwingen.

  Dünnschnabelmöwe   *Larus genei*   S. 142
  Flügelzeichnung wie bei Lachmöwe, aber Schnabel schlanker
  und (auch im Sommer) Kopf weiß.

---

[1] Altvögel verlieren im Winter den dunklen Kopf und ähneln dann unausgefärbten Vögeln (s. Taf. 45).

MANTEL-MÖWE

EISMÖWE

idliche asse

HERINGS-MÖWE

POLARMÖWE

SILBER-MÖWE

ELFENBEIN-MÖWE

STURM-MÖWE

DREIZEHEN-MÖWE

von unten

KORALLEN-MÖWE

von oben

ZWERGMÖWE

SCHWAL-BEN-M.

von oben

von unten

LACHMÖWE

SCHWARZKOPF-MÖWE

DÜNNSCHNABEL-MÖWE

Möwen (immat.)

○ **Mantelmöwe** *Larus marinus* S. 145
Sehr groß; der gemusterte Rücken hebt sich deutlicher von der
Unterseite ab als bei jungen Heringsmöwen.

● **Heringsmöwe** *Larus fuscus* S. 143
Ganz junge nicht von jungen Silbermöwen zu unterscheiden;
Vögel im zweiten Lebenswinter jedoch mit dunklerem „Sattel"
(s. Text).

○B **Eismöwe** *Larus hyperboreus* S. 145
△C *1. Winter:* Gelbbräunlich mit weißlichen Handschwingen.
2. Winter: Insgesamt sehr hell.
(Die Polarmöwe hat die gleiche Gefiederfolge.)

● **Silbermöwe** *Larus argentatus* S. 144
Im ersten Lebenswinter streifig erdbraun, mit zunehmendem
Alter oberseits grauer, unterseits weißer.

● **Sturmmöwe** *Larus canus* S. 143
Von der Silbermöwe im 2. Winter durch deutliches schwarzes
Band im weißen Schwanz unterschieden; kleiner, Schnabel
kürzer.

●B **Dreizehenmöwe** *Larus tridactylus* R5 S. 137
○C Dunkles Diagonalband über den Flügel; dunkle Nackenbinde.

● **Lachmöwe** *Larus ridibundus* S. 140
Dunkle Flecken an den Kopfseiten, Weiß an den Handschwingen, schmale Schwanzbinde.

△ **Schwalbenmöwe** *Larus sabini* S. 138
Gabelschwanz und Flügelzeichnung der ad. Kein dunkles Diagonalband wie bei Dreizehenmöwe; Oberkopf grau.

⍟ **Schwarzkopfmöwe** *Larus melanocephalus* R5 S. 141
Von der Lachmöwe durch schwärzliche (nicht weißliche) äußere Handschwingen zu unterscheiden.

❽ **Zwergmöwe** *Larus minutus* R6 S. 139
Flügelmuster wie bei Dreizehenmöwe immat. Flügel mehr
gerundet; keine dunkle Nackenbinde.

MANTEL-
MÖWE

EISMÖWE
1. Winter

2. Winter

HERINGS-
MÖWE

EISMÖWE
2. Winter

1. Winter

SILBER-
MÖWE

2. Winter

SILBER-
MÖWE

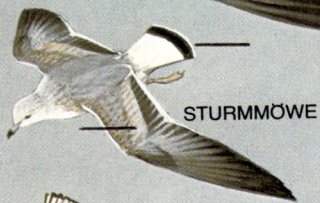

STURMMÖWE

DREIZEHEN-
MÖWE

LACHMÖWE

SCHWALBEN-
MÖWE

SCHWARZKOPF-
MÖWE

ZWERGMÖWE

Seltene Möwen und Rußseeschwalbe

△B **Fischmöwe**   *Larus ichthyaetus*   S. 142
  Groß; schwarzes Band vor der Spitze des kräftigen, gelben
  Schnabels; schwarzes Querband über die weißen Hand-
  schwingen.

Aztekenmöwe   *Larus atricilla*   S. 140
  Ad.: Rücken und Flügel dunkelgrau, *von den schwarzen Flü-
  gelspitzen nicht scharf abgesetzt.* Im Winter ohne schwarze
  Kappe.
  Immat.: Dunkel *mit abstechendem weißem Bürzel* und wei-
  ßem Hinterrand der Flügel.

Bonapartemöwe   *Larus philadelphia*   S. 140
  Ad. im Brutkleid: Wie kleine Lachmöwe, aber mit dünnerem,
  schwarzem Schnabel.
  Immat. (im Fluge): Dunkler Hinterrand der Flügel.
  Alle Kleider: Handschwingen unterseits weiß mit schwarzen
  Spitzen, die schwarzen Hinterrand der Flügelspitze bilden.

△B **Rosenmöwe**   *Larus roseus*   S. 138
  Keilförmiger Schwanz, schmächtiger, schwarzer Schnabel. Ad.
  im Brutkleid: Ohne Schwarz an der Flügelspitze (nur Außenfahne der äußersten Handschwinge dunkel, jedoch nicht im
  Spitzenteil); Weiß der Unterseite *rosenrot überflogen*; schmales
  schwarzes Halsband.

△B **Ringschnabelmöwe**   *Larus delawarensis*   S. 142
  Ad.: Kleiner als Silbermöwe *mit gelblichen oder blaß-grün-
  lichen Beinen und schwarzem Schnabelring.*
  Immat.: Ähnlich einer kleinen Silbermöwe, aber dunkles Endband des Schwanzes schmäler und oft (aber nicht immer)
  schärfer begrenzt.

△ **Rußseeschwalbe**   *Sterna fuscata*   S. 149
  Kontrastreich gezeichnet: oberseits schwärzlich, unterseits
  weiß; Stirn weiß.

ad.
rutkleid

ad.
Ruhekleid

FISCHMÖWE

Erster
Winter

ad.
Brutkleid

AZTEKENMÖWE

ad.
Ruhekleid

utkleid

ONAPARTEMÖWE

immat.

immat.

ROSENMÖWE

ad.
Ruhekleid

ad.
Brutkleid

Erster
Winter

**RINGSCHNABEL-
MÖWE**

ad.
Brutkleid

ad.

**RUSS-
SEESCHWALBE**

Seeschwalben

Seeschwalben sind schlanker, mit schmaleren Flügeln und anmutigerem Flug als Möwen. Schnabel dünner und spitzer, im Fluge gewöhnlich abwärts (gegen das Wasser) gerichtet. Schwanz in der Regel gegabelt. Die meisten Seeschwalben sind weißlich mit schwarzer Kappe.

●B **Lachseeschwalbe** *Gelochelidon nilotica* R2   S. 146
●C   Gedrungener, möwenartiger, schwarzer Schnabel; Kopf nicht struppig; Schwanz grau.

●   **Brandseeschwalbe** *Sterna sandvicensis* R5   S. 146
    Langer, schlanker, schwarzer Schnabel mit gelber Spitze; struppiger Kopf; weißer Schwanz.

●   **Raubseeschwalbe** *Sterna caspia* R1   S. 146
    Sehr groß; großer, roter Schnabel. Viel Schwarz auf der Unterseite der Handschwingen.

●   **Flußseeschwalbe** *Sterna hirundo* R3   S. 147
    Beachte den durchsichtig erscheinenden Flügelfleck (s. Text).
    Ad. im Sommer: Schnabel orangefarben mit schwarzer Spitze.
    Juv.: Weiße Stirn, dunkle „Schultern".

●B **Rosenseeschwalbe** *Sterna dougallii* R1   S. 147
    Ad. im Sommer: Schnabel großenteils schwarz; heller als Flußseeschwalbe, mit längeren Schwanzspießen.
    Juv.: Hellere „Schultern"; Flügel fleckiger als bei Küstenseeschwalbe.

●   **Küstenseeschwalbe** *Sterna paradisaea* R4   S. 148
    Ad. im Sommer: Schnabel blutrot bis zur Spitze; grauer als Flußseeschwalbe.
    Juv.: Sehr ähnlich Flußseeschwalbe, aber Flügel stärker schwarz gefleckt.

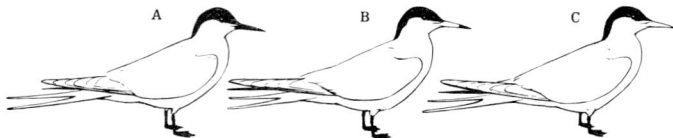

A   *Rosenseeschwalbe. Die hellste der drei Seeschwalben. Schwanzspieße die Flügelspitzen weit überragend.*
B   *Flußseeschwalbe. Schwanz überragt die Flügelspitzen nicht.*
C   *Küstenseeschwalbe. Grauer; kurzbeiniger; Schwanz etwas länger als bei der Flußseeschwalbe.*

LACHSEESCHWALBE

Sommer

Winter

Sommer

BRAND-
SEESCHWALBE

Winter

RAUBSEESCHWALBE

Winter

Sommer

FLUSS-
SEESCHWALBE

ad.
Sommer

juv.

FLUSSSEESCHWALBE

KÜSTEN-
SEE-
SCHWALBE

juv.

juv.

ad.
Sommer

ad.
Sommer

ROSENSEESCHWALBE

ad.
Sommer

KÜSTENSEESCHWALBE

Seeschwalben

Mit Ausnahme der Zwergseeschwalbe sind alle auf dieser Seite genannten Seeschwalben „Sumpf-Seeschwalben" (Wasserschwalben), die ausschließlich an Binnengewässern brüten.

● **Zwergseeschwalbe** *Sterna albifrons* R3   S. 149
Ad. im Sommer: Klein, gelber Schnabel, weiße Stirn.
Juv.: Klein, schwarzer Flügelvorderrand.

♀B **Weißbartseeschwalbe** *Chlidonias hybrida* R6   S. 149
△C *Ad. im Sommer:* Düsterer Bauch, weiße Wangen.
    Herbst: Heller und größer als Trauerseeschwalbe, mit weniger
        Schwarz im Genick; Rücken und Bürzel einfarbig
        grau.

● **Trauerseeschwalbe** *Chlidonias niger* R2   S. 150
Ad. im Sommer: Körper und Kopf schwarz, Flügel grau.
Herbst: Dunkler Kopffleck, dunkler Rücken, grauer Schwanz.
    Von der Weißflügelseeschwalbe durch dunkles
    „Schulter"-Zeichen und dunkles Band vor dem Flü-
    gelrand an der vorderen Brustseite unterschieden;
    Bürzel wie Vorderrücken.

♀B **Weißflügelseeschwalbe** *Chlidonias leucopterus* R6   S. 150
△C *Ad. im Sommer:* Körper und Kopf schwarz, Schwarz am
    Unterflügel. Oberflügeldecken weiß, weißer Schwanz.
    Herbst: Wie Trauerseeschwalbe, aber ohne dunkles „Schul-
        ter"-Zeichen und ohne dunkles Band beim vorderen
        Flügelrand; Bürzel im Gegensatz zu Weißbart- und
        Trauerseeschwalbe heller als Vorderrücken.

Trauerseeschwalbe   Weißbartseeschwalbe   Weißflügelseeschwalbe

Köpfe der Chlidonias-*Arten im Winter*

Sommer

juv.

Herbst

ZWERG-
SEESCHWALBE

Sommer

WEISSBART-
SEESCHW.

Sommer

Herbst

Übergangskleid

Sommer

Herbst

Sommer

TRAUERSEE-
SCHWALBE

Herbst

Übergangskleid

Herbst

Sommer

WEISSFLÜGEL-
SEESCHWALBE

Köpfe von Seeschwalben

Gestalt und Färbung des Schnabels sind am wichtigsten bei der Bestimmung der Seeschwalben. Diese besitzen alle (mit Ausnahme der Zwergseeschwalbe) zur Brutzeit eine völlig *schwarze* Kopfkappe. Im Spätsommer beginnt sich die weiße Stirn zu entwickeln, die für das Ruhekleid bezeichnend ist.

● **Trauerseeschwalbe** *Chlidonias niger* R2   S. 150
   Sommer: Kopf schwarz.
   Winter: „Scheckiger" Kopf (siehe Text).

B **Weißflügelseeschwalbe** *Chlidonias leucopterus* R6   S. 150
△C Ähnlich Trauerseeschwalbe (hier nicht abgebildet,
   s. Tafel 48 und Text).

B **Weißbartseeschwalbe** *Chlidonias hybrida* R6   S. 149
△C *Sommer:* Düstere Kehle, weiße Wangen.
   Winter: Siehe Text.

● **Zwergseeschwalbe** *Sterna albifrons* R3   S. 149
   Sommer: Klein; gelber Schnabel, weiße Stirn.
   Immat.: Klein (s. Text).

● **Flußseeschwalbe** *Sterna hirundo* R3   S. 147
   Sommer: Schnabel orangerot, schwarze Spitze.
   Winter: Schwarz vom Auge bis zum Nacken.

● **Küstenseeschwalbe** *Sterna paradisaea* R4   S. 148
   Sommer: Schnabel blutrot, ohne schwarze Spitze.
   Winter: Ähnlich Flußseeschwalbe (s. Text).

B **Rosenseeschwalbe** *Sterna dougallii* R1   S. 147
   Sommer: Schnabel überwiegend schwarz (bei manchen an der
            Wurzel mit viel Rot).
   Winter: Ähnlich Flußseeschwalbe (s. Text).

●B **Lachseeschwalbe** *Gelochelidon nilotica* R2   S. 146
●C *Sommer:* Schnabel möwenartig, derb und schwarz.
   Winter: Schwarzer Ohrfleck; Schnabel derb und schwarz.
   Juv.: Sehr möwenähnlich (s. Text).

● **Brandseeschwalbe** *Sterna sandvicensis* R5   S. 146
   Sommer: Mit Haube; Schnabel schwarz mit gelber Spitze.
   Winter: Ähnlich, mit weißer Stirn.

● **Raubseeschwalbe** *Sterna caspia* R1   S. 146
   Sommer: Sehr groß; großer, roter Schnabel.
   Winter: Großer, roter Schnabel; gestreifte Stirn.

Winter   Sommer
TRAUERSEESCHWALBE

Winter
WEISSBARTSEESCHWALBE   Sommer

immat.   Sommer
ZWERGSEESCHWALBE

Winter
Sommer
FLUSS-SEESCHWALBE

Winter   Winter

Sommer
KÜSTENSEESCHWALBE   Sommer
ROSENSEESCHWALBE

juv.

Winter   **LACHSEESCHWALBE**
Sommer

Winter   **BRANDSEESCHWALBE**   Sommer

Winter   **RAUBSEESCHWALBE**   Sommer

Alken

Alken sind etwas entenähnliche Meeresvögel mit kurzem, stämmigem Hals. Sie fliegen schwirrend und grätschen beim Landen die Beine.

●B **Tordalk** *Alca torda* R5   S. 152
○C *Ad.:*   Kräftiger Kopf, schmaler, hoher Schnabel mit weißen Abzeichen.
     Immat.: Kleinerer Schnabel mit gebogener Firste.

△   **Dickschnabellumme** *Uria lomvia*   S. 151
     Schnabel dicker als bei der Trottellumme.
     Winter: Dunkle Kappe bis unters Auge.
     Sommer: Helles Abzeichen am Schnabelspalt.

●B **Trottellumme** *Uria aalge* R5   S. 151
○C *Winter:*   Schwarze Linie auf weißer Kopfseite.
     Sommer: Schlanker Schnabel, dunkler Kopf.
     „Ringellumme": Weißer Augenring, anschließend weißer Strich.

○   **Gryllteiste** *Cepphus grylle*   S. 152
     Winter: Weißlicher Körper, großer weißer Flügelfleck.
     Sommer: Schwarzer Körper, spitzer Schnabel, großer weißer Flügelfleck.

●B **Papageitaucher** *Fratercula arctica* R1   S. 153
△C *Winter:* Dreieckschnabel, trübe Wangen.
     Immat.: Kleinerer Schnabel, trübe Wangen.
     Sommer: Dreieckiger, prächtig gefärbter Schnabel, weißliche Wangen.

○   **Krabbentaucher** *Alle alle*   S. 152
     Stargröße, kurzer Schnabel; gedrungene, „halslose" Gestalt.

Papageitaucher   *Tordalk*   *Trottellumme*   *Gryllteiste*

immat.

TORDALK

Sommer

Winter

Winter

DICKSCHNABELLUMME

Sommer   TROTTELLUMME

Winter

GRYLLTEISTE

Winter

Sommer

Sommer

TROTTEL-
LUMME

g. ,,Rin-
lumme"

TORD-
ALK

immat.

Sommer

PAPAGEITAUCHER

PAPAGEI-
TAUCHER

Winter

Sommer

KRABBENTAUCHER

Tauben

● **Ringeltaube** *Columba palumbus* S. 156
Groß; weiße Flügeldecken, weißer Halsfleck.

● **Hohltaube** *Columba oenas* R3 S. 155
Kurze schwarze Binden auf den Armschwingen; grauer Bürzel.

Felsentaube *Columba livia* S. 155
Weißer Bürzel, zwei lange schwarze Flügelbinden. Alle Haustauben stammen von der Felsentaube ab, und viele ähneln ihr noch.

● **Turteltaube** *Streptopelia turtur* S. 156
Schlank; rostbrauner Rücken; stark gerundeter weißspitziger Schwanz.

● **Türkentaube** *Streptopelia decaocto* S. 156
Schwarzer Nackenring; Endhälfte des Schwanzes von unten weiß. Die domestizierte Lachtaube (Zuchtform von *S. roseogrisea*) ist sehr ähnlich, aber rahmbräunlich statt weingrau und hat helle, nicht dunkle Handschwingen.

Haustauben (die von der Felsentaube abstammen) zeigen große Verschiedenheit in Färbung und Zeichnung.

RINGEL-
TAUBE

FELSENTAUBE

HOHLTAUBE

TURTELTAUBE

TÜRKENTAUBE

Eulen

Großköpfige Nachtraubvögel mit großen, nach vorn gerichteten Augen, mit „*Schleier*" und nachtfalterartigem, geräuschlosem Flug.

△ **Schneeeule** *Nyctea scandiaca*　　　　　　　　　　　S. 160
Groß, weiß; große, gelbe Augen.

● **Schleiereule** *Tyto alba* R4　　　　　　　　　　　　S. 159
Herzförmiges Gesicht. Keine Bruststreifung. Dunkle Augen.
Helle Rasse: Weiße Brust.
Dunkle Rasse: Meist bräunlichgelbe Brust.

● **Sumpfohreule** *Asio flammeus* R3　　　　　　　　　S. 164
Gelblichbraun; gestreifte Brust. Sümpfe.

●B **Zwergohreule** *Otus scops* R6　　　　　　　　　　S. 160
△C Die einzige sehr kleine Eule mit Federohren. Graubraun marmoriert; kleiner Kopf; richtet, wenn erschreckt, Federohren auf.

● **Waldohreule** *Asio otus*　　　　　　　　　　　　　　S. 163
Die einzige mittelgroße Eule mit langen Federohren, die vom erschreckten Vogel aufgerichtet werden. Schlank; rostbräunlich, gefleckt.

● **Uhu** *Bubo bubo* R3　　　　　　　　　　　　　　　　S. 160
Sehr groß, mit Federohren; rostbraun, mit Streifen und Bändern.

Siehe auch Tafel 53.

dunkle Rasse

helle Rasse

SCHNEEEULE

SCHLEIEREULE

SUMPFOHREULE

WERGOHREULE

WALDOHREULE

UHU

Eulen

Die meisten Eulen haben eine nächtliche Lebensweise und sind daher selten zu sehen, wenn man sie nicht an ihren Tagesrastplätzen entdeckt. Besonders wichtig ist die Kenntnis ihrer Stimme, die im Text beschrieben ist. Keine der folgenden Arten hat „Federohren".

● **Waldkauz** *Strix aluco*   S. 162
   Von kräftigem Körperbau, mit gestreifter Brust, dunklen Augen und rotbraunem oder grauem Gefieder.

● **Steinkauz** *Athene noctua* R3   S. 162
   Klein, rund, oben gefleckt; die tiefliegenden „Augenbrauen" bewirken ein finsteres Aussehen.

● **Sperlingskauz** *Glaucidium passerinum* R4   S. 161
   Nur kernbeißergroß; kleinköpfig; wippt mit dem Schwanz.

△ **Sperbereule** *Surnia ulula*   S. 161
   Kräftig schwarze Einfassung des Schleiers, gebänderte Unterseite, langer Schwanz.

● **Rauhfußkauz** *Aegolius funereus* R5   S. 164
   Vom Steinkauz durch größeren Kopf, breitere „Augenbrauen", längeres und helleres Gesicht und kräftiger begrenzten Schleier unterschieden.

⚫B **Habichtskauz** *Strix uralensis* R1   S. 162
△C Sehr groß, gestreift; Gesicht ohne Linienzeichnung; kleine, dunkle Augen.

    Bartkauz *Strix nebulosa*   S. 163
   Sehr groß, grau; großer, rundlicher Kopf mit Linienzeichnung im Gesicht; kleine, gelbe Augen.

Siehe auch Tafel 52.

Graue
Phase

STEINKAUZ

SPERLINGSKAUZ

Braune
Phase

juv.

ad.

WALDKAUZ

SPERBEREULE

RAUHFUSSKAUZ

HABICHTSKAUZ

BARTKAUZ

Blauracke, Bienenfresser, Wiedehopf, Eisvogel, Kuckuck und Nachtschwalben

⚫B Blauracke *Coracias garrulus* R1 S. 169
⚫C Kopf und Brust blau, Rücken rostbraun.

⚫ Bienenfresser *Merops apiaster* R6 S. 169
Gelbe Kehle, blaugrüne Brust; Oberseite kastanienbraun und gelb.

⚫ Wiedehopf *Upupa epops* R2 S. 170
Schwarz-weiße Flügelzeichnung, aufrichtbare Fächerhaube.

⚫ Eisvogel *Alcedo atthis* R4 S. 168
Untersetzt; oben prächtig blaugrün.

⚫ Kuckuck *Cuculus canorus* S. 159
Kopf und Vorderbrust grau, gebänderte Unterseite. *Rotbraune Phase* des ♀ (selten): Oben und unten gebändert.

△ Häherkuckuck *Clamator glandarius* S. 158
Mit Haube; langer Schwanz; unten rahmfarben, oben gefleckt.

⚫ Ziegenmelker *Caprimulgus europaeus* R3 S. 165
Oben „Rindenmuster", unten eng gebändert.

Rothalsnachtschwalbe *Caprimulgus ruficollis* S. 165
Vom Ziegenmelker durch mehr rostfarbene Oberseite, mehr Weiß an der Kehle, dickeren Kopf und andere Stimme unterschieden.

LAURACKE

WIEDEHOPF

BIENENFRESSER

EISVOGEL

KUCKUCK

KUCKUCK
Rotbraune Phase

(nur ♀)

HÄHERKUCKUCK

ZIEGENMELKER

ROTHALSZIEGENMELKER

Spechte und Wendehals

Kleinspecht   Mittelspecht   Buntspecht   Weißrückenspecht

juv.

KLEINSPECHT

MITTELSPECHT

♂

BUNTSPECHT

BLUT-
SPECHT

♂

♀

♂

SCHWARZSPECHT

WEISSRÜCKEN-
SPECHT

DREIZEHENSPECHT

juv.

♂

♀

♂

WENDENHALS

GRÜNSPECHT

GRAUSPECHT

Lerchen

Braungestreifte Bodenvögel, die im Fliegen singen. Sie ähneln etwas den Piepern (Tafel 58), sind aber nicht so schlank und haben breitere Flügel.

● **Feldlerche** *Alauda arvensis*   S. 178, 78 E
Mit angedeuteter Haube; gestreift, weiße äußere Steuerfedern.

● **Heidelerche** *Lullula arborea* R3   S. 178, 78 E
Von der Feldlerche durch andersartigen Aufenthalt unterschieden, ferner durch kurzen Schwanz, helle, am Nacken zusammenstoßende Augenstreifen und schwarz-weißes Abzeichen am Flügelrand.

● **Haubenlerche** *Galerida cristata*   S. 177, 78 E
Lange, spitze Haube, kurzer Schwanz mit gelbbraunen Kanten; Unterflügeldecken isabellrötlich.

○ **Ohrenlerche** *Eremophila alpestris*   S. 179, 78 E
„Federhörnchen", Gesichts- und Brustfleck.
Immat.: Zeichnung von ad. nur angedeutet.

Theklalerche *Galerida theklae*   S. 177, 78 E
Sehr ähnlich Haubenlerche, aber mit kürzerem Schnabel und stärker gezeichneter Brust; Unterflügeldecken (der europäischen Rasse) grau.

△ **Kalanderlerche** *Melanocorypha calandra*   S. 175, 78 E
Groß; großer Kropfseitenfleck; kräftiger Schnabel; Hintersaum der dunklen Flügel weißlich.

△ **Kurzzehenlerche** *Calandrella brachydactyla*   S. 176, 78 E
Klein; hell; Brust ungestreift. Kleiner Kropfseitenfleck nicht immer deutlich.

△B **Stummellerche** *Calandrella rufescens*   S. 177, 78 E
Klein; graubraun; fein gestreifte Brust.

△ **Weißflügellerche** *Melanocorypha leucoptera*   S. 176
Rostbrauner Scheitel, weißer Flügelfleck (s. Schneeammer).   •

△B **Mohrenlerche** *Melanocorypha yeltoniensis*   S. 176
Schwarz; im Winter weiß geschuppt.
♀ und *immat.:* Siehe Text.

Dupont-Lerche *Chersophilus duponti*   S. 175
Dünner, gebogener Schnabel; deutlicher Überaugenstreif.

FELD-
LERCHE

HEIDELERCHE

HAUBENLERCHE

♂
Sommer

immat.

OHRENLERCHE

THEKLALERCHE

KURZZEHEN-
LERCHE

KALANDER-
LERCHE

STUMMELLERCHE

immat.

WEISSFLÜGELLERCHE

♂
Winter

MOHRENLERCHE

DUPONT-LERCHE

Segler und Schwalben

Rauchschwalbe   Mehlschwalbe   Uferschwalbe

● **Mauersegler**   *Apus apus*   S. 167
Schwarze Unterseite, kurzer Gabelschwanz.

Fahlsegler   *Apus pallidus*   S. 167
Heller als Mauersegler, besonders Unterflügel; mehr Weiß an
der Kehle.

●B **Alpensegler**   *Apus melba*   R5   S. 168
△C Sehr groß; weißer Bauch, dunkles Brustband.

● **Mehlschwalbe**   *Delichon urbica*   S. 181
Weißer Bürzel, ganze Unterseite weiß.

● **Rauchschwalbe**   *Hirundo rustica*   S. 180, **84 E**
Tief gegabelter Schwanz, dunkle Kehle.

△B **Rötelschwalbe**   *Cecropis daurica*   S. 180
Rostgelblicher Bürzel; Kehle hell.

● **Uferschwalbe**   *Riparia riparia*   R4   S. 179
Brauner Rücken, Brustband.

●B **Felsenschwalbe**   *Ptyonoprogne rupestris*   R2   S. 179, **84 E**
Brauner Rücken, kein Brustband; abgestutzter Schwanz
mit weißen Flecken (nur im gespreizten Schwanz zu sehen); Gebirge.

Rauchschwalbe   Mehlschwalbe   Rötelschwalbe   Uferschwalbe

MAUERSEGLER

FAHLSEGLER

ALPENSEGLER

MEHLSCHWALBE

RAUCHSCHWALBE

RÖTELSCHWALBE

UFERSCHWALBE

FELSENSCHWALBE

Pieper und Stelzen

Pieper sind braune, gestreifte Bodenvögel mit weißen oder weißlichen Schwanzkanten und meist langen Krallen der Hinterzehe. Sie ähneln den Lerchen (Tafel 56), sind aber schlanker.

Stelzen sind auffallend gezeichnete Bodenvögel, schlanker und viel langschwänziger als die Pieper. Weitere Kennzeichnung der Stelzen siehe auf Tafel 59.

● **Wiesenpieper** *Anthus pratensis* S. 183, 78 E
Klein; oben und unten gestreift, weiße Schwanzkanten; offenes Gelände; Stimme (s. Text).

● **Baumpieper** *Anthus trivialis* S. 182, 78 E
Vom Wiesenpieper durch Stimme und Aufenthalt zu unterscheiden, ferner durch mehr gelbbraune, weniger olivbraune Färbung und rötlichere Beine.

●B **Wasserpieper** *Anthus spinoletta* S. 184, 78 E
○C *Die einzigen Pieper* mit dunklen Beinen.
Strandpieper (Küsten): Dunkel; gräuliche Schwanzkanten.
Bergpieper: Sommer (Gebirge): Rötliche, ungestreifte Brust, gräuliche Oberseite, weiße Schwanzkanten. Winter (weitverbreitet): Weißliche Brust, weiße Augenbrauen, weiße Außenfedern des Schwanzes.

● **Brachpieper** *Anthus campestris* R2 S. 182, 78 E
Sandbraun, ungestreifte Brust; Beine und Schwanz lang.

△ **Spornpieper** *Anthus novaeseelandiae* S. 181, 78 E
Groß, dunkel; sehr lange Beine; gestreifte Brust.

○ **Rotkehlpieper** *Anthus cervina* S. 183, 78 E
Sommer: Ziegelrote Kehle. – *Winter:* Vom Wiesenpieper durch kräftigere Streifen und auffallend gestreiften Bürzel unterschieden.

● **Schafstelze** *Motacilla flava* S. 184, 78 E
Gelbe Unterseite, olivgrüner Rücken.
Mitteleuropäische Schafstelze: Blaugraue Kappe und Wangen (Deutschland und übriges Mitteleuropa, Frankreich außer S).
Englische Schafstelze (vorn): Gelbköpfig (England).

● **Bachstelze** *Motacilla alba* S. 186, 78 E
In jedem Kleid ohne Gelb.
Bachstelze (hinten): Grauer Rücken; schwarze Kappe und Latz getrennt.
Trauerbachstelze (Sommer; vorn): Schwarzer Rücken; schwarze Kappe und Latz vereinigt.

● **Gebirgstelze** *Motacilla cinerea* S. 186, 78 E
Gelbe Unterseite; grauer Rücken. Unter allen Stelzen mit längstem Schwanz. ♂ im Sommer mit schwarzer Kehle.

BAUM-
PIEPER

WIESENPIEPER

STRAND-
PIEPER

Winter

Sommer

WASSERPIEPER

SPORN-
PIEPER

BRACHPIEPER

♂ Sommer

Winter

SCHAF-
STELZE

ENGLISCHE SCHAFSTELZE

Sommer

ROTKEHLPIEPER

♀

♂

Sommer

GEBIRGSTELZE

♂
Sommer

♂

Sommer

BACHSTELZE TRAUERBACHSTELZE

Köpfe der europäischen Stelzen
Rassen der Bachstelze

Kein Gelb und keine Olivfärbung im Gefieder.

☻ **Trauerbachstelze** *Motacilla alba yarrellii*   S. 186
Schwarzer (♂ *im Sommer*) oder sehr dunkler Rücken (♀ und ♂
im Winter). Schwarze Kappe und schwarzer Latz vereinigt.
Brütet auf den Britischen Inseln u. an benachbarten Festlandsküsten; gelegentl. Mischpaare *alba* × *yarrellii* auf Helgoland.

● **Bachstelze** *Motacilla alba alba*   S. 186, **78 E**
Grauer Rücken. Schwarze Kappe und schwarzer Latz getrennt.
Brütet auf dem Festland.

Gebirgstelze

Durch grauen Rücken und gelbe Unterseite gekennzeichnet.

● **Gebirgstelze** *Motacilla cinerea*   S. 186, **78 E**
♂ *im Sommer:* Schwarze Kehle, gelbe Unterseite.
♀ *im Sommer,* ♂ und ♀ *im Winter:* Weißliche Kehle, grauer
Rücken, gelbe Unterseite.

Rassen der Schafstelze

Durch olivgrünen Rücken und gelbe Unterseite gekennzeichnet.

● **Englische Schafstelze** *Motacilla flava flavissima*   S. 185
Kopf gelb u. olivfarben. Brütet in England, einige nisten a. d.
benachb. Festlandsküsten bis Dänemark.

● **Mitteleurop. Schafstelze** *Motacilla flava flava*   S. 185, **78 E**
♂ *im Sommer:* Überaugenstreif am Nasenloch beginnend.
Mitteleuropa, S-Skandinavien, Frankreich außer S.

Spanische Schafstelze *Motacilla flava iberiae*
♂ *im Sommer:* Weißer Streif vom Auge an. Brütet in Span. u.
Portugal, in Südfrankr. Übergänge zu *M. f. cinereocapilla.*

♨B **Aschköpfige Schafstelze** *Motacilla flava cinereocapilla*   S. 185
♂ *im Sommer:* Grauer Scheitel, graue Wangen, kein
Überaugenstreif. Brütet in Italien, Korsika, Sardinien, Sizilien,
Albanien; Übergänge in der Schweiz bis SW-Deutschland (s.
Text).

○ **Nordische Schafstelze** *Motacilla flava thunbergi*   S. 185
♂ *im Sommer:* Scheitel grau, schwärzl. Wang., kein Überaugenstr. Mittel- und Nordschwed., Norw., Finnl.

△C **Maskenstelze** *Motacilla flava feldegg*   S. 185
♂ *im Sommer:* Schwarze Kappe und Wangen, kein Überaugenstreif. Balkanländer; hat in Österreich, Ungarn und vielleicht in
der Schweiz gebrütet.

Anmerkung: Es gibt dort, wo die Areale der Rassen aneinandergrenzen,
Mischzonen. In manchen Populationen treten Mutanten auf, die anderen
Rassen gleichen. So finden sich unter den englischen Brutvögeln solche, die der
russischen hellgrauköpfigen Schafstelze *M. f. beema* gleichen.

♂ Sommer

Sommer ♀
TRAUER-
BACHSTELZE

Winter

juv.

♂ Sommer

Winter

BACHSTELZE

♂ Sommer

♀ Sommer
GEBIRGSTELZE

Winter

juv.

Sommer ♂
ENGLISCHE SCH.

Winter

♂ Sommer
NISCHE SCH.

♂ Sommer

Winter
SCHAFSTELZE

♂ Sommer
KÖPFIGE SCH.

♂ Sommer
NORDISCHE SCHAFSTELZE

♂ Sommer
MASKENSTELZE

Schmätzer, Erdsänger, Steinmerlen

● **Steinschmätzer** *Oenanthe oenanthe* R4 S. 197, **81 E**
Sommer, ♂: Grauer Rücken, auffallender weißer Bürzel,
schwarze Ohrdecken.
Winter: Oben braun, unten rahmbräunlich, auffallender
weißer Bürzel.

△ **Mittelmeerschmätzer** *Oenanthe hispanica* S. 198, **81 E**
Schwarzkehlige Phase: Rücken sandfarben, schwarze Kehle.
Weißkehlige Phase: Rücken sandfarben, schwarze Ohrdecken.

△B **Nonnenschmätzer** *Oenanthe pleschanka* S. 197
Schwarzer Rücken, schwarze Kehle.

△B **Trauerschmätzer** *Oenanthe leucura* S. 199, **81 E**
Schwarz mit weißem Bürzel.

● **Gartenrotschwanz** *Phoenicurus phoenicurus* S. 195, **81 E**
♂: Rostroter Schwanz, orangerote Brust, schwarzer Latz.
♀: Rostroter Schwanz, bräunliche Brust.

● **Hausrotschwanz** *Phoenicurus ochruros* S. 195
♂: Schwarz, rostroter Schwanz.
♀, *junges* ♂: Schiefergrau, rostroter Schwanz.

● **Schwarzkehlchen** *Saxicola torquata* R4 S. 196, **81 E**
♂: Schwarzer Kopf, rostrote Brust, weißer Halsfleck.
♀: Bräunlich, Zeichnung des ♂ nur angedeutet.

● **Braunkehlchen** *Saxicola rubetra* R3 S. 196, **81 E**
Dunkle Kopfseiten, weißer Überaugenstreif; Weiß am
Schwanz.

● **Rotkehlchen** *Erithacus rubecula* S. 190, **79 E**
Gesicht und Brust orangerot. Juv. gefleckt, ohne rote Brust.

● **Blaukehlchen** *Cyanosylvia svecica* R2 S. 192, **81 E**
♂: Blaue Kehle, kastanienbraune Schwanzwurzel.
♀: U-förmiger Halslatz, kastanienbraune Schwanzwurzel.

● **Nachtigall** *Luscinia megarhynchos* S. 191, **81 E**
Brauner Rücken, ungezeichnete Brust, kastanienbrauner
Schwanz.

● **Sprosser** *Luscinia luscinia* S. 191, **81 E**
Schwanz weniger kastanienbraun, dunkel gewölkte Brust.

△ **Steinrötel** *Monticola saxatilis* R1 S. 200, **83 E**
♂: Blauer Kopf, weißer Bürzel; Brust und Schwanz orangerot.
♀: Gebänderte Brust, orangeroter Schwanz.

△B **Blaumerle** *Monticola solitarius* S. 200, **83 E**
♂: Schieferblau.
♀: Gebändert und gefleckt.

Winter

Schwarzkehlige Phase

Weißkehlige Phase

♂

Sommer

STEINSCHMÄTZER

MITTELMEERSCHMÄTZER

♂

NONNENSCHM.

♀

Geschl. gleich

♂

HAUSROTSCHWANZ

GARTENROTSCHWANZ

♂

TRAUER-SCHM.

juv.

♀

♀

♂

BRAUN-KEHLCHEN

ad.

ROT-KEHL-CHEN

NACHTIGALL

SCHWARZ-KEHLCHEN

♂

Rot-sterniges

BLAUKEHLCHEN

Weißsterniges Bl.

♀

SPROSSER

♂

♂

♀

STEINRÖTEL

♀

♂

BLAU-MERLE

Drosseln

- **Amsel** *Turdus merula* S. 204, **83 E**
  ♂: Ganz schwarz; gelber Schnabel.
  ♀: Dunkelbraun, an der Kehle etwas fleckig.

- B **Ringdrossel** *Turdus torquatus* S. 203, **83 E**
  C Schwarz mit weißem Halbmond über der Brust;
  helle Schwingensäume.

- **Wacholderdrossel** *Turdus pilaris* S. 202, **83 E**
  Grauer Kopf und Bürzel, rotbrauner Rücken.

- **Singdrossel** *Turdus philomelos* S. 205, **83 E**
  Oben braun, mit gefleckter Brust, rahmgelb am Unterflügel.

- **Misteldrossel** *Turdus viscivorus* S. 201, **83 E**
  Größer als Singdrossel, grauer; rundere Flecke; weiße
  Unterflügel.

- **Rotdrossel** *Turdus iliacus* R6 S. 205, **83 E**
  Rostrote Flanken und Rostrot am Unterflügel; heller Überaugenstreif.

△ **Erddrossel** *Turdus dauma* S. 201
  Oben und unten mit Schuppenmuster.

△ **Rostflügeldrossel** *Turdus naumanni eunomus* S. 202
  Fleckiges Brustband; heller Überaugenstreif; Rostbraun im
  Flügel.

△ **Schwarzkehldrossel** *Turdus ruficollis atrogularis* S. 203
  Schwarze Kehle und Vorderbrust scharf gegen den weißen
  Unterkörper abgesetzt.

△ **Schieferdrossel** (Sibirische Drossel) *Turdus sibiricus* S. 200
  ♂: Schwärzlich, mit weißer „Augenbraue".
  ♀: Siehe Text.

△ **Wanderdrossel** *Turdus migratorius* S. 204
  Ziegelrote Brust, schwärzlicher Kopf, unterbrochener Augenring.

△ **Naumanndrossel** *Turdus naumanni naumanni* S. 202, **83 E**
  Rostbraune Brust, rostbraune Flügel.

△ **Rotkehldrossel** *Turdus ruficollis ruficollis* S. 203
  Rotbraune Brust, rotbraune Kehle; rotbrauner Augenbrauenstreif.

△ **Weißbrauendrossel** *Turdus obscurus* S. 205
  Graue Vorderbrust, rostfarbene Seiten; heller Überaugenstreif.

AMSEL

♀

♂

RINGDROSSEL

WACHOLDER-
DROSSEL

SINGDROSSEL

ROTDROSSEL

MISTELDROSSEL

Einige seltene Drosseln

DROSSEL

ROSTFLÜGEL-
DROSSEL

SCHWARZ-
KEHLDROSS.

♂

SCHIEFERDROSSEL

♀

WANDER-
DROSSEL

NAUMANN-
DROSSEL

ROTKEHL-
DROSSEL

WEISSBRAUEN-
DROSSEL

Rohrsänger, Seidensänger, Schwirle, Cistensänger

Feldornith. Kennzeichen und Aufenthalt   Gesang

Rücken ungestreift

● **Teichrohrsänger** *Acrocephalus scirpaceus*   S. 213, 80 F
Oben braun, unten rein   Neigt dazu, die Motive 2–3mal
bräunlichweiß, heller Augenring.   zu wiederholen; „tiri tiri tiri,
Weitverbr.; Röhricht.   treck treck treck" usw.

● **Drosselrohrsänger** *Acrocephalus arundinaceus* R3   S. 213, 80 F
Groß, Überaugenstreif, laute   Durchdringend „karre-karre",
Stimme, *Röhricht.*   „krik-krik" usw.

● **Sumpfrohrsänger** *Acrocephalus palustris*   S. 212, 80 F
Mehr olivfarben als Teichr.   Wohltönender und wechselreicher
Beine fleischfarben, nicht dunkel.   als beim Teichrohrsänger, mit
Feuchte Dickichte, Gräben,   „zwirlenden" Tönen und
Getreidefelder.   Nachahmungen.

△B **Seidensänger** *Cettia cetti* R6   S. 207, 80 F
△C Dunkel rotbr. Obers. *Pflanzen-*   Laut, plötzl. ausbrechend, haupts.
dickicht an Wassergräben.   „zi-zi-zidja zidja" usw.

● **Rohrschwirl** *Locustella luscinoides* R5   S. 209, 80 F
Wie groß. Teichrohrs. Stimme   Wie Feldschwirl, aber tiefer und
ähnl. Feldschwirl. *Sümpfe.*   kürzer schwirrend.

● **Schlagschwirl** *Locustella fluviatilis*   S. 209, 80 F
Verwaschene Bruststreifung.   „Wetzende" Tonreihe, anhaltend
Dickichte, Pflanzengewirr.   „dzedzedze . . .", Einzeltöne klar
          getrennt.

Rücken gestreift

● **Schilfrohrsänger** *Acrocephalus schoenobaenus* R4   S. 210, 80 F
Streifig; rahmfarbener Über-   Abwechslungsreicher als Teich-
augenstr. *Weitverbreitet;*   rohrs., Triller, Imitationen,
Röhricht, feuchtes Gestrüpp.   „woid-woid"-Strophe.

△B **Mariskensänger** *Acrocephalus melanopogon*   S. 210, 80 F
Vom Schilfrohrs. durch dunklere   Erinnert an Teichrohrsänger;
Kappe, hell. Überaugenstr. u. rost-   mit nachtigallartigen, aber
brauneren Rücken unterschied.   schwächeren Tonreihen.
Röhricht, Sümpfe.

● **Feldschwirl** *Locustella naevia*   S. 209, 80 F
Überaugenstr. *Sumpfiger Unter-*   Anhaltendes, heuschrecken-
wuchs, Gestrüpp.   ähnliches Schwirren.

△B **Seggenrohrsänger** *Acrocephalus paludicola* R1   S. 211, 80 F
●C Gelblicher Scheitelstreif. *Offene*   Einfacher als beim Schilfrohr-
Sümpfe, Seggenbestände.   sänger, etwa „errr-didi".

△B **Cistensänger** *Cisticola juncidis*   S. 207, 81 F
Scheitelstreif., kurz. Schwanz.   Singt in der Luft; lispelnd
Sümpfe, Getreidefelder.   „dsip . . . disp . . . dsip" usw.

Rücken ungestreift

DROSSELROHRSÄNGER

TEICHROHRSÄNGER

SUMPFROHRSÄNGER

SEIDENSÄNGER

ROHRSCHWIRL

SCHLAGSCHWIRL

Rücken gestreift

SCHILFROHRSÄNGER

MARISKENSÄNGER

FELDSCHWIRL

SEGGEN-
ROHRSÄNGER

ZIP···ZIP···ZIP···ZIP···ZIP···ZIP···

CISTENSÄNGER

Grasmücken und Heckensänger

Feldornith. Kennzeichen und Aufenthalt   Gesang

● **Mönchsgrasmücke** *Sylvia atricapilla*   S. 220, **80** E
♂: Schwarze Kappe bis zum Auge.   Zweiteilig: erst leiser, dann
♀: Braune Kappe. *Wälder, Park-*   laut und klar flötend.
anlagen.

△B **Orpheusgrasmücke** *Sylvia hortensis*   S. 218, **80** E
Schwarze Kappe bis unter weißes   Weich und drosselartig, jedes
Auge. *Wälder, Obstgärten, Haine.*   Motiv 4–5mal wiederholt.

△B **Samtkopfgrasmücke** *Sylvia melanocephala*   S. 217, **81** E
Schwarze Kappe bis unters Auge,   Erinnert an Dorngrasmücke,
Seiten grau. *Trockenes Gestrüpp.*   aber länger, mit Staccato
                                  „tscha-tscha-tscha-tscha".

● **Dorngrasmücke** *Sylvia communis*   S. 219, **80** E
Weiße Kehle, Rostbraun an Schwin-   Ein kurzes eiliges Zwitschern,
gen. *Gebüsch, Brombeergestrüpp.*   oft im Balzflug.

● **Klappergrasmücke** *Sylvia curruca*   S. 220, **81** E
Dkle. Wangen, kein Rostbr. am   Unmelodisches Klappern auf
Flügel. *Hecken, Gebüsche.*   einem Tone.

Maskengrasmücke *Sylvia rueppelli*   S. 217, **81** E
Schwarze Kehle, weißer Bartstreif.   Wie laute Samtkopfgrasmücke.
Am Ägäischen Meer. Gestrüpp an   Durchsetzt mit lautem Klappern.
Felsen.

△B **Brillengrasmücke** *Sylvia conspicillata*   S. 219, **81** E
Wie kleine Dorngrasmücke aber röt-   Kurz und dorngrasmücken-
lichere Brust, dunklere Wangen. *Mit-*   ähnlich, aber leiser, ohne
telmeergebiet; Salicornia, Gestrüpp.   kratzende Laute.

△B **Weißbartgrasmücke** *Sylvia cantillans*   S. 217, **81** E
Rötliche Brust; Bartstreif. *Büsche,*   Erinnert an Samtkopfgras-
Waldlichtungen.   mücke; aber langsamer, ohne
                                  harte, scheltende Laute.

Provencegrasmücke *Sylvia undata*   S. 216, **81** E
Dunkel purpurbraune Brust,   Rauh schwätzendes Zwitschern
gestelzter Schwanz. *Ginster,*   mit flötenden Tönen;
niedriges Gestrüpp usw.   erinnert an Dorngrasmücke.

Sardengrasmücke *Syliva sarda*   S. 216, **81** E
Dkl. schiefergr. Brust. *West. Mittel-*   Ähnlich Provencegrasmücke,
meergeb., Aufenthalt wie Provence-   aber weniger rauh.
grasmücke.

● **Sperbergrasmücke** *Sylvia nisoria*   R2   S. 218, **80** E
Gebänderte Brust. Juv. siehe Text.   Ähnlich Gartengrasmücke;
Dorndickichte, Büsche.   schneller, kürzere Motive.

△B **Heckensänger** *Cercotrichas galactotes*   S. 190, **81** E
Rostbr.; Fächerschwanz. *Mittel-*   Wohltön., abgerissen, manche
meergebiet. Gärten, Haine.   Motive ähnlich Feldlerche.

MÖNCHS-
GRASMÜCKE

♀

♂

ORPHEUS-
GRASMÜCKE

♂

SAMTKOPF-
GRASMÜCKE

♂

KLAPPER-
GRASMÜCKE

DORNGRASMÜCKE

♀

♂

MASKENGRASMÜCKE

♀

♂

BRILLEN-
GRASMÜCKE

WEISS-
BARTGRASMÜCKE

♂

SARDEN-
GRASMÜCKE

♂

PROVENCE-
GRASMÜCKE

♂

Östliche Rasse

Westliche
Rasse

SPERBER-
GRASMÜCKE

immat.

HECKEN-
SÄNGER

Laubsänger, Spötter und Gartengrasmücke

Meist ungezeichnete, grünliche oder bräunliche Arten

Feldornith. Kennzeichen und Aufenthalt	Gesang

● **Fitis** *Phylloscopus trochilus* S. 225, 79 E
Vom Zilpzalp d. Gesang u. (gew.) Weiche, wohltönende Kadenz,
helle Beine untersch. *Lichte* mit einem „Schnörkel" schließend.
Wälder, Anlagen.

● **Zilpzalp** *Phylloscopus collybita* S. 224, 79 E
Vom Fitis durch Gesang und dunkle Mechanisch wiederholtes
Beine unterschieden. *Wälder,* „zilp-zalp-zilp-zilp-zalp" usw.;
Anlagen, Gärten. s. auch Text.

△B **Wanderlaubsänger** *Phylloscopus borealis* S. 221, 79 E
Flügelbinde, helle Beine. *Wälder* Kurzes, wohlklingendes Schwirren.
und Gestrüpp der Arktis. Ruf heiser „tssp".

△B **Grünlaubsänger** *Phylloscopus trochiloides* S. 221
●C Eine Flügelb., dunkle Beine. Laute Tonreihe; in Triller
Wälder, Unterh. NO-Europa. oder Schwatzen überleitend.

△ **Gelbbrauenlaubsänger** *Phylloscopus inornatus* S. 222, 79 E
Zwei Flügelbinden. *Misch- und* Gesang s. Text.
Nadelwälder.

●B **Berglaubsänger** *Phylloscopus bonelli* S. 223, 79 E
●C Gelber Bürzel, hell. *Kiefernwälder,* Loser Triller auf demselben Ton.
Korkeichenhaine, lichte Erinnert an Waldlaubsänger.
Mischwälder.

● **Waldlaubsänger** *Phylloscopus sibilatrix* S. 223, 79 E
Gelbe Kehle, weißer Bauch. In gleich. Höhe immer schneller
Wälder, bes. Buchenwälder. wiederholter Ton klingt in
Schwirren aus. S. auch Text.

● **Gelbspötter** *Hippolais icterina* S. 215, 80 E
Unten gelb; bläuliche Beine. Mischmasch v. Tönen, jeder
Gebüsch. Nicht SW-Europa. wiederholt, z. T. mißtönend.

△B **Orpheusspötter** *Hippolais polyglotta* S. 215, 80 E
Kürzere Flügel als Gelbspötter; Anhaltendes zwitscherndes
bräunliche Beine. *Gebüsch.* Plaudern, wohltönender als
SW-Europa bis Belgien. beim Gelbspötter.

△B **Olivenspötter** *Hippolais olivetorum* S. 214, 80 E
Helle Schwingensäume; großer Lauter, langsamer, tiefer als
Schnabel. *Olivenhaine, Eichen.* bei anderen *Hippolais-Arten.*

△B **Blaßspötter** *Hippolais pallida* S. 214, 80 E
Mausfarben; kurze Flügel, großer Kräftig, an Schilfrohrsänger
Schnabel. *Kulturland.* erinnernd.
Mittelmeergebiet.

● **Gartengrasmücke** *Sylvia borin* S. 220, 80 E
Ungezeichnet graubraun, siehe Text. Weich, gleichm. voll flötend,
Wälder, verwilderte Hecken, ähnl. Mönchsgrasmücke, aber
Dickichte. länger und nicht zweiteilig.

FITIS

ZILPZALP

WANDER-
LAUBSÄNGER

GRÜN-
LAUBSÄNGER

GELBBRAUEN-
LAUBSÄNGER

BERG-
LAUBSÄNGER

WALDLAUBSÄNGER

GELB-
SPÖTTER

ORPHEUS-
SPÖTTER

OLIVEN-
SPÖTTER

BLASSSPÖTTER

GARTEN-
GRASMÜCKE

Seltene Grasmücken, Wüstengimpel, Weißkehlammer, Kappenwaldsänger

△B **Strichelschwirl**   *Locustella lanceolata*   S. 208
Deutlich gestreifter Rücken; unterhalb der weißen Kehle ein
Band dunkler Streifen.

△B **Streifenschwirl**   *Locustella certhiola*   S. 208
Deutlich gestreifter Rücken; Bürzel rostfarben, nicht deutlich
vom dunklen Schwanz abgesetzt. Juv. hat gelbbräunliches
Brustband mit einigen hellen Streifen.

Buschrohrsänger   *Acrocephalus dumetorum*   S. 211
Grauer als Teichrohrsänger, Schnabel länger. Undeutlicher
Überaugenstreif.

△B **Buschspötter**   *Hippolais caligata*   S. 213
Blaß; sandbraun; Brust und Körperseiten im Sommer blaß
gelbbräunlich.

△B **Bartlaubsänger**   *Phylloscopus schwarzi*   S. 225
Größer als Zilpzalp, kräftigerer Schnabel; langer, auffälliger
heller Überaugenstreif; Unterseite rahmweißlich; Beine gelblich.

△B **Dunkellaubsänger**   *Phylloscopus fuscatus*   S. 225
Kleiner als Bartlaubsänger, Schnabel dünner; dunkler, vor
allem dunkle Kopfseiten; Überaugenstreif mehr rostgelblich.
Ruf hart „tschack", mehr grasmücken- als laubsängerartig. Viel
am Erdboden.

△ **Goldhähnchenlaubsänger**   *Phylloscopus proregulus*   S. 222
Der gestreifte Oberkopf erinnert an Goldhähnchen, jedoch von
den europäischen Goldhähnchen durch gelbes Bürzelband unterschieden. Vgl. auch Gelbbrauenlaubsänger (Tafel 64).

Kappenwaldsänger   *Dendroica striata*   S. 255
Herbst: Oberseits düster olivgrünlich, Rücken dunkel gestreift; zwei auffällige weiße Flügelbinden; gelbliche Unterseite
undeutlich gestreift. ♂ im Frühling: Schwarze Kappe, weiße
Kopfseiten. Körper kräftig gestreift.

Wüstengimpel   *Bucanetes githagineus*   S. 254
Dicker, gedrungener Schnabel, beim ♂ zur Brutzeit korallenrot, sonst wie beim ♀ gelbbräunlich; unverkennbare trompetende Stimme.

Weißkehlammer   *Zonotrichia albicollis*   S. 256
Weiße, grau umrandete Kehle; Oberkopf kontrastreich
schwarz-weiß gestreift, zuweilen mehr dunkel- und hellbraun
(so auch immat.). S. auch Dachsammer (S. 284).

STRICHELSCHWIRL

STREIFEN-
SCHWIRL

BUSCHROHR-
SÄNGER

BUSCHSPÖTTER

BARTLAUB-
SÄNGER

DUNKELLAUBSÄNGER

Herbst

KAPPEN-
WALDSÄNGER

♂ im
Brutkleid

GOLDHÄHNCHENLAUBSÄNGER

Braunere
Variante

WÜSTENGIMPEL

♀

♂

WEISSKEHLAMMER

Tafel 66

Goldhähnchen, Wasseramsel, Zaunkönig, Baumläufer, Mauerläufer und Spechtmeisen

● **Wintergoldhähnchen** *Regulus regulus*   S. 226, 79 E
Winzig; orangefarbener oder gelber Scheitel. Kein Augenstreif.

● **Sommergoldhähnchen** *Regulus ignicapillus*   S. 226, 79 E
Vom Wintergoldhähnchen durch scharf ausgeprägte schwarze und weiße Augenstreifen unterschieden; bronzefarbene „Schultern".

● **Wasseramsel** *Cinclus cinclus* R4   S. 187
Kurz und dick; dunkel, mit weißem Latz und kurzem Schwanz.

● **Zaunkönig** *Troglodytes troglodytes*   S. 188, 79 E
Winzig, rundlich, braun; Schwanz gewöhnlich gestelzt.

● **Waldbaumläufer** *Certhia familiaris*   S. 234, 79 E
Schlank, mit dünnem Bogenschnabel; oben braun, hell gestreift, mit rostbraunem Bürzel; Unterseite silberweiß.

● **Gartenbaumläufer** *Certhia brachydactyla*   S. 234, 79 E
Fast ganz wie Waldbaumläufer, aber Flanken bräunlich; Schnabel länger. Nur nach Stimme und Verbreitung (siehe Text und Karten) sicher zu unterscheiden.

●B **Mauerläufer** *Tichodroma muraria* R5   S. 233, 79 E
△C Große karminrote Flügelflecke; sehr runde Flügel.

● **Kleiber** *Sitta europaea*   S. 232, 79 E
Untersetzt; kurzer Schwanz mit hellen Flecken, starker, spitzer Schnabel; blaugrauer Rücken. Die skandinavische Rasse ist unten weiß mit rotbraunen Flanken.

Korsenkleiber *Sitta whiteheadi*   S. 232
Klein. Weißer Überaugenstreif; schwarze Kappe (♂). Korsika.

Felsenkleiber *Sitta neumayer*   S. 232, 79 E
Heller als Kleiber, größerer Schnabel, keine Schwanzflecken. Balkanländer, Griechenland.

WINTERGOLDHÄHNCHEN

SOMMERGOLDHÄHNCHEN

Winter

ZAUNKÖNIG

WASSERAMSEL

...DBAUM-
...ÄUFER

GARTENBAUM-
LÄUFER

Sommer

von
unten

MAUERLÄUFER

...dinavische
...e

KORSEN-
KLEIBER

KLEIBER

FELSENKLEIBER

Fliegenschnäpper, Seidenschwanz und Würger

Fliegenschnäpper sind kleine Vögel, die aufrecht sitzen und auf vorbeifliegend
Insekten warten. Sie zucken häufig mit dem Schwanz.

● **Grauschnäpper** *Muscicapa striata* S. 195, 81
  Aufrechte Haltung, graubrauner Rücken, streifige Brust.

● **Trauerschnäpper** *Ficedula hypoleuca* S. 194, 81
  ♂: Oben schwarz, unten weiß, großer weißer Bezirk im Flü-
  gel; im Herbst ähnlich ♀. Mitteleurop. Brutvogel auch im
  Sommer meist ♀-ähnlich.
  ♀: Graubrauner Rücken, weißer Bezirk im Flügel.

●B **Halsbandschnäpper** *Ficedula albicollis* S. 193, 81
●C ♂: Vom Trauerschnäpper durch weißes Halsband und weißen
  Bürzel unterschieden. ♀: siehe Text.

● **Zwergschnäpper** *Erythrosterna parva* R5 S. 193, 81
  ♂: Orangerote Kehle, graue Wangen, weiße Schwanzflecken
  (s. Rotkehlchen). Jüngeres ♂ dem ♀ ähnlich (s. Text).
  ♀: Gelbbräunliche Brust, weiße Schwanzflecken (s. Braunkehlchen).

Seidenschwänze sind starähnliche braune Vögel mit einer Haube und mit (b
unserer Art) gelber Schwanzspitze.

○ **Seidenschwanz** *Bombycilla garrulus* S. 187, 83
  Lange Haube, gelbe Schwanzspitze.

Würger sind Singvögel mit Hakenschnabel und den Gewohnheiten kleine
Falken, die Insekten und kleine Wirbeltiere fressen.

● **Raubwürger** *Lanius excubitor* R2 S. 237, 83
  Grauer Rücken, licht-graue Stirn, weißer Überaugenstreif,
  Schultern weiß; langer Schwanz; kurze Flügel.

▲ **Schwarzstirnwürger** *Lanius minor* R2 S. 237, 83
  Grauer Rücken, schwarze Stirn, rötlicher Anflug auf der Brust;
  Flügel länger als beim Raubwürger; Haltung aufrechter.

● **Neuntöter** *Lanius collurio* R3 S. 236, 83
  ♂: Rotbrauner Rücken, grauer Scheitel.
  ♀: Rotbrauner Rücken, gebänderte Brust, kein Weiß an den
  Flügeln.

●B **Rotkopfwürger** *Lanius senator* R2 S. 238, 83
▲C *Ad.:* Große weiße Schulterflecken, rotbrauner Scheitel.
  Juv.: Gebändert; nur Andeutung der Schulterflecken.

  Maskenwürger *Lanius nubicus* S. 238, 83
  Vom Rotkopfwürger durch schwarzen Scheitel, weiße Stirn
  und rötliche Flanken unterschieden.

Geschl.
gleich

GRAU-
SCHNÄPPER

♀

TRAUERSCHNÄPPER

♂
Sommer

♂

Sommer

HALSBAND-
SCHNÄPPER

♀

♂

ZWERGSCHNÄPPER

SEIDEN-
SCHWANZ

♂

schlechter
ich

RAUBWÜRGER

Geschl.
gleich

SCHWARZSTIRNWÜRGER

juv.

♀

♂

NEUNTÖTER

Geschl.
gleich

ROTKOPFWÜRGER

MASKENWÜRGER

Geschlechter
gleich

Meisen, Bart- und Schwanzmeise, Beutelmeise

Kleine Vögel mit kurzem Schnäbelchen, äußerst lebhaft und beweglich, oft bei der Nahrungssuche mit der Oberseite nach unten im Gezweig hängend. Die echten Meisen der Gattung *Parus* mit schwarzem Kehllatz, weißen Kopfseiten und schwarzer oder dunkler Kappe. Bei ihnen sind die Geschlechter gleich.

● **Kohlmeise** *Parus major* S. 231, 79 E
Schwarzer Bauchstreif.

● **Tannenmeise** *Parus ater* S. 230, 79 E
Weißer Nackenfleck.

● **Blaumeise** *Parus caeruleus* S. 231, 79 E
Blaue Kappe, gelbliche Unterseite.

● **Sumpfmeise** *Parus palustris* S. 228, 79 E
Glänzend schwarze Kappe, kleines Lätzchen, keine hellen Säume der Armschwingen.

● **Weidenmeise** *Parus montanus* S. 229, 79 E
Mattschwarze Kappe, durch helle Armschwingensäume hervorgerufener Flügelfleck; bestes Kennzeichen die Stimme (s. Text). Die skandinavischen Rassen sind viel heller.

△C **Lasurmeise** *Parus cyanus* S. 231, 79 E
Weiße Kappe, weiße Unterseite, viel Weiß am Flügel.

Trauermeise *Parus lugubris* S. 229, 79 E
Groß, mit kräftigem Schnabel; schwarzbraune Kappe. Balkan.

Lapplandmeise *Parus cinctus* S. 229, 79 E
Braune Kappe; wirkt „staubig". Im hohen Norden.

● **Haubenmeise** *Parus cristatus* S. 230, 79 E
Haube; „gezäumtes" Gesichtsmuster.

● **Bartmeise** *Panurus biarmicus* R5 S. 227
♂: Schwarzer Bartstreif; sehr langer Schwanz.
♀: Kein Bartstreif, braun; sehr langer Schwanz.

● **Schwanzmeise** *Aegithalos caudatus* S. 227, 79 E
Kopf rein weiß oder mit dunklem Seitenstreif; sehr langer Schwanz.

● **Beutelmeise** *Remiz pendulinus* R5 S. 235
Schwarze Augenmaske, rotbrauner Rücken.

KOHLMEISE　　TANNENMEISE　　BLAUMEISE

nördliche
Rasse

SUMPFMEISE　　WEIDENMEISE　　LASURMEISE

HAUBENMEISE

TRAUERMEISE　　LAPPLANDMEISE

nördliche
Rasse

♀

BEUTELMEISE

BARTMEISE　　SCHWANZMEISE

Rabenvögel, Pirol und Stare

● **Elster** *Pica pica*   S. 239, 82 E
Scheckig; langer Schwanz.

● **Tannenhäher** *Nucifraga caryocatactes*   S. 240, 82 E
Braun mit weißen Tüpfeln und weißen Unterschwanzdecken.

Blauelster *Cyanopica cyanus*   S. 239, 82 E
Flügel und Schwanz blau, schwarze Kappe. Spanien, Portugal.

△B **Alpenkrähe** *Pyrrhocorax pyrrhocorax*   S. 240, 82 E
Gebogener, roter Schnabel, rote Beine. *Juv.* mit gelbem Schnabel. S. auch Tafel 70.

●B **Alpendohle** *Pyrrhocorax graculus*   S. 240, 82 E
△C Kürzerer, gelber Schnabel, rote Beine. S. auch Tafel 70.

● **Eichelhäher** *Garrulus glandarius*   S. 239, 82 E
Blaue und weiße Zeichnungen im Flügel, weißer Bürzel.

△C **Unglückshäher** *Perisoreus infaustus*   S. 239, 82 E
Graubraun; mit Rotbraun an Flügeln und Schwanz.

● **Pirol** *Oriolus oriolus*   S. 235, 82 E
♂: Körper leuchtend gelb, Flügel und Schwanz schwarz.
♀: Oben grün; unten weißlich, fein dunkel gestreift.

Einfarbstar *Sturnus unicolor*   S. 243
Keine Flecken. Spanien, Portugal, Sardinien, Sizilien, Korsika.

● **Star** *Sturnus vulgaris*   S. 243, 82 E
Glänzendes, im Herbst und Winter kräftig, im Sommer nur wenig geflecktes Gefieder; spitzer Schnabel.
Juv.: Grau oder graubraun; kurzer Schwanz, spitzer Schnabel.

△ **Rosenstar** *Pastor roseus*   S. 243, 82 E
Mattrosenrötlicher Körper, schwarze Haube und schwarze Flügel.
Juv.: Sandbraun mit gelbem Schnabel.

ELSTER

TANNENHÄHER

BLAUELSTER

ALPENDOHLE

EICHEL-
HÄHER

ALPEN-
KRÄHE

PIROL

NGLÜCKS-
ÄHER

Frühling ♂

♀

♂

juv.

INFARB-
TAR

juv.

Winter   STAR

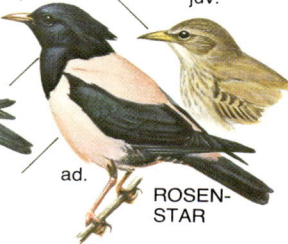

ad.   ROSEN-
STAR

Raben und Krähen

△B **Alpenkrähe** *Pyrrhocorax pyrrhocorax* S. 240, **82 E**
Dünner, roter Schnabel. Im Gebirge, lokal an felsigen Küsten.
S. auch Tafel 69.

●B **Alpendohle** *Pyrrhocorax graculus* S. 240, **82 E**
△C Schnabel kürzer als der der Alpenkrähe, gelb; Beine rot. Hohe
Gebirge. S. auch Tafel 69.

○B **Nebelkrähe** *Corvus corone cornix* S. 242, **82 E**
●C Rücken und Unterkörper grau, sonst schwarz. S. Text.

● **Rabenkrähe** *Corvus corone corone* S. 242, **82 E**
Einfarbig schwarz; ziemlich kräftiger Schnabel.

● **Dohle** *Corvus monedula* S. 241, **82 E**
Kleiner als Krähen; Schnabel kurz; Hinterhals und Halsseiten
grau; Augen hellgrau. S. Text.

● **Saatkrähe** *Corvus frugilegus* R3 S. 241, **82 E**
Ad. mit nacktem, weißlichem Gesicht. Struppige Schenkelbefiederung. *Juv.* ähnlich Rabenkrähe, aber Schnabel
schlanker.

● **Kolkrabe** *Corvus corax* R4 S. 242, **82 E**
Sehr groß; mächtiger Schnabel, struppige Kehlbefiederung;
Schwanz keilförmig.

ALPENDOHLE

ALPENKRÄHE

NEBELKRÄHE

RABEN-
KRÄHE

SAATKRÄHE

DOHLE

SAATKRÄHE

juv.

KOLKRABE

Finken

Finken (und Ammern) besitzen einen *starken,* zum Enthülsen und Spalten von Körnern geeigneten *Schnabel.* Drei Schnabeltypen können innerhalb der Finkengruppe unterschieden werden: 1. der außerordentlich dicke und im Umriß abgerundete Schnabel von Kernbeißer, Gimpel und Hakengimpel, 2. der gewöhnlichere, kanarienartige Schnabel der meisten Finken und 3. der an der Spitze gekreuzte Schnabel der Kreuzschnäbel.

● **Kernbeißer** *Coccothraustes coccothraustes*   S. 254, **84 E**
Großer Dreieckschnabel, weiße Flügelfelder, kurzer Schwanz.

● **Buchfink** *Fringilla coelebs*   S. 247, **84 E**
Doppelte weiße Flügelbinde, weiße Schwanzkanten.
♂: mit blaugrauem Scheitel und rötlichen Wangen.

●B **Bergfink** *Fringilla montifringilla* R6   S. 248, **84 E**
○C Weißer Bürzel, orangefarbene Brust und Schultern.
♂ *im Sommer:* mit schwarzem Kopf und Rücken.

● **Stieglitz** *Carduelis carduelis*   S. 249, **84 E**
Rotes Gesicht, Kopf sonst schwarz-weiß, breites, gelbes Flügelband; *juv.* mit ganz bräunlichem Kopf.

● **Grünling** *Chloris chloris*   S. 249, **84 E**
♂: Olivgrün; große gelbe Flügel- und Schwanzflecken.
♀: Matter, mit gelben Flügelflecken.

●B **Zitronengirlitz** (Zitronenzeisig) *Serinus citrinella* R5   S. 248, **84 E**
△C Ungestreifter, gräulicher Nacken, mattgrüne Flügelbinden.
Rasse von Korsika, Sardinien und Elba mit braunem Rücken.

● **Erlenzeisig** (Zeisig) *Spinus spinus*   S. 249, **84 E**
♂: Scheitel und Kinn schwarz; am Schwanz Gelb.
♀: Gestreifte Brust, Gelb am Schwanz.

● **Girlitz** *Serinus serinus*   S. 248, **84 E**
Klein, untersetzt; kurzes Schnäbelchen; Streifen, gelbe Brust, gelber Bürzel.

Die meisten Finken haben einen stark wellenförmigen Flug

KERNBEISSER

♂
♀
BUCHFINK

♂
Sommer
BERGFINK

♂
Winter
♀

hl.

STIEGLITZ

♂
♀
GRÜNLING

Geschlechter
gleich

ZITRONEN-
GIRLITZ

♂
♀
ERLEN-
ZEISIG

♂
♀
GIRLITZ

Finken

● **Gimpel** *Pyrrhula pyrrhula*　　　　　　　　　　S. 254, 84 E
Kurzer, dicker Schnabel, schwarze Kappe, weißer Bürzel.
♂: Rosig karminrote Brust.
♀: Warm rötlichgraue Brust.

● **Hänfling** *Acanthis cannabina*　　　　　　　　S. 251, 84 E
♂ *im Sommer:* Rote Stirn und Brust, kein Schwarz am Kinn;
♂ *im Winter:* Ohne Rot.
♀: Gestreift, grauer Kopf, brauner Rücken.

● **Birkenzeisig** *Acanthis flammea*　　　　　　　S. 250, 84 E
Rote Stirn, schwarzes Kinn, helle Flügelbinden.
♂: Mit meist rötlicher Brust und rosaweißlichem Bürzel.

△ **Polarbirkenzeisig** *Acanthis hornemanni*　　　S. 250, 84 E
Vom Birkenzeisig durch „eisiges" Aussehen und ungestreiften,
weißen Bürzel unterschieden; Flügelbinden weiß.

○ **Berghänfling** *Acanthis flavirostris*　　　　　S. 251, 84 E
Satt gelbbraun mit schwarzen Streifen; im Winter gelber
Schnabel.
♂: Mit rötlichem Bürzel.

△B **Karmingimpel** *Carpodacus erythrinus*　R6　　S. 253, 84 E
●C ♂ *ad.:* Brust, Scheitel und Bürzel leuchtend rot.
　　　Keine weiße Flügelbinde. Junge ♂ wie ♀.
♀: Braun, gestreift; dicker Schnabel, helle Flügelbinden.

△ **Hakengimpel** *Pinicola enucleator*　　　　　　S. 253, 84 E
♂: Groß, langschwänzig; rosarot; weiße Flügelbinden,
　　kurzer, dicker Schnabel.
♀: Goldolivfarben, Scheitel und Bürzel gelber; Flügelbinden.

● **Fichtenkreuzschnabel** *Loxia curvirostra*　　　S. 252, 84 E
♂: Matt rot, zuweilen gelb; Flügel und Schwanz dunkel;
　　gekreuzter Schnabel.
♀: Matt olivfarben; dunkle Flügel, dunkler Schwanz.

△B **Kiefernkreuzschnabel** *Loxia pytyopsittacus*　　S. 251
●C Sehr kräftiger Schnabel. Siehe Text.

△ **Bindenkreuzschnabel** *Loxia leucoptera*　　　　S. 252
♂: Rosarot; weiße Flügelbinden; gekreuzter Schnabel.
♀: Olivfarben; weiße Flügelbinden; Streifen.

GIMPEL

HÄNFLING

BIRKENZEISIG

POLARBIRKENZEISIG

BERGHÄNFLING

KARMINGIMPEL

KIEFERN-
KREUZSCHNABEL

HAKENGIMPEL

FICHTEN-
KREUZSCHNABEL

BINDENKREUZSCHNABEL

Sperlinge, Braunellen und Ammern

- **Haussperling** *Passer domesticus* S. 245, 85 E
  ♂: Schwarze Kehle, grauer Scheitel.
  ♀: Einfarbig graue Brust, fahler Überaugenstreif.

- **Feldsperling** *Passer montanus* S. 246, 85 E
  Schwarzer Wangenfleck, kupferbrauner Scheitel.
  Geschlechter gleich.

  Italiensperling *Passer domesticus italiae* S. 245, 85 E
  ♂: Kastanienbrauner Scheitel, keine Streifen an den
      Körperseiten.
  ♀: Ähnlich Haussperling-♀.

  Weidensperling *Passer (domesticus) hispaniolensis* S. 245, 85 E
  ♂: Kastanienbrauner Scheitel, schwarze Streifen an
      den Körperseiten.
  ♀: Ähnlich Haussperling-♀, Seiten schwach streifig.

- **Steinsperling** *Petronia petronia* R1 S. 246, 85 E
  Undeutlicher gelber Kehlfleck, gestreifter Scheitel, weiße
  Schwanzflecke.

- **Heckenbraunelle** *Prunella modularis* S. 189, 81 E
  Verbindung von grauer Brust, braunem, gestreiftem Rücken
  und dünnem Schnabel kennzeichnend.

- **Alpenbraunelle** *Laiscopus collaris* R5 S. 189, 81 E
  Gefleckte weiße Kehle, rostbraune Flankenstreifen, Flügelbinden.

- △ **Waldammer** *Emberiza rustica* S. 257, 85 E
  Sommer: Schwarz-weißer Kopf, rostbraunes Querband auf
            weißer Unterseite.
  Winter: Braun, mit Spuren von Kopfzeichnung und Brust-
            band.

- ○ **Schneeammer** *Plectrophenax nivalis* S. 256, 85 E
  Flügel großenteils weiß, Kopf braun verwaschen. Im Sommer
  ♂ mit weißem Kopf und schwarzem Rücken.

- ●B **Schneefink** (Schneesperling) *Montifringilla nivalis* S. 246, 85 E
  Von Schneeammer durch grauen Kopf und schwarzen Kehl-
  fleck unterschieden.

- ○ **Spornammer** *Calcarius lapponicus* S. 257, 85 E
  ♂ *im Frühling:* Schwarze Kehle, rostbrauner Nacken.
  ♀ *und* ♂ *im Winter:* „Schmutzfleck" auf der Brust, rostbrau-
              ner Nacken; kurzer Schwanz.
  Immat.: Heller Scheitelstreif; siehe Text.

- **Rohrammer** *Emberiza schoeniclus* S. 261, 85 E
  ♂ *im Frühling:* Gesicht und Kehle schwarz; Halsband und
      Bartstreif weiß. *Im Herbst und Winter* ähnlich ♀.
  ♀: Gestreift; schwarz-weißer Bartstreif.

♂

♀

HAUS-
SPERLING

FELDSPERLING

Geschlechter
gleich

♂

♂

ITALIENSPERLING

WEIDENSPERLING

STEIN-
SPERLING

Geschlechter
gleich

HECKEN-
BRAUNELLE
Geschlechter gleich

♂

Winter

Geschlechter
gleich

ALPEN-
BRAUNELLE

♀

♂

Sommer

WALDAMMER

♀

Winter ♂

SCHNEEAMMER

Geschlechter
gleich

SCHNEEFINK

♀

immat.

♂
Sommer

SPORNAMMER

♂

♀
Sommer

ROHRAMMER

Ammern

● **Grauammer** *Emberiza calandra* S. 262, 85 E
Groß, gestreift, kurzer derber Schnabel, kein Weiß
am Schwanz.

△ **Zwergammer** *Emberiza pusilla* S. 257
Scheitel und Wangen rotbraun, auffallend schwarz gesäumt.

●B **Zippammer** *Emberiza cia* R4 S. 260, 85 E
△C Schwarze Streifen am grauen Kopf, Bürzel und Bauch
zimtbraun.

● **Ortolan** *Emberiza hortulana* R2 S. 259, 85 E
Gelbe Kehle, gelber Augenring, Kopf und Brust olivgrau.
Immat.: Gestreift; rötlicher Schnabel, heller Augenring.

△B **Grauortolan** *Emberiza caesia* S. 260, 85 E
Vom Ortolan durch zimtbraune Kehle und grauen Kopf zu
unterscheiden.
Immat.: Von jungen Ortolanen nicht zu unterscheiden.

● **Goldammer** *Emberiza citrinella* S. 258, 85 E
Viel Gelb an Kopf und Unterseite; rotbrauner Bürzel.

●B **Zaunammer** *Emberiza cirlus* R2 S. 259, 85 E
△C ♂: Schwarze Kehle, schwarz-gelbe Gesichtszeichnung.
♀: Gestreift; von Goldammer durch olivbraunem Bürzel
unterschieden. Siehe Text.

△ **Kappenammer** *Emberiza melanocephala* S. 262, 85 E
♂: Schwarze Kappe, gelbe Unterseite, rotbrauner Rücken.
♀: Unten ungestreift, leuchtend gelbe Unterschwanzdecken;
kräftiger Schnabel.

△B **Weidenammer** *Emberiza aureola* S. 261, 85 E
♂: Schwarzes Gesicht, schmales dunkles Querband auf gelber
Brust, weiße Flügelbinden.
♀: Kräftig gestreifter Kopf, gestreifte Körperseiten.

△ **Braunkopfammer** *Emberiza bruniceps* S. 285
♂: Rotbrauner Kopf, gelbe Unterseite.

△B **Fichtenammer** *Emberiza leucocephalos* S. 258
♂: Weißer Scheitel, kastanienbrauner Kehlfleck.

Wiesenammer *Emberiza cioides* S. 284
♂: Scheitel und Wangen kastanienbraun, weiße
„Augenbrauen", schwarzer Bartstreif.

△B **Maskenammer** *Emberiza spodocephala* S. 285
♂: Dunkelgrauer Kopf, matt gelbe Unterseite.

Türkenammer *Emberiza cineracea* S. 259
♂: Matt gelber Kopf, gräulicher Körper und Nacken.

ZWERGAMMER

ZIPPAMMER ♂

Geschlechter gleich

GRAU-AMMER

Geschlechter gleich

ORTOLAN

GRAUORTOLAN

immat.

immat.

♂

♂

♀

♀

♂

ZAUNAMMER

GOLDAMMER

KAPPEN-AMMER

♀

WEIDEN-AMMER

♀

♂

♂

Als Irrgäste in Europa

♂

♂

♂

♂

♂

BRAUNKOPF-AMMER

FICHTEN-AMMER

WIESEN-AMMER

MASKEN-AMMER

TÜRKEN-AMMER

Seltene Arten I

Kaffernsegler   *Apus caffer*   S. 166
Schmaler weißer Bürzelfleck, tief gegabelter Schwanz.

Kurzfangsperber   *Accipiter brevipes*   S. 81
Flügelunterseite bis auf die schwarzen Spitzenteile der Schwingen weiß. Augen rötlich (nicht gelb). ♂ oberseits blaugrau, mit blaugrauen Kopfseiten.

Blauwangenspint   *Merops superciliosus*   S. 169
Grün mit gelblich kupferfarbener Kehle. Oben und unten blau eingefaßter schwarzer Augenstreif.

Palmtaube   *Streptopelia senegalensis*   S. 157
Gefieder dunkel im Farbton, Oberbrust mit undeutlichem Fleckenband. Flügel mit viel Blaugrau.

Gelbschnabelkuckuck   *Coccyzus americanus*   S. 158
Unterschnabel gelb. Schwanz mit auffälliger weißer Zeichnung. Handschwingen rotbraun.

△B **Pharaonennachtschwalbe**   *Caprimulgus aegyptius*   S. 166
Blasser und mehr sandfarben als Ziegenmelker. Keine rein weiße Zeichnung in Flügel oder Schwanz.

KAFFERN-SEGLER

BLAUWANGEN-SPINT

KURZFANG-SPERBER

♂

PALM-TAUBE

GELBSCHNÄBEL-KUCKUCK

PHARAONEN-NACHTSCHWALBE

Seltene Arten II

△ **Zitronenstelze** *Motacilla citreola*   S. 185
   ♂: Gelber Kopf, schwarzes Hinterhalsband (Brutkleid).
   ♀: Matter gefärbt, bräunlicher, Oberkopf gelbgrünlich. Ähn-
   lich ist ♂ im Ruhekleid.

Petschorapieper *Anthus gustavi*   S. 183
Vom Baumpieper durch Stimme und helle Rückenstreifung
unterschieden.

△B **Waldpieper** *Anthus hodgsoni*   S. 182
   Kleiner als Baumpieper, Rücken dunkler, mehr olivgrünlich
   mit kaum wahrnehmbarer Streifung; Brust stärker gestreift.
   Oft heller Fleck hinter der Augengegend.

Halbringschnäpper *Ficedula semitorquata*   S. 194
Weißes Halsband hinten unterbrochen; weiße Spitzen der mitt-
leren Flügeldeckfedern. S. auch Halsbandschnäpper, Tafel 67.

△B **Wüstenschmätzer** *Oenanthe deserti*   S. 199
   Ober- und unterseits sandfarben; Schwanz einfarbig schwarz.

Isabellschmätzer *Oenanthe isabellina*   S. 197
Oberseits gräulich sandfarben; Schwanz mit wenig Weiß,
hauptsächlich schwarz. Großer Schnabel.

△ **Blauschwanz** *Tarsiger cyanurus*   S. 192
   ♂: Oberseits blau, Brustseiten orange.
   ♀: Brust und Oberseite olivbraun, Kehle weiß, Brustseiten
   orange, Schwanz bläulich.

△B **Zwergdrossel** *Turdus ustulatus*   S. 206
   Viel kleiner als Singdrossel; Kopfseiten, Kehle und ein Augenring gelbbräunlich.

Türkenkleiber *Sitta krueperi*   S. 232
Auffälliger kastanienbrauner Brustfleck.

ZITRONENSTELZE

HALBRING-
SCHNÄPPER

PETSCHORAPIEPER

WALDPIEPER

WÜSTEN-
SCHMÄTZER

ISABELLSCHMÄTZER

BLAU-
SCHWANZ

ZWERGDROSSEL

TÜRKENKLEIBER

Einige eingebürgerte Arten

●B Halsbandsittich *Psittacula krameri*   S. 157
Ein schlanker, langschwänziger, grüner Papagei mit rotem
Schnabel. Nur ♂ mit schmalem Halsband.

Wellenastrild *Estrilda astrild*   S. 244
Ein winziger, bräunlicher, fein dunkel quergewellter, finken-
artiger Vogel mit weißlichen Kopfseiten, *rotem Schnabel,
rotem Augenstreif und roter Bauchmitte.* Juv. mit schwarzem
Schnabel.

△ **Nilgans** *Alopochen aegyptiacus*   S. 59
Großer dunkelbrauner Fleck rings ums Auge, dunkler Fleck
auf der Hinterbrust.

Goldfasan *Chrysolophus pictus*   S. 97
♂ unverkennbar, mit scharlachrotem Unterkörper, goldgel-
bem Schopf und ebenso gefärbtem Bürzel.
♀ dem des Jagdfasans ähnlich, aber kräftiger gebändertes Gefieder und längerer Schwanz.

Diamantfasan *Chrysolophus amherstiae*   S. 98
♂ unverkennbar, mit schwarz-weiß gebändertem Halskragen,
rotem Schopf, weißem Unterkörper und weißem, dunkel
gebändertem Schwanz.
♀ dem des Goldfasans sehr ähnlich, durch rotbräunliche Brust
und blaugraue Beine unterschieden.

Anmerkung. Die Vögel auf dieser Tafel sind nicht maßstabgerecht dargestellt.

WELLENASTRILD

HALSBAND-
SITTICH

NILGANS

GOLDFASAN ♂

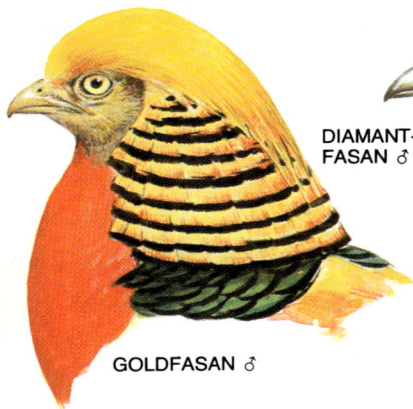

DIAMANT-
FASAN ♂

GOLDFASAN ♂

♂
DIAMANTFASAN

452 | Tafel 78

[1] Dieser Pieper wird, da er nur auf den Kanaren, Madeira und Porto Santo und nicht auf dem europäischen Festland vorkommt, in diesem Taschenbuch sonst nicht erwähnt.

1 2 3 4 5

6 7 8 9 10

11 12 13 14 15

16 17 18 19 20

21 22 23 24 25

Tafel 83

POSTKARTE

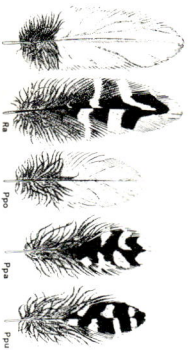

○ Bitte informieren Sie mich über das
  Handbuch der Vögel Mitteleuropas
  Bde. 1—14

Bitte informieren Sie mich auch über
die gleich konzipierten Serien

○ Handbuch der Reptilien und
  Amphibien Europas
○ Handbuch der Säugetiere Europas

Name ....

....

Anschrift ....

....

An den

AULA-Verlag GmbH

Luisenplatz 2

Postfach 1366

6200 Wiesbaden

Das Handbuch, das von Fachleuten als „*das einzigartige Nach-schlagewerk seiner Art*" bezeichnet wird:

HANDBUCH DER VÖGEL MITTELEUROPAS
in 14 Bänden

Herausgegeben und bearbeitet von Urs N. Glutz von Blotzheim, unter Mitarbeit von Kurt Bauer und zahlreichen Ornithologen.

Jede in Mitteleuropa vorkommende Vogelart wird, auf ca. 15—30 Seiten (mit exakten, eindrucksvollen Zeichnungen sowie Verbreitungskarten) umfassend abgehandelt.

Die einzelnen Artkapitel sind nach den folgenden gleichbleibenden Gesichtspunkten gegliedert:

Klassifikation und Bestimmungsschlüssel — Verbreitung der Art — Feldkennzeichen — Lautäußerungen — Brutgebiete und Zugverhalten — Biotop, Siedlungsdichte — Fortpflanzungsbiologie — Ökologie — Verhalten, Nahrung — Literatur.

Mit den jetzt vorliegenden 9 Bänden sind die „Nicht-singvögel" abgeschlossen.

Das „*Handbuch*" sollte im Bücherschrank eines jeden begeisterten Ornithologen seinen Platz haben.

Der **Subskriptionspreis** gilt noch! Fordern Sie deshalb **noch heute ausführliches Informationsmaterial** mit dieser Karte an.

AULA-Verlag · Wiesbaden

junger
Sperlingskauz

kämpfende Auerhähne

Tafel 85

Zu den Eiertafeln

Die Wiedergabe von meist nur einem Ei jeder Vogelart verlangt vom Benutzer der Tafeln ein gewisses Einfühlungsvermögen bei der Bestimmung im Felde oder in Sammlungen. Bei den meisten Vogelarten zeigen die Eier große Variabilität in der Farbnuancierung und Fleckung, so daß eigentlich Serien von Gelegen gezeigt werden müßten, um alle Zweifel und jede Möglichkeit einer Fehlbestimmung auszuschließen. Bei anderen Arten wieder sehen sich die Eier oft so ähnlich, daß eine Bestimmung, ohne Vogel, Nest und Biotop gesehen zu haben, schwer möglich ist, so etwa bei Tannenmeise, Sumpfmeise, Gartenbaumläufer, bei Nachtigall-Sprosser, bei Lerchen und Piepern und anderen Formen. Trotzdem vermögen gute Farbwiedergaben von Eiern die Typen zu charakterisieren und für feldornithologische Bestimmungen nützlich zu sein. Diese acht Tafeln zeigen die Eier sämtlicher in Europa nistenden Singvögel, soweit sie nicht weiß sind. Die Eier sind in Originalgröße wiedergegeben.

WERNER HALLER, Rothrist, Schweiz

Die Eiertafeln sollen die Bestimmung der Vögel erleichtern, aber nicht dazu anregen, Eier zu sammeln, denn das Wegnehmen von Eiern ist in Deutschland bis auf unwesentliche Ausnahmen verboten. Davon abgesehen ist das Eiersammeln, bis auf Sonderfälle, ohne wissenschaftlichen Belang.

G. N.

Verbreitungskarten 1–362

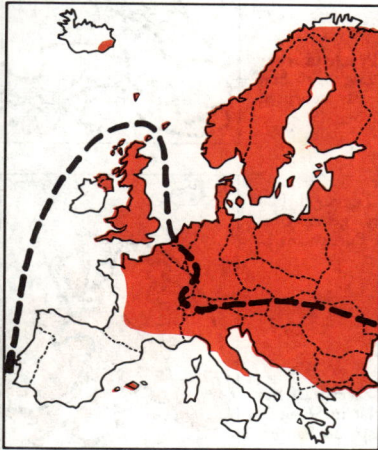

Rot – Sommer
Strichellinie – Nord- oder Ost-
grenze im Winter

Auf den Verbreitungskarten ist
das *Brutgebiet* rot dargestellt. Das
Gebiet unterhalb der gestrichel-
ten Linie oder der von ihr eingeschlossene Bereich ist das *Winterquartier*. Das bedeutet natürlich
nicht, daß ein Vogel überall innerhalb der Grenzen der angegebenen Gebiete zu finden ist, sondern nur, daß er dort in geeigneten Biotopen zu erwarten ist.

Zusätzliche kurze *Angaben zur Verbreitung* finden sich im Text zwischen den
Karten, wobei für die erwähnten europäischen Länder die den internationalen
Kraftfahrzeug-Kennzeichen entsprechenden Abkürzungen stehen, nämlich
A = Österreich,   B = Belgien,   BG = Bulgarien,   CH = Schweiz,
CS = Tschechoslowakei, D = Bundesrepublik Deutschland, DDR = Deut-
sche Demokratische Republik, DK = Dänemark, E = Spanien, F = Frank-
reich, GB = Großbritannien, GR = Griechenland, H = Ungarn, I = Italien,
IRL = Irland, IS = Island, L = Luxemburg, M = Malta, N = Norwegen,
NL = Niederlande, P = Portugal, PL = Polen, R = Rumänien, S = Schwe-
den, SF = Finnland, YU = Jugoslawien.
Es bedeuten ferner:

Jahresvogel	Das ganze Jahr über im Brutgebiet
Teilzieher	Viele, aber nicht alle Individuen verlassen im Winter vor allem die nördlicheren Teile des Brutgebietes
Sommervogel	Nur im Sommer im (europäischen) Brutgebiet; überwintert außerhalb Europas

Die Gebiete, die eine Vogelart nur auf dem Zuge vom Brutgebiet ins Winterquartier berührt, sind nicht besonders gekennzeichnet; bei der Mehrzahl der
west- und mitteleuropäischen Landvögel verläuft der Herbstzug in südwestli-
cher oder südlicher Richtung, bei einigen nach Südosten. In den Fällen, die zur
Kartierung nicht geeignet erschienen, unterrichtet der Text über die Verbreitung der betr. Vogelarten.
Ergänzende Angaben werden von den Autoren, vom Verlag und vom Bearbeiter dankbar entgegengenommen. Was die Angaben zur Verbreitung betrifft, so
ist zu beachten, daß bei einer Reihe von Arten die Verbreitungsgrenzen im Fluß
sind, einige Arten sich ausbreiten, viele andere aus immer mehr Teilen des
gegenwärtig noch bewohnten Brutgebietes verschwinden.

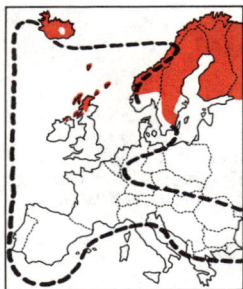

1 Sterntaucher
Teilzieher. Umherstreifend südw. bis Mittelmeerländer.
(1, 35)

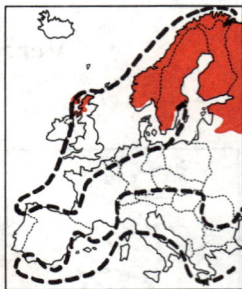

2 Prachttaucher
Vorwiegend Zugvogel. Hat in DDR u. PL gebrütet. Umherstr. Färöer, IS.
(1, 36)

3 Eistaucher
Vorwiegend Zugvogel. Hat in Schottland gebr. Umherstr. durch Europa bis I.
(1, 36)

4 Zwergtaucher
Teilzieher. Hat in SF u. N gebr. Umherstr. bis Färöer.
(1, 37)

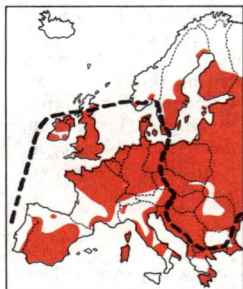

5 Haubentaucher
Teilzieher. Umherstr. in IS.
(1, 37)

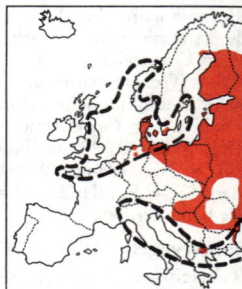

6 Rothalstaucher
Teilzieher. Hat in NL u. F gebr. Umherstr. bis E, IRL, IS.
(1, 38)

7 Ohrentaucher
Teilzieher. Wandert bis in die Mittelmeerländer.
(1, 38)

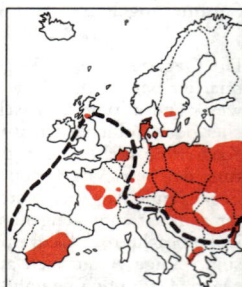

8 Schwarzhalstaucher
Teilzieher. Wechselt oft Brutgebiete. Hat in I, IRL, B, CH, Lettland, SF gebr.
(1, 39)

9 Eissturmvogel
Teilzieher. Seit 1969 Brutv. auf Helgoland, seit 1960 Küste F. Umherstr. bis SF u. Süd-Europa.
(2, 40)

10 Gelbschnabel-Sturm-taucher
Rote Linie Nordgrenze der Brutvorkommen. Seltener Herbstbesucher der Atlantikküste. Umherstr. bis SF, CS, A, CH, D, NL, F.
(2, 40)

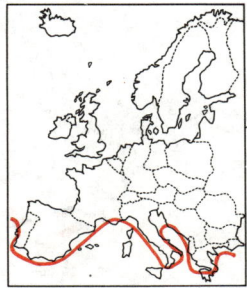

11 Schwarzschnabel-Sturmtaucher
Teilzieher. Rote Linien umschließen Brutkolonien. Weit verbr. auf See. Umherstr. an Küsten u. bis P, CH, B, NL, D, DDR, S, BG.
(2, 42)

12 Sturmschwalbe
Teilzieher. Rote Linie umgrenzt Brutgebiete. Brüt. viell. in Nordwest-N u. d. Ägäis. Irrgast im Binnenl.
(2, 43)

13 Wellenläufer
Sommervogel innerhalb d. roten Linie. Hat in IRL gebr. Irrgast im Binnenland u. bis Sizilien.
(2, 43)

14 Baßtölpel
Teilzieher. Rote Linie umschließt hauptsächl. Brutgebiete. Umherstr. bis Ostsee u. zum östl. Mittelmeer.
(4, 44)

15 Kormoran
Teilzieher. Wandert durch Mitteleuropa.
(3, 44)

16 Krähenscharbe
Überwintert auch an d. Nordsee. Umherstr. S, DK, NL, B, D, CH, A, R, SF.
(3, 45)

17 Zwergscharbe
Teilzieher. Hat in I und H gebr. Umherstr. bis S, DK, F, CH, D, DDR, PL, CS, A.
(**3**, 45)

18 Krauskopfpelikan
Teilzieher. Umherstr. bis CH u. PL.
(**4**, 46)

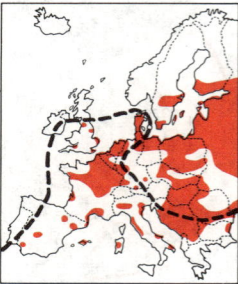

19 Rohrdommel
Teilzieher. Hat in GR gebr. Umherstr. bis IRL, IS, N.
(**5**, 47)

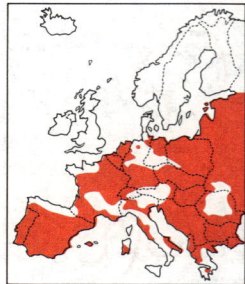

20 Zwergdommel
Sommervogel, gelegentl. im Winter. Umherstr. Brit. Ins., IS, DK, N, S, SF.
(**5**, 48)

21 Nachtreiher
Sommervogel. Hat in B, D, DDR gebr. Umherstr. Brit. Ins., Färöer, DK, N, S, SF.
(**5**, 48)

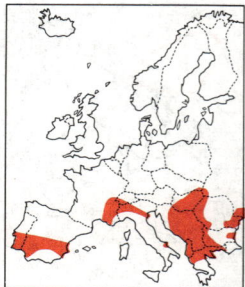

22 Rallenreiher
Sommervogel. Hat in CS gebr. Umherstr. in CH, A, DDR, D, L, B, NL, GB, IRL, DK, S, SF.
(**6**, 48)

23 Seidenreiher
Teilzieher. Hat in NL u. CS gebr. Umherstr. bis Brit. Ins., nordw. bis N, S, SF.
(**6**, 49)

24 Silberreiher
Teilzieher. Hat in NL, CH, CS, PL, Lettland gebr. Umherstr. M, E, F, B, GB, D, DDR, DK, N, S, SF.
(**6**, 50)

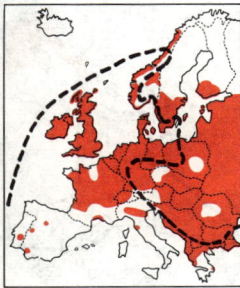

25 Graureiher
Teilzieher.
(**5**, 50)

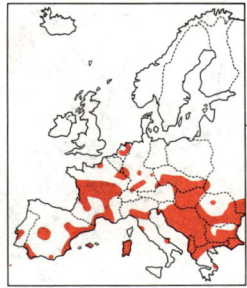

26 Purpurreiher
Sommervogel. Hat in B
gebr. Umherstr. bis IRL,
GB, L, DK, N, S, SF, PL,
DDR.
(**5**, 50)

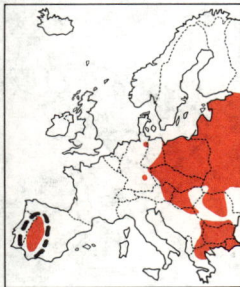

27 Schwarzstorch
Sommervogel. Hat in F,
DK, S, SF gebr. Umherstr.
GB, NL, B, L, N.
(**6**, 51)

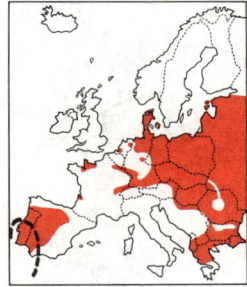

28 Weißstorch
Sommervogel. Früher Brut-
vogel in B, S. Umherstr.
Brit. Ins., B, L, N, S, SF.
(**6**, 51)

29 Sichler
Sommervogel. Hat in E, F,
I, A, H gebr. Umherstr. bis
IRL, GB, IS, N, S, SF, auch
DDR, D, CH, B, NL, DK.
(**6**, 52)

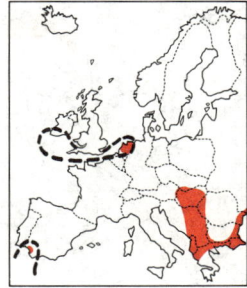

30 Löffler
Vorwiegend Sommervogel.
Brütet in A (Neusiedl. See).
Hat in P, D, DK, CS gebr.
Umherstr. bis Brit. Ins.,
nordw. bis IS, N, S, SF.
(**6**, 52)

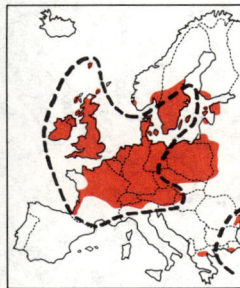

31 Höckerschwan
Teilzieher. Umherstr. bis
Südeuropa.
(**7**, **8**, 54)

32 Zwergschwan
Wintergast aus Nordruß-
land. Umherstr. südwärts
bis I, YU.
(**7**, 54)

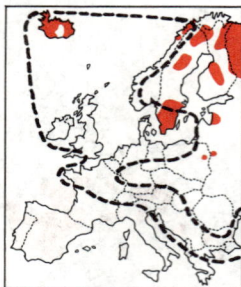

33 Singschwan
Vorwiegend Zugvogel. Hat in Schottland u. Lettland gebr. Umherstr. bis E.
(7, 8, 54)

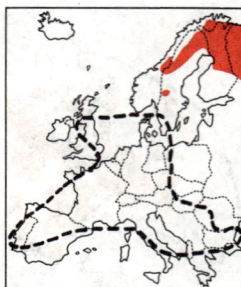

34 Saatgans
Zugvogel. Umherstr. bis IRL u. GR.
(9, 10, 55)

35 Kurzschnabelgans
Zugvogel. Umherstr. bis P, E, I, YU, R, Balt. Länder, SF.
(9, 10, 55)

36 Bläßgans
Wintergast aus Nordrußland und Grönland. Umherstr. bis E, I.
(9, 10, 56)

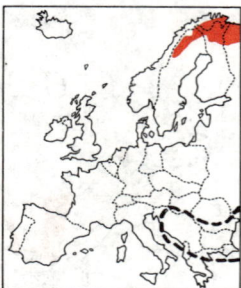

37 Zwergbläßgans
Zugvogel. Durchzug SF, PL, CS, H; umherstr. D, DDR, A, CH und bis IRL, GB, F, E, I.
(9, 56)

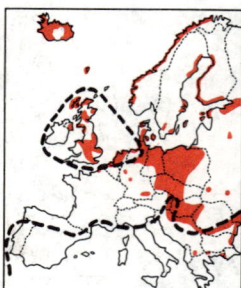

38 Graugans
Teilzieher.
(9, 10, 56)

39 Nonnengans
Wintergast aus der Arktis. Durchzügler IS u. Ostseegebiet. Umherstr. südwärts bis E, I, YU.
(7, 8, 58)

40 Ringelgans
Wintergast aus der Arktis. Umherstr. südwärts bis zum Mittelmeer.
(7, 8, 59)

41 Rostgans
Teilzieher. Umherstr. in fast ganz Europa bis P, IRL, GB, IS, N, S, SF, Estland, PL, auch in CH, A, DDR, D, B, NL.
(7, 10, 59)

42 Brandgans
Teilzieher. Umherstr. im Binnenland, auch IS, CS, H, A, CH.
(14, 16, 18, 60)

43 Pfeifente
Teilzieher. Hat in IRL, DK, NL, D gebr.
(11, 16, 18, 61)

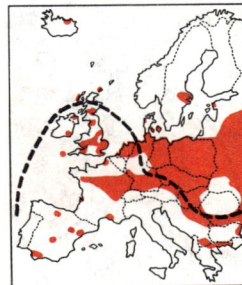

44 Schnatterente
Teilzieher. Brütet in Lettland. Hat in N und I gebr. Umherstr. SF.
(11, 16, 18, 62)

45 Krickente
Brütet gelegentlich in Süd-E, Sardinien, YU, BG.
(11, 16, 18, 63)

46 Stockente
Teilzieher.
(11, 16, 18, 63)

47 Spießente
Hauptsächl. Zugvogel. Brütet in Lettland, Hat in Süd-E, I und A gebr.
(11, 16, 18, 63)

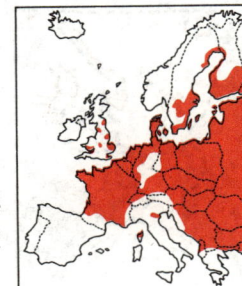

48 Knäkente
Sommervogel. Hat in N, IRL, Süd-E, Sardinien, Sizilien gebr.
(11, 16, 18, 64)

475

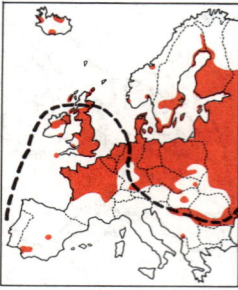

49 Löffelente
Teilzieher. Brütet auch in
A. Hat in CH und I gebr.
(**11, 16, 18,** 65)

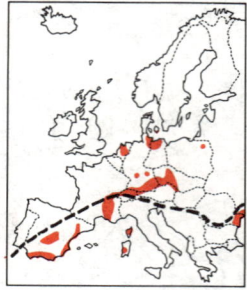

50 Kolbenente
Teilzieher. Hat in B, DK, I
u. GR gebr. Umherstr. M,
P, IRL, GB, N, S, SF, Lettland.
(**12, 17, 19,** 65)

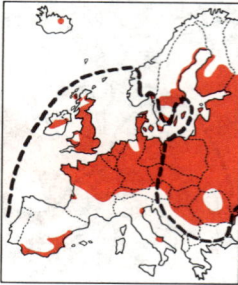

51 Tafelente
Teilzieher. Umherstr. Fä-
röer.
(**12, 17, 19,** 66)

52 Moorente
Teilzieher. Hat in I, F, NL,
D, Lettland gebr. Um-
herstr. IRL, GB, B, DK, N,
S, SF.
(**12, 17, 19,** 66)

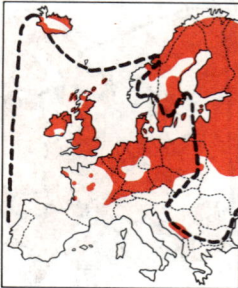

53 Reiherente
Teilzieher. Brütet in A. Hat
auch in I, H und R gebr.
(**12, 17, 19,** 67)

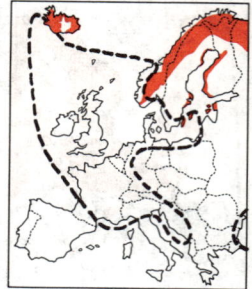

54 Bergente
Haupts. Zugvogel. Hat in
Schottland, DK u. PL gebr.
Umherstr. bis P, E, M, GR.
(**12, 17, 19,** 67)

55 Eiderente
Teilzieher. Umherstr. bis E,
I, YU, GR, BG, R.
(**13, 17, 19,** 68)

56 Eisente
Vorwieg. Zugvogel. Um-
herstr. südw. bis P, E, I,
GR.
(**13, 17, 19,** 70)

57 Trauerente
Vorwieg. Zugvogel. Immat. u. mausernde ♂ im Sommer auf d. Nordsee. Umherstr. bis I, CH, A, H, YU, GR. (**13, 17, 19,** 70)

58 Samtente
Zugvogel. Viele ♂ im Juli zur Mauser an Küste von DK. Umherstr. bis IS und bis CH, I, A, H, YU, GR, BG. (**13, 17, 19,** 70)

59 Schellente
Vorwieg. Zugvogel. Hat in YU, R, BG gebr. Umherstr. bis P und E. (**12, 17, 19,** 72)

60 Zwergsäger
Zugvogel. Brut in N u. R. Umherstr. IRL (viell. alljährlich), E. (**14, 16, 18,** 72)

61 Mittelsäger
Teilzieher. Hat in NL gebrütet. (**14, 16, 18,** 72)

62 Gänsesäger
Teilzieher. Brut in IRL, YU, R. Umherstr. bis Färöer und E. (**14, 16, 18,** 73)

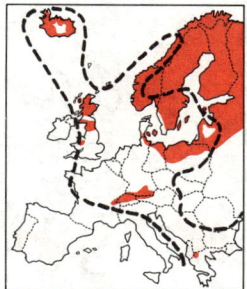

63 Weißkopf-Ruderente
Teilzieher. Hat auf Korsika u. in I, YU, H, R gebr. Umherstr. P, M, F, B, NL, CH, D, DDR, A, PL, CS. (**14,** 73)

64 Wespenbussard
Sommervogel. Umherstr. IS, Färöer, IRL. (**23, 24,** 75)

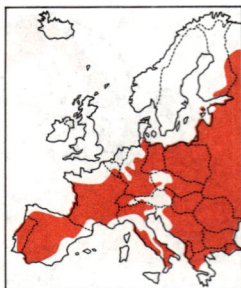

65 Schwarzmilan
Sommervogel. Lokal in SF. Hat in S gebr. Umherstr. N, DK, NL, GB.
(**21, 22,** 75)

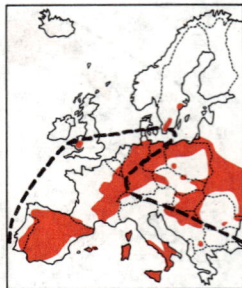

66 Rotmilan
Teilzieher. Brütet in DK. Umherstr. SF, N, IRL.
(**21, 22,** 76)

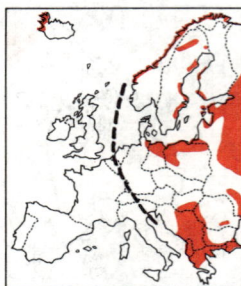

67 Seeadler
Vorw. Jahresvogel, jedoch im Winter bis Strichellinie. Hat in DK, Korsika, Sardinien gebr.; in Schottland wieder eingebürg. Umherstr. bis P, E, B, IRL.
(**25, 26,** 76) **68 Bartgeier**
Jahresvogel. Selten geworden. Früher weiter verbr. u. Brutv. in d. Alpen (F, CH, A) und in I, YU, R, BG. Umherstr. P, CH, A, D, CS.
(**20,** 77)

69 Schmutzgeier
Vorwieg. Zugvogel; einige überwintern in Südeuropa. Umherstr. bis GB, DK, S, SF, auch in D, CH, A, H, PL.
(**20,** 77)

70 Gänsegeier
Teilzieher. Hat in PL gebr. Regelm. Sommergast in A (Alpen). Umherstr. bis IRL, GB, DK, SF, auch in DDR, D, CH, B, NL.
(**20,** 77)

71 Mönchsgeier
Jahresvogel. Hat früher lokal in A, CS u. R gebr. Umherstr. F, NL, CH, D, DDR, A, CS, PL, H, R.
(**20,** 77)

72 Schlangenadler
Sommervogel. Wahrscheinl. Brutv. in CH, CS, H, früher auch in D, DDR, A u. Süd-DK. Umherstr. B, L, NL, D, DDR, A, S, SF, M.
(**24,** 78)

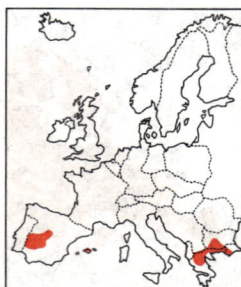

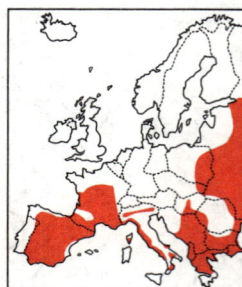

478

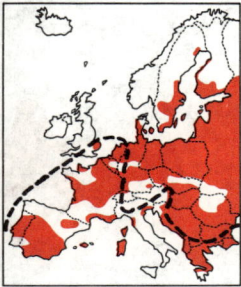

73 Rohrweihe
Teilzieher. Hat in N gebr. Umherstr. bis IRL u. Färöer.
(**21, 22,** 78)

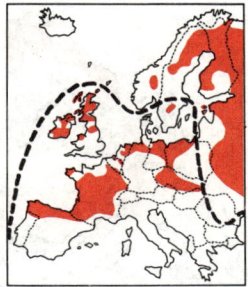

74 Kornweihe
Teilzieher. Hat in DK u. I gebr.; lokal brütend in Lettland.
(**21, 22,** 79)

75 Steppenweihe
Sommervogel. Hat in S, D, DDR u. H gebr. Umherstr. in fast ganz Europa bis GB, F und E.
(**21,** 79)

76 Wiesenweihe
Sommervogel. Brütet gelegentlich in GB. Hat auch in IRL, S u. GR gebr.
(**21, 22,** 79)

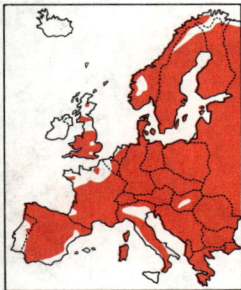

77 Habicht
Vorwiegend Jahresvogel. Umherstr. IRL.
(**23, 28,** 80)

78 Sperber
Teilzieher. Umherstr. IRL.
(**23, 28,** 81)

79 Kurzfangsperber
Sommervogel. Brütet in Ost-H. Umherstr. CS, I.
(**75,** 81)

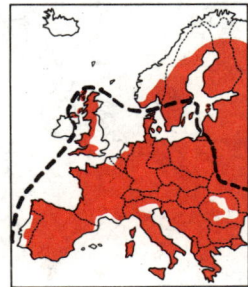

80 Mäusebussard
Teilzieher.
(**23, 24,** 81)

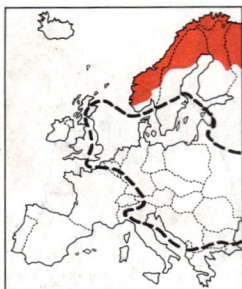

81 Rauhfußbussard
Zugvogel. Überwint. in gestrich. umgrenztem Gebiet. Umherstr. IS, Färöer, IRL, CH, F, E, M, GR.
(23, 24, 82)

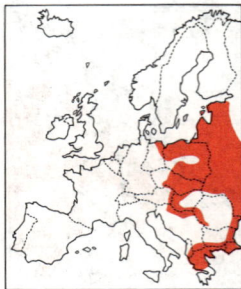

82 Schreiadler
Zugvogel. Früher Brutv. in D und A. Umherstr. SF, S, N, DK, NL, B, F, E, P, CH, D, A, I, M.
(25, 83)

83 Schelladler
Zugvogel. Hat in S, SF, CS, H gebr. Umherstr. CH, A, DDR, D, DK, NL, B, GB, IRL, F, E, P, I, BG.
(25, 26, 83)

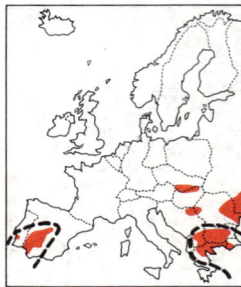

84 Kaiseradler
Teilzieher. Hat früher in A gebr. Umherstr. I, M, F, NL, DK, S, PL, A, DDR, D.
(25, 84)

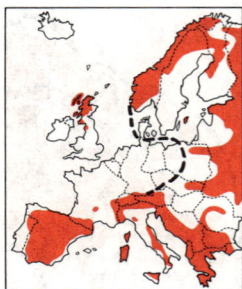

85 Steinadler
Vorwieg. Jahresvogel, im Winter über Osteuropa verbr. Hat in IRL gebr. Umherstr. NL, B, F u. D außerhalb Brutgeb., DDR, DK.
(25, 26, 84)

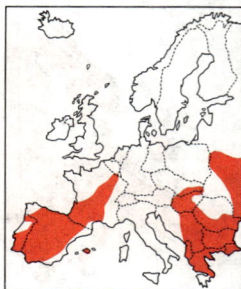

86 Zwergadler
Sommervogel; hat in Südeuropa überwint. Umherstr. I, CH, B, NL, D, DDR, S.
(24, 85)

87 Habichtsadler
Vorwieg. Jahresvog. Umherstr. BG, R, YU, H, CS, A, CH, B, NL, DK, D, DDR, SF.
(24, 85)

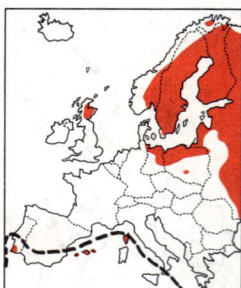

88 Fischadler
Vorw. Sommervog. Hat früher vielerorts in Europa gebr., so auch in B, CH, D, A. Umherstr. bis IS, Färöer, IRL.
(26, 86)

89 Rötelfalke
Vorwieg. Sommervogel. Hat in A, CS, H, PL gebr. Umherstr. IRL, GB, B, CH, D (viell. Brut), DDR, DK.
(**27, 28,** 86)

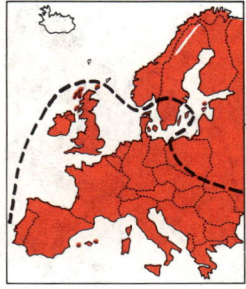

90 Turmfalke
Teilzieher. Umherstr. IS.
(**27, 28,** 87)

91 Rotfußfalke
Sommervog. Brütet CS. Hat in S, SF, Lettl., PL, DDR, D, F, E, wahrscheinl. CH gebr. Umherstr. bis N, IRL, E, P.
(**27, 28,** 87)

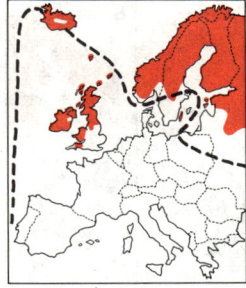

92 Merlin
Teilzieher. Umherstr. bis Malta.
(**27, 28,** 88)

93 Baumfalke
Sommervogel. Hat in N gebr. Umherstr. IS, IRL.
(**27, 28,** 88)

94 Lanner
Vorw. Jahresvogel (?). Brutversuch Menorca. Umherstr. P, E, F, CS, R, M.
(**27,** 89)

95 Würgfalke
Teilzieher. Hat in A gebr. Umherstr. D, DDR, S, PL, GR, M.
(**27,** 89)

96 Gerfalke
Vorwieg. Jahresvogel. Im Winter umherstr. in IRL, GB, P, F, B, NL, DK, PL, CS, DDR, D, A, CH, I.
(**28,** 89)

97 Wanderfalke
Teilzieher. Hat in DK, NL, B gebr. Umherstr. IS.
(**27, 28,** 90)

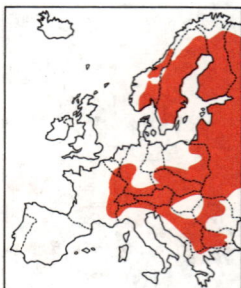

98 Haselhuhn
Jahresvogel; in Mitteleuropa selten geworden. Umherstr. NL.
(**29,** 91)

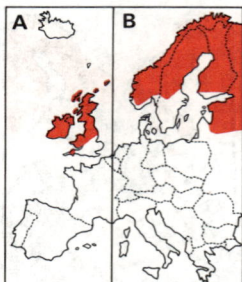

99 Moorschneehuhn
A. Schottisches Moorschn. Jahresv. IRL, GB; früher eingeb. Grenzgebiet B/D. B. Festländ. Moorschneehuhn. Jahresv. Umherstr. PL.
(**30,** 91)

100 Alpenschneehuhn
Jahresvogel.
(**30,** 92)

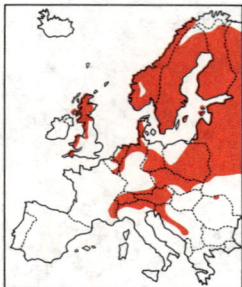

101 Birkhuhn
Jahresvogel. In Abnahme begriffen. Umherstr. GR.
(**29,** 92)

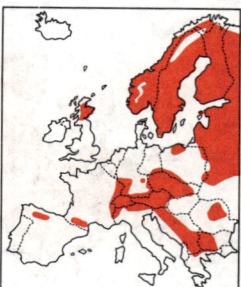

102 Auerhuhn
Jahresv. In Mitteleuropa selten geworden. Früher Brutv. in P, B. Umherstr. B, DK.
(**29,** 93)

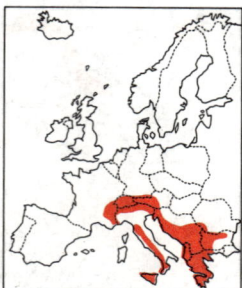

103 Steinhuhn
Jahresvogel.
(**30,** 94)

104 Rothuhn
Jahresvogel. Früher Brutv. in D (Rheingebiet) u. CH. Umherstr. CH, D, B, NL, DK.
(**30,** 94)

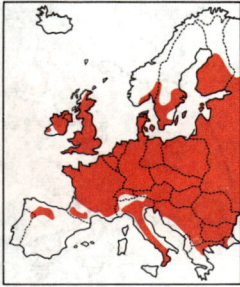

105 Rebhuhn
Jahresvogel. In Nord-P seltener Brutv.
(30, 96)

106 Wachtel
Teilzieh. Bestand schwankt. Hat in N, SF u. Lettland gebr. Überwint. gelegentl. nordw. bis GB u. D.
(30, 96)

107 Fasan
Jahresvogel.
(29, 97)

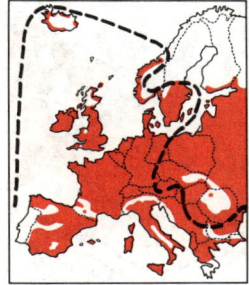

108 Wasserralle
Teilzieher.
(31, 101)

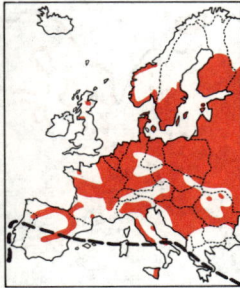

109 Tüpfelsumpfhuhn
Vorwieg. Sommervogel. Überwintert gelegentl. in Westeuropa. Umherstr. bis IRL u. IS.
(31, 101)

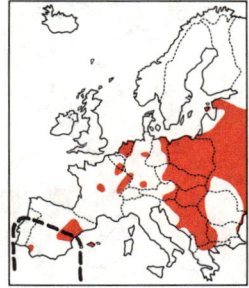

110 Kleinsumpfhuhn
Vorwieg. Sommervog. Hat in S u. I gebr.; brütet in A u. CH. Umherstr. P, IRL, GB, B, DK, N, S, SF.
(31, 101)

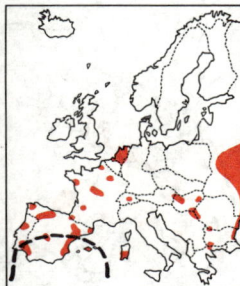

111 Zwergsumpfhuhn
Vorwieg. Sommervog., unregelm. Hat in B, D, DDR, PL, A (wahrsch.), YU gebr. Umherstr. Brit. Ins., Färöer, DK, N, S, SF.
(31, 102)

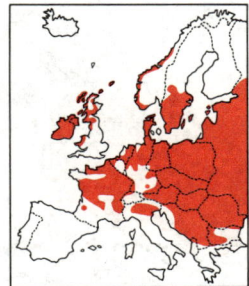

112 Wachtelkönig
Sommervogel. In Abnahme begriffen. Umherstr. IS.
(31, 102)

483

113 Teichhuhn
Teilzieher. Umherstr. IS.
(**31**, 103)

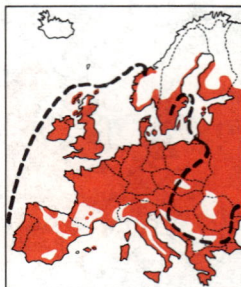

114 Bläßhuhn
Teilzieher. Hat in IS gebr.
(**31**, 103)

115 Kranich
Zugvogel. Früher in Mittel-
europa weiter verbr. Hat in
E, I, GB, A, H, YU, R, BG,
GR gebr. Umherstr. IS,
IRL.
(**5**, 104)

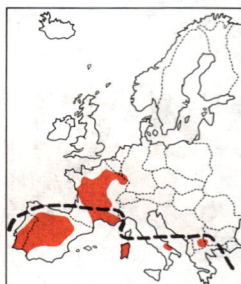

116 Zwergtrappe
Teilzieher. Früher Brutv. in
A, DDR, CS, PL, H, YU,
R, BG, GR. Umherstr.
IRL, GB, B, L, NL, D, DK,
N, S, SF, Lettland.
(**32**, 106)

117 Großtrappe
Vorwieg. Jahresv., im Winter gelegentl. in vielen Teilen Europas bis IRL, GB, F,
I, M, GR, S, SF.
(**32**, 105)

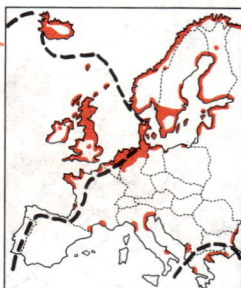

118 Austernfischer
Teilzieher. Hat in E u. P
gebrütet. Umherstr. oder
durchziehend in ganz Mit-
tel- u. Südeuropa.
(**36**, **37**, 107)

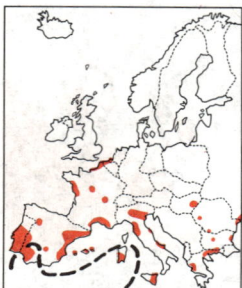

119 Stelzenläufer
Vorw. Sommervog. Brütet
unregelm. in NL, D, DDR,
A, CS, YU. Umherstr. IRL,
GB, CH, S, PL.
(**36**, **37**, 107)

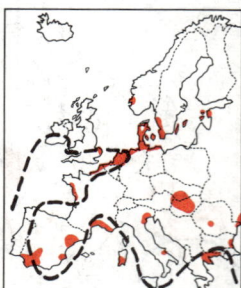

120 Säbelschnäbler
Teilzieher. Hat in AL gebr.
Umherstr. IS, SF, Lettl.,
PL, CH, L.
(**36**, **37**, 108)

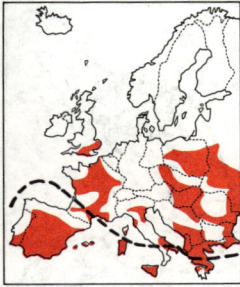

121 Triel
Teilzieher. Hat früher in NL, D, DDR gebr., in Abnahme begriffen. Umherstr. IS, IRL, B, L, D, DDR, DK, N, S, SF.
(**32, 41,** 108)

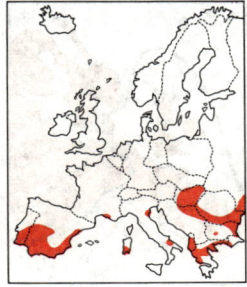

122 Rostflügel-Brach-schwalbe
Sommervog. Umherstr. in ganz Mittel-, Nord- u. Südeuropa bis IRL.
(**36, 39,** 109)

123 Flußregenpfeifer
Sommervogel, Umherstr. IRL.
(**33, 34,** 110)

124 Sandregenpfeifer
Teilzieher. Hat in E und CS gebr.
(**33, 34,** 111)

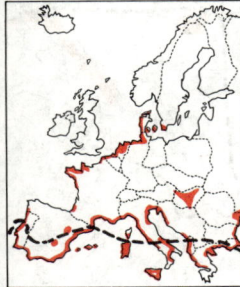

125 Seeregenpfeifer
Teilzieher. Hat in GB gebr. Seltener Durchz. im europ. Binnenland. Umherstr. IRL.
(**33, 34,** 112)

126 Mornellregenpfeifer
Zugvogel. Hat in IRL, NL, CH, CS gebr. Früher Brutv. in F, D, DDR, DK. Umherstr. IS, Färöer, IRL.
(**33, 34,** 113)

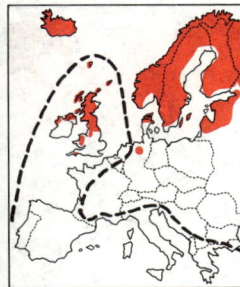

127 Goldregenpfeifer
Teilzieher. Früher Brutv. in B, NL, DDR, PL.
(**33, 34,** 113)

128 Kiebitzregenpfeifer
Wintergast aus der Tundra. Immat. übersommern an d. Küsten. Auf d. Zuge auch im Binnenland. Umherstr. IS, Färöer.
(**33, 34,** 114)

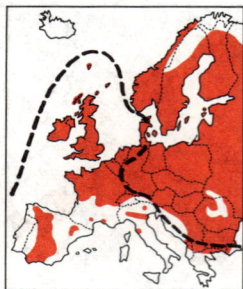

129 Kiebitz
Teilzieher. Hat in IS gebr.
(**33, 34, 116**)

130 Knutt
Wintergast aus der Arktis.
Nichtbrüter übersommern
an d. Küsten.
(**40, 41, 116**)

131 Sanderling
Wintergast aus d. Arktis.
Nichtbrüter übersommern
an d. Küsten. Durchzug in
fast ganz Europa.
(**40, 41, 117**)

132 Zwergstrandläufer
Zugvogel. Zug durch fast
ganz Europa. Einige über-
wint. nordw. bis GB. Um-
herstr. IS.
(**40, 41, 118**)

**133 Temminckstrand-
läufer**
Zugvogel. Zug durch fast
ganz Europa, in geringer
Zahl westw. bis P u. IRL.
(**40, 41, 118**)

134 Meerstrandläufer
Teilzieher. Nichtbr. übersommern südw. bis GB.
Umherstr. bis P, I, M, GR,
im Binnenland bis CH, A,
H.
(**40, 41, 121**)

135 Alpenstrandläufer
Teilzieher. Hat in NL, B u.
Nord-F gebr. Durchzug in
ganz Europa. Nichtbrüt.
übersommern im Winter-
quartier.
(**33, 40, 41, 121**)

136 Sumpfläufer
Sommervogel. Durchzug d.
Ost-Europa, westw. bis
DK u. I. Umherstr. E, P,
IRL, GB, F, CH, D, B, NL.
(**40, 122**)

137 Kampfläufer
Vorwieg. Zugvog. Hat in B, A, H gebr. Früher weiter verbreit. Umherstr. IS.
(**38, 41, 123**)

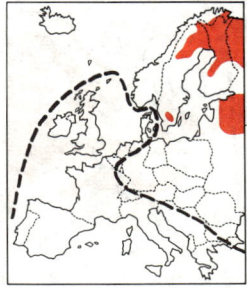

138 Zwergschnepfe
Zugvogel. Hat in D, N, PL gebr. Umherstr. IS.
(**38, 39, 123**)

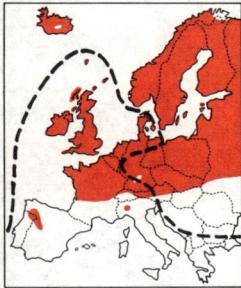

139 Bekassine
Teilzieher. Hat in YU, R gebrütet.
(**38, 39, 123**)

140 Doppelschnepfe
Sommervog. Hat in D, DDR, DK gebr. Umherstr. od. durchziehend westw. bis P u. IRL.
(**38, 39, 124**)

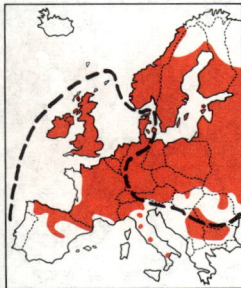

141 Waldschnepfe
Teilzieher. Umherstreif. wahrscheinl. alljährl. IS.
(**38, 39, 125**)

142 Uferschnepfe
Vorwieg. Zugvogel. Brütet in A. Hat in E, YU, R gebr.
(**36, 37, 125**)

143 Pfuhlschnepfe
Zugvog. Nichtbr. übersommern an d. Küsten Westeuropas. Umherstr. IS u. europ. Binnenland.
(**36, 37, 126**)

144 Regenbrachvogel
Zugvogel. Hat in Schottld. gebr. Nichtbr. übersommern an d. Küsten Westeuropas. Überwint. vereinz. nordw. bis GB u. DK.
(**36, 37, 126**)

145 Großer Brachvogel
Teilzieher. Brütet in B. Hat in E gebr. Nichtbr. im Sommer an Küsten südw. bis z. Mittelmeer.
(**38, 39,** 127)

146 Dunkelwasserläufer
Zugvogel. Nichtbr. übersommern an Küsten südw. bis z. Mittelmeer.
(**38, 39,** 127)

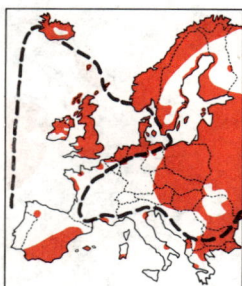

147 Rotschenkel
Teilzieher. Hat in P, CH, YU gebr.
(**38, 39,** 128)

148 Teichwasserläufer
Sommervogel. Hat in SF, CS, H, A, BG gebr. Hat in E überwint. Umherstr. in Europa westw. bis S, DK, NL, B, GB, F, CH, YU.
(**38,** 128)

149 Grünschenkel
Zugvogel. Nichtbr. im Sommer südw. bis z. Mittelmeer. Hat in IRL gebr. Umherstr. IS.
(**38, 39,** 129)

150 Waldwasserläufer
Zugvogel. Brütet in DK. Hat in GB, D, A, CS, I, BG gebr.
(**38, 39,** 130)

151 Bruchwasserläufer
Sommervogel. Brütet in D (Schl.-Holst.). Hat in IS, NL, PL gebr. Durchz. westw. bis IRL. Umherstr. bis P.
(**38, 39,** 131)

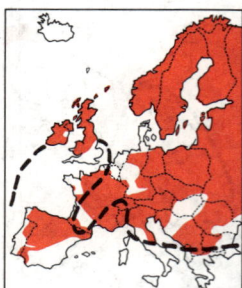

152 Flußuferläufer
Vorwieg. Sommervogel. Unregelm. Brutv. in NL u. DK. Hat in GR gebr. Umherstr. IS.
(**40, 41,** 131)

153 Steinwälzer
Zugvogel. Nichtbr. übersomm. im Winterquartier. Spärlicher Zug durch d. Binnenland.
(**33, 34,** 132)

154 Odinshühnchen
Sommervogel. Brütet unregelm. in IRL. Hat in Estland gebr. Durchz. od. umherstr. in fast ganz Europa bis P, M, I.
(**33, 40, 41,** 133)

155 Thorshühnchen
Sommervogel. Durchz. an d. Westküsten Europas, selten im Binnenland (einschl. CH, A, D, DDR).
(**33, 40, 41,** 134)

156 Schmarotzerraubmöwe
Vorwiegend Sommervog. Einige überwint. nordw. bis Nordsee. Durchz. an Küsten Mittel- u. Westeuropas, selten am Mittelmeer u. im Binnenland.
(**43,** 135)

157 Falkenraubmöwe
Sommervog. Brütet im nördlichsten SF. Durchz. IS u. Nord-GB, selten od. umherstr. bis P, I, M.
(**43,** 136)

158 Schwarzkopfmöwe
Teilzieher. Hat in GB, B, NL, D, CH, A, CS, PL, BG, Estl. gebr. Umherstr. IRL, N, S, YU.
(**44, 45,** 141)

159 Zwergmöwe
Vorwieg. Zugvog. Hat in GB, NL, D, DDR, R gebr. Umherstr. IS.
(**44, 45,** 139)

160 Lachmöwe
Teilzieher.
(**44, 45,** 140)

161 Dünnschnabelmöwe
Teilzieher. Brütet auf Sardinien, hat auf Festland von I gebr. Umherstr. P, GB, D, A, DDR.
(**44**, 141)

162 Korallenmöwe
Im Winter vielerorts am Mittelmeer. Umherstr. P, CH.
(**44**, 142)

163 Sturmmöwe
Teilzieher. Brütet auch in A (Vorarlberger Rheindelta).
(**44**, **45**, 143).

164 Heringsmöwe
Teilzieher. Hat in DDR gebr. Durchz. in Mitteleuropa. Einige übersomm. am Mittelmeer.
(**44**, **45**, 143)

165 Silbermöwe
Teilzieher. Überwint. an d. Küsten, in kleiner Zahl im Binnenland, wo Gewässer nicht zufrieren.
(**44**, **45**, 144)

166 Eismöwe
Teilzieher. Umherstr. P, F, CH, A, Binnenland D, DDR, PL, CS, H, YU, R, I, M.
(**44**, **45**, 145)

167 Mantelmöwe
Teilzieher. Immat. übersomm. oft an Küsten außerhalb d. Brutgeb.
(**44**, **45**, 145)

168 Dreizehenmöwe
Teilzieher. Umherstr. Ostsee u. südw. bis M, YU, R, BG, aber selten im Binnenland.
(**44**, **45**, 137)

169 Lachseeschwalbe
Teilzieher. Früher weiter verbr. Hat in GB, NL, DDR, A, CS, H gebr. Umherstr. N, S, SF, PL, CH, L, B, IRL.
(**47, 49,** 146)

170 Raubseeschwalbe
Vorwieg. Sommervog. Hat in N, D, DDR, PL gebr. Umherstr. im größten Teil Europas (einschl. Brit. Ins.)
(**47, 49,** 146)

171 Brandseeschwalbe
Teilzieher. Hat in B, an Nordküste von E, in N, I, PL gebr. Umherstr. auch CH, A, H.
(**47, 49,** 146)

172 Flußseeschwalbe
Vorwieg. Sommervog. Brütet in Nordwest-B. Früher weiter verbr.
(**47, 49,** 147)

173 Küstenseeschwalbe
Sommervogel. Hat in B, PL gebr. Umherstr. fast ganz Europa.
(**47, 49,** 148)

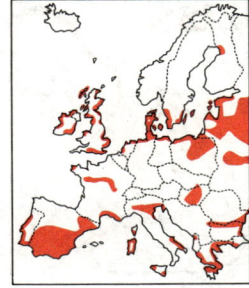

174 Zwergseeschwalbe
Sommervog. Früher weiter verbr. Hat in B, A, CS gebr. Umherstr. N.
(**48, 49,** 149)

175 Weißbartseeschwalbe
Sommervogel. Hat in B, NL, D gebr. Umherstr. Brit. Ins., DK, DDR, D, A, CH, I.
(**48, 49,** 149)

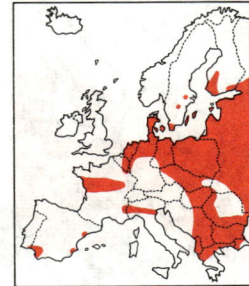

176 Trauerseeschwalbe
Sommervogel. Hat in GB u. A gebr. Durchz. bis IRL. Umherstr. CH, N, S, IS.
(**48, 49,** 150)

177 Weißflügelsee-
schwalbe
Sommerv. Brütet Lettl. Hat
in F, B, D, A, CS, YU gebr.
Umherstr. Brit. Ins., Nord-
u. Mitteleuropa.
(48, 150)

178 Trottellumme
Teilzieher, verläßt nördl.
Ostsee, überwint. auf d.
Meer südw. bis E., um-
herstr. selten im Binnen-
land.
(50, 151)

179 Tordalk
Teilzieher, verläßt nördl.
Ostsee. Umherstr. regelm.
an d. Küsten, sehr selten im
Binnenl. (u. a. CH, D,
DDR).
(50, 152)

180 Gryllteiste
Vorwieg. Jahresvog. Im
Winter südw. bis Strichel-
linie. Umherstr. F, B, NL,
D, DDR, PL, CS.
(50, 152)

181 Papageitaucher
Sommervog. Hat in S u.
früher auf Helgoland gebr.
Umherstr. an Küsten von
D, NL, B, GB, F u. südw.
bis zur Adria, ferner SF,
PL, DDR, H.
(50, 153)

182 Felsentaube
Jahresvogel. Verwilderte
Stadttauben nordw. bis Polarkreis.
(51, 155)

183 Hohltaube
Teilzieher.
(51, 155)

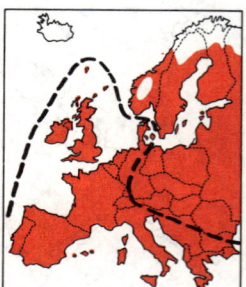

184 Ringeltaube
Teilzieher. Hat auf IS gebr.
(51, 156)

185 Türkentaube
Vorwieg. Jahresvogel. Hat auf IS gebr.
(**51**, 156)

186 Turteltaube
Sommervogel. Brütet unregelm. in IRL. Umherstr. N, S, SF; hat in SF gebr.
(**51**, 156)

187 Kuckuck
Sommervogel. Umherstr. IS.
(**54**, 159)

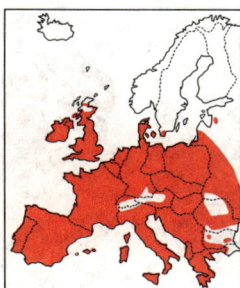

188 Schleiereule
Vorwieg. Jahresvogel. Umherstr. bis N und SF.
(**52**, 159)

189 Zwergohreule
Teilzieher. Hat in D und B gebr. Umherstr. bis Brit. Ins., NL, DDR, DK, S, PL.
(**52**, 160)

190 Uhu
Jahresvogel. Hat in B gebr. Umherstr. GB, DK.
(**52**, 160)

191 Schnee-Eule
Teilzieher. Brutgebiet schwankend. Hat in Schottland gebr. Umherstr. ausnahmsw. südw. bis F, I, YU.
(**52**, 160)

192 Sperbereule
Teilzieher. Hat in CS gebr. Umherstr. PL (fast alljährl.) u. bis GB, F, CH, A, H, YU, R.
(**53**, 161)

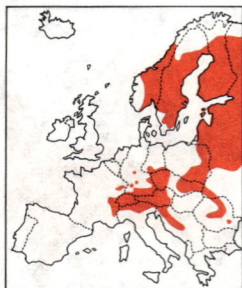

193 Sperlingskauz
Vorwieg. Jahresvogel. Um-
herstr. DK, B?, H.
(**53**, 161)

194 Steinkauz
Vorwieg. Jahresvogel. Hat
in S gebr. Umherstr. IRL.
(**53**, 162)

195 Waldkauz
Jahresvogel.
(**53**, 162)

196 Habichtskauz
Vorwieg. Jahresvog. Früher
Brutv. im Böhmerwald u.
(noch?) in A. Umherstr. bis
Nord-I.
(**53**, 162)

197 Waldohreule
Teilzieher. In Lemmingjah-
ren weiter nördl. Umherstr.
IS u. Färöer.
(**52**, 163)

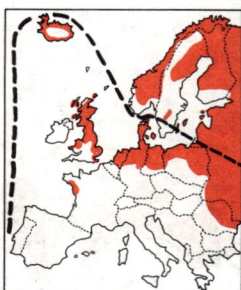

198 Sumpfohreule
Teilzieher. Hat in IRL,
CH, I, BG gebr. Br. vereinzelt in CS, H, A.
(**52**, 164)

199 Rauhfußkauz
Vorwieg. Jahresvog. Brütet
in Ost-B u. NL (Drenthe).
Umherstr. bis GB, DK, I,
E.
(**53**, 164)

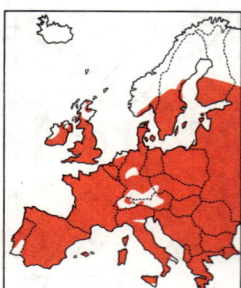

200 Ziegenmelker
Sommervogel. Umherstr.
IS.
(**54**, 165)

201 Mauersegler
Sommervogel. Umherstr.
IS.
(57, 167)

202 Fahlsegler
Sommervogel. Umherstr.
GB.
(57, 167)

203 Alpensegler
Sommervogel. In D Brutv.
nur in Freiburg. Umherstr.
Brit. Ins. u. nordw. bis NL,
D, DK, N, DDR, PL.
(57, 168)

204 Eisvogel
Teilzieher. Umherstr. N,
SF. Hat in SF gebr.
(54, 168)

205 Bienenfresser
Sommervogel. Hat in d.
meist. europ. Ländern
nordw. bis S gebr. Um-
herstr. IRL, SF.
(54, 169)

206 Blauracke
Sommervog. Früher Brutv.
Ost-F, D, DK, S, SF. Um-
herstr. Brit. Ins., IS, Europa
nordw. bis N, S, SF; hat in
CH gebr.
(54, 169)

207 Wiedehopf
Vorwieg. Sommervog. Hat
in GB, DK, S, SF gebr.
Umherstr. bis IRL, N, S,
SF, IS.
(54, 170)

208 Wendehals
Vorwieg. Sommervogel.
Hat in GB gebr. Umherstr.
bis IS u. IRL.
(55, 170)

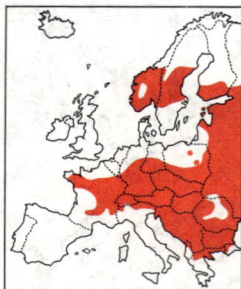

209 Grauspecht
Jahresvogel. Brutv. Südost-B. Umherstr. Lappland, DK, NL, I (Brutv. Alpen).
(**55,** 171)

210 Grünspecht
Jahresvogel. Umherstr. IRL.
(**55,** 171)

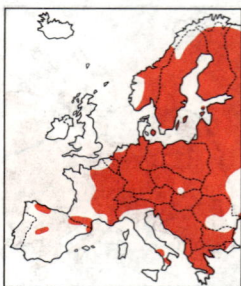

211 Schwarzspecht
Vorwieg. Jahresvogel. Umherstr. DK.
(**55,** 172)

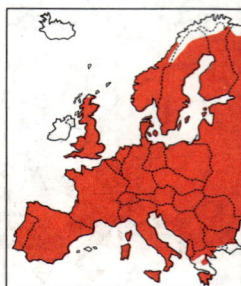

212 Buntspecht
Vorwieg. Jahresvogel. Umherstr. IRL, IS.
(**55,** 172)

213 Blutspecht
Vorwiegend Jahresvogel. Nicht in D. Umherstr. DDR.
(**55,** 172)

214 Mittelspecht
Vorwieg. Jahresvog., auch in CH u. Südost-B. Hat in DK u. NL gebr. Umherstr. bis P u. Lettland.
(**55,** 173)

215 Weißrückenspecht
Jahresvogel. Umherstr. DDR, D (Brutv. im Südosten), B.
(**55,** 173)

216 Kleinspecht
Jahresvogel.
(**55,** 174)

496

217 Dreizehenspecht
Jahresvogel. Umherstr.
Nord-I, H, DDR.
(55, 174)

218 Kalanderlerche
Vorwieg. Jahresvogel. Umherstr. PL, SF, S, N, GB, NL, CH, D, DDR, A, H.
(56, 78 E, 175)

219 Kurzzehenlerche
Sommervogel. Umherstr. PL, SF, S, N, Brit. Ins., DK, B, CH, D, DDR, A.
(56, 78 E, 176)

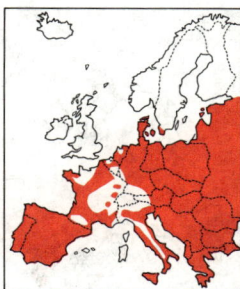

220 Haubenlerche
Vorwieg. Jahresvogel. Hat in CH gebr. Umherstr. GB, N, SF (hat gebr.)
(56, 78 E, 177)

221 Heidelerche
Teilzieher. Umherstr. IRL (hat gebr.) u. Schottland.
(56, 78 E, 178)

222 Feldlerche
Teilzieher. Umherstr. IS; gelegentl. Brut auf d. Färöern.
(56, 78 E, 178)

223 Ohrenlerche
Vorwieg. Zugvogel (in GR nur in tiefere Lagen zum Überwint.). Hat in Schottld. gebr. Umherstr. in fast ganz Europa.
(56, 78 E, 179)

224 Uferschwalbe
Sommervogel. Umherstr. Färöer.
(57, 179)

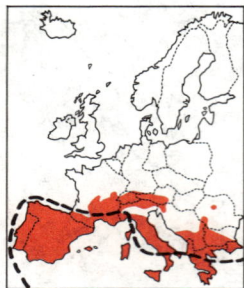

225 Felsenschwalbe
Teilzieher. In YU viell.
überwint.
(**57, 78 E,** 179)

226 Rauchschwalbe
Sommervogel. Hat auf IS u.
d. Färöern gebr.
(**57, 84 E,** 180)

227 Rötelschwalbe
Sommervogel. Umherstr.
SF, S, N, Brit. Ins., NL, D,
A, CH.
(**57,** 180)

228 Mehlschwalbe
Sommervogel. Umherstr.
IS.
(**57,** 181)

229 Brachpieper
Sommervogel. Hat in CH
gebr. Umherstr. GB (all-
jährl.), IS, N.
(**58, 78 E,** 182)

230 Baumpieper
Sommervogel. Umherstr.
IRL (alljährl.), IS.
(**58, 78 E,** 182)

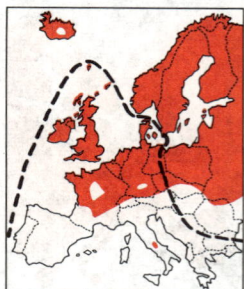

231 Wiesenpieper
Teilzieher.
(**58, 78 E,** 183)

232 Rotkehlpieper
Sommervogel. Durchzug
westw. bis DDR, I, selten
Westeuropa einschl. D u.
Brit. Ins.
(**58, 78 E,** 183)

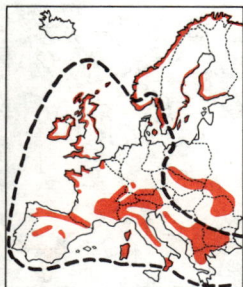

233 Wasserpieper
Teilzieher. Umherstr. IS.
(**58, 78 E,** 184)

234 Schafstelze
Sommervogel. Hat in IRL
gebr. Umherstr. IS.
(**58, 59, 78 E,** 184)

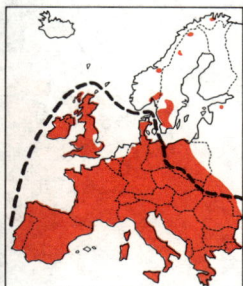

235 Gebirgstelze
Teilzieher. Umherstr. IS,
SF (hat dort gebr.).
(**58, 59, 78 E,** 186)

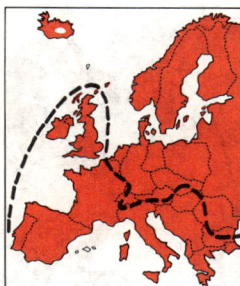

236 Bachstelze
Teilzieher.
(**58, 59, 78 E,** 186)

237 Seidenschwanz
Teilzieher. In manchen
Wintern über eingezeichne-
te Grenzlinie hinaus nach
Westen u. Süden. Um-
herstr. IS, IRL, E.
(**67, 83 E,** 187)

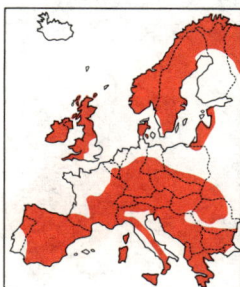

238 Wasseramsel
Vorwiegend Jahresvogel.
(**66,** 187)

239 Zaunkönig
Teilzieher.
(**66, 79 E,** 188)

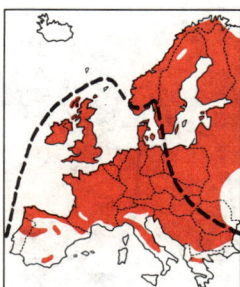

240 Heckenbraunelle
Teilzieher. Umherstr. IS.
(**73, 81 E,** 189)

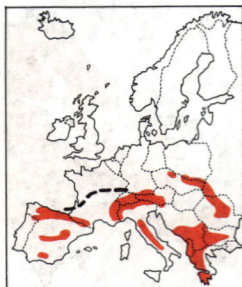

241 Alpenbraunelle
Teilzieher, im Wint. in tieferen Lagen. Umherstr. GB, B, L, DDR, N, S (auch D nördl. d. Alpen). **(73, 81 E, 189)**

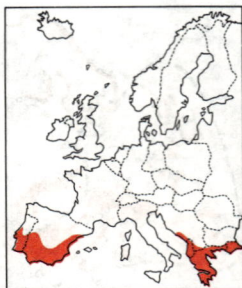

242 Heckensänger
Sommervogel. Unregelm. Süd-F, umherstr. I, CH, D, Brit. Ins., N, R. **(63, 81 E, 190)**

243 Rotkehlchen
Teilzieher. Umherstr. alljährl. IS. **(60, 79 E, 190)**

244 Sprosser
Sommervogel. Umherstr. westw. bis GB, NL, D, F, CH, I; früher Brutv. in A. **(60, 81 E, 191)**

245 Nachtigall
Sommervogel. Umherstr. IRL, Schottld., DK, N, S. **(60, 81 E, 191)**

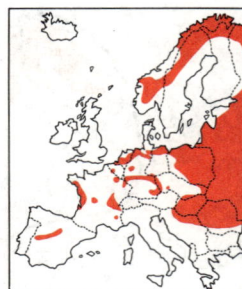

246 Blaukehlchen
Sommervogel. Brütet sporadisch in d. Alpen (CH u. A). Seltener Durchz. in GB (hat in Schottld. gebr.). Umherstr. IRL, IS. **(60, 81 E, 192)**

247 Hausrotschwanz
Teilzieher. Brütet in Lettland. Hat in Schottld. u. N gebr. Umherstr. IS. **(60, 195)**

248 Gartenrotschwanz
Sommervogel. Umherstr. IRL (hat gebr.), IS. **(60, 81 E, 195)**

500

249 Braunkehlchen
Sommervogel. Umherstr.
IS.
(60, 81 E, 196)

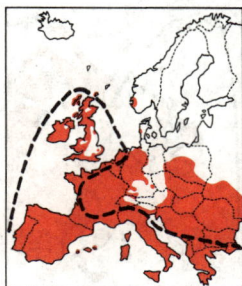

250 Schwarzkehlchen
Teilzieher. Umherstr. DK
(hat gebr.), N, S, SF, Lettland.
(60, 81 E, 196)

251 Steinschmätzer
Sommervogel.
(60, 81 E, 197)

252 Mittelmeerschmätzer
Sommervogel. Umherstr. S,
Brit. Ins., NL, D, CH, A,
CS, H.
(60, 81 E, 198)

253 Trauerschmätzer
Jahresvogel. Hat in I u. YU
angebl. gebr. Umherstr. N,
Brit. Ins., NL, D.
(60, 81 E, 199)

254 Steinrötel
Sommervogel. Früher
Brutv. in D. Brütet in H.
Umherstr. Brit. Ins., B,
NL, D, DK, N, S.
(60, 83 E, 200)

255 Blaumerle
Vorwieg. Jahresvogel. Brütet Süd-CH. Hat in BG
gebr. Umherstr. GB, B, D,
A.
(60, 83 E, 200)

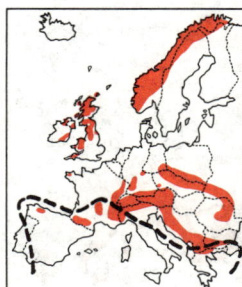

256 Ringdrossel
Teilzieher. Hat in B u. DK
gebr. Umherstr. IS.
(61, 83 E, 203)

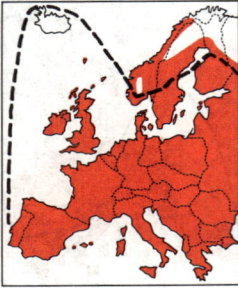

257 Amsel
Teilzieher. Hat auf IS gebr.
(**61, 83 E**, 204)

258 Wacholderdrossel
Teilzieher. Unregelm.
Brutv. in GB. In Ausbreitung nach Westen. Hat auf
IS gebr.
(**61, 83 E**, 202)

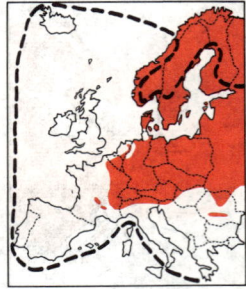

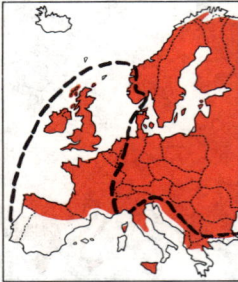

259 Singdrossel
Teilzieher. Umherstr. IS.
(**61, 83 E**, 205)

260 Rotdrossel
Vorwieg. Zugvogel. Hat in
Südost-England, F, B, D,
DDR, A, CS gebr.
(**61, 83 E**, 205)

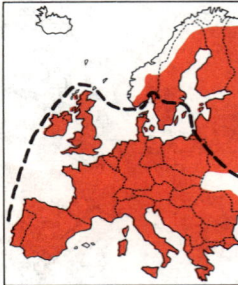

261 Misteldrossel
Teilzieher. Umherstr. IS.
(**61, 83 E**, 201)

262 Seidensänger
Vorwiegend Jahresv. Hat in
D gebr. In Ausbreitung
nach Norden. Umherstr. S.
(**62, 80 E**, 207)

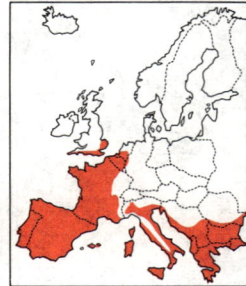

263 Cistensänger
Vorwiegend Jahresv., in
strengen Wintern nördl.
Populationen oft ausgelöscht. Hat in CH gebr.
Umherstr. A, D, GB, IRL.
(**62, 81 E**, 207)

264 Feldschwirl
Sommervogel. Hat in N
gebr. Umherstr. IS.
(**62, 80 E**, 209)

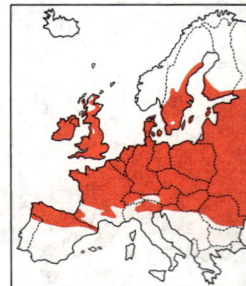

265 Schlagschwirl
Sommervogel. Hat in SF gebr. In Ausbreitung nach Westen. Umherstr. N, NL, B, GB, alljährl. S.
(**62, 80** E, 209)

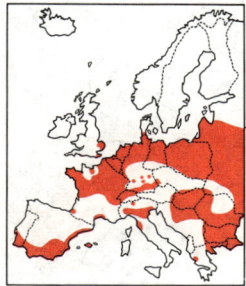

266 Rohrschwirl
Sommervogel. Brütet in DK. Umherstr. IRL, Schottld., N, S.
(**62, 80** E, 209)

267 Mariskensänger
Teilzieher. Umherstr. GB, wo er gebrütet hat, DK, D, CH.
(**62, 80** E, 210)

268 Seggenrohrsänger
Sommervogel. Hat westw. bis NL u. F gebr., Durchz. westw. bis zur Iber. Halbins., alljährl. in GB. Umherstr. DK, S, SF.
(**62, 80** E, 211)

269 Schilfrohrsänger
Sommervogel. Umherstr. IS.
(**62, 80** E, 210)

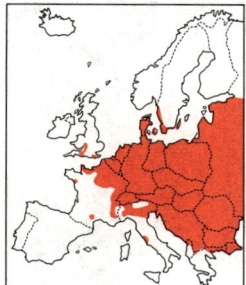

270 Sumpfrohrsänger
Sommervogel. Hat in West-SF, Südost-N u. E gebr. Umherstr. Schottld., Färöer.
(**62, 80** E, 212)

271 Teichrohrsänger
Sommervogel. Hat in Schottld. u. IRL gebr. Umherstr. IS.
(**62, 80** E, 213)

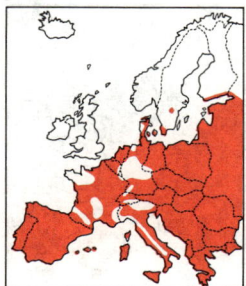

272 Drosselrohrsänger
Sommervogel. Umherstr. IRL, N, alljährlich GB.
(**62, 80** E, 213)

273 Blaßspötter
Sommervogel. Umherstr. I,
F, Helgoland, GB, IRL, SF.
(**64, 80** E, 214)

274 Olivenspötter
Sommervogel. Umherstr. I,
R.
(**64, 80** E, 214)

275 Gelbspötter
Sommervogel. Umherstr.
Färöer, alljährl. GB, IRL.
(**64, 80** E, 215)

276 Orpheusspötter
Sommervogel. Hat in B u.
CH gebr. In Ausbreitung
nach Norden. Umherstr.
IRL, GB, NL, L, D, S.
(**64, 80** E, 215)

277 Provencegrasmücke
Vorwiegend Jahresv. Um-
herstr. IRL, NL, D, CH.
(**63, 81** E, 216)

278 Brillengrasmücke
Vorwiegend Sommerv.
Brütet auf M. Umherstr.
GB, DK, D, CH, YU.
(**63, 81** E, 219)

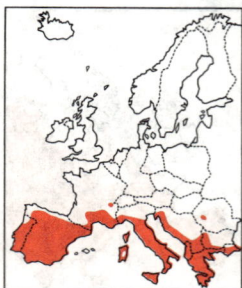

279 Weißbartgrasmücke
Sommervogel. Umherstr.
IRL, GB, NL, D, A, CH,
DK, N, S, SF.
(**63, 81** E, 217)

280 Samtkopfgrasmücke
Vorwiegend Jahresv. Um-
herstr. GB, N, DK, D, CH.
(**63, 81** E, 217)

281 Orpheusgrasmücke
Sommervogel. Hat in CH gebr. Umherstr. GB, B, D, A, CS.
(**63, 80 E,** 218)

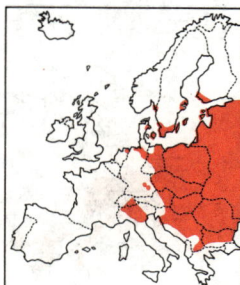

282 Sperbergrasmücke
Sommervogel. Hat in West-D u. CH gebr. Seltener Durchz. in Ost-GB; umherstr. IS, IRL, NL, B, F.
(**63, 80 E,** 218)

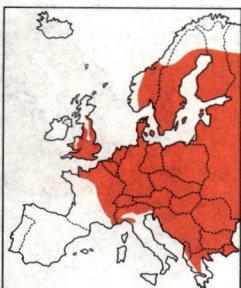

283 Klappergrasmücke
Sommervogel. Umherstr. IS, IRL, E.
(**63, 81 E,** 220)

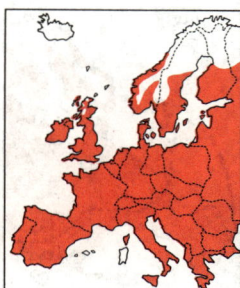

284 Dorngrasmücke
Sommervogel. Umherstr. IS.
(**63, 80 E,** 219)

285 Gartengrasmücke
Sommervogel. Umherstr. IS.
(**64, 80 E,** 220)

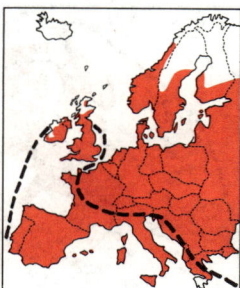

286 Mönchsgrasmücke
Teilzieher. Umherstr. Färö-er, IS.
(**63, 80 E,** 220)

287 Grünlaubsänger
Sommervogel. Herbstzug ostwärts. Hat in S gebr. Umherstr. D (Brutversuch), Brit. Ins., N, DK, NL, F.
(**64,** 221)

288 Wanderlaubsäger
Sommervogel. Herbstzug ostwärts. Umherstr. Brit. Ins., DK, NL, D, PL, I.
(**64, 79 E,** 221)

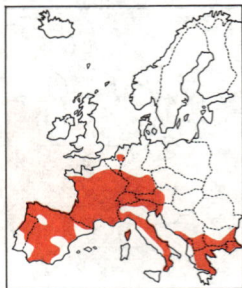

289 Berglaubsänger
Sommervogel. Umherstr. Brit. Ins., DDR, PL, S, DK. (**64, 79 E, 223**)

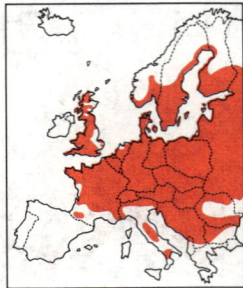

290 Waldlaubsänger
Sommervogel. Brütet unregelm. in IRL. Umherstr. IS. (**64, 79 E, 223**)

291 Zilpzalp
Teilzieher. Auf d. Zuge gelegentl. IS. (**64, 79 E, 224**)

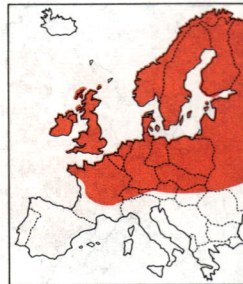

292 Fitis
Sommervogel. Auf d. Zuge gelegentl. IS. (**64, 79 E, 225**)

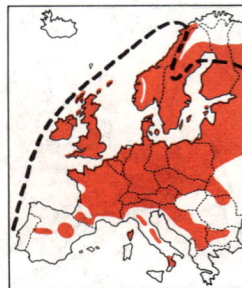

293 Wintergoldhähnchen
Teilzieher. Häufig durchz. auf d. Färöern; umherstr. IS. (**66, 79 E, 226**)

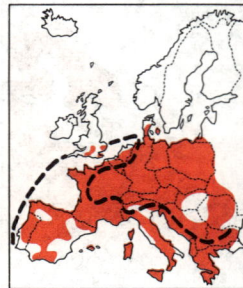

294 Sommergoldhähnchen
Teilzieher. Umherstr. IRL (viell. alljährl.), N, S, Lettland (hat gebr.). (**66, 79 E, 226**)

295 Grauschnäpper
Sommervogel. Umherstr. IS. (**67, 81 E, 195**)

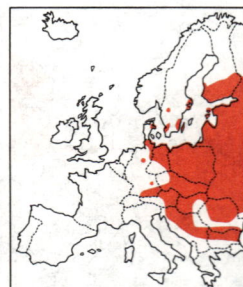

296 Zwergschnäpper
Sommervogel. Seltener Durchz. in GB, NL, B, F, West-D; umherstr. bis N, IRL, E, I. (**67, 81 E, 193**)

297 Halsbandschnäpper
Sommervogel. Brütet in Süd-CH, unregelm. in GR u. DDR, Umherstr. GB, NL, B, DK, N, festländ. S (hat gebr.), P.
(67, 81 E, 193)

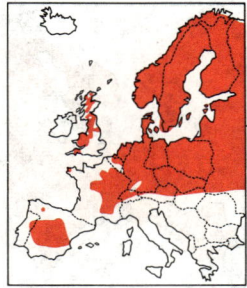

298 Trauerschnäpper
Sommervogel. Durchz. in IRL. Umherstr. IS.
(67, 81 E, 194)

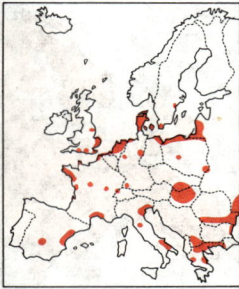

299 Bartmeise
Wandert im Winter umher. Hat in IRL gebr. Umherstr. bis Schottld. u. Süd-SF.
(68, 227)

300 Schwanzmeise
Teilzieher.
(52, 70 E, 227)

301 Sumpfmeise
Vorwiegend Jahresv. Hat in SF gebr.
(68, 79 E, 228)

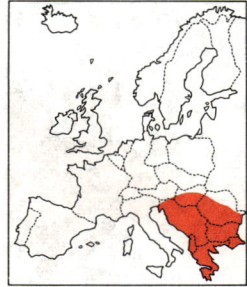

302 Trauermeise
Jahresvogel. Umherstr. I.
(68, 79 E, 229)

303 Weidenmeise
Vorwiegend Jahresv.
(68, 79 E, 229)

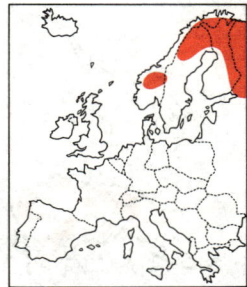

304 Lapplandmeise
Vorwiegend Jahresv. Umherstr. Estland, ausnahmsw. GB.
(68, 79 E, 229)

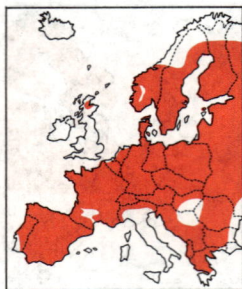

305 Haubenmeise
Vorwiegend Jahresv. Umherstr. ausnahmsw. England.
(68, 79 E, 230)

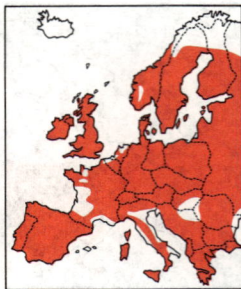

306 Tannenmeise
Teilzieher im Nordteil des Gebietes.
(68, 79 E, 230)

307 Blaumeise
Teilzieher im Norden des Gebietes.
(68, 79 E, 231)

308 Kohlmeise
Teilzieher im Norden des Gebietes.
(68, 79 E, 231)

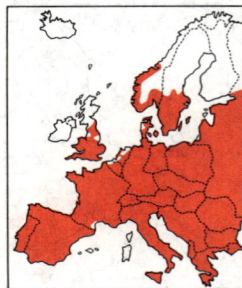

309 Kleiber
Jahresvogel. Hat in SF gebr.
(66, 79 E, 232)

310 Felsenkleiber
Jahresvogel.
(66, 79 E, 233)

311 Mauerläufer
Teilzieher. Umherstr. bis GB, B, Nord-D, DDR.
(66, 79 E, 233)

312 Waldbaumläufer
Vorwiegend Jahresvogel.
(66, 79 E, 234)

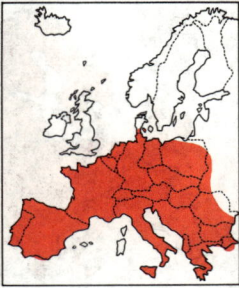

313 Gartenbaumläufer
Vorwiegend Jahresv. Brütet Südwest-Korsika. Umherstr. GB.
(66, 79 E, 234)

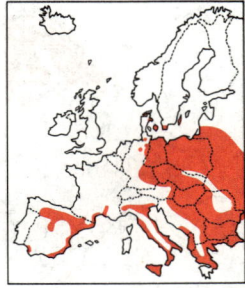

314 Beutelmeise
Im Herbst u. Winter umherwandernd. Hat in CH, NL u. Lettland gebr. Umherstr. auch GB, B u. SF.
(68, 235)

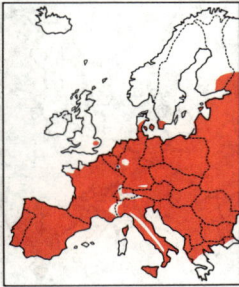

315 Pirol
Sommervogel. Hat in Schottld. u. N gebr. Umherstr. IRL, IS.
(69, 82 E, 235)

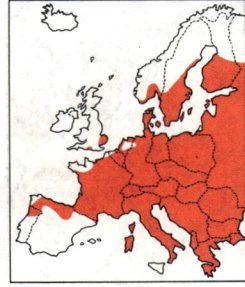

316 Rotrückenwürger
Sommervogel. Brütet unregelm. in Schottld. Umherstr. IRL, N, IS.
(67, 83 E, 236)

317 Schwarzstirnwürger
Sommervogel. Brütet sporadisch CH. Früher auch Brutv. D, DDR. Umherstr. Brit. Ins., B, NL u. nordw. bis N, S, SF.
(67, 83 E, 237)

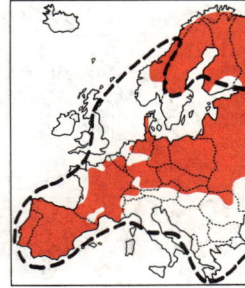

318 Raubwürger
Teilzieher. Umherstr. IRL, Färöer.
(67, 83 E, 237)

319 Rotkopfwürger
Sommervogel. Früher weiter verbr. Hat in B, NL, DDR gebr. Umherstr. Brit. Ins., DK, N, S, SF.
(67, 83 E, 238)

320 Eichelhäher
Teilzieher im Norden des Gebietes.
(69, 82 E, 239)

321 Unglückshäher
Vorwiegend Jahresv. Umherstr. bis Lettland, PL, CS, DDR.
(**69, 82 E**, 239)

322 Elster
Jahresvogel.
(**69, 82 E**, 239)

323 Tannenhäher
Vorwieg. Jahresv. Hat in DK gebr. Im Herbst mancher Jahre Invasion der sibir. Rasse bis zur Iber. Halbins. u. GB.
(**69, 82 E**, 240)

324 Alpendohle
Jahresv. Umherstr. ausnahmsw. Süd-E, Nordost-F, B, NL, D, außerh. d. Alpen, DDR, CS.
(**69, 70, 82 E**, 240)

325 Alpenkrähe
Jahresvogel.
(**69, 70, 82 E**, 240)

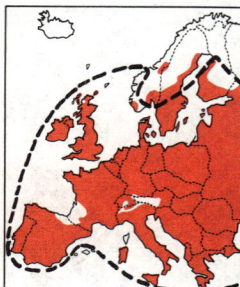

326 Dohle
Teilzieher. Umherstr. IS.
(**70, 82 E**, 241)

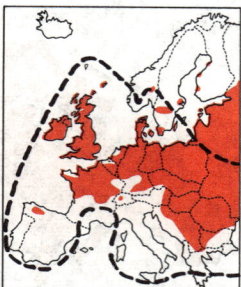

327 Saatkrähe
Teilzieher. Umherstr. IS.
(**70, 82 E**, 241)

328 Rabenkrähe
Vorwiegend Jahresv. Hat in IRL gebr. Umherstr. N, S, PL.
(**70, 82 E**, 242)

510

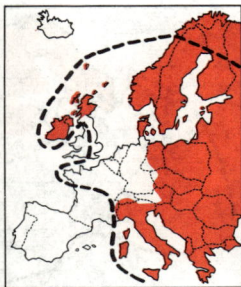

329 Nebelkrähe
Teilzieher. Hat in NL gebr.
Umherstr. IS.
(70, 82 E, 242)

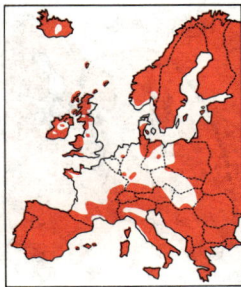

330 Kolkrabe
Vorwiegend Jahresvogel.
Früher weiter verbr.
(70, 82 E, 242)

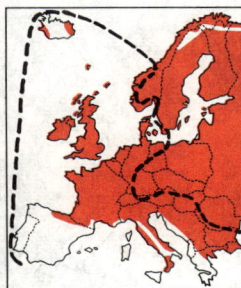

331 Star
Teilzieher. Auf der Iber.
Halbins., Korsika, Sardinien u. Sizilien durch d.
Einfarbstar ersetzt.
(70, 83 E, 243)

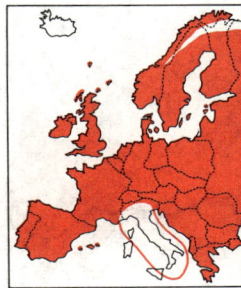

332 Haussperling
Vorwiegend Jahresv. Hat
auf IS gebr. Rote Linie umschließt Brutgebiet des Italiensperlings.
(73, 85 E, 245)

333 Weidensperling
Vorwiegend Jahresv. Umherstr. Süd-F, GB.
(73, 85 E, 245)

334 Feldsperling
Teilzieher. Hat auf d. Färöern gebr. Umherstr. IS.
(73, 85 E, 246)

335 Steinsperling
Jahresvogel. Früher Brutv.
in CH, D, DDR Umherstr.
A, B, NL, GB.
(73, 85 E, 246)

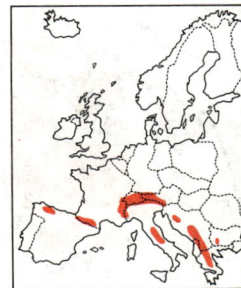

336 Schneefink
Jahresv., nur selten im Winter in tiefere Lagen ausw.
Brütet auf Korsika, Umherstr. Balearen, NL, Helgoland.
(73, 85 E, 246)

511

337 Buchfink
Teilzieher. Umherstr. alljährl. IS.
(71, 84 E, 247)

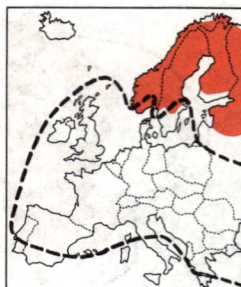

338 Bergfink
Zugvogel. Hat ausnahmsw. in Schottld., DK, NL, D gebr.
(71, 84 E, 248)

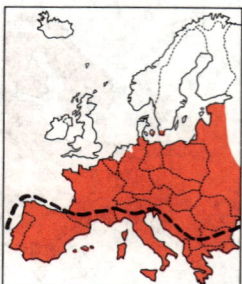

339 Girlitz
Teilzieher. Hat in England gebr. Umherstr. IRL, N, SF.
(71, 84 E, 248)

340 Zitronengirlitz
Vorwieg. Jahresv., im Winter umherstr. Hat im Harz u. auf d. Balearen gebr. Umherstr. GB, B, DDR.
(71, 84 E, 248)

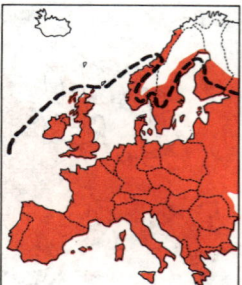

341 Grünling
Teilzieher. Umherstr. IS.
(71, 84 E, 249)

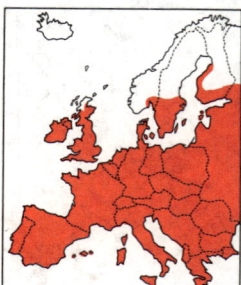

342 Stieglitz
Teilzieher.
(71, 84 E, 249)

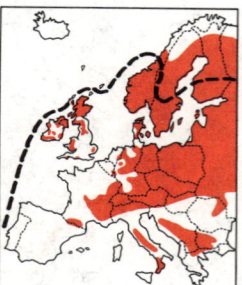

343 Erlenzeisig
Teilzieher. Hat in GR gebr. Umherstr. IS.
(71, 84 E, 249)

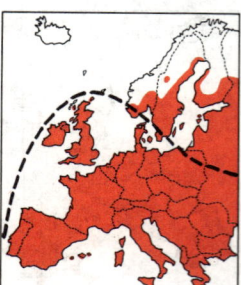

344 Bluthänfling
Teilzieher. Umherstr. Färöer.
(72, 84 E, 251)

512

345 Berghänfling
Teilzieher. Umherstr. F, CH, A, H, YU, I, E.
(72, 84 E, 251)

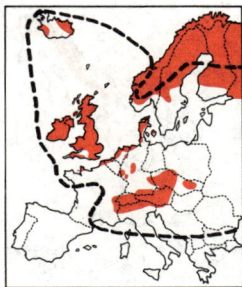

346 Birkenzeisig
Teilzieher. Hat im Erzgebirge gebr. In Ausbreitung in West- u. Mitteleuropa.
(72, 84 E, 250)

347 Polarbirkenzeisig
Vorwieg. Zugvogel. Umherstr. DK, GB, F, B, NL, D, DDR, PL, R.
(72, 84 E, 250)

348 Fichtenkreuz-
schnabel
Jahresv. Kann nach unregelm. Invasionen außerhalb d. normalen Brutgebietes brüten, so in IRL. Umherstr. IS, M.
(72, 84 E, 252)

349 Karmingimpel
Sommervogel. In Ausbreitung nach Westen. Herbstzug südostw. Hat in GB gebr. Umherstr. IRL, DK, NL, B, D, CH, F, E, I, H, YU.
(72, 84 E, 253)

350 Hakengimpel
Teilzieher. Umherstr. DK, GB, NL, B, F, D, DDR, A, Nord-I, YU, H, PL.
(72, 84 E, 253)

351 Gimpel
Vorwiegend Jahresv. Umherstr. IS.
(72, 84 E, 254)

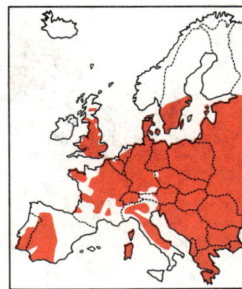

352 Kernbeißer
Teilzieher. Hat in N, SF gebr. Umherstr. Färöer, IRL u. bis M.
(72, 84 E, 254)

353 Spornammer
Zugvogel. Hat in Schottld. gebr. Durchz. alljährl. IRL. Umherstr. IS u. in fast allen europ. Ländern südw. bis I.
(**73, 85 E**, 257)

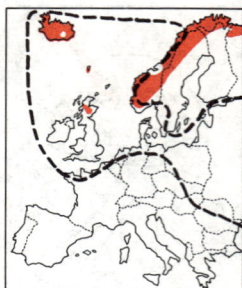

354 Schneeammer
Teilzieher. Umherstr. südwärts bis E u. I.
(**73, 85 E**, 256)

355 Goldammer
Teilzieher. Umherstr. IS, Sizilien.
(**74, 85 E**, 258)

356 Zaunammer
Vorwieg. Jahresv. Früher Brutv. nordw. bis Bonn. Hat in A gebr. Brütet Süd-H. Umherstr. IRL, DK, NL, DDR, PL.
(**74, 85 E**, 259)

357 Zippammer
Vorwieg. Jahresv., im Norden d. Brutgeb. Teilzieher. Brut Kroatien. Umherstr. GB, NL, B, DDR, CS, PL, S.
(**74, 85 E**, 260)

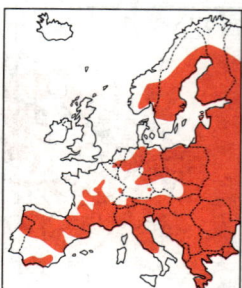

358 Ortolan
Sommervogel. Durchz. Ost-GB. Umherstr. IRL, IS.
(**74, 85 E**, 259)

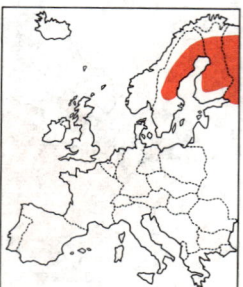

359 Waldammer
Sommervog. Hat in N gebr. Umherstr. GB, NL, B, F, I, CH, D, DDR, A, PL, Lettld., Estld.
(**73, 85 E**, 257)

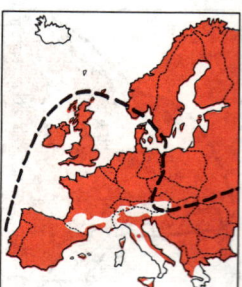

360 Rohrammer
Teilzieher. Umherstr. IS.
(**73, 85 E**, 261)

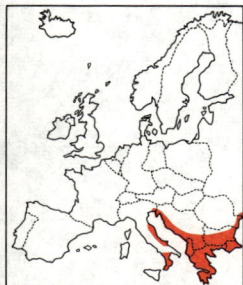

361 Kappenammer
Sommerv. Herbstzug süd-
ostw. Umherstr. DK, GB,
F, NL, CH, D, DDR, PL,
R, Lettld., S, N.
(74, 85 E, 262)

362 Grauammer
Vorwieg. Jahresv. Um-
herstr. N, SF.
(74, 85 E, 262)

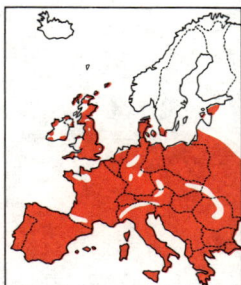

Index

Pareys Naturführer: Die Zuverlässigen.

Vogelstimmen-Bestimmungsschlüssel

Von

Rolf Lille
Gunnar Rehfeldt
Georg Rüppell

Dieser Bestimmungsschlüssel ist für den Anfänger gedacht.

Er enthält bevorzugt die im mitteleuropäischen Binnenland oft zu hörenden Rufe und Gesänge der häufigeren Vogelarten.

Die Lautäußerungen sind nicht nach funktionellen (z. B. Reviergesang, Warnruf) oder systematischen Gesichtspunkten, sondern allein akustisch nach Lautmustern angeordnet.

Man entscheidet nach dem Höreindruck jeweils zwischen gegensätzlichen oder unterschiedlichen Charakterisierungen (z. B. „einfach" – „kompliziert") für die am besten zutreffende, wodurch man fortschreitend zu enger gefaßten Gruppen gelangt.

Schließlich ist die Artenreihe erreicht, in der der gesuchte Vogel enthalten ist. Auch die Artenreihen sind meist noch unterteilt (z. B. ④ a, b, c), wobei man sich wieder für die zutreffendste Charakterisierung entscheidet.

Eine letzte Vorauswahl findet nun durch Beachtung der mit Großbuchstaben gekennzeichneten bevorzugten Lebensräume der Arten statt (z. B. Wald = W).

Mit Hilfe der angegebenen *beispielhaften* Lautmalereien, Kurzbeschreibungen, Verhaltensweisen und anderen Besonderheiten kann nun die Art erkannt werden.

Dabei darf die Bestimmung erst nach Durchsicht der ganzen (Teil-) Reihe erfolgen, da die Bestimmungshilfen in der Regel nur bei einer Art *genau* zutreffen.

Sollte der Vogel in einer Artenreihe nicht gefunden werden, beginnt man noch einmal von vorn, mindestens aber bei der letzten Abzweigung unterschiedlicher Charakterisierungen. In einigen Grenzfällen sind die Lautäußerungen zur Erleichterung in mehr als einer Artenreihe aufgeführt.

Für eine richtige Bestimmung muß vorausgesetzt werden, daß die Vögel nicht zu weit entfernt und gut zu hören sind. Jede Bestimmung sollte anhand der Artbeschreibung im Textteil des Buches kontrolliert werden!

Die auf der folgenden Seite aufgeführten *Definitionen* der im Bestimmungsschlüssel verwendeten Begriffe (= Charakterisierungen) und die in der Legende genannten Abkürzungen sind für eine erfolgreiche Anwendung des Schlüssels *unbedingt zu beachten!*

VERLAG PAUL PAREY · HAMBURG UND BERLIN

Definitionen und Beispiele

Einfach strukturiert
Wenig verschiedenartige Laute in einfacher Anordnung. Gesamte Lautäußerung daher leicht erfaßbar und mit Lautmalereien darstellbar, z. B. Kohlmeise *zizibää*

Einzellaut
Einzelne einsilbige Lautäußerung (die in einigem zeitlichen Abstand wiederholt werden kann!), z. B. Krähe *kraa*

Doppellaut
Einzelne zweisilbige Lautäußerung (die in einigem zeitlichen Abstand wiederholt werden kann!), z. B. Kuckuck *kóku*

Lautfolge
Drei bis viele aneinandergereihte Einzel- oder Doppellaute

Gleichartige Laute
Ähnlich klingende Laute, auch unterschiedlicher Länge und Akzentuierung, z. B. Stockente *räb-räb-räb-* . . . (deutlich getrennt); Mauersegler *sriiisriiisriii* . . . (ineinander übergehend)

Verschiedenartige Laute
Innerhalb der Lautfolge treten auch klanglich deutlich unterschiedliche Laute auf. Hierzu also auch aneinandergereihte Doppellaute, z. B. Kohlmeise *zizibää-zizibää-* . . ./*tüta-tüta-tüta-* . . .

Geräuschhaft
Klangcharakter rauh, schrill, gequetscht oder ähnlich – keine reinen Töne, z. B. Wacholderdrossel *schrrk-schrrk-* . . .

Kompliziert strukturiert
Viele verschiedenartige Laute, meist sehr veränderlich angeordnet und kaum trennbar. Gesamte Lautäußerung daher schwer erfaßbar und nur selten mit Lautmalereien darstellbar, z. B. Amsel

Konstant
Der Klangeindruck aufeinander folgender Strophen erscheint weitgehend identisch, z. B. Buchfink

Variabel
Form und Abfolge der Strophen unterschiedlich – keine Konstanz erkennbar, z. B. Nachtigall

Zwitschernd
Eine Vielzahl von meist feinen Elementen wird meist schnell aneinandergereiht und ergibt eine oft helle, rasche und geschwätzig erscheinende Tonfolge, z. B. Rauchschwalbe

Rhythmisch
Meist getrennt wahrnehmbare, wiederholte Motive oder Elemente folgen in einer oft auffälligen Gliederung des Taktmaßes aufeinander, z. B. Singdrossel

Melodisch
Motive werden oft fließend und flötend miteinander verbunden und ergeben ein wohlklingendes Ganzes, z. B. Amsel

Extrem variabel
Auftreten einer meist sehr großen Vielfalt von Tönen, dabei werden viele andere Vogelarten nachgeahmt (Spottsänger) und auch Geräusche aus der unbelebten Umwelt aufgenommen, z. B. Star